权威·前沿·原创

皮书系列为
"十二五""十三五"国家重点图书出版规划项目

B

BLUE BOOK

智库成果出版与传播平台

网络法治蓝皮书

BLUE BOOK OF
RULE OF LAW IN CYBERSPACE

中国网络法治发展报告
（2019）

ANNUAL REPORT ON CYBER RULE OF LAW IN CHINA
(2019)

中国社会科学院法学研究所
主 编／李 林 支振锋

社会科学文献出版社
SOCIAL SCIENCES ACADEMIC PRESS（CHINA）

图书在版编目（CIP）数据

中国网络法治发展报告. 2019／李林，支振锋主编
. --北京：社会科学文献出版社，2020.1
（网络法治蓝皮书）
ISBN 978 - 7 - 5201 - 5937 - 1

Ⅰ.①中⋯ Ⅱ.①李⋯②支⋯ Ⅲ.①互联网络 - 应
用 - 社会主义法制 - 建设 - 研究报告 - 中国 - 2019 Ⅳ.
①D920.0

中国版本图书馆 CIP 数据核字（2020）第 004676 号

网络法治蓝皮书
中国网络法治发展报告（2019）

主　　编／李　林　支振锋

出 版 人／谢寿光
组稿编辑／刘骁军
责任编辑／关晶焱
文稿编辑／赵瑞红

出　　版／社会科学文献出版社　（010）59366533
　　　　　　地址：北京市北三环中路甲29号院华龙大厦　邮编：100029
　　　　　　网址：www.ssap.com.cn
发　　行／市场营销中心　（010）59367081　59367083
印　　装／三河市东方印刷有限公司

规　　格／开　本：787mm×1092mm　1/16
　　　　　　印　张：34.75　字　数：525千字
版　　次／2020年1月第1版　2020年1月第1次印刷
书　　号／ISBN 978 - 7 - 5201 - 5937 - 1
定　　价／168.00元

本书如有印装质量问题，请与读者服务中心（010 - 59367028）联系

网络法治蓝皮书编委会

主要编撰者简介

主编　李林

中国社会科学院学部委员，法学研究所原所长，研究员，博士生导师。

主要研究领域：法理学、宪法学、立法学、法治与人权理论

主编　支振锋

中国社会科学院法学研究所研究员，《环球法律评论》副主编，中国社会科学院大学长聘教授；国家万人计划青年拔尖人才，博士生导师。

主要研究领域：法理学、网络法治、法治评估、司法改革、比较政治

执行主编　赵军

360 集团法务部法律研究院负责人，中国政法大学兼职教授，武汉大学网络治理研究院学术委员会委员，对外经贸大学在读博士研究生。

主要研究领域：知识产权、网络安全法、数字经济反垄断、网络治理

执行主编　刘晶晶

中国社会科学院—上海市人民政府上海研究院、上海大学社会学院，博士研究生。参与省部级以上课题十余项，参与编写《网络法治蓝皮书》《网站商业价值评估报告》等，在《青年记者》《网络传播》等刊物发表论文5篇。

主要研究领域：网络法治、都市社会管理

执行主编　孙南翔

中国社会科学院国际法研究所助理研究员。最高人民法院"一带一路"

司法研究基地研究员，国家邮政局发展研究中心专家，司法部法制网特约评论员，中国法学会网络与信息法学研究会理事，北京市法学会互联网金融法治研究会理事。研究领域为国际经济法、网络法。

摘　要

2018 年以来，人工智能、5G、区块链等技术飞速发展，加快推动社会数字化、网络化、智能化转型。以互联网为代表的信息技术极大增强了人类认识世界和改造世界的能力。信息化引领科技突破、驱动智能经济、颠覆传播方式、优化公共治理、促进国际合作。网络空间已经成为信息传播的新渠道、生产生活的新空间、经济发展的新引擎、文化繁荣的新载体、社会治理的新平台、交流合作的新纽带，深刻影响人类社会发展进程。网络空间重要性日益凸显，网络空间的科学和依法治理成为我国国家治理体系和治理能力现代化的重要方面，也是我国实现网络强国、构建网络空间命运共同体的一块重要基石。

《中国网络法治发展报告（2019）》立足中国网络法治发展现状，从学界立法理论、监管机构执法实践、业界合规守法等不同视角对 2018～2019 年与网络法治相关的热点、重点主题进行了专题研究和分析，总结归纳了中国网络法治发展的特点。总报告回顾了 2018～2019 年中国网络法治发展整体状况，探讨了中国网络法治未来的发展趋势；专题报告涵盖区块链治理、数据跨境流动、共享交易、人工智能、人体生物信息、电信标注等主题，通过深入剖析具体的治理困境，为立法规制提供了参考；调研报告着眼于网络安全法治、网络行政执法、自媒体平台规制、数据治理、网络战争、网络舆情治理以及 2018 年涉互联网民事与刑事诉讼等主题，梳理了典型案例，提出了切合实际的审慎建议；国际法治重点关注数据财产保护、互联网国际贸易、网络漏洞国际治理、网信领域国际竞争等主题，助推网络空间国际合作；法治评估对人民法院庭审公开、跨国企业遵守"一个中国"原则状况进行了调研和评估，并就其中存在的问题提出对策建议。

　　《网络法治蓝皮书》聚焦于当前中国网络法治领域的重大进展和重大问题，倡导以问题为中心的专题研究，鼓励贴近现实的对策建言，以参与实践发展、推动制度完善、促进理论提升；《网络法治蓝皮书》着眼于对中国网络法治领域重大进展和重大问题进行全景式、全周期、全方位的研究与记录，为后世留下忠实记录，为世界打开中国窗口。

　　关键词：网络安全　网络法治　人工智能

目　录

Ⅰ　总报告

Ⅱ　专题报告

Ⅴ 法治评估

皮书数据库阅读**使用指南**

总 报 告

General Report

B.1
中国网络法治发展现状与趋势
（2018~2019）

支振锋 刘晶晶*

摘 要： 2018年全国网络安全和信息化工作会议为新时代网信工作提供了基本遵循。我国网络立法继续围绕《网络安全法》加紧制定或出台相关配套措施，积极应对区块链、人工智能、5G等新技术带来的关键问题、复杂问题、难点问题，推动网络法治朝着全面化、常态化发展。但由于立法文件的数量繁多与内容繁杂，急需网络立法工作回头看，加强立法后评估工作。

关键词： 网络法治 网络安全 内容治理

---

* 支振锋，中国社会科学院法学研究所研究员，中国社会科学院大学长聘教授，《环球法律评论》副主编，《网络法治蓝皮书》主编，国家万人计划青年拔尖人才，博士生导师；刘晶晶，中国社会科学院－上海市人民政府上海研究院，上海大学社会学院，博士研究生。

习近平总书记在全国网络安全和信息化工作会议上指出，"我们不断推进理论创新和实践创新，不仅走出一条中国特色治网之道，而且提出一系列新思想新观点新论断，形成了网络强国战略思想"。① 2018～2019年，我国网信部门继续坚持中国特色治网之道，扎实推进网络强国建设，互联网发展和治理不断开创新局面。

从互联网产业发展来看，我国互联网产业发展依旧保持着蓬勃的势头。一是流量变现仍旧为主流商业模式，但人口红利已现疲态。截至2019年6月，我国网民规模达8.54亿，较2018年底增加2598万，互联网普及率达到61.2%，较2018年底提升1.6个百分点，② 增速放缓。二是网络提速降费成效显著，5G研发和产业化进展顺利，为在线直播、短视频等互联网泛娱乐产业带来新的发展机遇，但知识产权问题不容忽视。截至2019年6月，网络视频（含短视频）、网络音乐和网络游戏的用户规模分别为7.58亿、6.08亿和4.94亿，使用率分别为88.8%、71.1%和57.8%，③ 将为互联网泛娱乐产业带来显著的用户规模效应。三是云计算、大数据、人工智能等技术应用场景不断丰富，数据安全及用户信息保护问题凸显。

从互联网行业治理来看，为了守护好网络空间这个亿万民众的精神家园，各级网信领域相关部门持续发力，强化协同共治，形成网信工作"一盘棋"的工作格局。一是充分发挥信息化手段在国家治理中的基础性作用，推动社会管理创新发展，使互联网成果惠及群众、服务群众；二是积极应对日益复杂的网络安全态势，加强和完善个人信息及网络安全等级保护制度措施，严厉打击网络犯罪活动，通过制定多项网络安全国家标准以及强化网络安全监督检查，进一步构建多维网络安全保障体系；三是着力加强网络内容建设和管理，实现对不同形式信息服务的全面监管，同时针对不断发展变化的网络新技术适时进行合理监管，提高互联网立法的适应性与前瞻性；四是

---

① 《习近平：自主创新推进网络强国建设》，新华网，http://www.xinhuanet.com/politics/2018-04/21/c_1122719810.htm，最后访问时间为2019年10月16日。
② 中国互联网络信息中心（CNNIC），《第44次中国互联网络发展状况统计报告》。
③ 中国互联网络信息中心（CNNIC），《第44次中国互联网络发展状况统计报告》。

兼顾网络空间治理与产业健康发展，回应公众关切，针对突出问题及时进行专项整治，引导互联网企业合规经营。

一　国家治理

国家在治理体系和治理能力现代化建设上紧紧抓住信息化发展的历史机遇，利用互联网技术整合政务大数据资源，实现数据信息的共享互通，不断促进政务服务改革，推动公共事务规范化、创新性发展，为亿万人民带来更多获得感、幸福感、安全感。

（一）网络基础设施建设稳步推进

网络基础设施建设是弥合数字鸿沟的有效手段，也是助推数字中国建设的基础条件。2018 年，作为重要网络基础设施的互联网基础资源保有量稳中有升。据统计，"截至 2019 年 6 月，我国 IPv4 地址数量为 38597136 个，拥有 IPv6 地址数量为 50286 块/32"。① 从网络接入环境来看，"2018 年新建光缆线路长度 578 万公里，全国光缆线路总长度达 4358 万公里。互联网宽带接入端口数量达到 8.86 亿个，其中，光纤接入（FTTH/0）端口达到 7.8 亿个"。② 此外，我国已建成全球最大 4G 网络，据统计，"2018 年新建 4G 基站 43.9 万个，总数达到 372 万个；积极推进 5G 标准研究和技术试验，构建了全球最大 5G 试验外场，并完成第三阶段试验规范"。③

---

① 《第 44 次中国互联网络发展状况统计报告》，中国网信网，http：//www.cac.gov.cn/2019 - 08/30/c_ 1124938750.htm，最后访问时间为 2019 年 10 月 2 日。

② 《2018 年通信业统计公报》，工业和信息化部官方网站，http：//www.miit.gov.cn/ n1146312/n1146904/n1648372/c6619958/content.html，最后访问时间为 2019 年 3 月 7 日。

③ 《2018 年通信业统计公报解读：通信业健康平稳运行　基础设施能力不断提高》，工业和信息化部官方网站，http：//www.miit.gov.cn/n1146295/n1652858/n1653018/c6619634/content.html，最后访问时间为 2019 年 3 月 7 日。

（二）信息化手段提高政务服务效率

政务服务信息化是推进国家治理体系和治理能力现代化的重要路径，各级政府积极拥抱互联网技术，把握互联网时代信息传播规律，已经逐渐形成了政务网站、微博、微信、政务头条号等多平台的政务新媒体矩阵。据统计，"截至 2018 年 6 月 1 日，全国正在运行的政府网站有 22206 家（含中国政府网）。其中，国务院部门及其内设、垂直管理机构政府网站 1839 家，省级政府门户网站 32 家，省级政府部门网站 2265 家，市级政府门户网站 518 家，市级政府部门网站 13614 家，县级政府门户网站 2754 家，县级以下政府网站 1183 家。"[①]

但是实践中也还存在诸多问题，对政府形象和公信力造成了不良影响。一是政务服务办事流程烦琐、复杂，虽然"门难进、脸难看"的问题已经大为改观，但如何做到"事好办"仍然需要政府部门继续努力。二是在线政务服务平台建设管理分散，在线业务办事系统设计不够科学合理，导致企业和群众办事时需要先琢磨系统怎么用。三是各部门在线政务服务平台之间数据共享不足，既给业务协同带来难题，也给群众办事造成不便。四是政务新媒体在功能定位、信息发布、建设运维、监督管理等方面问题突出，[②] 许多政务新媒体只发布消息却不与公众进行互动，甚至还有许多处于沉睡状态的"僵尸"账号，账号内容用语不规范、不得体等现象也屡见不鲜。

为重点解决上述问题，2018 年国家加快推动"互联网＋政务服务"建设，相继出台了多个文件（见表1），引导各级政府积极利用互联网技术整合政务服务资源，加强信息共享，优化政务流程，提升服务效能，促进"互联网＋政务服务"规范化管理，进一步实现了政府职能的线上线下融合发展。

---

① 《2018 年第二季度全国政府网站抽查情况通报》，中国政府网，http：//www.gov.cn/zhengce/content/2018 – 08/06/content_ 5312052.htm，最后访问时间为 2019 年 2 月 28 日。

② 详情参见《国务院办公厅关于推进政务新媒体健康有序发展的意见》，中国政府网，http：//www.gov.cn/zhengce/content/2018 – 12/27/content_ 5352666.htm，最后访问时间为 2019 年 10 月 16 日。

表1　2018年国务院出台的推动"互联网＋政务服务"建设相关文件[*]

发布时间	文件名称	主要内容
6月22日	《进一步深化"互联网＋政务服务"推进政务服务"一网、一门、一次"改革实施方案》	围绕企业和群众办事线上"一网通办"的总体目标，明确指出政务服务"一网、一门、一次"改革的基本原则、工作目标、保障措施
7月31日	《关于加快推进全国一体化在线政务服务平台建设的指导意见》	指明了推进全国一体化在线政务服务平台建设的总体要求、总体架构和任务要求等，细化了各级政府重点任务分工及进度安排。并下发了《全国一体化在线政务服务平台建设组织推进和任务分工方案》
9月6日	《关于加强政府网站域名管理的通知》	健全政府网站域名管理体制，进一步规范政府网站域名结构，优化政府网站域名注册注销等流程，加强域名安全防护及监测处置工作
11月9日	《政府网站集约化试点工作方案》	明确了政府网站集约化试点工作的总体要求，划定了试点范围，提出了试点地区要完成的工作任务、时间进度要求及保障措施
12月27日	《关于推进政务新媒体健康有序发展的意见》	明确了政务新媒体健康有序发展的总体要求和工作职责，要求各地区、各部门加强功能建设、规范运维管理、强化保障措施

[*] 相关文件均根据政府相关部门官方网站发布的文件内容整理得到。

（三）机构改革优化网信部门管理体系

2018年3月21日，中共中央印发了《深化党和国家机构改革方案》，其中涉及网信管理部门的主要有中央网络安全和信息化领导小组、中央宣传部、国家新闻出版广电总局等机构职能的调整。

中央网络安全和信息化领导小组改为中央网络安全和信息化委员会，负责相关领域重大工作的顶层设计、总体布局、统筹协调、整体推进、督促落实，办事机构为中央网络安全和信息化委员会办公室，"领导小组"到"委员会"的调整有利于网信工作的长远发展和稳步推进，这也与《网络安全法》中国家网信部门负责统筹协调网络安全工作和相关监督管理工作的规定相契合。为维护国家网络空间安全和利益，国家计算机网络与信息安全管理中心由工业和信息化部管理调整为由中央网络安全和信息化委员会办公室管理，这进一步加强了中央网络安全和信息化委员会办公室的网络安全保障职能。

中央宣传部（下称"中宣部"）统一管理新闻出版工作，履行原来由国家新闻出版广电总局负责的新闻出版管理职责，对外加挂国家新闻出版署（国家版权局）的牌子。中宣部调整后，其关于新闻出版管理方面的主要职责是，贯彻落实党的宣传工作方针，拟订新闻出版业的管理政策并督促落实，管理新闻出版行政事务，统筹规划和指导协调新闻出版事业、产业发展，监督管理出版物内容和质量，监督管理印刷业，管理著作权，管理出版物进口等。新闻出版管理职责的调整也意味着网络游戏版号的管理部门将由原来的国家新闻出版广电总局变成中宣部。

组建国家广播电视总局，主要职责是贯彻党的宣传方针政策，拟订广播电视管理的政策措施并督促落实，统筹规划和指导协调广播电视事业、产业发展，推进广播电视领域的体制机制改革，监督管理、审查广播电视与网络视听节目内容和质量，负责广播电视节目的进口、收录和管理，协调推动广播电视领域"走出去"工作等。从这一调整来看，网络视听节目[①]内容和质量的监督管理、审查是国家广播电视总局的职责，但是国家电影局统一归中宣部管理，那些想同时通过网络和院线发行的电影则很可能受到"国家广播电视总局"及"国家电影局"的双重管理。

（四）互联网审判体系创新与规范发展

我国审判机构借助互联网技术积极搭建司法审判新阵地，主动探索互联网司法新模式，不断总结互联网治理新经验，在推动人民法院审判体系和审判能力现代化发展的道路上取得了显著成绩。据《人民法院报》报道，"截至 2018 年 10 月 30 日，杭州互联网法院共受理各类互联网案件 14233 件，审结 11794 件"。[②] 互联网法院使得异地审案成为可能，大大降低了当事人

---

① 《网络视听节目内容审核通则》第二条规定："本通则所称网络视听节目，具体包括：（一）网络剧、微电影、网络电影、影视类动画片、纪录片；（二）文艺、娱乐、科技、财经、体育、教育等专业类网络视听节目；（三）其它网络原创视听节目。"

② 《互联网司法治理的"中国方案"》，人民法院报，http://rmfyb.chinacourt.org/paper/html/2018 - 12/18/content_ 146959. htm? div = - 1，最后访问时间为 2019 年 3 月 7 日。

诉讼成本。但数字鸿沟问题也不容忽视，并非人人都能熟练利用互联网在线参与诉讼，如何使互联网法院更加便捷地为人民服务，特别是如何保障偏远落后地区群众也能充分享受互联网法院的便民服务，是一个值得思考的问题。

2018年，我国审判机构继续运用互联网思维，推进司法创新与规范发展，主要开展了以下工作：

第一，借鉴杭州互联网建设经验，在网络普及率、电商交易规模均居全国前列的北京、广州增设互联网法院，规范促进当地互联网产业发展。2018年7月6日，中央全面深化改革委员会第三次会议审议通过了《关于增设北京互联网法院、广州互联网法院的方案》，决定在北京、广州两地增设互联网法院，进一步深化互联网法院试点探索，健全完善互联网案件审判格局。2018年9月9日，北京互联网法院挂牌成立，"抖音短视频"诉"伙拍小视频"信息网络传播权纠纷成为该院受理的第一案。《北京市高级人民法院工作报告》指出，北京互联网法院挂牌成立以来，"截至2018年底，北京互联网法院已受理案件3040件，审结2540件，电子诉讼平台访问量达823万人次"。[①] 2018年9月28日，广州互联网法院挂牌成立，"昆仑墟"诉"灵剑苍穹"手机游戏著作权权属、侵权纠纷成为该院受理的第一案。[②]《广州市中级人民法院工作报告》指出，"成立三个多月来，广州互联网法院受理案件1833件，审结972件，涉案标的1.1亿元"。[③]

第二，紧跟互联网时代发展潮流，提高互联网案件审理规则和裁判规则与技术发展的适应性。2018年6月28日，杭州互联网法院上线全国首个电子证据平台，同时发布了《杭州互联网法院电子证据平台规范》《杭州互联网法院民事诉讼电子证据司法审查细则》，前者规范了电子数据的接入、传输、交换流程，完善电子证据平台的建设和管理机制，后者采用技术中立、

[①] 《2019年北京市高级人民法院工作报告》，北京市人民政府门户网站，http://www.beijing.gov.cn/gongkai/jihua/bg/t1581124.htm，最后访问时间为2019年10月17日。

[②] 《广州互联网法院受理第一案》，金羊网，http://ep.ycwb.com/epaper/ycwb/html/2018-09/30/content_155281.htm，最后访问时间为2019年3月7日。

[③] 《广州市中级人民法院工作报告》，广州审判网，http://www.gzcourt.org.cn/fybg/2019/03/08114343707.html，最后访问时间为2019年10月17日。

技术说明、个案审查三大原则对电子数据的真实性、合法性、关联性进行有效审查，规范电子数据的审查标准和效力认定规则。[①] 同一天，杭州互联网法院也宣判了全国首例以区块链技术进行存证的民事案件，并且对通过区块链技术进行存证的电子数据的证据效力予以确认，对区块链技术所形成的电子数据的审查标准进行了规制。

第三，统一规范互联网法院诉讼活动，保护当事人及其他诉讼参与人合法权益。2018 年 9 月 6 日，最高人民法院发布实施《最高人民法院关于互联网法院审理案件若干问题的规定》，该规定共二十三条，主要明确了互联网法院以在线审理为基本方式，诉讼环节一般应当在线上完成（当事人申请或者案件审理需要为例外），详细规定了案件管辖范围、上诉机制及互联网诉讼平台，将受案类型细化为 11 项，同时还进一步规范了当事人身份认证、立案受理、庭审程序、文书送达、案卷归档等诉讼环节。随后，杭州互联网法院于 2018 年 9 月 18 日正式上线运行司法区块链，这是全国首家应用区块链技术定分止争的法院。[②]

二　网络安全

各级网信及相关部门按照《网络安全法》的基本要求，在个人信息保护、网络安全等级保护等方面强化网络安全管理，有针对性地重点打击电信网络诈骗等犯罪活动，并在各自职责范围内完善网络信息安全等制度性规定。

（一）日益加强个人信息保护举措

2018 年 8 月，网络上出现大量用户、自媒体传播"出售华住旗下酒店

[①] 《我院举行全国首个电子证据平台上线及〈法院电子证据平台规范〉〈民事诉讼电子证据司法审查细则〉新闻发布会》，杭州互联网法院官方网站，http：//hztl. zjcourt. cn/art/2018/6/28/art_ 1225222_ 20112753. html，最后访问时间为 2019 年 3 月 7 日。

[②] 参见《杭州互联网法院司法区块链正式上线运行》，中国法院网，https：//www. chinacourt. org/article/detail/2018/10/id/3522776. shtml，最后访问时间为 2019 年 10 月 18 日。

数据"的消息，数据涉及 1.3 亿人的个人信息及开房记录；2018 年 9 月，常州大学怀德学院超过 2600 名学生的个人信息遭泄露，多家企业利用这些学生的个人信息捏造员工身份并虚报工资记录，意图逃税；2018 年 12 月，曾曝光国内 14 家品牌酒店清洁卫生乱象问题的博主"花总丢了金箍棒"称其护照等身份信息被泄露并在网上传播，遭遇死亡威胁。个人信息的商业价值在信息社会日益凸显，各类泄露、违规提供、违规收集和使用个人信息的案件层出不穷。为减少此类事件的发生，我国相关部门逐渐加大个人信息保护力度，各类保护措施不断趋严。

第一，加强立法保护，提高个人信息保护立法的协同性。一方面，推进个人信息保护专门性、综合性立法工作，《个人信息保护法》作为第 61 个项目进入 2018 年 9 月 10 日公布的《十三届全国人大常委会立法规划》第一类项目，这意味着我国个人信息保护将一改以往立法相对分散的局面，出台专门立法对个人信息保护中的基础性问题、共性问题进行统一规制。另一方面，针对特殊行业出台专门规定，2018 年 5 月 1 日，我国施行了第一部规范物流快递行业的行政法规——《快递暂行条例》，① 该条例专门规定了用户个人信息保护制度，对于出售、泄露或者非法提供快递服务过程中知悉的用户信息等违法行为，最高可处罚款 10 万元。据国家邮政局统计显示，"2018 年全国快递服务企业业务量累计完成 507.1 亿件，同比增长 26.6%；业务收入累计完成 6038.4 亿元，同比增长 21.8%"。② 如此庞大的快递服务业务量背后的售卖用户个人信息黑色产业链着实令公众十分担忧，《快递暂行条例》无疑给公众吃了一颗定心丸。

第二，引导行业合规发展，出台指引性文件提高互联网企业个人信息保护工作的规范性，指导企业完善个人信息保护措施。2018 年 5 月 1 日，由国家网

---

① 该条例已根据 2019 年 3 月 2 日国务院令第 709 号《国务院关于修改部分行政法规的决定》进行修正，删去《快递暂行条例》第五条第一款、第六条、第十六条第二款中的"出入境检验检疫"。删去第二十六条第二款第（三）项中的"其中有依法应当实施检疫的物品的，由出入境检验检疫部门依法处理"。

② 《国家邮政局公布 2018 年邮政行业运行情况》，中华人民共和国国家邮政局官方网站，http://www.spb.gov.cn/xw/dtxx_ 15079/201901/t20190116_ 1746179.html，最后访问时间为 2019 年 3 月 7 日。

信办、国家质量监督检验检疫总局、全国信息安全标准化技术委员会联合发布的国家标准 GB/T 35273-2017《信息安全技术 个人信息安全规范》正式实施，为各类企业组织收集、保存、使用、共享个人信息提供具有可操作性及规范性的指引。2018 年 11 月 30 日，公安部组织行业协会、高校等研究机构的相关专家起草并发布了《互联网个人信息安全保护指引（征求意见稿）》，该指引规定了个人信息安全保护的安全管理机制、安全技术措施和业务流程的安全，能够有效指导互联网企业建立健全公民个人信息安全保护管理制度和技术措施。[①]

第三，严格执法，通过约谈、专项治理等方式全面检查个人信息泄露风险高发领域，针对司法实务问题出台办案指引。与公众日常生活密切联系的 WiFi 分享行为潜藏着泄露个人信息的安全隐患，公安部约谈了境内 WiFi 分享类网络应用服务企业，向境内提供服务的 119 家企业提出 5 项指导性措施要求，[②] 切实加强公民个人信息保护。自 2019 年 1 月至 12 月，中央网信办、工业和信息化部、公安部、市场监管总局决定在全国范围组织开展 App 违法违规收集使用个人信息专项治理。[③]

虽然国家对个人信息保护的力度不断加大，但侵犯个人信息的犯罪行为仍旧十分猖獗。2018 年 11 月 8 日，最高人民检察院检察长张军在第五届世界互联网大会"大数据时代的个人信息保护"分论坛上的专题发言中指出，"2016 年中国检察机关起诉侵犯公民个人信息犯罪 1029 人，2017 年起诉 4407 人，2018 年 1~9 月起诉 3283 人，呈明显增长趋势"。[④] 对此，

---

① 详情参见《公安部网络安全保卫局发布〈互联网个人信息安全保护指引（征求意见稿）〉面向社会征求修改意见》，北大法宝法律数据库，http://www.pkulaw.cn/，最后访问时间为 2019 年 10 月 18 日。

② 《公安部网络安全保卫局约谈 WiFi 分享类网络应用服务企业提出加强公民个人信息保护 5 项要求》，中华人民共和国公安部官方网站，http://www.mps.gov.cn/n2254098/n4904352/c6130352/content.html，最后访问时间为 2019 年 3 月 7 日。

③ 《中央网信办、工业和信息化部、公安部、市场监管总局关于开展 App 违法违规收集使用个人信息专项治理的公告》，中国网信网，http://www.cac.gov.cn/2019-01/25/c_1124042599.htm?from=singlemessage，最后访问时间为 2019 年 3 月 7 日。

④ 《张军在第五届世界互联网大会"大数据时代的个人信息保护"分论坛上的专题发言》，人民网，http://media.people.com.cn/n1/2018/1108/c14677-30388773.html，最后访问时间为 2019 年 3 月 7 日。

2018 年 11 月 9 日最高人民检察院组织印发了《检察机关办理侵犯公民个人信息案件指引》，规定了"审查证据的基本要求，需要特别注意的问题，社会危险性及羁押必要性审查"等相关内容，为个人信息再上一把安全保护锁。

网络应用在公众生活中的覆盖面越来越广，个人信息保护战一刻也不能放松。个人信息保护已不再是某个单一部门的"孤军奋战"，而是正在逐步形成立法、司法、行政等多部门、多主体"群策群力"的"联合作战"。

（二）完善网络安全等级保护制度

网络安全等级保护最早可以追溯至 1994 年国务院制定的《中华人民共和国计算机信息系统安全保护条例》，该条例第九条明确规定："计算机信息系统实行安全等级保护。安全等级的划分标准和安全等级保护的具体办法，由公安部会同有关部门制定。"此后直到 2003 年中共中央办公厅、国务院办公厅在《国家信息化领导小组关于加强信息安全保障工作的意见》中明确指出，"抓紧建立信息安全等级保护制度，制定信息安全等级保护的管理办法和技术指南"。2004 年公安部等多部门联合发布了《关于信息安全等级保护工作的实施意见》，规定了信息安全等级保护制度的基本原则、职责分工、工作要求及实施计划。2007 年《信息安全等级保护管理办法》正式出台，从等级划分与保护、等级保护的实施与管理、涉密信息系统的分级保护管理、信息安全等级保护的密码管理等方面对等级保护制度做出了较为详尽的规定，并且明确了违反等级保护相关制度的法律责任。此后又相继制定了《计算机信息系统安全保护等级划分准则》（GB17859 - 1999）、《信息系统安全等级保护定级指南》、《信息系统安全等级保护基本要求》、《信息系统安全等级保护实施指南》、《信息系统安全等级保护测评要求》等多个国标和行标，并开展了等级保护定级工作。这一系列办法、标准及专项工作的落实大大推动了等级保护管理的规范化、体系化，开启了等级保护制度的 1.0 时代。

随着云计算、大数据、移动互联网、物联网、工业互联网、人工智能等新技术的不断发展，等级保护的对象不断扩大，对等级保护的要求也不断提高，2017年6月1日实施的《网络安全法》在法律层面对等级保护制度加以确认，等级保护制度进入2.0时代。

2018年，相关部门继续制定政策法规对网络安全等级保护制度体系加以完善（见表2）。3月23日，公安部专门制定了《网络安全等级保护测评机构管理办法》，明确规定了测评机构申请流程、测评机构及人员管理、监督管理，以推进网络安全等级保护测评工作的科学性与规范性。依据此管理办法，国家网络安全等级保护工作协调小组办公室组织开展了2018年度全国网络安全等级保护测评机构监督检查和测评能力验证工作，责令江苏讯安信息安全技术有限公司、天津圣目信息安全技术股份有限公司、苏州亿阳值通科技发展股份有限公司、国家信息技术安全研究中心等多家单位限期整改。

表2　我国网络安全等级保护制度相关文件

制定时间	文件名称	发布部门
1994年	《计算机信息系统安全保护条例》	国务院
2003年	《关于加强信息安全保障工作的意见》	国家信息化领导小组
2004年	《关于信息安全等级保护工作的实施意见》	公安部、国家保密局、国家密码管理局、国务院信息化工作办公室（已撤销）
2007年	《信息安全等级保护管理办法》	公安部、国家保密局、国家密码管理局、国务院信息化工作办公室（已撤销）
	《关于开展全国重要信息系统安全等级保护定级工作的通知》	公安部、国家保密局、国家密码管理局、国务院信息化工作办公室（已撤销）
	《信息安全等级保护备案实施细则》	公安部
2008年	《公安机关信息安全等级保护检查工作规范》	公安部
	《关于加强国家电子政务工程建设项目信息安全风险评估工作的通知》	国家发展和改革委员会、公安部、国家保密局
2009年	《关于开展信息系统等级保护安全建设整改工作的指导意见》	公安部
2010年	《关于推动信息安全等级保护测评体系建设和开展等级测评工作的通知》	公安部
	《关于开展信息安全等级保护专项监督检查工作的通知》	公安部

续表

制定时间	文件名称	发布部门
2012 年	《关于大力推进信息化发展和切实保障信息安全的若干意见》	国务院
	《关于进一步加强国家电子政务网络建设和应用工作的通知》	国家发展和改革委员会、公安部、财政部、国家保密局、国家电子政务内网建设和管理协调小组办公室
2014 年	《关于加强国家级重要信息系统安全保障工作有关事项的通知》	公安部、国家发展和改革委员会、财政部
	《关于加强社会治安防控体系建设的意见》	中共中央办公厅、国务院办公厅
2016 年	《网络安全法》	全国人民代表大会常务委员会
2018 年	《网络安全等级保护测评机构管理办法》	公安部

（三）专项重点打击网络犯罪活动

针对电信网络诈骗中的新情况、新问题，公安部、工业和信息化部、最高人民检察院、最高人民法院通过专项打击、出台政策文件、发布典型案件等形式多管齐下，严厉惩治网络诈骗犯罪行为。

第一，依托"净网"专项行动"一案双查"，监管手段再升级。2018年2月，公安部部署全国公安机关开展为期一年的打击整治网络违法犯罪"净网2018"专项行动，对传播违法犯罪信息、部分互联网企业不认真履行网络安全管理义务、网络黑灰产业等进行了专项重点打击，此次专项行动"组织侦破各类网络犯罪案件5.7万余起，抓获犯罪嫌疑人8.3万余名，行政处罚互联网企业及联网单位3.4万余家次，清理违法犯罪信息429万余条"。① 在"净网2018"专项行动中，公安机关还特别针对网络乱象实行了"一案双查"制度，即"在对网络违法犯罪案件开展侦查调查工作时，同步启动对涉案网络服务提供者法定网络安全义务履行情况的监督检查"。②

---

① 《公安部："净网2018"行动侦破网络犯罪案件5.7万余起》，新华网，http://www.xinhuanet.com/2019-03/07/c_1124205639.htm，最后访问时间为2019年10月18日。
② 《公安机关对网络违法犯罪案件实行"一案双查" 公安部公布9起打击整治网络乱象典型案例》，中华人民共和国公安部官方网站，http://www.mps.gov.cn/n2254314/n2254487/c6291654/content.html，最后访问时间为2019年3月7日。

第二，强化责任，科学应对，防范打击通讯信息诈骗工作向纵深推进。2018年6月，工信部印发了《关于纵深推进防范打击通讯信息诈骗工作的通知》，该通知坚持以人民为中心的发展思想，明确了九项重点任务，提出要进一步抓好企业主体责任和行业监管责任这"两个责任"的落实，推动网络诈骗治理向互联网延伸、向境外治理延伸、向新兴领域延伸，并且要强化检查通报机制、监测预警机制、技术系统应用拓展机制、协同联动机制等四项重大机制。

第三，制定办案指引，发布典型案例，联合筑墙震慑网络犯罪。2018年11月9日，最高人民检察院公布了《检察机关办理电信网络诈骗案件指引》，对电信网络诈骗犯罪做出了明确界定，并且明确了审查证据的基本要求。同时还指出了在电信网络诈骗案件审查逮捕、审查起诉中需要特别注意的问题。2018年12月25日，最高人民法院发布了第20批共5件指导性案例，均为涉及网络犯罪的指导性案例，涵盖破坏计算机信息系统、网上开设赌场等犯罪行为。[①]

（四）国家标准与监督检查软硬兼施

2018年全国信息安全标准化技术委员会归口的多项国家标准正式发布，内容涉及电子政务信息安全、工业互联网安全、密码应用、信息技术产品安全可控评价指标、等级保护等多个领域。多项信息安全技术相关国家标准的发布，能够有效改善我国某些领域信息安全立法性文件相对不足的境况，为政府监管、企业合规、公民自律提供了一定的"软规则"参考。

除了国家标准这种柔性规则，相关部门还出台并实施了具有强制力的硬性规定（见表3）。2018年9月5日经公安部部长办公会议通过的《公安机关互联网安全监督检查规定》于2018年11月1日起施行，该规定赋予了公安机关依法对互联网服务提供者和互联网使用单位履行法律、行政法规规定的网

---

① 《最高人民法院发布第20批指导性案例》，中国法院网，https://www.chinacourt.org/index.php/article/detail/2018/12/id/3620092.shtml，最后访问时间为2019年3月7日。

表3 2019 年我国实施的网络安全相关国家标准（部分）

实施日期	文件名称
2019 年 1 月 1 日	GB/T 20518－2018《信息安全技术　公钥基础设施　数字证书格式》，代替标准号：GB/T 20518－2006
2019 年 1 月 1 日	GB/T 25056－2018《信息安全技术　证书认证系统密码及其相关安全技术规范》，代替标准号：GB/T 25056－2010
2019 年 1 月 1 日	GB/T 36322－2018《信息安全技术　密码设备应用接口规范》
2019 年 1 月 1 日	GB/T 36323－2018《信息安全技术　工业控制系统安全管理基本要求》
2019 年 1 月 1 日	GB/T 36324－2018《信息安全技术　工业控制系统信息安全分级规范》
2019 年 1 月 1 日	GB/T 36466－2018《信息安全技术　工业控制系统风险评估实施指南》
2019 年 1 月 1 日	GB/T 36470－2018《信息安全技术　工业控制系统现场测控设备通用安全功能要求》
2019 年 4 月 1 日	GB/T 15843.6－2018《信息技术　安全技术　实体鉴别　第6部分：采用人工数据传递的机制》
2019 年 4 月 1 日	GB/T 34953.2－2018《信息技术　安全技术　匿名实体鉴别　第2部分：基于群组公钥签名的机制》
2019 年 4 月 1 日	GB/T 36618－2018《信息安全技术　金融信息服务安全规范》
2019 年 4 月 1 日	GB/T 36619－2018《信息安全技术　政务和公益机构域名命名规范》
2019 年 4 月 1 日	GB/T 36624－2018《信息技术　安全技术　可鉴别的加密机制》
2019 年 4 月 1 日	GB/T 36626－2018《信息安全技术　信息系统安全运维管理指南》
2019 年 4 月 1 日	GB/T 36627－2018《信息安全技术　网络安全等级保护测试评估技术指南》
2019 年 4 月 1 日	GB/T 36630.1－2018《信息安全技术　信息技术产品安全可控评价指标　第1部分：总则》

资料来源：根据国家标准全文公开系统查询得到，详情可见 http://www.gb688.cn/bzgk/gb/index，最后访问时间为 2019 年 10 月 18 日。

络安全义务情况进行安全监督检查的权力，明确了监督检查对象、内容、程序等，并规定了互联网服务提供者和互联网使用单位存在违法行为的法律责任。

三　内容治理

网信部门在内容治理方面的立法延续以往的立法思路，坚持引导与监管并重，一是把握互联网内容生产与传播规律，逐步实现对不同形式信息服务活动的全面监管；二是针对互联网应用及技术发展中的新问题，及时出台规制措施引导其规范发展，立法重点体现在对网络直播、短视频等网络视听类节目以及区块链信息服务活动的监管；三是适应时代发展变化，对传统立法对象的保护延伸到网络空间，强化网络监管责任。

（一）不同形式信息服务全面监管

第一，加强对各类平台不同形式信息服务的全面监管。自 2014 年成立至今，国家网信办通过出台部门规章、规范性文件等不断加强网络内容治理，内容涵盖互联网新闻信息服务、网信执法程序、网络产品和服务安全审查等多个方面，监管对象涉及即时通信工具、搜索服务、移动应用程序、直播服务、论坛社区、跟帖评论、群组、公众账号等多种形式的信息服务活动。2018 年，国家网信办通过《微博客信息服务管理规定》，基本实现了对当前主要信息服务活动的全面监管。《微博客信息服务管理规定》共 18 条，其中，对微博客服务提供者，主要规定了资质要求、信息内容安全管理主体责任、对使用者实行分级分类管理、建立健全辟谣机制、接受社会监督等；对微博客服务使用者，主要规定了真实身份信息认证要求以及发布内容的禁止性要求；此外，还设置了行业自律及行政管理等条款。

鉴于微博客等形式的社交平台能够将碎片化的信息进行集聚，影响热点话题的舆论走向，使此类平台具有一定的舆论属性或社会动员能力。2018年 11 月 15 日，中央网信办联合公安部制定发布《具有社会舆论属性或社会动员能力的互联网信息服务安全评估规定》，加强对具有舆论属性或社会动员能力的互联网信息服务和相关新技术新应用的安全管理。

第二，针对花样新出的网络视听类节目进行重点监管（见表 4）。2018年初，直播答题迅速走红，但一些网络平台在视听节目直播资质、内容审核机制、内容导向等方面却存在诸多问题。随之而来的是原国家新闻出版广电总局、工业和信息化部、公安部、文化和旅游部、国家互联网信息办公室等多个部门或单独或联合通过下发通知、约谈等形式密集整顿网络视听类节目，一方面严格规制管控低俗炒作、不良有害视听节目，另一方面鼓励优质内容生产，引导此类节目在内容生产中坚持正确导向。可见，2018 年既是网络视听类节目流量迅猛增长的一年，也是行业监管力度和密度空前加大的一年。

表4　2018年网络视听节目内容监管相关文件

时间	部门	文件名称	主要内容
2月14日	国家新闻出版广电总局	《关于加强网络直播答题节目管理的通知》	未持有信息网络传播视听节目许可证的任何机构和个人，一律不得开办网络直播答题节目
3月22日	国家新闻出版广电总局办公厅	《关于进一步规范网络视听节目传播秩序的通知》	规定坚决禁止非法抓取、剪拼改编视听节目的行为，加强网上片花、预告片等视听节目管理，加强对各类节目接受冠名、赞助的管理，严格落实属地管理责任
8月20日	全国"扫黄打非"办公室会同工业和信息化部、公安部、文化和旅游部、国家广播电视总局、国家互联网信息办公室	《关于加强网络直播服务管理工作的通知》	首次明确了行业监管中网络直播服务提供者、网络接入服务提供者、应用商店等各自的责任，推动互联网企业严格履行主体责任，突出对网络直播行业的基础管理，细化了直播行业相关规定的执行标准①
11月19日	国家广播电视总局	《关于进一步加强广播电视和网络视听文艺节目管理的通知》	一、牢牢把握正确的政治方向，强化价值引领。二、坚持以人民为中心的创作导向，坚决遏制追星炒星、泛娱乐化等不良倾向。三、鼓励以优质内容取胜，不断创新节目形式，严格控制嘉宾片酬。四、加大电视剧网络剧（含网络电影）治理力度，促进行业良性发展。五、坚持同一标准、同一尺度，维护广播电视与网络视听节目的健康有序发展。六、加强收视率（点击率）调查数据使用管理，坚决打击收视率（点击率）造假行为。七、落实意识形态工作责任制，强化主管主办责任和属地管理责任

（二）传统立法规制契合时代特点

2018年5月1日，《英雄烈士保护法》正式施行，该法紧跟互联网时代发展特点，要求互联网信息服务提供者"应当通过播放或者刊登英雄烈士

---

① 《六部门联合发布通知：加强网络直播行业基础管理》，中国政府网，http://www.gov.cn/xinwen/2018－08/21/content_5315259.htm，最后访问时间为2019年3月7日。

题材作品、发布公益广告、开设专栏等方式,广泛宣传英雄烈士事迹和精神",① 同时还规定了相关主体对网络空间中发布以侮辱、诽谤或者其他方式侵害英雄烈士的姓名、肖像、名誉、荣誉信息的监管责任。② 网信部门依据该法约谈了属地网站、互联网平台,要求各公司对运营的网站、平台中存在的侮辱英烈的用户进行清理,存在歪曲、丑化、侮辱英烈形象的违法违规行为的进行限期整改,积极倡导营造保护和尊崇英烈的清朗网络空间。5月8日,自媒体"暴走漫画"在"今日头条"等平台发布了一段时长58秒、含有戏谑侮辱董存瑞烈士和叶挺烈士内容的短视频,③ 引发网友抵制,后"暴走漫画"被全互联网平台永久下架、封停。5月17日,北京市网信办、市新闻出版广电局、市公安局、市文化市场行政执法总队依法联合约谈属地重点网站,在约谈中提出了三点明确要求,责令网站严格贯彻落实《英雄烈士保护法》,切实履行主体责任,采取有效措施坚决抵制网上歪曲、丑化、侮辱英烈形象的违法违规行为,大力弘扬社会主义核心价值观。④

(三)紧跟新兴技术填补立法空白

2018年,各种区块链概念股在资本市场上起伏跌宕,各种从事区块链技术研发的机构层出不穷,一时间区块链作为一个新奇的概念被炒作起来,

---

① 《英雄烈士保护法》第十九条规定:广播电台、电视台、报刊出版单位、互联网信息服务提供者,应当通过播放或者刊登英雄烈士题材作品、发布公益广告、开设专栏等方式,广泛宣传英雄烈士事迹和精神。

② 《英雄烈士保护法》第二十三条规定:网信和电信、公安等有关部门在对网络信息进行依法监督管理工作中,发现发布或者传输以侮辱、诽谤或者其他方式侵害英雄烈士的姓名、肖像、名誉、荣誉的信息的,应当要求网络运营者停止传输,采取消除等处置措施和其他必要措施;对来源于中华人民共和国境外的上述信息,应当通知有关机构采取技术措施和其他必要措施阻断传播。网络运营者发现其用户发布前款规定的信息的,应当立即停止传输该信息,采取消除等处置措施,防止信息扩散,保存有关记录,并向有关主管部门报告。网络运营者未采取停止传输、消除等处置措施的,依照《中华人民共和国网络安全法》的规定处罚。

③ 《今日头条封禁"暴走漫画"账号,因其发布涉嫌侮辱英烈短视频》,澎湃新闻,https://www.thepaper.cn/newsDetail_forward_2134434,最后访问时间为2019年10月18日。

④ 《北京网信办:属地网站清理侮辱英烈违法违规信息》,环球网,https://m.huanqiu.com/article/9CaKrnK8ynj,最后访问时间为2019年1月18日。

而真正关注其技术本身者则少之甚少。

为了规范区块链信息服务活动，促进区块链信息服务健康有序发展，网信办于2018年10月19日发布了《区块链信息服务管理规定（征求意见稿）》，对区块链信息服务进行了明确界定，并对区块链信息服务管理体制、备案要求、信息内容安全管理主体责任、实名制、技术保障措施、法律责任等作出了具体规定。

（四）严格网信执法净化网络生态

《网络安全法》实施一年多以来，与之相关的执法行为逐渐走向常态，既有网民举报后监管部门进行查处的，也有监管部门主动发现查处的，并且处罚频次不断增多，处罚力度不断加大（见表5）。

从执法主体来看，国家网信部门、工信部门、公安部门、国家广播电视管理部门等成为主要的网信执法主体，初步形成了国家、省、市三级执法体系，并逐步建立工信、公安、工商等多个涉网部门间网信执法协调工作机制。

从执法对象来看，既有社交媒体、信息发布等平台类企业，也有网络购物、网络金融服务等垂直细分领域的互联网企业，还有院校等事业单位。

从执法手段来看，监管部门充分运用约谈整改、行政处罚、公开曝光、产品下架、平台限期停止服务等手段，依法加大对各类网站平台的监管执法力度。据国家网信办公开的数据显示，"2018年全国网信系统全年依法约谈网站1497家，对738家网站给予警告，暂停更新网站297家，会同电信主管部门取消违法网站许可或备案、关闭违法网站6417家，移送司法机关相关案件线索1177件"。①

---

① 《2018年全国网信行政执法工作取得新实效》，中国网信网，http：//www.cac.gov.cn/2019-01/24/c_1124034877.htm，最后访问时间为2019年2月28日。

表5　2018年国家网信办重点专项整治行动

专项行动	执法部门	整治重点及成效
联合整治炒作明星绯闻隐私和娱乐八卦	国家网信办会同公安部、文化部、国家税务总局、国家工商总局、国家新闻出版广电总局	相关网络平台对"卓伟粉丝后援会""全明星通讯社""娱姬小妖"等专事炒作明星绯闻隐私的账号进行永久关闭。六部委按职能、分领域进一步加强对新浪微博、腾讯、百度、优酷、秒拍等网络平台的依法从严监管。对北京大风行锐角度文化传播有限公司、卓伟视界(上海)影视工作室等相关企业经营活动进行检查,对发现的违法违规行为进行依法惩戒
对网络直播平台和网络主播的专项清理整治	国家网信办会同工信部	经举报并核实,蜜汁直播、第二梦、媚娘、小公举、青依秀、龙猫直播、2018直播、紫水晶、葫芦直播、小美酱等直播平台大肆传播低俗和涉赌等有害信息,部分平台为逃避监管,组织"深夜场"低俗直播;"天佑""五五开"等网络主播公然传播涉毒歌曲,公开教唆粉丝辱骂他人,争相炫富斗富,发布低俗恶搞内容。国家网信办根据《网络安全法》《互联网新闻信息服务管理规定》《互联网直播服务管理规定》等法律法规,会同工信部关停下架蜜汁直播等10家违规直播平台;将"天佑"等纳入网络主播黑名单,要求各直播平台禁止其再次注册直播账号;各主要直播平台合计封禁严重违规主播账号1401个,关闭直播间5400余个,删除短视频37万条
自媒体乱象集中整治专项行动	国家网信办	约谈腾讯微信、新浪微博、百度、腾讯、新浪、今日头条、搜狐、网易、UC头条、一点资讯、凤凰、知乎等多家客户端自媒体平台。要求各平台立即对平台自媒体账号进行一次"大扫除",坚决清理涉低俗色情、"标题党"、炮制谣言、黑公关、洗稿粉丝,以及刊发违法违规广告、插入二维码或链接恶意诱导引流、恶意炒作营销等问题账号;同时,要坚持标本兼治、长效治理,采取有力有效措施清存量、控增量,全面清理僵尸号、僵尸粉,修订账号注册规则,改进推荐算法模型,完善内容管理系统,健全各项制度,坚决遏制自媒体乱象
恶意移动应用程序专项整治	国家网信办会同工信部、公安部	对在各类网络平台传播的移动应用程序进行巡查,重点检测游戏、壁纸、工具、电子读物等受众广、风险高的应用程序,发现"全民切水果""浴室女神"等程序通过隐蔽执行、欺骗用户点击等方式订购收费业务,造成用户经济损失;"激情福利社""调皮女仆"等在用户不知情或未授权情况下,窃取个人信息;"小二轰炸机""水果忍者大乱斗"等存在向指定用户发送大量短信、捆绑下载、拦截短信等流氓行为。发现并清理7873款存在恶意扣费、信息窃取等高危恶意行为的移动应用程序,并督促电信运营商、云服务提供商、域名管理机构等关停相关服务

资料来源:根据中国网信网相关内容整理得到。

四 产业发展

人工智能、大数据、云计算、物联网等互联网技术不断为传统产业赋能，促进互联网产业和传统产业的融合发展。一年来，政府出台了多项互联网产业立法，一方面鼓励新兴技术加快发展，另一方面防范行业风险，引导互联网产业合规健康发展。

（一）电子商务有法可依

中国电商从 1999 年起步至今，经过 20 年的发展，已经一跃成为全球电商领域的领导者。2018 年全国电子商务交易额为 31.63 万亿元，继续保持较快增长。短短时间内就异军突起的电商行业为经济发展创造了新的增长点，催生了新的经济模式，一方面不断满足公众消费需求的多样化与个性化，引发了一轮又一轮投资热、创业热，推动了产业结构调整，另一方面也带动了快递物流、网络支付等相关产业的发展。但作为新事物蓬勃发展的电商行业也带来了监管难题，合规制度设计上的滞后使得这一行业乱象丛生。假冒伪劣产品、逃税漏税、大数据杀熟、网络刷单等不良现象不仅消耗了消费者对行业的信任，也蚕食着公众对政府监管的信心。

2018 年 8 月 31 日，《电子商务法》经由第十三届全国人民代表大会常务委员会第五次会议表决通过。历时五年，历经三次公开征求意见、四次审议及修改，《电子商务法》终于自 2019 年 1 月 1 日起正式实施。该法共 7 章 89 条，主要从电子商务的经营者、合同的订立与履行、争议解决、电子商务促进、法律责任等五个方面做出了具体规定，是电子商务领域的一部基础性法律。自此，电子商务发展迎来了有法可依的新时代。

（二）网约车行业安检"风暴"

依靠平台补贴的竞争策略，网约车迅速抢占传统出租车市场，成为公众主要的出行方式。截至 2018 年 12 月，我国网约出租车用户规模达 3.3 亿，网约专车或快车用户规模达 3.33 亿。[①] 作为共享经济下的新业态，我国对网约车行业的发展一直持以相对开放包容的姿态。网约车在经历了"灰色身份"的生长阶段之后，被政府确认合法化，我国也成为世界上第一个网约车合法化的国家。政府监管空白的野蛮生存环境，给了网约车平台迅速壮大的机会，但乘客人身财产安全、运行车辆与认证车辆不符、大数据杀熟等问题频现倒逼行业合规化发展。特别是 2018 年接连发生的几起乘客遇害案件，加速了政府监管手段的升级。

第一，针对网约车的系列政策纷纷出台，健全多主体协同监管机制（见表6）。2018 年 5 月，郑州空姐滴滴打车遇害案引发了全社会对网约车乘客安全问题的广泛关注，此后发生的几起网约车安全事故彻底把网约车推向了舆论的风口浪尖，政府传统监管模式的不适应性也暴露无遗。5 ~ 8 月，政府监管部门密集发文，从建立"黑名单"制度、服务质量信誉考核、事中事后联合监管、联席会议制度等方面完善监管制度设计，引导行业规范发展。但过紧的监管又使得打车难、加价接单等消费难题重现，如何平衡好市场需求和行业监管是网约车行业需要解决的问题。

表6　2018 年网约车行业监管政策

发布时间	发布机构	文件名称	主要内容
2 月 26 日	交通运输部	《网络预约出租汽车监管信息交互平台运行管理办法》	加强网络预约出租汽车监管信息交互平台的运行管理工作，规范数据传输
5 月 11 日	交通运输部	《关于加强和规范出租汽车行业失信联合惩戒对象名单管理工作的通知（征求意见稿）》	加强对出租汽车行业中各市场主体的信用监管，建立失信联合惩戒对象名单制度
5 月 24 日	交通运输部	《出租汽车服务质量信誉考核办法》	明确将网络预约出租汽车经营者及驾驶员纳入出租汽车服务质量信誉考核体系，并为网络预约出租汽车经营者设定了 6 类考核指标，还要求网约车平台公司如实向主管部门报送服务质量信誉档案

① 中国互联网络信息中心（CNNIC），《第 43 次中国互联网络发展状况统计报告》。

发布时间	发布机构	文件名称	主要内容
6月6日	交通运输部、中央网信办、工业和信息化部、公安部、中国人民银行、国家税务总局和国家市场监督管理总局	《关于加强网络预约出租汽车行业事中事后联合监管有关工作的通知》	明确了网约车行业事中事后联合监管工作流程
8月1日	国务院办公厅	《关于同意建立交通运输新业态协同监管部际联席会议制度的函》	建立由交通运输部牵头的交通运输新业态协同监管部际联席会议制度

第二，各部门对网约车的专项整治行动席卷全国，掀起了一场全面的安全检查风暴（见表7）。2018年多起顺风车安全事件直接带来了整个网约车行业的安全大检查，压实平台主体责任、守好安全底线、拒绝悲剧重演成为整个社会对网约车行业的一致期待。在专项检查中，监管部门发现网约车、顺风车平台主要在这九个方面存在较大问题："公共安全隐患问题巨大；顺风车产品安全隐患问题巨大；应急管理基础薄弱、效能低下；非法营运问题突出；安全生产主体责任落实不到位；企业平台诚信严重缺失；个人信息安全问题突出；社会稳定风险突出；涉嫌行业垄断"。[①]

表7　2018年网约车专项整治行动

时间	部门	专项行动
8月31日	交通运输新业态协同监管部际联席会议	决定自9月5日起,在全国范围内对所有网约车、顺风车平台公司开展进驻式全面检查
9月5日	交通运输新业态协同监管部际联席会议	交通运输部、中央政法委、中央网信办等有关部门人员及相关专家组成的检查组进驻滴滴

---

① 《9月份例行新闻发布会》，中华人民共和国交通运输部官方网站，http://xxgk. mot. gov. cn/jigou/zcyjs/201809/t20180928_ 3093702. html，最后访问时间为2019年3月21日。

时间	部门	专项行动
9月10日	交通运输部、公安部	发布《关于进一步加强网络预约出租汽车和私人小客车合乘安全管理的紧急通知》，宣布自即日起至12月31日，在全国范围组织开展打击非法从事出租汽车经营的专项整治行动
9月11日	交通运输部、公安部等部门	9月11日起，由交通运输部、中央网信办、公安部等多部门组成的网约车、顺风车安全专项工作检查组陆续进驻首汽约车、神州专车、曹操专车、易到用车、美团出行、嘀嗒出行、高德等网约车和顺风车平台公司，开展安全专项检查

（三）持续加强互联网金融监管

大数据、云计算、人工智能和区块链等科技手段与金融的融合助推了互联网金融的快速发展，但是互联网金融行业发展过程中暴露的非法集资、网络传销、网络金融诈骗等问题也不容小觑。腾讯发布的《2018年互联网金融安全报告》显示，"2018年国内累计发现涉嫌传销平台达到5000余家，活跃人数超过千万；P2P网贷平台达到1.2万家，其中中高风险平台占比约为68%，较上半年增长24%"。[①] 金融风险防范成为日趋严峻的课题。2018年互联网金融的发展可谓跌宕起伏，P2P机构的备案登记工作遭遇延期但终究重启；唐小僧、联璧金融等明星网贷平台相继爆雷，引发投资恐慌；互金巨头强化科技属性，监管机制需创新。

金融安全事关社会稳定，2018年政府工作报告明确强调"健全互联网金融监管"，这已经是"互联网金融"连续5年被写入政府工作报告，国家对其重视程度可见一斑。2018年监管部门发布的一系列文件从互联网金融机构运行、风险管控、金融信息传播等方面进行了规定，力求引导互联网金融良性发展，为互联网金融行业发展创建良好的政策环境（见表8）。

[①] 《腾讯发布〈2018年互联网金融安全报告〉》，人民网，http://sz.people.com.cn/n2/2019/0124/c202846-32573366.html，最后访问时间为2019年3月21日。

表8 2018年互联网金融相关政策

发布时间	发布机构	文件名称
3月8日	互联网金融风险专项整治工作领导小组	《关于加大通过互联网开展资产管理业务整治力度及开展验收工作的通知》
4月3日	国家市场监督管理总局	《关于进一步加强打击传销工作的意见》
4月16日	中国银保监会等四部门	《关于规范民间借贷行为维护经济金融秩序有关事项的通知》
4月19日	中国人民银行等三部门	《关于加强非金融企业投资金融机构监管的指导意见》
4月27日	中国人民银行等多部门	《关于规范金融机构资产管理业务的指导意见》
5月30日	中国证监会、中国人民银行	《关于进一步规范货币市场基金互联网销售、赎回相关服务的指导意见》
7月11日	中国人民银行	《加强跨境金融网络与信息服务管理的通知》
8月13日	全国P2P网络借贷风险专项整治工作领导小组办公室	《关于开展P2P网络借贷机构合规检查工作的通知》
8月24日	银保监会、中央网信办、公安部、人民银行、市场监管总局	《关于防范以"虚拟货币""区块链"名义进行非法集资的风险提示》
8月31日	中国证监会	《中国证监会监管科技总体建设方案》
9月29日	中国人民银行等三部门	《互联网金融从业机构反洗钱和反恐怖融资管理办法（试行）》
11月26日	中国人民银行等三部门	《关于完善系统重要性金融机构监管的指导意见》
12月26日	国家网信办	《金融信息服务管理规定》

（四）鼓励人工智能快速发展

2018年3月5日，李克强总理在《2018年国务院政府工作报告》中指出，"加强新一代人工智能研发应用，在医疗、养老、教育、文化、体育等多领域推进'互联网＋'"。[①] 为推动人工智能快速发展，2018年国家出台了多项政策支持人工智能技术（见表9）。截至2018年11月，全国已有15个省（区、市）发布了人工智能规划，其中12个制定了具体的产业规模发

---

① 《2018年政府工作报告》，中国政府网，http://www.gov.cn/zhuanti/2018lh/2018zfgzbg/zfgzbg.htm，最后访问时间为2019年10月18日。

展目标，有22个省（区、市）在战略新兴规划中设置了人工智能专项，19个省（区、市）在大数据计划中提及人工智能。[①]

表9　2018年我国人工智能相关政策

发布时间	发布机构	文件名称	主要内容
4月12日	工业和信息化部、公安部、交通运输部	《智能网联汽车道路测试管理规范（试行）》	对测试主体、测试驾驶人及测试车辆，测试申请及审核，测试管理，交通违法和事故处理等方面作了详细规定
11月13日	工业和信息化部	《车联网（智能网联汽车）直连通信使用5905－5925MHz频段管理规定（暂行）》	规划了5905－5925MHz频段许可使用及相关频率、台站、设备、干扰协调的管理工作
12月25日	工业和信息化部	《车联网（智能网联汽车）产业发展行动计划》	提出以融合发展为主线，充分发挥我国的产业优势，优化政策环境，加强行业合作，突破关键技术，夯实跨产业基础，推动形成深度融合、创新活跃、安全可信、竞争力强的车联网产业新生态

（五）“互联网＋医疗健康”改善民生

在线问诊、网络预约挂号大大满足了人民群众日益增长的多层次、多样化、个性化的医疗健康需求，一定程度上缓解了传统就医模式下“看病难”以及医疗资源分配不均衡的问题，这都得益于“互联网＋”对医疗健康行业的技术赋能。为促进“互联网＋医疗健康”顺利发展，国家在2018年出台了多项扶持政策。一是做好顶层设计，为“互联网＋医疗健康”长远发展绘制蓝图；二是制定配套政策，确保“互联网＋医疗健康”服务体系落到实处（见表10）；三是加强健康医疗大数据服务管理，充分发挥健康医疗大数据作为国家重要基础性战略资源的作用。

[①] 《第43次中国互联网络发展状况统计报告》，中国网信网，http：//www.cac.gov.cn/2019－02/28/c_1124175677.htm，最后访问时间为2019年3月27日。

表 10　2018 年我国"互联网 + 医疗健康"相关政策

发布时间	发布机构	文件名称	主要内容
4 月 28 日	国务院	《关于促进"互联网 + 医疗健康"发展的意见》	明确提出要健全"互联网 + 医疗健康"服务体系,完善"互联网 + 医疗健康"支撑体系,加强行业监管和安全保障
7 月 12 日	国家卫生健康委员会、国家中医药管理局	《关于深入开展"互联网 + 医疗健康"便民惠民活动的通知》	从就医诊疗、结算支付、患者用药、公共卫生、家庭医生、远程医疗、健康信息、应急救治、政务共享、检查检验等 10 个方面提出了具体要求
8 月 31 日	国家医政医管局	《关于进一步推进以电子病历为核心的医疗机构信息化建设工作的通知》	推动尽快实现院内及医联体内各医疗机构各诊疗环节信息互联互通
9 月 12 日	国家卫健委、国家中医药管理局	《互联网医院管理办法（试行）》《互联网诊疗管理办法（试行）》《远程医疗服务管理规范（试行）》	进一步规范互联网诊疗行为,发挥远程医疗服务积极作用,提高医疗服务效率,保证医疗质量和医疗安全
9 月 13 日	国家卫生健康委员会	《国家健康医疗大数据标准、安全和服务管理办法（试行）》	对健康医疗大数据的定义进行了明确界定,明确了标准管理、安全管理、服务管理的责任单位及相应责任

（六）网络游戏监管不断收紧

2018 年对于网络游戏行业来说是一个颇为煎熬的寒冰期,游戏版号审批暂停、备案通道关闭、备案文号停止更新、游戏总量调控、设立道德风险评议等多项监管措施的出台显示着我国网游行业强监管时代的来临（见表11）。政策的变化直接导致游戏产业市场低迷,产业收入增速放缓。2018 年我国网络游戏（包括客户端游戏、手机游戏、网页游戏等）业务收入达 1948 亿元,同比增长 17.8%,收入增速较 2017 年呈高位回落态势。[①] 但是,监管趋严带来的行业阵痛之后将会是网络游戏更加规范化的发展。一方面,

---

① 《第 43 次中国互联网络发展状况统计报告》,中国网信网, http://www.cac.gov.cn/2019 - 02/28/c_ 1124175677.htm,最后访问时间为 2019 年 3 月 27 日。

政府通过版号审批等手段调控游戏总量，意味着网络游戏行业门槛提高，朝着质量内容精品化的路线发展，推动网络游戏行业实现重视内容生产的供给侧改革。另一方面，在行业洗牌的过程中将淘汰一大批质量低下的网络游戏，游戏公司也将更加重视自己的社会责任，通过产业的转型升级逐渐更新公众对网游的负面认知。但网络游戏开发者也必须避免利欲熏心，必须增强对青少年尤其是未成年人的保护，不能成为信息时代的"网络鸦片"。

表11　2018年网络游戏行业监管动态

时间	监管动态
3月29日	原国家新闻出版广电总局发布《游戏申报审批重要事项通知》,称将暂停游戏版号审批工作
6月6日	原文化部在版号审批暂停数月后也关闭了国产网游备案通道
8月6日	进口游戏停止新的备案文号更新
8月30日	教育部等八部门联合印发《综合防控儿童青少年近视实施方案》,方案要求"实施网络游戏总量调控,控制新增网络游戏上网运营数量,探索符合国情的适龄提示制度,采取措施限制未成年人使用时间"
10月11日	国务院印发《完善促进消费体制机制实施方案(2018～2020年)》,要求"推进网络游戏转型升级,规范网络游戏研发出版运营"
12月	网络游戏道德委员会在北京成立
12月7日	网络游戏道德委员会对首批存在道德风险的网络游戏进行了评议

五　国际治理

互联网在造福人类的同时，也给世界各国国家安全和发展带来许多新的挑战。一是网络安全事故频发冲击着国际秩序，二是网络渗透危害主权国家政治安全，三是网络违法犯罪威胁经济社会安全与个人合法权利，四是网络空间军事化威胁世界安全。互联网将全球人类更加紧密地联系在一起，互联网全球治理已经逐渐成为各国共识。回顾2018年，我国政府坚持互相尊重、互相信任，为推动网络空间人类命运共同体的建设不断贡献中国力量与中国智慧。

（一）搭建共享共治国际平台

2018 年 11 月 7 日，在乌镇召开了主题为"创造互信共治的数字世界——携手共建网络空间命运共同体"的第五届世界互联网大会。习近平主席在致第五届世界互联网大会的贺信中强调，"各国应该深化务实合作，以共进为动力、以共赢为目标，走出一条互信共治之路，让网络空间命运共同体更具生机活力"。[①] 从 2014 年第一届世界互联网大会到 2018 年第五届世界互联网大会，我国一直致力于与世界各国携手共建网络空间命运共同体，致力于向各国阐释互联网国际治理的中国声音与中国方案。

（二）积极参与国际规则制定

2018 年 8 月 30 日，ISO/IEC JTC 1/SC 41（物联网及相关技术分技术委员会）标准项目 ISO/IEC 30141：2018《物联网　参考体系结构》正式发布，该国际标准规定了"物联网系统特性、概念模型、参考模型、参考体系结构视图（功能视图、系统视图、网络视图、使用视图等）以及物联网可信性"。[②] 近年来，我国不断制定和实施物联网发展专项行动计划，大大促进了物联网应用场景的扩大化，此次物联网标准引领世界意味着我国掌握了物联网架构标准的主导权，为我国在新一代信息技术国际规则制定上赢得了话语权。

六　趋势与展望

（一）2018～2019年网络法治特点

为更好地发展互联网、治理互联网，相关部门关于互联网的立法遍及电

---

① 《习近平向第五届世界互联网大会致贺信》，新华网，http://www.xinhuanet.com//politics/2018－11/07/c_1123677227.htm，最后访问时间为 2019 年 10 月 18 日。

② 《我国主导的 ISO/IEC 30141：2018〈物联网　参考体系结构〉国际标准正式发布》，中国通信标准化协会官网，http://www.ccsa.org.cn/article_new/show_article.php?article_id=cyzx_6416be43－d1bb－cc4b－8304－5b960d350fcf，最后访问时间为 2019 年 3 月 7 日。

子商务、网络内容、网络安全、电子政务、共享经济、工业互联网、大数据、人工智能等多个领域，2018～2019年网络法治的特点主要体现在以下方面：

第一，充分利用网络信息化提高国家治理现代化。

习近平总书记在出席全国网络安全和信息化工作会议时强调，"信息化为中华民族带来了千载难逢的机遇"，"我们必须敏锐抓住信息化发展的历史机遇"。[①] 2018～2019年，信息化在促进我国政务服务、机构改革、司法审判等国家治理手段现代化方面发挥了重要作用——"互联网＋政务服务"建设打破信息壁垒，推进公共数据共享互联互通；增设互联网法院适应信息社会发展，构建智慧司法。

第二，重视提升技术发展与网络立法规制的契合度。

互联网技术创新速度快，现有立法有时不能为互联网技术发展及时提供有效的制度供给，一些新业态难免出现监管空白。2018～2019年互联网立法紧跟互联网技术发展新趋势，大力解决互联网技术的创新性发展与制度供给的滞后性之间的难题，围绕车联网、区块链等新兴技术出台了相应规定。

第三，强化不同形式信息服务内容监管的全面性。

2018～2019年，包括搜索引擎、网络直播、移动App、网络跟帖评论、网络论坛社区、网络群组、用户公众账号、微博客等在内的不同形式的信息服务都被纳入政府监管之中，并出台了相应的专项规定。与此同时，国家越来越意识到网络信息内容对国家意识形态安全的重要性，加强了对具有媒体属性及社会动员能力的互联网信息服务的安全评估工作。

近5年来，我国网络法治工作进展迅速，已经形成包括法律、法规、司法解释以及规章和规范性文件在内的基本框架，但也面临诸多问题。

第一，立法文件数量繁杂而体系性不强，焦点众多但蓝图主线不够清晰。

---

① 《全国网络安全和信息化工作会议：长风破浪正当其时》，中国网信网，http：//www.cac.gov.cn/2019 - 05/21/c_ 1124522234.htm，最后访问时间为2019年10月18日。

虽然我国互联网立法已经初步形成了包含法律、行政法规、规章、规范性文件等不同位阶的法律规范体系，内容涉及民法、刑法、行政法、商法等多个部门法，但由于在最初的网络立法过程中并没有做好顶层设计，导致针对同一调整对象可能存在多头立法，或者分散在不同的立法文件中，甚至存在立法冲突，缺乏整体性和系统性，严重影响立法功能的协调性与部门之间的衔接性。

第二，立法多为被动应对而主动规划不够，导致与互联网发展的技术驱动特征不适应以及对新模式、新业态前瞻不足。

从立法过程来看，目前互联网立法多为问题导向型，立法文件中多为低位阶的规范性文件类型的应急性制度措施。正是由于这种"哪里有问题哪里严监管"的立法模式，导致互联网立法缺乏对相关领域立法的规划性、必要性和可行性的科学论证，难以为互联网技术创新发展及时提供有效的制度供给。

第三，立法类型不平衡，过于关注内容安全而其他网安配套规范不足。

目前出台的互联网立法多为内容监管立法，且这些立法均已生效实施。但与网络安全相关的网络安全等级保护制度、个人信息保护制度、重要数据保护制度、关键信息基础设施安全保护制度等方面的立法却进展缓慢，大多处于已发布未生效或者未发布状态。

第四，对网信制度供给本身缺乏反思，重立规、轻实施。

党的十九大报告提出"推进科学立法、民主立法、依法立法，以良法促进发展、保障善治"。但是，自2017年6月1日《网络安全法》实施以后，仅在2017年8至10月份对"一法一决定"的实施情况进行了执法检查，此后再未进行任何立法实施调研和立法后评估。不仅是《网络安全法》这种综合性法律缺乏立法后评估，那些专门性立法也鲜见有立法后评估，这就难以对已有立法进行全面检视，及时发现法律法规制度本身存在的问题。

（二）网络空间立法展望

未来网络法治建设将根据总书记讲话精神和国家发展战略规划蓝图与主

线，提高互联网立法的系统性、协调性和均衡性，把握网络法治与技术研发、产业发展和公共利益的平衡，继续重视网络内容治理，完善《网络安全法》《电子商务法》等法律的配套立法，推进个人信息保护、未成年人网络保护、数据安全等重点立法项目。

第一，个人信息保护专门立法。

2018年诸多个人信息泄露事件牵动了公众的敏感神经，出台个人信息保护专门立法的呼声也越来越高。随着《个人信息保护法》作为第61个项目进入2018年9月10日公布的《十三届全国人大常委会立法规划》第一类项目，个人信息保护专门立法的颁布终于指日可待。

第二，未成年人网络保护立法。

未成年人网民数量持续增加，首次触网年龄不断降低，互联网带给未成年人良莠不齐的新奇信息，但这一群体对于网络信息的甄别并不具备足够的能力，极易受到不良信息的影响，甚至遭受网络犯罪的侵害，未成年人网络保护势在必行。

第三，网络信息内容治理立法。

网络信息内容治理在互联网法治中依旧会延续其举足轻重的地位，并不断适应新技术的发展出台相应制度措施。随着国家继续开展网络提速降费并加紧推进5G研发和产业化进程，网络视频类信息内容产业将迎来新一轮发展机遇，相关部门也必将加强对网络视频类信息内容的监管力度。鉴于短视频类制作门槛低且数量庞大，国家更侧重于对平台的监管而非针对个人。此外，有必要针对特殊群体出台相应的监管措施，保障此类群体在网络空间的合法权益。比如，严加治理涉及军队、军人、军服的有害信息，加大对在各类社交平台或信息服务平台发布涉军信息的账号"身份"及"内容"的审查力度。

第四，关键信息基础设施保护立法。

关键信息基础设施关系到国家安全及社会公共利益，在国家间博弈中具有战略性和基础性地位。习近平总书记在"4.19讲话"中就明确指出，"金融、能源、电力、通信、交通等领域的关键信息基础设施是经济运行的神经中枢，是网络安全的重中之重"。《网络安全法》已经施行一年多，关键信息基础设施保护法律体系亟待完善。由中央网信办和公安部双牵头制定的《关键信息基础设施安全保护条例》以及由全国信息安全标准化技术委员会归口管理的《信息安全技术　关键信息基础设施安全检查评估指南》《信息安全技术　关键信息基础设施安全保障指标体系》《信息安全技术　关键信息基础设施安全控制措施》《信息安全技术　关键信息基础设施网络安全保护要求》等相关国家标准都将陆续发布，未来这些保护性制度的出台必将大大提升我国的国家关键信息基础设施网络安全防护能力。

专题报告

Special Reports

B.2

区块链在关键行业的应用落地

——场景、挑战、监管

赵磊　石佳*

摘　要： 区块链近年来在各行业和领域的应用愈发广泛，从金融领域的支付结算、供应链金融等拓展到非金融领域的产品溯源、能源、医疗、电子存证等，在带来颠覆性创新的同时，也面临着相应的障碍与挑战。这不仅是相关技术薄弱可能引发的安全风险，还涉及诸如电子存证这些领域法律介入的界限以及区块链固有的去中心化特点导致的监管难题。由于底层平台欠缺、性能不完善以及兼容性不足等原因，区块链应用层发展仍然属于初级阶段。《区块链信息服务管理规定》的出台使得区块链

---

* 赵磊，中国社会科学院法学研究所副研究员；石佳，中国社会科学院大学（研究生院）硕士研究生。

信息服务纳入了监管范围，不仅能够规范行业发展，而且在自我监督和管理上也会有一定的推动作用。

关键词： 区块链　应用领域　监管

一　问题的提出

以中本聪 2008 年发表的《区块链：一种点对点电子现金系统》一文为开端，至 2018 年末，区块链已经经历了 10 年的历程。至 2018 年 3 月底，我国以区块链业务为主营业务的区块链公司数量达到 456 家，[①] 产业已初具规模，涵盖从上游的硬件制造、平台服务、安全服务，到下游技术应用服务，再到保障产业发展的行业投融资、媒体、人才服务等多个链条环节。2019 年全国"两会"期间，各地政府更是把发展区块链技术、扶持区块链产业纳入了政府工作报告，人民网、《人民日报》都以专栏形式报道了区块链。作为比特币的底层技术，区块链凭借着自身的可拓展性，在过去的几年里从"星星之火"迅速有了"燎原之势"，从一开始的数字货币逐渐向金融、电子存证、能源等诸多应用领域迈进，加速了其行业和领域的发展趋势。而一旦区块链技术大量应用到各种社会场景中去，又不可避免地会涉及投资人、参与者、普通消费者与国家等多方利益，带来许多社会问题。社会问题的解决必然需要相应的监管。

2019 年 1 月 10 日，国家互联网信息办公室颁布《区块链信息服务管理规定》（国家互联网信息办公室令第 3 号），该规定自 2019 年 2 月 15 日起施行。该规定作为中国第一个由中央国家机关颁布的专门针对"区块链"的

[①] 数据口径：在国内正式注册，并以提供区块链技术或者服务作为主营业务方向的公司，或整体业务基于区块链技术开展，不包括那些仅在部分业务领域应用区块链技术的企业，也不包括在部分产品上尝试使用区块链技术的 IT 服务或互联网公司。数据来源：工业和信息化部信息中心：《2018 年中国区块链产业白皮书》，第 8 页。

规范性法律文件，从主体即区块链信息服务提供者，监管层即互联网信息办公室的监督管理和行业自律及社会监督，监管方式即信息备案的必要性，法律责任即违反规定的责任处罚等主要方面予以规定。该规定的出台不仅有利于通过备案规范良莠不齐的区块链市场，保护普通投资者、从业者的合法利益，而且有利于打击各种打着区块链幌子的诈骗、洗钱、非法集资等违法犯罪活动。规定更多的是起到引导作用，引导区块链应用的良性发展，通过本身的技术优势服务于社会。区块链技术的落地应用过程中，会涉及各行各业的利益或者社会公共利益，当其广泛应用于各个行业领域时，相应的技术弊端和应用问题便逐步显露，构建一套合理的监管模式和科学的监管理念是区块链持续健康发展的关键。2018 年 2 月 26 日，《人民日报》经济版整版就刊发了区块链署名评论文章，在肯定技术创新进步的必然性的同时，也呼吁要重视风险、加强监管。2019 年 3 月 30 日，国家互联网信息办公室发布了境内区块链信息服务备案清单（第一批），其中共有 197 个区块链信息服务名称及备案编号，涉及包括 BATJ、中国平安等巨头在内的 164 家公司，其中上市公司 24 家。本次备案清单的落地对区块链行业来说是区块链技术在行业积极良性发展的机会，同时对于监管部门来说，提交备案信息后，监管也能更加有的放矢地进行。而目前区块链市场上应用场景还不明朗，既有明确的趋于成熟的金融行业或者电子存证的规范应用，也有对于产品溯源等值得慎思的谨慎应用。只有具体应用场景的规范，才会对具体的行业监管提供针对性策略，而不只是停留在"泛泛而谈"的宏观监管层面。

二 区块链技术在行业的应用落地

（一）应用落地现状

通过图 1 可以看出，很大一部分"区块链＋"的行业仍然处于探索期。而支付结算、电子存证这些领域因为本身所具有的特点，对于区块链的"去中心化"以及数据的可追溯和不可篡改有着很高的适应性。一些诸如医

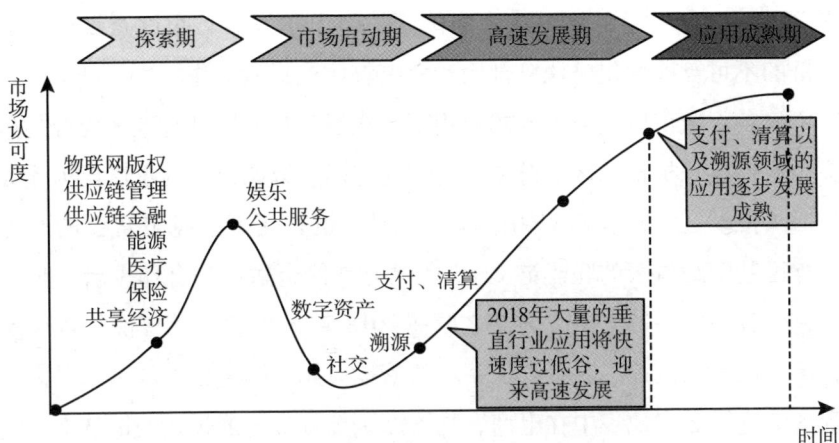

图1　2018年区块链应用成熟度曲线

数据来源：鲸准数据 www.jingdata.com。

图表来源：2018 区块链商业落地情况分析报告。

疗等公共服务，溯源还处于市场启动期，仍需要性能的逐步完善而走向成熟。根据维京资本研究院整理的《2018 年区块链数据报告》显示：关键词"比特币""加密数字货币""区块链"在谷歌搜索趋势中，相比于 2018 年初的白热化时期，在年末有较大幅度的回落趋势；与此同时，区块链月度融资前五的行业分别是金融相关、交易所 & 钱包、底层技术、游戏 &VR。根据 CSDN（中国软件开发联盟）发布的《2018～2019 中国开发者调查报告》：区块链众多应用场景中，金融依然是呼声最高的应用落地方向，占63%；知识产权管理和商品防伪、智能硬件和物联网也被认为是主流应用方向，分别占 42% 和 41%。在区块链与其他技术领域结合中，大数据、物联网和云计算被普遍看好，分别占 47%、43%、41%。① 而随着技术的普及，区块链技术和行业的融合应用得到了媒体的广泛报道，也让区块链技术得到了政府的高度关注。区块链 + 智慧城市的生态布局首先体现在主要城市的应用试点中，诸如 2017 年 5 月，南京上线全国首个基于区块链的电子证照共

---

① 数据来源：CSDN（中国软件开发联盟）《2018～2019 中国开发者调查报告》（区块链领域）。

享平台；2018 年 8 月，深圳成为中国区块链电子发票首个试点城市，借助区块链的不可篡改性提升税务部门和商家整体的运营效率。

不仅各大城市区块链技术的应用落地在逐步展开，拥有庞大资源的科技巨头企业也在积极推动区块链技术的落地应用。以腾讯、阿里巴巴为代表的科技巨头推动区块链技术应用落地的同时，也在更新拓宽着自己的业务领域。腾讯基于腾讯云的联盟链 BaaS 搭建与其他金融应用合作平台，将关注重心首先放在区块链金融方向，之后在 2018 年 5 月建立"智税"创新实验室，逐步推进在医疗、数字存证领域的落地应用。阿里巴巴和京东在区块链上的落地应用更多地集中在电商、物流溯源等领域，通过区块链技术打造可追溯的透明食品供应链，保障整个流通过程的安全放心。以科技巨头公司为代表，2018 年是区块链开始大规模落地的时期，但是以医疗、能源为代表的大多数领域仍然处于落地初期。而区块链金融、供应链等因为本身的适配特性有着更广阔的应用前景，但在供应链领域的应用中，区块链技术能保证信息上链后的真实不可篡改，却无法保障信息源的真实可靠甚至无法解决信息源造假的相关问题。因此，供应链虽然被认为是区块链最具前景的应用之一，但各大巨头公司在具体技术落实过程中仍有很多问题存在。

（二）典型应用场景分析

区块链从 1.0 时期的数字货币走向 2.0 时期的智能合约，推动了区块链在各行业多领域的应用。不仅涉及金融行业的重点领域诸如支付结算、证券保险领域以及供应链金融等，还在非金融领域比如电子存证、产品溯源、能源、医疗等领域逐渐开始应用普及。

1. 区块链在传统金融领域的应用

（1）支付结算领域

基于区块链的转账支付系统具有高效率性、高安全性、高可用性以及高扩展性等特点。采用区块链技术，使用分布式核算，每一用户都能凭密码查询交易状态，资金实时清算，既降低交易成本和风险，又使交易效率大大提升。区块链在支付结算领域目前的应用还尚未成熟且主要集中在跨境支付部分。依据本身自有的"去中心化"的特点以及可靠的数据库，有效地解决了跨境支付中转账周期漫长以及手续费高昂的问题，节约成本的同时也提高了支付效率。此外，对外贸易的发展促使跨境支付中诈骗行为越发猖獗，由此会引发跨境支付风险以及其他法律风险。而区块链的分布式账本技术可以更高效地保障交易及支付结算的安全性。

2017 年 3 月招商银行首创区块链直联跨境支付技术，标志着国内首个区块链跨境领域项目在前海蛇口自贸片区成功落地应用，在国内区块链金融应用领域具有里程碑意义。[①] 2018 年 6 月 25 日，蚂蚁金服宣布推出基于区块链的跨境汇款服务，为全球首个跨电子钱包区块链汇款服务。[②] 2018 年 9 月，中国银行通过区块链跨境支付系统，成功完成河北雄安与韩国首尔两地间客户的美元国际汇款，这是国内商业银行首笔应用自主研发区块链支付系统完成的国际汇款业务。

基于以上的现实案例，可以看出近几年区块链技术在我国支付结算领域的应用主要集中于跨境支付，有效解决了跨境交易的现实问题，使得交易流程效率大为提升，并降低了交易成本及风险，而且区块链技术利用本身的去中心化特点，可以顺利完成付款方与收款方的信任建立而无须第三方的介入，从而解决了跨境商业贸易和支付结算中存在的时间长、费用高、中间环节多等问题。

（2）供应链金融领域

信任对现代商业社会的形成和发展至关重要，这种信任机制使得供应链金融具有广泛的市场前景，但是发展也有一些固有的阻碍。首先，供应链平台的数据安全性和可靠性难以保证；其次，供应链中的核心企业的信用难以传递至多级供应商，容易导致企业陷入"融资难、融资贵"的困境；最后，供应链金融本身具有风险难以把控、信用操作成本高的问题。而通过区块链搭建供应链金融平台，在解决固有的一些痛点的同时，利用自身的多点共享

---

① 《区块链跨境支付技术实现，招商银行完成国内首单》，搜狐网，http：//www.sohu.com/a/128487812_464065，最后访问时间为 2019 年 2 月 26 日。

② 《蚂蚁金服最新区块链项目：实现实时跨境汇款》，搜狐网，http：//www.sohu.com/a/237800337_100194139，最后访问时间为 2019 年 2 月 26 日。

分布式账本等特性，使得传统的供应链金融为处于更为末端的小微企业增信，帮助上下游企业依托核心企业获得银行信任。

作为创新前瞻性技术的区块链技术，在现有的供应链金融领域的应用还处于基础阶段，主要致力于解决节约交易成本、提高行业效率、简化交易操作流程等基础方面，对于区块链在供应链金融应用中的安全性以及数据证明的可信度和加密算法、监管机制等还需进一步完善与提升。而且需要认识到区块链技术在供应链金融领域的应用不是万能的，技术是更好地推动信用机制建立和打通交易双方的助推器。供应链金融的发展在依托区块链技术的同时更是要解决上下游企业的信任和风险防控。

（3）票据领域

票据本身的高价值、承担高信用的特点，决定了票据的票面信息和交易信息必须具备完整性和不可篡改性。而无论纸质票据还是电子票据，票据的真实性一直都存在很大的风险和漏洞。电子票据在推广的这几年因为流程烦琐而发展较为缓慢，因此区块链技术在数字票据领域的发展具有独特优势，通过时间戳的可验证性，对历史数据都可以进行清晰的查阅，信息透明而且便于智能化管理。此外，在隐私保护上区块链利用自身的加密算法和匿名性保护参与者隐私，相较于金融机构传统的方式而言可更为有效便捷地保障票据参与者的隐私。

2018 年 1 月 25 日，由上海票交所和中国人民银行数字货币研究所牵头，利用区块链技术打造了一个全新的票据交易系统。该系统于 2018 年 1 月 25 日投入生产环境并成功运行。工商银行、中国银行、浦发银行和杭州银行在数字票据交易平台实验性生产系统顺利完成基于区块链技术的数字票据签发、承兑、贴现和转贴现业务。2018 年 8 月 10 日，全国首张区块链电子发票在深圳亮相，宣告深圳成为全国区块链电子发票首个试点城市。2018 年 8 月 17 日，蚂蚁金服已开出近 60 万张区块链医疗电子票据。仅两周的时间，已经有近 60 万张医疗电子票据主动发送给患者或被患者扫出。①

---

① 《蚂蚁金服试水区块链医疗　电子票据已开出近 60 万张票据》，新浪网，http：//finance. sina. com. cn/blockchain/coin/2018 - 08 - 17/doc - ihhvciiw7100067. shtml，最后访问时间为 2019 年 3 月 2 日。

区块链会在电子票据生成、传送、储存和使用的全程中"盖戳"，如果一张电子票据已经报销，就不可能再二次报了，因为这些被区块链盖上"已报销"的"戳"可追溯、不可篡改。同时，区块链电子发票由于其不可篡改性，有效规避了假发票的问题。这正是普通纸质票、普通电子票据杜绝不了的问题。但是区块链技术在票据交易的应用仍停留在初期阶段，广泛的普及应用不仅需要技术本身的完善，更需要票据行业的更新变革。

2. 区块链在非金融领域的应用

（1）电子存证领域

电子证据存在"虚拟性、脆弱性、隐蔽性、易篡改性"的"先天不足"，而区块链技术给机构创新、维权模式创新提供了更多的可能性。[①] 区块链技术的时间戳功能使其能够有效保证数据存储的有效性和完整性。2018年6月28日，杭州互联网法院针对一起侵害作品信息网络传播权纠纷案件进行公开宣判，通过该案首次确认区块链电子存证法律效力，这也被认为是我国司法领域首次确认区块链存证的法律效力。案件中，被告在其运营的网站上发表了原告享有著作权的相关作品，原告为证明被告侵权，并未通过传统的公证处予以信息公证，而是通过电子存证平台收取了存证证据，并将该两项内容和调用日志等的压缩包计算成哈希值上传至 factom 区块链和比特币区块链中，并以此作为提交法庭的证据。

该案经过杭州互联网法院审理后认为，这一电子数据通过可信度较高的自动抓取程序进行网页截图、源码识别，能够保证来源真实性和可靠性，因此该种电子数据可以作为本案侵权认定的依据。此后不久，2018年9月3日《最高人民法院关于互联网法院审理案件若干问题的规定》印发，自2018年9月7日起施行。该规定第十一条提到，当事人提交的电子数据，通过电子签名、可信时间戳、哈希值校验、区块链等证据收集、固定和防篡改的技术手段或者通过电子取证存证平台认证，能够证明其真实性的，互联

---

① 《电子存证既有解决方案，是否啥事都得链上说？》，金色财经，https://www.jinse.com/bitcoin/208749.html，最后访问时间为2019年3月2日。

网法院应当确认。这是我国首次以司法解释形式对区块链技术电子存证进行法律确认。杭州互联网法院司法区块链已经上线，通过时间、地点、人物、事前、事中、事后等六个维度解决数据生成的认证问题，实现电子数据全流程记录、全链路可信、全节点见证。[①]

该判决的确定和上述规定的出台，对于区块链电子存证在今后的法律实践应用中具有重要意义。不仅明确了法院对于区块链电子存证方式的法律认可，同时由于该判决中对于电子数据真实性的审查是通过对第三方存证平台资质合规、产生电子数据的技术可靠、传递电子数据的路径可查等方面来进行的，这也给权利人更好地利用区块链技术进行电子存证提供了明确清晰的参考。区块链的存证优势是去中心化，使得权利人在进行公证时不再单纯依赖公证处等机构。但目前用于区块链技术本身的安全性风险使得用区块链技术进行电子存证仍然不成熟。电子存证领域即使引入了区块链技术，信息仍有可能面临被更改或删除等风险。而且区块链技术本身的匿名性特点，导致电子存证时存储信息的真实可靠值得质疑，对这一信息的查询认证需要法院的专业认证和对技术的专业把握，这一点在目前仍然有很大的进步空间。

（2）产品溯源领域

近几年区块链在产品溯源领域的应用和发展如火如荼。蚂蚁金服与茅台集团合作，力图帮助后者建立白酒防伪溯源的区块链应用系统。天猫奢侈平台 Luxury Pavilion 推出奢侈品物流信息的防伪溯源功能。区块链技术之所以在商品溯源领域受到青睐，更多是由于近年来假冒伪劣产品层出不穷。

但是值得思考的是在区块链产品溯源的过程中，有多少是真正在做区块链溯源，又有多少是"伪溯源"，是否做到对整个链圈诸如"茶链""酒链"的溯源，就是真正的区块链溯源呢？京东在防伪溯源领域搭建了京东区块链防伪追溯平台，将区块链技术应用到电商和供应链管理之中，成立溯源防伪联盟。然而在 2018 年 4 月，有多位消费者称在京东自营渠道上购买

---

① 《杭州互联网法院司法区块链上线》，《人民法院报》2018 年 10 月 10 日，第 1 版。

到了假茅台酒，随后京东平台调查发现，山东德州仓售出的"43度飞天茅台500ml"部分批次产品在由第三方物流公司送往京东仓库的运输途中被调包。[①] 因此，区块链溯源技术和茅台酒、茶叶等产品本身并没有很强的关联关系。溯源码仅仅能够证明这个物品本身的存在，但对物品本身的质量和数据的真实性难以保证，更难以避免会被调包。因为茶叶、酒等产品的生产有很长的线下周期，这一周期产品的变化以及质量的保证是无法通过区块链技术进行电子信息的完整录入的。而且区块链本身所具有的不可篡改性是对于"链上"的虚拟空间信息加盖了"时间戳"保证其真实性和不可篡改性，但对于线下产品溯源的各个商品，如何保证生产过程中加盖的"时间戳"也在区块链数据上真实可靠不可篡改呢？

目前绝大多数做产品溯源的企业更多的是通过给产品编号打印出相应二维码，用户可以通过扫描二维码验证是否真实。但是实际上，物品或者农产品本身和二维码并无很强的关联性，区块链技术只能证明这个二维码是真实存在的，即对于数字虚拟空间信息的真实性可以保证，但对茶叶、酒、大米的质量以及线下生产产品的可靠性却难以保证。因此，区块链在产品溯源领域的发展任重道远。

（3）数字版权领域

数字版权，是指各类出版物、信息资料的网络出版权，可以通过新兴的数字媒体传播内容的权利，包括制作和发行各类电子书、电子杂志、手机出版物等的版权。[②] 区块链技术为数字版权提供了一种不可更改的非中心化的版权登记形式，因此可以借助于区块链技术对每一份经特许的数字版权进行记录，从而实现对数字版权流转的全过程监督。

美国专利商标局披露的信息显示，英特尔公司于2018年已经申请了一项专利，旨在使用区块链技术保护数字图片下载版权。该专利申请中指出："区块链技术用于记录和验证与版权保护相关的数字内容属性，这些属性包

---

① 《京东利用区块链溯源防伪？别逗了》，搜狐网，http://www.sohu.com/a/255978120_100268127，最后访问时间为2019年3月29日。

② 刘国龙、魏芳：《数字版权管理模式探析》，《知识产权》2015年第4期。

括内容创作者的标识符、指示内容何时被创建的时间戳，以及一项评估措施，可用于检测内容是否被复制或修改。"2018 年 9 月 3 日，汇桔网发布了全国首张区块链版权登记证书，正式开启数字版权与区块链技术新纪元。据汇桔数据知识产权应用平台负责人介绍，目前版权市场存在变现困难、维权无门、存证成本高、服务周期长等痛点，通过区块链数字版权登记存证服务，能够让用户 3 分钟获取区块链存证证书保护。[①]

可以看出，区块链因其去中心化、不可篡改、可追溯、开放透明等特点，可以有效解决数字版权登记成本高、监管难等问题。而借助于区块链技术，版权所有人可以绕过平台提供商和版税收集协会而独立操控版权交易，解决了市场信息不对称的问题，真正实现版权所有人和消费者的面对面交易，这也有助于培养网民的版权意识。[②]

（4）能源领域

区块链在能源技术领域的应用虽然较少，但是却被广泛看好。2016 年 4 月美国的能源公司与西门子数字电网以及比特币开发公司合作，建立的布鲁克林微电网，是世界上最早的能源区块链应用。这个微网项目实现了社区间居民的点对点电力交易，允许用户通过智能电表实时获得发电、用电量等相关数据，并通过区块链向他人购买或销售电力能源。用户可以不需要通过公共的电力公司或中央电网就能完成电力能源交易。而我国目前在能源领域的区块链应用较为谨慎，2018 年 4 月 3 日，中国国家电网公布"关于区块链的电力交易管控方法及装置"的专利申请，根据申请摘要，该专利旨在解决能源中心化机构在管理中产生的运行成本高、安全性差以及用户隐私难以保证等问题。区块链网络的优势在于，分布式多节点的自治式管理将最大限度确保网络的安全性并保证用户隐私。此外，国家电网成立了中国第一个能源区块链实验室，2018 年 5 月 31 日，实验室产生了世界上第一个能源区块链哈希值。能源区块链具有广阔前景，既可以促进清洁能源的发展，又可以

---

① 《全国首张区块链版权登记证书发布》，中金网，http://gold.cngold.com.cn/20180904d11141n302796374.html，最后访问时间为 2019 年 3 月 2 日。

② 杨望、王菲:《借区块链版权催生文化产业中国创造》，《当代金融家》2017 年第 116 期。

提高能源效率和交易效率，对于能源互联网发展具有推动作用，给电力交易带来了新的维度。

三 区块链技术在应用场景中所面临的风险和挑战

从第一阶段的数字货币时代发展到第二阶段的智能合约，再走向当下的第三阶段，即"区块链＋"与各行业领域的具体应用，区块链的应用场景在不断拓宽，但区块链技术真正在各行各业落地仍需要很长的时间，其所面临的不仅是相关技术薄弱可能引发的安全风险，还涉及诸如电子存证这些领域法律介入的界限以及区块链固有的去中心化特点导致的监管难题。根据创世资本与鲸准研究院联合发布的《2018 区块链商业落地情况分析报告》，绝大部分与区块链结合的商业场景仍然处于探索期，金融领域天然适配区块链的特性使得支付结算已经率先进入高速发展期，而社交、溯源等还处于市场启动期。底层平台的欠缺、性能不完善以及兼容性不足导致区块链应用层发展仍然属于初级阶段。

（一）技术层面

智能合约的出现使得区块链技术得以充分地运用和发展。传统合同的核心是意志，然后围绕意志的执行产生所谓的中心架构。智能合约属于倒逼法，为了自动执行使得意志呈现为特殊形式。智能合约表现为交易方意志的运行系统，通过一系列的事先设计而得以执行，体现为合约与代码合二为一：合约由代码表示，同时由代码执行。[①] 虽然区块链有着成熟的加密算法，但是其计算安全仍然值得关注。Dropbox、Google Drive 或 One Drive 等云文件存储解决方案在存储文档、照片、视频和音乐文件方面越来越受欢迎，但它们在安全、隐私和数据控制等领域也面临着较大的挑战。[②]

---

① 王延川：《智能合约的构造与风险防治》，《法学杂志》2019 年第 2 期。

② MCrosby，VKalyanaraman et al.，"Block Chain Technology：Beyond Bitcoin"，*Applied Innovation Review*，2016，7（2）.

2018 年 5 月，工业和信息化部信息中心发布《2018 年中国区块链产业白皮书》，对智能合约做了如下定义：由事件驱动的、具有状态的、获得多方承认的、运行在区块链之上的且能够根据预设条件自动处理资产的程序，智能合约的最大优势是利用程序替代人为仲裁和执行合同。智能合约虽然有其不可篡改性、稳定性、透明性等特点，但是任何依托于技术发展的事物都有其不可避免的缺陷，智能合约也不例外。

2016 年 6 月 17 日下午，运行在以太坊区块链上的 TheDAO 智能合约遭到攻击，因为设计上的漏洞被非法转移了价值 6000 万美元的虚拟货币。该事件引发了各界对智能合约及底层区块链技术相关风险的普遍关注，比如如何避免有漏洞的代码发布。通过智能合约遭受攻击的事件可以看出，区块链技术目前仍有很大的发展完善空间。此外，智能合约如何解决与合同法的冲突也十分重要。智能合约的交易中，合同法里的权利义务首先难以通过技术代码予以体现。我国现行《合同法》确立了订立合同的要约承诺规则，但是智能合约的发展是否也要遵循合同法的相关规则呢？智能合约都是采用数字形式将合同内容记录在计算程序可执行的代码之中。但是由于计算机的不可逆转性、敏捷性，因而对邀约的撤回和承诺的撤回产生了较大的影响。[①]区块链本身具有不可篡改性，一旦数据信息被录入便无法更改，如果有相关交易产生后也无法及时更改，这就相比于传统合约灵活性较差。相比于传统合同在合同订立时的灵活性，智能合约由于建立在区块链技术之上，只能遵照规则严格执行，缺乏很大的灵活性。

（二）法律适用层面

区块链本身的去中心化特点使得法律层面的适用成为难题。区块链从技术层面上为各领域的应用提供了条件、提高了交易效率、解决了信用问题，同时也实现了价值传递。在电子存证领域使用区块链可以验证文档的真实性，并且不需要集中授权。文档认证服务有助于证明文档的所有权（作者）、存在

---

① 周润、卢营：《智能合约对我国合同制度的影响与对策》，《南方金融》2018 年第 501 期。

性（在特定时间）和完整性（未被篡改）。但是技术的发展与现有的法律体系在很大程度上形成了冲突，相关应用领域风险发生后的问责，个人隐私权和交易安全的确保，这些在法律层面尚存在漏洞的问题仍然需要解决。

在法律的规范和制度的构建方面，一方面，在智能合约的普及上，由于合约是代码编纂而成，在应用中虽然便捷高效，但一旦出现问题和漏洞，就很难明确相关责任人和弥补变更相关内容。现行《合同法》强调当事人之间的意思自治，而智能合约的普及，运用区块链技术的不可逆性，对当事人双方的意思自治以及合同的撤回都构成了一定的冲击。另一方面，在电子存证领域的应用上，解决了电子存证固有缺陷的同时，不可避免带来新的法律风险和监管困难。但是这种区块链存证方式的司法适用问题也引发争论。其一，权利归属出现问题时该如何明确。区块链匿名性的特点，使得电子数据的所有权归属难以明确。其二，区块链电子存证不同于普通的电子存证，无须实名认证，这使得犯罪分子有可乘之机，容易引起网络安全犯罪，而这时犯罪主体又该如何确定。

（三）应用监管层面

我国目前的区块链法律和制度规范建设仍相对滞后，在应用领域迅速拓展的时期，增强区块链行业的监管已是趋势。不仅法律的规范和制度的构建有很大问题，在监管领域也面临着相应的难题。一方面，相应的法律主体难以明确，技术标准和法律责任承担主体的不明确使得监管标准难以制定。另一方面，去中心化的特点天然排斥监管，但是缺乏必要的法律制度规范和保护的活动，无形中增加了市场交易的风险。在民商法领域，区块链依靠其高加密性可以自动完成交易，但是交易后续的相关法律问题尤其涉及《合同法》领域的责任承担以及合同撤销的问题仍值得思考；而在刑法领域内，因为本身的匿名性和加密性的特点，区块链容易成为不法分子犯罪的渠道，滋生诸如洗钱、非法交易等金融类的犯罪。相应的监管部门对于区块链技术也缺乏明确的认识，监管标准和行业规范难以制定，这导致了区块链技术应用的泛滥化。而区块链技术的广泛应用离不开智能合约的发展，但是智能合约的发展又对目前的《合同法》形成了很大的冲击。关于新技术和传统法律之间的协调，目前仍然没有明确的解决方式。法律具有明显的滞后性，但是对于新技术的迅猛发展相应的监管和指引必不可少，司法机关通过对个案的谨慎审理，对行业相关行为也会起到很好的规制作用。

四 区块链技术政策监管趋势

（一）全球领域的政策趋势——以美国和日本为例

比特币作为一种数字货币正开始崭露头角，但它背后的区块链技术被证明有更为深远的意义。2018 年是机会与风险并存的一年，走在前列的部分发达国家逐渐在这一年推出相应的区块链监管策略，这给整个行业都带来了示范效应。各个区块链应用国家逐渐确立了对比特币的底层技术"区块链"与数字货币区别对待和管理的态度。以中国为例，禁止虚拟货币交易、非法集资等金融活动的同时，对区块链技术在行业的广泛应用持规范态度，国家网信办于 2019 年 3 月 30 日在官网发布第一批境内 197 个区块链信息服务名称及备案编号。本部分通过美国和日本两国的监管趋势，分析我国在未来区块链应用领域的监管走向（见表 1、表 2）。

表 1　美国：政策重心聚焦于数字资产监管与犯罪活动防范

时间	监管政策概述
2018 年 2 月	美国证券交易委员会（SEC）表示：数字资产将可能归属于证券，众筹将受到监管
2018 年 3 月	美国证券交易委员会（SEC）将监管使用 SAFT 协议的首次代币发行，目前已向 80 家数字货币公司发出传票
2018 年 3 月	美国证券交易委员会（SEC）表示：数字资产属于证券范畴，交易所必须在 SEC 注册或获取牌照
2018 年 5 月	美国和加拿大监管机构联合开展"数字货币净化行动"，针对约 70 项数字货币首次代币发行诈骗犯罪进行调查
2018 年 7 月	美国税务局（IRS）宣布，已与其他四国税务机关合作成立全球税务执法"J5"组织，应对虚拟货币相关的犯罪行为

续表

时间	监管政策概述
2018 年 9 月	纽约金融服务部(NYDFS)批准两家信托公司推出稳定币,两者均与美元挂钩,且受美国法律监管
2018 年 9 月	美国监管机构批准区块链公司 Bitgo 提供加密货币托管服务
2018 年 11 月	美国证券交易委员会开展首次执法行动,对一数字代币交易平台提起诉讼,其原因是该平台未注册国家证券交易

数据来源:维京资本,维京研究院:《2018 区块链年度报告》2018 年 12 月 31 日,第六部分"区块链政策监管",第 43 页。

美国对于区块链一直持积极拥抱、规范监管的态度,这给我国区块链的应用监管相应的启示。一是重视区块链的数字资产监管。虽然区块链应用落地愈演愈烈,但是大部分行业的发展仍然处于初期,应用落地的同时风险和挑战也在不断演变。美国在 2018 年频频出台针对数字资产的政策,同时在重点领域开展监管沙盒计划,避免因为监管过度或者缺位阻碍产业行业的发展。二是落实方针政策保证相关产业理性健康发展。区块链应用企业的泛滥化使得市场出现很多利用区块链技术非法经营诈骗的行为,因此在相关方针政策的指导下,应引导产业客观理性看待区块链技术,在双刃剑的应用中肯定正面价值,同时也避免盲目投资和使用。三是积极防范区块链的安全风险。美国在 2018 年将监管的重心着重放在利用数字货币实施犯罪行为的防范,开展"数字货币净化行动"。美国政府通过提前的预防范对应用行业的可能风险进行预判,我国也应及早对区块链关键应用领域开展风险预评估,避免行业应用泛滥带来的交易风险和频发的犯罪事件。

表 2　日本:政策重心聚焦于加大数字资产交易所风险审核力度

时间	监管政策概述
2018 年 1 月	日本 CoinCheck 交易所发生 NEM 被盗事件,引发了日本金融厅对国内数字资产交易所的强化审查
2018 年 2 月	日本国税厅推出数字资产税收方案,裁定数字资产收益属于个人"杂项收入",按累进制税率报税,从 15% 到 55% 不等
2018 年 3 月	财经事务与库务局局长表示,当局现阶段并没有推行央行数字货币的计划

续表

时间	监管政策概述
2018 年 4 月	日本金融厅携手 16 家日本持牌交易所,成立"虚拟货币交易从业者研究会",起草并制定首次代币发行的指南
2018 年 6 月	日本金融厅交易所业务公布整改 11 个步骤
2018 年 7 月	日本金融厅(FSA)考虑通过金融工具和交易法案(FIEA),要求证券公司将公司资产与客户资金和证券分开管理
2018 年 9 月	日本金融厅(FSA)第 5 次数字货币交易业者研讨会中,官方自治协会日本数字货币交易业协会公布协会自治章程
2018 年 9 月	日本金融监管机构金融厅(FSA)公布了 2018 工作年度的财务管理政策并对行业自律组织的认证申请进行了审查
2018 年 12 月	日本金融厅召开第 11 次"关于通证交换业研究会",将对政策和制度问题的讨论整理为《关于通证交换业等的研究会报告书》

数据来源:鲸准研究院、创世资本:《2018 区块链商业落地情况分析报告》。

日本于 2016 年 5 月 25 日通过的《资金结算法》承认数字资产为一种合法的支付手段,并不是商品或证券,这明确了虚拟货币及其交易平台的合法地位。[1] 日本政府在过去的 2018 年对区块链是积极应对、加强规范的态度,逐步优化监管,对数字货币的发行、交易通过出台指南和章程予以规制,虽然大部分监管条例仍处于初期,但是日本政府通过逐渐合规化的过程推动数字交易的健康良性发展。2018 年 12 月出台的《关于通证交换业等的研究会报告书》可概括为:适当监管、合规契机和总结借鉴。预计该报告书将成为后续起草相关法规的依据。接下来的一年内,日本政府将在已有研究基础上出台更多具有借鉴意义的通证业管理条例与法律政策,进一步强化数字资产交易监管。

(二)我国在区块链领域的政策监管

我国在区块链领域的监管态势是,逐步紧收,重点关注技术应用,持保守观望态势(见表3)。

---

[1] 日本における仮想通貨の流通と発展についての考察,山岸祐貴・遠藤正之(静冈大学情报学部)。

表3　我国在区块链领域的监管政策

时间	监管政策概述
2017年10月	《国务院办公厅关于积极推进供应链创新与应用的指导意见》提到,加强供应链信用和监管服务体系建设
2018年1月	互联网金融风险专项整治工作领导小组办公室(互金整治办)要求各省、市引导辖区内企业有序退出"挖矿"业务
2018年1月	《关于开展为非法虚拟货币交易提供支付服务自查整改工作的通知》明确采取有效措施防止支付通道用于虚拟货币交易
2018年2月	国内首家以"军民融合发展战略"为政策平台支撑的区块链应用研究机构在深圳揭牌
2018年3月	工信部信息化和软件服务业司发布公告将筹建全国区块链和分布式记账技术标准化技术委员会
2018年6月	中国央行在处置非法集资部际联席会议上表示,央行对涉嫌非法集资的"虚拟货币"相关行为进行严厉打击
2018年10月	国家互联网信息办公室发布《区块链信息服务管理规定(征求意见稿)》,这是区块链领域第一部部门规章级别的立法
2018年12月	北京市互联网金融行业协会发布《关于防范以STO名义实施违法犯罪活动的风险提示》

数据来源:鲸准研究院、创世资本:《2018区块链商业落地情况分析报告》。

中国政府在禁止数字货币流通的同时,对区块链技术发展以及以科技巨头公司为首的区块链行业应用持肯定态度。2019年2月15日起施行的《区块链信息服务管理规定》以及3月30日第一批备案名单的公布,既是规范监管的需求,也是通过备案使行业应用领域更加明确完善,减少利用区块链技术进行违法犯罪活动,使行业发展更加合法合规。

(三)中国环境中的具体监管建议

2019年《区块链信息服务管理规定》的出台,从四个方面对区块链的监管予以明确。第一是该规定确定了监管主体,第二是明确监管方式,第三是对监管主体义务进行了阐述,最后是对相应法律责任的承担进行了明确。这一规定的出台使得区块链信息服务纳入了监管范围,虽然法律条文未对"区块链"予以明确规定,但是区块链项目的备案,不仅能够规范行业发展，而且在自我监督和管理上也会有一定的推动作用。传统金融法中效率与安全相平衡的理念需要在区块链这一新技术应用落地的过程中加以贯彻。①

一是金融行业领域，区块链技术应用十分广泛。英国政府为持续巩固欧洲金融科技领航者的地位，保证合理的监管制度，在 2015 年 3 月首先提出"监管沙盒"概念。中国在近年来金融科技的发展上，提出了互联网金融软法治理，即对任何行业的监管要避免"一刀切"，有的放矢地进行监管。因此本文认为，金融行业的重点应用领域可以引入监管沙盒，保证金融科技监管与系统风险防范。在供应链金融、证券保险行业的广泛应用领域引入监管沙盒有助于监管者在创新中发挥建设性作用，通过监管措施的主动调整，促进市场创新的主动实现，将被动响应、等待风险事件驱动的监管理念转变成为主动引导的理念。② 然而监管沙盒目前在中国的应用层级比较低，2017 年 7 月，北京市政府提出将对互联网金融进行"监管沙盒"模式的试验，以位于北京房山区的"北京互联网金融安全示范产业园"作为试验地。同月，区块链金融协会、贵阳区块链创新研究院与中关村区块链产业联盟及贵州区块链产业技术创新联盟等单位在贵阳共同发布了《区块链 ICO 贵阳共识》，提出将建立标准沙盒计划。金融重点行业通过引入监管沙盒，一方面可以明确自身的应用范围，减少相应成本，另一方面通过监管沙盒的施行为具体规定的制定出台提供建议。

二是行业自律组织的规范十分重要。金融领域诸如支付结算、供应链金融、证券保险领域，建立相应的行业自律规范协会十分重要。自律调节具有很强的弹性优势，而且这些协会是企业与相应政府监管部门的沟通桥梁。通过自律性的规范管理，一方面使得政府相关人员明确区块链技术在相应行业的应用现状，另一方面通过对自身行为的自查自纠，以及互相监督，能够使金融监管部门和政府相应机构理性看待区块链技术，避免对新兴行业"不

---

① 杨东：《链金有法》，北京航空航天大学出版社，2017，第 226 页。
② 邓建鹏：《美国区块链监管机制及启示》，《中国经济学报》2019 年第 1 期。

管则乱，一管则死"的后果。

三是在智能合约的规范以及相应的技术规范过程中，将金融具体行业的准入标准比如人员限制、资金限制以及基础的法律法规理念，通过初期的代码编写规范到区块链程序中。即在应用初期就重视区块链的安全风险，而不仅是在技术领域。要加强相关行业的专业人才与区块链技术人才的学习培养，只有在对行业充分了解的情况下，才能更好地监管，实现良性发展。

四是区块链技术在具体行业的应用中，比如电子存证领域，要提高对电子存证真实性的技术判断，就需要注重对区块链技术专业人员的储备，来防范系统安全风险；对于区块链技术在电子存证领域的应用和传统公证机构之间的角色定位，可以考虑混合型存证机构的建立。"我国修订后的三大诉讼法虽然都将电子证据视为一种新的证据，但迄今并没有统一的电子证据规则，也就没有阐明电子证据的采纳标准和采信标准。"[1] 虽然杭州互联网法院的审理使得区块链技术在电子存证方面得到了法律认可，但是这一个案并不能提高司法实践中电子数据的可采信率，因此结合互联网技术的特征，将简单的信息储存交由区块链技术下的电子存证，将复杂的权利义务的界定认定交由公证处等机构，更好地让技术推动行业的发展和变革。除此之外，区块链技术在各行业的应用泛滥，尤其是近两年很多企业推出的产品溯源值得深思。因此，区块链技术涉及的模块的技术标准认定十分重要，比如对于产品溯源领域，建立一套完整的评估体系和准入制度十分重要，由专业人员对于技术水平和技术认定进行评估并颁发相应的资格证书，避免打着区块链的幌子实施违法犯罪活动。在数字票据领域中，因为数字票据需要有大量的存储空间和技术支持，因此在这些技术应用较为成熟的领域，可以组建数字票据的研发平台，积极参与国际上区块链在金融行业应用的技术标准制定。

---

① 郑旭江：《互联网法院建设对民事诉讼制度的挑战及应对》，《法律适用》2018 年第 3 期，第 13 页。

B.3

构建《网络安全法》数据跨境
安全评估的总体框架

洪延青*

摘　要： 数据本地化存储的合法性问题极富争议。反对者认为其构成
贸易壁垒，甚至还将破坏互联网全球互联互通的特性；支持
者指出诸多国家已做出关于数据本地化存储的规定，其中，
支持者不乏发达国家。实际上，从中外数据本地化存储实践
出发，在抽象描述数据本地化存储的严苛度后，在以目的和
手段之间的适当性和必要性为指导的基础上，可构建出一套
"数据本地化存储合理界限理论"。从上述理论出发，本文检
视《网络安全法》相关规定并给出基本评价，并以"数据本
地化存储合理界限理论"为主体，最终提出数据跨境安全评
估办法的总体框架。

关键词： 数据本地化存储　数据跨境安全评估　合理界限

　　数据本地化存储（data localization），是指一国政府制定限制数据流出
国境的政策或规则。① 数据本地化存储要求在我国现行法体系中早有先例：

---

　　* 洪延青，北京大学法治与发展研究院高级研究员。

　① 见 Chander, Anupam, Uyen P. Le, "Data Nationalism", *Emory Law Journal*, v. 64, 2015, pp. 677 –
739. 值得说明的是，本文中"数据本地化存储"和"数据本地化"混用，不加区分。此
外，本文将"数据"和"信息"两个概念混用。虽然可以认为数据是信息的载体，信息则
是数据呈现的有实际意义的内容，但大多数国家立法并不严格区分数据和信息。

国务院 2013 年发布的《征信业管理条例》、卫计委 2014 年发布的《人口健康信息管理办法（试行）》等都对数据本地化提出明确要求。与上述限于具体部门或行业的规定不同，因其"网络空间基本法"的地位，《网络安全法》统筹性地对数据本地化做出了一般性规定①，并受到国内外各界的广泛关注。

2016 年 8 月 11 日英国《金融时报》报道，美、日、欧共 40 余个行业组织发起"自 2010 年以来向中国领导层的最大交涉"，呼吁中国政府修订《网络安全法》等，"他们的担忧集中于中国新法规的某些内容，其包括迫使境外公司将数据存储在中国境内"，并"警告这些法律法规构成威胁经济增长的保护主义措施，并将进一步使中国孤立于全球数字经济以外"。② 此外，在 2015 年和 2016 年中，美中贸易全国委员会对其成员企业的调查和访谈均发现，中国政府的数据本地化存储要求是让在华经营的美企最为担忧的事项。③

在互联网时代，数据天然地进行跨国界流动，数据因流动而获得价值，数据流能引领技术流、资金流、人才流已经成为基本共识，④ 数据本地化存储要求似乎与之背道而驰。反对数据本地化的人不仅将其看成贸易壁垒，甚至上升到破坏互联网全球互联互通的特性，进而提升到推翻现有世界秩序的高度。⑤ 但实际上，除中国外，国际上还有不少国家规定数据本地化的要求。⑥ 数据本地化能否实现特定价值？假设数据本地化确实起到保护特定价值的作用，那么如何确保其不矫枉过正？换言之，数据本地化存储的合理界

---

① 见《网络安全法》第 37 条。
② 《中国网络安全规则将阻碍增长》，英国《金融时报》中文网，http：//www.ftchinese.com/story/001068889，最后访问时间为 2019 年 3 月 2 日。
③ The US-China Business Council, Technology Security and IT in China: Benchmarking and Best Practices, https://www.uschina.org/reports/technology–security–and–it–china–benchmarking–and–best–practices, last accessed 16 Oct. 2019.
④ 《习近平：努力把我国建设成为网络强国》，新华网，http://news.xinhuanet.com/mrdx/2014–02/28/c_133149933.htm，最后访问时间为 2019 年 3 月 2 日。
⑤ 详见下文论述。
⑥ 详见下文论述。

限在哪里？对这些问题的追问构成本文的主要内容。

本文结构如下：第一部分将归纳中外现有的数据本地化存储规定和实践。第二部分介绍国际上对数据本地化存储的主要反对意见。从第三部分开始的内容为本文的创新点。其中，第三部分将提出描述数据本地化存储的严苛度模型，以此作为度量各个国家本地化实践的标尺，由此指出数据本地化措施存在一种光谱式的渐进过程，其严苛程度各不相同。第四部分将讨论数据本地化存储所实现的目的。第五部分将提出目的与手段之间在适当性和必要性上的应然关系。第六部分将从"数据本地化存储的合理界限理论"出发，检视《网络安全法》第三十七条的数据本地化存储规定，并给出基本评价。因第三十七条要求"国家网信部门会同国务院有关部门制定'数据跨境安全评估'的办法"，本文最后一部分将以"数据本地化存储的合理界限理论"为主体，提出数据跨境安全评估办法的总体框架，为立法提供支撑或参考。①

一　数据本地化存储的中外实践

（一）中国现行规定

我国现行数据本地化存储规定主要分布在金融、卫生医疗、交通领域（见表1）。

---

① 应当说明的是，本文讨论范围中所指的数据并不包含党政军及国有企事业单位的数据，而主要指私人主体（包括个人、企业、社团等非公组织和机构）产生、存储、处理的数据。前者往往因为"公有"属性而被要求本地化存储，这是许多国家的惯例，而且并非争议的焦点。例如，美国国防部要求其云服务提供商需要在本地存储国防部的数据。见 DoD Interim Rule on Network Penetration Reporting and Contracting for Cloud Services, https：//www. federalregister. gov/articles/2015/08/26/2015 - 20870/defense - federal - acquisition - regulation - supplement - network - penetration - reporting - and - contracting - for, last accessed 16 Oct. 2019。

表1　我国现行数据本地化存储规定及其要求

规定名称	具体要求
中国人民银行2011年《关于银行业金融机构做好个人金融信息保护工作的通知》	六、在中国境内收集的个人金融信息的储存、处理和分析应当在中国境内进行。除法律法规及中国人民银行另有规定外,银行业金融机构不得向境外提供境内个人金融信息。
中国保险监督管理委员会2011年《保险公司开业验收指引》	"三、开业验收标准"中的"(九)信息化建设符合中国保监会要求"规定:"业务数据、财务数据等重要数据应存放在中国境内,具有独立的数据存储设备以及相应的安全防护和异地备份措施。"
国务院2013年《征信业管理条例》	第二十四条　征信机构在中国境内采集的信息的整理、保存和加工,应当在中国境内进行。
卫计委2014年《人口健康信息管理办法(试行)》	第十条　不得将人口健康信息在境外的服务器中存储,不得托管、租赁在境外的服务器。
国务院2015年《地图管理条例》	第三十四条　互联网地图服务单位应当将存放地图数据的服务器设在中华人民共和国境内,并制定互联网地图数据安全管理制度和保障措施。
国家新闻出版广电总局、工业和信息化部2016年《网络出版服务管理规定》	第八条　图书、音像、电子、报纸、期刊出版单位从事网络出版服务,应当具备以下条件: (三)有从事网络出版服务所需的必要的技术设备,相关服务器和存储设备必须存放在中华人民共和国境内。
交通部、工信部、公安部、商务部、工商总局、质检总局、国家网信办2016年《网络预约出租汽车经营服务管理暂行办法》	第二十七条　网约车平台公司应当遵守国家网络和信息安全有关规定,所采集的个人信息和生成的业务数据,应当在中国内地存储和使用,保存期限不少于2年,除法律法规另有规定外,上述信息和数据不得外流。

资料来源:政府相关部门官方网站。

而近期,最受关注的当属《网络安全法》对数据本地化存储的规定。其第三十七条要求:"关键信息基础设施的运营者在中华人民共和国境内运营中收集和产生的个人信息和重要数据应当在境内存储。因业务需要,确需向境外提供的,应当按照国家网信部门会同国务院有关部门制定的办法进行安全评估;法律、行政法规另有规定的,依照其规定。"这是我国第一次跨行业对数据本地化存储作出统一规定。

（二）域外数据本地化要求概述

据统计，目前全球有超过 60 个国家制定数据本地化存储要求。[①] 这些国家遍布各个大洲，既有加拿大等发达国家和地区，也包括俄罗斯等发展中国家。[②]

大多数现有的数据本地化存储规定是在 2000 年后制定的。[③] 从图 1[④] 可以发现如下事实：数据本地化存储的兴起与以互联网为代表的信息技术发展同步。在单 PC 机时代，数据直接存储在电脑的硬盘上。在网络技术发展的早期，组织机构中的多个桌面终端连接一台服务器，数据统一存储在自有的服务器上。在这两个阶段，数据占有者能很好地控制数据的流向、存储地点、访问、处理等，其对数据的控制能力最为完整。

云计算的普及削弱了数据占有者的控制能力。一般来说，大型云服务提供商在不同国家和地区都设立了数据中心。因此，当组织机构租用云服务时，虽然仍控制对数据的访问和处理，但在通常情况下其已经不能控制也无法得知数据的物理存储位置。[⑤] 与前两个阶段相比，数据占有者与数据之间多出一个"中间人"——云服务提供商。数据占有者能否实现对数据的控制取决于"中间人"是否忠实地承担代理人的角色。

在另外一个层面上，大数据技术的发展大大增强数据占有者对数据控制的需求。无论是主动的共享开放，还是信息系统被攻破而导致的数据被动泄

[①] Matthias Bauer, Martina F. Ferracane, and Erik van der Marel, "Tracing the Economic Impact of Regulations on the Free Flow of Data and Data Localization", Global Commission on *Internet Governance Paper Series*, p. 2, https：//www. cigionline. org/publications/tracing – economic – impact – of – regulations – free – flow – of – data – and – data – localization，最后访问时间为 2019 年 3 月 2 日。

[②] 下文将会详细描述主要国家的数据本地化存储措施。

[③] Martina Francesca Ferracane, "*How Data Localization Wipes out the Security of Your Data*", June 2016，http：//www. securityeurope. info/how – data – localisation – wipes – out – the – security – of – your – data/.

[④] 该图的纵坐标代表采取数据本地化措施的国家数量。

[⑤] 见国家标准《信息安全技术　云计算服务安全指南》（GB/T 31167 – 2014）中 4.2 对云计算服务模式的介绍。

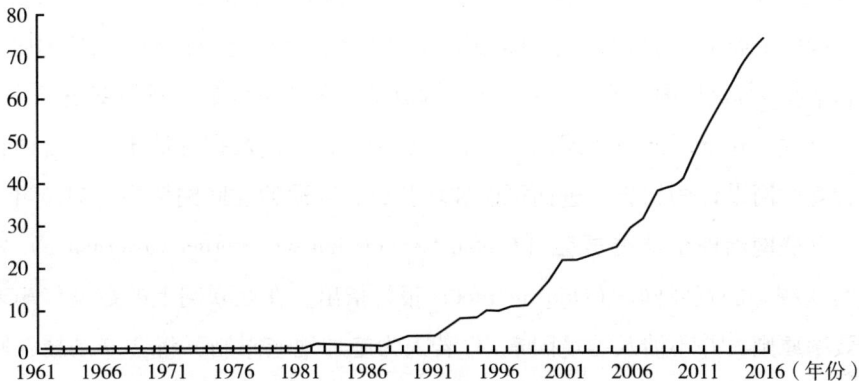

图1　本体化措施的演变发展①

露，一旦海量数据对外界披露，其都可能被恶意使用。

　　由此可见，一方面，当前，数据占有者控制数据的能力在削弱，中间环节在增多，另一方面，对数据加强控制的需求在不断增长。因此，在一定程度上，数据本地化存储体现了数据占有者对解决上述难题的一种反应。②

二　对数据本地化存储的反对意见

　　对数据本地化存储存在诸多反对意见。首先，在经济方面上，有不少观点提出，数据本地化存储与当前全球经济中的信息、资本、技术、人才高速流动的现实格格不入，其将会严重影响效率，并减缓产业发展、技术进步。欧洲国际政治经济研究中心（ECIPE）发布的一系列研究报告提出，采用数据本地化存储措施会对一国实际 GDP（Real GDP）造成损失，如本地化将导致欧盟损失

----

①　See Martina Francesca Ferracane, *Data Localization Trends*, *European Centre for International Political Economy*, Presentation in Beijing, 2016.

②　如王玥：《试论网络数据本地化立法的正当性》，《西安交通大学学报》（社会科学版）2016年第 1 期。

0.48%的 GDP，印度0.25%，中国0.55%等。[①] 还有观点指出，一些国家采用数据本地化存储规定的目的在于打击美国信息技术巨头的竞争优势，扶持国内产业和企业，提高国内就业，[②] 这实际上构成了一种严重的数字贸易壁垒。[③]

其次，在互联网技术层面上，有观点指出，强制数据存储于本国境内将违背互联网设计的初衷，进而可能破坏开放、互通的互联网架构。2016 年 6 月，互联网治理全球委员会（Global Commission on Internet Governance）发布的《统一的互联网》（One Internet）报告指出，在互联网上的数据传输遵循效率原则，并不涉及国境因素，[④] 若人为施加地域限制，将会"动摇互联网基础架构的稳定性"。[⑤]还有观点指出，本质上，数据本地化存储的要求与

---

① Matthias Bauer, Martina F. Ferracane, and Erik van der Marel, "Tracing the Economic Impact of Regulations on the Free Flow of Data and Data Localization", *Global Commission on Internet Governance Paper Series*, p. 10. https：//www. cigionline. org/publications/tracing - economic - impact - of - regulations - free - flow - of - data - and - data - localization.

其他研究报告见 Bauer, Matthias et al. , "The Economic Importance of Getting Data Protection Right：Protecting Privacy, Transmitting Data, Moving Commerce," https：// www. uschamber. com/sites/default/files/documents/files/020508_ EconomicImportance_ Final_ Revised_ lr. pdf。

Bauer, Matthias et al. , "The Costs of Data Localization：Friendly Fire on Economic Recovery," *ECIPE Occasion Paper* no. 3/2014, http：//www. ecipe. org/app/uploads/2014/12/ OCC32014_ _ 1. pdf.

② 见 Lee-Makiyama, Hosuk, "European Leaders Show Leave Data Flows Open," http：// www. euractiv. com/infosociety/european - leaders - leave - data - flow - analysis - 530785.

Aaronson, Susan and Maxim, Rob, 2013, "Data Protection and Digital Trade in the Wake of NSA Revelations," http：//elliott. gwu. edu/sites/elliott. gwu. edu/files/downloads/research/aaronsonData% 20Protection% 20and% 20Digital% 20Trade% 20in% 20the% 20Wake% 20of% 20the% 20NSA% 20Revelations. pdf.

③ AmCham China, "Protecting Data Flows in the US-China Bilateral Investment Treaty," http：// www. amchamchina. org/policy - advocacy/policy - spotlight/data - localization US Chamber of Commerce："Safeguard Cross - border data flows", https：//www. uschamber. com/issue - brief/ safeguard - cross - border - data - flows.

Office of the United States Trade Representative, "Trans-Pacific Partnership：Summary of US Objectives," https：//ustr. gov/tpp/Summary - of - US - objectives.

④ Global Commission on Internet Governance：One Internet, p. 36, https：//www. ourinternet. org/ report.

⑤ Global Commission on Internet Governance：One Internet, p. 55, https：//www. ourinternet. org/ report.

信息技术发展的逻辑相冲突，例如云计算、大数据、物联网（the Internet of Things）。① 以大数据为例，强制数据本地化存储意味着数据不能离开本地，而只能将所有域外的数据传输至本地，才能实现组合，同时如果其他国家或地区也设定类似的数据本地化要求，则得以汇聚在一起的数据总量将会降低，大数据能发挥的效用也将随之减少。②

最后，在互联网治理乃至世界秩序方面，有观点指出，强制数据存储在本地，是国家罔顾技术现实和世界潮流，强行将数据纳入主权管控之下。其指出，一些金砖国家试图打造体现金砖国家特色的互联网，这将会最终导致互联网的分裂，即形成互联网的巴尔干化。③

三 构建"数据本地化存储合理界限理论"之一
——数据本地化存储严苛度模型

前述可知，一方面，随着信息技术的进步，数据本地化存储似乎正得到越来越多国家的青睐；另一方面，国际舆论和大量的西方学术研究却又极力反对本地化措施。本文希望通过讨论手段（数据本地化措施严苛程度）、目的（数据本地化措施能够实现的目标），以及目的和手段之间的适当性和必要性关联，为数据本地化存储提供一套合理的评价标准，并以此标准检视现实中采用的本地化措施，最终实现依法治理数据本地化存储的机制，并给其设定合理界限，进而在政府管制与信息自由之间实现一种平衡。

---

① Anupam Chander, Uyen P. Le, Breaking the Web: Data Localization vs. the Global Internet, UC Davis Legal Studies Research Paper No. 378, http://papers.ssrn.com/sol3/papers.cfm?abstract_id=2407858.

② Richard Bennett, "Surge in data localization laws spells trouble for Internet users", http://www.techpolicydaily.com/internet/surge-in-data-localization-laws-spells-trouble-for-internet-users/.

③ Dana Polatin-Reuben and Joss Wright, "An Internet with BRICS Characteristics: Data Sovereignty and the Balkanisation of the Internet", *4th USENIX Workshop on Free and Open Communications on the Internet* (FOCI 2014), https://www.usenix.org/node/185057.

具体到本部分对手段的讨论。目前，已有文献大都未对数据本地化存储严苛程度进行准确描述。[①] 本文从各国现行措施中抽象出四个维度作为构建严苛度模型的指标：本地化存储的实施主体、本地化存储彻底程度、本地化存储覆盖的数据范围、本地化存储的豁免条件。

之所以抽象出这四个指标，首先是因为从逻辑上来说，任何本地化措施都必然包含这四个维度。其次，不同国家对这四个维度做出不同的选择，就构成了不同严苛程度的数据本地化措施。本文将在第六节详细分析我国《网络安全法》在这四个维度上做出的具体选择。

（一）本地化存储的实施主体

按照曹磊的观点，数据权利有两类主体——国家和公民。国家拥有数据主权，因此能"独立自主对本国数据进行管理和利用"。[②] 而"数据权利的主体是公民，是其相对应公民数据采集义务而形成的对数据利用的权利，这种对数据的利用又是建立在数据主权之下。只有在数据主权法定框架下，公民才可自由行使数据权利。"[③]

现在对上述分析框架稍作修正。在宏观层面，国家依主权划定其有权管辖的数据范围，并设定对数据管理和利用的法定框架。例如一国制定个人信息保护方面的法律，在法律中分别设定数据主体（即普通个人）、数据控制者（即收集、使用、披露个人信息的组织、机构、个人）及其他相关方的权利和义务。在微观层面，数据主体、数据控制者及其他相关方在国家设定的法定框架下，根据国家赋予的各自权利与义务进行互动、协商，在不同场景中形成各项具体的数据处理安排。聚焦到数据本地化存储，在具体场景中，数据是否在本地存储或传输到境外，由数据主体、数据控制者及其他相

---

① 例外见吴沈括：《数据跨境流动与数据主权研究》，《新疆师范大学学报（哲学社会科学版）》，2016年第5期，第112~119页。该文将本地化存储概括为刚性禁止流动模式、柔性禁止流动模式、本地备份流动模式。笔者认为吴教授的归纳以定性为主，相比之下，本文提出的严苛程度指标体系更为全面。

② 曹磊：《网络空间的数据权研究》，《国际观察》2013年第1期，第56页。

③ 曹磊：《网络空间的数据权研究》，《国际观察》2013年第1期，第56页。

关方自主协商决定，国家并不直接介入。

2011 年生效的韩国《个人信息保护法》（*The Personal Information Protection Act*）第 17 条第 3 款规定，"个人信息向境外第三方传输前，应取得数据主体的同意"。① 在此处，韩国行使数据主权的方式是制定《个人信息保护法案》；针对数据是否本地化存储问题，韩国的基本态度是：数据流向境外不应与对数据的其他处理同等对待，所以数据控制者在向境外传输数据前要单独向数据主体告知，但数据是否只能留存于韩国境内应由数据主体自行决定；于是《个人信息保护法》赋予数据主体自主控制其个人信息是否流向境外的权利，而数据控制者应遵照数据主体的意思表达。

换言之，在数据本地化存储方面，韩国行使数据主权的方式是将数据跨境流动当成单独的风险事项，同时尊重数据主体对此表达的意愿，并以个人权利的方式，赋予数据主体相对于数据控制者的优势地位。

在欧盟《通用数据保护条例》（General Data Protection Regulation，以下简称 GDPR）中，关于数据跨境流动的制度设计也体现数据主权不直接介入具体的数据处理安排的特点。综合第 5 章 "向第三国或国际组织传输个人数据" 的规定可得出如下结论：欧盟确定的数据跨境流动的基本原则是欧盟境外的数据接收方应提供与 GDPR 相同的数据保护水平。落实上述原则的方式有两类：第一，欧盟委员会（EU Commission）认定第三国的立法、数据保护制度等能够提供与 GDPR 相同的数据保护水平；第二，如欧盟委员会尚未做出上述认定，欧盟境外的数据接收方还可主动采用适当的保护措施，例如通过具有约束力的公司内部规则（Binding Corporate Rules）确保在境外提供与 GDPR 相同的数据保护水平。② 由此，欧盟委员会认定第三国整体的

① 韩国《个人信息保护法》的英文版，http：//www. koreanlii. or. kr/w/images/0/0e/KoreanDPAct2011. pdf，最后访问时间为 2019 年 3 月 2 日。

② 欧盟《通用数据保护条例》全文，http：//eur - lex. europa. eu/legal - content/EN/TXT/? uri = uriserv：OJ. L_ . 2016. 119. 01. 0001. 01. ENG&toc = OJ：L：2016：119：TOC，最后访问时间为 2019 年 10 月 16 日。

数据保护水平是否充分，此外 GDPR 还允许数据控制者主动采用充分的数据保护措施，为数据跨境流动扫清障碍。两类情况中，数据主权均不直接介入具体场景中的数据跨境活动中。

在数据本地化存储方面，国家在行使数据主权时还可突破上述宏观和微观的界分，直接以公权力主体的身份介入数据主体、数据控制者及其他相关方自主形成的数据处理安排之中。

例如，澳大利亚 2012 年生效的《个人控制电子健康记录法案》（*Personally Controlled Electronic Health Records Act 2012*）第 77 条规定，涉及个人信息的健康记录只能留存于澳大利亚境内，否则将予以处罚。[①] 与上述韩国政府"退居幕后"不同，澳大利亚直接"走到前台"，在具体的数据处理安排中与数据主体和数据控制者形成三方关系，强制要求数据在境内留存。

如前文所述，在数据本地化存储实施主体方面存在两个模式。本文将第一种模式称之为"主权内化于私权"模式，即国家淡入规定背景之中而不直接介入，其通过明示数据流动基本原则、界定行为主体权利和义务等方式输入数据主权的意志，使位于前台的数据主体、数据控制者及其他相关方以"戴着镣铐跳舞"的方式自主达成具体场景中的数据跨境流动安排。这种模式中，由于数据主权意志已有体现，公权力往往只需在事中、事后，根据既定的数据流动基本原则对私人主体自主达成的数据跨境流动安排给予核验。

本文将第二种模式称为"主权直接参与"模式，国家数据主权以公权力的形式直接介入，与数据主体、数据控制者及其他相关方共同作为具体场景中的数据跨境流动安排的行为主体。此时，公权力作为国家数据主权的主要代言人，往往在事前要根据具体场景中的数据跨境流动给予审批或评估，并做出个案裁量，深度参与最终达成的跨境流动安排。

---

① 澳大利亚《个人控制电子健康记录法案》全文，https：//www. legislation. gov. au/Details/C2012A00063，最后访问时间为 2019 年 10 月 16 日。

可见，在上述两种模式中，数据主权均不缺位，但实现其意志的方式不同，介入的深度和时间点不同，同时，公权力拥有的裁量空间也有所不同。

（二）本地存储彻底程度

具体来说，本地化程度包括以下三个层次：第一层，仅要求境内存储数据的副本（copy），与此同时数据可在境外存储、处理、访问。例如俄罗斯2015年9月生效的第242 – FZ号联邦法律，要求对"俄罗斯公民个人数据的收集、记录、整理、积累、存储、更新、修改和检索均应使用俄联邦境内的服务器"。[①] 从字面上看，俄罗斯要求对俄公民个人数据的存储、处理、访问都应在俄罗斯境内进行，但在该法律生效前，俄罗斯通信和大众传媒部于2015年8月针对该法律发布了一个无约束力的澄清文件（clarification）。根据俄通信和大众传媒部对第242 – FZ号联邦法律的解释，只要组织机构在俄境内存有数据副本（甚至于纸质副本即可），则个人数据可自由传输至境外。[②] 在中国，《网络出版服务管理规定》和《保险公司开业验收指引》中关于数据本地化存储的规定，也可解读为允许境外存有境内留存数据的副本。

第二层，进一步要求数据只能在境内存储，此时对数据的处理也只能在境内进行，但允许从境外访问数据，例如，允许从境外访问数据的部分字段而非整体。典型例证为我国《征信业管理条例》的要求，其规定"在中国境内采集的信息的整理、保存和加工，应当在中国境内进行"，但对来自境外的访问并没有明令禁止。

第三层，最为严格，要求数据的存储、处理、访问都必须在境内进行。前文提到的澳大利亚《个人控制电子健康记录法案》第77条规定：（1）不得将记录携带至澳大利亚境外，也不允许在澳大利亚境外持有记录；（2）不得

---

① 俄罗斯第242 – FZ号联邦法律英文全文，https：//pd. rkn. gov. ru/authority/p146/p191/，最后访问时间为2019年10月16日。

② 关于俄罗斯通信和大众传媒部针对第242 – FZ号联邦法律发布的一个无约束力澄清的综述，http：//www. law360. com/articles/698895/3 – things – to – know – about – russia – s – new – data – localization – law，最后访问时间为2019年10月16日。

在澳大利亚境外处理关于记录的各种信息。① 其中,"不允许在澳大利亚境外持有记录"也就禁止来自境外的访问。

(三)本地化存储覆盖的数据范围

就笔者掌握的资料来看,尚未有国家要求所有电子化数据都予以本地化存储。多数国家选择在有限的范围内划定需本地化存储的数据,常见的是针对以下数据类型的规定。

1. 个人数据(或个人信息)。这也是最常见的受本地化存储要求的数据类型;

2. 行业内的重要数据。如医疗健康行业(如澳大利亚)、银行业(如中国)、保险业(如中国)、征信业(如中国)、交通(如中国)、电子支付业(如土耳其②)、地图数据(如韩国③)、网络信息服务(如越南④)等。

(四)本地化存储的豁免条件

许多国家在要求数据本地化存储的同时,明确列出豁免条件。因此,满足豁免条件的难易程度也是数据本地化存储严苛度的一个重要指标。综合分析,豁免条件主要存在以下情形。

1. 只要数据主体明示同意即可。如前文所述的韩国以及巴西⑤等国家。

2. 境外的数据接收方应能提供与本国相当的数据保护水平。此种情形

---

① 澳大利亚《个人控制电子健康记录法案》全文,https://www.legislation.gov.au/Details/ C2012A00063,最后访问时间为2019年10月16日。

② 见土耳其"Law on Payment and Security Settlement Systems, Payment Services and Electronic Money Institutions"第 23 条,https://www.bddk.org.tr/websitesi/english/Legislation/ 129166493kanun_ing.pdf,最后访问时间为2019年10月16日。

③ Chander, Anupam, Uyen P. Le, "Data Nationalism", *Emory Law Journal*, v. 64, 2015, pp. 677 – 739, 70.

④ 越南"Decree No. 72/2013/ND – CP of July 15, 2013, on the management, provision and use of Internet services and online information", Article 24, https://www.vnnic.vn/sites/default/files/ vanban/Decree%20No72 – 2013 – ND – CP. PDF,最后访问时间为2019年10月16日。

⑤ DLA Piper, "*Data Protection Laws of the World*", p. 53. https://www.dlapiperdataprotection. com/#handbook/world – map – section.

最典型的例子是前文提到的欧盟的《通用数据保护条例》、加拿大的《跨境处理个人数据指导》等。这也是目前个人数据跨境传输方面最常见的豁免条件。据笔者不完全统计，目前至少有欧盟的 28 个成员国、澳大利亚①等采用这样的豁免条件。

3. 公权力机关自由裁量。此种情形中，公权力机关的决定对数据是否可跨境流动起决定性作用，甚至可超越既有基本原则的规定。例如，马来西亚 2013 年生效的《个人数据保护法》（Personal Data Protection Act）第 129 条规定，公民个人数据传输至境外的基本原则是数据接收方所在国家应能提供与本地相当的数据保护水平。然而该法第 46 条规定，主管部门的部长可豁免某单个数据主体或某类数据主体受《个人数据保护法》规定的原则或条款的保护，还可在豁免的同时附加任何条件。② 因此，主管部门的部长就特定数据境外传输享有非常大的自由裁量权。

我国也有类似赋予公权力机关自由裁量的例子。中国人民银行 2011 年《关于银行业金融机构做好个人金融信息保护工作的通知》中规定"除法律法规及中国人民银行另有规定外，银行业金融机构不得向境外提供境内个人金融信息"。而中国人民银行上海分行在其《关于银行业金融机构做好个人金融信息保护工作有关问题的通知》（上海银发〔2011〕110 号）中对上述规定做出了解释："为客户办理业务所必需，且经客户书面授权或同意，境内银行业金融机构向境外总行、母行或分行、子行提供境内个人金融信息的，可不认为违规。"③ 可见，中国人民银行及其授权的上海分行享有对上述豁免情况的解释权。

---

① 见 *The Federal Privacy Act* 1988 *and Its Australian Privacy Principles*，特别是"Australian Privacy Principle 8—cross-border disclosure of personal information"，https：//www.oaic.gov.au/individuals/privacy – fact – sheets/general/privacy – fact – sheet – 17 – australian – privacy – principles#australian – privacy – principle – 8 – cross – border – disclosure – of – personal – information。

② 马来西亚《个人数据保护法》，www.pdp.gov.my/images/LAWS ＿ OF ＿ MALAYSIA ＿ PDPA.pdf，最后访问时间为 2019 年 10 月 16 日。

③ 中国人民银行上海分行《关于银行业金融机构做好个人金融信息保护工作有关问题的通知》，"北大法宝"数据库，http：//www.pkulaw.cn，最后访问时间为 2019 年 10 月 16 日。

四 构建"数据本地化存储合理界限理论"之二
——数据本地化存储所实现的目标

在详细描述了数据本地化存储手段后，下文将主要分析数据本地化存储所能实现的目标。

（一）数据安全（data security）

数据安全可以视同为传统的信息安全（information security）。信息安全主要追求三性，也就是所谓的"CIA"：保密性（confidentiality）——信息不被泄露给未经授权者的特性；完整性（integrity）——信息在存储或传输过程中保持未经授权不能改变的特性；可用性（availability）——信息可被授权者访问并使用的特性。[1] 换言之，数据安全保障的是信息或信息系统免受未经授权的访问、使用、披露、破坏、修改、销毁等。[2]

（二）个人数据保护（data protection）

1. 数据保护与传统意义上的隐私（privacy）的区别

（1）欧洲

欧洲法中的数据保护和隐私是两个重要的概念。最明显的是在《欧盟基本权利宪章》（Charter of Fundamental Rights of the European Union）中，数据保护和隐私分属两个不同的权利，由两个不同的条文来规定（见表2）。

---

[1] 几乎任何一本信息安全教材都会在第一章中介绍 CIA 三性，并将这三性奉为信息安全的基本原则。见 Michael T. Goodrich and Roberto Tamassia, *Introduction to Computer Security*, Pearson, 2013, "Chapter 1: Introduction"。

[2] 另见《网络安全法》第 10 条规定："建设、运营网络或者通过网络提供服务，应当依照法律、法规的规定和国家标准的强制性要求，采取技术措施和其他必要措施，保障网络安全、稳定运行，有效应对网络安全事件，防范网络违法犯罪活动，维护网络数据的完整性、保密性和可用性。"该条文将网络数据的安全概括为完整性、保密性和可用性。

表 2　《欧盟基本权利宪章》数据保护和隐私权规定①

第 7 条　尊重私人和家庭生活	每个人都有权获得对其私人和家庭生活、私人寓所、私人通信的尊重。
第 8 条　个人数据保护	每个人都有保护其个人数据的权利。 对个人数据的处理，必须基于特定目的、以公平的方式进行，且需获得个人的同意或出于法律规定的其他正当事由。每个人都有权访问或纠正其被收集的个人数据。 应由独立的权威机构来确保对上述规则的遵守。

隐私权可理解为"别管我"（leave me alone），即个人私生活不被打扰的权利。"惟我独自享有的他人不得侵犯、干扰、触及的个人生活秘密、宁静的权利"是隐私权首次被提出时的经典解释。② 由此可看出，隐私权是个人用于抵抗外界对其私人领域、私密信息窥探、侵犯的一种防御性机制（defensive mechanism），是一种个人私域对内的保护。隐私权经典的解释符合《欧盟基本权利宪章》第 7 条的含义。

而个人数据保护权则主要建立在"个人信息自决理论"上。该理论认为，为保障人格的自由发展，个人应当能自由地决定以何种方式实现人格发展；人格的形成主要是在人与外界（特别是人与人）的交往过程中实现，因此个体需要掌控对外自我披露或表现的程度，以便合理地维持自身与他人之间的人际关系，所以个人应当能自由、自主地决定如何使用个人信息。③换言之，数据保护权赋予个人有权控制个人数据出于何种目的，面向何种对象范围，通过何种途径扩散和披露。

数据保护权与被动的防御性隐私权不同，其"将自身置于人际交往的互动场景之中，从而使得个人信息与个人私域的隐秘性脱钩，无论个人信息的

---

① 《欧盟基本权利宪章》，https：//wenku. baidu. com/view/033bfd3043323968011c92cb. html，百度文库，最后访问时间为 2019 年 10 月 29 日。

② 1890 年美国法学家沃伦（Samuel D. Warren）和布兰戴斯（Louis D. Brandis）在《哈佛法律评论》发表了题为《隐私权》（The Right to Privacy）的文章，首次提出隐私权概念。

③ 谢远扬：《信息论视角下个人信息的价值——兼对隐私权保护模式的检讨》，《清华法学》2015 年第 3 期，第 102～103 页。

具体内容是否涉及数据主体的个人隐秘，它都受到法律的保护，因为个人享有对其加以合理利用进而掌控自我表现的利益"。[①] 因此，数据保护是一种管理信息扩散和披露的机制，是一种面向外部的控制。《欧盟基本权利宪章》第8条规定的数据保护权的理论根基即在于保障"个人信息自决"的权利。[②]

（2）美国和国际标准

隐私权概念起源于美国。在美国，隐私最初是一种"别管我"的概念。但经过20世纪60到80年代的发展，美国的隐私概念已包含"个人信息自决"内涵。[③]

ISO/IECJTC1/SC27是国际标准化组织（ISO）和国际电工委员会（IEC）联合技术委员会（JTC1）下属专门负责信息安全领域标准化研究与制定工作的分技术委员会，SC27/WG5负责身份管理和隐私保护相关标准的研制和维护。目前在个人数据保护领域最具代表性和体系性的，当属ISO/IEC 29100系列标准，包括：ISO/IEC 29100《隐私保护框架》、ISO/IEC 29101《隐私体系架构》、ISO/IEC 29190《隐私能力评估模型》、ISO/IEC 29134《隐私影响评估》、ISO/IEC 29151《个人可识别信息保护指南》等。在这套标准中，隐私也包含上述"别管我"和"个人信息自决"的内涵。[④]

因此，美国法律和国际标准中的隐私不仅具有传统意义上隐私的含义——即"别管我"（leave me alone）和个人私生活不被打扰的权利，其还可等价于欧洲的数据保护概念。

2. 数据安全和个人数据保护的区别

如上所述，数据保护主要在于"保护对个人信息的自主使用，要求他

---

① 廖宇羿：《我国个人信息保护范围界定——兼论个人信息与个人隐私的区分》，《社会科学研究》2016年第2期，第72页。

② Orla Lynskey, *The Foundations of EU Data Protection Law*, Oxford University Press, 2015, pp. 91 – 106.

③ 廖宇羿：《我国个人信息保护范围界定——兼论个人信息与个人隐私的区分》，《社会科学研究》2016年第2期，第71~72页。

④ 对个人信息保护国际标准的综述，见洪延青、左晓栋：《个人信息保护标准综述》，《信息技术与标准化》2016年第6期。

人不得以违反本人意愿的方式对个人信息进行处理。这是因为非经本人同意的信息处理会在社会中造成超出本人预期的结果，并对本人的人格发展造成不可预料的影响，使得本人人格塑造的结果偏离原本的预期。"[1] 由此，数据安全和数据保护在概念上的区别应当就比较明显了。首先，没有数据安全，肯定没有数据保护，因为信息系统被攻破，数据遭到泄露，那数据保护要求的授权和控制扩散的机制就无从谈起；其次，即便实现了数据安全，也并非就一定能做到数据保护，例如，数据很安全地存储在组织机构的信息系统中，但是该组织没有根据数据主体授权的范围来处理数据，该行为就违背个人的数据权利。

这也是为何在各国个人数据保护立法中，数据安全部分的规定独立成章，但篇幅不大。以欧盟《通用数据保护条例》为例，立法的重心在于规定个人数据处理的基本原则、[2] 数据主体的权利、[3] 数据控制者和处理者的义务配置等。保障数据安全仅仅是数据控制者和处理者众多义务之一，其更重要的义务是在数据的收集、存储、使用、共享、公开、跨境传输等环节中提供各种机制，使得数据主体得以行使其"信息自决的权利"。例如，充满争议的被遗忘权是 GDPR 的一大创新。显然，被遗忘权无关数据安全，而是赋予个人在特定情况下删除与其相关的个人数据的权利。

如果用公式来表达数据保护与数据安全之间的关系：个人数据保护 = 数据安全 + 个人信息自决权利 + 数据控制者等相关方满足个人信息自决权利的义务。

---

[1] 谢远扬：《信息论视角下个人信息的价值——兼对隐私权保护模式的检讨》，《清华法学》2015 年第 3 期，第 102～103 页。

[2] 见欧盟《通用数据保护条例》第二章。基本原则包括"合法、公平、透明原则""目的拘束原则""数据最小化原则""准确性原则""存储限制原则""安全原则""问责原则"。欧盟《通用数据保护条例》，http：//eur–lex. europa. eu/legal–content/EN/TXT/？uri = uriserv：OJ. L_ . 2016. 119. 01. 0001. 01. ENG&toc = OJ：L；2016：119：TOC。

[3] 见欧盟《通用数据保护条例》第三章。权利主要包括知情权，查询权，纠错权，删除权（被遗忘权），限制数据处理的权利，携带数据的权利，反对数据处理的权利以及不受对个人有显著影响的、以自动化方式做出的决定的权利等。

（三）国家层面的数据保护

正如前文所说，除个人外，数据权利的另外一个主体是国家，因此下文将主要讨论面向国家安全的数据保护，或国家作为主体的数据保护。以下涉及三个例子。

第一个例子：据阿里巴巴 2016 年 11 月 2 日公布的 2016 年 9 月底的季度业绩显示，淘宝中国平台活跃买家高达 4.39 亿户。[①] 根据淘宝的隐私权政策，淘宝买家至少需要提交以下信息：姓名、性别、出生年月日、身份证号码、护照姓、护照名、护照号码、电话号码、电子邮箱、地址等。[②] 结合上述信息推知，阿里巴巴至少掌握了 4 亿我国公民的基础个人信息；而且借助于买家支付、收货等场景，其掌握的数据真实性甚至远超政府机关。单个公民的基础信息，无疑属于应当保护的个人信息。而一家私营企业汇聚了如此海量的公民个人信息库，其意义显然超脱了保护个人权益的层面。

第二个例子：2016 年 11 月俄罗斯知名网络安全厂商卡巴斯基公开抗议微软挤压第三方杀毒软件在 win10 操作系统的生存空间。[③] 表面上看来，该事件事关商业竞争。但更进一步考量，此事关乎国家安全。习近平总书记指出，维护网络安全的关键在于"全天候全方位感知网络安全态势"。[④] 因此，没有关于网络攻击、威胁来源、恶意地址等网络安全信息汇聚形成的安全大数据，也就根本无法做到"知己知彼"。微软排斥其他杀毒软件

---

① 《阿里巴巴集团："阿里巴巴集团公布 2016 年 9 月底季度业绩"》，阿里巴巴集团官方网站，http：//www. alibabagroup. com/cn/news/article？news = p161102，最后访问时间为 2019 年 10 月 16 日。

② "法律声明"，淘宝网，https：//www. taobao. com/go/chn/tb – fp/2014/law. php？spm = a21bo. 50862. 1997523009. 38. 26IY3m，最后访问时间为 2019 年 10 月 16 日。

③ Kevin Townsend，" Kaspersky Lab Accuses Microsoft of Aggressive Attitude Towards Endpoint Security Firms with Windows 10"，November 15, 2016，http：//www. securityweek. com/security – firms – allege – microsoft – anti – competitive.

④ 《习近平在网络安全和信息化工作座谈会上的讲话》，新华网，http：//news. xinhuanet. com/politics/2016 – 04/25/c_ 1118731175. htm，最后访问时间为 2019 年 10 月 16 日。

在其生态中的运作，客观上造成了独掌围绕其平台产生的安全大数据的结果。

第三个例子关乎住房空置率。空置率主要是指在统计时点上将没有被使用的住房除以全社会总住房所得出的结果。而一旦"房屋空置率超过10%，房地产市场就出现较大问题了：房屋闲置比较严重，严重的供过于求，租金、房价要开始回落了"。在我国，房价目前已是政府、百姓最关心的事情之一。因此，特别是在政府出台调控措施时，空置率很可能成为"对宏观经济调控政策、措施有较大影响的统计报告"，或者是"反映重大经济、社会问题的统计数据和统计报告"，属于国家机密的范畴。① 这也从侧面说明了为何一些地方统计部门曾就当地住房空置情况做过调查。但对调查结果一直讳莫如深。② 过去，学者或民间力量为算得空置率只能通过"数黑灯"或入户抽样调查，现如今，只需结合海量的快递订单、水电运行等数据，在某一区域甚至全国范围内得出准确的房屋空置率并非难事。

前述三个例子均表明，大数据对国家发展、治理、安全等方面具有越来越重要的意义。首先，阿里巴巴掌握的人口信息，规模和颗粒度均可比拟公安机关的国家人口基础信息库，准确性甚至更胜一筹。对国家来说，人口基础数据一旦泄露，很可能对国家安全造成严重危害，③ 因此国家人口基础信息库是作为涉密系统来建设和管理的。所以，国家层面的数据保护首先应要求阿里巴巴保障其掌握的大数据的安全，也就是前文讲到的保密性、完整

---

① 见《国家统计局关于印发〈经济工作中国家秘密及其密级具体范围的规定〉中有关统计工作条目的解释的通知》，福建省统计局官方网站，http://www.stats-fj.gov.cn/xxgk/fgwj/gfxwj/201211/t20121114_35768.htm，最后访问时间为2019年10月16日。

② 《网易策划，"住房空置率：一直在争论，从未有定论"》，网易，http://gz.house.163.com/special/gz_kongzhilv/，最后访问时间为2019年10月16日。

③ 土耳其现有人口8000万。2016年4月，土耳其国家警察部门所持有的将近5000万土耳其公民的个人信息遭泄露，并在黑市上售卖。这些数据中包含土耳其前任、现任国家领导人的个人和亲属信息。见Doug Olenick，"50 Million Exposed in Turkish Data Breach"，April 4，2016，https://www.scmagazine.com/50-million-exposed-in-turkish-data-breach/article/528739/。

性、可用性。

其次，除数据安全之外，由于某些特定大数据对国家来说具有基础性、战略性的作用，国家应当具有一定的支配权。例如阿里巴巴汇聚的我国人口大数据，如果不将其划成涉密系统的话，则国家至少应当有权要求其不得对外共享、交易，并且不得向境外的组织、个人提供。对于第二个例子中，鉴于微软操作系统在我国用户数量庞大，国家应当有权要求微软不得独占，乃至要求其与主管部门共享 win10 平台产生于我国境内的网络安全大数据。这不仅是因为海量用户产生的安全大数据对维护国家网络安全至关重要，失去此数据很可能造成威胁情报上的盲区；另一原因是，如果说安全大数据可以用于提升安全水平，反过来，安全大数据当然可以很轻易地被恶意分子用于分析系统以及空间的漏洞和脆弱性，找到攻击的切入点，因此有必要严格管控。

在第三个例子中，淘宝、顺丰等企业拥有海量的快递订单数据，支付宝、微信等应用集成了生活缴费功能，也获得越来越多家庭的青睐。上述两类数据并非国家秘密。但两者一结合，很容易综合分析得出受严格保护的国家机密数据。事实上，大数据的发展导致了国家秘密和非国家秘密之间的界限不断在模糊。对于"单独或者与其他信息相结合分析后，有可能对国家安全和公共利益造成不利影响的数据"，本文称其为敏感数据。显然，敏感数据比实践中认定的"国家秘密"范围要大得多。虽然将所有敏感数据都纳入"国家秘密"这样由公权力直接管控的强制机制内不是个现实的选项，但客观上确实存在强烈的需求来防范敏感数据被敌对国家或势力恶意使用，例如在关键时间节点恶意发布有关信息危害我国经济安全。

因此，国家层面的数据保护，除了数据安全及对数据一定的支配权外，还包括控制敏感数据可出于何种目的、面向何种对象范围、通过何种途径扩散和披露等方面。综上，国家层面的数据保护＝数据安全＋数据支配权＋防止敏感数据遭恶意使用对国家安全的威胁。

五 构建"数据本地化存储合理界限理论"之三
——目的与手段的适当性和必要性关系

（一）比例原则之于数据本地化存储

因为国家数据主权的介入，本应由私人主体之间在具体场景下形成的数据跨境流动安排，需要留存在本地，或在满足国家数据主权设定的豁免条件后，数据才得以跨境流动。无疑，数据本地化存储是国家公权力的一种彰显。而比例原则是公权力在行使时必须首先遵守的"帝王条款"，[①] 其体现目的与手段必要性、适当性、均衡性的要求。在依法治理数据本地化存储过程中，比例性为公权力的行使设定合理界限具有重要指导意义。

比例原则可分为适当性原则、必要性原则与均衡性原则三个子原则：适当性原则是指公权力行为的手段应当有助于或能够实现所追求的目的；必要性原则，是指能够"相同有效"地实现目的的众多手段中，公权力行为采用的手段造成的损害应当最小；均衡性原则要求公权力行为的手段所增进的公共利益与其所造成的损害成比例。[②]

下文将运用比例原则审视数据本地化存储的价值目的与管制手段之间的关系，并依据比例原则中适当性和必要性的要求，构建"数据本地化存储合理界限理论"。对均衡性讨论，笔者在此不赘述。

（二）判断目的与手段之间的适当性和必要性

1. 数据安全与本地化存储

根据比例原则中必要性原则的要求，限制数据的存储地点需具备提升数

---

① 胡锦光：《中国社会当务之急——把公权力关进制度的笼子》，《紫光阁》2014 年第 7 期，第 79～80 页；另见王雅琴：《德国公法的比例原则》，《学习时报》2014 年 11 月 03 日，第 A2 版。

② 代表性著作如余凌云：《论行政法上的比例原则》，《法学家》2002 年第 2 期；蒋红珍：《论比例原则——政府规制工具选择的司法评价》，法律出版社，2010；杨登峰：《从合理原则走向统一的比例原则》，《中国法学》2016 年第 3 期；刘权：《目的正当性与比例原则的重构》，《中国法学》2014 年第 4 期。

据安全水平的能力。但许多研究表明，数据安全实际上并不取决于数据的存储地点，而是数据存储和传输的方式。①

首先，数据安全无非是网络攻防两方力量对比的结果。现阶段，攻方显示出压倒性的优势。② 对于黑客和犯罪组织来说，无论数据存放在哪里，只要被他们盯上，他们都会无所不用其极，例如使用钓鱼、木马、病毒等技术手段，或直接收买内部人员等。他们并不会因为地域限制而放弃某项攻击，而互联网的特性也允许他们能够方便地实施跨地域攻击。③

从防守方的角度来看，强制数据留存本地或许有些意义，毕竟数据留在国内，网络安全主管部门可以按照自己的判断，强制信息系统所有者或运营者等采取足够或额外的安全措施。但即便在这个意义上，数据本地化存储也并非必要，因为当数据需要传输至境外时，作为数据跨境传输的前提条件，数据输出者可以通过合同等形式，将境内主管部门施加的额外安全义务"传导"到境外数据接收者身上。由此，安全保护措施便跟随着数据一路从境内延展到境外。

当然，上述分析仅停留在理论层面。实践中，数据跨境传输往往意味着数据链条上环节的增多，从常识上来讲，这意味着出错的风险在增高，保密性、完整性、可用性被破坏的可能性在增大，或许强制数据境内留存能一定程度上降低风险。但同时应当牢记的是，即便将数据存储和传输局限于境内，上述风险并非就一定比数据跨境传输要低，因为意识到跨境传输带来的高风险会促使数据输出方采取额外的安全措施。

综上所述，强制数据存放在国内，事实上并不能降低信息系统被攻破、

---

① Mirko Hohmann, Tim Maurer, Robert Morgus and Isabel Skierka, "Technological Sovereignty: Missing the Point? An Analysis of European Proposals after June 5, 2013", 2014, p. 4, http://www.gppi.net/publications/global - internet - politics/article/technological - sovereignty - missing - the - point/.

② 洪延青：《"以管理为基础的规制"——对网络运营者安全保护义务的重构》，《环球法律评论》2016 年第 4 期，第 28 ~ 33 页。

③ 见 Chander, Anupam, Uyen P. Le, "Data Nationalism", *Emory Law Journal*, v. 64, 2015, pp. 718 - 721。

数据被窃取的风险，同时也并非保障数据安全的必要措施。

2. 个人数据保护与本地化存储

对于数据保护来说，本地化存储具有一定积极意义。如前文所述，个人数据保护＝数据安全＋数据主体的信息自决权利＋数据控制者等相关方满足个人信息自决权利的义务。而个人信息自决权利范围、程度的大小，以及数据控制者等相关方承担的满足个人信息自决权利的义务等，往往是一个国家在平衡以下三方面利益后做出的选择。

（1）个人信息自决利益：包括在一定程度上控制个人信息的收集、使用、共享、披露，以及控制基于数据作出的各项决定对个人的影响；

（2）发展利益：企业和产业充分利用个人信息，提供、改进、创新产品和服务的合理诉求；

（3）公共利益：政府部门利用个人信息完成公共管理，以及社会发展所必需的信息自由流动和公众知情权。

显然地，每个国家在平衡利益冲突时做出的选择不尽相同。因此，从个人数据保护的角度来说，数据留存本地能确保个人的权利、数据控制者等相关方的义务等，能够遵循这个国家做出的特定的利益平衡选择。①

但应该注意到，由于通过合同、公司内部准则等形式，能够确保数据传输至国外后依然能够享有和境内相同的安全水平、个人信息自决的权利配置等。因此，基本上各个国家也都允许此种情形豁免于数据本地化存储的要求。

从数据保护这个层面来说，数据留存本地的主要意义在于确保本国在个人信息自决权利、数据控制者等相关方满足个人信息自决权利的义务等方面做出的配置安排，其能够适用于特定数据，而非保护数据安全。

3. 国家层面的数据保护与本地化存储

如前文论述，国家层面的数据保护＝数据安全＋数据支配权＋防止敏感数据遭恶意使用对国家安全的威胁。在网络世界中，能够威胁到国家安全的也主要是敌对国家，或具有国家背景的敌对势力。目前，已有各种具备国家

---

① 如前文所述，欧盟赋予个人被遗忘权，而被遗忘权在美国则不那么被认可。

背景的黑客组织，对我国境内组织、机构发动了许多高级持续性威胁（Advance Persistent Threat，简称 APT)[1] 攻击。这些事例都说明，即便强制数据存放于国内，也无法避免敌对国家或具有国家背景的敌对势力的黑手，因此，就数据安全而言，强制本地化事实上不能保障数据安全。

但强制数据存放在国内确实能杜绝一类特定的风险，即境外国家利用法律、行政等手段，合法、秘密地获取传输至其境内的数据，特别是敏感数据。在美国"棱镜"计划中，美国安全局正是利用了经互联网传输的数据大部分都要途经美国的有利条件得以直接截取了海量数据，同时还合法、秘密地要求美国互联网公司与其合作，获得了大量的境内外用户数据。在"棱镜门"曝光之后，德国等欧洲国家当即提出建立自己的电子邮件系统、云数据中心、不途经美国的光缆等技术手段，这些措施的共通之处在于使美国主权之手无法触及数据存储、传输的全过程。[2]

（三）数据本地化存储合理界限理论

数据本地化存储合理界限理论的主要观点如图 2 所示。首先，数据本地化存储可能实现的目的包括数据安全、个人数据保护、国家层面的数据保护，每一目的包含不同的内容，具体如下：

---

[1] 天眼实验室，"OceanLotus（海莲花）APT 报告摘要"。在报告中，360 公司的安全团队揭露从 2012 年 4 月起至今，某境外黑客组织对中国政府、科研院所、海事机构、海域建设、航运企业等相关重要领域展开了有组织、有计划、有针对性的长时间不间断攻击，http://blogs. 360. cn/blog/oceanlotus - apt/。
另见《360 追日团队 APT 报告：摩诃草组织（APT - C - 09）》，摩诃草组织是一个来自南亚地区的境外 APT 组织，该组织已持续活跃了 7 年。摩诃草组织主要针对中国、巴基斯坦等亚洲地区国家进行网络间谍活动，其中以窃取敏感信息为主。相关攻击活动最早可以追溯到 2009 年 11 月，至今还非常活跃。在针对中国地区的攻击中，该组织主要针对政府机构、科研教育领域进行攻击，其中以科研教育领域为主。http://bobao. 360. cn/learning/detail/2935. html。

[2] 欧洲方面提出的各种技术手段，见 MirkoHohmann, Tim Maurer, Robert Morgus and Isabel Skierka, "Technological Sovereignty: Missing the Point? An Analysis of European Proposals after June 5, 2013", 2014, http://www. gppi. net/publications/global - internet - politics/article/technological - sovereignty - missing - the - point/。

数据安全 = 保密性 + 完整性 + 可用性；

个人数据保护 = 数据安全 + 个人信息自决权利 + 数据控制者等相关方满足个人信息自决权利的义务；

国家层面的数据保护 = 数据安全 + 数据支配权 + 防止敏感数据遭恶意使用对国家安全的威胁。

其次，经分析可知，数据本地化存储对保障数据安全贡献度较小；对数据保护而言，数据本地化存储主要在于使数据能遵循每个国家就个人信息自决方面做出的权利、义务配置选择，具有一定的数据本地存储需要；对国家层面的数据保护而言，数据本地化存储的功效主要在于杜绝境外国家利用法律、行政等手段，合法、秘密地获取传输至其境内的数据，因此具有较高的数据本地存储需求。

再结合前一部分对数据本地化严苛程度的描述模型，还可得出：为满足数据安全、个人数据保护而要求数据本地化时，国家主权通过事先设定数据跨境传输的原则或基本条件，以及对涉及的各个私主体通过规则事先设定权利义务即可，并无必要实际参与到各个场景中；在具体场景中，私主体事先知晓各自的权利义务、跨境传输的条件，只要达成的数据传输安排"超过

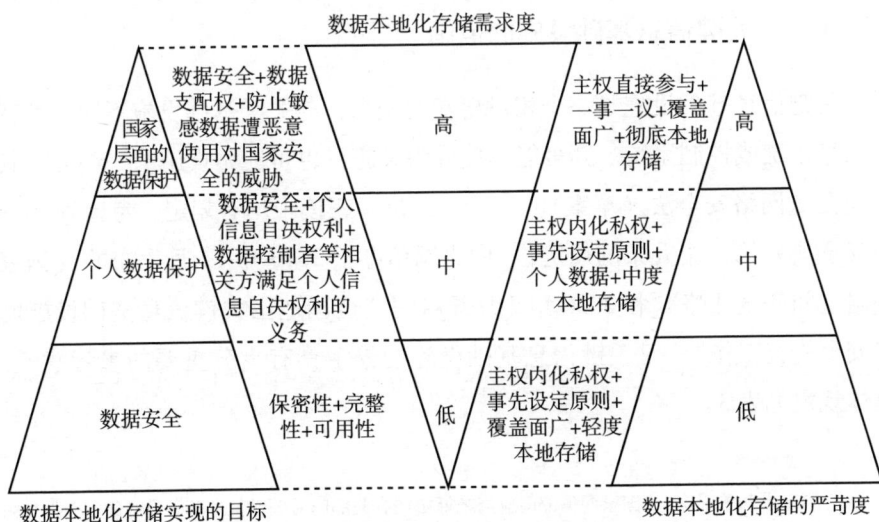

图2　数据本地化存储的合理界限理论

门槛"，数据即可进行传输。

当数据本地化是为了满足国家安全需求时，国家就具有广泛的自由裁量权。对其应一事一议，按照个案实际情况做出裁量，同时可对各私主体附加特定的要求，包括彻底的本地化存储措施，或不允许来自境外的访问请求。

六　检视《网络安全法》的数据本地化存储规定

对照关于"数据本地化存储合理界限理论"，检视我国《网络安全法》第三十七条关于数据本地化存储的规范，会发现该条存在四个方面的问题。一是关键信息基础设施如何认定？范围多大？二是个人信息和重要数据的定义和范围多大？关键信息基础设施中是否还存在第三类数据？又或者个人信息和重要数据是不是关键信息基础设施上存储的所有数据的总和？三是"应当在境内存储。因业务需要，确需向境外提供的"应如何解读？是仅仅要求境内留存副本而已，还是"向境外提供"包括从境外发起的访问数据请求？四是如何进行安全评估？

（一）关键信息基础设施的范围

关键信息基础设施是一个相对崭新的概念，与关键基础设施不同，其特指信息系统或控制系统。其可能单独成为设施，也可能是设施的一部分。其范围在《网络安全法（草案）》一读、二读、三读中均有划定。考虑到《网络安全法》第三十九条的规定，[①] 中央网信办于 2016 年 12 月发布的《国家网络空间安全战略》和 2016 年 7 月开启的"全国范围关键信息基础设施网络安全检查工作"，对关键信息基础设施的界定具有十分重要的参考意义。具体规定见表 3。

[①]　第三十九条规定："国家网信部门应当统筹协调有关部门对关键信息基础设施的安全保护采取下列措施：（一）对关键信息基础设施的安全风险进行抽查检测，提出改进措施，必要时可以委托网络安全服务机构对网络存在的安全风险进行检测评估……"

表3 关键信息基础设施的界定①

文件名称	关键信息基础设施的范围
《网络安全法（草案）》（一读）	1. 提供公共通信、广播电视传输等服务的基础信息网络； 2. 能源、交通、水利、金融等重要行业和供电、供水、供气、医疗卫生、社会保障等公共服务领域的重要信息系统； 3. 军事网络； 4. 设区的市级以上国家机关等政务网络； 5. 用户数量众多的网络服务提供者所有或者管理的网络和系统。
《网络安全法（草案）》（二读）	一旦遭到破坏、丧失功能或者数据泄露，可能严重危害国家安全、国计民生、公共利益的关键信息基础设施。
《网络安全法（草案）》（三审）	公共通信和信息服务、能源、交通、水利、金融、公共服务、电子政务等重要行业和领域，以及其他一旦遭到破坏、丧失功能或者数据泄露，可能严重危害国家安全、国计民生、公共利益的关键信息基础设施。
《网络安全法》	同上。
《关于全国范围关键信息基础设施网络安全检查工作的通知①》	面向公众提供网络信息服务或支撑能源、通信、金融、交通、公用事业等重要行业运行的信息系统或工业控制系统，这些系统一旦发生网络安全事故，可能影响重要行业正常运行，对国家政治、经济、科技、社会、文化、国防、环境及人民生命财产造成严重损失。
《国家网络空间安全战略》	包括但不限于提供公共通信、广播电视传输等服务的基础信息网络，能源、金融、交通、教育、科研、水利、工业制造、医疗卫生、社会保障、公用事业等领域和国家机关的重要信息系统，重要互联网应用系统等。

如上，关键信息基础设施的范围如下。一是军政部门的网站、信息系统或控制系统；二是重要行业和领域的信息系统或工控系统，重要行业和领域包括能源、交通、水利、金融、供电、供水、供气、医疗卫生、社会保障等；三是面向公众提供网络信息服务的网站和平台。事实上，上述三个类别也不一定涵盖了全部的关键信息基础设施，只要是"一旦发生网络安全事故，可能影响重要行业正常运行，对国家政治、经济、科技、社会、文化、国防、环境及人民生命财产造成严重损失"② 的系统，都将被认定为关键信息基础设施。

---

① 《全国范围关键信息基础设施网络安全检查工作启动》，中国网信网，http：// www. cac. gov. cn/2016－07/08/c＿ 1119185700. htm，最后访问时间为2019年3月2日。

② 《全国范围关键信息基础设施网络安全检查工作启动》，中国网信网，http：// www. cac. gov. cn/2016－07/08/c＿ 1119185700. htm，最后访问时间为2019年3月2日。

（二）个人信息和重要数据的范围

《网络安全法》第七十六条规定了个人信息的定义："其指以电子或者其他方式记录的能够单独或者与其他信息结合能够识别自然人个人身份的各种信息，包括但不限于公民的姓名、出生日期、身份证件号码、个人生物识别信息、住址、电话号码等"。

关于"重要数据"，《网络安全法（草案）》三读与最终稿之间出现了微妙的变化。三读使用"重要业务数据"。对此，可能存在两种理解：一是认为"业务数据"（business data）是组织机构与外界发生交互（transactions）的记录，不包括内部运营数据，例如组织机构人力方面的数据；二是认为"业务数据"同时包括组织机构"内部运作"和"外部交互"的数据。如果最终"重要业务数据"的定义采用前者，则关键信息基础设施中有些类别的数据无须本地存储；如果采用后者，则可认为关键信息基础设施中的所有数据都要本地存储。

2016 年 11 月 7 日，全国人大发布的《网络安全法》最终稿删除了"业务"两字，其体现了立法者在最后时刻的考量。在笔者看来，重要数据的重要性针对的是整体层面的利益保护，即保护国家安全、国计民生、公共利益。因此，如果运营者的数据不涉及整体层面利益，其就不属于"重要数据"的范畴。将"重要业务数据"改为"重要数据"的行为说明立法摒弃我们熟悉的"个人数据、企业数据、国家数据"的分类方法，进而从数据所影响的价值着手。换句话说，不论是个人数据或是企业数据，只要有可能危及整体层面的利益，也会被认定为"重要数据"。

（三）"因业务需要，确需向境外提供的"的含义

从字面上看，第三十七条要求的是彻底的数据本地化存储，即要求数据的存储、处理、访问都必须在境内进行。此处"提供"应当包含来自境外的访问，有两方面证据。首先，如前文所述，中国人民银行规定"除法律法规及中国人民银行另有规定外，银行业金融机构不得向境外提供境内

个人金融信息"，对于此处的"提供"，中国人民银行上海分行专门指出"境内银行业金融机构向境外总行、母行或分行、子行提供境内个人金融信息的，可不认为违规。"很明显，此处的"提供"包含了来自境外的数据访问请求。

其次是《网络预约出租汽车经营服务管理暂行办法》第二十七条的规定。该《办法》要求网约车平台公司应在中国内地存储和使用个人信息和业务数据，且"除法律法规另有规定外，上述信息和数据不得外流"。该《办法》在《网络安全法（草案）》（二读）公布后才出台，而且沿袭使用了个人信息和业务数据。其"不得外流"的规定，很可能代表了《网络安全法（草案）》（二读）中"向境外提供"的含义。

（四）对第三十七条的基本评价

在对第三十七条的条文进行简要分析后，借用本文提出的"数据本地化存储合理界限理论"，可对该条得出如下评价。

第一，受本地化存储规定覆盖的数据范围非常广，全球范围内来看属于特例。将《网络安全法》的一读和二读对比，第三十七条在原来的个人信息基础上，增加了重要业务数据。[①] 如前所述，关键信息基础设施的范围已经很宽泛，而"个人信息和重要业务数据"的规定还有可能包括了关键信息基础设施的所有数据。相比其他国家和区域，欧盟没有要求所谓的"重要业务数据"的本地存储，而在要求所谓的"重要业务数据"本地存储的国家，基本也仅仅是对某一特定行业的数据做出规定。因此，二审稿增加了区区六个字，其却很可能使我国数据本地化方面的规定在国际层面显得十分"特立独行"。虽然《网络安全法》的正式版本中删除了"业务"两字，但似乎没有明显改善范围过大的情况。

---

① 按照人大法工委的修改说明，增加"重要业务数据"的原因是"有的地方、部门和社会公众提出，关键信息基础设施运营者的重要业务数据也应存储在境内"。见《网络安全法（草案二次审议稿）》，全文参见 http://www.npc.gov.cn/npc/flcazqyj/2016－07/05/content_1993343.htm，最后访问时间为 2019 年 3 月 2 日。

第二，默认的数据本地化存储严苛程度很高。第三十七条的字面意思要求数据彻底的本地化存储并要求法律、法规以下的规范性文件都从其规定。就此，原本允许境外处理、访问的卫计委《人口健康信息管理办法（试行)》，允许境外存储数据镜像的《网络出版服务管理规定》和《保险公司开业验收指引》都要"升级"执行彻底的本地化存储规定。

第三，从适当性和必要性的要求出发，仅仅出于保障"运营安全"目的似乎难以为如此广泛、严苛的本地化要求提供足够的正当性。第三十七条位于"第三章网络运行安全"中的"第二节关键信息基础设施的运行安全"之中，因此可以认为第三十七条的价值在于保障"运营安全"。而"运营安全"基本可以认为处于保障数据安全这个层面，无法涵盖个人数据保护的要求，如实现个人信息自决的权利；也无法涵盖国家层面的数据保护要求，如敌对国家情报机关合法、秘密地获取数据后，分析、挖掘后并不直接用于破坏关键信息基础设施，而是用于其他领域。而且如前文论证的，仅仅是数据安全，本质上并不取决于数据存储的地点；相反，个人和国家层面的数据保护才真正有数据本地化存储的必要性。

第四，局限于"运营安全"将限制后续数据跨境传输安全评估的范围。如果"运营安全"是安全评估的全部目的，则安全评估无法囊括另外两个层面的目的，将严重地限制安全评估的效用。因此，若为了给第三十七条规定的数据本地化提供足够的正当性以及去除对安全评估不必要的束缚，该条文似乎应当从"第三章网络运行安全"中移出，转而放置于"第四章网络信息安全"中。

七 结语——对数据跨境流动安全评估的立法建议

根据《网络安全法》第三十七条的规定，国家网信部门将会同国务院有关部门制定数据向境外提供的安全评估办法。在最后一部分，本文将根据前文的"数据本地化存储合理界限理论"，提出数据跨境流动安全评估办法的设计方案。具体如图 3 所示。

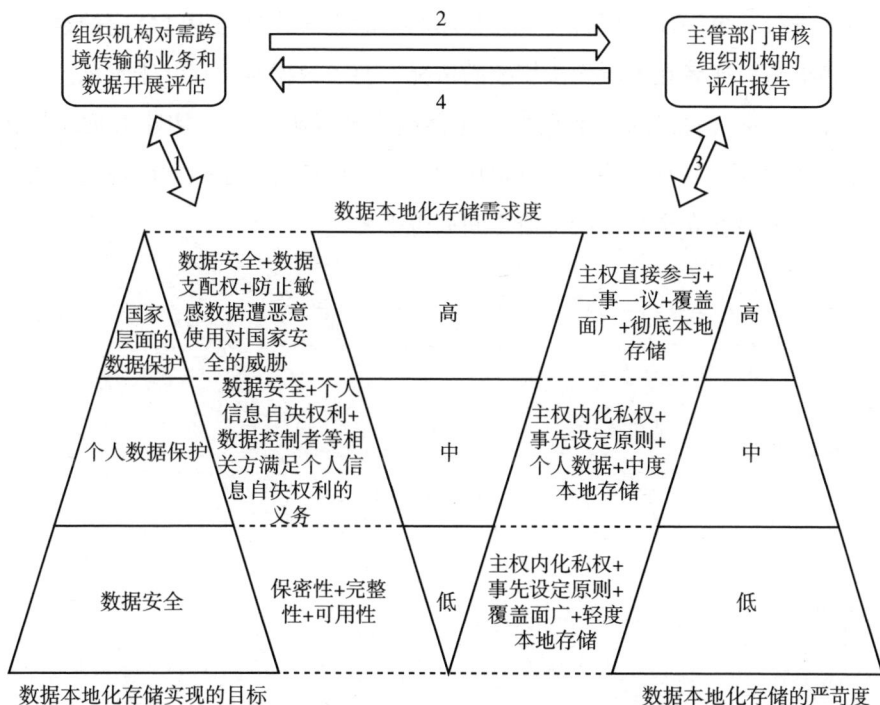

图3　数据跨境流动安全评估办法的设计方案

首先是评估流程。最开始，应由有跨境数据传输需求的组织机构按照"数据本地化存储的合理界限理论"进行自评估并提出配套保障措施（"步骤1"），并将评估结果和配套保障措施提交给主管部门（"步骤2"）。其次，主管部门按照"数据本地化存储的合理界限理论"对评估报告和配套保障措施进行审核，并做出自己的判断（"步骤3"）。最后，要求组织机构按照主管部门的要求形成数据跨境传输的具体安排（"步骤4"）。

其次是评估的实质内容。如果评估显示数据仅仅涉及数据安全，此时公权力采取"轻监管"模式，设定各私主体的权利义务，并事先列出跨境原则和"门槛"。在满足上述条件后，就可将数据放行。如评估显示数据涉及个人数据保护，公权力同样通过事先各私主体的权利义务和跨境的原则的方式，达到监管目的，只不过为保障个人信息自决权利，门槛相对数据安全要更高。如果评估显示数据涉及国家安全，则公权力开展"强监管"，对该数据流动进行一事一议，以直接介入具体场景的方式，参与设计特定的数据跨境保障措施，或者在风险无法管控的情况下要求数据必须存储于本地。

综上，本文提出的"数据本地化存储合理界限理论"构建数据跨境传输安全评估办法具有优势，其可将比例原则的精神贯穿于数据跨境的监管过程之中，进而在安全和发展价值之间取得平衡。

B.4
共享经营交易模式的法律
特征和规制路径

安　辉　王睿涵*

摘　要：　随着共享经营商业模式在社会生活各领域的纵深发展，相关
　　　　　矛盾纠纷亦逐年增长。司法实践中，共享经营平台责任承担
　　　　　一直是审理的重点和难点，实务界对此至今仍未形成一致意
　　　　　见。较之传统经济活动，共享经营交易模式主要有以下三点
　　　　　特征：以信息技术为依托的三边交易模式，以使用权共享为
　　　　　核心的资源组织方式，以平台规则为主导的市场管理模式。
　　　　　因共享经营辐射住宿、交通、食品、医疗、制造等诸多民生、
　　　　　经济领域，在相关问题和纠纷的处理中，应坚持统筹考量之
　　　　　理念，在交易公平与交易效率、经济效益与社会利益、三方
　　　　　参与者权益、事后分配正义与事前防范侵权行为等价值关系
　　　　　中寻找平衡。

关键词：　共享经营　三边交易　组织型平台　平台责任

　　虽然共享经营这一新经济形态已经产生了广泛的社会影响，但关于它的
概念和特征，却有着多重视角和多重解释，其内涵和外延与电子商务平台经
营、网络信息服务的边界并不清晰。与经济学界关注共享经营商业模式创新

---

* 安辉，北京市门头沟区人民法院党组副书记、副院长，三级高级法官；王睿涵，北京市门头
沟区人民法院民一庭法官助理。

价值要素的侧重点不同，法学界更倾向于从法律关系调整规制的层面分析其结构性因素。除去技术性和细节性表征，共享经营引发法律界广泛关注和探讨的，在于参与者各方之间法律关系的界定以及对外责任的承担。通过对这一新兴商业模式进行法律关系层面的剖析，可知共享经营不仅仅依托互联网平台将分散资源进行优化配置，而且平台除了撮合供需双方交易之外还承担着交易组织者的角色，对交易过程予以规范、控制、保障，突破了居间服务和信息服务的范畴，与传统经济活动的组织形式形成区别。由此，共享经营平台经营者与《电子商务法》所规定电子商务平台经营者的法律地位并不完全等同，二者在法律适用和责任承担上，亦应存在一定差异。

一 我国共享经营相关司法现状

随着信息技术的发展，共享经营逐渐成为人工智能领域技术创新的重要场景，在提升资源利用效率、增加劳动就业、重构供需结构和产业组织等方面的作用愈加凸显。

在共享经营向社会生活领域纵深发展的同时，相关纠纷也逐年增长。以共享出行为例，在中国裁判文书网以"网约车"为关键词，搜索得到 2016 年、2017 年、2018 年的涉网约车民事一审裁判文书分别有 128 份、564 份、899 份，二审裁判文书分别有 7 份、354 份、503 份。在 2018 年的 899 份一审裁判文书和 503 份二审裁判文书中，以合同纠纷、交通事故责任纠纷、劳动争议为关键词获得的裁判文书数量位列前三。涉网约车民事案件中，原告起诉时，通常均将网络平台与网约车司机、保险公司作为共同被告，要求网约车平台承担赔偿责任，网络平台责任承担便成为涉网约车民事案件的主要争议焦点之一。[①] 与此同时，在当前涉网约车交通事故赔偿案件的审判实践中，也有平台与供给方承担连带责任的判例。[②]

---

① 王玉臻：《网约车诉讼中的法律问题》，《山西政法管理干部学院学报》2018 年第 12 期。
② 参见（2016）京 0108 民初 33393 号民事判决书、（2016）豫 0102 民初 6252 号民事判决书等。

平台承担责任。在判令平台承担责任的案例中，法院多认为平台属于获利方，基于此，一方因违约行为或交通事故受损时，平台需要在获利范围内承担责任。如2018年3月1日发布的孙某诉北京小桔科技有限公司机动车交通事故责任纠纷生效民事判决书中，法院认为：虽然小桔公司通过滴滴平台发布乘客信息、匹配路线、对车主派单，提供居间服务，但根据小桔公司提供的《顺风车服务协议》记载的"5.1 顺风车平台向使用平台服务的车主收取信息服务费，5.2 乘客通过信息平台中的第三方电子支付系统支付合乘费用，顺风车平台代车主收取上述费用，扣除信息服务费用后，将其余的部分转付给车主"等内容可以看出，小桔公司通过车主驾驶车辆运载合乘者的方式收取费用，获取一定的车辆运行利益。故在车辆运行过程中造成损害后果时，利益获取方的小桔公司应当在获利范围内承担相应赔偿责任。本案中小桔公司应在保险公司理赔范围之外的不足部分，向原告承担10%的赔偿责任。①

平台不承担责任。有的法院裁判认为平台不需要承担责任，基于平台提供的是居间服务，根据《合同法》相关规定，无须承担责任。如（2018）黑08民终830号民事判决书载明：滴滴出行公司是一个软件平台，顺风车平台提供的并不是出租用车、驾驶或运输服务，如果用户的合乘需求信息被其他用户接受确认，顺风车平台即在双方之间生成顺风车订单。原告要求滴滴出行公司承担赔偿责任，无现行法律规定。而小桔公司作为滴滴出行公司软件的运营商，因原告与李某某之间提供的是居间服务，所以原告要求小桔公司承担赔偿责任，缺乏证据予以佐证，原告的诉讼请求缺少事实和法律依据，本院不予支持。

综观各案由涉网约车民事案件生效文书后发现，平台是否应当承担责任？如果平台需要承担责任，其应当承担何种类型的责任？以及承担责任的比例为何？对这些关键问题，司法实践中仍未有一致意见。

---

① 参见（2018）吉0191民初199号民事判决书。

二 共享经营交易模式的特征

对共享经营相关法律问题的回应，需要从其可能引发法律范式转换的该部分特征出发。在商业实践不断发展的背景之下，市场创新让共享经营持续衍生出更为丰富的含义，准确定义共享经营的概念存在一定困难，但诸多共享经营形态蕴含的共通性特征却可以识别。

（一）共享经营交易模式的内涵特征

法律规制方案通常是以现有经济活动的典型组织形式为蓝本设计。[①] 共享经营在创新交易模式的同时，突破既有规制结构和法律框架，在交易结构、交易指向、交易管理等方面均呈现出有别于传统法律关系的新特征。

1. 以信息技术为依托的三边交易模式

在滴滴出行等共享经营中，闲置车辆的供给信息均通过平台予以公示，需求方亦通过经营平台寻求适配资源；供需信息实现匹配后，交易双方依据平台提供的格式合同、价格条款达成交易合意；平台甚或按照自身设计的交易流程对交易履行进行追踪、督促，履行完毕后平台收取一定分成。可见，共享经营平台并非资源供给方，亦非供需双方的代理人，更非仅参与交易某一环节或只享有部分权利义务的交易辅助人，而是知晓并链接供需两方主体，独立作出意思表示且贯穿交易过程的独立主体，其以信息利用为核心控制手段推进、促成交易。相较于传统的双边交易结构，共享经营中的资源供给方、需求方和平台同时作为交易当事人全程参与交易，构成新型的三边交易模式。

2. 以使用权共享为核心的资源组织方式

电子商务法对所有销售商品和提供服务的经营活动进行规范，电子商务

---

① 赵鹏：《平台、信息和个体：共享经济的特征及法律意涵》，《环球法律评论》2018 年第 4 期。

交易的是商品所有权。但在共享经营语境下，供需双方指向的是商品使用权，供给方仅需将商品的使用权暂时性让渡予需求方，即可获得对等酬劳。① 如爱彼迎（Airbnb）的交易对象为厨房、卧室等具备相应功能的空间在某一时段的使用权。综观各领域的共享经营，供需双方之间的合同关系类型以租赁、承揽、运输、服务为主，标的物包括房屋、车辆等财产，知识技能和产能等。分散于个体的物质资源和知识技能，借由共享经营平台更为便利地获取交易机会，无须企业的集中化组织即可通过点对点的方式直接提供给需求方。大量商业主体以外的个人持续地参与到共享经营中，体现出更为广泛的社会参与性，具有调动全社会资源以满足诸多不同个体需求的特点。

3. 以平台规则为主导的市场管理模式

在个体大规模直接交易过程中，平台通过交易规则等机制的制订影响、掌控着交易的进行，以保护参与者对共享经营模式的信任。从相对性视角来看，平台不仅外围性地提供与交易相关的认证、物流、支付等配套服务，更核心性地深入参与到交易本身，通过全方位的平台规则来规范、管理、监督、制裁参与者。具体而言，在提取商品质量、地理位置、信用等级等关键要素以提高供需双方的匹配速率之外，平台于交易前即对参与者进行资质和资源设施的审查，交易中进行实时履约跟踪、安全和应急保障，交易后开启信用评价和纠纷解决通道，对违约方采取扣除信用值、限制登录权限等惩罚机制，并辅之以适时的培训管理，对交易流程实现全覆盖。故而，平台成为利用技术、规则对供需双方亦服务亦管理的双边市场，在一定程度上发挥着规制与监管的作用。

共享经营的创新性在于无须企业对资源的组织即可在供需双方之间达成交易，但出于对交易安全、便捷和质量的考虑，供需双方将对交易相对方的信任，转化并体现为对共享经营平台的择取。平台为了营造可信、可控的交易环境，加强对交易的组织和控制，而较强的组织控制能力又在客观上保

---

① 《电子商务法》第二条：本法所称电子商务，是指通过互联网等信息网络销售商品或者提供服务的经营活动。

障、促进交易的顺利进行，并增强、固化了供需双向参与方的主观信赖，使得平台从中受益，并将其锻造为自身核心竞争力的关键。虽然共享经营平台与传统企业的组织形式并不相同，但二者所承担的经济活动组织功能愈趋靠近。

（二）共享经营平台与其他互联网平台的性质界定

随着信息技术的迭代和商业模式的演进，互联网平台承载的信息服务一元功能迈向信息服务、交易组织和市场管理等多元功能，功能的准确识别又是平台性质认定之基础。科学界分互联网平台的法律属性，对确定针对平台的法律规范模式，进而配置相关权利、义务与责任，都会产生重要影响。

1. 网络信息服务平台

2010 年起施行的《侵权责任法》第三十六条规定，网络服务提供者利用网络侵害他人民事权益的，应当承担民事责任。《侵权责任法》未明确"网络服务提供者"的主体范围或具体功能，在杨立新教授课题组起草的《中华人民共和国侵权责任法司法解释草案建议稿》中，建议网络服务提供者包括网络存储空间服务提供商、搜索与链接服务提供商以及网络内容提供商。[①] 结合《侵权责任法》出台时的信息技术水平和司法解释草案建议稿内容，该条文涉及的网络服务提供者的经营活动应定性为网络信息服务，即平台以提供普通的信息服务为其核心功能，如 58 同城等。该平台实为各类信息汇聚的空间，法律将之视为以信息为核心内容的服务活动而非经营活动。依据第三十六条的规定，网络服务提供者只有在知道侵权且未采取必要措施时，才与用户承担连带责任。

2. 电子商务经营平台

2019 年起施行的《电子商务法》所规定的电子商务平台经营是指在电

---

① 中国人民大学民商事法律科学研究中心"侵权责任法司法解释研究"课题组：《中华人民共和国侵权责任法司法解释草案建议稿》，《河北法学》2010 年第 11 期。

子商务中为交易双方或多方提供网络经营场所、交易撮合、信息发布等服务，供交易双方或多方独立开展交易活动。电子商务平台经营者具有第三方性质，即相关的生产经营活动有其原始组织者（即电子商务经营者），平台只是增加了新的交易渠道。[①] 因此，平台与经营者的合同关系在性质上仍属于传统居间合同、服务合同的混合合同，区别在于电子商务平台是否获取报酬并不必然以促成合同成立为前提，因为平台的服务内容除居间之外还有支付、物流、技术等服务和纠纷解决等内容，较一般的居间服务更进一步，只有合同得到履行才能获得报酬。法律将该类平台视为独立的经营者，其承担的义务和责任较一般网络服务者有所拓展。

根据《消费者权益保护法》和《电子商务法》的规定，网络交易平台承担责任的情形和类型包括：在不能提供经营者真实名称、地址和有效联系方式时承担赔偿责任（附条件的不真正连带责任）；在明知或应知经营者利用平台侵害消费者合法权益时，构成共同侵权，承担连带责任；对经营者的资质资格未尽审查和未尽到安全保障义务，承担相应的责任。[②] 从上述规定来看，电子商务平台经营者仅对因履行信息审查等一般性注意义务和安全保障义务存在过错，或在帮助性侵权行为时才承担责任，除此之外平台无须承担责任。

3. 组织型共享经营平台

如前所述，共享经营的参与主体多为商业主体之外的个体。在更广阔的视域上，散布于物理空间的众多个体之间看似偶发的交易，经由平台形成叠加效应，交易频次几何级放大。此时，为了维持该类交易的规范性和持久性，平台需要放弃其静态、超然的态度，而须积极主动地深入介入到交易之中，直接组织个体进行大规模交易。共享经营平台为了规范、促进平台内的经营活动，通过平台规则加强对参与者的引导、管理、监督，部分平台的惩戒规则产生外溢效应，使平台发挥出信用中介之功能，对合意达成有较强的

---

① 赵鹏：《平台、信息和个体：共享经济的特征及法律意涵》，《环球法律评论》2018 年第 4 期。

② 参见《消费者权益保护法》第四十四条和《电子商务法》第三十八条。

吸引力、对交易履行有较强控制力。① 相较于传统企业投入资本和雇佣劳动力的组织经营方式，平台的组织形式则有所不同，体现为大量分散的合同。可知，虽然共享经营平台在广义上为电子商务平台所涵盖，但因对交易活动的组织而享有超越一般电子商务经营平台的权利，如直接派单、定价等。由此有必要将此类平台定性为组织型共享经营平台而予以特别规制，不具有该典型特征的共享经营平台则与电子商务平台无异。

三　共享经营交易模式的法律风险

共享经营是一种技术、组织和制度的组合创新方式，在整合闲置资源、合理分配收入、加强社会关系等方面展现出一定的优势，因其发展的尚未完善和法律的相对滞后，也牵引出新的法律规制和社会治理问题。我们在容纳商业模式创新的同时，也应防止社会暴露于不必要的风险。

（一）关于交易三方主体的关系结构和法律定位

共享经营模式中的组织边界被打破，加之交易主体的多元化，使得责任主体难以锁定，而责任主体的确定又与参与者之间的合同性质紧密关联。三边交易模式下，共享经营包含了资源供给方、需求方和平台三方当事人之间的多重合同关系。在实际发生交易的资源供给方和需求方之间的合同关系之外，平台与资源供给方之间亦存在合同关系，且其二者之间合同关系类型的认定，成为共享经营面临的关键问题。实践中，平台往往会借助复杂的协议安排来完成交易，意图将其与资源供给方隔离，过程中不乏其他方主体的参与，如以第三方劳务服务的方式承担对资源供给方的组织服务，但该有意安排并不能否定平台和资源供给方之间以合同为基础而形成民事权利义务关系。

---

① 杨云霞、庄季乔：《分享经济下的劳动者保护》，《西安交通大学学报（社会科学版）》2019年第2期。

至于合同类型，笔者认为，虽然合同内容涵盖居间、广告、物流、支付等多种形式的服务，但并非各项内容的简单混合，而应归入合作合同之范畴。一方面，平台提供的信息作为一种生产要素与供给方提供的资源相结合共同完成交易，离开信息的支持，共享经营将无以为继。平台从交易中分成并非提供信息的对价，更类似于投资之收益。另一方面，虽然供给方因处于信息劣势而呈现出依附于平台之表象，但二者之间绝非简单的依附与被依附之关系，资源供给方在接受平台的监督管理的同时，仍享有足够的行为自由，其与平台均可以为己方利益开展活动，双方亦均享有主体资格的独立性和完整性。

值得注意的是，当资源供给方为个人且以从事平台经营活动为主业时，其与平台是独立承包关系或劳动雇佣关系，抑或非独立自我雇佣的新型关系，① 各方尚未形成共识，此情形下的责任承担亦不明确。主流观点认为，供给方依据自己的技能、时间和拥有的资源，以自雇型劳动者身份参与共享经营的做法，现阶段不宜认定劳动者为原则。② 对需求方而言，从平台经营者外观和一般社会认知，难以明晰平台和资源供给方的内部关系以及各自承担的权利义务。

（二）关于参与者权益保障

被誉为"共享经营鼻祖"的罗宾·蔡斯在其撰写的《共享经营：重构未来商业模式》一书中，着重强调的正是共享经营模式下人人参与的特性，即个体可借由共享平台以生产者身份直接进入市场。③ 共享经营模式降低了进入市场的门槛，小型、陌生人之间的"多对多"式经济活动高频次发生，使得资质审查、安全保障、服务质量等方面的问题渐趋凸显。个体作为资源供给方承担责任的能力有限，风险管控能力极为匮乏；个体作为资源需求方，在众多陌生、分散、迥异的潜在交易对象选择和安全保障方

① 蒋大兴、王首杰：《共享经济的法律规制》，《中国社会科学》2017 年第 9 期。
② 于莹：《共享经济法律规制的进路和策略》，《法律适用》2018 年第 7 期。
③ 转引自江雪：《略论中国式共享经济发展的困境及对策》，《长江论坛》2017 年第 5 期。

面，缺乏有效识别和有力防范所需的时间、精力和能力，故而更加依赖于平台。如果平台自我规制、防控风险的动力和成本投入不足，将使交易方面临更大的健康、安全及财产风险，影响人们对共享经营发展的信任和信心。

（三）关于监管和公共利益维护

作为一种商业模式，共享经营平台及资源供给方和需求方的活动均以盈利为导向，其经济行为必然需要纳入相关管制型规范，以稳定市场经济秩序。另外，从场域维度看，共享经营已辐射住宿、交通、食品、医疗等生活领域，并向冶金、钢铁等制造业领域扩展，[①] 所涉社会公共利益的广泛性和重要性不言自明；从技术维度看，共享经营平台通过实名注册设置而掌握了大量个人信息，经大数据、云计算等互联网技术分析，极可能触及个人隐私、损害个人信息权。随着《网络预约出租汽车经营服务管理暂行办法》《互联网诊疗管理办法（试行）》等规章的出台，平台和参与者的主体责任进一步强化，但由于平台的组织管理程度比企业相对弱化，参与者又非常分散，其自我规制往往服务于自身利益而非整体公共利益，加之平台履行市场准入、背景调查、信息披露、制止违法行为的管理能力不足，施加于经营者保护消费者、公共安全和福利的法律责任难以得到有效监管，加大了社会治理的难度。

四 共享经营纠纷的裁判原则和理念

尽管共享经营交易模式的内涵特征尚不够清晰稳定，导致难以构建确定的法律适用规则，但面对越来越多的现实纠纷，仍然要将其纳入法治规范的范畴，为促进共享经营健康发展提供基本标准。平台作为交易的组织者、促

---

① 参见《中国共享经济发展年度报告（2019）》，国家信息中心（信息化和产业研究），http://www.sic.gov.cn/archiver/SIC/UpFile/Files/Default/20190301115908284438.pdf，最后访问时间为 2019 年 4 月 1 日。

进者，享有超越传统的权利并从交易模式中获益，则应当承担更多的责任和义务。创设了交易风险的平台应当承担相应预防成本、降低可预见风险的发生，包括事前的安全责任及事后的协助义务。但也要注重鼓励创新，在提高经济效益与法律保护的诸多价值之间寻求平衡。笔者将在以下四组关系的考量中探讨法律对共享经营平台所持的基本立场。

（一）平衡交易公平和交易效率

共享经营平台吸引众多个体持续参与其中，大量各式各样的闲置资源在平台陈列、公示，资源需求方寻找高匹配度资源所用时间和精力大为减少，提升了资源配置效率。但一味追逐交易效率是缺乏理性的，在确保公平的基础上提升效率，才能谋得共享经营的良性长远发展。对交易环境而言，平台应当通过技术和资金投入对参与者身份进行甄别、核验，确保可控、可信的交易环境。但必要的管理成本和风险防范成本亦应当在经营者之间进行分配，以维护安全、公平、有序的市场秩序。

（二）统筹经济效益与社会利益

共享经营的商业模式，在激活社会闲置资源、激发公众消费潜力、降低收入成本、拓宽收入渠道等方面取得明显成效，表现出强有力的经济优势，同时使得人力资本得到充分释放，成为吸纳就业的"蓄水池"和"稳定器"。共享经营平台先天的社会化基因，促使其能够更为灵活地调动全社会资源来服务社会公众，发挥着准公共服务平台的功能。① 应当承认，平台所秉持的规则优先原则缓解了传统商业模式的规制失灵问题，并使得新型商业模式发展中的风险管控取得一定成效，但共享出行乘客遇害、共享住房邻居日常生活受到侵扰等一再发生的事件，无不提醒我们在创新容错的同时，前瞻性关注共享经营在确保交易安全、提高质量管理和服务水平、提升社会福利等方面应当承担的职责。

---

① 齐爱民、张哲：《共享经济发展中的法律问题研究》，《求是学刊》2018 年第 2 期。

（三）兼顾三方参与者之权益

从法律角色来看，资源需求方仍为消费者，应适用《消费者权益保护法》的有关保障措施。资源供给方也是个人，在其无其他职业以全日制方式投入共享经营时，应予以基本的生存保障；固然此情形下的供给方在法律定位上更接近于传统经济模式下的经营者，但鉴于一般个体的风险承担能力有限，相关义务和责任亦应在供给方与平台之间进行分配。但如若平台责任超过一定的限度，平台可能提高从事共享经营活动的门槛而回归到传统经济活动组织形式，又反向减损了特定供给方群体的就业机会，侵蚀到需求方便捷获取资源之利益，亦妨碍了共享经营事业之发展和完善。故在先行审思三方参与者各自不同的影响因素后再对权利、义务和责任进行配置，可更好地实现维护三方权益之法律目的。

（四）注重事后分配正义与事前防范侵权行为发生

对侵权行为之规制，偏倚于事前防范或事后救济，均易对部分主体科以过重的义务和责任，故应在充分考量两种规制方法各自的成本、效益及可行性后，寻找二者之间的平衡点。对责任予以明确界定，可敦促责任主体加强防范和管理以有效预防侵权行为的发生，故应当消除政策和认识上的不确定性。[①] 现行法律规范[②]明晰了电子商务平台对提供商品、服务经营者主体身份信息、行政许可等事项的登记核验义务，并区分不同情形对平台责任进行分配。在我国司法实践中，法院往往也对平台施加了主动采取技术措施阻止侵权行为的义务，并以获利与否以及是否有效控制继续性侵权来判断平台责任。[③] 在更深入介入、控制交易的组织型共享经营平台的规制中，仍应遵循

---

① 赵鹏：《私人审查的界限——论网络交易平台对用户内容的行政责任》，《清华法学》2016年第6期。

② 《食品安全法》第六十二条、第一百三十一条，《消费者权益保护法》第四十四条，《电子商务法》第二十七条、第三十八条等。

③ 曹阳：《互联网平台提供商的民事侵权责任分析》，《东方法学》2017年第3期，第73页。

事前适当防范与事后合理分配责任相结合之原则。

在组织型共享经营模式中，供给方接受平台的管理制约，倘若供给方在交易过程中有违约或侵权行为，如仍固守传统民法自己责任原则或违约责任相对性原则，则必然无法合理地协调、平衡冲突各方的利益。为有效预防、减少共享经营各方之间的纠纷，促成良好的交易秩序，有必要寻求一种更为合理、有效的法律机制解决各方由于利益失衡所产生的矛盾。笔者认为，对于组织型共享经营平台，在合同侵权责任的承担上，应与资源供给方共同承担民事责任。需要注意的是，共享经营的具体经营模式不尽相同，以共享出行为例，存在平台自有车辆雇佣司机、私家车挂靠、租赁车辆劳务派遣驾驶员等多种方式，需要根据平台对交易的参与度、对行为人的控制度确定责任主体和类型，构建差异性规则。

五　共享经营纠纷的法律规制方案

共享经营在营利驱动下的自我净化和自我管束系统必然不能解决运行过程中出现的全部纠纷，而其快速演进、迅速扩张，并向主要经济组织形式行进的发展势头，意味着其必然要被纳入法律规制体系而走向制度化。[1] 在现行法律规则不能完全满足规制需求的情形下，法律需要对共享经营提出针对性、可行性与科学性兼备的新规制方案。

从国外立法来看，《欧盟共享经济纲领》中提出，若共享经营平台实质上已经从事相关职业，而非单纯中立的提供咨询则须承担连带责任。[2] 在我国现行规范层面，以网约车为例，《网络预约出租汽车经营服务管理暂行办法》出台后，北京、上海等地陆续出台的实施细则使得增加共享经营平台

---

① 薛虹：《论电子商务第三方交易平台——权力、责任和问责三重奏》，《上海师范大学学报（哲学社会科学版）》2014 年第 5 期。

② 李姿莹：《2016 年欧盟共享经济纲领，意大利率先推出共享经济法》，《科技法律透析》2016 年第 28 卷第 9 期；转引自罗梓榆：《共享经济时代下侵权责任的司法认定——以网约车平台运行模式为视角》，载胡云腾主编《法院改革与民商事审判问题研究——全国法院第 29 届学术讨论会获奖文集（下）》，人民法院出版社，2018。

赔偿责任成为主流认识。共享出行作为我国共享经营模式的典型代表，通过本文第一部分的司法现状考察可知，目前对共享平台责任承担的关注仍局限于侵权责任的范畴，对平台能否承担合同责任尚未予以足够的关注。笔者认为，平台对供给方的侵权和违约行为均不能完全免责，否则不利于保护作为弱势群体的消费者和社会公众的利益，但其承担责任的前提条件和责任方式需予以明确。

（一）平台对交易的控制程度之判断

在平台对资源供给方存在较强的控制时，法律视其为独立交易主体，由平台与资源提供方共同承担合同责任或侵权责任；控制程度较弱则仍为双方交易的辅助人，按照《电子商务法》的规定承担相应责任。可综合平台对商业外观、交易达成、合同内容、交易履行等重要环节的控制程度来判断平台对交易本身的控制力。

1. 商业外观

商业外观是普通需求方对交易对方进行辨识的基础性依据，也是其先行预期对交易承担违约责任和侵权责任的主体。如果平台页面没有标明资源供给方的真实名称、专属标记，表明需求方选择的交易对象实为平台本身，而非另一端的供给方，这恰好证明了平台对该交易拥有较强的吸引、组织、控制能力。在交易所涉收据、发票等票据与服务单据载明的主体也是平台本身时，进一步固化了需求方对交易对象的主观认知，平台对商业外观的控制是交易达成的直接动因。

2. 组织程度

平台对交易的组织程度，可着重从交易前的准备事项和交易过程中的关键要素这两方面进行判断。交易前端：平台是否对闲置资源或供给方提供广告宣传、营销等服务，平台是否在供给方提供资源时提供配套设施等支持。交易中端：平台是否给付供需双方完整的双向自由选择权，或是由平台先行筛选后再供选择，甚或平台依据相关算法对闲置资源和供给方进行排序式推荐；平台是否向供需双方提供电子格式合同，供需双方是否在线下另行签订合同等。

3. 控制程度

价格是合同内容的核心因素，平台是否直接掌控商品和服务的定价权，或间接通过提成比例的浮动设置来决定价格，在此之外，是否容许交易双方就价格进行协商和调整，均是观察平台控制程度的主要途径。供需双方是否可以自行结算、自行确定结算周期、自行选择支付方式，亦是重要的参考因素。此外，平台对参与方的违约行为进行惩罚、对服务质量进行监督检查等配套规则的设置和施行，也是其能够控制平台交易的有力体现。

鉴于不同领域共享经营的具体运营模式不尽相同，同一领域的不同共享经营平台也会因不同的算法支撑而表现出或大或小的差异，而技术上的差别性操作即为识别组织控制程度的具象依据。因此，关于经营模式中涉及组织控制权的具体内容，应由平台承担举证责任。

（二）平台的侵权责任与合同责任研究

作为共享经营商业模式下新增加的交易主体，平台亦应当是承担责任的主体，而其与资源供给方之间的责任分配，在侵权责任与合同责任的语境下分别进行考量更为妥当。在现行法律规范下，共同责任包括连带责任、按份责任、补充责任三种责任形态。

1. 平台的侵权责任

按照一定的原则确认各方当事人是否承担侵权责任，以及承担责任的比例和程度，是我国民法归责原则所讨论的对象。《电子商务法》对电子商务平台责任形态的讨论是在过错责任原则的框架下进行的，电子商务平台对交易本身而言是被动的、辅助的，在其故意或明知时才对交易方行为承担责任。

当共享经营平台对资源供给方存在较强的控制时，其为独立的交易主体，并通过对商业外观、合同提供、价款确定等环节的控制与供给方的交易行为合二为一，二者应当共同承担侵权责任，且平台在此情形下承担责任不以存在过错为前提。

当平台对供给方的控制程度较弱时，则仍为双方交易的辅助人，按照《电子商务法》的规定承担侵权责任：不能提供经营者真实姓名、地址和联系方式等信息时承担先行赔付责任；明知或应当知道侵害行为且未采取必要措施的，承担连带责任；对关系生命健康的商品和服务，未尽资格审查和安全保障义务的，承担相应的责任。

在《电子商务法》制定过程中，"平台对经营者的资质资格未尽审查和未尽到安全保障义务，承担相应的责任"条文曾多次修改，从连带责任到补充责任再到最终的相应责任，系立法者对各方利益平衡考量的结果。确定平台控制权以及责任承担方式的问题实际上是一个均衡各方利益的过程，在具体案件中，应由法官根据案件情节、控制程度、损害后果、损失大小等因素行使自由裁量权，选择适用连带责任或补充责任。

2. 平台的合同责任

对于合同责任的承担，应当在遵循合同相对性原则的基础上进行配置，可以将平台承担责任的类型定位于具有顺位的补充责任关系，即首先由直接提供资源或服务的一方承担合同责任，当供给方财产不足以清偿时，转由平台履行未满足的债权。供给方拥有资源的使用权，它与需求方所为的民事法律行为与其自身有着密切的利益关系，既然其从自己的经营行为中获利，就应当承担由此产生的民事责任，否则民事责任所固有的惩罚、补偿、预防功能就无法有效地约束供给方。从平台的角度进行分析，如果立法一味地加重其负担，则发展的用户越多，陷入法律纠纷的可能性就越大，从而使这一经营模式失去低成本、高效率的优势，制约和阻滞共享经营的健康发展。适用补充责任的好处在于既在一定程度上保护了第三人的利益，又降低了平台直接承担责任的可能性，使其分担的法律风险趋于合理，从而有利于保护和鼓励共享经营交易的安全和秩序，从而更大程度地体现法律的公平与正义。

B.5
法律人工智能应用的
技术障碍及其对策[*]

王禄生[**]

摘　要： 类案推荐、量刑辅助、偏离预警是当前法律人工智能开发最为典型的应用模块。它们的功能实现遵循图谱构建、情节提取、类案识别、模型训练、量刑预测和偏离度测算的技术逻辑。尽管上述应用在实践中取得了一定的成效，但"弱人工智能时代"的大前提使得法律人工智能开发还普遍面临图谱构建过度依赖人工干预、情节提取的自然语义识别技术准确度不足、类案识别的准确率偏低、模型训练的样本瑕疵、量刑算法的不透明性、偏离度预警的颗粒度悖论等技术瓶颈。因此，在承认法律人工智能给传统司法工作带来突破的同时，也必须客观分析技术面临的障碍，着力推动法律人工智能领域专有技术的突破、提升法学院校在法律人工智能研发中的角色地位以及全程贯彻用户导向。

关键词： 法律大数据　司法人工智能　技术障碍

---

* 本文受江苏省教育科学"十三五"规划重点资助课题"基于司法大数据库的法学教育模式变革与创新研究"（课题号：B - a/2016/01/09）资助。

** 王禄生，法学博士，东南大学法学院研究员，东南大学人民法院司法大数据研究基地研究人员。

2013 年是全球范围内法律人工智能（Legal AI）的元年。此后，法律人工智能逐步发展并在 2017 年进入一个关键的分水岭。大约从 2013 年开始，我国法院进入了以智能化为核心的"智慧法院"建设时期。这实际上就是在传统司法信息化建设的基础之上，进一步利用大数据与人工智能等前沿技术，在人民法院全业务、全方位和全流程实现网络化、阳光化和智能化。此后，"智慧法院"建设的司法现代化规划逐步被国家战略所认可。2016 年 7 月，中共中央办公厅、国务院办公厅印发《国家信息化发展战略纲要》和《"十三五"国家信息化规划》，将建设"智慧法院"列入国家信息化发展战略。2017 年 7 月出台的《新一代人工智能发展规划》中则明确将"智慧法庭"列入规划，其地位与"智慧政务""智慧城市""智能交通""智能环保"并列。可以预见，在未来一段时间内，大数据与人工智能驱动的"智慧法院"建设将会成为法院系统的工作重心之一。值得注意的是，在法律人工智能开发的过程中出现了片面技术理性的论调，这突出表现在认为技术能够解决一切问题。从科技哲学的视角来看，科学技术都必然面临一定的限度。因此，要更好地推动法律人工智能应用，首先必须明晰它们的技术障碍所在。本文试对本问题谈一浅见。

一 法律人工智能技术的典型应用

在"智慧法院"的整体架构下，人工智能技术被整合到四大应用场景之内——服务社会公众、服务案件审判、服务判决执行、服务司法管理。其中，为法官办案提供智能辅助是"智慧法院"建设的核心目标之一。从目前全国各地的实践来看，类案推荐、量刑辅助与偏离预警是人工智能技术在辅助法官办案"审判智能化"领域最为典型的应用。[①] 在最高人民法院出台的《关于加快建设智慧法院的意见》中，上述三大功能

---

① 参见李林、田禾、吕艳滨：《中国法院信息化发展报告 No.1（2017）》，社会科学文献出版社，2017，第 9～10 页。

就被放置在"运用大数据和人工智能技术，按需提供精准智能服务"的标题之下。

（一）"类案推荐"的功能概述

类案推荐，顾名思义，即推荐与在办案件最为相似的案件。判断是否类似的标准主要是案件情节、适用法条与争议焦点。该功能是目前全国各地智能法院办案系统几乎必备的模块，主要包含类案的快速查询、智能推送等功能，并可以进一步衍生出类似案件适用法条推荐、争议焦点推荐、主要证据推荐等功能。日常生活中，我们的手机 App 会收到各种推送，这些推送通过提取用户喜爱的产品的特性，在数据库中寻找相关的类别，再推送给用户。类案推荐也是通过提取案件情节，在数据库中寻找与情节最为类似的案件，推荐给法官。当然，对案件情节结构化工作（也称"案件画像"）的精细程度在很大程度上影响到类案推荐的准确度。这一点将在后文的技术路径中展开。

类案推送在司法辅助中将占据重要地位。此前，江苏、北京、上海等地法院的智能辅助办案系统中均嵌入了类案推送的模块。[①] 2018 年 1 月 5 日，最高人民法院正式推出的"类案智能推送系统"也正式上线运行，具备类案快速查询和智能推送等功能。[②]

（二）"量刑辅助"的功能概述

量刑规范化改革是法治进步和时代发展的客观需要。"规范裁量权，将量刑纳入法庭审理程序"是中央确定的重大司法改革项目。[③] 在此背景下，

---

① 《江苏"智慧法院"信息化建设升级　为司法能力现代化注入新动力》，《法制日报》2017年 3 月 20 日，第 1 版；《北京"睿法官"推进同案同判》，《北京晨报》2017 年 2 月 24 日，第 A11 版；《上海应用"人工智能"办案防范冤假错案　全国首个"智能辅助办案系统"问世》，《法制日报》2017 年 7 月 11 日，第 1 版。
② 《周强在"智慧法院导航系统""类案智能推送系统"上线活动上强调加快推进新时代智慧法院建设》，《法制日报》2018 年 1 月 5 日，第 1 版。
③ 《最高人民法院关于深化司法公开、促进司法公正情况的报告》，《人民法院报》2016 年 11月 9 日，第 2 版。

法官量刑辅助系统应运而生。应当明确的是，该系统只是为法官提供参考的工具，直接让人工智能作出裁判并不符合司法的基本伦理。从技术路径来看，量刑辅助系统就像天气预报系统，运用函数对各种变量（案件情节）运算推测结果。具体而言，该功能模块是采用正则表达式、上下文无关文法、命名实体识别等方式提取法律文书的情节信息，之后对提取的信息进行结构化，用数学模型来描述数据的特点和规律，算出与其最相符的数学模型或算法，人工智能通过模拟算法，根据情节推导量刑结果。① 从目前的开发来看，部分系统可以根据司法办案系统内部的文书（如起诉书、庭审笔录）自动提取情节，从而匹配案件并进行量刑的推荐；部分系统则可以基于法官勾选情节的方式实现量刑推荐；也有部分系统对两种功能实现方式兼而有之。量刑推荐是法律人工智能开发的核心模块之一，贵州的"法镜系统"、②上海"206 工程"开发的"智能辅助办案系统"③ 都具有量刑辅助的功能模块，海南高院则专门开发了"量刑规范化智能辅助系统"为法官办案提供决策参考。④

（三）"偏离预警"的功能概述

如果说"量刑推荐"是针对法官未决案件的智能辅助的话，"偏离预警"则更大程度上定位在对已决案件的质量控制。它是指人工智能依据算法推测的量刑幅度与法官裁判的量刑幅度进行比较，计算二者的偏离程度，针对偏离程度的高低给予不同等级的预警。它就像电梯的超重警报，对法官的裁判具有防控风险的功能。以刑事案件为例，在类案推送与量刑辅助系统的支撑下，系统通过运算能获得关于本案的量刑区间，这个量刑区间的准确

---

① 张德：《自然语言处理技术在司法过程中的应用研究》，《信息与电脑》2017 年第 17 期。

② 《贵州政法机关扎实推进科技创新与司法体制改革深度融合——大数据办案　精准又公正》，《人民日报》2017 年 7 月 10 日，第 6 版。

③ 《上海应用"人工智能"办案防范冤假错案　全国首个"智能辅助办案系统"问世》，《法制日报》2017 年 7 月 11 日，第 1 版。

④ 《让现代科技更好助力司法改革——海南智能量刑系统运行"多快好省"》，《人民法院报》2017 年 12 月 9 日，第 1 版。

性也依赖于系统的成熟度与数据的完整度，数据越完整，量刑区间就越准确。系统把法官审理案件的裁判情况与人工智能的量刑区间进行对比，偏离特别高的话，意味着裁判结果可能存在合法性、合理性问题。当然，偏离预警是一个涵盖面很广的功能模块，用类似的思路不仅可以解决判决结果的偏离预警问题，同样可以通过对案件处理全流程的偏离情况进行预警，比如某个案件的办理时间明显超过其他类似案件的办理时间。前者是实体偏离预警，后者则是程序偏离预警。据不完全统计，上海、江苏、浙江、贵州、云南等省已经上线了包含"偏离预警"功能模块的审判辅助系统。以江苏为例，该省拥有最高人民法院在全国范围内设立的首家"人民法院法律大数据研究基地"（江苏省高院与东南大学共建）。依托科研优势，基地开发的"同案不同判预警系统"通过对海量刑事文书的深度学习，形成量刑算法，对高偏离度的案件进行自动预警，从而为统一裁判尺度提供技术支撑。[①]

二　法律人工智能应用的技术逻辑

从技术路径来看，类案推送、量刑辅助与偏离预警三大典型应用模块在依照一条依次推进的技术路线展开，三者之间有很大的技术逻辑关联，同时也代表着法律人工智能应用"数据源—数据整合—知识构建"的一般思路。

（一）图谱构建

知识图谱是结构化的语义知识库，用于以符号形式描述物理世界中的概念及其相互关系。知识图谱的架构，包括知识图谱自身的逻辑结构以及构建

[①] 《贵州探索司法体制改革与科技创新深度融合　谱写"数字政法""智慧司法"新篇章》，《法制日报》2017 年 7 月 10 日，第 1 版；《大数据服务司法创新　云平台助推司法公正——浙江高院联手阿里巴巴打造"智慧法院"》，《人民法院报》2015 年 11 月 25 日，第 1 版；《大数据统一裁判尺度　直播提高司法公信力》，《南方日报》2017 年 9 月 14 日，第 A07 版；参见《司法信息网络化运行　大数据助力执法办案——云南探索智慧法院建设新模式》，《人民法院报》2018 年 1 月 5 日，第 1 版；《江苏"智慧法院"信息化建设升级为司法能力现代化注入新动力》，《法制日报》2017 年 3 月 20 日，第 1 版。

知识图谱所采用的技术（体系）架构。① 从这个角度出发，案件知识图谱就是用符号形式描述法律案件要素相互关系的——在类案推荐与偏离预警的应用场景下，主要是案件情节与裁判结果之间关系的——结构。以刑事案件为例，包括犯罪构成要件、量刑情节、法律规范、刑事政策等方面。知识图谱有自顶向下和自底向上两种构建方式。自顶向下指借助百科类网站等结构化数据源，从高质量数据中提取本体和模式信息，加入知识库中；而自底向上构建，则是借助一定的技术手段，从公开采集的数据中提取出资源模式，选择其中置信度较高的新模式，经人工审核之后，加入知识库中。② 案件知识图谱的构建在实践中也存在两种模式。其一是自顶而下，即事先人为地设定好案件图谱的相关结构，如主体、客体、客观方面、主观方面，以法律逻辑展开，形成系统的图谱结构。其后，从海量的裁判文书、法律、司法解释中提取相应的情节来充实形成完整的图谱。比如在"盗窃金额"方面就可以细分为"数额较大""数额巨大""数额特别巨大"，并与具体金额挂钩。其二则是自底而上，即事先不设定案件知识结构，而是通过对海量裁判文书的深度学习，自动地搭建出案件知识图谱。可以发现，无论采用哪种模式，都离不开海量案件文书的支撑。因此，目前百花齐放的法律人工智能应用某种程度上与中国裁判文书网的司法公开红利息息相关。

（二）情节提取

案件知识图谱构建完成后，司法人工智能就可以尝试依照知识图谱确定的框架体系来识别每个案件。情节提取实际上就是将裁判文书中半结构化、非结构化的数据进行提取整合，形成结构化的标签。当然，仅有知识图谱还不能直接提取案件情节，还需要一道桥梁，就是"自然语义识别技术"。在大数据时代，对海量文本信息进行有效的语义分析已经是自然语言处理、信

---

① 刘峤、李杨、段宏、刘瑶、秦志光：《知识图谱构建技术综述》，《计算机研究与发展》2016 年第 3 期。

② 朱木易洁、鲍秉坤、徐常胜：《知识图谱发展与构建的研究进展》，《南京信息工程学报（自然科学版）》2017 年第 6 期。

息检索、信息分类、信息过滤、语义挖掘、文本的机器学习等诸多应用领域基础且关键的研究问题，它影响着上层信息服务与信息共享的质量和水平。[1] 自然语义识别技术是处理自然语言的前提条件，自然语言一般是指人类社会中逐渐发明和演变的用于沟通交流的语言，表现为语音、手势语、书面语言等。通过自然语义识别技术的框架，就可以自动实时、明确地从海量司法文书中提取知识图谱构建所需的情节，这是一个非常关键的环节。

（三）类案识别

完成情节的提取，第三步就可以做类案识别。它的基本思路是依据已经构建好的案件知识图谱，通过自然语义识别技术从海量文书中提取情节，将每个案件全方位地结构化与标签化。然后，将具备相似情节的案件进行整合分类，形成不同维度之下的"类案"。目前许多类案推荐的基本原理就是在识别目标案件情节的基础之上（也可以通过用户勾选情节选择），从已经标签化的案件大数据库中匹配符合情节的案例。用技术语言来表述就是系统构建案件画像，基于案情画像知识库，构建案例知识索引，便于加速检索匹配过程。利用案情语义匹配功能，与案例知识库进行案情相似性匹配和裁判结果相似性匹配，综合两者匹配度获得初步的类案。[2] 这很像图书馆把图书依据性质分类，读者再依据图书种类查询类似图书的过程。

（四）模型训练

实现类案识别后，就要对人工智能进行模型训练。这是最为关键的一步，也是体现各个研发单位核心竞争力的步骤。当人工智能学习法律文书达到一定数量之后，就能够让人工智能模拟算法或者函数，根据录入文书提取的各种案件情节，通过深度学习，得出应当得到什么样的函数结果（通常是判决结果）。模型训练的基本原理是人工智能通过对大规模裁判文书分析

---

① 秦春秀、祝婷、赵捧未、张毅：《自然语言语义分析研究进展》，《图书情报工作》2014 年第 22 期。

② 张德：《自然语言处理技术在司法过程中的应用研究》，《信息与电脑》2017 年第 17 期。

建模，寻找案件要素特征到裁判罪名和量刑之间的高置信度的关联规则，实现案件要素有机重构。关联规则是如同 X→Y 的蕴涵式，表示通过 X 应当可以推导"得到"Y，其中 X 和 Y 分别称为关联规则的先导和后继。通过关联规则挖掘能够发现案件要素特征以及裁判罪名量刑之间的关联，分析案件判决逻辑过程与依据。这种能够表征实际判案过程的高置信度规则需要人工智能模拟训练，[①] 其过程是一种从具体到抽象总结、升华的过程，如同推导数学公因式一样，人工智能通过对海量学习案例库、知识库的内容，寻找情节与量刑间的关联规则，得出 X→Y 的蕴涵式或算法。系统根据不同的情节模拟出了相关算法之后，实际上是训练了不同的模型。

（五）量刑预测

模型训练的结果是形成量刑的算法，而算法的实质就是根据海量案件情节的组合拟合出符合量刑结果的函数。海量精准算法的积累使得量刑预测成为可能：当一个案件传入法官的裁判系统之后，就算仅有公诉文书，人工智能也可以通过自然语义识别技术，提取案件情节，根据先前形成的算法推导量刑结果。公诉文书提供的情节一般比较少，细节也不清晰，所以可能预测结果不准确，但是随着案件诉讼程序向前推进，相关的信息就会越来越多，系统做出的量刑预测就会更准确。量刑预测就像是预测天气情况一样，根据条件推出可能的结果，这离不开前面四个环节的高效运转。预测天气是为了未雨绸缪，预测量刑则是为法官尚未裁判的案件提供参考，帮助法官发现、解决问题，这关系着司法辅助系统的第二个模块——量刑辅助。

（六）偏离度测算

量刑预测与偏离预警的功能都是为法官提供参考，不同的是量刑预测是针对未决案件，为法官提供量刑辅助，是判决前的参考，而偏离预警则是在法官裁判后提供参考，针对已决案件。案件偏离度测算实质是对已决案件的

---

① 张德：《自然语言处理技术在司法过程中的应用研究》，《信息与电脑》2017 年第 17 期。

情节进行实时自动提取，再按照系统中的算法进行运算，从而计算出案件裁判的偏离度。按照偏离度的大小划分等级，如果案件裁判偏离度很大，系统就会自动预警。对于偏离度较高的案件，法官可以在界面中看到偏离度偏高的原因，从而帮助法官衡量所作裁判的合理性。同样，借助偏离预警功能模块，法院案件管理部门也可以在判后完成对法官办案质量的全样本筛查。

三 法律人工智能应用的技术障碍

（一）图谱构建的技术障碍

知识图谱构建是法律大数据与人工智能应用的关键环节，其中信息抽取（information extraction）又是知识图谱构建的第一步，分为实体抽取、关系抽取、属性抽取等。① 现阶段，法律知识图谱的构建尚未达到半自动化的水平，更遑论自动化构建。也就是说，由于法律数据主要以非结构化和半结构化形式存在，对结构化数据有较大依赖度的"自底向上"的自动化、半自动化构建图谱面临极大的困难，人工智能通常无法完成法律知识图谱中的实体抽取、关系抽取与属性抽取等工作。故而，多数研发主体采用"自顶而下"的方式，通过人工构造语法与语义规则推进知识图谱的构建工作。然而，刑事案件的案由有400多种，民事案件的案由更是可以细分为上千种，所以，"自顶而下"的法律知识图谱构建过程对人工的过度依赖是现阶段法律大数据人工智能发展面临的最大难题之一。进而言之，由于案件知识图谱构建速度与精度不足导致了现有的智能办案辅助系统的案由覆盖十分有限。如2017年7月上线的"上海刑事案件智能辅助办案系统"（简称"206工程"）只覆盖了18个罪名；② 随后，"上海民商事、行

---

① 刘峤、李杨、段宏、刘瑶、秦志光：《知识图谱构建技术综述》，《计算机研究与发展》2016年第3期。
② 《上海应用"人工智能"办案防范冤假错案 全国首个"智能辅助办案系统"问世》，《法制日报》2017年7月11日，第1版。

政案件智能辅助办案系统"第一阶段只覆盖了 8 个案由。① 贵州法院打造的智慧审判模式在刑事方面也主要覆盖了故意伤害、抢劫、盗窃等常见案由。②

(二)情节提取的技术障碍

众所周知,尽管法律文书大致按照统一的格式展开,但法官和检察官在撰写法律文书时就相同事项却存在多样化的表述方式。也就是说,在知识图谱构建之后,无法通过传统的关键词匹配的方式提取情节,而是必须借助成熟的自然语言处理技术。自然语言处理技术的实质是让人工智能能够从法律文书的法律语言中(自然语言的一种状态)准确提取相应情节。举例而言,在法律文书中,被告人自首可能有相当多样的自然语言表述,除了"自首"之外还可能是"自动投案""代为投案""如实供述罪名"等表述。自然语言处理技术的目标是能够把一切实际上"自首"的自然语言表述精准识别,哪怕整个文书中并未出现"自首"二字。此种技术相较于传统关键词严格匹配的提取技术而言无疑有着极为显著的优势。现阶段不同的研发主体,在该技术积累方面相差悬殊。实践中,绝大多数研发主体较多地运用了通用的自然语义识别技术,未有针对性地根据司法场景进行迭代开发,这就会让人工智能在基于案件知识图谱提取案件情节时出现错误与遗漏。比如,盗窃罪案件中,法官对盗窃金额的描述可能分布在文书的不同位置,如果一个案件事实是盗窃了 5000 元,而自然语义识别技术却将金额识别为 2000 元,那么就会导致后面的环节包括类案识别、量刑的模型训练产生错误,进而造成前序相关工作功亏一篑。正因为普遍存在法律场景中自然语言处理技术的短板,现阶段有相当部分研发主体采用纯人工的方式为每个案件的情节打

---

① 《上海智能辅助办案覆盖民商行政全领域 "206"工程民商事版试运行上线》,《人民法院报》2017 年 12 月 3 日,第 1 版。
② 《贵州政法机关扎实推进科技创新与司法体制改革深度融合——大数据办案 精准又公正》,《人民日报》2017 年 7 月 10 日,第 6 版。

标签。这无疑极大地限制了情节提取的效率，同时也给后续的类案识别与模型训练制造了障碍。[①]

（三）类案识别的技术障碍

类案识别，其实是司法决策辅助都会必然运用到的，每个研发单位对这一方面都非常重视。类案识别面临的问题主要是在具体的识别过程中，准确率偏低。类案识别准确率偏低的原因有两点。一方面，在法律场景这个垂直领域的类案，不管是图谱的构建还是自然语义识别，都在技术上遭遇瓶颈。如前文所述，由于自然语义识别技术的不成熟，极有可能造成情节提取不完全、不准确，而类案识别是建立在对案件情节分析的基础上，情节都没有提取到位，必然会导致类案识别准确率的下降。另一方面，非常重要的原因是，一线开发的技术人员往往未能准确定位一线法官对类案推荐的实际需求。具体而言，一线法官在不同场景对类案推荐的业务需求是差异化的。对于简单案件而言，法官期待的"类案"可能是情节高度匹配，而对于复杂案件，法官对"类案"的期待则可能是法律关系或者争议焦点相同。在这种应用场景中，完全情节匹配反而无法满足法官的需求。

解决类案识别准确率低的问题，不仅需要完善图谱构建、自然语义识别技术，还需要设计、开发多种识别类案的方式。目前主要是以加权情节的类案匹配方式，即根据海量数据计算出不同情节与裁判结果之间的相关性强弱，从而对情节进行权重排序，在类案推荐时优先匹配高权重情节。这种类案推荐方式的准确度要高于部分情节权重而匹配的推荐方式。当然未来的方向是以法律关系及案件争议焦点为中心做类案识别，但是从现在人工智能还处于弱人工智能时代的背景来看，让人工智能自动识别法律关系以及争议焦点是不切实际的，难度很大，所以这也是类案识别开发过程中的技术障碍之一。

[①] 模型训练需要海量样本的深度学习，而人工为情节打标签的方法无疑极大限制了学习样本的数量。

（四）模型训练的技术障碍

模型训练有多种方式，但是不管运用哪种方式，模拟训练都存在一个很大的问题，也就是人工智能的悖论：Garbage in，Garbage out（垃圾进，垃圾出），意思是说拿不好或不对的数据去做分析，会产生糟糕或是无用的结论。目前，司法人工智能通过模拟训练形成的算法，都是建立在对海量文书学习、训练的基础上的，但是研发人员在现有技术条件下无法保证训练的样本文书全都是绝对正确的。如果文书本身就是错误或者存在瑕疵的，基于这些文书训练产生的模型与算法就可能遭遇精确性困境。进而，再遵循这些算法对法官办案进行辅助，可能的结果就是历史的经验错误被不断放大并形成、固化错误的"路径依赖"。

另外，模拟训练还面临"小样本难题"。这就是说，人工智能的量刑模型训练往往需要结合海量文书的深度学习形成，而司法实践中部分案件整体样本较少。在样本不足的情况下，大数据智能将面临困境。从目前的技术方向看，迁移学习是一个潜在的方向。迁移学习是运用已存有的知识对不同但相关领域问题进行求解的一种新的机器学习方法。两个不同的领域共享的因素越多，迁移学习就越容易。① 比如，一个会骑自行车的人，往往很容易学会骑电动车。然而，理念与现实之间仍然有很大的差距，迁移学习作为可欲的方向之一至少在司法人工智能的开发领域尚未出现被实践充分认可的成果。一方面，小样本案件能否寻找到"临近"的、有足够相似度的大样本进行迁移学习；另一方面，迁移学习之后的函数与小样本案件之间拟合度是否充分。这都是法律人工智能模型训练技术创新过程中的重要障碍。

（五）量刑预测的技术障碍

量刑预测是通过一套算法作量刑的预测，包括罪名预测、刑期预测和罚

---

① 庄福振、罗平、何清、史忠植：《迁移学习研究进展》，《软件学报》2015 年第 1 期。

金预测。法官们本应会因为有个得力的助手而感到有所期待，然而事实上，一线法官对这种量刑预测的系统，似乎有些忧虑甚至并不买账。一线法官对这种系统的担忧在于，他们认为这套算法是个"黑盒子"，他们不知道算法是什么，不清楚这种量刑预测是如何计算出来的。这其实也是人工智能的悖论导致的，即人工智能算法的隐蔽性和案件裁判过程透明性间的冲突。这一冲突无法通过简单的"可视化"就能有效解决。这是因为，现在的人工智能司法辅助系统，与 20 世纪 90 年代出现的量刑机器人不同。90 年代将量刑视为一个线性模型，好比 1 + 1 = 2 这种决策方式，认为量刑可以是一系列加重、减轻情节的加减计算。但事实上，大数据的研究已经揭示，法官的裁判过程并非是线性模型，法官要综合考虑犯罪构成要件，加重、减轻、从轻等情节，最终的判决结果往往是一个模糊决策。基于此，许多研发主体在量刑决策的算法形成中也常常得到一个模糊决策函数，在这种情况下，人工智能量刑预测的过程就很难通过可视化的方式呈现或将算法完全公开，法官与公众也很可能因为技术门槛而无法充分理解。

（六）偏离度测算的技术障碍

偏离预警技术的研发目标实质上在于实现案件的同案同判。而该技术的开发面临着诸多技术障碍，其中最为明显的是偏离度测算模型的数据本地化问题。以刑事案件为例，不同地区之间的量刑差异是较为显著的，以盗窃罪为例，对于同样的盗窃金额，经济发达地区的量刑很可能系统地低于经济不发达地区。因此，从偏离度预警模型构建的技术来看，势必要考虑到不同地区之间的量刑差异。现阶段，部分研发主体采用分省域构建数据本地化模型，也就是对不同省份的数据进行分别训练，从而形成本地化的量刑模型。此种工作虽然有助于提升偏离度预警的准确性，但实际上在省域范围内量刑的差异也是十分显著的（如苏南与苏北、珠三角与粤东、西、北）。由此，对于技术开发主体而言，预警模型本地化工作的颗粒度就成为一个技术障碍，如果颗粒度过大（如以全国数据构建模型），其偏离度预警准确度将很可能存在系统性偏差；如果颗粒度过小（如以一个县域数据构建模型），不仅会面临样本不足的问题，同样还会使得偏离预警追求同案同判的制度目标被消解。

四　法律人工智能应用技术障碍的对策

（一）着力推动法律人工智能领域的技术创新

技术是驱动法律人工智能应用的根本力量。从全球法律人工智能应用发展的趋势来看，技术的迭代与突破是扩大法律人工智能覆盖面、提升精准度的根本力量。首先，我们要推动法律人工智能原创技术创新。通过法律知识图谱自动化构建与更新技术、法律自然语言识别技术等原创技术的突破解决阻碍法律人工智能应用成效的瓶颈。其次，我们要推动法律人工智能的应用创新，将其他领域成熟的技术引入法律场景，做专有的迭代升级，从而打破原有工作格局，提升工作质效。比如将身份识别与在线示证等技术引入网上调解领域，从而大大扩张网上调解系统的功能，提升调解质效；将 VR 技术引入庭审示证领域，从而大大提升庭审示证效果；将区块链技术引入电子送达领域，实现电子送达的防伪保真与全流程可追溯。最后，我们要推动法律人工智能的集成创新。目前，人工智能应用还存在分散开发的问题，各研发主体之间的技术整合力度小。在下一步的法律人工智能开发过程中要着力进行集成创新，实现现有法律人工智能应用的无缝连接与高效协同，构建一体化的法律人工智能平台。

（二）进一步提升法学院在法律人工智能研发中的角色

从域外法律人工智能开发的过程来看，知名高校法学院扮演着极为重要的角色，甚至在部分法律人工智能开发的项目中由法学院主导推动。可以说，法律人工智能的开发离不开法学与计算机科学的深度融合。目前，我国法律人工智能开发过程中以科技公司推动为主，各大院校法学院的参与程度有限，并且主要局限在理论研究方面。下一步，要更加鼓励法学院校在法律人工智能开发的基本理论、需求确定、思路规划与成效评估中扮演更加实质的角色。

（三）要全程贯彻法律人工智能研发的"用户导向"

从域外法律人工智能发展的过程来看，从 2018 年开始普遍强调由"研发导向"向"用户导向"的转型。我国法律人工智能开发也存在鲜明的"研发导向"。这具体表现在研发以企业的产品开发为主，（1）由于缺乏专门的训练，实务部门难以将业务痛点转化为技术语言；（2）即使转换为技术语言，在现有技术条件下也无法充分实现。这就导致了法律人工智能应用与实务的脱节。在下一步工作中要强调实务部门在法律人工智能开发中的角色，要贯穿"用户导向"，根据用户的不同需求进行个性化与定向化的法律人工智能开发。

结　语

本文讨论了在"弱人工智能时代"法律人工智能研发面临的一些技术障碍，旨在冷静反思当前过热的司法技术主义热潮。当然，这绝非对科技介入司法的全盘否定。实际上，前沿科技与司法领域的融合确实改变了传统司法运作的面相，也实质上为司法效率与司法公正的提升创造了全新可能。从人类社会科技史来看，科学技术呈现出一种加速发展的态势，当前存在的技术障碍也许在不远的将来就可能被突破。尤其值得关注的是，2018 年科技部发布国家重点研发计划（司法专题任务），分两批投入约 9 个亿的资金来专门研究司法领域的科技问题，本文提及的技术障碍都在这一专项拟定研究的指南范围之内。随着全国范围内在司法领域科技研究投入的增加，我们有理由期待司法领域的科技应用将迎来一个新的高潮。

B.6
人体生物信息的商业利用及其规制

马 悦 马 可*

摘 要： 人体生物信息的商业应用日趋广泛，深入社会生活方方面面，同时也存在诸多不安全因素。它能够替代传统密码，涉及人身安全、财产安全甚至公共安全、国家安全。加强对于人体生物信息的法律规制是国际趋势，中国、欧盟、美国在监管中都将人体生物信息列为敏感个人信息加以严格保护。对于人体生物信息中风险最高的人脸识别信息，欧盟、美国强调充分保护个人信息主体的自决权，重视实质安全。我国在规制与监管人体生物信息商业利用问题上应重视三个变化。第一，个人信息本质的变化，从人格、财产到社会属性。第二，个人信息权能的变化，从支配到控制。第三，从形式安全到实质安全的变化，如治理告知同意间歇性失效问题，引入高风险情况下的影响评估制度。

关键词： 人体生物信息 社会属性 控制

一 引言

我们往往通过个人外部特征来进行判断和识别某人，机器在识别个人时

---

* 马悦，国网陕西省电力公司西安供电公司工程师，西安交通大学苏州信息安全法律研究中心研究员；马可，360集团法务部法律研究院研究员，西安交通大学苏州信息安全法律研究中心研究员。

往往需要利用生物识别技术。"生物识别技术，即利用高科技手段，整合人体生物信息和行为特征，从而进行身份鉴定"。[①] 从史前时代以来，人们就开始使用手指、脚趾指纹来进行识别，利用多种生物信息进行身份鉴定。随着技术的发展，通过生物信息进行身份鉴定的方式也越来越多样化，例如从传统密码、指纹发展到利用虹膜、步态开展识别活动等。

"生物识别系统与个人紧密相连，因为它们可以使用个人识别或认证"。[②] 在收集人体生物信息时需要一种非常具体的谨慎方法，因为它们会暴露有关人员的"敏感信息"，"包括有关健康、遗传背景、年龄或种族的信息"。[③] 根据欧盟最新的《通用数据保护条例》（General Data Protection Regulation，以下简称 GDPR），人体生物信息被归类为"敏感数据"。[④] 除非特殊要求，否则禁止处理人体生物信息。

近年来，人体生物信息越来越多地渗透进我们生活的方方面面。不论是指纹识别或是人脸识别，都逐渐从科研机构步入商用，目前已经应用在金融、司法、医疗等众多领域。本文第二部分主要介绍了人体生物信息商业利用的现状；第三部分分析了人体生物信息商业利用存在的风险及问题；第四部分介绍了国内外相关法律法规与政策监管现状；第五部分给出了对策建议。

二 人体生物信息商业利用的现状

随着智能手机的指纹解锁功能、人脸识别功能被广泛应用，这些新兴技

---

① 参见《国家标准信息技术生物特征识别术语》，国家标准全文公开系统，http：//c. gb688. cn/bzgk/gb/showGb？type = online&hcno = 5C15D04EEF55E250D01395490634EC67，最后访问时间为 2019 年 6 月 1 日。

② "Data Protection Working Party（2012b）"，http：//ec. europa. eu/justice/data – protection/article – 29/documentation/opinion – recommendation/files/2012/wp193_ en. pdf, last accessed 12 March 2019.

③ "Biometrics and Privacy"，https：//ovic. vic. gov. au/wp – content/uploads/2019/07/Biometrics – and – privacy – v1. 0. pdf, last accessed 19 Jnue 2019.

④ Regulation（EU）2016/679 of the European Parliament and of the Council of 27 April 2016（General Data Protection Regulation），http：//ec. europa. eu/justice/data – protection/reform/files/regulation_ oj_ en. pdf, last accessed 17 March 2019.

术已经走进了人们的生活。我国的指纹识别、人脸识别等技术在政策支持下发展越来越快，逐渐从科研机构步入商用，目前已经应用在政府、教育、经济、工业、安全等众多领域，其中尤以金融、安防领域渗透最快。

（一）替代传统密码

"IT 产业最为重要的技术革命"，这句话足以说明生物识别技术在当今时代的重要地位。东芝公司首次推出拥有指纹识别技术的手机后，似乎开启了手机识别全新时代。[①] 此后，越来越多的手机品牌开始应用此项新技术来吸引用户。2013 年 9 月，苹果发布搭载指纹识别技术的 iPhone 5s，带有指纹识别功能的手机开始逐渐流行；2017 年 9 月，苹果公司发布了全新的 3D 人脸识别——FaceID 的 iPhoneX 手机，引发了人们对人脸识别的热议。除指纹及人脸识别外，虹膜识别也可以替代传统的密码解锁。虹膜识别并非一项新兴技术，最早将其应用在手机上的是三星公司。

微信在登录选项中，除了密码、短信验证码识别外，还新增了声纹登录。其原理是在录入用户声音特征参数后，用户只需按要求念相应数字即可登录微信。相比指纹或人脸识别，声纹识别对技术、用户发音要求更高。

（二）公共交通出行

在公共交通出行方面，也有人脸识别的应用。最显著的例子就是"刷脸进站"。相信越来越多的人在火车站已经体验过这样的便捷：手持身份证、目视摄像头，仅需两三秒钟，即可快速通过检票通道。"刷脸进站"大大提高了火车站检票进站的效率，尤其是在春运等人流量较大的特殊时期。不仅减少了铁路工作人员的工作量，也方便了游客出行。

---

① 《林树洽："前置还是后置？揭秘手机指纹识别的前世今生"》，爱范儿网，http://www.ifanr.com/812088? utm_ source = zaker&utm_ medium = specialpage&utm_ campaign = biz，最后访问时间为 2019 年 7 月 16 日。

（三）金融支付

在金融领域，移动支付逐步替代传统的现金、支票或银行卡支付。在移动支付领域，除了密码作为认证手段外，指纹和人脸识别逐步成为主流。尽管使用了密码或其他 PIN，银行现在更感兴趣的是通过使用人脸识别系统移动应用程序将其产品数字化。[①] 许多金融机构已经宣布使用人脸识别系统来验证支付或进行其他金融交易，新的人脸识别认证将"允许用户在确认同意后验证其身份"。此外，2018 年 1 月，日本信用卡公司 JCB 宣布，将开始测试其手掌认证支付功能，其原理为扫描掌纹和静脉图案。掌纹识别与指纹和人脸识别的共同特征就是极大提升了支付效率，使支付过程更为便捷。

（四）社交网络

由于在线图像和视频的广泛可访问性，人脸识别系统将有可能通过在线照片识别摄像机后面的人。此外，随着个人信息越来越多地向他人披露，信息成为共同所有，并且"为了不违反社会规范或违反数据隐私规范，在共同所有人之间进行更好的协调是必要的"。[②] 然而，在 SSN 和其他类似应用中，并不经常提供自由裁量权和协调权。

Facebook 于 2010 年发布了一个新功能，"通过与用户的早期标签图像建立链接，来识别新上传照片中的个人"。[③] 当用户在 Facebook 页面上发布新照片时，"系统会自动将照片上的脸与朋友的名字进行匹配"，"并提供 Facebook 用户个人资料的超链接"。[④] 由于未经授权发布他人人体生物信息

[①] 《不需手机钱包信用卡，JCB 开发手掌支付系统!》，科技星球 App 百家号，https：//baijiahao. baidu. com/s？id = 1589019726525849191&wfr = spider&for = pc，最后访问时间为 2019 年 7 月 1 日。

[②] Wisnieski Pamela and others, Facebook Apps and Tagging: The Trade-off between Personal Privacy and Engaging with Friends, *Journal of the Association for Information Science and Technology*, 2015 （66）.

[③] Yanna Welinder, A Face Tells More Than a Thousand Posts: Developing Face Recognition Privacy in Social Networks, *Harvard Journal of Law & Technology*, 2012 （6）.

[④] Palmer Maija, "Regulators Probe Facebook's Facial Recognition", *Financial Times*, June 2011.

（如人脸信息的照片）可能面临被诉侵权的风险，因此，社交环境下对于人体生物信息（如人脸信息）的共享虽然普遍，但同时需要谨慎。

（五）零售商

在零售商场景下，对于人体生物信息的利用一般有两种方式。第一种是利用人体生物信息完成买卖交易过程，如利用人脸、指纹等信息作为传统密码发出指示，帮助完成交易；第二种是利用人体生物信息进一步分析用户的喜好，例如，可以从用户对于哪类产品的需求更多、不同年龄层对不同产品的偏好程度等多个维度进行分析，从而为用户提供更加精准的营销广告或产品。

大量的带有中型到大型电子显示屏的数字广告标牌被广泛安装，用以吸引客户的注意力，并为产品提供补充广告。这类数字标牌与计算机视觉系统相结合，提供了有效的重新识别和"能够提供准确信息的户外广告"。用户观看数字广告标牌时，从广告屏幕前的用户脸上推断出的生物特征数据（如性别、年龄、行为）可以为建立用户特征提供必要的客观测量。这些系统能够确认客户对特定产品的偏好、产品前的观看时间、观众行为和情绪反应，预测顾客对产品的态度，以便建立一个更有针对性的广告计划，更好地了解特定活动对客户的吸引力。

总之，数字标牌系统能够生成"实时数据"，零售商可以用不同的方式进一步利用这些数据以分析用户特征，如年龄、性别、情绪、喜好等信息，从而通过不断打磨产品与营销手段为用户提供更加精准的服务。

（六）汽车驾驶

"现有的技术是通过 B 柱的摄像头刷脸开车门。"[①] 若小偷想偷车，却不能通过人脸解锁，就可以大大降低汽车被盗的风险。另一个可利用人脸识别

---

① 参见：《AI 换脸火了　汽车人脸识别也来了解一下》，搜狐网，http：//www.sohu.com/a/302898438_377294，最后访问时间为 2019 年 3 月 22 日。

的是驾驶过程中的安全检测。可以通过人脸识别技术，判断驾驶员的精神状态，避免驾驶员疲劳驾驶，从而保证行车安全。

（七）门禁系统和智能家居

家庭安防方面，近年来智能门锁以及智能猫眼逐渐普及到百姓人家。支持远程 App 控制、支持蓝牙开锁、支持人脸识别的智慧云锁推动了智能门锁行业的快速发展，[①] 与此同时兴起的还有智能猫眼。智能猫眼之所以受到越来越多年轻人的喜爱，是因为很多上班族在上班期间，家里没有人。若此时，门口出现陌生人，智能猫眼会及时将此信息发送给户主，防止盗窃事件发生。若是户主回家，智能猫眼则能识别出主人，从而不会发出警报。

三 人体生物信息商业利用存在的风险及问题

从前文内容可以看出，不同于指纹、虹膜等生物信息，个人的人脸信息由于不是私密信息，在生活中经常可以被随意获取。因此，人脸识别存在的风险也远高于指纹识别、虹膜识别等。下文重点讨论人脸识别存在的风险及问题。

（一）数据泄露

据报道，包含了个人身份证号码、地址、生日、位置等信息的某数据库在网上可供任何人查找，并允许完全访问，这意味着恶意参与者可以添加或删除数据库中的记录。这种大规模的数据泄露严重威胁用户的人身、财产安全，甚至会影响公共安全。

---

① 《拒绝孤立发展，智能门锁成为智慧社区生态重要一环》，搜狐网，http：//www.sohu.com/a/299041274_ 99945412，最后访问时间为 2019 年 4 月 20 日。

（二）个人信息泄露

在人脸识别系统出现以前，人们可以在公共场合匿名，因为只有有限的人认识他们。但随着人脸识别系统的新发展及其在社交网站的应用，这一情况出现了改变。人脸识别系统不仅可以将人脸的图像链接到特定的姓名，还可以链接到社交网站个人资料中提供的全部个人信息。如今，通过 Web 2.0 应用程序可以访问大量已识别和未识别的面部数据。由于有可用的人脸识别系统基础设施，人脸识别系统可以在这些已经可用的数据之间进行实时导航，目的是在未经用户同意、授权甚至不知情的情况下，"通过在线设施将这些预先可用的图像与人员匹配"。① 这样的方式不仅严重侵害了个人信息利益，甚至危及公共安全。

Facebook 的照片标签建议可以显示用户档案上的所有个人信息，因为它能通过超链接将新上传照片的面部特征链接到用户的 SSN 档案。当上传图像时，用户可能会"通过在上传照片中的人的脸上画一个正方形并提供其姓名来手动标记该人"。② 超链接的配置文件包含敏感信息，如"性别、生日、政治信仰或任何其他状态更新"。③ 然而，上传 SSN 上的 ED 照片可能会显示特定的元数据，如"时间、日期或用户的物理位置"。

卡内基梅隆大学（CMU）的一项隐私研究表明，"通过将 Web 2.0 数据（图像）与大规模可用的人脸识别系统相结合，可能可以重新识别用户"。④ 研究显示，通过简单地将 SSN 数据与公开的人脸识别系统结合起来，三个扫描个体中至少有一个在几秒钟内被识别出来，甚至那些没有 SSN 档案的人也会在他们朋友的照片中被识别出来。各种科学研究也证明了"人脸可

---

① Acquisti, A., Gross, R., Stutzman, F., "Face Recognition and Privacy in the Age of Augmented Reality", *Journal of Privacy & Confidentiality*, 2014（6）.

② Veer, E. A. V., *Facebook: the Missing Manual 3rd Edition*, Oreilly Media, 2011.

③ Yanna Welinder, "A Face Tells More Than A Thousand Posts: Developing Face Recognition Privacy in Social Networks", *Harvard Journal of Law & Technology* 166－192, 2012（6）.

④ Acquisti Alessandro, "Face Recognition and Privacy in the Age of Augmented Reality", *Journal of Privacy and Confidentiality* 1－20, 2014（6）.

以从图像的模板中重建出来，这种重建和识别足以获得有时精度高于 90%的正图像"。① 此外，由于潜在的人为错误标记，可能会出现错误识别的风险。特定的活动将被授权给错误的用户，因此将生成指向错误识别的最终用户配置文件的超链接。

（三）过度收集个人生物信息

在个人信息诸多处理行为中，收集环节的不合法或不合理行为是最为常见的，也是危害最大的。收集源头一旦出现问题，个人信息保护任务将更加艰难。如前所述，个人生物信息的商业利用越来越广泛和深入，过度收集个人生物信息是最为常见的危害行为。

人脸信息如前所述具有替代密码的功能，与人身、财产安全紧密相关。然而，人脸信息与传统密码不同，由于其曝光场景过多，并且具有非接触性和难以感知的特点，人脸信息是最容易被非法获取和过度收集的。如某照片美化应用收集回传照片中的人脸信息，除非能够证明收集回传人脸信息是核心功能照片美化所必需的，否则就超出了照片美化的最低限度，不符合个人信息保护的合法、正当、必要原则。2019 年国内最热的换脸应用 ZAO 就被质疑过度收集、使用人脸信息，换脸换的是用户上传的照片中的"人脸"，还是技术虚拟重构的高相似度人脸被该产品提供者认为是是否过度收集人脸信息的关键。然而，"人脸信息不等于重构的相似人脸信息"这一主张还需要法律与技术的进一步分析。作为一款以修图为主的软件美图秀秀也曾遭到主管部门"点名"。因此，一般来说，具有摄像和人脸识别功能的产品或服务均有收集人脸信息的能力，然而收集行为是否合法则需要具体分析。

（四）个人偏好隐私问题

上文中提到零售商使用人脸识别系统分析顾客的消费偏好，并且能够通

---

① Michel Chiba and Alex Stoianov, "On Uniqueness of Facial Recognition Templates", *Information and Privacy Commissioner's Office of Ontario*, Canada, 2014 (1).

过互联网技术链接到社交网站或其他类型的数据库，从而根据个人的特点针对他们识别的潜在客户进行在线促销，甚至可以直接标记到社交网络的客户概况。

可见，面部识别系统正在对个体施加"识别"风险。很少有人会想到，通过公开露面，零售业相关经营者很可能会识别出他们的脸部信息并标注上给他们起名字。

（五）网络攻击

除了人员管理不当，技术保护措施不足等主观原因，被动遭受网络攻击造成的数据泄露也是重要因素。随着计算机技术的进步，黑客技术在不断更新迭代，甚至一些网络攻击远超现有技术可以防范的能力范围。尤其是近年遭受网络攻击的国际大事件越来越多，影响范围深远，多家全球性巨头公司被曝光遭受网络攻击造成用户数据大面积泄露，甚至基于法律规范的约束，部分公司开始主动向社会公众披露其遭受网络攻击导致的数据泄露事件及处置应急方案。

以金融领域为例，逐渐广泛应用人脸识别，其面临的主要风险为欺骗攻击。[①] 针对移动身份验证或者验证系统发起的欺骗生物特征攻击可能使恶意用户获得使用智能手机的许可，并允许泄露客户的敏感银行信息。

四　国内外相关法律法规与政策监管现状

如前所述，生物识别信息中最为重要、风险最高的莫过于人脸（面部）识别信息。本部分切入要害，以人脸识别为重点，展开分析。

面部识别是一个快速发展的领域，涉及新的复杂问题，这些问题在法律、政策、人权、技术和人类经验的交叉点汇聚在一起。

---

① 《Deep Fakes 或将成为人类安全的新威胁》，天极网百家号，https：//baijiahao.baidu.com/s？id=1624436292881607416&wfr=spider&for=pc，最后访问时间为 2019 年 6 月 10 日。

早在 2015 年，美国政府责任署发布了题为"面部识别技术——商业用途、隐私问题及其适用的联邦法律"的报告。[①] 报告指出人脸识别技术可被用于广泛的商业用途，但对于其所引发的用户隐私问题尚缺乏联邦层面法律的明确规定。

2018 年 12 月，来自纽约的研究机构 AI Now 一份最新报告将面部识别确定为社会和决策者面临的主要挑战。[②] 报告认为"面部识别和影像识别需要严格的法律和监管以保护公众利益"。[③] 社区应有权拒绝在公共和私人环境中应用这些技术，与此同时，考虑到压迫和持续的大规模监视的危险，任何对面部识别的同意都应该有一个很高的门槛。影像识别是人脸识别的一个子类，它声称根据人脸的图像或视频来检测诸如个性、内在情感、心理健康等方面。这些主张并无可靠的科学证明且正在被以不道德和不负责任的方式利用。如将通过影像识别获得的认知与雇佣、保险、教育和治安等社会服务联系起来，会对被识别的个人产生深刻的社会影响。

（一）我国人体生物信息保护现状

我国现行法律法规并无专门针对人体生物信息的法律制度框架，个人信息保护法尚处于计划当中。然而，与个人信息紧密相关或提及个人信息的法律法规、司法解释和其他重要文件有 40 余项。在国家标准方面，我国已发布生物特征识别相关国家标准 28 项。[④] 例如，2019 年 4 月 1 日实施的《信息技术　生物特征识别　指纹处理芯片技术要求》要求对指纹信息进行加

① "Facial Recognition Technology—Commercial Uses, Privacy Issues, and Applicable Federal Law", https：//www.gao.gov/products/GAO‐15‐621, last accessed 20 May 2019.

② "Facial Recognition Has to be Regulated to Protect the Public, Says AI Report", https：//www.technologyreview.com/s/612552/facial‐recognition‐has‐to‐be‐regulated‐to‐protect‐the‐public‐says‐ai‐report/, last accessed 5 June 2019.

③ "Facial Recognition Has to be Regulated to Protect the Public, Says AI Report", https：//www.technologyreview.com/s/612552/facial‐recognition‐has‐to‐be‐regulated‐to‐protect‐the‐public‐says‐ai‐report/, last accessed 5 June 2019.

④ 参见国家标准信息查询，中国政府网，http：//www.gov.cn/fuwu/bzxxcx/bzh.htm，最后访问时间为 2019 年 5 月 1 日。

密、防止窃取。2019 年 7 月 1 日实施的《信息技术　移动设备生物特征识别　第 1 部分：通用要求》为手机 App 提供了基本的采集、存储、对比及安全要求，说明了移动设备生物特征识别典型应用场景有移动设备解锁、访问本地应用、服务和/或数据、建立通信信道、进一步验证/鉴别以访问远程资源等。在这些场景中，生物识别信息在其中起着传达指令或验证身份的作用。

另一方面，人脸识别技术被应用到人工智能领域。在人工智能领域，产业对于人工智能立法呼声较高。

国家标准《信息技术　生物特征识别术语》将生物特征识别定义为"基于个体的行为特征和生物学特征，对该个体进行的自动识别"，生物特征识别是一个动作。生物识别特征被定义为"个体生物学的和行为的特征，该特征可被检测，并且可以从中提取有区别的、可重复的生物特征项，从而达到个体自动识别的目的"。生物识别特征包括：指纹脊线结构、脸型、面部皮肤纹理构造、掌型、指形、虹膜结构、手部静脉血管结构、手掌脊状结构、视网膜图案、动态手写签名等。

国家标准《信息安全技术　个人信息安全规范》中关于个人生物识别信息首次被定义为敏感个人信息，且该信息包括了"个人基因、指纹、声纹、掌纹、耳郭、虹膜、面部识别特征等"。这些信息按照个人敏感信息保护的特别要求进行保护，如明示主动同意、加密传输存储，对于个人生物识别信息还应当采取技术措施后再进行存储，例如仅存储个人生物识别信息的摘要。

（二）欧洲个人信息保护法

利用生物特征数据已非常常见，[①] 这尤其体现在生物面部识别活动中，

[①] "German DPAs Adopt Resolutions on Employee Privacy, Facial Recognition and EU Draft Regulation", https：//www. huntonprivacyblog. com/2014/04/03/german－dpas－adopt－resolutions－employee－privacy－facial－recognition－eu－draft－regulation/, last accessed 3 April 2019.

如上文中提到的社交媒体活动。社交媒体为分析个人照片，须对用户的面部进行生物特征记录，以便稍后与其他照片进行比较从而识别个人。为此，需要创建模板即面部基本特征的数学模型，例如眼睛的距离、嘴的角度和鼻子的尖端。不可忽视的是，这样的测量对个人利益有非常大的影响，因为面部的模板有必要永久保留。

生物特征面部识别技术具有较高的滥用风险，因其是一种适合进行社会控制的技术。该技术可以使得人们从互联网上大量的数字照片中过滤目标图像。此外，将录像与现有模板进行实时比较，可以识别和个性化参与者，例如，来自群众活动、示威或路人的录像。

因此，通过互联网服务创建生物特征面部模板应受到较为严格的法律制约，这些要求应尽可能考虑相关个人的自决信息权，未经同意的用于自动调节的生物特征模板应在调节后立即删除。与社交媒体用户不同的是，第三方存储生物特征模板不能定期达成一致，因此被排除在外。

2018 年 5 月 25 日生效的 GDPR 在全球引起不小波澜，其中明确禁止处理的数据有基因数据、生物特征数据等，如必须处理则需要符合该法的例外规定。例如，法律允许的同意；明显公开的数据；数据主体无法做出同意时为其或他人切身利益等。在保护个人数据主体自决权方面，一方面，赋予了个人数据主体拒绝权，其有权拒绝数据控制者为其或第三方所追求的正当利益，包括基于此做的特征分析（数字画像）；另一方面，还明确了个人数据主体不受完全自动化处理行为、分析（数字画像）决定的约束。

（三）美国最新立法情况

早在 2008 年，伊利诺伊州通过了《生物识别信息隐私法》，目的在于限制人脸识别技术对个人隐私的侵犯，要求获取生物识别信息必须经过用户的同意。

2019 年 1 月 29 日，美国旧金山市议会议员提出了《停止秘密监视条例》立法提案，时至 2019 年 5 月该提案初步通过，该条例禁止政府单位滥用人脸识别技术与信息，以保障公民应有的隐私与自由。当然，该条例仍有反对声音，认为不应全面禁止新技术的使用，人脸识别技术在公共安全领域的应用已经卓有成效，对于创新技术应当具体问题具体分析。

2019年3月14日，美国参议院提出了《商业面部识别隐私法》提案，要求商业公司在使用人脸识别技术及与第三方共享这些数据时需要经过用户的明确同意，且引入第三方技术须经第三方测试。

2019年4月10日，美国两位民主党参议员提出了《2019算法问责制法案》（Algorithmic Accountability Act of 2019），其中加强规制人工智能机器学习偏见问题及要求使用、存储、共享个人信息的主体进行自动决策影响评估和数据保护影响评估是重要内容。该法案中所强调的要建立"高风险自动决策系统"（high-risk automated decision system）评估规则，主要是针对涉及高度敏感的个人信息，包括生物特征数据。

即将于2020年1月1日生效的《加州消费者隐私保法案》与GDPR的模式、体例、规范上有些许不同。例如，在个人信息的定义与范围上，其采用的是关联标准，使得个人信息的范围更广；在个人信息主体权利方面，赋予个人信息主体选择退出的权利，个人信息主体可以拒绝个人信息控制者将个人信息出售给第三方；赋予16岁以下未成年人选择进入的权利，未经该未成年人同意不得处理其个人信息；规定个人信息控制者不得因个人信息主体权利的行使而对个人信息主体歧视对待，如服务质量、价格差异等，几项法律均将生物识别信息作为敏感个人信息加强保护。

综上所述，加强对于个人信息、生物识别信息的立法规制是全球的普遍趋势，尤其是规制与人工智能联系最为紧密的人脸识别技术。

（四）共性问题

第一，告知同意间歇性失效。与指纹脊线结构、掌型、指形、虹膜结构、手部静脉血管结构、手掌脊状结构、视网膜图案、动态手写签名这些特征数据需要接触性不同，面部特征数据属于非接触性，甚至常常在无感知的状态下被获取。因此，传统法律所要求的告知同意、明示的告知同意等，在面部信息的收集和使用环节容易被规避，尤其在公开、公共场所。对场所管理者科加义务可以起到一定的作用，但互联网时代，网络产品和服务良莠不齐。非法的个人信息收集、使用行为是侵犯个人信息权益的重要表现。非接触性在此时增加了风险防范和救济的难度。告知同意的要求在人脸识别信息场景下不能足够满足保护个人信息权益的需求，必须在此基础上探寻新的解决途径。

第二，安全隐患。安全隐患源自技术，更源自人为和管理的缺陷。技术从根本上无法实现绝对的安全。如前所述，人体生物信息商业利用存在诸多致命性风险和问题，例如，大规模的数据泄露、个人信息泄露、欺骗攻击，这些既是系统风险也是管理的风险，既是人为风险也是技术的风险。安全的隐患在特定情况下会引起经济的、社会的隐患，甚至危及国家的安全。显然，人体生物信息的商业利用对于社会的价值在前述已经有颇多体现。那么，对于人体生物信息的商业利用需要前进还是止步，如何保障个人生物信息更加安全地被利用是需要重点考虑的问题。

第三，个人利益与公共利益、国家利益平衡难。解决平衡问题尤其需要科学的技术与方法，在个人信息利用的角度，个人利益和公共利益往往较难平衡。某一个人的数据可能是保障他人或公众利益的必须，例如骚扰电话只有被更多个体知悉，才能保障他人和公众的生活安宁，此时需要进行价值的取舍；在公共信息领域，个人信息的汇聚分析，能够为公众提供更多有价值的决策信息，个人信息与公共利益取舍的标准有待确定；国家利益是不是绝对优于个人利益和公共利益，也尚需要论证。

五　对策建议

人体生物信息无论对于个人、公众还是国家而言，都有着不同层面的重要意义。私人和公共层面可能危及个人和公共群体的财产、人身安全。国家层面，可能涉及公民整体层面重大的人身、财产威胁甚至影响到国家的稳定发展。在网络技术不断提升的今天，任何利用个人生物信息、个人行为缺陷、人体生物信息控制者漏洞的行为都有可能损及公共利益乃至国家利益。因此，对于人体生物信息的商业利用亟待理清本质、开阔思路。

（一）从人格权、财产权到社会权属性

对于个人信息的理解应当丰富其内涵，个人信息的诸多争议如权属问题之争，无论是依据不正当竞争、市场自由、诚实信用原则还是"谁付出劳动，谁享有产权"，似乎均不能够解决个人信息的归属问题。

这也揭示出个人信息已经不再局限于传统意义上的人格权或财产权属性。个人信息的社会属性已经开始显现。在科技方面，个人信息让渡于科学研究；在安全层面，个人信息让渡于国家安全甚至公共安全；在公权力层面，个人信息让渡于刑事侦查等活动。更为重要的是，当个人信息被商业利用时，会作为企业开展商业活动的基础，甚至作为大数据研究、人工智能等先进技术的基础。个人信息的价值不再是个人利益的实现，已经发展到商业价值、企业竞争优势的体现，甚至可以被用作科学研究，保护国家安全等活动。

换言之，某项个人信息或成为他人、社会公众甚至国家利益实现所必需的一项因素。传统的人格权、财产权的私人性质浓厚，缺乏社会层面的意义。个人信息已经具有社会权属性，人体生物信息因而也具备社会权属性。

（二）从支配到控制

如前所述，个人信息已经具备社会权属性，个人信息的权利性质也不再局限于个人信息主体的绝对支配。以 GDPR 为例，个人数据主体的权利限制因素较多，一方面表现为普遍意义上的限制，包括国家安全、公共安全、公共利益、防务，司法独立与司法程序，刑事犯罪、民事诉讼强制执行，对数据主体保护或他人权利、自由的保护，职业道德相关行为；另一方面是对数据控制者的责任豁免，例如，为了保护数据主体或他人切身利益所必需的可以不经同意处理个人数据；普遍意义的权利限制和对于他人权益的保护形成对于个人数据主体的限制。然而这些权利限制在商业应用层面，作为个人信息的控制者则需要配合公权力的实现，甚至在法律强制要求下开展主动举

报、投诉活动。在保护私权层面，个人信息控制者可以在法律规定下自主判断是否已经达到保护个人信息主体或他人切身利益所必需的情形，从而做出超越个人信息主体意志的行为。

从支配到控制，更为重要的层面在于个人信息性质的变化和发展，因而必须在权能上进行相应的发展。支配一般与物相关，个人信息则很难被定义为物或称为有形物。由于个人信息属性的变化，个人信息主体对于控制者的授权，加之个人信息权利的限制问题，个人信息主体对于个人信息的支配权能正在萎缩。"控制的未来是：伙伴关系，协同控制，人机控制。"[1] 控制已经成为趋势，谁控制个人信息谁有更强的权能。

（三）从形式安全到实质安全

安全不只是看上去安全，还必须具备保障实质安全的组织和技术措施，应当提高安全应有的标准，从形式上的安全达到实质上保障安全的目标。

美国于 2019 年 6 月 5 日纽约州奥尔巴尼市民主党多数派通过了《停止黑客攻击和改进电子数据安全法案》。该法案在《数据泄露通知法》的基础上做了许多突破，扩大了现有信息的范围，增加了生物特征信息、电子邮件地址及相应密码等信息，扩大了数据泄露的定义，包括未经授权的访问等。人体生物信息安全，需要更深层次地进行保护，有必要进行从组织管理到技术防范措施的考量以提高关于人体生物信息保护的门槛。

严格限制对于人体生物信息的非法收集、处理和使用行为，例如，针对告知同意间歇性失效，明确要求人体生物信息尤其是高风险人体生物信息如人脸信息应当明示同意，不得非法收集、使用；引入风险或影响评估制度，当大量处理人体生物信息存在侵害个人信息主体利益、公共利益甚至国家利益时应当开展自我评估并采取风险防御和应对措施。

---

① 〔美〕凯文·凯利：《失控》，东西文库译，新星出版社，2012，第 488 页。

B.7
电信标注的法律分析

谢永江 李嘉宁 安锦程*

摘 要: 随着智能手机的普及,越来越多的互联网企业推出了具有电信标注服务的手机软件,只要安装了该款软件,便可在接听陌生来电后对其进行诸如骚扰、广告、诈骗等的标注。但标注过程中不乏误标、恶意标注的情形,同时还会涉及个人信息保护的问题。然而,目前我国对互联网企业提供的电信标注服务没有明确的法律规定和统一的规范,在实务中存在不少纷争。通过网络查询、实地调研、分析比对各软件标注功能及救济渠道的方法,了解了电信标注的基本规则,并在对互联网企业提供电信标注服务的正当性进行分析的基础上,本文针对电信标注服务提出了相应的法律建议,以期对电信标注服务的发展有所帮助。

关键词: 电信标注 正当性 法律建议

近年来,电信诈骗猖獗,诈骗手段高明而多样,诈骗案件呈现几何级数增长,严重威胁和侵害人民群众的人身、财产安全和其他合法权益。很多电信诈骗分子之所以能得手,很大程度上是利用了用户疏于防范的心理。为了帮助人们防范电信诈骗,奇虎360、腾讯、搜狗等一些互联网企业推出了电

---

* 谢永江,北京邮电大学副教授;李嘉宁,北京财贸职业学院教师;安锦程,中国网络空间安全协会秘书处关键信息基础设施保护专项主管。

信标注服务。所谓电信标注服务，主要是指电信用户通过电信标注服务提供者的软件主动对自己或他人的电话号码进行标注，当电信用户接到陌生来电时，电信标注服务提供者将标注信息提示给电信用户，电信用户可以根据提示的标注信息有选择地接听，并可对诈骗信息有所防备，电信用户也可以直接设定拦截被标注电话号码的来电。

目前，我国对互联网企业提供的电信标注服务没有明确的法律规定和统一的规范，在实务中存在不少纷争。本文拟对电信标注基本规则及其正当性进行分析，并就完善电信标注服务提出法律建议，以期有裨于电信标注服务的健康发展。

一 电信标注基本规则

（一）电信标注人及标注方式

电信标注人是对电话、短信等进行标注的人。电信标注人可以是电信发送人、电信接收人或电信标注服务提供者。三类主体进行标注的方式有所不同。

1. 电信发送人的标注

电信发送人的标注属自主标注，一般多为商家。商家在具有来电标注功能的互联网企业的号码认证页面进行号码认证登记，提供可以证明商家真实信息的材料，诸如营业执照、名称、商标等，之后提供标注服务的企业会对该商家的信息进行审核（一般只是形式审查），通过审核后将对其所属号码进行标注，从而使商家信息会在使用该款软件的被叫用户的手机上有所显示。

2. 电信接收人的标注

电信接收人的标注是最普遍、最主要的电信标注。在安装了具有电信标注功能的手机软件后，用户可通过两种方式进行标注：一种方式是在挂断陌生来电后，软件自动提醒是否对该号码进行标注及标注内容，用户可自主选择；另一种方式是用户进入软件中，通过通话记录对陌生来电进行标注。

3. 电信标注服务提供者的标注

有些电信标注服务提供者会主动对他人的电信号码进行标注，其方式主要有两种：一种是利用大数据的技术手段，对网络平台和官网上的公开信息进行抓取，从而对其进行标注；另一种是与一些商家或公检法机关进行合作，由商家主动授权电信标注服务提供者对其进行标注，或者是公检法机关将其掌握的问题号码提供给电信标注服务提供者让其进行标注，并提示广大电信用户。

（二）标注对象

电信标注的对象主要是不请自来的陌生来电，即未存入手机通讯录里的号码（不包括未存入手机通讯录的亲朋好友的号码）。该类电信主要是诈骗、骚扰、广告、推销等电话，会对用户正常使用电信服务造成干扰，甚至诈骗用户钱财、危害用户人身安全。

（三）电信标注信息

1. 电信标注信息的类型

电信标注信息由电信标注服务提供者提供信息分类或当事人自定义标注。以 360 手机卫士为例，其电信标注的内容分为疑似欺诈、骚扰电话、广告推销、房产中介、快递、保险理财、出租车、招聘猎头等。另外，当事人可以通过自定义标注添加标注类型。

电信标注的信息类型中，争议最大的是职业信息，即显示被标注人职业信息是否侵害了当事人的隐私权。对此目前并无一致看法。有的观点认为，第三方软件如果不涉及名字和负面标注就不涉及隐私泄露，由于职业一般是公开的信息，职业并不必然涉及隐私；标注反映的是基本事实，没有涉及当事人的隐私，没有损害公众利益，没有违背公序良俗，不构成侵权。另有人认为，电信标注服务提供者没有经过用户同意，在软件上公布公民的职业信息，涉嫌侵犯公民的隐私权。如果通过不正当途径获取公民的职业信息，也是一种违法行为。① 笔者认为，职业信息虽然并不必然涉及隐私，但显然属于个人信息，且不涉及公共利益，收集和公开他人职业信息应当经过当事人同意。如果显示的职业信息过于具体，就会涉及个人隐私问题。譬如，某社区卫生院的陈医生，若用安装了来电标注软件的手机拨通他的电话，立刻具体显示"越秀区××街道社区卫生服务中心陈××医生",② 这就属于涉及个人隐私的情况了。

因此，电信标注的信息类型应尽量仅限于用户自行进行的诸如骚扰、诈骗等内容的标注，以及企业自主登记的信息，而对于通讯录里有关职业的信息，在显示前应征得本人的同意。有些人不愿意将自己的职业公之于众，被标注人应该享有选择权。此外，对于一些从事特殊职业的人也不便于透露自己的职业，例如警察、记者等特殊职业。电信标注服务提供者可以通过加强系统过滤，避免标注特殊行业，对由手机用户主动标注产生的一些职业标签进行删除。③

2. 电信标注信息的使用

电信标注信息由于与特定电话号码相联系，具有个人信息属性，一般只能依约或依法用于对软件使用者进行提示。根据《网络安全法》的规定，相关信息经过处理无法识别特定个人且不能复原的，也可以用于其他目的。

同时，电信用户对自己的电话号码被标注的情况有知情权，因此电信标注情况应当告知被标注人，或为被标注人提供便捷的查询方式，以便对错误标注进行更正或删除。

（四）错误标注的救济

电信标注的初衷是给广大用户提供便利，如果大范围出现误标或者恶意

---

① 《手机来电标记暴露隐私 随便拨号就知你单位》，新华网，http：//news. xinhuanet. com/info/2015 – 08/05/c_ 134482836. htm，最后访问时间为 2019 年 5 月 20 日。

② 《来电标记功能流行 有用户遭恶意标"诈骗"泄隐私》，网易，http：//news. 163. com/15/0903/03/B2IB8NNB00014Q4P. html，最后访问时间为 2019 年 5 月 20 日。

③ 《"触宝电话"取消部分职业标记》，360doc 个人图书馆，http：//www. 360doc. com/content/15/0810/08/1413958_ 490659223. shtml，最后访问时间为 2019 年 5 月 20 日。

标注的情况，那电信标注在某种程度上也就失去了它的价值，不但没给用户带来便利，反而给用户增加了不必要的麻烦。目前，网上不乏电话号码被误标或恶意标注的求助帖以及电话号码被误标或恶意标注的相关报道。当出现误标和恶意标注的情况时，电信标注服务提供者必须为受害电信用户提供相应的救济手段，以免造成更大的损害。

1. 救济的手段

实务中，错误标注的救济方式有申诉和自动取消标注两种。

（1）申诉。被误标或者恶意标注的电信用户可以通过进入标注软件的号码标记申诉平台或拨打相关软件的客服电话两种方式进行申诉，以取消错误或恶意标注。进行申诉时，一般需要申诉人提供自己的通话详清单、身份证等信息。但是这种救济方式也存在一个很大的问题，即被误标或者恶意标注的电信用户在进行申诉之前需要知晓自己的号码是被哪款软件标注的，如此便需要对数款软件进行逐一排查。一般情况下，通过给相关软件的客服拨打电话，方可获知自己的号码是否是被该软件标注的。但是，如今具有来电标注功能的手机软件种类繁多，进行逐一排查费时又费力。在调查研究中发现，如 360 手机安全卫士、腾讯手机管家等软件提供了相应的网络查询功能，即在相关网页输入号码，如果被其标注记，便会有所显示。网络查询功能为排查标注软件提供了一定的便利性。

（2）经过一定时间后被自动取消标注。在一定时间内无新标注，第三方标注企业会主动将之前的标注取消。[①] 这主要是考虑到号码可能已被运营商回收并再次出售的情况。但还是出现了用户在取得新号码时，号码仍存在被标注的情况。[②]

由此可见，现有的救济手段都存在一定的瑕疵，这些问题应是电信标注服务提供者需要注意并应及时解决的。如果因错误标注或信息泄露导致电信

---

① 《手机号被误标注成骚扰电话：安全软件帮倒忙》，新浪网，http://tech.sina.com.cn/t/2014-09-09/10079601250.shtml，最后访问时间为 2019 年 5 月 20 日。

② 《正常电话竟被标为"骚扰"》，网易，http://news.163.com/14/0813/10/A3H69TVR00014AED.html，最后访问时间为 2019 年 5 月 20 日。

用户遭受了损失,电信用户可以电信业务经营者和电信标注服务提供者为被告,要求对方承担民事赔偿责任。

2. 救济所需提交的资料

个人在进行误标或恶意标注的申诉时,需要提交一定的信息,以便电信标注服务提供者进行核实,诸如身份证的正反面照片以提供身份证明,提交"开户资料"或"近一个月话费账单"或"与运营商签订的电话服务协议"以提供归属证明等。无论是身份证明,还是归属证明,都涉及个人信息的问题。电信标注服务提供者应依法保管用户的信息,这也是《网络安全法》与《电信和互联网用户个人信息保护规定》等法律法规的要求。

(五)用户协议

用户协议是规定网络运营者与用户之间权利义务的基本文件。以"触宝电话"为例,其用户协议从协议的范围、术语定义、用户的权利义务、触宝公司的权利义务、标记服务规范、法律责任、其他等七个方面进行了规定。笔者通过网络查询发现,除个别软件外,大多数具有来电标注功能的手机软件都没有专门针对电信标注的用户协议。现在,越来越多的手机用户使用软件提供的"标注"功能。笔者认为,电信标注服务提供者有必要针对电信标注服务拟定专门的用户协议,以明确其与用户双方的权利义务。

(六)收费标注问题

在所调查的几款安全软件中,"搜狗号码通"和"电话邦"的标注服务是有偿的。不同的是,"搜狗号码通"提供免费与收费两种标注服务,普通的个人电话、商企电话显示是免费申请的,仅对"可信电话认证"收取 600 元/号码的审核成本费用。该认证服务是由搜狗号码通联合安全联盟推出的,并由工业和信息化部、中国互联网络信息中心(CNNIC)、国家互联网应急中心(CNCERT)为指导单位,确保被认证电话号码的实体身份权威真实。二者收费都是按次进行,且相关费用不以认证成功为前提,不受认证结果和状态的影响,即虽未审核通过或商户被举报经营非法行为,经核实被直接下线商户认证展示的均不退还任何款项。同时，电信标注服务提供者会提供相应等额的合法有效的发票。由此可见，支付费用不代表一定会获得标注及永久被标注。

安全软件提供认证服务，有助于提高并维护商家的信誉，赢得客户及合作伙伴的信任，从而促成交易，避免风险，同时，在一定程度上也有助于商家的推广。商家可以从该服务中获得一定的利益，因此，若想获得该服务，电信标注服务提供者收取一定的费用具有其合理性。但是，如果从事有偿删除标注、虚假标注行为，则属于违法行为，该行为会误导电信用户，损害电信用户对标注信息的信赖利益，侵害电信用户的知情权，电信标注服务提供者对此应承担法律责任。

二 电信标注的正当性分析

从法律性质上看，电信标注应属于电信用户实施的"电话备注"或"通话评价"行为；电信标注服务则属于第三方企业提供的信息服务业务。作为个人，凭何可以对他人的电信号码进行标注？作为市场中的第三方企业，又凭何可以将个人的电信号码标注信息提示给其他电信接收人？笔者认为电信接收人的标注和电信标注服务提供者的提示服务行为，在当前电信环境下均具有正当性。

（一）权利的平衡与权利滥用的限制

在电信标注的场景下，对于电信发送人而言，电信标注涉及其隐私权和通信自由权；同时对于电信接收人而言，则涉及其隐私权和选择权。两者的权利不可避免地存在一定程度的冲突。

从逻辑上讲，电信发送人对其电话号码信息和身份信息享有不被公开的隐私权，但是权利不得滥用是行使权利的基本规则，任何权利只有在正确行使的前提下才会得到法律的认可并取得预期效果。利用自己的电话从事不正当的活动将理所当然地丧失电话号码信息和身份信息隐私权，由此，电信发送人出于非正当目的、违反诚实信用原则或者在违背电信接收人意志的情况下拨打电话、发送信息将丧失对其电话号码信息和身份信息的隐私权。在Mangels 诉 Pena 案①中，美国法院就认为有关非法活动的信息不应包含在隐私权内。

同样，电信发送人的通信自由权也必须是通信双方共同意志下的自由。电信发送人的通信自由权必须止于不愿意接受通信人的电话前，这一理念在美国立法中得到了体现。为了对通信自由滥用行为进行必要的限制，美国国会曾制定了《电话消费者保护法》（*Telephone Consumer Protection Act of 1991*）和《电话销售和消费者欺诈与滥用防止法》（*Telemarketing and Consumer Fraud and Abuse Prevention Act*），对电话招揽行为进行规制。美国联邦贸易委员会 1995 年的《电话销售规则》（Telemarketing Sales Rule）创设了拒绝来电登记制度，该规则经过了多次修订。根据该规则规定，除了某些例外，禁止电话行销者拨打在联邦通信委员会登记为拒绝来电注册状态下的电话号码，其主要原因是电话号码的拥有人不希望接听引诱商品购买和服务的电话。2003 年 3 月美国国会又通过了《限制呼叫实施法》（*Do-Not-Call Implementation Act*）。根据该法规定，单独主叫方的通信意愿本身并不能构成通信自由；在被叫方没有相应许可意思表示的情况下，主叫方的通信自由权利会丧失其存在的基础。②

另外，电信接收人享有生活安宁的隐私权和是否接听电话或接受信息的选择权。电信接收人的私人电话或家庭电话是电信接收人为方便自己使用而申请的，凡是给电信接收人带来不便、不快的电话或信息都是不受欢迎的，电信接收人都可以拒绝。所以就私人活动而言，只有取得电信接收人同意的拨打行为或信息发送行为才具备程序正当性。③ 在我国来电显示第一案——

---

① Mangels v. Pena, 789 F. 2d 836（1986）.
② 胡大武：《家庭来电显示下个人隐私的法律冲突及保护——以美国司法实践为例》，《环球法律评论》2007 年第 6 期。
③ 胡大武：《家庭来电显示下个人隐私的法律冲突及保护——以美国司法实践为例》，《环球法律评论》2007 年第 6 期。

王卫宁诉云南电信公司昆明分公司隐私权侵权案中，法院就认为，上诉人作为"主叫方"对其所使用的个人电话号码享有保密权，并有权拒绝告知索取号码的他人，但同时"被叫方"在接听电话前，同样有权知道是谁给自己打电话，以便决定是否接听来电，这与"主叫方"保护个人生活安宁、免受他人侵扰的意图是一致的。①

可见，电信发送人与电信接收人之间的权利冲突是一个不可回避的现实问题，如何平衡两者的权利是解决电信标注侵权问题的关键。法律是被用来调和相互冲突的自由或被用来使自由的价值同社会秩序中相互抵触的目的达成平衡。② 相比较而言，在电信发送人和电信接收人的关系中，电信发送人主动发起通信行为，处于强势地位，而电信接收人被动接受通信，处于弱势地位，因此，电信发送人的权利要在考虑电信接收人权利的基础上进行权衡。电信发送人权利的行使已经妨碍了电信接收人权利的行使。因此，电信发送人的权益必须让位于那些想方设法避免接听未经过许可进行通信的电信接收人的权益。③ 更何况，当电信发送人滥用权利，实施侵害电信接收人利益的行为时，其隐私权和通信自由权均将丧失被保护的基础。

（二）消费者选择权的实现

从消费者的角度看，电信接收人即是电信消费者。我国《消费者权益保护法》第 9 条规定，消费者有自主选择商品或者服务的权利。据此，消费者有权自主选择商品品种或者服务方式，自主选择购买或者不购买任何一种商品、接受或者不接受任何一种服务。对电子商务消费而言，消费者的自主选择权通过网络能够得到比较充分的体现。但是由于互联网开放性的特点，一些电子商务经营者通过电话以及短信的形式擅自发送商业性广告给消

---

① 昆明市中级人民法院（2004）昆民二终字第 785 号判决书。
② 〔美〕E·博登海默：《法理学：法律哲学与法律方法》，邓正来译，中国政法大学出版社，1999，第 284 页。
③ 胡大武：《家庭来电显示下个人隐私的法律冲突及保护——以美国司法实践为例》，《环球法律评论》2007 年第 6 期。

费者，虽然这些广告内容涉及的商业信息广泛，但却很少能给消费者带来实际利益。此外，由于电话推销和商业短信广告数量十分巨大，已经让社会公众不胜其烦。消费者自己无法阻止推销电话以及垃圾短信的接收，单凭来电显示也不足以让电信消费者及时作出有利于自己的决定，消费者的自主选择权此时便无法自主地行使。如若使用"电信标注"和"骚扰拦截"功能，除了来电显示以外，还可以获得更多的信息，消费者便可自主选择决定是否接听、接收某些来电和短信以及接听、接收哪些来电和短信。显然，电信标注有助于电信消费者实现自己的选择权。

（三）保障公共利益的需要

公共利益是一定社会条件下或特定范围内不特定多数主体利益相一致的方面。① 公共利益具有不可分性和公共性，② 它源于个体利益，同时为个体利益的实现服务。电信标注服务已经具有明显的社会公共利益属性。

第一，当前，骚扰、诈骗、广告推销等电话日益猖獗，手机用户几乎无一例外遭受着此类电话的侵害。目前市场上几乎所有的手机都预装了骚扰、诈骗电话和信息拦截软件，越来越多的电信用户对"电信标注"有需求，以使自己对此类来电有所预知与防备，从而选择是否接听。因此，电信标注服务满足了大多数社会公众的基本性需求，具有公共利益属性。

第二，电信标注属于一种预防性措施，主要是由电信用户自行标注，不可避免会存在标注错误情形，只要辅之以便捷的救济手段，不给被错误标注的当事人造成过度不便和损害，就不能因为会对个别人造成损害而否定该项服务的公益性及其积极意义。"每个人的福利都依靠着一个社会合作体系，没有它，任何人都不可能有一个满意的生活。"③ 为了建立社会合作体系实

---

① 余少祥：《什么是公共利益——西方法哲学中公共利益概念解析》，《江淮论坛》2010年第2期。

② 〔美〕约翰·罗尔斯：《正义论》，何怀宏等译，中国社会科学出版社，1988，第103、266页。

③ 〔美〕约翰·罗尔斯：《正义论》，何怀宏等译，中国社会科学出版社，1988，第103、266页。

现社会公共利益，个别人有合作和适当容忍错误的义务。当然，为被误标或恶意标注的受害人提供及时、便捷的救济手段也是电信标注服务正当性及实现其意义的必要基础和重要保障，因为即使为了公共利益，也不能过分损害个别公民的正当权益。

第三，不可否认，互联网企业提供电信标注服务有其商业目的，如将获取的数据进行商业化利用，但商业利用与公共利益并不矛盾。商业利用只要不违反法律，就是可接受的，商业利用是互联网企业提供标注服务的利益基础，也是该公益性服务可持续化的保障。

（四）网络共同治理的需要

共同治理，是指政府、国际组织、互联网企业、技术社群、民间机构、公民个人等网络参与者根据各自的角色和功能，共同参与到互联网治理过程之中，使互联网的发展和使用得以平衡、规范。传统的政府管理在网络空间存在失灵现象，政府已经难以独立有效承担网络空间的安全管理责任。这主要是因为：一方面，政府欠缺管理所必需的信息。政府对网络空间的管理需要大量的信息支持，但政府和网络运营者之间存在严重的信息不对称。与传统领域由政府掌握更多的管理信息不同，在网络信息时代，政府对信息控制的能力在削弱。[1] 政府管理所必需的海量数据往往由互联网企业掌握，政府不得不求助于通常属于被管理对象的网络运营者，以避免管理困境。另一方面，政府欠缺管理所必需的技术手段。网络空间信息技术和应用日新月异，受到技术能力的限制，法律和政府管理手段难以及时跟进。在以信息技术为基础的网络空间，国家的管制权限往往取决于现有的管制科技。[2] 当国家掌握了相应的管制技术手段时，就能较好地履行管制职能；当欠缺相应的管制技术时，就只能采取较少的管制。因此，政府难以仅凭一己之力去治理网络社会，需要积极引导企业、社会组织、技术

---

[1] 〔美〕劳拉·德拉迪斯：《互联网治理全球博弈》，谭庆玲、陈慧慧等译，中国人民大学出版社，2016，第12页。

[2] Lawrence Lessig, "Reading The Constitution in Cyberspace", *Ssrn Electronic Journal*, 1997, p. 886.

社群和公民等利益相关方参与网络治理，开展协同合作，要求参与方根据各自的角色发挥治理功能。

当前，电信领域的犯罪行为已经是网络化、智能化、国际化、产业化、链条化，实施犯罪成本低、效率高，受害人数量巨大，而打击电信领域的犯罪却存在发现难、取证难、抓捕难、追赃难等问题，打击犯罪成本高而效率低。特别是近来许多电信诈骗犯罪分子在境外实施犯罪，为抓捕犯罪嫌疑人增加了更多的困难。绝大多数诈骗数额并不大的电信诈骗案基本无法顾及。可见，现行的国家反电信诈骗体制存在明显的薄弱环节，这也是导致电信诈骗猖獗的重要原因之一。为此，国务院于2015年专门批准建立了由23个部门和单位组成的打击治理电信网络新型违法犯罪工作部际联席会议制度，以加强对全国打击治理工作的组织领导和统筹协调。但仅有政府的努力并不能彻底打击电信诈骗，还需要企业、社会公众的共同参与。

电信标注是一种被实践证明非常有效的预防电信诈骗、防止电话推销骚扰的手段。互联网企业提供软件和平台，广大电信用户对诈骗电话、骚扰电话进行标注，之后由互联网企业汇集数据并提示给社会公众，以防被骗、被骚扰，从而切实维护广大电信用户的权益。可见，电信标注是企业、社会公众共同参与电信诈骗治理，并取得实效的典型例证。

三　完善电信标注的法律建议

电信标注服务作为一项具有公共利益属性的服务，不同于纯粹的商业行为。目前，提供电信标注服务的互联网企业数量众多，服务质量参差不齐，仍有许多需要改善的问题。

（一）推动建立透明且统一的标注规则

一套公平合理的规则是保证互联网企业提供电信标注服务的合理性、正当性的基础。这些规则主要包括以下几方面：（1）标注信息的种类和内容；

（2）向其他电信用户推送前，电话号码被标注的次数；（3）取消某一电话号码既有标注信息的时间要求；（4）错误标注的救济方式。以上规则是涉及电信标注服务质量及其合理性、正当性的基本规则，理应公开。但在实务中，企业对于被标注电话的推送标准大多以保护商业秘密为由不予公开，关于标注内容、救济方式等的规则差别较大（见表1）。因此，如果能够推动行业建立一个统一、公开、公正的标注规则，则电信标注将具有更大的公信力，可以更好地维护公共利益，也有利于电信用户更好地了解和参与电信标注。如果因标注产生了纠纷，透明统一的标注规则也能为纠纷的解决提供一种重要的依据。

（二）互联网企业应避免主动标注电信信息

互联网企业为第三方平台，应当只显示用户、企业主动标注的内容，以及依法可以显示的内容，尽量不要主动标注电信内容，因为互联网企业往往通过大数据抓取来对电信号码进行信息标注，这往往涉及个人信息保护问题，需要取得当事人的同意；在未取得当事人同意的情况下，主动抓取信息并进行标注，就可能涉嫌侵权。因此，在未经用户同意的情况下，建议不对手机用户的个人信息进行分析进而标注更多的信息；除了政府部门依法提供的信息外，未经用户同意，建议不主动通过网络抓取信息、挖掘数据而予以标注。这样可以避免涉嫌侵犯他人个人信息权或隐私权，防止卷入相关法律纠纷中。

（三）标注信息应当客观、真实、准确

为了避免损害电信服务使用者的正当利益，对于电话号码的标注应当尽量客观、真实、准确，避免歧义，避免误导性表述。除非是公安部门等政府法定部门提供的诈骗电话清单，否则不建议互联网企业直接定性标注某个电话为"骚扰电话"或"疑似骚扰电话"，"诈骗电话"或"疑似诈骗电话"等似是而非的表述；建议用获取的客观事实进行表述，例如，被××次标注为诈骗电话，被××次标注为骚扰电话。

表 1　主要电信标注服务提供者电信标注规则情况统计

序号	软件名称	推送标准	标注内容	申诉所需信息（必填项）	申诉回复周期	标注自动消除周期
1	360手机卫士	未公开	骚扰电话；快递快餐；广告推销；房产中介；疑似诈骗电话；保险理财；出租车；招聘猎头	1. 企业：申诉号码；是否开通企业名片；营业执照；每个号码的归属证明（"开户资料"或与运营商签订的电话服务协议"等资料）；申诉企业全称；申诉原因；联系邮箱。 2. 个人：申诉号码；身份证正反面；归属证明（号码"开户资料"或"近一个月话费账单"与运营商签订的电话服务协议"）；申诉人姓名；申诉原因；联系邮箱。 3. 医院：申诉号码；执业许可证；申诉医院全称；申诉原因；公章证明；联系邮箱。 4. 政府或事业单位：申诉号码；公章证明；申诉单位全称；申诉原因；联系邮箱。	3个工作日（邮件回复）	1个月/3个月（网络报道数据/实地调研数据）
2	腾讯手机管家	未公开	广告推销；骚扰电话；诈骗电话；快递物流；外卖送餐；房产中介；保险理财；手动输入	1. 企业：①取消骚扰标记：展示名称；申请号码；公司名称；营业执照号码及扫描件；公司所属分类；公司办公地点；电话描述（公司总机/商务合作/售后服务/客户营销）；网上营业厅截图（缴费发票/开户单/缴费单）；手机号码；申请说明。②号码名称变更：所需信息与前者相同。 2. 个人：①去除骚扰标记：（被标记号码需获取验证码才可进行申诉，故未能进入申诉页面）；②取消进入申诉，企业名称）；号码显示（私人号码被显示为企业名称）；号码凭证（发票、开户单、缴费凭证等）；申诉说明。	未知	未知

续表

序号	软件名称	推送标准	标注内容	申诉所需信息（必填项）	申诉回复周期	标注自动消除周期
3	搜狗号码通	未公开	骚扰类；诈骗类；推销类；房产类	1.企业：①更正标记：申诉号码；展示名称；公司或机构名称；注册号；申请人联系方式；申诉理由；②清除标记：申诉号码；公司或机构名称；营业执照图片；号码证明（缴费发票/开户票/缴费单）。2.个人：①更正标记：申诉号码；姓名；身份证号；公司全称；申请人联系方式；申诉理由；名片或工作证明；②清除标记：申诉号码；身份证照片；身份证号；申请理由；申请人联系方式。	7个工作日	未知
4	触宝电话	未公开	房产中介；骚扰电话；快递外卖；诈骗钓鱼；业务推销；自定义	申请号码；联系邮箱；申请理由。	2个工作日	未知
5	电话邦	未公开	广告推销；骚扰电话；疑似诈骗；快递送餐；房产中介；外卖送餐；推销；自定义	1.企业：企业资质证明[营业执照或组织机构代码证]照片（医疗机构可以提供医疗机构执业许可证）；号码归属证明（有开户时间和开始号户资料）或近一个月话费账单；企业名称；联系电话；联系邮箱。2.个人：申诉号码；联系邮箱。	尽快（邮件回复）	未知
6	百度手机卫士	未公开	诈骗；骚扰；中介；快递；外卖；保险；金融；猎头；广告；违法；pub（含有推荐项）	1.企业：申诉号码；申请理由；证明（最新年检的企业营业执照或组织机构代码证证书；运营商证明，申诉商证明等有效证明，选其一即可）。2.个人：申诉号码；申诉理由；联系邮箱。	2个工作日	未知
7	钱盾	未公开	骚扰电话；广告推销；诈骗电话；房产中介；出租车电话；快递快餐	1.未找到网页版申诉平台；2.手机版：①座机：需联系钱盾旺旺群（1558963174）②手机号：发送短信验证（因无被标记号码，无从知晓下一步操作）。	未知	未知

（四）在互惠互利的基础上推动建立信息共享机制

现有的标注软件有很多款，而且只能对使用本软件标注而出现的误标、恶意标注情况进行清除。那么，当被误标、恶意标注后，受害人只有在明确知晓自己的电话号码是被哪款软件标注时才能进行撤销标注的申诉，而此时，受害人将面临逐个排查标注软件的问题。这对于用户来说，更正的成本太高。建议由行业协会或政府主管部门牵头，各相关互联网企业在维护公共利益和互惠互利的基础上建立信息共享机制，提高服务质量。

（五）提供及时、便捷、低成本的救济渠道

对于误标、恶意标注的救济，提供电信标注服务的互联网企业应提供及时、便捷、低成本的救济渠道，以使用户的损害最小化。及时就是要做到对用户的申诉尽快处理，并尽快反馈处理结果，1～3天为宜；便捷就是用户申诉的程序要简单易完成，并且申诉渠道要高效易用；低成本就是用户不用耗费大量的时间、精力与金钱就可以完成申诉。

（六）推动主管部门适时出台有关电信标注的法规

电信标注业务已然发展成为一个潜力巨大的新兴互联网市场，涉及广大电信用户的切身利益，同时还关涉人民群众生活的安定和社会的稳定。这个市场目前还处于自由发展阶段，随着业务的深入开展，各种纠纷将会逐渐暴露，亟须相关法规进行规范。因此，政府主管部门有必要研究电信标注业务市场的法律规范问题，并适时推出相应的法规或规章，保障这一新兴市场的健康、有序发展。

调 研 报 告

Investigation Reports

B.8

完善实体规则是当下网络
安全私法治理之所急[*]

—— 网络安全民事诉讼案件研究报告（2018）

张建肖　林　凯^{**}

摘　要：《网络安全法》已经实施，但实践中网络安全的民事纠纷依
　　　　然是通过人格权诉讼、互联网服务合同诉讼等传统路径来解
　　　　决的。本报告通过全面分析2018年全年诉讼中涉及网络安全
　　　　的四类民事诉讼案型，总结网络安全类民事诉讼案件呈现的
　　　　特点，探讨兼顾现行诉讼制度的情况下，如何解决网络安全
　　　　类民事诉讼案件面临的实体规则问题：一是确定个人信息权

＊　本文系最高人民法院2018年度司法研究重大课题"大数据时代数据权利保护研究"（编号：
　　ZGFYZDKT201820－02）的阶段性成果。
＊＊　张建肖，湘南学院讲师；林凯，中国人民公安大学法学院讲师。

利侵害诉讼的独立案由及责任认定的构成要件。二是厘清信用卡纠纷与电信服务合同纠纷中，网络服务方应当履行的法定安全注意义务的具体内容。

关键词： 网络安全　民事诉讼　个人信息权利

引　言

以行政规制为主的现行《网络安全法》，对网络安全民事诉讼影响力有限。2018 年度，涉及网络安全的民事纠纷依然是通过人格权诉讼、互联网服务合同诉讼等传统路径来解决的。报告研究的对象，是全年诉讼中涉及网络安全的四类民事诉讼案型，共计 22 例裁判文书。[①] 前三类是传统类型：名誉权侵权纠纷、信用卡合同纠纷、电信服务合同纠纷。以特定个人信息为客体的隐私权侵权纠纷、个人信息权利侵权纠纷则是新增种类。其背景是《民法总则》第一百一十一条随整部法律的生效而成为裁判依据。

一　名誉权侵权案件分析

（一）名誉权侵权案件所涉及的法律关系

名誉权侵权纠纷案型，涉诉典型行为是民事主体涉嫌在互联网上侮辱、诽谤他人。这并非新事物，互联网出现和普及前，于公共场所以公开散布方式侮辱诽谤他人的，同样可能构成名誉侵权。互联网只不过是一种特殊

---

① 22 例裁判文书全部来源于"北大法宝"数据库。期间为 2018 年 1 月 1 日 ~ 2018 年 12 月 31 日；时间以审结日期为准。检索方式为案由检索。出现二审或再审的，以终审判决书为准。下文表 1 ~ 4 中内容均系从裁判文书中析出，不再一一注释说明。

的"公共场所"而已。不过,新的问题是网络运营者如果违反信息内容审核义务,可能成为共同侵权人。

旧场景下,一般不存在类似地位的信息内容审核人。一是能力问题。互联网并非泛指,而是特指网站、社区、贴吧、微信朋友圈等具体媒介。相应管理义务人也是具体的。基于特定技术和流程,如敏感字识别、图像过滤、接受投诉和举报等,媒介可低成本实现实时监控、及时处理。而在现实场景下,很少存在民事主体对随机、偶发、离散、不期而至的侮辱诽谤事件拥有掌控力。政府、自治组织也许有类似的监控管理能力,但还是力有不逮。因此,要求行政管理者对性质较轻、频率高发的侮辱诽谤进行实时控制,否则就视为共同侵权人,实在过于苛责。二是法律问题。现实空间中,纵使侮辱诽谤发生,且当地政府机构未能履责,在法律上也未必构成民事共同侵权人。如果仅为程度轻微的民事侵权,行政机关——具体多是公安机关——本就无义务甚至也无权力处理。应由当事人选择是否诉至法院。如果涉嫌违反《治安管理处罚法》,而政府不作为,则政府也不是民事侵权人,而是违反行政管理作为义务,可能成为行政诉讼被告。

因此,相比线下侵权,线上名誉权侵权的最大特征就是判断网络运营者是否为共同侵权人。核心问题是:网络经营者具体承担何种信息审核义务。可以说,一切判例无不是围绕上述规则的识别和建构而展开。

此类案型涉及两类法律关系。一是侵权人(通常是发帖人)与被害人之间的潜在法律关系。此为旧有的侵权关系,其成立与否,以名誉权侵权行为构成要件衡量即可。二是网络运营商(通常是网站、贴吧等)与被害人之间的潜在法律关系。此为新型法律关系,在此关系框架下,运营商对被害人承担两种义务:一是不作为义务,即不得明知发帖人侵权,依然协助、安排其言论的发表;二是作为义务,即不知情的网络运营商,在接到当事人通知后,应当采取屏蔽、删除、断开链接等必要措施。两类义务为法定义务,均由《侵权责任法》第三十六条创设。

至于网络运营商有无第三种义务,即应被害人请求,提供加害人身份信息的义务,(2018)浙0782民初9873号等案件提出了这一问题(见表1)。

该案中，被害人委托律师发送律师函，除要求采取必要措施外，还要求"在三日内提供三名发帖人的注册登记的身份登记信息材料和联系方式"。对此，法律没有明文对上述请求权提供支持，人民法院也回避了这一问题。

应当认为，运营商的实名制审核、管理义务，是在运营商与政府之间的法律关系中，运营商作为行政相对人，所承担的一项公法上的义务。其依据是《移动互联网应用程序信息服务管理规定》第七条等。尚不能明确认定，在运营商和被害人的平等主体之间，存在该项私法意义上的注意义务。

表 1　名誉权纠纷案件事实与判决

案号	事实	权益	判决
（2018）粤 03 民终 11465 号	被告于百度贴吧发帖称原告学校是"黑学校"，并称校领导存在暴力驱逐维权家长的行为。百度贴吧协议有不得侮辱诽谤他人的约定，且设有投诉程序。收到原告律师函后，断开链接、删除原帖。	名誉权	要求被告对其每篇网贴的真实性和是否违法一一审查，显然不尽合理。被告仅有一般性审查的义务。据《侵权责任法》第三十六条第二款规定，只有原告就涉嫌侵权事宜通知被告，而被告接到通知后未及时采取措施时，才需就扩大的损害承担责任。
（2018）京 02 民终 4557 号	被告浙江苍南龙港传媒公司，于龙港网发表文章《一男一女"持三农内参"调研员证冒充中央干部来龙港行骗》，内容为王某、昌某冒充国家工作人员，到浙江苍南龙港镇行骗。	名誉权	虽然网文有部分内容确系真实信息，但大量使用诸如"冒充中央干部""行骗"等语言对王某、昌某进行指名道姓的负面评论且将王某、昌某的肖像、身份证号等个人基本信息公开发布在互联网上，社会公众通过文章及公布的信息可以明确知晓涉案网文评价的具体对象，明显会造成王某、昌某的社会评价降低，可以认定侵权。
（2018）粤 0403 民初 2252 号	原被告因借贷一事发生争议。被告于朋友圈先后四次发出信息，公开声称原告迟延给付，并公布欠条、原告身份证复印件照片等。	人格权	被告为解决与原告之间的民间借贷纠纷，未经原告同意，连续四次在其微信朋友圈发放包含原告身份证信息等内容在内的信息，其行为主观上具有过错，侵害了原告的人格权。
（2017）京 0115 民初 11370 号	被告在其官网上发表 5 篇对京东的评论性文章，称"京东曝出 50 亿条信息泄露可谓触目惊心"、京东存在大面积刷单等严重不实信息。	名誉权	文章的内容与客观事实严重背离，足以造成阅读该篇文章的第三人对于京东公司社会评价的降低；该篇文章并未标明系转载。并且其所提交的佐证文章，该文章的作者身份都无从核实，被告又依据什么相信该文章的内容真实。

案号	事实	权益	判决
(2018)晋05民终153号	甲与乙是夫妻,甲与丙婚外情,三人产生情感纠葛。丙将乙的照片作为头像,并以各种侮辱性的用户名在腾讯公司开发的全民K歌平台使用。已向全民K歌后台投诉。未处理。	名誉权	网络运营者应当加强对其用户发布的信息的管理,发现违法信息,应当立即停止传输,采取消除等措施,防止信息扩散,保存有关记录,并向有关主管部门报告。被告没有尽到管理职责,致使他人名誉权被侵犯,应当承担民事责任。
(2018)赣0102民初662号	某网络用户在原告经营的网站上发表批评聚仁堂所开发楼盘的过激言论,"祸害百姓""造假药不成造假房"等。被告在收到原告律师函当天删除了涉案文帖。	名誉权	被告对用户在其经营的网络平台发表的言论,仅在被侵权人告知侵权事实后,有义务采取删除、屏蔽、断开链接等必要措施。本案中,被告收到律师函当天即采取删除等措施。故原告主张,本院不予支持。
(2018)鄂11民终1635号	被告为网络公司。其所属论坛出现了"原告被查,涉嫌非法集资"的言论。原告送达律师函,被告当即进行屏蔽、删除处理。	名誉权	被告并不知道网上帖子内容对原告构成侵权,收到投诉后便立即对相关帖子做出了删除和屏蔽,完全尽到了法律规定应尽的责任和义务。并不违反《侵权责任法》第三十六条之规定。
(2018)粤04民终541号	因经济联合社的社内纠纷,被告在本社的4个微信群中发表未经证实的原告负面信息,并发布原告照片。有"不配当共产党员,知法犯法"等批评性辞辞。	名誉权	被告未经原告同意,未经查证属实,非法公开被告个人信息,并添加带有贬低被告名誉的词语,同时引来一些不明真相的群众也跟帖发表侮辱性评论。构成对被告名誉权的侵害。
(2018)浙0782民初9873号	被告为互联网论坛社区。原告为医院。被告论坛上出现批评原告的帖子,使用"黑心""坑人"等言辞。原告律师函要求删除,并提供发帖人信息。被告2日后删除,未提供信息。	名誉权	被告向法庭提供了发帖人信息,视为履行了实名制义务。被告不知情,且接到律师函后删帖处理。原告并无证据证明被告导致其名誉权的损害程度有所扩大。驳回原告的诉讼请求。

(二)上诉案件所涉及的其他法律问题

问题一:《全国人大常委会关于加强网络信息保护的决定》第六、十一条可否作为侵权责任法上的请求权基础?

(2018)粤03民终11465号案件中,被告百度贴吧的行为并未违反《侵权责任法》第三十六条第二款之规定。原告遂于上诉中提出,《全国人大常委会关于加强网络信息保护的决定》（以下简称《决定》）第六、十一条也构成己方要求被告百度贴吧承担名誉权侵权责任的请求权基础。

《决定》第六条规定，网络服务提供者为用户办理网站接入服务，办理固定电话、移动电话等入网手续，或者为用户提供信息发布服务，应当在与用户签订协议或者确认提供服务时，要求用户提供真实身份信息。《决定》第十一条规定，对有违反本决定行为的，依法给予警告、罚款、没收违法所得、吊销许可证或者取消备案、关闭网站、禁止有关责任人员从事网络服务业等处罚，记入社会信用档案并予以公布；构成违反治安管理行为的，依法给予治安管理处罚。构成犯罪的，依法追究刑事责任。侵害他人民事权益的，依法承担民事责任。

广东省深圳市中级人民法院认为：第一，《决定》第六条并未明文规定如果违反该义务是否应当承担用户对第三人的侵权责任；第二，《决定》的大部分条款是限制网络服务提供者和其他企事业单位收集、使用个人信息，意在保护涉及公民个人身份和隐私的电子信息。这些与名誉权侵害问题缺乏直接关联。结合《决定》的开篇词句，不能肯定《决定》含有保护第三人权益免受不明网络用户侵犯的本质。因此，《决定》第六条无法作为当事人的请求权基础。

问题二：侵害名誉权认定中客观行为要件的把握尺度。

（2018）京02民终4557号是一起传统的名誉权纠纷案件，本质上不涉及网络媒介的信息审核义务。本案所提出的问题是一个传统但迄今没有解决，并且很大程度上被人有意回避的问题：侵害名誉权的客观行为要件，究竟应该如何把握。就此，（2018）京02民终4557号展示了对被告而言相当苛刻的构成要件标准和相当苛刻的举证责任标准。

侵害名誉权的言辞行为，以其事实性表述部分是否失实，大体可以归为两类：一类是基本上基于客观事实，但表述失当；另一类是基本背离主要的客观事实发表言辞，即言论失实。此两类行为，分别相当于所谓侮辱与诽谤。

其中，诽谤行为认定的模糊地带有二。一是如何把握言辞与客观真实的背离程度。其权衡的核心在于，是近乎完全符合客观实际才能排除诽谤，还是主要、基本事实符合客观真实就能排除诽谤。二是如何认定过错。其权衡的核心在于，一般认为言辞背离事实已推定被告存在过错，这同时意味着被告也有权通过举证，推翻过错推定。问题是，被告人履行了何种程度上的审慎义务（但所发表的言辞依然背离事实），就能排除过错。

其中，侮辱行为认定的模糊地带则是：行为表述失当毕竟是一个模糊的概念，达到何种程度构成表述失当，固然有社会一般认知、词典解释等做参照，但不可谓没有相当的自由裁量权。一般而言，判断的顺序，宜首先进行事实判断，即判断是否诽谤；随后进行价值判断，即判断是否侮辱。某种行为，可能因言论失实构成单纯诽谤，可能因言论有据但表述失当构成侮辱，可能言论既失实又表述不当同时构成诽谤和侮辱。

（2018）京02民终4557号判决最终认定被告行为侵害原告名誉权。但其没有指明是诽谤还是侮辱。从判词"龙网传媒公司、陈振旭在本案中出示的证据不足以证明王某、昌某存在冒充他人身份进行行骗的事实"看，法院认定被告行为是诽谤。从判词"涉案网文中大量使用诸如'冒充中央干部''行骗''冒充国家机关工作人员行骗'等语言对王某、昌某进行指名道姓的负面评论"看，法院认定被告行为是侮辱。所以，判决实际认定被告的言论既存在失实，又存在失当。但上述判决，高度疑似过于严格。

其一，关于言论失实（诽谤）的认定高度存疑。首先，对原告所举证据证明的如下关键性重大事实，法庭似乎完全不予考虑。一是被告声称自己为副厅局级国家工作人员，受中央领导指派，前来调研"三农"问题并形成内参。二是被告对案外人范某声称，可以帮其解决房屋强拆问题，并向其收取5500元，其中包括4000元的稿费和1500元的路费及住宿费。三是被告名片地址为，北京月坛北街中直机关25号院2号楼2425室。但经当地警方与北京警方协调查实，并无此处。四是被告证件表明所谓"《三农内参》调研证"，是人民网《网络舆情》编辑部工作人员，且有记者证未随身携带。但经核查，《三农内参》早在2010年就停刊。人民网《网络舆情》编辑部回复，查无此人。中国记者网记者查询平台也查无此人。判决轻描淡写地认为，"被告出示的证据不足以证明原告存在冒充他人身份进行行骗的事实"。但为什么证据不足，何处不足，还应当补充何种证据，如何才算是充足，没有任何解释。其次，判决对被告设置的信息核实义务标准，似乎过高。舆论监督不是司法判决，更不是科学研究，其对信息真实性的核查义务，不应当超过后者。但实际上，法庭对被告设置的审慎义务，几乎相当于当前学术研究的审慎标准。但凡舆论监督所声称之事没有绝对核实便不能发表，这难为合理。照此标准，大比例的批评性新闻报道都涉嫌侵权。因为严格来看，所有的批评意见都不是绝对正确的，至少不够全面、不够精确、不够辩证、不够发展，没有排除一切合理怀疑。最后，判决对原告分配的举证责任，似乎过轻；甚至不是过轻，而是分配错误。本案属于侵权责任纠纷，应秉承谁主张谁举证的一般原则，不适用《最高人民法院关于民事诉讼证据的若干规定》第四条的举证责任倒置。但纵观判决全文，本来应当由原告证明被告行为背离事实，即证明己方并非冒充国家工作人员行骗。然而判决并不关注原告的举证情况。相反，判决却相当注意追究本无举证责任的被告的瑕疵。这不能不说令人费解。

其二，其关于言论不当（侮辱）的认定，高度存疑。争议网文是事实判断占压倒性比重的文章。判决所列举的所谓不当言辞，居然仅仅是"冒充中央干部""行骗""冒充国家机关工作人员行骗"，实在令人费解。首先，上述言辞基本属于事实判断，而且有大量的村民证人证言、警方调查结果等为依据。其次，上述言辞并未见明显的人身侮辱性，激烈程度也不高，没有任何形容词或者副词等修饰语，用语均明显在社会一般容忍限度以内。

问题三：擅自公开散布他人不法行为的真实信息，是否侵害名誉权？

（2018）粤0403民初2252号中，被告对原告违约，原告未经被告同意，擅自将其违约的事实及其身份证复印件，在被告的微信朋友圈发布。作为违约者的原告诉至法院，请求被告"停止侵害原告隐私权、名誉权、肖像权的行为"。人民法院只是模糊地认为被告行为侵害了原告的"合法权益"和"人格权"。不过从相关表述可推知，人民法院认为该行为侵犯了原告的名誉权。① 问题产生：擅自公开散布他人的民事不法行为，且言论符合客观情况，也无侮辱性言辞的，该行为是否侵害他人的名誉权？

该行为在现实中有典型的应用场景。例如本案行为人将违约人的违约事实及本人身份在微信朋友圈公开，犹如演员王某某将其妻子马某出轨的事实在微博公开。再如，行为人将竞争对手真实存在的生活作风瑕疵公之于众。

法释〔1998〕26 号之十规定，"消费者对生产者、经营者、销售者的产品质量或者服务质量进行批评、评论，不应当认定为侵害他人名誉权"。另规定，"新闻单位对生产者、经营者、销售者的产品质量或者服务质量进行批评、评论，内容基本属实，没有侮辱内容的，不应当认定为侵害其名誉权"。据其精神，司法解释并没有一般性将"只要是未经他人同意的公开批评性言论，给他人造成损害的"行为，一律认定为侵害名誉权。而是将"基本属实且没有侮辱性内容"作为重要的考量点。问题在于，法释〔1998〕26 号的语境有限制，不得随意扩张。在一般社会观念中，消费者、新闻媒体与商家构成监督与被监督关系。因此，商家对于消费者、新闻媒体发表的公开性批评言论应当具有一定的容忍度，而其他缺乏监督关系的民事主体之间则未必如此。

笔者认为，擅自公开他人真实的不法行为不侵害他人名誉权。理由在于，名誉权的本质在于维护权利人真实社会的评价不受损。而权利人的社会评价，正是也应该是由此人全部的行为综合所构成的。那些不法行为和高尚行为，本来就属于此人的行为总和，本来就应该成为本人社会评价所依托的全部完整样本。反之，第一，如果禁止擅自公开他人的不法行为，那么每个人的社会评价指数就是一个虚假且藏污纳垢的美好数字。第二，如果禁止擅自公开他人的不法行为，那么同理，也应该禁止擅自公开他人的高尚行为，禁止公开他人的一切行为。那么每个人的社会评价指数，将仅仅取决于此人在公开场域所为的行为与言论，这样的社会将成为一个表演型人格社会。

---

① 最明显的证据是，人民法院判令被告承担公开道歉的民事责任。假如仅仅侵犯隐私权而不侵犯名誉权，一般不宜以公开道歉的方式担责，以免构成二次侵害。

此类行为有可能构成侵害隐私权。这取决于言辞所涉及的事实类型。如果是私密场景中、私人关系中、家庭伦理秩序下的事实公开，可能构成侵害隐私权。因为隐私权的本质，就在于排除他人对权利人私生活的干扰。例如，演员王某某公开其妻子马某出轨的事实，没有侵害马某的名誉权，但涉嫌侵害马某的隐私权。针对此类事实的批评，宜由私密关系圈的道德评价做出，或者通过内部渠道举报的方式作出。如果是在公开场景中，陌生人社会中，不涉及当事人私生活之事，则一般不构成隐私权的侵害。本案即是此例。该违约行为与个人私生活无关，相反却是构成一个人社会信用评价的必要依据。

值得注意的是，对公开散布言论是否背离客观真实，人民法院似乎倾向于并不要求原告予以证明，（2018）鄂 11 民终 1635 号案即是。

问题四：名誉权与隐私权的界分。

（2018）粤 04 民终 541 号案件中，珠海中院援引 1993《最高人民法院关于审理名誉权案件若干问题的解答》第七条之规定，即"对未经他人同意，擅自公布他人的隐私材料或以书面、口头形式宣扬他人隐私，致他人名誉受到损害的，按照侵害他人名誉权处理"，认定原告行为构成名誉权侵权。实际上，这条 27 年前的规定，在当时具有合理性，如今却已经颇受质疑。该规定在当时未能清晰界分名誉权和隐私权，是在法律暂不承认隐私权前提下的权宜之计。

2009 年颁布的《侵权责任法》、2017 年颁布的《民法总则》等已经明确肯定了隐私权。隐私权早已不再是一项法益，而是一项明确的、独立的权利。隐私权不需要借用名誉权进行保护。（2018）粤 04 民终 541 号案件中，宣扬他人的隐私信息，同时对此进行侮辱性评价，该行为既涉嫌侵害当事人的隐私权，也涉嫌侵害名誉权，此处构成权利竞合。只不过从策略上来讲，受害人以名誉权侵害为由提起诉讼更佳。因为，能证明隐私权的侵害，也无法适用恢复名誉、消除影响的民事责任。无论如何，人民法院不宜依据业已被实质上废除的 1993 年名誉权侵权司法解释下结论说，本案构成名誉权的侵害，是因为隐私利益的侵害以名誉权侵权的方式救济。

二 隐私权与个人信息权利侵权案件分析

关于《民法总则》第二百一十一条规定的自然人对其个人信息所拥有的权利，业界多认为，是一种以人格权为主兼有财产权的、独立的新型权利。其与经典人格权中最为近似的，是隐私权。两种权利各自独立，但权利的主旨、权利的内容、权利的客体等有所重叠。仅仅就其区别来看：第一，权利主旨上，隐私权侧重于保护其隐秘、安宁的私人生活秩序不被干扰。个人信息权侧重于保护自然人对其个人信息的支配。第二，隐私权的客体为个人隐私这一人格要素，一定具有非公开性，未必具有数据性和格式化特点。个人信息权的客体为个人信息，一定具有数据性、标准化和格式化特点，但未必是非公开的。第三，权利内容，隐私权是纯粹的人身权，个人信息权利则有财产权性质的相当权重在内。

个人信息权利确认极晚，相关案例也少（见表2）。

表2　隐私权与个人信息权纠纷事实与判决

案号	事实	权益	判决
（2018）京03民终3553号	原告在被告诊所做牙齿美容，后于互联网发表侮辱性言辞批评被告。被告则在网站回击，并公开了原告的身份证号、电话号码、家庭住址、工作单位等信息。	隐私权	原告的就诊病历、电话号码、身份证号、工作单位及家庭住址等属于个人隐私，未经原告同意，被告即将原告的个人病历及载有原告个人信息的起诉状公布在社交平台上，为不特定第三人所知，侵犯了原告的隐私权。
（2018）京0107民初2442号	原告诉称：被告"开心消消乐"App在未进行任何告知、询问的情况下，开启了全部可授权的应用权限。	隐私权	被告提出管辖权异议，人民法院裁定异议成立。
（2018）苏01民初1号	原告诉称：被告百度系列App在安装前未告知用户所获取的各种权限及获取信息的目的、方式、范围，并利用上述权限违法获取用户个人信息。	个人信息权	被告提出管辖权异议，人民法院裁定驳回异议（后，原告鉴于被告整改到位，申请撤回起诉。3月12日，南京市中级人民法院裁定，准予原告撤回）。

关于手机 App 违反必要性、最小化原则收集用户信息，涉嫌侵害何种权利的问题，（2019）京 0107 民初 2442 号中，被告为一款 App，未经用户准许即擅自收集用户信息，原告提起隐私权侵权之诉。（2018）苏 01 民初 1 号中，被告实施了类似行为，但原告提起的是个人信息权利侵害之诉。个人信息权利已经为《民法总则》第 111 条所明确规定，这自不待言。问题是，隐私权与个人信息权利，有何区别？参考业界若干表述，总结如下：①

相同点：第一，性质上，隐私权为人格权，个人信息权利有人格权属性。第二，客体上，部分个人信息属于个人隐私。两者是包含关系。甚至"现代社会隐私权保护的中心是个人信息的保护"。

不同点：第一，性质上，个人信息权既有人格权属性，又有财产权属性，是复合性的新型权利；而隐私权则只有人格权属性。第二，由性质所决定，在权能上，个人信息权既有积极权能又有消极权能；② 而人格权几乎仅有消极权能，即排除他人对安宁生活的打扰、要求他人停止公开私密信息的权利。第三，客体上，两者是交叉关系。一方面，有些个人信息是公开性信息，不属于个人隐私，例如有关经济适用房的户籍、家庭人均收入、家庭人均居住面积等信息，是应当公开的信息，房管局无权以涉嫌隐私为由，拒绝公开。另一方面，有些隐私不以信息的方式表现出来，例如个人私生活的安宁。

本文认为，当某种行为以不经通知或者违反承诺，大规模标准化获取用户个人的隐私类信息时，如短信、通讯录、GPS 定位等，则被害人既有依据个人信息权利，又有依据隐私权请求其停止侵害与赔偿损失的权利，此时发生请求权竞合。上述两案中，消消乐与百度 App 过度收集信息，原告诉求

① 王利明：《个人信息权与隐私权到底有何区别》，原载《北京日报》，浙江潮评论，http://opinion. zjol. com. cn/system/2014/03/24/019927675. shtml，最后访问时间为 2014 年 3 月 24 日；程啸：《侵权责任法》，法律出版社，2015，第 168～174 页；张鹏：《个人信息与隐私权的区分》，《中国社会科学报》2017 年第 12 期，第 13 页。
② 本文区分个人对其信息的权利，以及收集者对所获得集合信息的权利，并认为这是两种权利。前引张鹏文，似乎认为两者是一种权利，都是个人信息权利。

不同，均有依据。从诉讼考虑，一般来说主张个人信息权利更有利。理由是：第一，主张隐私权，在证明信息的私密性，以及原告行为构成对该私密信息的不当披露上，有难度。主张个人信息权利，只需证明该行为构成《民法总则》第一百一十一条"非法收集"行为即可。第二，主张隐私权，一般仅能获得停止侵害、赔礼道歉的救济。至于损害赔偿，隐私权只能获得精神损害赔偿，但前提是必须造成严重后果。① 主张个人信息权利，特定情形下，有可能获得经济损害赔偿。

三 信用卡纠纷案件分析

关于信用卡纠纷，2018 年度有两类案型：伪卡盗刷与网银盗刷。严格来说，仅第二种涉及网络安全。而在网银 e 支付环境下，2018 年度出现了三种盗刷引发的民事诉讼：一是以截取短信动态码的方式盗刷，二是以电话或短信诈骗方式套取，三是以补办 SIM 卡的方式盗取。

伪卡盗刷类案件的审判规则趋于明确。程序上，原告有义务通过举出人卡不分离、盗刷地点与人卡地不一致，初步排除自身恶意的可能。如果被告不能提出有力的抗辩意见，则人民法院倾向于依据《最高人民法院关于适用〈中华人民共和国民事诉讼法〉的解释》第一百零八条推断盗刷的事实。

e 支付环境下的盗刷，规则不明。类似（2017）新 01 民终 689 号与（2018）豫 01 民终 5078 号（见表 3）这样，案情高度类似但判决截然不同的对照例并不鲜见。最终结果往往是原被告分担损失，但双方各自承担何种义务并不明确。核心问题是，在出现第三方行为是盗刷主因的情况下——例如短信截取、伪造身份证更换预留电话卡等，银行方面应不应该就动态码技术本身的不完美，承担类似伪卡盗刷那样的风险。这方面，当前判决呈现迂回闪避、含混其词状态，未见成熟结论。

---

① 2001 年《最高人民法院关于精神损害赔偿的司法解释》第八条之规定。

表3 信用卡纠纷案件事实与判决

案号	事实	诉求	判决
（2018）豫01民终5078号	原被告为客户与开户行。被告后台短信发送记录显示，先后向被告发送短信，内容为重置电子登录密码、开通e支付验证码、交易验证码等十余条短信。后，被告发现银行卡被盗刷，并声称从未收到过上述短信提示。相关刑事案件正在侦办中。	被告赔偿因为资金安全义务造成的损失。	被告有义务为客户提供安全的交易设备和技术保障，并对可能发生的网络支付风险加强识别和防控。原告的信用卡被盗刷，说明被告提供的交易系统存在技术缺陷，应承担相应的赔偿责任。另，原告对自己办理信用卡的个人信息及电话号码负有妥善保管责任。
（2016）京0108民初14417号①	原告的手机被案外第三人补办了SIM卡，并以重置网银登录密码等方式，网上盗刷人民币若干。原告表示，从未泄露手机卡号、银行账号、密码信息、动态码信息等。	银行对业务办理中的过错承担侵权责任。	原告对其主张构成侵权的行为、过错、损害后果及因果关系要件事实负有举证责任。但原告未能就被告关于违反业务规则，以及实际掌握、使用相关个人信息之主张，向本院充分举证。
（2018）粤01民终15054号	原告与被告系客户与开卡银行关系。原告的手机被案外第三人更改了持卡人手机卡，而后通过第三方支付平台盗刷。经查，更改手机卡后连续发生两笔交易，后又临时调整信用卡额度。	无须偿还被盗刷的两笔款项本金及滞纳金	本案不同于伪卡案件。从交易细节看，可以排除原告与他人串通的可能性。持卡人对个人信息负有审慎保管义务。上诉人没有证据证明自己妥善保管，也没有证据证明被上诉人存在过错的违约行为。
（2018）湘08民终318号	原告与被告系客户与开户银行关系。原告的信用卡因故被盗刷。原告未主动开通短信通知功能，被告未告知其相应风险。人民法院推定伪卡交易具有高度可能性。	没说清楚是承担违约责任抑或侵权责任。	原告完成了初步举证责任，证明有构成伪卡交易的高度可能性。即使银行卡被伪造系无法避免的技术风险，该风险也应当由银行承担，被告对诉争信用卡交易应当承担赔偿责任。
（2018）豫0105民初520号	原告与被告系客户与开户银行关系。原告接到诈骗电话，称可使用信用卡积分兑换话费，遂将短信验证码告知对方。数分钟后，被盗刷15000元。经查，被告以短信动态码，及其他多种形式提醒原告留意诈骗。	要求银行承担安全保障义务的违约责任。	涉案交易通过网上支付完成，被告已经向原告发送动态密码，并提醒原告不要泄露给他人，但原告仍将动态密码透露给他人。原告的信用卡被盗刷系因其泄露了动态密码，被告不存在过错，故原告的诉请于法无据，本院不予支持。

---

① 本案于2018年6月20日做出一审判决。

案号	事实	诉求	判决
（2018）京 02 民终 6214 号	原告与被告系客户与开户银行关系。原告收到被告短信，称信用卡分三笔款项支出，随即挂失。经查，人民法院依据相关证据，推定其为伪卡盗刷。	未言明是承担违约还是侵权责任。	综合考量双方当事人的举证质证情况，推定涉案信用卡在交易发生时不在盗刷地点，属伪卡盗刷。被告应当保证信用卡不易被复制且能够识别伪卡，防止他人利用获取的信息制作伪卡实施盗刷。
（2018）桂 03 民终 102 号	原告与被告系客户与开户行关系。原告收到案外第三方套取动态码的短信而泄露动态码，形成四笔"易宝支付"的网上交易，被盗取 20000 元。后挂失。	主张赔偿，未说明请求权基础。	原告将该卡的动态密码泄露给他人，导致卡内 20000 元款项发生信用卡网络消费交易。另，申请挂失的时间在交易之后。故，原告的主张没有事实根据。

（一）银行在 e 支付环境下保障资金安全的具体义务

（2018）豫 01 民终 5078 号案件中，原告的银行卡被案外人通过获取交易验证码等手段盗刷，人民法院认为，银行"有义务为原告提供更加安全的交易设备和技术保障，并对可能发生的网络支付风险加强识别和防控"。基于银行违反了保障资金安全的义务，判令其承担 60% 的损失。被告上诉的核心主张是，"原审法院没有明确界定在 e 支付过程中银行承担的义务范围"。被告认为，法院不仅对银行具体应当承担何种义务语焉不详，也不当扩大了银行所应当承担的义务。不过二审法院维持原判，无实质性回应，仅是将一审法院的主张重复一遍。

法院拒绝就银行在 e 支付环境下的资金保障义务做出具体化论述，可以理解。一是受制于大陆法系下法官不得造法的禁则，二是规避自由裁量权的反向侵害风险，三是避免积极作为所隐含的个人追责风险，四是该问题尚需实践的哺育，贸然以司法判决方式下结论，反而轻率。

不过，银行到底承担何种具体的资金安全义务，尚不明确。本案判例称，银行"有义务为客户提供安全的交易设备和技术保障，并对可能发生的网络支付风险加强识别和防控"。这看似具体化了，实际更加模糊不清。

安全到什么程度、识别和防控到什么程度，才是关键。第一，银行所提供的设备与技术的安全性永远是相对的。如果说银行不能绝对保障安全就要承担责任，逻辑实在过于粗糙。第二，银行理论上可以提供现有最先进的技术确保交易安全，这对银行而言也不是无法完成的任务，关键在于这样处理，成本最终还是全体储户共同分摊。第三，关键是，类似本案的短信被截留的情况，可能归咎于整体的互联网安全、网络运营商、当前银行整体所采用的动态码发送信息系统的技术水平、用户本人接受信息的手机网络安全等，具体是何种原因并不确定，但本案被告一定是难以归责的主体。据此：如果认为银行承担违约责任，则信用卡协议上根本不可能规定银行具有上述高度严格的安全保障义务；如果认为银行承担的是侵权责任，则因果关系要件无法证成。

事实上，近年来很多同类案例判决标准不统一，结果难为公正。仅举一例比照：（2017）新 01 民终 689 号与本案相比，其他情况类似，原告本人有"对来历不明短信中的可疑链接进行点击"更可归责的行为，却最终分担了更少的责任。

（二）e 支付环境下盗刷的事实查明问题

常识上，信用卡盗刷类案件，查明盗刷原因不可谓不重要。例如，如果是通过伪卡盗刷，则有理由推断银行方面对损失的过错更大。因为伪卡的克隆，只需要原卡的信息，盗取的场景常见于 ATM 插卡口、Pos 机刷卡等。对此，用户很难防范。换言之，将防范义务施加于用户，要求过于苛刻。如果是 e 支付环境下的盗刷，则有理由推断用户方面对损失的过错更大。因为电子支付需要手机短信验证码，验证码被盗取无非两种情况，一是用户方面主动泄露，二是不法分子通过技术手段将验证信息中途截取。对此，银行很难防范，至少没有首要的义务去防范。

（2018）豫 01 民终 5078 号案件对事实问题就有意回避。第一，验证码到底有没有发送到客户手机，而完成送达，实际上本案已经有相关证据说明。被告举出的后台短信记录证明，短信确实已经发出；原告举出的中国移动通话短信详单证明，短信确实没有到达。可以推断，短信被中途截取的可能性显著较大。但判决对此语焉不详。第二，法庭的基本判断不仅模糊，而且基本错误。本案中，人民法院对事实问题做出的基本判断是，"由此可见，由 95588 发送的动态密码或手机验证码，正常情况下只能由使用该手机号码的本人获知，其他人无法知晓。"可证据显示，本案异常情况的可能性极大。第三，如果不严格按照常识和证据规则推定事实，也有另一条路径可选择，即暂时中止审理。然而法院依然在事实不清的情况下，做出了判决。

（2018）京 02 民终 6214 号的诉争点，依然是事实问题的判断。人民法院认定伪卡盗刷的依据是：第一，盗刷地点发生于安徽省境内。第二，盗刷时原告身在四川省成都市。既然人卡合一，伪卡盗刷的概率较大。被告的抗辩是：第一，POS 机商户注册地在安徽，不等于刷卡地必然在安徽省。第二，盗刷日为 9 月 13 日。而在盗刷前原告使用信用卡，是在 9 月 11 日，成都市。此后涉案信用卡出现的场合，为 9 月 14 日原告持卡向北京市公安局西城分局报案。因此，不能排除 12 日、13 日人卡分离的可能性。本文认为，首先，伪卡盗刷依然是可能性最大的情况。其次，这一推断是否达到《最高人民法院关于适用〈中华人民共和国民事诉讼法〉的解释》第一百零八条"确信待证事实的存在具有高度可能性的，应当认定该事实存在"中的高度可能性，有讨论空间。

（三）网银盗刷类案件的归责原则

信用卡盗刷类案件，包括且不限于伪卡盗刷和网银盗刷。伪卡盗刷类案件，人民法院一般要求原告就"伪卡交易"的事实初步举证，即初步举证证明银行卡被复制、被盗刷，且初步排除本人不存在明显的与第三人串通的事实。一旦被告无法举证证明其抗辩意见，则人民法院推定伪卡交易具有高度可能性。其后，以伪卡交易，推定银行过错。谓："即使银行卡被伪造系无法避免的技术风险，该风险也应当由提供银行卡服务的发卡人承担，工商银行张家界分行对诉争信用卡交易应当承担赔偿责任"。至于 e 支付盗刷类案件，是否采取过错推定原则，存在争议。

采取过错原则者，如（2016）京 0108 民初 14417 号、（2018）粤 01 民

终 15054 号。这些案件中，人民法院要求原告就被告的过错，承担举证义务。"上诉人没有证据证明自己妥善保管，也没有证据证明被上诉人存在过错的违约行为"的类似表述是依据。采取过错推定原则者，如（2018）豫01 民终 5078 号。人民法院认为，"原告的信用卡被盗刷，说明被告提供的交易系统存在技术缺陷，应承担相应的赔偿责任。"

本文认为，伪卡现象的产生虽有诸多原因，但银行作为行业整体，未能提供更好的防范技术，是诸多原因中的主要因素。此时推定银行存在过错，并非全无道理。换言之，银行享受了信用卡技术带来的行业整体利润，并承担信用卡技术缺陷带来的行业整体风险，可自圆其说。可以预期，付出更多研发成本，采用更安全技术的银行，其承受的诉讼赔偿风险相应更低。

网银盗刷的情况有所不同。银行网银系统的技术瑕疵——所谓瑕疵都是相对的，只要网银技术不能完全防范不法盗刷行为，就必定会被认为有瑕疵——固然是造成盗刷的原因之一，但未必是主因。电信通讯技术的漏洞、互联网安全漏洞、当事人手机安全漏洞、当事人未能识别欺诈而泄露密码，都可能是决定性因素。此时，就不宜不分青红皂白，直接推定银行过错。此外，以上列举的还都是第三人侵害债权的情形。原告监守自盗、贼喊捉贼、恶意串通的可能，也不是没有。在上述案例中，被告对这种可能性也进行了提示，只不过限于私人的技术侦查条件，不太可能拿出积极的证据；只是列出一两项外围证据，主张不得完全排除此种可能。人民法院可能为了简化案情，对原告故意的可能性，重视程度似稍显不足。

四　电信服务合同纠纷案件分析

2018 年度涉及网安的电信合同纠纷共发现 2 例。一例涉及手机卡补卡的安全性问题，另一例涉及互联网接入服务是否符合网安法规定的上网实名认证、上网行为审计、日志留存等技术要求的问题。其中，第二例发生于网安法实施前后，具有偶然性和暂时性。此外，该例的焦点是合同法定解除事由的构成，网络安全问题并非要害。

表4　电信服务合同纠纷案件事实与判决

案号	事实	判决
（2016）京0108民初14417号	原告为客户，被告为电信服务商。原告的非实名手机卡，被案外第三人樊某，在营业厅某网点自助办理了手机实名和补卡手续。后，又通过更改网银绑定的手机号等手段，盗刷钱财若干。	案外第三人进行实名及补卡时均通过了客服密码验证，且被告已提示其注意保密。原告对上述个人信息负有妥善保管义务，现其没有证据证明被告实际掌握、使用其上述个人信息，故原告请求，本院不予支持。
（2018）川14民终746号	原告为客户，被告为电信服务商。原被告订立互联网接入合同。接入时，被告提供的技术服务合法。履约期间，网安法实施，该技术措施不符合上网实名认证等要求。公安机关依法要求整改。	因被告提供原告使用的网络不符合新颁布的《网络安全法》的要求，导致被告被公安机关查处并限期整改。此结果应属被告违约。在此情况下，被告向原告发出通知要求解除合同并不构成违约。

第一例更有探讨空间。补卡盗刷的问题现实中时有发生，实名制补卡的程序设置和技术安全性，不可谓毫无改进的必要。本来，道理上似乎银行需要为伪卡盗刷的损失承担全部责任、需要为动态码系统盗取盗刷的损失承担部分责任，电信运营商似乎也需要为实名制补卡、换卡的程序瑕疵带来的损失，承担部分损失。然而（2016）京0108民初14417号案例，一方面将举证责任全部推给原告，使电信运营商处于天然有利地位；另一方面也回避了推定电信运营商过错的问题。该案的判决，难以令人信服。

五　总结与审慎的建议

（一）总结

本年度网络安全民事诉讼呈现如下特色：

第一，数量显著增长。纠纷当事人对诉讼成本与收益的预期评估、损失的分散性、加害人高度专业化因而不易锁定等，都是影响数量增长的因素。在此方面，随着未来互联网对市民社会的进一步渗透，纠纷体量增加，而社会对国家介入裁决的需求不减，案件数量还会增长。

第二，质量不十分理想。规避纠纷的核心冲突分析而尽量假借最稳妥路径解决、规避新规的构成要件解释而尽量以固有逻辑说理、规避探索明晰规则的企图心而尽量将疑难问题留白，是判决背后的常见思维。遗留问题包括：发表基本符合事实的批评性言论并导致被批评人社会评价降低的，是否构成名誉权侵权行为；e 支付环境下盗刷的，银行承担何种资金安全保障义务，又能否直接推定其过错；实名制补卡或换卡的，如第三人盗取相关信息操作，网络运营商对此是否负有责任。业已建立判决共识的，包括互联网中介商的信息内容审核义务，以及伪卡盗刷场景下银行的过错推定原则等。

第三，从内容看，合同纠纷多于侵权纠纷。原因大概是，互联网安全与其说是一种类似绝对权的权利，不如说是特定合同法律关系中的商品或服务内容。因此网络安全的违反和破坏，对当事人法益的损害，往往是通过违约责任渠道实施救济。比如信用卡合同纠纷、电信服务合同纠纷。严格来说，名誉权、隐私权、个人信息权利的侵害虽然是侵权纠纷，但其核心问题不是网络运营安全，而是网络内容安全。

第四，从主体看，潜在的被害人即原告，多为自然人，企业不是网络安全环境下的第一潜在受害人。部分理由可能在于：1. 企业的数据权利尚未见明确的法律定性，而相关纠纷大量通过商业秘密保护等渠道而引流分担。2. 企业的自我保护意识强，相对不易成为盗刷者的目标。而潜在的加害人即被告其实相当有限，主要有电信服务商、银行、互联网信息中介这三类主体。而且，加害行为的最大特征是非个性化，即加害行为往往不是基于民事主体个性化的主观过错，而是为现阶段全行业的技术、制度瑕疵买单。

第五，从趋势看，首先，个人信息类侵权数量会增加是无疑的，而且公益诉讼会进一步发展。其次，除了银行、网络运营商外，其他与自然人主体深度、频繁进行民事互动的医院、学校等网络运营者都有可能成为民事被告。再次，一旦企业数据权利被确认，以企业为原告的数据权利侵害案件将会产生。最后，随着信用卡技术的升级换代，银行与客户之间的权利义务分配界限还会微调。但万变不离其宗，核心问题是，银行所提供的信用卡技术的安全性能与不法分子的盗取技术会长期竞争下去。只要后者攻破银行的安全之盾，银行就有可能承担过错推定责任，为全行业整体的技术风险买单。

预测人民法院有可能会更精细地考虑排除原告监守自盗、贼喊捉贼的问题，以及更加重视事实的查明。毕竟，单一的过错推定虽为追求审判效率所迫，但法理上毕竟过于粗糙，仅能充当规避成本的权宜之计。

（二）审慎的建议

本文实际上仅仅观察了上述四类民事案件。这不足以支持对网络安全的"私法治理"的全局性课题做出结论，遑论提出对策。但如果对管窥一豹的思维抱以高度宽容，以下建议性结论也许是本报告可以勉力支撑的：

整体而言，完善有关民事实体权利（义务）规则，即民事主体在网络环境下的隐私权规则、个人信息权利规则、网络服务合同下的用户或客户方获得法定安全保障权利的规则，是当务之急。"私法治理"理念的精髓是以毒攻毒，利用潜在原告的力量制衡潜在被告及其不法行为，此即私人执法路径。其必备条件有二：一是供给充分明确的实体规则，令原告的诉求有相应的请求权基础；二是提供充分的诉讼激励，令原告确信参与诉讼维权是有利可图之举。前者属于民事实体制度建设，犹如私法治理的基础设施；后者主要归于民事诉讼制度建设，犹如私法治理的发动机。以常识论，应首先完成实体规则本身的建设，之后才有激励诉讼的问题。该步骤相对容易，投入充分的研究资源即可。难点是第二步诉讼的制度激励，因其牵涉法院的诉累、公益诉讼制度建设、以大型互联网企业为代表的数据控制方的利益平衡、滥诉的预防、与行政执法关系的处理等事项。

具体而言，有如下四点：1. 研究个人信息权利侵权行为的构成要件，设立此类权利纠纷的独立案由，实体上解决"损害"证明和"因果关系"问题，程序上解决举证责任问题。2. 界定清楚隐私权纠纷和个人信息权利纠纷的边界。3. 明确集合数据掌控者对数据客体的民事权利内容。4. 明确信用卡纠纷案件和电信服务合同纠纷案件下，银行和电信运营商法定的网络安全保障义务的具体内容。同样需要明确用户方面自我注意义务的具体内容，并注意区分不同情形（例如区分伪卡盗刷和网银盗刷）设定相应的权利义务标准。

B.9

经济理性驱动下的网络
安全犯罪及其治理*

——网络安全刑事诉讼案件研究报告（2018）

林　凯**

摘　要： 本报告整体观察了2018年公开的网络安全刑事诉讼案件，共计
9类罪名，834例。案例数量稳中有增，各类罪名下案件数比
例大体不变，侵犯公民个人信息案占比依然超过50%。在规范
层面上，网络安全刑事案件的技术争议主要体现在此罪与彼罪
的区分上，在非法获取计算机信息系统数据罪，提供侵入、非
法控制计算机信息系统程序、工具罪，帮助信息网络犯罪活动
罪三罪中，体现尤为显著。侵犯公民个人信息案相关要素显
示，内部人主动泄密是数据初始泄露的压倒性原因。其中最大
的泄密源，2017年为物业公司、房地产公司、房地产协会等住
宅不动产相关的数据控制者；2018年则是车管所、交通局等机
动车相关的数据控制者。非法获取计算机信息系统数据案中，
游戏系统取代上年度的手机、邮箱系统，成为最易被侵害的对
象。结合侵犯公民个人信息案相关要素可知，以牟利为根本目
的、以建立长期灰色产业链为手段的经济理性行为，比偶发
性、非理性的加害行为更具法益威胁性。

关键词： 网络安全　刑事案件　侵犯公民个人信息罪

---

* 本文系最高人民法院2018年度司法研究重大课题"大数据时代数据权利保护研究"（编号：
ZGFYZDKT201820 - 02）的阶段性成果。

** 林凯，中国人民公安大学法学院讲师。

引 言

当前的业界共识是，我国的互联网安全法制的规制手段与对象之间，呈现错位、倒挂现象。第一，惩罚性最强而补偿性最弱的刑法本应作为"最后一道防线"出现，却提前至一线，承担常规性的规则供给与秩序维护功能。第二，行政监管机制本应成为主要屏障，但我国当前的网安行政执法正忙于应对规则的系统性不足、执法程序失范、权责安排不明等自身建设问题。第三，民事诉讼本应成为与公共执法并峙而立的根本手段，但其现实中的保障力却微乎其微。表现是：在人身性利益纠纷中，个人数据权利侵权尚未明确构成要件，也没有独立的诉由；在财产性利益纠纷中，电信服务合同纠纷、信用卡纠纷裁判，都有法律上的未决问题。伪卡盗刷场景下银行的规则原则、信用卡服务商的法定安全注意义务等虽正在缓慢形成共识，文件滋长、意见纷繁，却缺乏清晰度和穿透力上乘的见识。上述"倒挂"现象或许可归因于：执法与司法部门的资源分配、刑法退无可退和别无选择的困境压力、行政执法非正式性和非程序性传统的消解力、私人执法的动机未被激活、权利要件比犯罪构成的建构难度更大等等。此处不赘。

与其说网安刑事诉讼是观察网安犯罪与刑罚的窗口，毋宁说是观察整体网络安全法制的窗口。立足于此，本报告一方面兼顾规范性维度而简述有争议的裁判技术问题，另一方面旨在突出社会性维度，观察立法、司法、执法共同关注的、公私法共同应对的网络安全问题，并以案件事实和样本整体为中心，观察这些对网安法益构成重大侵害行为的成因、要素、特征、趋势，以为研究和决策提供参考。

一 年度综述

2018年度涉及网络安全法益的刑事诉讼案件有九类罪名，分别是：侵犯公民个人信息罪；非法利用信息网络罪；帮助信息网络犯罪活动罪；非法侵入计算机信息系统罪；破坏计算机信息系统罪；非法获取计算机信息系统数据罪；非法控制计算机信息系统罪；提供侵入、非法控制计算机信息系统程序、工具罪；拒不履行信息网络安全管理义务罪。报告共收集到834例公开判决。①

相较上年度，2018年度显著的变化趋势是非法控制计算机信息系统罪、非法利用信息网络罪、帮助信息网络犯罪活动罪数量明显增长（增长率188%；700%；218%）。整体来看，个中原因难以判明，干扰因素难以排除，包括统计口径变宽、数据库技术提升、与法院合作加强、法院的案件公开力度偶然加大、内部考核指标偶然调整、内部有关审结期限的管理力度偶然趋严等非本身因素。具体来看，非法利用信息网络罪数量激增有迹可寻。很可能新疆公安机关在2018年度突然加大了对利用网络发布违法信息尤其是招嫖信息的打击力度（占比41%）。

相较2017年度，细微而不无趋势指向意义的变化有：1.网络游戏用户账号、网游公司系统的侵害事件，取代用户邮箱、手机系统的侵害事件，成为非法获取计算机信息系统数据罪的首要事实类型。结合其他信息可以判断，以牟利为目的、带有经济理性色彩的网络安全侵害行为，是当前网络安全侵害行为的压倒性犯罪动机。对网络时代产生的新型利益积极确权和正面保护，切断相关灰色产业链，与打击相比更关乎根本。2.在破坏类网络犯罪中，使用具有系统篡改、拦截等破坏性功能的Fiddler软件的频率，由去年的约20%，明显下降到2018年的14%——且全部由同一法院受理。这折射出当利用技术侵害互联网安全行为，与网络安全保护与监管行为的控制与反控制，正在激烈交锋。3.侵犯公民个人信息罪相关统计显示，个人数据泄露几乎全部来自内部。值得重视的变化是，机动车和公路交通相关监管部门的信息系统，成为信息泄露日益严重的重灾区。2017年，自相关部门初

---

① 所收集的判决文书来源于"北大法宝"数据库，并经过了中国裁判文书网所收录裁判文书的核实与补充。检索方式为案由检索。期间为2018年1月1日~2018年12月31日；时间以审结日期为准。出现二审或再审的，以终审判决书为准。下文表1-9、图1-3中的析出内容、统计数据等，均以该834例裁判文书为原始材料，不再一一注释说明。

始泄密的比例约为 21%，2018 年该数字上升为约 40%，令人尴尬的监守自盗局势有所恶化。

相较 2017 年度，不变的是各类型案数量的大体比例。侵犯公民个人信息罪（485）[1] 一如往年，占到半数以上。比重居中的是针对计算机信息系统的破坏类、控制类、非法获取信息类三大传统类犯罪（88；58；71），以及提供侵入、非法控制计算机信息系统程序、工具这一新型犯罪（31）。比重最低的是非法利用信息网络罪、帮助信息网络犯罪活动罪、拒不履行信息网络安全管理义务罪三类新型犯罪（70；24；2）。初步解读两点：1. 公民个人信息已被刑法持续重点保护。首先，个人信息在互联网时代以数据化电子化形态呈现之后，其法益价值指数级放大，侵害之产生的社会危害性也相应放大。其次，当前个人信息保护的民事诉讼、行政监管机制远不够成熟完善，执法资源不够充分，执法权责不够明确，暂未起到应有的第一、第二层过滤分流功能，以至于倒逼刑法被迫成为前线防御机制。2. 侵害互联网安全的行为，包括侵害网络安全本身的行为和利用网络技术、环境侵害传统社会安全的行为，可将其称为网络运营安全－网络内容安全。对前者的规制长久以来是由刑法完成的，民事诉讼、行政监管对此回应有限，但原因不同。对于前者，一是受限于整体网络安全与具体私人利益缺乏直接相关性；二是受限于个人维护网络安全容易陷于集体行动困境。对于后者，一是受限于主导部门——网信部门执法主旨的限制，表现为当前的行政执法资源向网络舆论安全的倾斜性投入；二是受限于该部门本身技术力量。

二　非法侵入计算机信息系统案

由于本罪犯罪客体仅限于"国家重要领域和要害部门的计算机信息系统安全"，历年来本案例都不多见。2018 年仅收集到 5 例。关键要素列表如下：

---

[1]　括号内为各类型案件数量。

表1　非法侵入计算机信息系统案例

案号	手段	对象	目的
（2018）豫1623刑初36号	自制软件，通过网线、无线路由器	央行内网的征信系统	查询征信信息，获利
（2018）鲁1402刑初73号	侵入手段不详	江苏建筑业监管信息平台等地方政府网站	不详；另将拿到的管理权限转卖获利
（2018）鲁0126刑初140号	使用黑客软件扫描等手段	鞍山市公安局网站等地方政府网站	做百度快照劫持
（2018）川0781刑初137号	自有权限的人处获得登录账号与密码	四川省公安交警警务云平台	查询机动车违章信息，并非法利用
（2018）川0811刑初18号	购买非法扫站软件，入侵、挟持网站	四川省青川县、广元市等地政府网站	挟持网站、发布虚假广告

解读如下：1. 限于客体性质，本案发案量明显较少。2. 犯罪主体是具备初步网络技能的人。其技能虽有限，但并不妨碍其购买黑客软件，或者非法获得他人权限，侵入国家重要系统和要害部门的信息系统。3. 地方政府网站占入侵对象的80%。唯一被侵害的中央政府网站，是中国人民银行。4. 地方公安机关交警内网发生被侵害事件。结合信息泄露源头的统计情况，相关部门内部交通与车管部门的信息安全，应引起足够重视。5. 犯罪目的均为盈利，如获取征信数据等，并无直接威胁国家安全的企图，也没有出现出于好奇等非理性动机。这可能折射出此类犯罪嫌疑人高度理性、商业化的现代犯罪动机：即以获取实际利益为目的，且对避免触发最高风险的阀门有所计算。

未发现本类案例2018年在定罪量刑上有突出的新发展、新趋势。本类案件在客体上的明显特殊性，易于认定，也易于区别于他罪。

三　非法获取计算机信息系统数据案

下表显示，游戏系统是本罪行为所侵害的第一目标。企业内部信息数据系统、苹果手机系统次之。与2017年相比，个人邮箱、手机等账号密码系统被侵害的情况有所遏制；游戏系统的被侵害依然严重，并上升为主要威胁。

表 2　非法获取计算机信息系统数据案例

案号	手段	对象	目的
（2017） 皖 0404 刑初 340 号	网络黑客攻击	学校计算机系统	获取个人信息
（2018） 皖 0121 刑初 104 号	利用网购软件随机扫描破解他人网络摄像头	他人电脑系统	获取个人信息
（2017） 京 0108 刑初 1915 号	通过互联网非法获取系统账号密码	经营网络游戏的科技公司信息系统	窃取游戏装备
（2018） 京 0105 刑初 1577 号	利用其下载至 U 盾内的密码破解软件	公司 4 台员工电脑	窃取多基金交易系统代码数据
（2018） 京 0108 刑初 114 号	违规登录	单位运营的《问道》网络游戏服务器	擅自利用软件生成虚拟装备
（2018） 京 0112 刑初 418 号	扫描 IP 段，对摄像头进行登录口令破解	他人摄像头	破解 IP 地址、用户名及密码
（2018） 闽 0721 刑初 36 号	多次进行扫号撞库	"魔域"游戏信息数据库	获取游戏的身份认证信息
（2017） 粤 0883 刑初 587 号	使用非法技术获取	他人游戏账号系统	盗取游戏金币、装备并出售
（2017） 粤 0902 刑初 625 号	使用扫码器非法获取	他人游戏账号系统	盗取游戏金币、装备并出售
（2018） 粤 0104 刑初 461 号	超越权限登录	广州医科大学附属第三医院内部系统	获取医药统方数据
（2018） 粤 0307 刑初 1293 号	在网上购买程序对他人网站进行扫描和控制	他人的网站	转售被控制的网站
（2018） 粤 0802 刑初 17 号	发送带有木马病毒的图片给玩家	其他玩家的游戏账号和密码	占有其他游戏玩家的虚拟财产
（2018） 粤 0802 刑初 41 号	同上	同上	同上
（2018） 粤 0811 刑初 38 号	发送病毒图片给游戏玩家，远程操控	其他游戏玩家的游戏账号	窃取游戏币
（2018） 粤 0823 刑初 87 号	利用木马病毒	某网络游戏系统	窃取游戏币及虚拟装备

案号	手段	对象	目的
(2018) 粤 0823 刑初 88 号	同上	同上	同上
(2018) 粤 0823 刑初 96 号	同上	同上	同上
(2018) 粤 0825 刑初 63 号	同上	同上	同上
(2018) 粤 0883 刑初 51 号	同上	同上	同上
(2018) 粤 0891 刑初 45 号	同上	同上	同上
(2018) 粤 1521 刑初 518 号	在计算机内植入木马，盗取 QQ 账号密码	玩家的 QQ 游戏账号密码	同上
(2018) 粤 1802 刑初 22 号	利用黑客技术攻击并获取后门程序控制权限	上海世基投资顾问有限公司网站服务器	获取用户个人数据
(2018) 粤 1521 刑初 518 号	利用木马程序盗	玩家账号密码	窃取虚拟财产
(2018) 粤 1971 刑初 507 号	利用木马程序，实施远程控制	"上古世纪"网络游戏玩家的账号	窃取虚拟财产
(2018) 粤 1972 刑初 259 号	利用木马程序控制	被害人电脑	获取信息
(2018) 粤 5103 刑初 73 号	互联网上利用"神山镇"抢购软件抢购	电商的网购系统	抢购小米、华为等品牌手机
(2018) 黔 0303 刑初 135 号	以安装漏洞软件的方式	广东等地的招生网站	获取考生个人信息
(2018) 豫 1221 刑初 401 号	以非法技术手段盗取	他人游戏账号	窃取虚拟装备
(2018) 豫 1481 刑初 215 号	秘密手段	他人计算机系统	个人信息
(2018) 黑 0502 刑初 33 号	利用游戏程序漏洞	他人的网游账号	虚拟财产
(2018) 湘 0302 刑初 359 号	在腾讯网申诉的方法修改了被害人 QQ 密码，并设置 QQ 邮件转发	被害人的域名交易账户和微信账户	骗取他人财物
(2017) 苏 0404 刑初 705 号	外挂程序	网络游戏系统	出售牟利

案号	手段	对象	目的
（2017） 苏 0507 刑初 808 号	暗中装设设备及程序，远程控制	汽车商家电脑系统	非法获取维修保养记录，出售牟利
（2017） 苏 0830 刑初 585 号	购买并使用两款软件非法破解他人邮箱密码	邮箱系统及苹果手机系统	不详
（2017） 苏 0830 刑初 586 号	同上	同上	同上
（2017） 苏 1324 刑初 793 号	购买或者下载等获取他人账户密码数据	软件、游戏账户	窃取信息，并出售获利
（2018） 苏 0206 刑初 95 号	通过钓鱼网站非法获取	十余家百度推广商户的账号信息	未提及
（2018） 苏 0281 刑初 407 号	诱骗点击钓鱼网站	游戏账号系统	窃取游戏装备
（2018） 苏 0311 刑初 3 号	解锁苹果系统	苹果账户系统	非法获取他人身份认证信息
（2018） 苏 0311 刑初 220 号	以维修装备为由获得被害人游戏账号密码	游戏系统	窃取装备并出售获利
（2018） 苏 0311 刑初 252 号	利用漏洞侵入系统	游戏账户系统	同上
（2018） 苏 0312 刑初 76 号	将通过"扫号"和购买账号密码	苹果 ID 账号密码	不详
（2018） 苏 0321 刑初 400 号	通过木马程序获取	游戏账号密码	转卖获利
（2018） 苏 0508 刑初 149 号	将含"灰鸽子"木马软件的网页挂在服务器上	他人游戏账号、密码	不详
（2018） 苏 0509 刑初 38 号	采用制作钓鱼网站、发送虚假链接等手段	他人游戏账号	获取游戏数据
（2018） 苏 0602 刑初 239 号	使用"Fiddler"软件非法窃取、破解	碧桂园公司微信选房系统	获取加密传输数据
（2018） 苏 0804 刑初 414 号	钓鱼网站链接盗取	游戏账号和密码	出售给他人
（2018） 苏 0830 刑初 168 号	使用软件非法破解	邮箱与苹果账户	不详
（2018） 苏 1003 刑初 407 号	利用钓鱼网站窃取	游戏账号及密码	出售

案号	手段	对象	目的
（2018） 辽 0921 刑初 41 号	利用黑客手段入侵	全国多家网络充值平台	盗取手机话费及 Q 币等财物
（2018） 鲁 0613 刑初 256 号	利用木马工具和远程程序侵入并控制	集团服务器和部分员工电脑	获取员工身份认证信息、简历
（2017） 沪 0105 刑初 1186 号	利用手机软件破解	"duang 网"公司系统	WiFi 热点密码数据 89 万余条
（2018） 沪 0104 刑初 483 号	不详	25 组游戏账号密码信息	窃取积分，出售获利
（2018） 川 0922 刑初 29 号	修改制作钓鱼网站	苹果用户名密码	不详
（2018） 川 3401 刑初 141 号	通过购买搭建好的钓鱼网站、发送钓鱼短信	被害人苹果 icloud 用户名及密码	不详
（2018） 津 0116 刑初 60329 号	使用复制密钥文件非法进入	Ripple 官网上的被害人账户	出售电子数据获利
（2016） 浙 0702 刑初 1557 号	不详	辰龙游戏平台账号和密码	销售给他人获利
（2017） 浙 0304 刑初 1107 号	技术破解	苹果账号数千个	不详
（2017） 浙 0522 刑初 681 号	采用技术手段盗取	游戏账户密码	非法获利
（2017） 浙 0702 刑初 191 号	通过在网吧电脑上盗取	被害人的凤凰山庄游戏账号及密码	非法转移装备，并出售
（2017） 浙 0702 刑初 526 号	不详	游戏账户密码	转卖他人获利
（2017） 浙 0702 刑初 1172 号	通过交警总队系统后台获取	交警总队系统	获取转发验证码，做题消分获利
（2017） 浙 0902 刑初 322 号	通过手动数据注入的方式非法侵入	舟山天海网络科技有限公司的数据库	盗取虚拟财产
（2018） 浙 0108 刑初 24 号	共同利用 wvs、sqlmap 等工具侵入	"铃铛游戏"等网站	非法获取数据获利
（2018） 浙 0226 刑初 115 号	代做任务等为由骗取	游戏账号系统	出售虚拟装备
（2018） 浙 0681 刑初 761 号	利用非法程序，并撞库	淘宝公司储存的用户身份信息	销售给他人获利

案号	手段	对象	目的
(2018)浙0702刑初55号	从他人处获取权限	浙江高速交通违法网上消分系统	做题消分,非法获利
(2018)浙0702刑初160号	不详	被害人游戏账号	出售虚拟财产
(2018)浙0702刑初215号	同上	同上	同上
(2018)浙0702刑初244号	利用木马病毒	同上	同上

本罪实务疑点,多体现在此罪与彼罪的区别上。

一是获取性犯罪与控制性犯罪的区分存在争议。以"陈俊丹非法获取计算机信息系统数据、非法控制计算机信息系统案"为例。查明的事实是:被告人使用某恶意软件在淘宝网通过抢购、秒杀等方式,购入华为、小米等手机,再通过闲鱼网加价转售获利,本案被定性为"非法获取计算机信息系统数据罪"。一般认为,获取计算机信息系统数据,是指非法获取存储、处理、传输的数据。[①] 本案中,被告确有获取淘宝服务器订单数据的行为,但该行为只是次要的、附带的行为。而具有关键危害性的行为,是突破系统安全防护措施,发送抢购或者秒杀指令的行为。突破防护措施、密码系统往往是控制的第一步;以非常规方式请求调用某种服务往往是控制的第二步。因此,该行为与获取数据无关,是更接近控制计算机信息系统的行为。

二是本罪与盗窃罪的差异。针对实务中大量盗取他人游戏账号的虚拟装备、游戏币的行为,当前通常做法是定为本罪。本文认为,该行为可考虑以盗窃罪定罪量刑。第一,"虚拟财产"也是财产。包括"财产"在内,法律上的概念都是人定、人工、人为、人造的,没有任何一个法律上的概念绝对客观和静止不变。法律上的"财产"概念不是排斥"虚拟财产"进入财产概念的理由,因为这里存在一个实践误区,即把过去有局限性的实践路径,

---

① 黎宏:《刑法学各论》,法律出版社,2016,第363页。

及其所产生的自我拘束效果，作为反对某种发展革新的理由。第二，把该行为界定为非法获取数据，可能反映了人们在实践早期对于数据概念把握不清，进而将其扩大化的错误倾向。虚拟装备当然可以解释为数据，但如果如此处理，一切互联网领域内的非实体性事物，都可以解释为数据。数据是一切实体在互联网时代的表现形式，概念可伸可缩，不是关键所在，关键是法益侵害性。盗窃犯罪所侵害的法益，表现为在物理上独占性和排他性的法益，典型的是物权。非法获取数据犯罪所侵害的法益，虽然在法律上具有排他性，但在物理上不具有排他性，相反具有可复制性，典型的是知识产权。所以，虚拟装备的丧失，近前者而远后者，因此定为盗窃不无依据。

四　非法控制计算机信息系统案

控制类犯罪 2017 年采集 31 例，2018 年 57 例。与 2017 年类似，2018年的此类犯罪，目的、手段、对象均多样化，没有主导的行为类型。

表 3　非法控制计算机信息系统案例

案号	行为
(2018)皖 12 刑终 31 号	利用黑客工具扫描他人计算机信息系统漏洞、破解服务器账号密码，使用远程控制的方式控制
(2018)皖 0191 刑初 391 号	在境外服务器上使用远程控制程序(即 controller3.0 控制程序,存放在其百度网盘中)控制他人计算机
(2018)皖 0421 刑初 16 号	违反国家规定,安装作弊软件实施控制
(2018)皖 0421 刑初 31 号	同上
(2018)皖 0421 刑初 280 号	同上
(2018)皖 1124 刑初 178 号	通过黑客工具,破解管理员账号密码,实施控制
(2018)京 0112 刑初 418 号	非法获取该计算机信息系统中的数据并控制
(2017)粤 1972 刑初 2368 号	违法使用他人账号、密码登录被害单位的生产管理系统,非法控制该系统不合格产品的审批
(2018)粤 0307 刑初 1293 号	在网上购买 webshell 程序对他人网站扫描和控制
(2018)粤 0891 刑初 45 号	利用木马病毒获取他人计算机信息系统数据并控制
(2018)粤 1971 刑初 404 号	通过木马程序非法控制他人计算机信息系统
(2018)粤 1971 刑初 405 号	同上

案号	行为
（2018）粤 1971 刑初 474 号	利用木马软件远程控制对方的电脑和游戏操作
（2018）粤 1971 刑初 493 号	同上
（2018）粤 1971 刑初 507 号	利用木马程序非法控制他人计算机
（2018）粤 1971 刑初 511 号	同上
（2018）粤 1972 刑初 223 号	同上
（2018）粤 1972 刑初 234 号	同上
（2018）粤 1972 刑初 235 号	同上
（2018）粤 1972 刑初 236 号	同上
（2018）冀 0225 刑初 64 号	通过 st2 漏洞工具扫描存在漏洞的 IP 地址，非法获取计算机的登录信息，控制计算机系统 22 台
（2018）豫 1102 刑初 4 号	将木马程序伪装成图文文件发送，非法控制
（2018）豫 1102 刑初 141 号	通过黑客工具扫描爆破他人电脑 IP 端口，向被控制的计算机上下载"挖矿"木马程序
（2018）黑 0111 刑初 227 号	利用国际互联网他人路由器的漏洞，使用自行编写的程序通过国际互联网非法控制他人计算机
（2018）鄂 0222 刑初 03 号	利用软件暴力破解服务器密码并植入木马程序控制
（2018）鄂 0503 刑初 52 号	在某社区警务工作平台，违规录入居住证信息
（2018）吉 0581 刑初 342 号	利用"钻石换 IP 软件"变更 IP 地址，进入某联通公司的计算机信息系统，调低若干客户月最低消费额
（2017）苏 0612 刑初 506 号	购买网站的非法控制权限，将虚假广告网页植入
（2018）苏 0322 刑初 108 号	利用非法获取的后台账户密码，未经许可进入 26 家企业网站的 FTP 空间，添加链接修改网页代码
（2018）苏 0381 刑初 96 号	破解、种植木马等非法控制他人计算机获取流量，并将流量进行出租，用于 DDOS 流量攻击
（2018）苏 0602 刑初 239 号	用 Fiddler 软件窃取碧桂园微信选房系统加密传输数据，并绕过安全防护控制某销售项目计算机系统
（2018）苏 0612 刑初 297 号	植入木马程序等方式获取网站后台管理控制权限
（2018）苏 0621 刑初 1 号	利用 webshell 软件非法控制计算机信息系统 956 台
（2018）苏 0681 刑初 4 号	植入木马文件，使用黑客工具 webshell 及 ASP 网页 FTP 程序连接，非法控制的网站 28 个
（2018）苏 0831 刑初 88 号	将木马程序植入他人计算机，非法控制
（2018）辽 0203 刑初 20 号	通过黑客软件对网站计算机信息系统进行控制
（2018）辽 0811 刑初 46 号	在计算机远程服务器上通过植入木马病毒和购买"肉鸡"方式非法控制他人计算机，并实施 DDOS 攻击

案号	行为
(2018)鲁 0613 刑初 256 号	利用木马工具和远程程序侵入烟台某集团服务器和部分员工电脑并进行非法控制
(2018)鲁 1391 刑初 36 号	采用技术手段非法控制他人服务器 368 台,并出售非法控制的服务器的控制信息 30 余台
(2018)鲁 1402 刑初 73 号	利用软件对网站进行渗透攻击,获取网站 shell,上传劫持文件、寄生虫等方式进行百度关键词推广
(2018)晋 0502 刑初 154 号	木马程序非法控制他人电脑、修改游戏安装根目录
(2018)晋 0828 刑初 31 号	购买总计 203 个网站的控制权限,将某游戏链接通过"菜刀"软件强行放置到相应的网站后台
(2018)沪 0115 刑初 2100 号	将木马程序植入计算机信息系统并进行非法控制
(2017)川 1502 刑初 244 号	篡改动态链接库的方式,制作了非常规打印机动车合格证的仿制 U 盾,实施控制
(2018)津 0116 刑初 80064 号	购买网络黑客,实施控制
(2018)津 0117 刑初 483 号	同上
(2017)浙 07 刑终 1272 号	制作黑客软件,对用户主机进行远程勘验
(2017)浙 0212 刑初 889 号	向计算机服务器植入木马程序,完成远程控制
(2018)浙 03 刑终 322 号	利用"挖矿程序"非法控制 98 台计算机
(2018)浙 11 星再 2 号	利用"IPcameraViewer"软件登录破解后的家庭摄像头 IP 地址,实施控制
(2018)浙 0303 刑初 153 号	编写、出售具有入侵、非法控制计算机信息系统功能的程序"波尔远程控制"软件
(2018)浙 0303 刑初 223 号	利用装了木马的计算机,共非法控制
(2018)浙 0381 刑初 64 号	利用"挖矿程序"非法控制 98 台计算机
(2018)浙 0681 刑初 149 号	使用网络扫描工具扫描 VNC 的 5900 端口,利用漏洞获取服务器权限,植入木马,非法控制
(2018)浙 1127 刑初 11 号	利用"IPcameraViewer"软件登录破解后的家庭摄像头 IP 地址,实施控制
(2018)渝 0117 刑初 42 号	通过黑客软件侵入并远程操控多台计算机系统作为"傀儡机",对他人网站或者服务器 DDOS 攻击
(2018)渝 0230 刑初 208 号	用养鸡场木马程序,控制服务器及客户端计算机

控制类与获取类网络犯罪的区分原则简单明晰,即判断主要法益的侵害类型。控制类犯罪所侵害者,是排除、挤占、影响、妨碍权利人对计算机信息系统的自主使用权,使被控制的计算机成为加害人的工具。获取类犯罪所

侵害者，是盗取、复制、下载计算机系统储存、处理、传输中的数据，本质上是侵害数据权利。

此罪彼罪区分的模糊地带在于，有时某行为难免同时侵害控制权与数据权。此时应判断主观目的与客观后果的主次。上述（2018）粤 5103 刑初 73 号，主要侵害控制权，次要侵害数据权。此时宜定非法控制计算机信息系统罪。

五　破坏计算机信息系统案

本类案件数量 2017 年为 79 例，2018 年收录 88 例。

表 4　破坏计算机信息系统案例

案号	行为方式
（2018）皖 0403 刑初 14 号	利用黑客技术侵入并获取网站管理权限
（2017）京 0108 刑初 2862 号	违规登录后台服务器，私自修改游戏程序
（2017）京 0113 刑初 1302 号	修改官方网站网页源代码
（2017）京 0113 刑初 1317 号	同上
（2018）京 0102 刑初 115 号	侵入网站并修改网络数据
（2018）京 0113 刑初 47 号	修改官方网站网页源代码
（2017）闽 0426 刑初 316 号	非法获取他人苹果电子设备账号并远程控制
（2017）甘 0802 刑初 429 号	非法入侵网站信息系统并植入木马程序
（2017）粤 0307 刑初 2593 号	非法将数据重新写入组装苹果机或旧苹果机
（2018）粤 0113 刑初 391 号	使用有关 webshell 对网站的数据和应用程序进行修改，改变网站的互联网搜索排名
（2018）粤 0113 刑初 524 号	利用黑客技术攻击网站
（2018）粤 0305 刑初 418 号	非法入侵多台高效能网络服务器，并夺取控制权
（2018）桂 0202 刑初 124 号	对手游 App 或博彩网站进行攻击
（2018）冀 0404 刑初 45 号	出售规避公安机关实名制登记的"免刷"软件，并远程进行调试安装
（2018）冀 0435 刑初 107 号	破坏安装在计算机系统内的 PUBWIN 网吧安全管理系统的身份证实名上网功能
（2018）冀 0525 刑初 32 号	创建恶意定时任务脚本，破坏今麦郎饮品终端管理系统

案号	行为方式
(2018)豫 0721 刑初 2 号	出售、安装非法软件,破解公安机关系统管理网吧电脑的身份证实名登记功能
(2018)豫 0725 刑初 508 号	破坏网吧身份验证系统,逃避公安机关的实名监管
(2018)豫 0811 刑初 110 号	擅自登录公安交通管理平台异地审验驾驶证
(2018)鄂 0117 刑初 518 号	利用国外网络平台,对 IP 进行 DDOS 攻击
(2018)鄂 0222 刑初 03 号	对网站实施 DDOS 网络攻击;利用木马程序,对他人服务器的控制
(2018)鄂 0704 刑初 143 号	通过"DDOS"对服务器实施攻击
(2018)湘 01 刑终 152 号	用解锁程序对泵车控制器非法解锁
(2018)湘 3101 刑初 42 号	非法获取苹果手机用户原始数据并远程控制
(2018)吉 0113 刑初 178 号	进入系统并删除公安部网逃人员信息
(2017)苏 0506 刑初 1159 号	通过 FD 软件对数据进行修改
(2017)苏 0509 刑初 1435 号	非法获取他人苹果电子设备账号并远程控制
(2018)苏 0281 刑初 943 号	同上
(2018)苏 0282 刑初 436 号	同上
(2018 0苏 0381 刑初 32 号	通过 fiddler 软件篡改话费充值系统数据
(2018 0苏 0381 刑初 33 号	同上
(2018)苏 0381 刑初 34 号	同上
(2018)苏 0381 刑初 43 号	同上
(2018)苏 0381 刑初 44 号	同上
(2018)苏 0381 刑初 67 号	同上
(2018)苏 0381 刑初 89 号	同上
(2018)苏 0381 刑初 91 号	同上
(2018)苏 0381 刑初 174 号	同上
(2018)苏 0381 刑初 530 号	同上
(2018)苏 0381 刑初 579 号	同上
(2018)苏 0381 刑初 625 号	同上
(2018)苏 0412 刑初 14 号	利用诈骗网站源代码,获得推广账号信息并控制
(2018)苏 0506 刑初 56 号	非法获取他人苹果电子设备账号并远程控制
(2018)苏 0506 刑初 763 号	同上
(2018)苏 0507 刑初 19 号	同上
(2018)苏 0509 刑初 21 号	同上
(2018)苏 0581 刑初 13 号	同上
(2018)苏 0581 刑初 1242 号	同上
(2018)苏 0582 刑初 708 号	同上

案号	行为方式
(2018)苏 0602 刑初 290 号	同上
(2018)苏 0612 刑初 585 号	同上
(2018)苏 0707 刑初 48 号	对网站进行攻击
(2018)苏 1081 刑初 23 号	非法获取他人苹果电子设备账号并远程控制
(2018)赣 0191 刑初 11 号	利用免刷卡软件,破坏网吧实名制管理软件
(2018)赣 0902 刑初 46 号	利用免刷开卡软件,绕开网盾实名登记系统
(2018)宁 0522 刑初 25 号	公开提供分布式拒绝服务攻击,即 DDOS 攻击
(2018)鲁 0781 刑初 117 号	利用免刷卡软件,破坏网吧实名制管理软件
(2018)鲁 0781 刑初 186 号	安装"免刷"软件,逃避公安机关的实名监管
(2018)陕 0582 刑初 47 号	植入病毒,非法控制计算机
(2017)沪 0110 刑初 1177 号	将恶意代码文件上传至服务器内,破坏性删除流量业务平台系统相关数据库数据
(2018)沪 0112 刑初 754 号	将恶意文件上传至爱数公司运行 KOM 系统的服务器
(2018)沪 0114 刑初 120 号	非法对蜂电公司智能电表执行批量断电命令
(2018)川 0603 刑初 97 号	利用外挂破坏网吧收银管理的网络安全管理系统
(2018)川 0683 刑初 73 号	使用攻击软件对网吧进行攻击
(2018)川 0683 刑初 100 号	实施信息 POST 注入,干扰网站系统的正常运行
(2018)川 1703 刑初 25 号	上传木马取得网站管理员权限,并修改网站代码
(2016)津 0111 刑初 760 号	使用 SQL 语句注入该系统漏洞并修改数据库数据
(2018)津 0104 刑初 44 号	在服务器内安装某 U 盘控制软件,阻止审计单位拷贝电子账数据,删除服务器上的系统工作日志
(2018)津 0114 刑初 203 号	对站内污染物的后台参数进行篡改
(2018)津 0116 刑初 20134 号	采取"DDOS 攻击"的方式攻击网站服务器
(2018)津 0118 刑初 626 号	修改服务器的 IP 地址
(2017)浙 0110 刑初 1308 号	使用抓包软件抓取、修改网络订单的支付数据
(2017)浙 0185 刑初 597 号	私自登录电信平台,非法篡改资费套餐
(2017)浙 0921 刑初 160 号	出售 DDOS 网络攻击服务
(2018)浙 0110 刑初 181 号	使用黑客工具 Sbooter 对"贝贝直播"平台服务器进行网络流量攻击
(2018)浙 0110 刑初 266 号	通过租用境外云服务器、攻击流量等,架设了网站 sboot.org,后对其他网站进行 DDOS 攻击
(2018)浙 0110 刑初 999 号	对阿里云服务器进行 DDOS 攻击
(2018)浙 0303 刑初 28 号	非法获取他人苹果电子设备账号并远程控制
(2018)浙 0303 刑初 71 号	同上

案号	行为方式
（2018）浙 0304 刑初 182 号	利用黑客网站 DDOS 攻击功能对攻击计算机服务器
（2018）浙 0481 刑初 181 号	非法获取他人苹果电子设备账号并远程控制
（2018）浙 0502 刑初 260 号	修改总磷总氮污染源自动检测仪中总氮的检测系数
（2018）浙 0702 刑初 24 号	违法登录金华交警网络违章处理平台,篡改数据
（2018）浙 0702 刑初 124 号	使用网络攻击软件对游戏平台服务器进行攻击
（2018）浙 1002 刑初 293 号	非法获取他人苹果电子设备账号并远程控制
（2018）浙 1023 刑初 78 号	偷用数字证书进入交警违章系统并违规操作
（2018）浙 1124 刑初 144 号	同上
（2018）渝 0112 刑初 183 号	登录公司的阿里云服务器,删除部分数据

本罪在实务中的问题,同样突出表现为此罪与彼罪的区分问题,主要体现在破坏性犯罪与控制性犯罪的区别。焦点在于,删除、篡改、增加计算机信息系统数据的行为,到底是非法控制还是破坏,事务处理似乎有冲突之处。（2018）渝 0112 刑初 183 号中"登录公司的阿里云服务器,删除部分数据"的行为,被定性为破坏。（2018）吉 0581 刑初 342 号中,"非法侵入进入某联通公司的计算机信息系统,调低若干客户月最低消费额"的行为,却被定性为控制。刑法学教科书通常认为,破坏性犯罪要求产生破坏性后果。[①] 问题是何为破坏?本报告认为只要删除、篡改、增加的数据不会从根本上影响信息系统的正常运行,不宜轻易认定为破坏。理由在于:破坏是系统的机能性毁损;非法控制只是对权限的破坏,并不损及系统本身的运行,其目的实现反而离不开系统机能的完好。

六 提供侵入、非法控制计算机信息系统程序、工具案

本类案件 2017 年计有 40 例, 2018 年 31 例。2017 年, 提供外挂程序（15

---

① 刘宪权:《刑法学》,上海人民出版社,2016,第 669 页。

例）和用于盗取信息的木马程序（9 例）为最主要的两种行为。2018 年度，外挂程序（12 例）和木马程序（5 例）依然排名前两位。

表5 提供侵入、非法控制计算机信息系统程序、工具案例

案号	行为
(2018) 粤 5122 刑初 149 号	制作并出租钓鱼软件
(2018) 冀 0528 刑初 63 号	获取网站的控制权限，转让向网站添加数据的程序
(2017) 豫 0105 刑初 1616 号	制作绕过淘宝安全防护系统、获取数据的抢拍软件
(2018) 豫 02 刑终 129 号	自制 22 个钓鱼网站，后出租、出售或自用
(2018) 豫 9001 刑初 35 号	修改网上购买的钓鱼网站，并将其出租
(2018) 鄂 0525 刑初 17 号	向他人提供具有截取手机短信功能的"木马"程序
(2018) 鄂 0703 刑初 25 号	销售具有破坏性的"天龙八部"游戏的外挂程序
(2018) 鄂 0703 刑初 26 号	销售属于破坏性程序的游戏外挂程序
(2018) 吉 2403 刑初 1 号	销售非法软件(套取网络游戏账号、密码、验证码)
(2017) 苏 0412 刑初 1520 号	销售"BOL"类型外挂
(2017) 苏 0481 刑初 813 号	销售"奇迹 MU 主宰"外挂程序
(2018) 苏 0281 刑初 184 号	销售相应游戏外挂程序的激活码
(2018) 苏 0281 刑初 705 号	销售《王者荣耀》外挂程序源代码
(2018) 苏 0404 刑初 561 号	销售外挂程序
(2018) 苏 0411 刑初 22 号	向他人提供防风程序"ED"、"EDM"卡密
(2018) 苏 1091 刑初 92 号	销售能够绕过 YY 公司安全策略的 YY 外挂软件
(2018) 辽 0103 刑初 546 号	制作并销售网络游戏外挂软件
(2018) 青 0104 刑初 41 号	提供 DOSS 攻击软件下载及出售 DOSS 攻击器卡密
(2018) 晋 0321 刑初 23 号	出租、出售黑客工具
(2018) 晋 0321 刑初 25 号	同上
(2018) 陕 0523 刑初 81 号	转卖外挂软件、销售网吧免刷软件
(2017) 浙 0683 刑初 811 号	出手攻击软件、在线攻击服务账号
(2017) 浙 0702 刑初 1151 号	出售"小鸡蛋"木马病毒程序
(2018) 浙 0205 刑初 270 号	销售木马软件
(2018) 浙 0303 刑初 153 号	编写并销售具有入侵、非法控制计算机信息系统功能的程序
(2018) 浙 0681 刑初 42 号	销售木马软件
(2018) 浙 0681 刑初 686 号	同上
(2018) 浙 1127 刑初 11 号	提供控制他人家庭摄像头信息系统的软件和方式
(2018) 浙 1127 刑初 21 号	上传并免费共享"刺客.zip"等入侵软件
(2018) 苏 0402 刑初 569 号	制作并出售奇迹网友"奇迹 NP 多开外挂"程序
(2018) 苏 0404 刑初 15 号	购入《天龙八部 ONLINE 网络游戏软件》的"智能助手"外挂程序后,转售

《中国网络安全法治绿皮书（2018）》区分了本罪与盗窃罪、诈骗罪的区别，以及本罪与帮助信息网络犯罪活动罪的区别。本罪与盗窃、诈骗罪的区别，原有意见维持不变。本罪与帮助类网络犯罪的区别，该《绿皮书》提出，首先应考虑行为标的是否合法，其次应限于"专门用于侵入、非法控制"的工具和程序。① 因此，提供虚假网站的行为，还要考察是否符合此种专用性标准再做结论。

七 拒不履行信息网络安全管理义务案

本罪是《刑法修正案（九）》新增罪名。2018 年度涉及案例 2 例：胡某拒不履行信息网络安全管理义务案 ［（2018）沪 0115 刑初 2974 号］、何学勤、李世巧开设赌场案 ［（2018）赣 0102 刑初 585 号］。前案事实是，被告人租用服务器，并制作和出租翻墙软件。公安机关两次约谈、一次处罚后，被告人拒不改正，继续租用。后案事实是，被告人利用其所经营的游戏平台，设置了本质为赌博的射幸游戏情节。该行为被认定为同时构成开设赌场罪、本罪和帮助信息网络犯罪活动罪。择一重处罚，以开设赌场罪定罪量刑。

八 非法利用信息网络案

本罪在 2017 年度仅查询到 10 例，2018 年增至 70 例，为增幅最大者。2018 年的特色是：第一，利用 QQ、微信发布卖淫嫖娼、违禁品买卖等非法信息占到全部案例 2/3 以上；第二，出现了"利用神马引擎发布虚假广告""制作网络交易平台用以非法买卖个人信息"等新的行为类型。

---

① 《最新执法办案实务丛书》编写组编：《图解立案证据定罪量刑标准与法律适用·第四分册·妨害社会管理秩序案》，中国法制出版社，2017，第 100 页。

表6　非法利用信息网络案例

案号	事实
（2018）苏 0117 刑初 518 号	被告人利用信息网络发布信息销售违禁药品
（2017）川 0116 刑初 581 号	明知他人仿冒国家机关网站违法套取住房公积金牟利，按照其要求制作网站，并提供后台管理等技术支持
（2018）新 0104 刑初 632 号	利用 QQ 群发布招嫖违法信息
（2018）苏 0922 刑初 428 号	利用百度贴吧、QQ 群等发布招嫖违法信息
（2018）苏 0922 刑初 10 号	利用微信、百度贴吧等销售毒品、迷药、弓弩等违禁品
（2018）新 0104 刑初 641 号	利用 QQ 群发布卖淫嫖娼违法信息
（2017）川 1602 刑初 315 号	利用微信销售毒品、枪支等
（2018）琼 97 刑终 296 号	被告人帮助他人发送虚假中奖短信
（2018）浙 0681 刑初 42 号	设立 QQ 群出售木马软件和钓鱼软件
（2018）沪 01 刑终 233 号	利用网络发布招嫖信息
（2018）新 0104 刑初 633 号	利用 QQ 群发布卖淫嫖娼活动违法信息
（2018）新 0104 刑初 413 号	同上
（2018）新 0104 刑初 503 号	同上
（2018）新 0104 刑初 447 号	同上
（2017）粤 0404 刑初 340 号	利用微信号发布"户籍查询"等隐私查询非法服务信息
（2018）新 0104 刑初 571 号	利用 QQ 群发布卖淫嫖娼活动违法信息
（2018）鲁 14 刑终 186 号	利用 QQ 联系需求方，并制作虚假的信用卡查询进度网站
（2018）苏 0581 刑初 654 号	利用微信发布违禁品信息
（2018）新 0104 刑初 435 号	利用 QQ 发布招嫖信息
（2018）豫 0611 刑初 176 号	利用 QQ 发布违禁品信息
（2018）京 03 刑终 1019 号	建立网站发布招嫖信息
（2018）新 0104 刑初 511 号	利用 QQ 发布招嫖信息
（2018）苏 1181 刑初 533 号	在"神马引擎"发布手机定位监听卡虚假广告
（2018）新 0104 刑初 461 号	利用 QQ 发布招嫖信息
（2017）苏 0506 刑初 1050 号	设立用于组织他人吸毒的网站、通讯群组
（2018）新 0104 刑初 512 号	利用 QQ 发布招嫖信息
（2017）京 0108 刑初 1987 号	在互联网上发布大量助考类违法犯罪信息
（2018）新 0104 刑初 631 号	利用 QQ 发布招嫖信息
（2018）新 0104 刑初 504 号	同上
（2018）苏 0581 刑初 321 号	利用 QQ 发布违禁品信息
（2018）新 0103 刑初 581 号	利用 QQ 发布招嫖信息
（2018）粤 0306 刑初 1623 号	同上
（2018）粤 03 刑终 74 号	同上

案号	事实
(2018)新 0104 刑初 617 号	同上
(2017)苏 0691 刑初 198 号	制作各类虚假网站
(2018)苏 1084 刑初 20 号	利用 QQ 发布考试作弊信息
(2017)渝 0112 刑初 533 号	通过微信发布招嫖信息
(2017)云 0102 刑初 1250 号	利用 QQ 等发布虚假投资理财信息
(2017)苏 0205 刑初 789 号	制作用于实施诈骗的网站
(2018)新 0104 刑初 615 号	利用 QQ 发布卖淫嫖娼违法信息
(2018)浙 1123 刑初 131 号	通过企业信使短信运营平台发送违法信息
(2018)新 0104 刑初 509 号	利用 QQ 发布卖淫嫖娼违法信息
(2018)冀 0108 刑初 310 号	利用 QQ 群贩卖钓鱼软件
(2018)苏 1181 刑初 341 号	利用 QQ 群组进行扫号软件等非法交易
(2018)粤 07 刑终 441 号	被告人购买多个网站域名用于设立钓鱼网站;且利用伪基站发送诈骗短信
(2018)新 0104 刑初 616 号	利用 QQ 发布卖淫嫖娼违法信息
(2018)鲁 0283 刑初 224 号	利用微信账号销售弓弩、迷药等违禁品
(2018)苏 02 刑终 149 号	应他人要求制作仿冒的顺丰快递网站
(2018)新 0104 刑初 758 号	利用 QQ 发布卖淫嫖娼违法信息
(2018)新 0104 刑初 502 号	同上
(2018)鄂 1202 刑初 182 号	利用伪基站发送诈骗短信
(2018)苏 09 刑终 262 号	利用 QQ 发送卖淫嫖娼违法信息
(2017)陕 0502 刑初 17 号	利用无线电设备发射器发送作弊信息
(2018)苏 1181 刑初 1106 号	在神马引擎发布手机定位监听广告
(2018)新 0104 刑初 432 号	利用 QQ 发送卖淫嫖娼违法信息
(2018)新 0104 刑初 518 号	同上
(2018)新 0104 刑初 642 号	同上
(2018)新 0104 刑初 505 号	同上
(2018)辽 0303 刑初 241 号	设立网站用于非法买卖枪支
(2018)新 01 刑终 283 号	利用 QQ 发送卖淫嫖娼违法信息
(2018)辽 10 刑终 192 号	利用网络发布销售枪支及配件的广告
(2018)新 0104 刑初 469 号	利用 QQ 发送卖淫嫖娼违法信息
(2018)新 0104 刑初 501 号	同上
(2018)新 0104 刑初 508 号	同上
(2018)粤 0104 刑初 339 号	同上
(2018)新 0104 刑初 506 号	同上

续表

案号	事实
（2018）赣 0502 刑初 158 号	利用网络发布涉枪非法信息等
（2018）苏 0923 刑初 76 号	利用微信发布色情淫秽信息
（2018）浙 06 刑终 270 号	开发 PEAS 云网络交易平台用于个人信息非法交易
（2017）浙 0602 刑初 293 号	制作网络交易平台供个人信息非法交易

适用上，本罪与帮助信息网络犯罪活动最容易混淆。本罪是本人利用信息网络实施犯罪；后罪是他人利用信息网络犯罪，而本人对此提供互联网接入、服务器托管、网络储存、通讯传输、广告推广、支付结算等技术帮助的行为。在这一意义上，（2018）苏 02 刑终 149 号"应他人要求制作仿冒的顺丰快递网站"，被定性为本罪，不无疑问。

本罪在 2018 年数量的激增具有偶然性。统计显示：1. 有 41% 的案件来自新疆（29 例），而全部的案件事实，均为利用 QQ、微信等网络平台发布招嫖淫秽类非法信息。2. 其他各省的案件事实，类型与数量则比较分散。这表明新疆地区的公安机关和其他政法部门在本统计年度，偶然性地加大了对色情淫秽类违法犯罪行为的打击力度。换言之，本案的数量激增是偶发性政策所致，犯罪行为主体、动机、手段、目的等没有出现质变。

稍值得注意的是此类案件的新动向：一是犯罪行为载体的"新"，即利用新型的网站、平台、群组实施犯罪；二是犯罪行为内容的"新"，即利用网络实施新型的犯罪行为。就此，前一类体现在（2018）苏 1181 刑初 533 号的移动网搜索引擎；后一类体现于（2017）浙 0602 刑初 293 号个人信息的非法交易。报告认为，新的行为载体只是形式，新的行为内容动向更值得注意。

九 帮助信息网络犯罪活动案

本罪 2017 年搜集到 11 例，2018 年 23 例，数量增长明显。

表 7　帮助信息网络犯罪活动案例

案号	事实
（2018）皖 03 刑终 453 号	明知该网站不具有 YY 挂机功能，为网站提供更改域名等技术支持，以保证网站能够正常使用
（2018）闽 0211 刑初 1044 号	在明知他人利用信息网络实施诈骗等，为他人实施上述犯罪活动提供广告推广网站链接等服务
（2018）闽 08 刑终 259 号	明知他人利用信息网络实施网络赌博犯罪，仍为其犯罪提供服务器托管等技术支持和服务
（2018）闽 0203 刑初 275 号	明知他人利用网络进行"六合彩"特码诈骗和赌博等，仍为他人提供广告推广服务，并收费
（2018）闽 0211 刑初 1044 号	同上
（2018）闽 0212 刑初 204 号	明知他人利用信息网络实施犯罪，为其提供广告推广
（2018）粤 1972 刑初 932 号	明知他人利用信息网络实施犯罪，为其提供软件开发及维护等技术服务
（2018）冀 08 刑终 117 号	同上
（2018）豫 1221 刑初 94 号	明知他人实施网络诈骗，仍为其进行网络广告推广
（2018）鄂 11 刑终 21 号	明知他人利用信息网络实施犯罪，仍为其提供接入互联网、投放广告、资金结算等帮助
（2018）吉 0322 刑初 356 号	明知他人利用信息网络实施犯罪，为其犯罪制作网站、搭建维护数据库
（2017）苏 0303 刑初 369 号	明知他人利用网络实施犯罪，仍提供支付结算等帮助
（2018）苏 0117 刑初 291 号	明知他人针对不特定对象非法吸收公众存款，仍将构建好的融资网站解析到他人提供的域名上并维护
（2018）苏 0411 刑初 17 号	明知他人从事出售公民住宿信息的犯罪活动，仍为其实施犯罪所用的网站提供服务器托管等技术支持
（2018）苏 0611 刑初 2 号	明知其他人窃取他人银行卡账户信息的情况下，仍租赁网络服务器后转租给其他人
（2018）苏 0681 刑初 292 号	明知他人利用信息网络实施犯罪，仍为其犯罪设计制作能人为操纵数据涨跌的交易网站
（2017）赣 1127 刑初 283 号	明知他人利用彩铃系统实施"重金求子"诈骗活动，仍为其制作、安装、维护彩铃系统
（2017）赣 1127 刑初 284 号	同上
（2017）鲁 0323 刑初 46 号	明知他人利用信息网络传播淫秽电子信息牟利，仍为其提供服务器托管、租赁及互联网接入等技术服务
（2018）鲁 04 刑终 45 号	明知他人实施网络诈骗犯罪，仍提供网络平台、技术维护、服务器托管、域名更改等技术支持

案号	事实
(2018)鲁14刑终73号	明知他人推广的信用卡网络链接涉嫌诈骗的情况下,仍为其提供广告推广
(2018)鲁17刑终293号	明知他人利用信息网络实施犯罪,仍为其提供广告推广、公民信息收集等帮助
(2017)川0116刑初581号	明知他人仿冒国家机关网站违法套取住房公积金牟利,按照其要求制作网站,提供后台管理等技术支持

本罪是将过去作为其他犯罪的共犯而处罚的行为,作为独立犯罪而加以规定的类型。① 本罪与提供侵入、非法控制计算机信息系统程序、工具罪的最明显区别在于,本罪所提供的技术支持外延较广,且限于"中立"技术;后罪所提供的程序和工具,具有非法侵入计算机系统的专门功能。

在本罪的构成要件中,"明知"要件和"情节严重"要件,是争议的核心。其中"情节严重"可用动态量化的手段做权宜解决,例如可以参考行为次数、持续时间、获利数字等等。"明知"要件则完全不可量化,"明知"和"故意"之间也存在一些概念上的纠缠。本报告认为,结合民法可知,"明知"这一规范要素,更多地出现在民法中,用于辅助判断民事主体——通常是交易相对人对某种瑕疵事实是否知情,进而判断由该民事主体参与实施的法律行为是否有效的问题。换言之,"明知"的评价对象应当是法律行为,而不应当是事实行为。因此,在判断法律行为尤其是合同行为当事人主观状态的时候,我们使用"明知"测试;在判断事实行为尤其是侵权行为(私法)或者犯罪行为(公法)是否满足构成要件的时候,我们不使用"明知"测试,而使用"故意"或者"主观过错"测试。

基本维持《中国网络安全法治绿皮书(2018)》的看法,② 本报告认为,应当分别解决"明知"项下"事实上知情——事实上是否知情在所不问,但

---

① 黎宏:《刑法学各论》,法律出版社,2016,第369页。
② 360法律研究院编写:《中国网络安全法治绿皮书(2018)》,法律出版社,2018,第77~80页。

应当知情"的区分；以及"故意"项下"直接故意（积极造成）—间接故意（放任自流）"的两种逻辑，不宜混为一谈。本报告进一步认为：第一，前者解决的是主观上恶意与否的事实判断与价值判断的区分问题；后者解决的是主观上恶意问题的积极性更强的恶意与积极性较弱的恶意的区分问题。第二，逻辑上，"明知"是"故意"的必要非充分条件。第三，重复强调："明知"宜出现在私法中合同之债的领域，用于评价某法律行为的效力；"故意"宜出现在公法领域和私法中侵权之债的领域，用于评价某事实行为是否满足不法行为要件。

此处，刑法立法者坚持要从民法上借用"明知"，这样一个跨法律部门的移植，是有道理的。民事侵权行为和刑事犯罪行为主观上的过错，只能从客观因素中推定。而由于"明知"是"主观过错"的必要非充分条件，但又非常接近充要条件——意思是，在绝大部分情形下，对被帮助人犯罪事实明知的帮助人很难免除主观过错——因此考察过错，几乎等于考察是否"明知"。而"明知"也是主观心态，同理还是只能从客观行为中推知。因此，"明知"这一事实判断很大程度上又是通过"应知"这一价值判断而最终落实的。这或许就是个中隐含的逻辑：以"应当知情"这样一个相对客观可控的价值判断，支持主观过错要件的证成。当然，应当知情的判断虽然相对具体，判断路径虽然相对直观，但毕竟还是价值判断，终究还是要依靠所谓"社会一般观念"这些饱含争议的标准，这是无奈之事。

报告发现，司法实践对"明知"相对明确。第一，被告人通常持认罪态度，辩护人也只是泛泛提出不具有"共犯（如诈骗等）的故意"等。第二，绝大多数情况下，被告人的主观意图，可以明确推知。第三，依据相关司法解释，行政机关书面告知的、接到举报的、所提供技术服务的对象为淫秽网站的、淫秽网站广告点击率明显异常的，除非另有证据，应当认定明知。此外还设有兜底条款，即"其他能够认定行为人明知的情形"。[①]

[①] 《最高人民法院　最高人民检察院关于办理利用互联网、移动通讯终端、声讯台制作、复制、出版、贩卖、传播淫秽电子信息刑事案件具体应用法律若干问题的解释（二）》。

十 侵犯公民个人信息案

2017 年采集自各类公开数据库的侵犯公民个人信息罪案例共计 485 例，2018 年该数字为 452 例。本报告关注三个指标：泄露的信息类型、信息泄露的初始源头、被泄露信息的最终渠道。

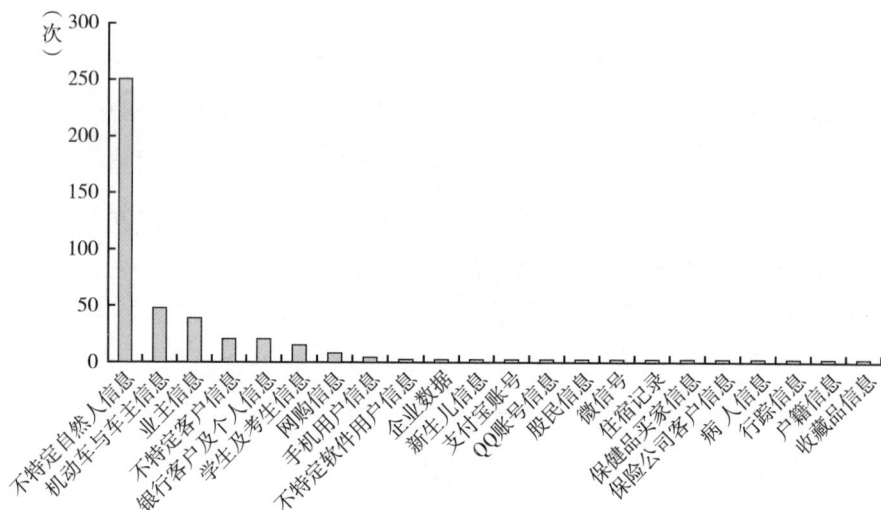

图1 泄露的信息类型

在可识别的类型中，机动车信息、业主信息、银行客户与银行相关信息、学生信息等四类泄露频次最高。对此有四点解读：第一，业主、车主、学生信息在 2017 年的统计中便是重灾区，2018 年依旧。这足以说明，车管部门的内部信息系统亟待加强管理；物业公司工作人员对业主信息的泄露屡禁不止，需引起更高注意；学校校内搜集、使用、管理学生信息的环节链条较长、接触人多，个人信息保护难度大。第二，上述信息泄露源头，无一不是内鬼。车管、物业、学校，与其他储存有海量个人信息的行业如快递相比，有一定的特殊性，即较低级别权限的人，也有机会轻易接触大体量的个人信息。若没有完善的内控和严格的法律责任，毫无疑问将是泄露重灾区。

第三，信息的泄露大多与商业利用有关。机动车信息、业主信息、银行客户信息之所以泄露，主要是因其本身具有较大使用价值；新生儿信息、学生信息、病人信息之所以被泄露，不仅因为数据较为集中且保密措施不完善，也因潜在的付费者存在急迫需求；保健品买家信息、特定游戏 App 玩家信息的泄露，恐怕主要是因为，是否购买保健品、是否选择某种特定游戏，本身就是针对潜在受众文化水平、识别能力的辨别机制。显然，保健品的长期忠实买家接受推销话术的概率，恐怕远超均值。

第四，同样的信息可能多次被泄露。道理上，针对首次泄露和中间环节的流转，防治措施应当有别。针对首次泄露的防止，或许目标更清晰、成本更低廉。案例显示，最常见的中间环节泄露，是转售和交换。表 8 排除之，筛选出初始泄露的源头。

表 8　信息首次泄露方式

案号	泄露源头
（2018）皖 0102 刑初 12 号	利用木马程序获取被害人手机信息
（2018）皖 0102 刑初 43 号	利用职务便利，非法查询内网
（2018）皖 0103 刑初 21 号	利用保险公司工作之便，非法收集投保人车辆信息
（2018）皖 0222 刑初 9 号	经营安徽出众教育文化咨询公司期间获取
（2018）皖 0503 刑初 20 号	利用工作便利，非法获取公民个人信息
（2018）皖 03 刑终 347 号	侵入多家互联网公司服务器非法获取
（2018）皖 0111 刑初 4 号	利用物业工作便利获取楼盘业主信息
（2018）皖 0124 刑初 109 号	通过日常工作获取客户信息
（2018）皖 1522 刑初 12 号	利用经营活动而获得公民信息
（2018）皖 1522 刑初 26 号	从钓鱼网站后台直接获取等非法手段获取
（2018）皖 1623 刑初 24 号	利用工作之便，非法查询
（2018）皖 1881 刑初 99 号	通过妇幼保健计划生育服务中心工作的朋友获取
（2018）京 0105 刑初 526 号	通过技术手段非法套取
（2018）闽 0203 刑初 142 号	利用职务便利，在公安综合查询网查询
（2018）闽 0303 刑初 37 号	利用职务便利查询
（2017）粤 0604 刑初 1658 号	利用银行工作之便，查询企业征信信息
（2018）黔 0325 刑初 34 号	利用职务之便，非法查询个人信息
（2018）冀 0803 刑初 23 号	利用工作之便获取

续表

案号	泄露源头
(2018)豫 0482 刑初 103 号	通过窃取、拾捡等方式收集他人身份证共计 24 张
(2018)豫 0902 刑初 223 号	虚开淘宝网铺,以低价出售虚假商品吸引买家下单的手段,获取客户个人信息
(2018)豫 1002 刑初 30 号	付费定位他人手机号码和购买含有基站位置信息的公民话单的方式,非法获取公民行踪轨迹信息
(2018)豫 1002 刑初 34 号	通过定位他人手机号码,非法获取他人行踪轨迹信息
(2018)豫 1402 刑初 41 号	利用搭建的 QQ 钓鱼网站获取
(2018)黑 07 刑终 36 号	利用职务之便,违规使用安全密钥获取
(2018)鄂 0105 刑初 298 号	利用公司工作之便,通过公司邮箱非法下载
(2017)鄂 0922 刑初 191 号	利用仓库管理员的便利条件,非法获取
(2017)鄂 1321 刑初 241 号	利用非法采集公民个人信息软件,在网上抓取
(2018)鄂 0111 刑初 902 号	利用金融公司上班便利,购买大量公民个人电话号码
(2018)鄂 0324 刑初 6 号	发送钓鱼链接等方式非法获取
(2018)鄂 0607 刑初 16 号	利用房地产业协会工作之便,非法导出
(2018)鄂 1122 刑初 196 号	索要糖尿病客户的信息资料
(2017)湘 0111 刑初 967 号	非法使用公司"网店管家"软件导出
(2017)湘 1202 刑初 491 号	窃取警务通加密卡,非法获取
(2017)苏 1283 刑初 774 号	利用物业工作之便获取
(2018)苏 0312 刑初 51 号	利用职务之便非法查询机动车信息
(2018)苏 0312 刑初 69 号	利用职务之便非法查询机动车信息
(2018)苏 0312 刑初 88 号	利用职务便利,非法查询
(2018)苏 0581 刑初 563 号	利用教育机构供职之便获取
(2018)苏 0691 刑初 45 号	利用房产销售代理工作之便,获得
(2018)苏 0812 刑初 34 号	非法登录顺丰、圆通系统等手法非法获取
(2018)苏 1202 刑初 8 号	利用职务便利非法获取
(2018)苏 1283 刑初 96 号	利用担任物业公司保安队长的工作之便获取
(2018)苏 0509 刑初 1928 号	利用物业管理处经理助理的职务便利收集
(2017)苏 0104 刑初 1166 号	利用仓库管理员之便,从打单软件中导出
(2017)苏 0205 刑初 782 号	从事小额贷款工作中获取
(2017)苏 0282 刑初 1497 号	利用收派员和仓库管理员之便非法获取
(2017)苏 0481 刑初 840 号	利用职务之便非法拷贝
(2017)苏 1181 刑初 910 号	通过"百度"网络搜索引擎非法获取
(2018)苏 0206 刑初 5 号	通过"红铃铛"软件等抓取
(2018)苏 0214 刑初 16 号	公司工作之便获取

案号	泄露源头
（2018）苏 0281 刑初 44 号	职务之便获取
（2018）苏 0281 刑初 111 号	职务之便获取
（2018）苏 0281 刑初 112 号	职务之便获取
（2018）苏 0281 刑初 113 号	售楼工作之便获取
（2018）苏 0281 刑初 114 号	职务之便获取
（2018）苏 0281 刑初 157 号	职务之便获取
（2018）苏 0281 刑初 160 号	职务之便获取
（2018）苏 0281 刑初 168 号	职务之便于内网获取
（2018）苏 0281 刑初 169 号	职务之便于内网获取
（2018）苏 0281 刑初 170 号	职务之便于内网获取
（2018）苏 0281 刑初 176 号	职务之便于内网获取
（2018）苏 0281 刑初 179 号	职务之便于内网非法获取
（2018）苏 0281 刑初 181 号	职务之便获取
（2018）苏 0281 刑初 182 号	利用职务之便于内网非法获取
（2018）苏 0281 刑初 183 号	利用职务之便于内网非法获取
（2018）苏 0312 刑初 3 号	职务之便获取
（2018）苏 0312 刑初 21 号	职务之便获取
（2018）苏 0312 刑初 50 号	职务之便获取
（2018）苏 0312 刑初 54 号	利用汽车检车公司工作之便,非法登录公安网获取
（2018）苏 0312 刑初 56 号	职务之便获取
（2018）苏 0312 刑初 64 号	职务之便获取
（2018）苏 0312 刑初 91 号	职务之便获取
（2018）苏 0411 刑初 665 号	电信营业厅工作之便获取
（2018）苏 0411 刑初 674 号	从他人处获得内网账号密码非法获取
（2018）苏 0581 刑初 570 号	利用学校任职之便获取
（2018）苏 0924 刑初 39 号	利用职务工作获取
（2017）赣 0102 刑初 933 号	物业工作之便获取
（2017）赣 0702 刑初 487 号	以车辆追踪器、单筒望远镜等设备非法获取
（2017）赣 1127 刑初 151 号	利用职务之便获取
（2018）赣 0102 刑初 95 号	在工作中获取的业主信息
（2018）辽 0104 刑初 182 号	利用职务之便非法获取
（2018）辽 0104 刑初 202 号	利用职务之便非法获取
（2018）辽 0104 刑初 203 号	利用职务之便非法获取
（2018）鲁 1324 刑初 80 号	利用工作便利,查询公民个人信息
（2017）鲁 0281 刑初 866 号	自行制作盗取公民个人信息的软件
（2017）鲁 0791 刑初 162 号	利用职务之便非法获取
（2018）鲁 0211 刑初 376 号	利用公司工作之便非法获取
（2018）鲁 0304 刑初 73 号	利用职务之便非法获取

案号	泄露源头
（2018）鲁 1302 刑初 172 号	利用职务之便非法获取
（2018）鲁 1321 刑初 128 号	利用房产公司交易员之便非法获取
（2018）鲁 1324 刑初 17 号	利用职务之便非法获取
（2018）鲁 1324 刑初 69 号	利用职务之便非法获取
（2018）鲁 1324 刑初 81 号	利用职务之便非法获取
（2017）陕 0113 刑初 1415 号	利用汽车商行工作之便，越权使用他人密码盗取
（2018）陕 0404 刑初 44 号	利用做销售的职务便利从公司盗取
（2018）陕 0881 刑初 520 号	在工作中获取的信息
（2017）沪 0113 刑初 2263 号	利用职务之便从内网非法获取
（2018）沪 0120 刑初 265 号	利用在苏宁公司的员工账号非法获取
（2017）沪 0117 刑初 1853 号	在房地产交易中心履职中非法收集
（2017）沪 0117 刑初 1943 号	假借招工之名获取
（2018）沪 0107 刑初 6 号	在履行职务中掌握公司员工的信息
（2018）沪 0113 刑初 1181 号	从公司同事处获取
（2018）沪 0118 刑初 111 号	非法登入快递公司信息系统后盗取
（2018）川 0504 刑初 9 号	利用工作之便获取
（2018）津 0104 刑初 753 号	利用公司职务之便，从"赶集网"非法获取
（2018）津 0116 刑初 20142 号	非法进入相关部门查询系统，非法查询
（2017）浙 0211 刑初 482 号	利用职务之便，使用他人数字证书查询获得
（2017）浙 0802 刑初 578 号	利用为淘宝网店服务修改中差评之机收集
（2018）浙 0302 刑初 95 号	通过工作获取
（2018）浙 0303 刑初 57 号	利用其远程控制软件侵入并控制他人电脑窃取
（2018）浙 0326 刑初 116 号	工作中获取
（2018）浙 0503 刑初 73 号	从广告业务商处非法获取
（2017）浙 0109 刑初 2007 号	利用职务之便，从公司电脑非法下载
（2017）浙 0702 刑初 618 号	利用发送木马短信非法获取
（2017）浙 1023 刑初 416 号	通过群发机软件及 QQ 采集器，声称被害人的 QQ 账号异常，要求填写个人信息，发送木马链接
（2017）浙 1122 刑初 309 号	通过"财神"等软件获取苹果用户 iCloud 账号密码等
（2017）浙 1127 刑初 63 号	从其工作的公司中获取
（2018）浙 1082 刑初 184 号	利用职务之便，通过相关部门系统查询
（2017）渝 0106 刑初 1417 号	利用软件从某快递公司网站非法获取

就图 2 和表 8 评述如下。第一，车辆管理与交通执法部门的内网，是泄密的首要渠道。进一步观察，承担辅助、协助职能的编外人员是主要泄密主体——至少在表面和结果意义上如此。客观上，上述信息系统泄露信息严重，

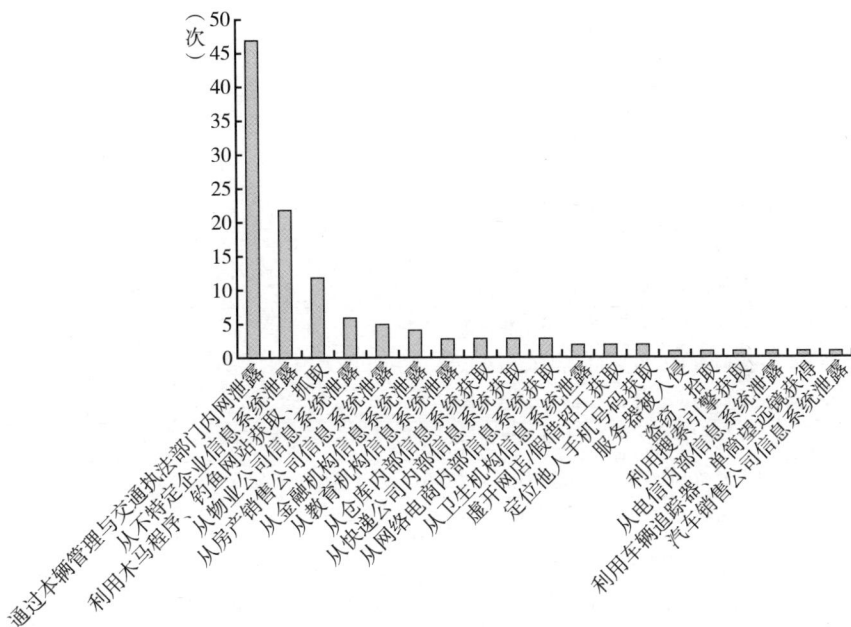

图 2　信息首次泄露的方式

与其所控制的个人信息具有大体量、多门类、更新快、易查询的特征有关，颇有"怀璧其罪"意味，未见得其安全内控水平低于社会均值。第二，利用非法技术手段获取，是可以识别的第二大泄密渠道，具体手段包括发送木马短信或网站木马链接等。整体来看，泄露渠道无非两种：一是以非法的网络技术获取，二是违反工作管理程序获取。后者的比例远甚于前者。这也许说明，至少在当前，泄密者还是习惯于用传统的犯罪方式获取利益，互联网安全的漏洞中，管理性漏洞比技术性漏洞更大。

表 9　被泄露信息的终端利用方式

案号	利用方式
(2017)皖 0803 刑初 132 号	实施诈骗
(2018)皖 0103 刑初 21 号	推销产品、拓展业务
(2018)皖 0222 刑初 9 号	用于招生
(2017)皖 0103 刑初 604 号	转卖学生信息；用于培训宣传，扩大生源使用

续表

案号	利用方式
（2017）皖 0104 刑初 776 号	办理手机 SIM 卡，帮他人 QQ 账号"开钻"
（2017）皖 1002 刑初 341 号	用于经营业务
（2018）皖 03 刑终 347 号	利用数据进行广告推广
（2018）皖 0103 刑初 26 号	用于其从事的股票推广业务
（2018）皖 0421 刑初 44 号	实施犯罪行为
（2018）皖 1102 刑初 43 号	用于电话销售男士保健内裤
（2017）闽 0524 刑初 905 号	实施犯罪行为
（2018）闽 0524 刑初 116 号	商业促销活动
（2018）闽 0524 刑初 301 号	商业促销活动
（2018）闽 0123 刑初 6 号	拓展装修业务
（2018）闽 0203 刑初 142 号	出售给他人供其用于银行信用卡欠款催收
（2017）粤 0606 刑初 3851 号	网上刷单获利
（2017）粤 0904 刑初 1040 号	实施诈骗行为
（2017）粤 5103 刑初 760 号	利用他人真实个人信息通过支付宝申诉平台取得他人实名认证的支付宝账号，并出售
（2018）粤 18 刑终 261 号	用于诈骗消费者的网络短信推广
（2018）粤 0306 刑初 6356 号	拓展业务
（2018）粤 0607 刑初 60 号	实施诈骗他人钱财的犯罪活动
（2018）粤 0904 刑初 26 号	实施电信网络诈骗
（2018）粤 0904 刑初 81 号	实施电信诈骗
（2018）粤 0904 刑初 113 号	实施电信诈骗
（2018）桂 1228 刑初 45 号	盗取游戏装备和游戏币
（2018）桂 0126 刑初 314 号	实施诈骗行为
（2018）琼 9022 刑初 12 号	增加销售业绩
（2018）冀 0126 刑初 1 号	非法销售保健品
（2018）冀 0129 刑初 5 号	拓展英语教育业务
（2018）冀 0425 刑初 172 号	从事电话销售贷款活动
（2018）冀 0803 刑初 23 号	电话推销减肥保健产品
（2018）冀 0821 刑初 4 号	实施诈骗行为
（2017）豫 0105 刑初 2097 号	用于拓展客户
（2017）豫 0728 刑初 350 号	实施诈骗行为
（2018）豫 0482 刑初 50 号	给未带身份证的人员登记上网
（2018）豫 0482 刑初 103 号	给未带身份证的人员登记上网
（2018）豫 1002 刑初 30 号	开展找人、调查等业务

案号	利用方式
（2018）豫 1325 刑初 45 号	向微信好友推销茶叶提高销售业绩
（2018）豫 1628 刑初 65 号	电话推销保健品
（2018）豫 1628 刑初 91 号	推销保健品
（2017）鄂 0303 刑初 463 号	扩大客户信息资源
（2017）鄂 0302 刑初 635 号	提高招生业务
（2018）鄂 0106 刑初 143 号	推销产品
（2018）鄂 0112 刑初 55 号	推销保健品
（2018）鄂 1122 刑初 196 号	推销伪劣糖尿病药品
（2018）鄂 1281 刑初 34 号	做微商推广产品
（2017）湘 1202 刑初 491 号	方便催收债务
（2018）苏 0581 刑初 563 号	提供给他人用于招生
（2017）苏 0116 刑初 1004 号	扩大公司客户渠道
（2017）苏 0205 刑初 736 号	从事贷款相关业务
（2017）苏 0205 刑初 743 号	将非法获取的信息出售给他人用于推销贷款
（2017）苏 0211 刑初 657 号	将获取的信息销售给从事家装业务的人员
（2017）苏 0509 刑初 2138 号	非法出售给房产中介店
（2017）苏 1181 刑初 910 号	测试其编写的扫号软件的效果
（2017）苏 1302 刑初 969 号	出售给链家等房地产经纪有限公司负责人
（2018）苏 0104 刑初 6 号	帮助车主违规消除车辆违章信息获利
（2018）苏 0106 刑初 184 号	用于招生宣传
（2018）苏 0116 刑初 25 号	扩大公司客户渠道
（2018）苏 0211 刑初 15 号	拓展房屋租赁业务
（2018）苏 0214 刑初 16 号	拓展客户、提升工作业绩
（2018）苏 0281 刑初 115 号	为催收债务，寻找债务人
（2018）苏 0311 刑初 67 号	用于发展小额信贷业务
（2018）苏 0311 刑初 68 号	用于发展小额信贷业务
（2018）苏 0312 刑初 33 号	开展贷款业务
（2018）苏 0312 刑初 37 号	开展信贷中介业务
（2018）苏 0312 刑初 48 号	为了提高业绩
（2018）苏 0312 刑初 49 号	为提高业绩
（2018）苏 0312 刑初 60 号	为了推销贷款
（2018）苏 0312 刑初 71 号	用于推销贷款业务
（2018）苏 0312 刑初 74 号	为了推销 POSS 刷卡机业务
（2018）苏 0312 刑初 79 号	用于打电话推销贷款业务

案号	利用方式
（2018）苏 0312 刑初 107 号	用于解锁苹果手机
（2018）苏 0321 刑初 33 号	用于诈骗行为
（2018）苏 0506 刑初 68 号	用于电化团队拨打营销电话
（2018）苏 0506 刑初 878 号	用于公司开展业务
（2017）赣 0102 刑初 717 号	为拓展公司油卡销售业务；出售车主信息
（2017）赣 0102 刑初 1020 号	进行电话业务
（2017）赣 0702 刑初 487 号	胁迫被害人为其提供贷款
（2018）赣 0102 刑初 172 号	开展业务
（2018）赣 1127 刑初 35 号	利用公民个人信息在网上套钱
（2018）辽 0103 刑初 280 号	扩展业务资源
（2018）辽 0291 刑初 110 号	用于公司拓展业务
（2018）鲁 0211 刑初 94 号	用于销售房屋、提高业绩
（2018）鲁 0982 刑初 98 号	用于推销产品
（2018）鲁 1324 刑初 121 号	利用公民个人信息预约纪念币牟利
（2018）鲁 1721 刑初 132 号	发送带有木马病毒链接的短信，实施犯罪行为
（2017）陕 0113 刑初 1415 号	通过打电话、发短信的方式邀约客户
（2018）陕 0404 刑初 44 号	用于其实际经营、销售产品
（2017）沪 0113 刑初 2263 号	实施盗窃行为
（2018）沪 0106 刑初 275 号	用于推销房产
（2018）沪 0112 刑初 400 号	用于公司业务员房产推销
（2018）沪 0113 刑初 1181 号	推广业务
（2018）沪 0117 刑初 925 号	方便开展办理贷款的业务
（2017）川 0504 刑初 330 号	为拓展业务
（2018）川 0302 刑初 98 号	实施犯罪行为
（2018）津 0116 刑初 80030 号	实行诈骗行为
（2018）津 0103 刑初 71 号	拓展公司业务
（2018）津 0104 刑初 202 号	为增加业绩，获取更多利润
（2018）津 0104 刑初 268 号	开展业务
（2018）津 0116 刑初 20142 号	为催收银行欠款
（2016）浙 0203 刑初 627 号	实施电话诈骗
（2018）浙 0109 刑初 13 号	为了招揽生意拓展业务
（2018）浙 0326 刑初 107 号	为了拓展业务需要
（2018）浙 0326 刑初 116 号	拓展业务需要
（2018）浙 0326 刑初 312 号	拓展业务需要

案号	利用方式
(2018)浙 0503 刑初 73 号	为寻找客户,提升业绩
(2018)浙 1004 刑初 191 号	业务拓展需要
(2017)浙 0302 刑初 1610 号	用于招生
(2017)浙 0304 刑初 904 号	推广房地产营销业务
(2017)浙 0522 刑初 525 号	实施诈骗行为
(2017)浙 0603 刑初 1055 号	进行犯罪活动
(2017)浙 0702 刑初 618 号	实行盗窃行为
(2017)浙 1081 刑初 1979 号	拓展公司业务
(2018)浙 0211 刑初 6 号	实施诈骗行为
(2018)浙 0326 刑初 72 号	拓展业务
(2018)浙 0702 刑初 30 号	用于非法制作假冒机动车驾驶证
(2018)浙 0702 刑初 53 号	用于给客户销抵驾驶证违法扣分,以此获利
(2018)浙 0921 刑初 42 号	实施犯罪行为
(2018)浙 1082 刑初 184 号	为了实施犯罪行为
(2018)浙 1121 刑初 21 号	实施犯罪行为
(2018)浙 0109 刑初 10 号	招揽生意拓展业务
(2018)浙 0602 刑初 35 号	实施网络诈骗
(2017)渝 0154 刑初 342 号	提高公司业绩
(2018)渝 0104 刑初 42 号	推广业务
(2018)渝 0104 刑初 43 号	用于电话推销保险业务
(2018)渝 0104 刑初 55 号	推广工作业务
(2018)渝 0104 刑初 78 号	推广工作业务
(2018)渝 0107 刑初 305 号	拓展装修业务
(2018)渝 0101 刑初 306 号	通过拨打电话推销公司业务
(2018)渝 0103 刑初 21 号	用于开发客户使用
(2018)渝 0104 刑初 40 号	推广工作业务
(2018)渝 0104 刑初 57 号	推广工作业务
(2018)渝 0104 刑初 58 号	推广工作业务
(2018)渝 0104 刑初 61 号	推广工作业务
(2018)渝 0104 刑初 67 号	用于推销装修业务
(2018)渝 0104 刑初 68 号	推广工作业务
(2018)渝 0104 刑初 71 号	拓展业务
(2018)渝 0104 刑初 75 号	拓展业务
(2018)渝 0104 刑初 80 号	推广工作业务

案号	利用方式
（2018）渝 0104 刑初 82 号	推广工作业务
（2018）渝 0104 刑初 99 号	推广工作业务
（2018）渝 0104 刑初 115 号	用于推广业务
（2018）渝 0107 刑初 23 号	拓展其房屋中介业务
（2018）渝 0241 刑初 210 号	冒充金融贷款公司工作人员骗取财物

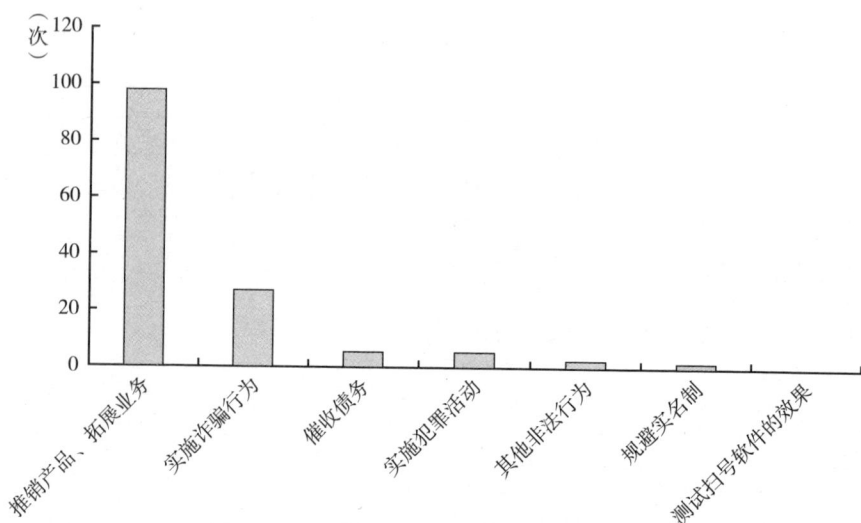

图 3　被泄露信息的终端利用方式

　　表 9 和图 3 所透露的信息有两点：第一，带有商业目的定向推广，是信息利用的最重要类型，针对此类营销推广类信息利用所引发的信息泄露，治理方法在下游而不是上游，只需要在法理上明确肯定其合法性即可。第二，正当目的利用为主，不当目的利用并不占多数。这说明，数据的正当利用的需求是客观存在的，仅仅以对立、打击的手段实施数据泄露治理非上策。可行之策是，在刑事法律之外，制定更加完备的民商事法律，将信息利用的合法方式明确下来；同时在立场上，应当认识到如同财产被窃一样，将是消灭不尽的现象，只需在有限成本下实现动态控制就好。

十一　审慎的建议

基于对 2018 年全年网络安全刑事诉讼案件整体观察，网络安全类犯罪，在性质上更接近财产类犯罪和非暴力类犯罪。2018 年全年的网络安全类犯罪，整体上呈现高度的经济理性特征、灰色产业链特征、参与人内部化甚至专业化特征。此种"高度的经济理性特征"，首先表现在普遍的牟利目的，2018 年度的 5 例"非法侵入计算机信息系统罪"，全部是为了单纯的牟利。其次表现在犯罪手段的组织性甚至产业化上。侵犯公民个人信息案件数量在 2017、2018 连续两年，超过其他 8 类案件的总和。最后表现在罪犯潜在群体的专业化和固定化。除非法利用信息网络罪、侵犯公民个人信息罪，其他 7 类犯罪主体绝大多数不是普通公民，而是具备一定网络与计算机技能的特定人群。基于此，建议如下：

第一，正面确权，以产权的明晰和有力的民事保护对抗肆意的侵权行为。具体措施包括加强个人信息的民事权利要件的建构与侵权标准的认定，包括明确区分刑事诉讼与民事诉讼，明确刑事惩罚不得替代民事赔偿的理念。

第二，打击和瓦解灰色产业链。在非法获取计算机信息系统案、帮助信息网络犯罪活动案、侵犯公民个人信息案三类案件中，针对持续性、经营性、组织性地提供网络服务或者收购个人数据的主体，处以更重处罚，且关键在于配置更重的财产刑而非人身刑。针对做出行政处罚或者刑事判决的案件，积极鼓励而非仅仅容忍公益诉讼。此外，鉴于起始端以"知情—同意"机制为核心的形式规制在实践中不成功，可以考虑以政府机构或者权威第三方提示、评级、技术规制的方式提示风险。信息终端的规制措施是重点，可以考虑积极鼓励类似"来电信息标注"一类的技术提示行为来抗衡信息的非法利用。

第三，针对网络安全犯罪主体的特定性、内部性特征，加大打击力度。依然以侵犯公民个人信息案为例，数据泄露的最大源头是以合法方式大量持续收集公民个人信息的企业中的"内鬼"。最主要的又属数据潜在价值最大的公民不动产和机动车数据掌控者。加强对其内部管理流程的监管和外部监督迫在眉睫。学校、医院是居次的重要泄露源，应相继投入监管资源。

网络安全的核心威胁，不在于偶发性、病理性、极端性的自我毁灭行为，而是常态性、牟利性、合理化的自我实现行为。只是这些理性行为如未经充分的人道考量，过于偏重短期机会主义、过度重视局部利益和当下利益，就可能扭曲为犯罪。网络犯罪行为尚且需要耐心的产业化经营才能生存，治理更需要持久战。

B.10
网络安全行政执法情况研究
报告（2017~2018）

网络安全行政执法情况研究课题组*

摘　要：　2017年6月1日起施行的《网络安全法》是中国网络空间治理的基础性法律，在其确立的基本原则和框架之下，中国已建立起或正在建立一系列监管制度，包括联网备案制度、网络安全等级保护制度、关键信息基础设施保护制度、个人信息保护制度、重要数据保护制度、网络信息内容管理制度、禁止利用网络实施违法行为制度、实名制及网络产品和服务管理制度等。为了了解《网络安全法》的实施情况，我们以各项监管制度为基本维度，全面梳理了《网络安全法》实施以来的相关行政执法案例，以探索其中的规律和趋势，并提出了政策建言和企业合规建议，供监管部门及有关企事业单位参考。

关键词：　网络安全　实施情况　判例研究

引　言

在中国网络安全管理领域，存在管理手段不均衡的局面，即刑法先行，

* 课题组负责人：支振锋、袁立志，主要执笔人：袁立志、张波，竞天公诚律师事务所合伙人；史倩君，上海对外经贸大学法律硕士；支振锋，中国社会科学院法学研究所研究员、中国社会科学院大学长聘教授、《环球法律评论》杂志副主编、《网络法治蓝皮书》主编，国家万人计划青年拔尖人才，博士生导师。

刑罚体系比较完善，而行政监管和民事保护立法滞后，制度供给不足。2017年6月1日《网络安全法》（以下简称"《网安法》"）正式生效，基本解决网络安全行政监管滞后的问题。从宏观来看，《网安法》在中国网络空间治理中占据基础性法律地位，具有统领网络空间治理的作用；从具体职能来看，《网安法》主要是一部行政法，其主要目的是通过行政手段来保护网络空间安全，重点在于纠正企业或个人尚不足以定罪的违法行为，对私权利救助提供另一种保护路径，对刑法的兜底保护提供更多一道的预先保护屏障。

本报告旨在就《网安法》实施以来至2018年底的行政执法案例的基础上回顾网络安全执法情况，总结行政执法的逻辑、重点、尺度和趋势，一方面可以为相关的立法和执法部门提供政策建言，另一方面也可以为企业的网络安全工作提供指引。

一 网络安全行政执法概况

通过检索地方政府部门工作网站、新闻资讯等，自2017年6月《网安法》实施至2018年底，共发生涉及《网安法》及其相关法规的行政执法案例约53起，案件列表见附录。① 为便于统计分析，同批公布的案例计为1起。不同于司法部门针对刑事案件和民事案件建立的统一裁判文书公开制度，行政执法领域没有统一的执法文书公开制度，因此搜集的行政执法案例虽然只是全部已发生案例的一部分，但是这部分案例仍然具有相当的代表性，对这部分案例的研究具有管中窥豹的效果。

针对该53起案例，重点从以下6个维度进行分析：

（一）行政执法领域分布

网络空间安全下包含一系列具体监管制度，联网备案制度、网络安全等

---

① 本文案例来源于地方政府部门工作网站、新闻资讯等，时间范围为2017年6月网安法实施至2018年底，共收集53起案例。下文图表中的析出内容、统计数据等，均以该53起案例为原始材料，不再一一注释说明。

级保护制度（以下简称"等级保护"）、关键信息基础设施保护制度、个人信息保护制度、重要数据保护制度、网络信息内容管理制度（以下简称"网络信息内容管理"）、禁止利用网络实施违法行为制度、实名制和网络产品或服务管理制度等。其中联网备案制度、等级保护制度、信息内容管理制度、禁止利用网络实施违法行为制度、实名制和网络产品或服务管理制度在《网安法》出台之前已实施多年，个人信息保护制度也散见于此前的多部法规中，而《网安法》的出台再次确认并提升了这些具体制度的法律地位，推动了这些领域执法的不断加强和深入，53 起行政执法案例分别落入这七项制度范围内。而关键信息基础设施保护制度、重要数据保护制度是《网安法》出台后新建立的制度，相关配套规则尚未落地，故在这两个领域暂未发现行政执法案例。

以执法领域为维度，53 起案例分布情况为：联网备案 1 起（1.9%）、等级保护 16 起（30.2%）、个人信息保护 4 起（7.5%）、信息内容管理 22 起（41.5%）、利用网络实施违法行为 4 起（7.5%）、实名制 3 起（5.7%）、网络产品或服务管理 1 起（1.9%），另有综合案例 2 起（3.8%），其中 1 起涉及联网备案与信息内容管理，另 1 起涉及实名制与信息内容管理。信息内容管理和等级保护是执法案例最多的两个领域，合计达案例总数的 71.7%。执法领域的分布反映了当前网络安全执法的重点。

（二）行政执法依据

《网安法》作为我国网络安全监管的基础性法律，其在某种程度上只对前述各项制度内容给出了原则性规定，具体的实施细则需由其他相关法规予以明确。这就使得监管部门在执法中除援引《网安法》外，其他法规亦是重要的执法依据。综合 53 起案例，我们可以发现，当前中国法律语境下，针对各领域的法规具体有：

（1）联网备案制度

《计算机信息网络国际联网安全保护管理办法》明确规定互联单位、接入单位、使用计算机信息网络国际联网的法人和其他组织有义务履行联网备案手续，其应当自网络正式联通之日起 30 日内，到所在地的省、自治区、直辖市人民政府公安机关指定的受理机关办理备案手续，不履行备案职责的，由公安机关给予警告或者停机整顿不超过 6 个月的处罚。

（2）等级保护制度

《网安法》第二十一条明确规定我国实行网络等级保护制度，网络运营者应当按照网络安全等级保护制度的要求，履行安全保护义务。等级保护制度下主要有两大要求：一是程序性要求，即网络安全定级备案和定期测评；二是实体性要求，即履行网络安全等级保护义务。

针对网络安全程序性义务，其法律依据主要是《信息安全等级保护管理办法》（以下简称"《等保办法》"），网络运营者需根据该管理办法对自己所管理或经营的网络进行定级备案和定期测评的工作；针对网络安全保护义务，其法律依据主要有《网安法》第二十一、二十五条，其中第二十一条第五款"法律、行政法规规定的其他义务"主要包括《等级办法》和《计算机信息网络国际联网安全保护管理办法》中关于安全保护义务的内容。

网络运营者不履行等级保护义务的，有关主管部门可以责令改正，给予警告；拒不改正或者导致危害网络安全等后果的，处 1 万～10 万元罚款，对直接负责的主管人员处 0.5 万～5 万元罚款。

（3）个人信息保护制度

《网安法》确定了个人信息收集的必要原则，即合法、正当和必要原则，其对个人信息保护的强制性规定主要集中在第二十二条第三款、第四十条至第四十五条中。过去 4 起案例，除《网安法》外，《全国人民代表大会常务委员会关于加强网络信息保护的决定》和《电信和互联网用户个人信息保护规定》也被执法部门作为认定违法行为的重要依据。

网络运营者、网络产品或服务提供者未按照规定收集、处理和保护个人信息，执法部门可依据《网安法》第六十四条的规定予以行政处罚，主管部门可以责令改正，或者处以警告、没收违法所得、处违法所得 1～10 倍罚款或 100 万元以下罚款，对直接负责的主管人员和其他直接责任人员处 1 万～10 万元罚款；情节严重的，可以责令暂停相关业务、停业整顿、关闭网站、吊销业务许可证或营业执照；网络运营者、网络产品或服务提供者窃取或以其他非法方式获取、非法出售或非法向他人提供个人信息，尚不构成犯罪的，由公安机关没收违法所得，并处违法所得1~10倍罚款或100万元以下罚款。

另外，与个人信息保护相关的还有一个重要的国家标准文件《信息安全技术-个人信息安全规范》（以下简称"《个人信息安全规范》"），其虽然不能作为行政处罚的依据，但在实务中也常被网信办作为公开评审、公开约谈等柔性执法方式的重要依据。

（4）信息内容管理制度

根据《网安法》第四十七条，网络运营者应当加强管理其用户发布的信息，有义务审核网络信息内容，若发现法律、行政法规禁止发布或者传输的信息的，应当立即停止传输该信息，采取消除等处置措施，防止信息扩散，保存有关记录，并向有关主管部门报告。此条款实则为一个委托性调整规范，对于具体何种信息为禁止发布或传输的信息，《网安法》并未作明确说明，需要援引其他的法律、行政法规的相关内容。

主管部门在监管时，依据的法规除《网安法》外，还有《计算机信息网络国际联网安全保护管理办法》第二十一条和《互联网信息服务管理办法》。另外，针对具体的服务内容，也有不同的监管要求：如针对涉及提供"直播"及其类服务的网络运营者，《互联网直播服务管理规定》是重要的执法依据；涉及利用网络推送电子广告的服务，主管部门也会依据《广告法》第九条进行执法。

对违反信息管理义务的行为，有关主管部门可以对涉事主体责令改正，给予警告，没收违法所得；拒不改正或者情节严重的，处十万元以上五十万元以下罚款，并可以责令暂停相关业务、停业整顿、关闭网站、吊销相关业务许可证或者吊销营业执照，对直接负责的主管人员和其他直接责任人员处一万元以上十万元以下罚款。

（5）禁止利用网络实施违法行为制度

该制度下的处罚依据主要是《网安法》第四十六条，"任何个人和组织应当对其使用网络的行为负责，不得设立用于实施诈骗，传授犯罪方法，制作或者销售违禁物品、管制物品等违法犯罪活动的网站、通讯群组，不得利用网络发布涉及实施诈骗，制作或者销售违禁物品、管制物品以及其他违法犯罪活动的信息"。

根据《网安法》第六十七条，违反前述规定，设立用于实施违法犯罪活动的网站、通讯群组，或者利用网络发布涉及实施违法犯罪活动的信息，尚不构成犯罪的，由公安机关处五日以下拘留，可以并处一万元以上十万元以下罚款；情节较重的，处五日以上十五日以下拘留，可以并处五万元以上五十万元以下罚款。关闭用于实施违法犯罪活动的网站、通讯群组。单位有前款行为的，由公安机关处十万元以上五十万元以下罚款，并对直接负责的主管人员和其他直接责任人员依照前款规定处罚。

（6）实名制

根据《网安法》第二十四条第一款，网络运营者为用户办理网络接入、域名注册服务，办理固定电话、移动电话等入网手续，或者为用户提供信息发布、即时通讯等服务，在与用户签订协议或者确认提供服务时，应当要求用户提供真实身份信息。用户不提供真实身份信息的，网络运营者不得为其提供相关服务。

若未履行实名制，行政机关可以责令改正；拒不改正或者情节严重的，处5万~50万元以下罚款，并可以由有关主管部门责令暂停相关业务、停业整顿、关闭网站、吊销相关业务许可证或者吊销营业执照，对直接负责的主管人员和其他直接责任人员处1万~10万元以下罚款。

（7）网络产品或服务管理制度

根据《网安法》第二十二条第一款和第二款，网络产品或服务提供者有对其提供的产品或服务管理的义务，网络产品、服务应当符合相关国家标准的强制性要求。若网络产品或服务提供者未尽到其管理义务，有关主管部门可以责令改正，给予警告；拒不改正或者导致危害网络安全等后果的，处5万~50万元罚款，对直接负责的主管人员处1万~10万元罚款。

（三）行政执法部门分工

根据《网安法》的规定，国家网信部门负责统筹协调网络安全工作和相关监督管理工作，国务院电信主管部门、公安部门和其他有关机关依照《网安法》和有关法律、行政法规的规定，在各自职责范围内负责网络安全保护和监督管理工作。从具体职能来看，各监管部门主要分工如下：

（1）网信部门负责网络安全监管工作的总体统筹协调，主管个人信息保护、重要数据保护、信息内容管理和实名制；

（2）公安部门主管联网备案、等级保护、信息内容管理、关键信息基础设施保护、利用网络实施违法行为，兼及个人信息保护；

（3）工信部门主管网络产品或服务管理工作，兼及个人信息保护、信息内容管理和实名制。

在53起案例中，网信部门执法18起（34.0%），公安部门执法25起（47.2%），工信部门执法6起（11.3%），多部门综合执法4起（7.5%），由此可见，公安部门是执法最活跃的部门。

针对违法行为，纵向来看，存在同一部门上下级协同执法的现象，这主要出现在等级保护相关案例中，如附录案例3，山西忻州市、县两级公安机关网安部门共同监管山西忻州市某省直事业单位。横向来看，存在多部门协作执法现象，如附录案例47，新疆互联网信息办公室、自治区公安厅协同监管利用网络实施违法行为。除上述三部门协作执法外，其他行政部门也会因法律或行政法规的授权会同前述主管部门共同执法，如附录案例16，封丘县公安局与封丘县文化广电旅游局皆因新乡市封丘县图书馆未采取防止危害网络安全行为的技术措施对其处以行政处罚。

（四）行政执法对象分布

我们从两方面来分析行政执法对象，一是运营主体，二是网络形式。53起案例中，被处罚的运营主体主要有三类，自然人、事业单位和企业。自然人受处罚的原因主要是利用网络实施违法行为，共计4起；以学校、图书馆等教育或文化服务单位为代表的事业单位受罚的原因主要是未落实网络安全等级保护义务，共计 8 起；其余受罚的运营主体均为企业，共计 41 起。

涉案的网络形式包括系统、网站、App、远程数据检测平台、公众号、邮件系统等，其中网站和 App 占绝大多数。针对 App 的监管重点是个人信息保护、信息内容管理和实名制；针对网站和系统监管重点是等级安全保护和信息内容管理。

（五）违法行为的发现途径

行政执法的触发机制包括以下五种：（1）由于发生违法或损害后果事件导致被调查，如黑客入侵、网站遭受攻击、个人信息泄露等；（2）监管部门的日常检查，如公安部门的日常巡查、专项检查、定点检查、专项治理等；（3）网络安全监测预警和通报，如国家网络与信息安全信息通报中心通报；（4）网民举报，如用户发现违法违规信息进行举报；（5）舆情所致，如引发公众舆论热议。

53 起案例中，约有 8 起案例是由于发生后果触发的，有 15 起是监管部门的日常检查触发的，有 7 起是由于监测和通报触发的，有 21 起是由于网民举报触发的，有 2 起是舆情触发的。由此可见，网民举报、日常检查易触发行政执法。

（六）执法惩戒强度分析

从行政执法对涉事主体的惩戒力度来看，上述案例可为强中弱三档：（1）惩戒力度强是指行政拘留或者吊销证照等，对涉事主体威慑力最大；（2）惩戒力度中等是指罚款、停业停网等，对涉事主体威慑力中等；（3）惩戒力度弱是指约谈、警告、责令改正等，威慑力度最小。惩戒力度的分布反映了当前网安执法的尺度和口径。

前述该 53 起案例中，惩戒力度强的案例 4 起，惩戒力度中等的案例 20 起，惩戒力度弱的案例 29 起。总体看来，目前的执法以教育引导为主。

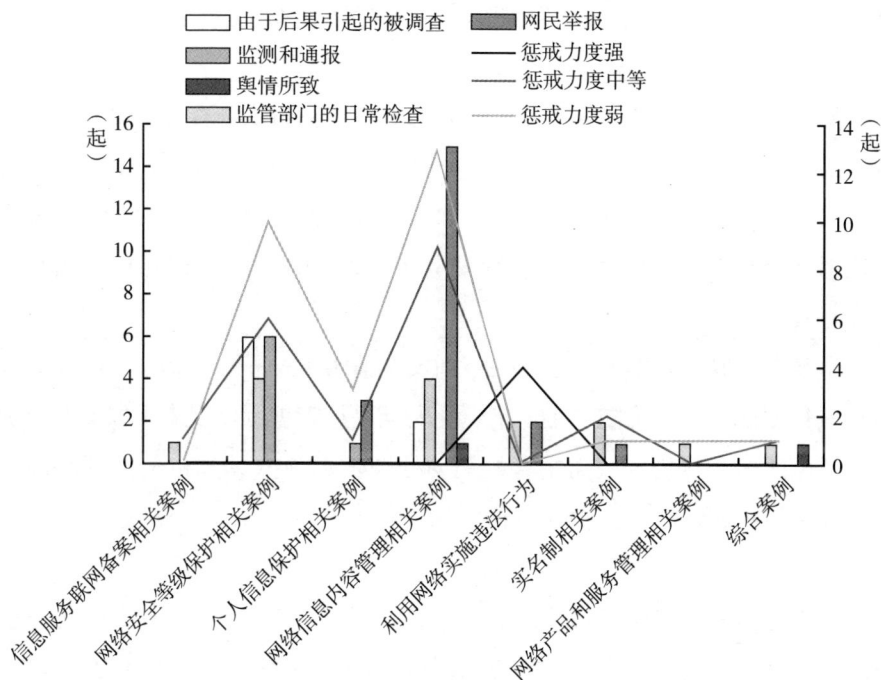

图1 网络安全行政执法案例分布

二 分领域执法情况介绍

（一）联网备案相关案例

1. 概述

截至 2018 年底，涉及联网备案相关案例共计 2 起（且其中 1 起为综合案例），案例数量较少，分析空间有限。

联网备案制度是网络运营者利用网络提供产品或服务生命周期的起点，相较于等级保护而言，其重点在于运营主体应当自网络正式联通之日起 30 日内，向公安机关办理联网备案手续，这是独立于网络安全等级保护的一项程序。等级保护着眼于整体网络安全，是一项综合性工作；联网备案则着眼于联网接入环节，相对来说，目的单一。不能将联网备案与等级保护定级备案混淆。

2. 典型案例解读

如附录案例 1，2017 年 7 月，上海公安网安部门依法查处了出现违法违规问题的 App 软件。"热拉"（上海初生网络科技有限公司）未落实公安备案、未建立安全保护管理制度及未采取安全保护技术措施，上海公安网安部门依据《计算机信息网络国际联网安全保护管理办法》处以停机整顿 6 个月的行政处罚。

本案中，联网备案手续是网络空间安全监管下的初始要求，"热拉"未遵从该初始性要求，附随产生了未建立安全保护管理制度及未采取安全保护技术措施的违法行为，故而主管机关的处罚依据为《计算机信息网络国际联网安全保护管理办法》而非《网安法》。

3. 执法特点

笔者检索到的该两起案例，被处罚的对象均为 App，行政处罚均为停机整顿六个月，处罚力度中等。当前未履行联网备案手续的违法行为不多见，App 的相关运营者要注意该项义务，一旦未办理联网备案，或将受到停网停业的处罚。

（二）等级保护相关案例

1. 概述

截至 2018 年底，涉及网络安全等级保护相关案例共计 16 起，常见的问题主要是五类：一是始终未进行网络安全等级保护的定级备案、等级测评等工作；二是经测评合格后投入使用但之后未进行定期等级测评工作；三是存在安全漏洞；四是未依法留存用户登录相关网络日志；五是未采取任何防范计算机病毒和网络攻击、网络入侵等危害网络安全行为的技术措施，如未制定风险防范方案、无人维护等。

2. 典型案例解读

（1）始终未进行网络安全等级保护的定级备案、等级测评等工作

如附录案例 2，2017 年 7 月 22 日，宜宾市翠屏区"教师发展平台"网

站因网络安全防护工作落实不到位，导致网站存在高危漏洞，发生网站被黑客攻击入侵的网络安全事件。宜宾网安部门在对事件进行调查时发现，该网站自上线运行以来，始终未落实网络安全等级保护制度，未履行网络安全保护义务，遂根据《网安法》第五十九条第一款之规定，决定给予翠屏区教师培训与教育研究中心和直接负责的主管人员法定代表唐某某行政处罚决定，对翠屏区教师培训与教育研究中心处一万元罚款，对法人代表唐某某处五千元罚款。

本案例中，该网站被处罚的原因主要是其自始未履行等级保护的程序性义务，没有进行定级备案、等级测评等工作，以致未发现网络漏洞，造成网站发生被黑客攻击入侵的网络安全事件，从而附随导致违反了等级保护的实体性义务。该网站违反了《网安法》第二十一条及《等保办法》的规定，行政机关根据《网安法》第五十九条的规定对其予以行政处罚。

（2）经测评合格后投入使用但之后未进行定期等级测评工作

如附录案例4，汕头市某信息科技有限公司于2015年11月向公安机关报备的信息系统安全等级为第三级，经测评合格后投入使用，但之后并未按规定定期开展等级测评。广东汕头网警支队在2017年7月20日执法检查时发现此问题，依法对该单位给予警告处罚并责令其改正。

本案例中，该公司已被认定安全等级为三级，根据《等保办法》第十四条第一款之规定"第三级信息系统应当每年至少进行一次等级测评"，该公司有义务每年至少进行一次等级测评却未履行。这违反了等级测评义务。

（3）未依法留存用户登录相关网络日志

如附录案例5，重庆市公安局网安总队在日常检查中发现，重庆市首页科技发展有限公司自2017年6月1日后，在提供互联网数据中心服务时，存在未依法留存用户登录相关网络日志的违法行为，根据《网安法》第二十一条第三项、第五十九条之规定，决定给该公司警告处罚，并责令限期十五日内进行整改。该公司收到《行政处罚通知书》后，立即编制了《整改方案》并着手实施整改，待整改完成后，公安机关将对其整改情况进行验收。

该案例中，公司被处罚的理由主要是因为未留存网络日志。网络日志留存是公安机关依法追查网络违法犯罪的重要基础和保证，也正因如此，《网安法》严格规范了网络运营者记录并留存网络日志的法定义务。

（4）网站存在漏洞

如附录案例3，2017年6月至7月间，忻州市某省直事业单位网站存在SQL注入漏洞，严重威胁网站信息安全，连续被国家网络与信息安全信息通报中心通报。忻州市、县两级公安机关网安部门对该单位进行了现场执法检查，依法对该单位给予了行政警告处罚并责令其改正。

本案例中该事业单位被处罚的原因是其未尽到网络安全保护义务而致使网站出现漏洞，这违反了《网安法》第二十一条和第二十五条的规定。

（5）未按规定履行网络安全事件应急处置义务

如附录案例7，2017年9月，哈尔滨市公安局网安支队发现，方正县农业技术推广中心设立的"方正农业社会化服务平台"遭到黑客入侵，在社会上造成恶劣影响。经查，该网站隶属于方正县政府农业技术推广中心，开通以来长期无人维护，安全防护工作落实不到位，未按照网络安全等级保护制度要求落实网络安全主体责任，存在高危安全漏洞并被黑客入侵，造成严重后果。公安机关责令方正县政府农业技术推广中心立即整改，并给予两万元罚款的处罚。

本案例中，该单位被处罚的原因主要是未制定及时处理系统漏洞和防范黑客入侵的应急处理措施，以致造成严重后果，即该单位未履行网络安全事件应急处置义务，违反了《网安法》第二十五条。

3.执法特点

综合本制度下16起执法案例，该制度下的执法特点主要有：

（1）执法机关为各地公安部门的网安部门，触发行政执法的因素包括：一是发生后果（6起），表现为网站遭受黑客攻击从而引起监管部门注意；二是公安机关的日常检查（4起）；三是上级部门的监测通报（6起），如国家网络与信息安全信息通报中心通报、公安部、省公安厅网络与信息安全情况通报。

（2）涉事主体包括企业和以学校、图书馆为代表的事业单位，受处罚的网络表现形式为网站、数据监测平台和各类服务系统，暂未发现与 App 相关的案例。

（3）针对网络安全等级保护相关案例，当前的处罚以约谈、警告、责令整改、罚款为主，惩戒力度弱的有 10 起案例，惩戒力度中等的有 6 起案例。当前主要还是以教育与引导为主。

（三）个人信息保护相关案例

1. 概述

由于立法供给不足等原因，过去个人信息保护主要依赖于刑法，行政法保护较少。《网安法》出台后，这种情况有所改变，但相关执法案例仍然不多。截至 2018 年底，涉及个人信息保护相关的行政执法案例有 4 起，受处罚的原因，从宏观角度看，主要有两类：一是完全未告知信息主体收集或使用其信息，二是个人信息收集后的使用规则、使用目的告知不充分。具体来看，受处罚行为主要有用户个人信息收集使用规则、使用目的告知不充分、未取得用户充分授权和不符合《个人信息安全规范》国家标准的精神。综合来说，该领域下的核心问题是合法性问题，即在收集和使用个人信息前，是否取得用户的有效同意。

2. 典型案例解读

（1）完全未告知信息主体收集或使用其信息

如附录案例 20，2018 年 5 月上海通信管理局发布处罚通告，通告显示某公司 WiFi 共享产品"未提供可靠机制保证共享 WiFi 密码的用户为 WiFi 热点所有者或征得其所有者的同意而分享"，责令改正并处罚款 25 万元人民币。

本案例中，该企业未取得 WiFi 所有者的授权同意而收集 WiFi 密码，并在未取得所有者同意的情况下，将 WiFi 热点分享给他人，违反了《网安法》第四十一条第一款的规定，未向 WiFi 所有者明示收集也未告知使用其 WiFi 密码的目的，违背了合法、正当的原则，因此，主管部门根据《网安法》第六十四条的规定对其予以行政处罚。

（2）个人信息收集后的使用规则、使用目的告知不充分

如附录案例19，2018年1月11日，工业和信息化部信息通信管理局约谈了三家知名互联网企业。工业和信息化部信息通信管理局指出，对照《网络安全法》《全国人民代表大会常务委员会关于加强网络信息保护的决定》《电信和互联网用户个人信息保护规定》（工业和信息化部令第24号）有关规定，三家企业均存在用户个人信息收集使用规则、使用目的告知不充分的情况，要求三家企业本着充分保障用户知情权和选择权的原则立即进行整改。

本案例中，三家企业被处罚的原因均是告知不充分，未充分保障用户知情权和选择权，这有悖于《网安法》第四十一条确定的个人信息保护原则。

与本案例相似的被处罚行为是App或网站用户协议替用户"默认勾选"的行为。根据《个人信息保护规范》中5.3条款，收集个人信息前，应向个人信息主体明确告知所提供产品或服务的不同业务功能分别收集的个人信息类型，以及收集、使用个人信息的规则（例如收集和使用个人信息的目的、收集方式和频率、存放地域、存储期限、自身的数据安全能力、对外共享、转让、公开披露的有关情况等），并获得个人信息主体的授权同意。默认勾选的做法侵犯了个人信息主体的知情权及信息自决权。

3. 执法特点

该四起案例中：

（1）有三起案例主管部门为各地的通管局，一起为公安部门，违法行为被发现的途径包括舆情所致（公众质疑）、监测通报和执法部门的日常检查。

（2）有三起案例的处理方式为约谈，一起案例为责令改正并罚款。总体而言，还是以引导和教育为主。值得注意的是，虽然当前较少采用强力的行政执法措施，但是企业严重侵犯个人信息的行为，将会有受到刑事制裁的风险。

（四）信息内容管理相关案例

1. 概述

截至2018年底，涉及信息内容管理相关案例共计22起，受处罚的原因

为网站平台存在违法信息，具体包括：分裂主权和领土完整的违法信息、淫秽色情信息、低俗恶搞和虚假不实信息以及其他违法犯罪信息。

信息内容管理不同于不得利用网络实施违法行为，二者对相关主体的约束侧重点不同。信息内容管理义务强调网络运营者对其所运营的平台内的信息应当尽到审核管理义务，其法律依据为《网安法》第四十七条；而不得利用网络实施违法行为义务侧重网络用户和运营者不得发布、转发违法犯罪信息，其法律依据为《网安法》第四十六条。

2.典型案例解读

该类型下，执法案例重点有以下几类：

（1）违法接入违规网站

如附录案例27，2017年8月，宿城公安分局网安大队成功查处了一起网络运营者在提供网络服务过程中，违法接入违规网站的案件，宿城公安分局网安大队要求该公司对提供互联网接入服务的服务器内涉及法律、行政法规禁止传输的信息，立即予以停止传输、采取消除等处置措施并保存有关记录。

在本案例中，该违法接入的违规网站服务器内存在法律、行政法规禁止传输的信息，企业未尽到网络信息内容管理义务，接入违规网站，违反了《网安法》第四十七条的规定。

（2）平台存在涉及分裂主权和领土完整的违法信息

附录案例34，某知名国际酒店集团在发给其中国会员的活动邮件中，将港澳台地区和西藏都列为"国家"，上海市网信办责令该集团从1月11日18时起对官方中文网站、中文版App自行关闭一周，开展全面自查整改，彻底清理违法违规信息，及时向社会公布对事件的调查结果和处置情况。

该案例因错误的将中国某些省份单独列为国家，有分裂中国领土和主权之嫌，故被认定为违法信息。涉及主权和领土完整的信息治理也是"高压线"，尤其是外资企业容易在这个问题上栽跟头，而且此类违规信息极有可能引发负面舆情，对企业而言风险极大。

（3）平台存在淫秽色情信息

如附录案例33，2017年12月某知名互联网企业及某知名新闻客户端涉色情低俗信息被北京网信办约谈，北京网信办责令企业立即停止违法违规行为，责令两家企业深入自查自纠，全面清理网上违规内容，杜绝类似情况再次发生。

（4）平台存在低俗恶搞、虚假不实信息

附录案例40，2018年4月4日，两家知名的直播短视频平台传播涉未成年人低俗不良信息，社会舆论反映强烈。经查，两平台未能落实企业主体责任，出于博取眼球、获取流量目的，疏于账号管理，任由未成年人主播发布低俗不良信息，突破社会道德底线、违背社会主流价值观，污染网络空间，严重影响青少年健康成长。国家网信办于4月4日依法约谈平台相关负责人，提出严肃批评，依据《网络安全法》《互联网信息服务管理办法》《互联网直播服务管理规定》等法律法规，责令全面进行整改，暂停有关算法推荐功能，并将违规网络主播纳入跨平台禁播黑名单，禁止其再次注册直播账号。

该案例系发布低俗不良、偏离社会主义核心价值观导向的信息。发布或传输低俗恶搞、虚假不实信息的情形，除了会带来法律风险，更重要的是因其违反社会道德，违反社会伦理而引发公众不满，带来舆情风险。此类信息有时难以界定为违法信息，难以用法律的标尺去衡量，但此类信息必然不符合社会大众的道德观和价值观，发布或传输此类信息会给企业带来声誉损失，甚至会给企业打上"低俗"的标签。

（5）平台存在其他违法犯罪信息

如附录案例28，2017年8月，北京市网信办、北京市规划国土委就违法违规发布"大棚房"租售信息一事，联合依法约谈几大信息平台类网站。

"大棚房"是利用大棚结构将农业生产用地改造成居住生活用地，属于违法用地违法建设，北京市严禁建设"大棚房"，现有的"大棚房"也要坚决予以拆除。相关网站发布的"大棚房"租售信息，给不了解情况的网民造成错误引导，极易产生经济损失，并引发后续不良社会影响。

为此，北京市网信办、北京市规划国土委两部门要求，不得发布"大棚房"信息广告，发布农业大棚信息时不得含有可居住等信息内容；不得发布含有生活设施的农业大棚房源照片，因此对相关信息平台等存在违法违规发布"大棚房"租售信息的网站，北京市网信办下达了行政执法检查记录，责令网站落实整改。

与淫秽色情信息的显著违法性不同，上述信息的违法性并不显著，需要一定的专业知识才能判断。这就对企业相关人员的法律知识提出了较高的要求，如果审核人员能力不足，就会疏于防范，导致违法信息传播。

此外，赌博信息也是本制度下被禁止发布或传播的信息，如附录案例31中，2017年11月15日，荔城公安分局网安大队依法查处的一起网络运营者不履行网络安全保护义务的违法行为便源于福建某文化传媒有限公司旗下的"莆田某论坛"出现大量关于赌博的违规宣传类文帖，共计三万余条，引起了较大的不良影响。

3. 执法特点

（1）网络信息内容管理的监管机关主要由网信办和公安局网安部门负责，该22起案例中，违法行为被发现的途径主要有四类：一是发生后果引起的被调查（2起），表现为违法信息传播干扰网络秩序，造成不良影响；二是执法部门的日常检查（4起）；三是网民举报（15起）；四是舆情所致（1起）；

（2）涉事主体主要为企业，受处罚的网络平台表现形式包括App和网站，具体传播渠道包括网页、微信公众号、自媒体平台、微信聊天群等；

（3）当前的处罚以警告、罚款、停机整顿、责令整改为主，惩戒力度弱计13起案例，惩戒力度中等计9起案例。

（五）利用网络实施违法行为相关案例

1. 概述

该类型下相关案例共计4起，该4起案例的违法行为均为利用网络发布违法信息，具体有：利用微信群转发、传播不实信息和谣言，煽动参加非法集会；利用微信群发布嫌违法犯罪活动的信息；利用网络发布涉及实施违法犯罪活动的信息；利用互联网等平台宣扬、存储、传播涉暴力恐怖、宗教极端、民族分裂以及谣言和虚假信息等内容的文字、图片、音视频。

该类型不同于信息管理义务，信息管理义务强调网络运营者审查其管理或运营的平台，防止平台出现违法信息；而本类型下强调用户和运营者等主体不得利用网络实施违法行为，常见的即为不得主动利用网络发布或转发违法信息。

2. 典型案例解读

如附录案例44，一网民金某因利用微信群转发、传播不实信息和谣言，煽动参加非法集会，铜陵市铜官公安分局根据《网安法》第六十七条之规定，对金某处以行政拘留十日的处罚。

附录案例45，一网友因在微信群里发送有偿处理路面违章扣分和代考驾照的信息被处以行政拘留3日的处罚。

3. 执法特点

本类型的案例，监管部门为各地公安部门，处罚对象皆为自然人，处罚结果均为行政拘留，更有一起案例中因某些自然人触犯刑法而受到刑事拘留，惩戒力度强。

对于企业而言，因该类型易触发刑法，企业应当区分该义务与网络信息内容管理义务的不同，杜绝主动转发、发布、传播前述违法信息。

（六）实名制相关案例

1. 概述

与实名制相关案例共计3起，受处罚行为主要有两类，一是未要求用户进行实名制；二是存在违法、违规账号注册问题。

2. 典型案例解读

如附录案例48，2017年8月，蘑菇街互动网、虾米音乐网因存在违法违规账号注册等问题，被浙江省网信办查处，并暂停新用户注册7天。

附录案例49，2017年9月，深圳市三人网络科技有限公司因未要求用户实名制被广东省通信管理局行政处罚，广东省信管局责令立即整改，罚款五万元，并责令停业整顿，关闭网站。

附录案例50，2017年9月，某公司因未落实用户真实身份信息等级被广东省通信管理局行政处罚，责令立即整改，切实落实网站备案真实性核验要求。

3.执法特点

本制度下三起案例，监管部门为网信办和通管局，发现途径为日常检查（2起）和网民举报（1起），惩戒力度中等2起，惩戒力度弱1起，主要的处罚为责令整改，停业整顿。

（七）网络产品或服务管理相关案例

1.概述

涉及网络产品或服务管理相关案例只有1起，受处罚的原因是提供的服务存在安全缺陷和漏洞风险。该类型不同于等级保护中存在漏洞的情形，等级保护中因存在漏洞受处罚是因为网络运营者对自己管理或运营的网络未尽到安全保护义务，导致网络出现了漏洞；而本类型下是指网络产品或服务提供者提供的产品或服务存在诸如漏洞的缺陷，这是由于提供者未尽到管理义务，使其提供了不合标准的产品或服务。

2.典型案例解读

附录案例51，2017年9月，某公司提供的UC浏览器智能云加速产品服务存在安全缺陷和漏洞风险，未能及时全面检测和修补，已被用于传播违法有害信息，造成不良影响，依据网安法第二十二条第一款，广东省通信管理局责令该公司立即整改，采取补救措施，并要求其开展通信网络安全防护风险评估，建立新业务上线前安全评估机制和已上线业务定期核查机制，对已上线网络产品服务进行全面检查，排除安全风险隐患，避免类似事件再次发生。

此案例中，网络产品或服务管理不符合规定的原因在于该公司提供的UC浏览器智能云加速产品服务存在安全缺陷和漏洞风险，该公司未尽到网安法下的产品或服务管理义务。

3. 执法特点

本类型下案例仅为一起，分析空间有限。就该起案例而言，监管部门为通管局，处罚内容为责令整改，以教育引导为主。

（八）综合案例

1. 概述

同时违反两项义务的案例有 2 起，其中 1 起违反了联网备案义务和信息内容管理义务，另 1 起违反了实名制与信息内容管理义务。

2. 典型案例解读

附录案例 52，2017 年 7 月，上海公安网安部门对本市 App 发布平台开展执法检查，督促 App 发布平台严格落实 App 发布者备案制度、App 软件安全检测制度，要求 App 发布平台做好安全监测，注重发现和避免恶意扣费、隐私窃取、远程控制、恶意传播、资费消耗、系统破坏、诱骗诈取、流氓行为等行为的发生。在检查过程中，网安部门依法查处了出现违法违规问题的 App 软件。发现"遮社区"（上海翰蓝网络科技有限公司）、"哟趣"（上海成红网络科技有限公司）两款移动应用商未落实公安备案且出现淫秽色情信息，被上海公安网安部门依法处以停机整顿 6 个月的行政处罚。

本案例与信息服务联网备案和网络信息内容管理两大领域均相关，"遮社区"与"哟趣"两款 App 未进行联网备案并出现淫秽色情信息，其违反了信息服务联网备案制度和网络信息内容管理义务，主管部门依据《计算机信息网络国际联网安全保护管理办法》对其予以处罚。

附录案例 53，某直聘 App 定位是去猎头化、中介化，是一款让企业领导人与求职者在线聊天、加快面试的免费招聘手机软件，用户可在 App 上采用聊天的方式与企业高管等人士一对一沟通，更快速地获得 Offer。东北大学毕业生李文星使用该 App 遭遇招聘诈骗、深陷传销组织致死事件引发社会广泛关注。北京市网信办、天津市网信办联合约谈了该直聘企业负责人。经调查，该直聘 App 在为用户提供信息发布服务过程中，违规为未提供真实身份信息认证的用户提供了信息发布服务；未采取有效措施对用户发布传输的信息进行严格管理，导致违法违规信息扩散，责令网站立即开展自查整改。

此案例与实名制及网络信息内容审核两大领域均相关，其中传销组织未进行身份认证，该 App 为未提供真实身份信息认证的用户提供了信息发布服务，违反了网安法第二十四条的规定；未采取有效措施对传销组织发布传输的信息进行严格管理，导致诈骗、传销违法违规信息发布，违反了网安法第四十七条的规定，因此行政机关可以根据《网安法》第六十一条、第六十八的规定予以行政处罚。

3. 执法特点

该两起案例虽违背了多项法律要求，但是监管部门仅为一方监管，行政处罚均为责令改正，处罚力度较弱。

考虑到综合案例下，不同案例因其违反的法律要求不同，对应的执法亦有不同，无法对综合案例的执法特点进行归纳整理，此处可以参照各个制度下的不同要求对多个违反行为区别分析。综合案例下，行政处罚一般不会叠加，主管部门会根据各个违法行为所对应的行政处罚择重处罚，但尽管如此，在当前阶段也仍以教育引导为主。

三 网络安全行政执法评价及建议

（一）网络安全总体要求及企业合规建议

基于对前述网络安全行政执法案例的梳理和分析，我们发现，执法对象主要是企业，企业在网络空间安全体系中的角色尤为重要。在当前阶段，总体而言，对企业的要求重点有以下内容：

1. 落实网络安全等级保护要求，确保系统安全

建议企业设立专门的网络安全部门，至少须确定网络安全负责人，可以在专业律师的帮助下，根据相关的法律法规，从程序性义务与实体性义务角

度出发，逐条审查企业当前的网络安全管理是否合规。重点可以从以下几个方面入手：

（1）梳理当前业务所依托的系统，明确有哪些系统，明确各个系统的安全等级划分，初步判断定级备案的轻重缓急程度并进行等级评审、定级备案等工作。

（2）聘请专业机构。除了聘请有资质的测评机构出具测评报告之外，建议企业借助信息安全公司等专业知识来明确企业应当履行的各项义务，或者请专业人士根据测评报告对企业整改提供咨询建议。

（3）网络安全等级保护是一项持续性的工作，建议企业加强员工管理，进行员工培训和应急演练，定期监测、检查网络运行状态，定期开展测评，不时根据法律法规的最新要求更新内部管理制度和操作规范等。

（4）当前正处于等保 1.0 向等保 2.0 过渡的阶段，尚未开展等级保护工作的企业，应当尽快启动等级保护工作，尤其是应当尽快启动作为第一步的定级备案。已经开展等级保护工作的企业，应当关注等保 2.0 带来的变化。原来已经开展的程序性和实体性工作并不会全部失效，但面临复核、补充整改和升级。

2. 合法收集使用个人信息，确保数据安全

随着近期个人信息泄露、个人信息违规使用现象频生，公民对其个人信息保护尤为重视，这对企业提出了更高的要求。

对此，我们建议企业加强对个人信息的保护，保护个人信息的核心在于充分保护信息主体的知情权和信息控制权。对此，主要有以下几点建议：

（1）对业务、系统和数据进行梳理。目前很多企业同时运营多个产品，涉及多个业务系统，个人信息分布在各个产品和系统中，这类企业要开展个人信息合规工作，第一步就是要对业务、系统和数据情况进行全面梳理，形成数据清单和映射图表。

（2）明确告知信息收集范围和使用目的，并取得信息主体的同意。建议企业完善隐私政策或有关数据授权协议，确保获得信息主体授权后再处理个人信息，并充分保障信息主体的知情权和信息控制权。其中制定隐私政策

是企业履行《网安法》下告知义务的重要途径，因此建议企业在公司网站创建隐私模块，发布隐私政策，在隐私政策中向用户完整呈现个人信息处理相关规则的告知内容，根据规范要求分段、分点、分层次叙述，内容至少需要包括信息收集的内容、使用用途、数据存储安全等级、用户查询其信息使用情况的链接、用户维权方式等，且不得使用概括性的、模糊不清的、模棱两可的语言表述。若涉及个人敏感信息的收集使用、跨境传输等情况，应当通过单独列出或重点标识（加粗、下划线等）等形式突出提示。

（3）避免过度收集个人信息。根据现行规范，收集个人信息缺失明确的目的、超出产品业务功能相关目的的范围（收集非必要信息）或无法与其实现的业务功能明确挂钩，就可能会构成个人信息的过度收集。对此，建议企业：对其所提供的业务功能和收集使用的个人信息展开全面梳理，区分核心业务功能和附加业务功能，并将个人信息与据此实现的业务功能进行关联关系的对应；分离与业务功能无直接关联关系的非必要信息，排除该等个人信息的收集；另外，个人信息的收集使用所对应的明确目的或直接关联的业务功能应当在隐私政策等文件中向用户进行告知，如有个人信息被应用于新功能研发、产品或服务改进与发展的也应当及时向用户做出说明与提示。

（4）严格按照用户的授权范围使用用户信息。若企业不是直接从用户收集个人信息，而是接受其他企业收集后共享的个人信息，要注意不能超出用户原始授权的范围。提供方应仅按用户同意的范围将用户信息交由相关第三方，接收方则应适当核查提供方是否已获得用户的有效授权。若确需要将个人信息用于尚未告知、获取同意的其他目的时，接收方应当自行或通过提供方向用户告知并征得其另行同意。

（5）建立用户选择退出机制。建议企业向用户提供一个选择退出的机制，即用户虽然在收集时对信息的利用作出了同意，但用户仍有权撤销该类同意，用户可以要求停止使用其个人信息并要求删除，例如在 App 的"设置"界面提供关闭按钮、在隐私政策中提供退出链接等。企业在收到这样的要求后，应及时作出回应，彻底删除该用户相关信息及备份。

（6）加强对个人信息存储和传输安全管理，加密是基本要求，以防个人信息的泄露。

3. 落实网络信息内容管理义务与实名制，确保信息内容安全

（1）落实网络信息内容管理义务

对于信息内容管理，企业应当建立违法信息自我审查机制，阻断违法信息传播。审查网络信息内容，既要审查企业自身发布的信息内容，也要审查用户利用企业网络平台信息服务功能向公众发布的信息内容。

落实网络信息内容审查义务，我们建议从以下三方面入手：

①从源头上预防发布法律法规禁止发布或传输的信息。对企业自身而言，在发布信息前，建议进行多次审核，此处建议由法务部门协助，以确保企业自身对外发布的信息从源头上切断违法违规信息；对用户而言，建议利用网络技术提前设置敏感词汇，一旦用户要发布的信息中包含敏感字眼，则禁止其发布。

②网络运行状态中，监测是否存在违法违规信息。建议企业定期监测所运营或管理的网络是否存在违法违规信息，很多违法违规信息的发布会利用诸如音译字、图片、字母等形式避开运营者提前设置的敏感词汇，因此建议企业定期审查网络信息内容，以确保不存在前述的违法违规信息。在对信息内容进行监测时，企业应当遵守个人信息保护的规定，避免未经授权获取用户个人信息。

③若违法违规信息已经发布，应当及时阻断信息传播并彻底删除。若在监测过程中，发现违法违规信息，应当立即删除信息源，并建立内部管理机制，确保及时阻断信息的传播。

（2）落实实名制

为确保内容安全，企业应当建立实名认证规则和机制。我们建议从以下三点入手：

①督促用户完成实名认证。建议企业尽快执行实名制。实名制方法包括提供姓名和身份证号码等，在实务中，最常见的变通方式是提供手机号码，除此之外，如用户画像、人脸识别、指纹识别等，确保落实账户实名制管理制度。因此对于未进行实名认证的用户，可以通过网站页面或 App 页面向

用户发送提示的方式督促网络用户进行注册，完成实名认证。对于不进行实名认证的用户，给予一段时间的督促期，并在督促期内限制用户利用网站或App 的部分功能，加强对此类用户的监管；对于期满后仍然不进行实名认证的用户，建议企业暂停其使用相关产品和服务。

②审核实名认证真实性。对于已完成实名认证的用户，企业应当建立内部的审核机制，可以与政府部门合作，以确保用户实名认证的真实性，谨防盗用、冒用他人身份信息的现象发生。

③保护个人信息。实名认证是网络运营者的义务，但是企业在要求用户提供信息完成实名认证的同时，也要注意不要侵犯用户的个人信息。对于法律明确规定要实名制的服务，企业为履行实名制而收集个人信息是合法的，但要注意不能超出必要范围，不得收集与实名制无关的信息。对于非强制实名制的服务，收集身份信息就需要征得用户同意。另外，无论是法律规定强制要求实名制还是用户自愿进行实名制，与实名制有关的信息往往是敏感信息，企业对此类信息更要遵守敏感信息的保护要求。

（二）网络安全行政执法评价及政策建言

随着《网安法》的落地，中国网络空间治理的制度原则与框架已经建立，但制度建设仍然还在路上，还有许多工作有待落实。结合上述对执法案例的梳理，我们认为，在制度建设和完善方面有以下工作亟待进行：

1. 宏观层面：协调行政、民事、刑事三大领域保护措施

在当前阶段，从宏观来看，中国对网络安全的法律保护主要存在以下问题：

（1）中国民法对网络安全保护相关的规定较弱。目前民法上对网络安全的保护仅针对个人信息保护制度，且单就个人信息保护而言，现有的保护措施也仅侧重保护个人隐私权，并无具体、细致的法律规定，公民难以通过民法实现私权利救济。

（2）行政法领域欠缺具体保护细则。《网安法》虽然确立了行政领域对网络安全的保护原则和监管框架，但毕竟在当前阶段法律规定过粗，很多实

施细则还未出台，对监管部门而言也难以确认监管职责和内容，对于轻微的违法行为的引导和教育作用难以发挥。

（3）刑法倒挂现象明显。民法和行政法领域对网络安全保护有所欠缺与留白，这就使得当危害网络安全、危害个人信息安全的违法行为出现的时候，无法通过民法和行政法实现救济，只能依靠刑法。刑法本应当具有补充性，只有在其他法律都不足以禁止社会危害行为时才适用，具有兜底性，但其在网络安全保护方面却走在了民法与行政法前面。

中国应当建立网络安全保护的民事、行政以及刑法三位一体的法律保护体系，切实发挥三大领域的法律职能。因此建议加强发挥民法与行政法在网络安全方面的法律职能，协调行政、民事、刑事三大领域保护措施。

2. 立法方面：加强网络空间安全的制度供给

（1）对一些基础概念进行更加细致的界定

在现阶段，网络安全的很多基础概念不够明确，比如网络、网络运营者、关键信息基础设施等，这一方面使得执法机关在行政领域实施网络安全监管时难以界定违法行为的边界，另一方面使得很多企业无法很好地确定自己是否会落入关键信息基础设施和重要数据的监管范围内，因此无法很好地确认和履行相关的义务。

明确概念，明确企业在网络安全结构中的角色，是网络安全监管工作的起点，因此建议相关的立法者可以对基础概念以及如何确定给予更加细致的规定和划分。

（2）尽快正式公布相关配套制度文件

当前阶段，执法部门监管和企业的合规审查工作所依据的很多法律法规存在一定程度的落后性，这就使得有关部门在执法时出现了无法可依的现象，企业在做合规工作时也出现了断层。同时，像包括关键信息基础设施、重要数据在内的制度，当前的法律规定过于简单，企业无法获得明确的指引，另外，关键信息基础设施和重要数据的保护又是网络安全体系中的重点，当前的制度文件无法给执法者和企业提供细致的说明。

因此建议，相关立法者应当尽快正式公布相关配套制度文件，如关键信息基础设施、重要数据、等级保护制度的实施细则等，建议立法者可以尽快落实该类制度的实施细则。

（3）加强个人信息保护的集中立法

个人信息保护制度作为网络安全中的另一个重点，其法律规定散落于多部法规中，相关规定过于原则，缺乏具体的操作性指引，而相关国家标准的法律层级过低，对于企业的约束力不足。因此，亟待制定统一的《个人信息保护法》，以加强对个人信息的保护，促进数据的合理流动和利用。

3. 执法方面：进一步理顺各主管部门的职责和权限

从执法层面来看，中国当前没有统一的网络安全监管部门，网信部门、公安部门、工信部门以及各行业监管部门都有监管职责，各部门之间虽有分工，但从实践来看，各个制度下的分工不是非常清晰，存在职责重叠与交叉。这样导致企业面临多重监管，无所适从，合规成本增加。

因此建议应当进一步协调网络安全监管体系，厘清各部门的职责权限，既确保各司其职，形成监管合力，又避免九龙治水，相互掣肘。另外建议明确针对不同程度违法行为的处罚力度，一方面使得监管部门的监管工作与行政处罚有法可依，另一方面也可为企业合规工作的分配提供指引。

4. 信息公开方面：增加执法的透明性

《网安法》实施不久，很多企业对于《网安法》的执法情况不够了解，对于违法行为的界限难以把握。因此，建议监管部门应当提供统一、公开的信息披露网站，专门公布网络安全相关执法案例，考虑到对涉事主体的保护及行政处罚的法定性，相关案例的公布可以不明确涉事主体，仅列明实际受处罚的行为和原因，并细分维度、结合点析，为社会各界提供教育之素材。

四　结语

从今后的发展趋势来看，网络信息内容管理将长期是网安执法的重点领域，今后的监管预计会进一步加强和细化，延伸到文化、生活方式、表达方式等领域。在等级保护领域，当前以引导企业进入等保工作轨道为主，随着等保2.0的逐渐落地，执法会进一步深入和细化，对各项实体义务的履行要求会提高。在个人信息保护领域，窃取、非法买卖个人信息的现象得到遏制以后，执法重点将会转向以隐蔽、捆绑等形式收集个人信息等方面，尤其是最近网信办力推的基本功能与附加功能的区分。另外，随着关键信息基础设施保护、重要数据保护、数据出境等制度的逐步落地，这些领域的执法案例预计将会出现。

附录：网络安全案例一览

序号	案例名称	处罚日期
	第一组：信息服务联网备案相关案例	
1	"热拉"因未落实公安备案、未建立安全保护管理制度及未采取安全保护技术措施被上海公安网安部门处罚	2017年7月
	第二组：网络安全等级保护相关案例	
2	四川宜宾"教师发展平台"网站因未依法落实网络安全等级保护制度被查处	2017年7月
3	忻州网警依法办理首例违反《网络安全法》行政案件	2017年7月
4	汕头某公司未及时进行网站安全等级测评被广东汕头网警责令改正	2017年8月
5	重庆市公安局网安总队成功查处了一起违反网络安全法的行为	2017年8月
6	蚌埠怀远县教师进修学校因网站始终未落实网络安全等级保护制度被安徽网警依法查处	2017年8月
7	方正县政府农业技术推广中心因安全防护工作落实不到位被哈尔滨市公安局网安支队查处	2017年9月
8	长沙医学院违反《网络安全法》被依法行政警告	2017年12月
9	浏阳市烟花爆竹总会网站系统因未进行网络安全等级保护的定级备案、等级测评等工作被长沙市公安局网技支队行政警告	2017年12月
10	湖南工贸技师学院网站系统因存在严重的安全隐患漏洞被株洲网警依法查处	2018年3月
11	云南某公司网站因未采取任何防范计算机病毒和网络攻击、网络入侵等危害网络安全行为的技术措施而被大理州公安网安部门警告并罚款	2018年5月
12	岳阳云溪一企业因未按照《网络安全法》的要求实行网络安全等级保护制度被岳阳市公安局云溪分局网络安全保卫大队行政处罚	2018年12月
13	重庆一网络公司因未留存用户登录日志被重庆市公安局网安总队查处	2017年8月
14	淮南职业技术学院未落实网络安全等级保护制度导致学生身份信息泄露被安徽省淮南市网警行政警告	2017年10月
15	一单位因门户网站未落实网络安全保护责任被合肥高新派出所警告处罚	2017年10月

序号	案例名称	处罚日期
16	新乡市封丘县图书馆未采取防止危害网络安全行为的技术措施，导致网站遭受攻击，而被河南网警罚款警告	2018 年 1 月
17	洛阳市北控水务集团因网络安全管理制度不健全，网络安全技术措施落实不到位而被罚	2018 年 8 月
第三组：个人信息保护相关案例		
18	某知名支付 App 因默认勾选用户信息的"年度账单事件"被约谈	2018 年 1 月
19	三家知名互联网企业因存在侵犯用户个人隐私的问题被约谈	2018 年 1 月
20	某热点分享企业被上海通信管理局责令改正并罚款 25 万元	2018 年 5 月
21	公安部网络安全保卫局约谈 WiFi 分享类网络应用服务企业	2018 年 5 月
第四组：网络信息内容管理相关案例		
22	"K 歌达人"App 因存在违法信息被上海网警依法处置	2017 年 11 月
23	因未尽到信息内容管理义务，某知名社交平台被广东省网信办处罚	2017 年 9 月
24	因未尽到信息内容管理义务，某知名社交平台和某知名网站被北京网信办处罚	2017 年 9 月
25	因存在违法和不良信息，浙江省网信办对某知名网购平台处以行政处罚	2017 年 8 月
26	广州某公司因平台存在违法有害信息遭行政处罚	2017 年 9 月
27	华睿科技有限公司服务器内接入一违法网站被宿迁网警成功查处	2017 年 8 月
28	同城、赶集网等因违法违规发布"大棚房"租售信息被约谈	2017 年 8 月
29	中卫天天网因为对网民发布的信息进行严格审核，导致该交互式网站出现大量违法信息被依法查处	2017 年 9 月
30	天津市区两级网信办约谈龙之声网：用户长期发布违法违规信息	2017 年 10 月
31	福建某文化传媒有限公司旗下的"莆田某论坛"长时间出现大量关于赌博的违规宣传帖子等违法信息，未及时发现处理，被警告。	2017 年 11 月
32	直播咸阳、掌上咸阳等一批违规微信公号因发布虚假不实信息被查处	2017 年 11 月
33	某知名互联网企业及某知名新闻客户端涉色情低俗信息被约谈	2017 年 12 月
34	某知名酒店因公然侮辱中国国家领土主权完整被上海黄浦区网信办和黄浦区市场监管局约谈	2018 年 1 月
35	某知名服装企业网站将台湾称为"国家"被上海市网信办责令立即更改	2018 年 1 月
36	美国某知名医疗科技企业网站（medtronic.com）"国家"选项中，有"中华民国（TAIWAN）"，被上海市网信办责令立即更改	2018 年 1 月
37	北京市网信办就"百万赢家"活动将香港、台湾作为国家列入答题问题依法约谈某知名直播平台相关负责人，责令全面整改	2018 年 1 月
38	某社交平台因未尽到义务被北京网信办约谈，热搜等版块暂时下线一周	2018 年 1 月
39	某知名阅读资讯 App 因持续传播炒作导向错误、低俗色情信息等问题被网信办约谈，多个频道将下线整改	2018 年 1 月

序号	案例名称	处罚日期
40	两款知名直播短视频平台因传播涉未成年人低俗不良信息被国家网信办依法约谈	2018年4月
41	"二更食堂"发布低俗文章被浙江省网信办、杭州市网信办约谈	2018年5月
42	某知名直播及视频平台传播涉未成年人低俗不良信息被国家网信办约谈。	2018年6月
43	北京市网信办、市工商局依法约谈查处某知名短视频平台及某知名搜索引擎并责令整改	2018年6月
第五组:利用网络实施违法行为相关案例		
44	铜陵网警对转发不实信息和谣言网民处以行政处罚	2017年7月
45	章某因发布嫌违法犯罪活动的信息被处以行政处罚	2017年7月
46	网上公开传授炸药制作方法男子被行政拘留5天	2017年11月
47	新疆互联网信息办公室等有关部门查处十起传播违法信息典型案例	2017年~2018年
第六组:实名制相关案例		
48	因存在违法违规账号注册等问题,浙江省网信办查处某音乐平台	2017年8月
49	深圳某公司因未要求用户实名制遭行政处罚	2017年9月
50	某公司因未落实用户真实身份信息等级被行政处罚	2017年9月
第七组:网络产品和服务管理相关案例		
51	某公司因其提供的UC浏览器智能云加速产品服务存在安全缺陷和漏洞风险遭行政处罚	2017年9月
第八组:综合案例		
52	"遮社区""哟趣"两款移动应用商因未落实公安备案且出现淫秽色情信息被上海公安网安部门处罚	2017年7月
53	网信办约谈李文星事件涉事网站责令某直聘App立即整改(未实名制、未尽到网络信息内容管理义务)	2017年8月

B.11
网络"黑公关"研究报告

汤景泰 李哲峰 董志杰*

摘　要： 网络"黑公关"是以抹黑竞争对手为目的，采取删帖买稿、雇佣"水军"、投放虚假材料、恶意诋毁等手段，根据社会趋势、网民心态、舆论扩散规律，人为在网络上配置相关负面信息资源的行为。本报告认为，网络"黑公关"的治理需要达成社会共识。企业应建立风险预警清单，摒弃零和博弈思维；网信部门、市场监管部门、公安部门以及网络社区自治组织等可以加强联动，强化对于"水军""枪手"现象的惩处，围绕用户实名制建立起网络发言管理和执法响应机制，在技术、执法和传播三个层面上消灭"黑公关"的生存空间。

关键词： 黑公关　运作机制　治理对策

一　公关与网络"黑公关"

（一）公关与企业公关

公关（Public Relations）诞生于19世纪末20世纪初的美国，根据伯内

---

* 汤景泰，暨南大学新闻与传播学院教授、博士生导师；李哲峰，暨南大学新闻与传播学院硕士研究生；董志杰，暨南大学新闻与传播学院硕士研究生。

斯的定义，现代公关"以告知、说服公众和整合社会关系为业"。公关行业诞生于进步和改革的社会语境下，旨在通过告知和说服，整合公众态度与行为，协调社会关系，形塑社会认同。[①] 公关业服务的对象可以是企业，也可以是政府或者个人。本报告所论述的"公关"，泛指试图影响公众对特定事物认知程度的行为。

在中国，随着市场经济的不断成熟，企业间业务重合、交叉带来的商业竞争已经成为常态，企业品牌传播与口碑塑造的需求激增，由此造就了公关服务行业的繁荣。互联网已是社会沟通中的重要信息载体和传播源头，而国内公关业的兴盛与互联网的兴起恰好处于同一时期。在当前，互联网已是国内公关行业开展服务的主要领域之一，大量有组织、有目的公关行为源自互联网，依托社交媒体等网络平台扩散，激起线上、线下舆论反响，进而深刻地影响人们对于特定主体的认知和理解。

具体到企业公关领域，企业为了塑造良好形象以拓宽消费市场、推动经营，自发或委托公关公司，联合广告商、媒体、意见领袖、政府组织，以构思策划创意、购买传播渠道、回应公众诉求等为主要手段进行信息输出，是一种常见的商业行为。在传统公关范式中，传播内容的主导权、解释权、分配权在企业侧，企业之间的"公关战"实质上是一场比拼信息对外传播效率的内容战。

当企业的公关行为被放入互联网语境后，企业传播的内容载体便不再只有报章电视或名人之口，而是掺杂在数以亿计的网络信息流中——互联网上的海量用户成为碎片化的信息源头，在特定议题或环境的催化下，他们会主动参与到企业公共关系的评价过程当中。由于用户接收信息不对称、认知水平区隔严重等原因，以负面新闻为代表的信息往往被快速传播，舆论的"滚雪球"效应显著，会对企业声誉造成的影响巨大。有鉴于此，在新型的传播环境中，企业公关范式开始向信息侧调整，围绕着企业信息在网络中的

---

① 胡百精、董晨宇：《现代公共关系的哲学基础与民主悖论——以伯内斯的公关思想为研究和批判个案》，《新闻大学》2013年第2期，第89~97页。

扩散和分布情况进行布局。新型"公关战"更像是一场争夺信息资源配置权的战斗：不利于自己的信息越少，不利于对手的信息越多，便越有利于自身形象。在商业利益的驱动下，对信息资源的争夺催生了网络"黑公关"产业。

（二）网络"黑公关"的定义

有观点将专门从事网络"黑公关"的产业称作"地下互联网"，是以网络资源为杠杆，对目标进行打击和讹诈的非法行为，是一种畸形的商业模式。① 本报告认为，网络"黑公关"是以抹黑竞争对手为目的，采取删帖买稿、雇佣"水军"、投放虚假材料、恶意诋毁等手段，根据社会背景、网民心态、舆论扩散规律，人为在网络上配置相关负面信息资源的行为。信息时代，网络评价与企业经营的关联度日益紧密，一旦发生网络负面舆论事件，"一石激起千层浪"，被"黑公关"的企业往往百口莫辩，轻则声誉受损，重则直接导致其经营滑坡、产生不可估量的经济损失。

事实上，所谓的网络"黑公关"是一种舆论现象的泛指，并不属于公关的理论范畴，也绝不是一种合法的公司经营手段：一方面，其诉求与正常公关相近，有影响公众认识和输出企业理念的目的在其中。另一方面，与正常公关不同，网络"黑公关"使用的都是非法手段，如雇佣人员进行造谣、诽谤等，炮制虚假的舆论声势，由于网络信息溯源、厘清存在一定难度，被攻击企业难以维权和自证清白——执法和维权的困境，促使一些企业在使用网络"黑公关"手段上有恃无恐，严重破坏了正常的商业秩序。

在传统的公关行为中，竞争企业双方会出现"口水战"现象，双方会围绕特定议题展开意见交锋。当社会舆论对公司业务产生关注时，受雇于企业的公关人员会以说明者、辟谣者的身份出现，通过各类渠道对舆论热点进行回应。但是，网络"黑公关"是企业间的"暗战"，企业或企业公关人员

---

① 《地下互联网：黑客、色情、黑公关》，一哲黑板报微信公众号，https：//mp. weixin. qq. com/ s/ln3G28WbH_ ExOa5wxXIqRw，最后访问时间为 2019 年 10 月 11 日。

通过购买"黑公关"服务商提供的信息服务,制作所谓的"黑材料""黑历史",在幕后展开对竞争对手的舆论攻势。这是一种脱离正常公关手段的非法行为,涉嫌造谣诽谤、破坏网络信息安全以及侵犯知识产权等多项罪名。

网络"黑公关"是一系列网络传播行为的复杂集合体,目前社会各界对其运作机制和危害性认识仍显不足,下文将通过多个"黑公关"案例的复盘总结,探讨网络"黑公关"的构成类型、主要手段以及运作流程,在此基础上提出应对网络"黑公关"现象的策略。

二 网络"黑公关"的典型特征

(一)网络"黑公关"的构成类型

1. 前台:"水军"、删帖公司、"枪手"

黄杰认为,网络"黑公关"的执行主体可以划分为三种类型:网络"水军"、删帖公司和网络"枪手",[①] 三者共同组成了网络"黑公关"在前台的表现形式。

"水军"是一种最为常见的网络"黑公关"手段。他们受雇于人,在特定时间内依照客户需求,成批量地发送指定信息内容。"水军"中有真人网络用户,也有使用技术手段注册的"机器人"账号。在炮制新闻话题时,"机器人"账号拥有着发帖速度上的巨大优势,短时间内便可以制造出可观的网络声量。真人"水军"更是不容小觑,在网络平台对"水军"监测日益严苛的环境下,真人用户可以根据实际情况,故意使用错别字、修改部分内容等方式使得同一主题的内容并不完全一致,尽力避免被反"水军"系统识别到。

删帖公司又称网络"擦手",一般以"网络危机公关"等名义为客户删

---

① 黄杰:《认真对待"网络黑社会":网络时代值得研究的新课题》,《电子政务》2011 年第 12 期,第 13~22 页。

除不利于己的网络信息。一般来说，它们通过与网络媒体、论坛建立合作关系，进行有偿删帖服务；也有删帖公司采取"钓鱼"的手法，先炮制负面信息，再以删帖为名，收取当事企业的服务费；更有一些技术型黑客，通过网络入侵等方式提供"删帖"服务。

此外，还有网络"枪手"的存在。不同于从事转发的"水军"和删除负面信息的删帖公司，"枪手"具有一定的内容创作和策划能力，以"当事人""受害者"的口吻进行写作，在此过程中融入了"黑公关"服务购买者的需求。现实中，"枪手"往往与"水军"配合行动，"枪手"制作各类文本，"水军"负责将相关内容快速扩散。

表1　网络"黑公关"的前台"打手"

网络"黑公关"执行主体	网络"水军"	删帖公司	网络"枪手"
运作手法	密集发帖,营造虚假舆论声势	删除不利信息	混淆是非,颠倒黑白

2. 后台："黑公关"行为背后的推手

前文所述的三种"黑公关"执行主体是炮制网络舆论声势的重要力量，一般来说，这些职业"黑公关"推手都受雇于某家企业或个人，根据金主的需求来提供抹黑、造谣、煽动等各类服务。值得关注的是，一些企业中开始出现了以竞争对手为网络舆论攻击目标的公关部门，而他们采取的往往就是"黑公关"手段。在一些商业竞争领域中，企业已不满足于购买职业"黑公关"服务，而是选择组建自己的团队来进行持续性"黑公关"行为。相比于职业"黑公关"行为，企业推动下的网络"黑公关"手段更为丰富、形式更为隐蔽、运作周期更为漫长，造成的不良影响也更为恶劣。

对于企业来说，涉及公司上市、融资、人事变动、经营事项等方面的信息，一旦进入舆论场，尤其是网络空间，就会成为人们热议的焦点，从而影响现实商业利益。无论是职业"黑公关"还是企业内部的推手，他们都善于攻击企业的"痛点"，在一些关键节点上发布"黑稿"，制造声势，将其推入舆论围观的境地中。

（二）网络"黑公关"的主要手段

随着中国互联网的迅猛发展，网络"黑公关"也已经迅速发展成为网络舆论场上的一支力量。他们幕后组织严密，"打手""擦手""推手"分工明确，各司其职；他们规模庞大，提供"黑公关"服务的团队掌握着丰富的社交媒体资源或者海量"僵尸粉"，成为舆论场上的一支"黑军"，极短时间内，就可以炮制大量"黑稿"和相关言论，扰动舆论。

1.造谣诽谤，大肆传播虚假信息

三人成虎，精心编制的谣言可以让一家上市公司的股价暴跌，也可以对企业形象产生极为严重的负面影响。产品质量、高层变动、经营不善、财务造假成为"黑公关"泼脏水的主要手段。部分企业面对"黑公关"伪造微博账号造谣的恶劣手段，有时候以同样手段予以"还击"，从而使得舆论进一步走向异化与裂变。

2012年2月6日，财经网发文《归真堂活熊取胆遭动物保护组织抵制上市再遭阻击》，指出福建归真堂药业公司采取"活熊取胆"的"残忍"方式来获取制药原料，立即引来公众强烈反对。随后，动物保护组织联合毕淑敏、崔永元、陈丹青、丁俊晖等名人向证监会递交吁请函，反对归真堂上市。为化解公关危机，归真堂在向社会开放养熊基地的基础上，于2月23日晚9点开通了官方微博，不料首条微博便遭遇了网友近8万次转发的"滚"的语言攻击，其中不乏任志强、潘石屹、刘春、洪晃、杨锦麟、陈扬等知名人士。然而，多名显示参与转发的微博用户表示其并未参与这场发送"滚"的行动，疑似遭遇"黑手"——任志强2月24日发微博称："我也没说'滚'，这个词不好。应该是让他们放归那些黑熊回大自然吧。"漆洪波也在微博称："我没评论和转发让@归真堂滚，不知被谁在让@归真堂'滚'上爱特了一下。几千条滚帖滚滚而来。虽说也想骂它滚，不过这招得防着。"

2月25日晚7点，归真堂转发了"亚洲动物基金AAF"（关注熊胆事件的核心组织）一条微博，同时评论"公开财务！"；转发内容显示，李开复、潘石屹、任志强、马云等多名用户均评论"公开财务!",与此前网友转发归真堂的"滚"字队形完全一致。当晚 8 点 53 分,李开复率先在微博上澄清,从没有转发上述微博,也没有要求"亚洲动物基金 AAF"公开财务。李开复称:"不要再用虚假的微博转发来转移视线,攻击他人。用造假的微博来造势,只会适得其反。"潘石屹称: "造谣!我没有转发过'公开财务'。"任志强称:"欺骗不会赢得尊重。"有网民指出,转发中"水军"出没,一些账号关注数、粉丝量异常,甚至部分账号主人已经去世却仍在发言。

2012 年 4 月,神州租车欲上市前夕,曾遭遇舆论集体唱衰,社交网络上出现了诸如"低价忽悠消费者,但租不到车""价格不透明、霸王条款""违章代办收费"等大量关于神州租车的负面新闻,神州租车多次逐条辟谣,但收效甚微,以至于董事长陆正耀在微博上吐槽:"没完没了的'水军'攻击、伪装成客户向媒体爆料,居然还买广告版面发我们的负面,我怒了!"①

2. 断章取义,篡改企业公开信息

"黑公关"有时会以目标企业发布的消息为基础,对其正常的发布信息进行加工,断章取义,利用经销商、消费者、用户信息不对称而产生的恐慌心理,扰乱其正常社会舆论观感和经营秩序。

2015 年 1 月,人人网官方通过站内信给用户发信息,称站内信系统将下线。但不久后,"人人网走向谢幕"的传言通过朋友圈随之传播。该言论混淆了系统下线和整体关闭的区别,将正常的项目迭代讹传为人人网即将谢幕。再加上文章煽情的表达方式:"人人网宣布关闭站内信系统,这个陪伴不少人走过青春岁月的社交网络,或许就此从行动上开始了最终的谢幕……",② 阅读人次很快突破 10 万 +。直到官方声明将追究造谣者法律责

---

① 《神州租车董事长怒斥"黑公关":有本事来比价格》,每日经济新闻,http://m. nbd. com. cn/articles/2012 - 12 - 05/698882. html,最后访问时间为 2019 年 10 月 11 日。

② 《人人网因关闭谣言起诉微信公众号 索赔 300 万元》,新浪网,http://tech. sina. com. cn/i/2015 - 11 - 26/doc - ifxmaznc5657070. shtml.,最后访问时间为 2019 年 10 月 11 日。

任,才使谣言势头骤减。

"黑公关"有时也会在部分事实的基础上,拼凑出新的谣言内容。2018年5月开始,Ofo陆续遭遇"降薪裁员""资金链紧张""Coo张严琪等高管离职""海外事业部解散""挪用押金超百亿"等传言,网络贴文、自媒体文章使用"内部人士""接近高层人士"等信息源进行"揭秘"报道;这些传言有属实的部分(如高层离职、多城取消免押金),但其中也有大量捏造的成分,给处于转型期的Ofo带来了巨大困扰。对此,Ofo在2018年3·15期间发表声明称,企业每逢融资、新车发布、大型活动等关键发展节点,都会遭遇一轮集中舆论攻击,"这背后一定有'黑公关'在操盘"。

3. 借势敲打,联系社会敏感议题

"黑公关"组织非常善于利用民生问题、国家政策、国际形势等社会敏感议题来牵引出目标企业,将企业刻画为现实变动的导火索或阻碍者,从而引发民众的不满情绪,进而导致市场整体唱衰。房地产行业政策面属性较强,往往容易成为"黑公关"的受害者,最终损失惨重。2018年3月起,部分网络自媒体发布了"华夏幸福旗下孔雀城'甩卖'上百亿资产求生""银行停止开发贷"等消息,3月26日股市开盘后,华夏幸福低开低走,午盘跌7%,3月7日至26日,华夏幸福股价累计跌幅达17.37%。

4. 抓住痛点,攻击对手薄弱环节

由于网络"黑公关"通常发生在具有竞争关系的公司之间,因而在大型活动、融资、上市、年报发布等时间节点,"黑公关"事件便迅速增加。幕后推手善于抓住目标企业的"痛点",开展舆论造势。

2017年11月,京东集中起诉了多个涉嫌对京东抹黑造谣、侵犯京东名誉权的公关营销公司和个人。京东方面认为,在京东财报发布、商业合作、6·18或双11大促等重要节点时,网络上的抹黑诽谤尤为猖獗,对京东的正常经营造成了严重干扰。

5. 以假乱真,诱导职业媒体介入

网络"黑公关"行为并不是只有"制假",为了使假消息更显"权威","黑公关"会通过门户网站、网络媒体以及向传统媒体记者爆料等方式发布一些材料，起到以假乱真的效果。这种手段的主要目的是引起舆论"围殴"，先引发网络舆情，迫使职业媒体和政府介入，反复干扰目标企业的正常经营。毋庸讳言的是，一些职业媒体人盲目地追逐所谓"新闻热点"，无形中充当了"黑公关"的助推者。

2014 年，全国几百家媒体同时收到一位自称聚美优品海外业务员工的邮件，该邮件称："珠海海关查到聚美优品的供应商 2000 万元走私化妆品。负责人被带走。"海关方面在媒体采访中明确表示当月未有走私案发生，但此事仍旧给聚美优品带来了极为恶劣的负面影响。

6. 周期循环，反复炒作同一话题

在策划事件之初，"黑公关"就做好了"长期作战"计划，如果企业对负面消息置之不理或平安度过，操盘者便启动新一轮的造谣行动。一些企业已然成为"黑公关"持续发难的对象，每隔一段时间都会遭遇企业公关危机。

2009 年 3 月 10 日，一则题为《姐妹们小心了，揭露新东方老师的真面目》贴在凤凰论坛上，48 小时内，这篇帖子被 4600 多个论坛"转载"。3 月中旬，身在美国的俞敏洪立刻返回北京，对此事进行调查。通过逐一核实，帖子上所述事件查无实据。5 个月后，该帖子再次登上天涯等 30 余个网络论坛，很快又扩散到 3000 余个论坛，新东方官方不得不再次发表声明。爆料人则始终没有露面。

7. 乱扣帽子，商业问题泛政治化

近年来，国家强化对互联网的监管，设置了一系列监管红线。但是从近期网络"黑公关"的动向来看，其存在着典型的利用监管"红线"，给涉事企业贴上政治标签，利用政府监管手段，来达到定点清除的目的。例如 2018 年期间，某公司舆情发酵后，某企业家组织会员以及资本绑架政治的议题大量涌现。这种议题演化的逻辑体现出典型的商业问题政治化的操作路径。

（三）网络"黑公关"的运作机制

经过长期的发展，网络"黑公关"已经成为有组织、有规划的网络传播行为。一般来说，他们有着如下四个运作步骤：

1. 分析网民心理、策划议题

为了取得理想的传播效果，"黑公关"推手会事先分析网民的心理、兴趣和偏好，然后抓住网络中的民族主义、民粹主义倾向，以及网民寂寞、无聊等心理，寻找最容易吸引网民眼球并引起网民围观、起哄、愤怒、发泄、狂欢和共鸣的材料，在此基础上策划议题，经营漏洞、高管言论、泛政治化问题都可以被"黑公关"拿来进行二次加工。

2. 编造敏感的"黑材料"

围绕社会争议性话题，"黑公关"会对目标企业"对症下药"，编造出一系列所谓的"黑材料"，言之凿凿地宣称目标企业与某一社会问题的出现高度相关，引发公众的关注。近年来频发的网络"黑公关"典型案例主要集中在儿童身心健康、个人隐私、涉黄、巨头垄断、高层跑路、资金链断裂、意识形态等方面，都是在中国乃至世界范围内高度敏感的议题。无论是巨头还是初创企业，自身形象一旦与此类话题捆绑，都将产生不良效应。

3. 雇佣"水军""枪手"，大造声势

在确定炒作议题，掌握"黑材料"后，"黑公关"策划者会开始雇佣"水军"和"枪手"在论坛、贴吧、微信、微博等网络信息平台上密集发言，快速形成话题讨论，引发局外用户围观和议论。在网络舆论热议的情况下，反推职业媒体跟进，从而将一场由"黑公关"挑起的虚假声势变为全民热议的新闻事件。

2013 年 3·15 晚会播出过程中，明星何润东的账号突然以"#315 在行动#"为标签在微博上指责苹果手机，但在微博结尾出现一句"大概 8 点 20 分发"，此举被网民质疑是当"托"。在利益牵引下，网络意见领袖可能会成为"黑公关"推波助澜的关键节点。

4. "踩踏效应"，扩大舆情次生灾害

由于网络舆论生态的复杂性，"黑公关"策划的事件一旦成为焦点，就容易在各方势力的助推之下形成"踩踏效应"。一旦涉事方危机处置措施不得力，极易引发次生舆情，进而带来更大的风险。2018 年，某公司的危机事件就是多重因素相互作用的结果：在中美贸易摩擦背景下，网络舆论爱国情绪高涨，该公司的舆情造成踩踏效应，引发信息科技界、自媒体营销号和境外媒体广泛报道，再加上产品国内外定价失当和产品质量等历史问题的发酵，进一步引发舆情次生灾害，大大加重了危机的危害程度。

三　网络"黑公关"现象的治理策略

网络"黑公关"之所以屡禁不止、愈演愈烈，背后有两大原因：一方面，网络谣言容量大、传播速度快、散布范围广、制作成本低、见效快、性价比高；另一方面，网络发帖的隐蔽性强、事后深度取证难、维权投入高，受到网络诽谤侵害后，被害人无论是选择行政程序救济，还是选择民事程序维权，或是通过刑事程序寻求保护，都需要付出太多的人力、物力和精力，导致维权投入的成本过高。法律和监管的薄弱、巨大的黑色利润吸引着网络"黑公关"的铤而走险。

合理、合法的公关应旨在帮助企业塑造良好的品牌形象，提升品牌认知度和美誉度，而网络"黑公关"这种极端畸形的竞争行为则试图以"舆论抹黑"的方式打击竞争对手，不仅破坏网络环境和经济秩序，还极大危害了守法企业的正常发展，很大程度上阻碍了创新型经济社会的发展。此外，网络"黑公关"的许多运作手法涉嫌不正当竞争甚至违法犯罪行为，极大破坏了商业领域的法治秩序。一个企业如果为了恶意商业竞争而破坏平台规矩，那之后会因为其他利益做出更大操作也是不敢想象。

网络"黑公关"的治理需要社会共识。面对困境，企业不应害怕"黑公关"，在盘点好自身潜在问题的基础上，建立风险预警清单，对涉及重大事项的"黑公关"行为立即搜集证据报警，及时发布辟谣信息。与此同时，所谓"杀敌一千，自损八百"，企业尤其是巨头应摒弃零和博弈思维，珍惜繁荣发展局面，相互促进而不是使用"黑公关"武器来进行互相攻击。

未来，相关责任部门如网信办、工商管理局、公安部门以及网络社区自治组织等可以加强联动，从网络"黑公关"产生的原因与环境入手，共同探讨法律法规、日常监督等方面的解决之道。在《刑法》《反不正当竞争法》《侵权责任法》等法律的震慑下，强化对于"水军""枪手"现象的惩处，围绕用户实名制建立起一套网络发言管理机制和执法响应机制，在技术、执法和传播三个层面上消灭"黑公关"的生存空间。让企业竞争回归合理合法的轨道，让遵规守法的企业健康安心发展，让网络舆论环境天朗气清。

B.12
中国自媒体发展现状与法律规制

王瑞奇[*]

摘　要： 中国自媒体自诞生至发展成为普及度广、影响力强的信息交互平台仅用了不足二十年时间。其在传播主体、信息交互模式、发展速度、内容呈现方式等方面的革命性变化深刻影响着信息在社会方方面面的传播效果，这使得自媒体监管政策的设计尤为重要。本文从自媒体在中国的发展脉络出发，结合其自身特点梳理中国自媒体在传媒行业整体变革大背景下的历次转变以及在此过程中逐步暴露的各种问题，并对照现有自媒体相关政策、法规，总结当前自媒体治理体系的创新点、盲点、治理经验及待完善之处。

关键词： 自媒体　发展史　规制

一　自媒体行业发展脉络概述

即便是从1999年诞生的天涯论坛和2002年出现博客中国算起，中国的自媒体也不过只有约20年的历史。然而，自媒体在扩散速度、受众规模、社会动员、经济效益等方面的影响却丝毫不逊色于传统媒体。相反，正是这种极度压缩的发展史，造成了自媒体不同于其他媒介的特征、成就、困境和治理难题。

---

* 王瑞奇，中国政法大学讲师。

自媒体（We-Media）源于美国，起初意旨不依附于机构化媒体而存在的以公民个人或者团队为运营者的面向大众的网络公共传播模式，也被叫做"公民媒体""个人媒体"。关于自媒体的概念，学者们贡献了多种版本，但争议基本不大。例如，学者夏德元认为："自媒体就是为私人化、平民化、自主化的传播个体提供信息生产、积累、共享、传播的独立空间，可以从事面向多数人，内容兼具私密性和公开性，交互信息传播的传播方式总称。"[1]

相比博客、论坛等第一代自媒体而言，2009 年出现的新浪微博以及 2011 年出现的微信公众号可以归为第二代自媒体，此后出现的 B 站、各大直播平台以及抖音，可以称作第三代自媒体。如果依据类似的概念按图索骥，那么自媒体可以成为传媒领域的兜底概念，不仅所有独立媒体人被划归自媒体，而且大量有规模、有体系、有资本、有运营的媒体，例如自媒体矩阵、网络主播、视频 up 主等，都可以被划入自媒体。在媒体融合的大背景下，很少有媒体能完全脱离"自媒体"元素或者成分。

自媒体的更新迭代始终与技术进步、大众传媒消费习惯的变迁、传媒产业的变革以及国家传媒政策的动向相伴而生。三代自媒体均具备强互动性、平民化、碎片化等特点，但二代、三代自媒体的某些特征的凸显已经强烈到"革命化"程度。以平民化为例：博客、论坛自然具备平民化特点，但相比微信、微博、抖音而言，前者的使用者更趋近于罗杰斯创新扩散理论[2]中的革新者，即具备较好的教育背景、经济条件和网络技能的精英大众。而后者的使用者不仅趋向平民化，更渗透进平民群体的全部，不仅精英群体使用自媒体，类似工人、农民、青少年、老年人等新媒体技术的晚期追随者和落后者也在使用自媒体，事实上这些人正成为自媒体用户的主力军。再比如，博客、论坛、贴吧的互动性的确强于传统媒体，但微博、微信之后的自媒体却将这种互动性发挥到了极致。不仅在互动数量上呈几何式增长，互动方式也

---

[1] 夏德元：《数字出版与传播研究》，上海人民出版社，2012，第 75～76 页。

[2] 20 世纪 60 年代，美国学者埃弗雷特·罗杰斯提出创新扩散理论，该理论认为，媒介劝服人们接受新观念、新事物、新产品的顺序有先有后，总是从勇于尝试的创新者开始，依次扩散至早期采用者、早期众多跟进者、后期众多跟进者，最后被滞后者接纳。

从单一的留言、评论拓展为评论、点赞、转发、弹幕、打赏等多种语言及非语言表达。

二 自媒体行业的特点

自媒体行业在 20 年的发展中经历了种种蜕变，但对其影响最深入的变革是资本介入。有学者提出，"在 2010 年以前，微博以及微信公众号之间，既有产品上的迭代，又有基于用户需求不同而产生的产品区隔。"[1] 但两者都在短时间内取得了巨大的成功。微信上线 433 天后获得 1 亿用户，不到三年累积用户 3 亿，[2] 而微博上线 4 年后获得 5 亿用户，其中 2012 年单年增长率达 73%。[3] 巨大的用户群体催生了大 V、公众号、10 万 + 等现象级新名词，其背后蕴藏的巨大经济收益在短时间内吸引了国内最优质的资本，在此后的几年，知乎、百家号、头条号、Bilibili 等平台相继崛起，随之涌现出吴晓波、罗振宇、鬼脚七、魏武挥等一大批自媒体创业人，自媒体内容创业热潮随之出现，美妆、旅游、美食、情感、金融、育儿等主题的自媒体成为内容创业热点。《2018 自媒体行业白皮书》数据显示，2017 年各类机构对内容创业者的投资金额超过 50 亿元人民币。[4]

第一，自媒体行业在资本的刺激下，进一步向系统化、规模化发展。首先，自媒体内容分类更加细化。经过近十年的超速发展，自媒体内容生产已逐步进入饱和状态，内容同质化日趋明显，而用户群几近封顶。自媒体行业流量竞争愈发激烈，为了维持既有受众并发展潜在受众，自媒体创业者一再

---

① 张晓波：《平台资本主义与自媒体的商业逻辑》，《文化纵横》，2018 年 1 月。

② 《腾讯微信用户量突破 3 亿　耗时不到两年》，腾讯网，https://tech.qq.com/a/20130115/000179.htm，最后访问时间为 2019 年 10 月 19 日。

③ 《新浪微博注册用户总数达 5.03 亿，2012 年全年增长 73%》，瘾科技（Engadget）中国版，https://cn.engadget.com/2013/02/21/sina-q42012-earnings/，最后访问时间为 2019 年 10 月 19 日。

④ 《〈2017 中国新媒体趋势报告〉：床上看新闻的用户占比最高，自媒体用户红利触顶》，36 氪，https://36kr.com/p/5103465，最后访问时间为 2019 年 10 月 19 日。

强调垂直度，不断把内容做深、做细，并通过风格的差异进行区隔。

第二，自媒体内容分发多元化。随着今日头条、Bilibili 等新兴平台的成功以及腾讯、新浪等老牌互联网巨头的加入，互联网分发平台日趋多元化。不同平台之间有着差异化的受众和内容定位，越来越多的自媒体经营者开始有意识地在不同平台公布更新内容产品。也有人通过不同素材的剪辑、取舍，在不同平台或者账号发表类似内容，以此赚取点阅量。值得一提的是，互联网平台为了稳固流量，已经和越来越多的有价值的自媒体人签订独家合作协议，以此减少不同平台间重复内容带来的流量损失。

第三，自媒体发布目的多样化。博客、论坛等第一代自媒体内容更多属于"自述型"，即以自我展示、记录和分享为主要目的。而第二、第三代自媒体的信息发布目的呈现多样化。普通大众的自媒体保持了"自述"特点，而公众人物、公共机构、组织的官方自媒体在此基础上往往还承担信息发布、回应、澄清、形象影响等功能。例如，"平安北京"作为北京市公安局的官方微博账号，已经成为北京警方对于热点案件的重要发布平台，且已经在网络空间形成了良好的公信力。另外，文娱明星以及近年愈发壮大的网络红人群体，经常通过自媒体平台发布推广信息，并赚取推广费。自我定位为"生活方式平台"的小红书 App，其实是一个消费决策平台，各类明星、网红、素人通过该平台分享消费经验和感受，而这一过程必然拉动相关产品的销售。而电商类自媒体主要通过个性、灵活的产品信息获取关注，从而达到销售目的。有观点认为，"自媒体平台已成为继实体零售、电商零售后第三大经济平台"。[①] 需要注意的是，不同的发布目的可能同时存在于某个自媒体账号中。

第四，功能多样化。以陪伴为主要功能的喜马拉雅、蜻蜓 FM 以及以得到为代表的知识付费平台，突出了早期自媒体平台以互动和社交为主要功能的特征。而陌陌、抖音、快手等自媒体平台，则在一定程度上区别于微信、

---

① 《2018 年自媒体平台即将成为实体零售、电商零售后第三大经济平台》，百度百家号，https://baijiahao.baidu.com/s? id = 1612558716332729400&wfr = spider&for = pc，最后访问时间为 2019 年 10 月 19 日。

微博"以熟人为起点，向陌生人发散的"的社交模式，这与平台发布信息的特性相关。

第五，运营模式逐步成熟。2012 年 8 月，腾讯正式推出微信公众号平台，被外界视为自媒体创业的起点。随后，罗辑思维、吴晓波频道等首批公众号创业人取得巨大成功。《2017 年中国自媒体从业人员生存状况调查报告》数据显示，截至 2017 年，我国自媒体从业人员数量已经超过 260 万。部分知名自媒体账号的运营团队在人员数量、数值、技术水平、管理体系上已经可以媲美传统媒体。

近十年，自媒体行业已经在一定程度上改变了整体的媒介竞争格局。不仅内容百花齐放，分发平台日渐多样，更催生出自媒体矩阵、直播、短视频、知识付费、陪伴式自媒体等新样态。自媒体不仅呈现跨平台化的特征，更成为社会的主要信源，其在议程设置、舆论引导等方面的影响力是传统媒体不可想象和比拟的。例如，2017 年 10 月 8 日中午，明星鹿晗在微博发文向网友介绍自己的女朋友，并@女星关晓彤，后者随后发微博回应。两段微博总共不足 30 字，却成为当天最爆炸的新闻。当天下午，上述微博就收到大约 480 万点赞、230 万评论。根据微博数据助手统计数据表明，该微博共收到有效转发 336777 次，覆盖人数 841134420 人。[①] 有学者提出，传媒行业整体格局的改变，迫使传统媒体加入新媒体格局，但是除了新华社、《人民日报》、中央电视台这样的最高党媒外，其他传统媒体转型后的话语权并没有得到加强。[②]

除此之外，自媒体营销重点愈发多元化。与传统媒体以塑造媒体权威度不同，自媒体更注重 IP 营销。例如，通过内容分发细化自媒体运营者及其团队的"人设"。这种价值认同更容易建立受众对自媒体的链接，加强重视度。这在一定程度上解释了为什么咪蒙这样的公众号可以通过一篇贴文搅动社会情绪。

---

① 《鹿晗宣布恋情之后，结婚还在修复微博的程序员小哥火了……》，搜狐网，http：//www. sohu. com/a/196943028_ 162238，最后访问时间为 2019 年 10 月 19 日。

② 张晓波：《平台资本主义与自媒体的商业逻辑》，《文化纵横》，2018 年 1 月。

三　自媒体行业的几点变迁

第一，成长速度加快。无论是平台还是账号，一夜火爆、一战成名的例子在自媒体行业已不少见。2016 年的直播、2018 年的短视频，几乎都是一夜之间火爆全网。例如，抖音从 2016 年 9 月上线到实现近 15% 的渗透率仅用了一年半时间。[①] 2018 年，短视频平台全面崛起，数据显示，74.1% 的网民使用短视频 App。[②]

与此同时，高流量平台也成就了一大批一战成名的自媒体。例如快手网红天津李四就因 PK 平台一线主播快速累积了近 200 万粉丝。而这一数量是很多二、三线明星都无法比拟的。

第二，阅读习惯改变。在自媒体诞生之初，图片的使用更倾向于对文字的补充和佐证。2009 年火遍全网的流行语"无图无真相"就是针对网络空间虚假信息而出现的，其含义是"有图像证据才能证明文字表述的真实性"。随着网络信息进一步娱乐化、海量化，网民每天接收的网络信息数量不断增多，分配到单条信息的时间不断被压缩。有调查报告显示：床上、车上、卫生间成为主要阅读场景，上下班路上、午休和晚 10 点是阅读高峰时段，而 3~5 分钟的阅读长度更容易吸引读者。碎片化、同质化的低质量网络信息泛滥，网民在阅读信息时的获得感下降，耐心流失。为在流量竞争中取胜，内容生产者，不断压缩单条信息的阅读时间、阅读难度，甚至信息量。

第三，现今大众的阅读习惯已经与纸质阅读时代发生根本变革。包括六七十岁的老年读者在内的绝大多数受众群体，通过智能手机、平板电脑等设备进行电子阅读时，都呈现出简短化、直白化、标题化、图片化等阅读习

---

① 《拥有 7 亿用户的抖音，在短视频营销方面有多大价值?》，搜狐网，http：//www.sohu.com/a/225633184_388388，最后访问时间为 2019 年 10 月 19 日。

② 《中国网民总数量突破八亿! 短视频应用迅速崛起》，搜狐网，http：//www.sohu.com/a/249666102_695957，最后访问时间为 2019 年 10 月 19 日。

惯。近两年，随着表情包和短视频平台的火爆，动图、视频交流正取代文字和静止图片，成为网民最常用的交流工具。短视频更成为类似音乐一般的跨语言、跨文化交流媒介。

第四，用户群实现真正"大众"传播。新浪微博 2019 年 3 月公布的 2018 年第四季度财报数据显示，"2018 年 12 月微博月活跃用户数达到 4.62 亿。"① 据 2018 年 6 月 2 日抖音正式对外公布的数据显示，短视频 App 抖音的同期月活跃用户量大约为 3 亿。② 在此背景下，自媒体行业在内容供给和产品消费层面均出现了明显的分流和细化。新闻客户端、直播 App、短视频 App，甚至是独立的自媒体账户，都在根据流量和受众的回馈不断明晰和调整自己的定位。因此，我们在近几年越发明确地看到了平台间、账号间基于受众差异做出的不同定位选择。例如，2014 年 7 月 22 日上线的澎湃新闻选择以文化层次相对较高的精英群体作目标客户群。相比较而言，今日头条用户群体的平均文化水平就相对较低。这在一定程度上弱化了两者之间的竞争。

自媒体用户群的扩大直接导致网络话语权下沉。"2006 年 11 月新浪博客的排行榜中的前 20 位中有 19 位是名人博客，占据了绝对的优势地位，草根博客相对来说比较沉默。2007 年 8 月，名人博客占据了 12 席，草根博客有 8 席"。③ 数据显示，2018 年 8 月，头条号影响力 Top100 排行榜中，草根自媒体人数量已与精英媒体数量不相上下。④ 自媒体平台用户下沉现象已是不争事实。有学者认为：在自媒体发展早期，用户下沉并没有导致话语权的

① 《微博月活跃用户增至 4.62 亿，年度营收破百亿》，新浪网，http：//auto. sina. cn/yx/yd/yxdt/2019 – 03 – 22/detail – ihtxyzsk9328253. d. html？oid = 4076537844638486&vt = 4，最后访问时间为 2019 年 10 月 19 日。

② 《抖音披露最新用户数据：国内日活超 1.5 亿月活超 3 亿》，百度百家号，http：//baijiahao. baidu. com/s？id = 1603061312396325719&wfr = spider&for = pc，最后访问时间为 2019 年 10 月 19 日。

③ 王俊琴、王佳、邱娟、王发裕、龚玲芝：《浅谈我国博客的现状与发展》，《科协论坛》（下半月）2010 年第 1 期，第 191 ~ 192 页。

④ 《速看！8 月份头条号影响力排行榜 Top100 新鲜出炉！》，搜狐网，http：//www. sohu. com/a/256436416_ 99937196，最后访问时间为 2019 年 10 月 19 日。

转移，而在 2010 年左右，微博出现使得部分专业化、职业化的草根阶层在一定程度上掌握了网络话语权。[①] 虽然精英阶层话语权仍然占主导地位，但这种话语权"分流"为草根阶层提供了影响舆论的机会，在一定程度上给一些公共事件中的网络话语冲突埋下了伏笔。

第五，自媒体影响力从线上渗透至线下。自媒体运营者通过拟人化营销加强受众对该账号的价值认同，这种价值观连接使得自媒体得以在一定程度上塑造和影响受众的观点。自媒体圈有一种说法，"得情绪者得天下"，能有效调动读者情绪的文章，更容易通过点赞、转发、评论、打赏等方式制造短期社会话题，甚至积累长期受众。

与此同时，自媒体的盈利方式也经历着从免费到付费、从间接收费到直接收费、从线上到线下的转变。目前，自媒体共有"内容盈利、广告盈利、服务盈利、商品盈利等四种盈利模式"。[②] 内容生产仍然是自媒体运营的核心，但此"内容"更倾向于"有卖点"，而不是"高质量"。2018 年在抖音一夜火爆的"西塘小哥""拉面小哥"都因为"吸睛"赚尽流量。

四　自媒体行业对社会影响

自媒体行业的繁盛对社会的积极影响可能体现在经济、政治、文化等多个方面。第一，拉动经济。自媒体行业对经济发展的带动作用不仅体现在催生新的自媒体平台、提供大量就业岗位，更体现在内容创业者的助力以及通过自媒体广告、软文、推广拉动消费。例如，近年来很多国产美妆产品都通过自媒体软广营销快速被大众接纳，迅速占有市场。第二，促进政务公开，提高政府公信力。《政府信息公开条例》实施 11 年来，我国政府公开工作得到显著改善。政务自媒体在其中起到了重要作用。CNNIC 第 42 次调查报告显示："截至 2018 年 6 月，中国大陆共有 31 个省、自治区、直辖市开通

[①] 曾娅洁：《草根意见领袖的话语实践与身份建构研究》，《传媒》2018 年第 13 期。

[②] 邢畅：《自媒体内容盈利模式的伦理审视》，《北京交通大学学报（社会科学版）》2019 年第 1 期，第 133~138 页。

了政务头条号。其中，开通政务头条号数量超过 2000 个的省份有 16 个，河南省共开通 7501 个政务头条号，居全国首位；开通数量在 1000～2000 个的省份有 8 个。"① 自媒体传播的灵活性、即时性、互动性，使得政务公开更加便捷。普通网民可以通过网络与政府部门即时问政，政府可以第一时间回应网民关切，网络将两者间良性有序的互动呈现在大众面前，有效提高了政府公信力。第三，活跃文化产业。自媒体产业的兴盛能促进资本、人才向文化、传媒产业流动，从而生产更大量，更多元、更优秀的文化产品以满足大众的文化需求。

相比之下，自媒体行业对社会的负面影响更为隐形和复杂，有些甚至是短期内无法解决的。有关网络空间与物理现实的关系，存在"网络空间是社会现实的延伸"以及"网络空间是物理空间的镜像"两种观点。虽然表述不同，但其内涵却有很多相同之处。互联网进入民用领域数十年来，已经将绝大多数线下活动网络化。网络空间就像一块新的蛋糕，牵扯各种利益、责任。而这些利益和责任的出现（或者得到重视）并不是一蹴而就的。利益往往随着互联网技术的发展、普及而拓展，而责任分配规则的明晰常常滞后于前者。

第一，自媒体行业充斥着版权、隐私权、名誉权等侵权问题。例如，近期较受关注的"洗稿"现象就曾被人民日报公开批评。此外，各种自媒体账号经常因为不规范的内容生产，侵犯公众人物的隐私权、名誉权。淫秽、低俗内容以及谣言、谎言在各种自媒体平台存在比例较高。例如《中国新媒体发展报告（2013）》显示，2012 年 1 月至 2013 年 1 月的 100 个微博热点舆情报道中，不实谣言的比例高达 1/3。② 自媒体内容乱象的成因主要有以下几点：（1）自媒体内容生产数量巨大，部分平台人员和技术配备略显吃力。虽然内容审核技术正在不断更新，但审核技术相对于有意识的规避技

---

① 《CNNIC 第 42 次调查报告：政务头条号》，新浪网，https：//tech. sina. cn/i/2018 - 08 - 20/doc - ihhvciiw7434385. shtml，最后访问时间为 2019 年 10 月 19 日。

② 《网络谣言对社会稳定的危害及其治理》，人民论坛网，http：//theory. rmlt. com. cn/2013/0806/98952. shtml，最后访问时间为 2019 年 10 月 19 日。

巧而言难免死板，技术审核只能作为人工审核的补充而非替代。今日头条CEO张一鸣承诺在2018年底实现内容审核团队一万人的目标。据今日头条内容审核编辑招募启示显示，该岗位薪资约为4000至6000元/月。[①] 以此计算，今日头条每年在内容审核方面的花费至少为5亿元。对于尚在起步阶段或者用户群较小的自媒体平台而言，过高的内容审核成本必然限制其发展。（2）自媒体人员素质参差不齐。自媒体产业的最大特点是内容生产者由专业记者拓展至任何愿意参与互联网内容生产的普通人。相较于传统媒体，自媒体行业几乎没有行业门槛、没有专业知识限制、没有职业道德要求，更谈不上专业机构的管理机制。一些自媒体内容生产者几乎是在没有专业知识、没有引导、没有经验的情况下盲目进行内容生产，这成为自媒体行业种种内容乱象的重要原因。（3）相关法律、法规相对滞后。滞后性是法律的固有特点，这一点非但不可能在互联网领域避免，且必然因互联网技术的快速更新以及大众对新技术接受速度的加快而更加明显。微博诞生于2009年，其后各种问题频出，但直到2018年2月，国家网信办才公布《微博客信息服务管理规定》。其中原因虽复杂，但不可否认的一点是，当微博的运行机制尚未稳定的阶段，匆忙制定管理规则很容易留下遗漏。

第二，自媒体内容生产过于依赖资本。商业资本对自媒体行业近年的蓬勃发展尤为重要，但如果自媒体从业者过分追逐经济收益，就可能失去媒体人应有的客观和中立，导致自媒体成为商业资本带动舆论的工具。一些企业、公众人物在遇到负面新闻时豪掷千万找公关公司"洗地"，自媒体软文带节奏就是其中一个选择。

除此之外，有学者提出自媒体的经营者还可能在融资过程中因为商业压力放低道德底线。而为了保住融资不撤出，自媒体可能盲目追逐流量，"为了博眼球而博眼球"。[②] 2019年2月，知名自媒体账号咪蒙因一篇价值观不正确的推文《一个出身寒门的状元之死》被推上舆论风口浪尖。最后，粉

---

① 《今日头条变重：光内容审核编辑就要1万人》，百度百家号，https：//baijiahao. baidu. com/
s？id=1588563513974035630&wfr = spider&for = pc，最后访问时间为2019年10月19日。
② 范玉吉：《自媒体版权乱象及其成因》，《青年记者》2017年第2期。

丝超千万的咪蒙微博和微信公众号相继关闭，咪蒙团队于 2019 年 3 月解散。

第三，自媒体舆论场与传统媒体舆论场存在冲突。当下中国存在"传统主流媒体舆论场"和"自媒体舆论场"并存的传播格局。自媒体舆论场的开放性、互动性恰好弥补了主流舆论场的不足，为公众长期无法表达的种种情绪提供抒发的渠道。"社交媒体让带有负面社会情绪的市民快速、低成本地组织起来，抗议者在一个半公开的环境中，避免了个体的孤立感，也降低了政治情绪宣泄的法律风险和道德风险"。① 然而，一些自媒体账号出于种种原因盲目站在官方媒体的对立面，误导大众。例如，有些起步阶段的自媒体为了博取眼球发表不负责任的猜测，断章取义的解读，在热点新闻中误导大众；也有自媒体为了树立"敢说真话"的标签、人设，有意在社会事件中用耸动言论赚取流量。而一篇高转发率的推文所带来的深层次社会影响远不是官方媒体的澄清可以抵消的。

第四，审丑文化盛行导致一定程度的自媒体逆淘汰。当前的网络空间正充斥着一种背离美学初衷的"审丑文化"，其动因是"吸引眼球"和受众在自由表达环境中产生的叛逆心理。② 这与网民结构的下沉直接相关。2016 年 1 月 22 日中国互联网络信息中心发布第 37 次《中国互联网络发展状况统计报告》显示，中国网民规模达到 6.88 亿人。其中初中、高中/中专/技校学历的网民占比分别为 37.4%、29.2%。小学及以下网民也提升了 2.6 个百分点。③ 自媒体内容生产的全动力是流量，网民结构的下沉，直接影响自媒体平台内容生产的质量和流量去向。2016 年评选的《中国最贵自媒体排行榜 Top100》中，绝大多数自媒体以时尚、娱乐、旅游、亲自、情感、漫画为主题，吴晓波频道是严肃主题自媒体中排名最靠前的，列第 47 位。而澎湃新闻、南方周末为仅有的入榜传统媒体，分别排名第 90 和 91 位。这种俗

---

① 吴瑛：《国内外舆论互动对社会情绪的影响研究》，《中州学刊》2016 年第 7 期。
② 韩升、赵玉枝：《当前大众文化审丑异化的批判性解读》，《中央社会主义学院学报》2017 年第 2 期。
③ 第 37 次《中国互联网络发展状况统计报告》（全文），中国网信网，http://www.cac.gov.cn/ 2016－01/22/c_ 1117858695. htm，最后访问时间为 2019 年 10 月 22 日。

胜雅的现象在直播和短视频平台更为明显。以直播行业为例，网络主播为了抢夺流量和金主，尽可能尝试各种能够挑逗视觉神经和打赏欲望的视频表达，在同质化日趋明显的野蛮竞争中，单一的违背伦理道德、法律法规的越界行为很容易引起全体效仿，生子直播、性爱直播、裸露直播以及低俗的吃播，都曾成为直播平台热潮。

五 现行自媒体管理制度梳理

我国的互联网治理曾在较长一段时间处在"九龙治水"的状态，改制前的新闻出版总署、广电总局、国新办、教育部、工商总局、工信部、文化部、公安部、国家保密局等十余部委、部门，根据原有职责划分分管互联网领域相关问题的审批、审核、规制。因此，无论在立法还是在执法上，互联网企业、从业人员和普通网民都要面对多头管理。"抢着管""没人管"现象屡见不鲜，职权划分和法律规则中间的冲突、不明确，使得我国的互联网治理体系适应性较差。习近平主席曾指出，现行互联网管理体系存在"多头管理、职能交叉、权责不一、效率不高"等弊端。为改变这一情况，2011 年 5 月，国家互联网信息办公室挂牌成立并于 2014 年重组。经过八多年的发展，目前我国已经基本形成"网信办牵头、其他部委、部门辅助"的互联网治理模式。

目前，我国有关自媒体的管理思路明确、特点鲜明。第一，网信办牵头制度建设及日常管理。相比较而言，以微信、微博为代表的第二代自媒体成熟于网信办成立之后。除《网络安全法》之外，目前涉及自媒体管理的规章或规范性文件有《互联网新闻信息服务管理规定》《互联网新闻信息服务单位约谈工作规定》《微博客信息服务管理规定》《互联网跟帖评论服务管理规定》《电信和互联网用户个人信息保护规定》《互联网论坛社区服务管理规定》《互联网直播服务管理规定》《移动互联网应用程序信息服务管理规定》等。这些制度基本涵盖了现在自媒体行业的方方面面。

为避免多头执法现象的发生，多部规章或规范性文件都通过条文明确规定网信办对相关问题的统筹、主导地位。例如《互联网跟帖评论服务管理规定》第三条明确规定，国家互联网信息办公室负责全国跟帖评论服务的监督管理执法工作。这种做法既可以有效避免争权诿责现象，又可以最大限度统一管理的尺度和步调，提高执法效率和法律权威性。

第二，我国的自媒体管理实行刚柔并济的管理模式。2015 年 4 月 28 日，国家互联网信息办公室发布《互联网新闻信息服务单位约谈工作规定》，并于同年 6 月 1 日开始实施。约谈制度并非我国首创，且早已经在其他行政管理领域应用。这种类行政指导行为被纳入互联网行政管理工作后，在当年就取得了明显的效果。四年来，搜狐、百度、凤凰网、和讯、抖音、新浪微博、快手、Bilibili 等众多互联网平台都曾接受中央网信办或者地方网信办约谈，约谈原因涉及版权侵权、低俗视频、虚假新闻、网络谣言等，处理办法包括警告、罚款、责令停业整顿、吊销许可证等。例如，2018 年 11 月，网信办约谈微博、微信两家自媒体平台，其后共有 9800 个违规自媒体账号被查封。①

第三，内容管理始终是自媒体管理重中之重。无论从互联网产业的整体层面，还是从自媒体行业的局部层面看，执法者总要面对新技术、新热点、新现象带来的新的管理难题。例如，立法者和执法者并不能预见 2015 年网络视频直播和 2018 年短视频的火爆，因此针对性的管理规定往往出台于新的传播形式问世之后。而通过对比各个管理办法，我们不难发现针对不同传播平台、传播形式的管理文件中贯穿着几个管理重点。

2000 年的《互联网信息服务管理办法》（以下简称《2000 年办法》）、2004 年的《互联网等信息网络传播视听节目管理办法》（以下简称《2004 年办法》）和 2007 年的《互联网视听节目服务管理规定》（以下简称《2007 年规定》）均对互联网信息服务提供者不得制作、复制、发布、传播的内容进行了列举，三者均包括反对宪法所确定的基本原则；危害国家安全，泄露

---

① 《国家网信办查处 9800 多个自媒体账号，依法约谈腾讯新浪》，凤凰网，http://tech.ifeng.com/a/20181112/45221094_0.shtml，最后访问时间为 2019 年 10 月 19 日。

国家秘密，颠覆国家政权，破坏国家统一；损害国家荣誉和利益等内容。虽然表述上略有不同，但内涵、外延差异不大。但关于近年出现问题较为集中，观点争议较大的有关黄赌毒暴力内容的列举，三者差异较为明现。

三部法规均把相关内容放置于条款的第七项。《2000年办法》列举为"散布淫秽、色情、赌博、暴力、凶杀、恐怖或者教唆犯罪的"。《2004年办法》去掉了《2000年办法》中关于"色情"内容的限制，而《2007年规定》又重新增加了这一内容。伴随直播、短视频平台的火爆和平台间的野蛮竞争，色情、低俗内容成为近年网络内容治理的重点。色情、淫秽、低俗内容的界定是自媒体内容管理的重要议题，但互联网平台和政府都难以通过文字穷尽列举其内涵。在没有内容分级先例的背景下，通过立法给互联网平台和自媒体账号经营者明确的指导的确必要，但这势必需要充分的理论论证和实践检验。

第四，创新性办法解决治理难题。2018年4月，媒体曝光"快手""火山小视频"少女妈妈事件后，社会各界对于尽快出台有关未成年人相关网络法律的呼声越来越高。彼时网信办已经先后公布《未成年人网络保护条例》征求意见稿和送审稿，但截至目前该条例并未正式公布。外界争议较大的第八条，关于禁止性内容相关描述、列举过于模糊的问题一直没有好的解决办法。2019年1月9日，中国网络视听节目服务协会在官网发布《网络短视频内容审核标准细则》100条，通过不完整列举的方式细化了网络短视频中禁止出现的100类内容。在立法条件尚不成熟的情况下，先通过行业协会出台自律规定的办法，既可以过渡性治理眼前的内容乱象，也可以通过实践为下一步立法工作提供更多的论证数据和管理经验。

除此之外，近年的行政立法还开创性地对新出现的网络视频直播、短视频、弹幕等技术、传播样态进行针对性的界定、规制。将约谈制度、黑名单制度、互联网群组信息服务使用者信用等级制度引入自媒体管理体系之内。在立法中，针对实践中发现一些因为概念界定不清而导致的问题做出回应。例如《互联网等信息网络传播视听节目管理办法》明确了"视听节目"的概念，"本办法所称视听节目（包括影视类音像制品），是指利用摄影机、摄像机、录音机和其他视音频摄制设备拍摄、录制的，由可连续运动的图像或可连续收听的声音组成的视音频节目"。

第五，适当放权。行业自律是许多国家在多种行业内践行的管理方式。这种实践在我国也不在少数。例如，2001年5月成立的中国互联网协会也制定过《中国互联网行业自律公约》《博客服务自律公约》等涉及自媒体管理的自律规范。此外，一些有实力的行业协会也曾协助相关部门查处、处罚违规互联网平台。

另外，我国自2002年开始实行网络实名制度。2011年12月16日，北京市发布《北京市微博客发展管理若干规定》，成为我国第一个践行微博注册实名的城市。次年，这一制度在全国铺开。

对于自媒体行业治理中一些尚不具备立法，或者不必要针对所有互联网平台、使用者实行的内容，一些管理规定选择策略性留白。例如，《微博客信息服务管理规定》第十一条："微博客服务提供者应当建立健全辟谣机制，发现微博客服务使用者发布、传播谣言或不实信息，应当主动采取辟谣措施。"这意味着，中央网信办未对互联网平台的辟谣机制做硬性规定，各平台可以针对自身的特点和需求配备辟谣资源。

第六，严格管理互联网新闻信息服务。目前，仅通过互联网平台的认证而具有互联网新闻采编资格的自媒体运营者是绝大多数，其中却有相当一部分在从事新闻信息服务或者类新闻信息服务。

2013年4月，原国家新闻出版广电总局下发《关于加强新闻采编人员网络活动管理的通知》，对互联网新闻业务的价值导向、采编流程、审编业务以及新闻媒体官方微博的备案制度，新闻采编人员设立职务微博等内容做出详细规定。2014年6月实施的《新闻从业人员职务行为信息管理办法》将新闻单位的职务行为信息进行分类管理，防止新闻记者通过自媒体平台不适当地发布信息。该规定还要求新闻记者将职务自媒账号向所在单位备案，接受单位监管。2014年8月开始实施的《即时通信工具公众信息服务发展管理暂行规定》对于时政类新闻的发布和转载主体做出了明确规定，限制不具备相应资质的公众号发布、转载时政新闻。2014年10月公布实施的

《关于在新闻网站核发新闻记者证的通知》对新闻网站的采编人员申领新闻记者证做出规定。自媒体账号如没有传统媒体为依托,其从业人员无法申领记者证的,不能开展新闻采编业务。2015年,共有594名新闻记者取得网络记者证,而2016年,这一数字仅增加106人。①2017年6月起施行的《互联网新闻信息服务管理规定》规定,"通过应用程序、论坛、博客、微博客、公众账号、即时通信工具、网络直播等形式向社会公众提供互联网新闻信息服务,应当取得互联网新闻信息服务许可,禁止未经许可或超越许可范围开展互联网新闻信息服务活动"。2017年10月发布的《互联网新闻信息服务单位内容管理从业人员管理办法》对互联网信息服务单位从事从业人员在价值观、行为规范、业务培训、业务考核等方面提出了具体规定,力求进一步提高自媒体新闻业务从业人员的职业素养和业务能力。2017年10月起实施的《互联网跟帖评论服务管理规定》要求对新闻信息跟帖评论实行先审后发制度。2017年12月起实施的《互联网新闻信息服务新技术新应用安全评估管理规定》要求网信部门组织开展互联网新闻信息服务新技术新应用安全评估。

不可否认的是,自媒体监管制度仍然存在一些问题。首先,社会大众,特别是自媒体经营者对于个别法律条文的理解存在偏差。例如,《互联网直播服务管理规定》明确规定互联网直播服务提供者以及互联网直播服务使用者不得利用互联网直播服务制作、复制、发布、传播法律法规禁止的信息内容。但实践中,很多网络主播并不能准确理解哪些是法律法规禁止的内容。因此,在直播过程中屡屡违规。

其次,部分条文出台后落实难也是摆在执法者面前的难题。《电信和互联网用户个人信息保护规定》对电信业务经营者、互联网信息服务提供者在收集、使用用户个人信息的条件做了明确规定。但近年因技术水平限制、个人信息买卖、不法分子窃取个人信息等行为导致的个人信息泄露事件频频

---

① 《首批新闻网站记者证核发1年700名采编人员申领》,中国长安网,http://www.chinapeace.gov.cn/2016-11/08/content_11377678.htm,最后访问时间为2019年10月19日。

发生。

最后，从目前来看，多数自媒体相关治理规范以限制、治理、提要求为主，虽然这与自媒体行业门槛低、竞争无序直接相关，但自媒体平台运营者和自媒体创业者很容易把这些规范的出台视作行业寒冬的预警。建设和完善自媒体监管制度的目的不仅仅是规范自媒体传播行为、维护自媒体行业秩序、净化网络空间风气，还应该能够有效激发自媒体行业活力，通过良好的创业环境，吸引更多人投身自媒体行业，为社会生产更多的信息产品，推进经济、文化的共同发展。

B.13
2018年互联网自媒体平台发展研究报告

金璇 闫昆仑 龙瀚*

摘 要： 2018年以来，在经过一段时间的井喷式增长之后，自媒体平台开始迎来降温。随着监管治理的不断完善，自媒体平台从狂热爆发到理性求变，行业持续迭代和差异化发展，努力尝试积极寻求突破，并向内容专业化、形式多元化、视频社交化等趋势转变。然而，自媒体乱象仍未根治，蹭热点、标题党、刷量刷粉、恶意侵权等问题依旧存在，由于覆盖多个领域，并且具有极强的隐蔽性，因此成为网络空间治理的顽疾，需要依靠多元主体参与治理，多措并举确保自媒体优质内容供给，才能更好地促使自媒体生态健康发展，营造风清气正的网络空间。

关键词： 自媒体乱象 账号分类 内容优化 协商共治

随着新技术的发展，媒体也在不断演化。过去占据主导地位的传统媒体的影响力逐步被消解，去中心化的自媒体生态崛起，人们接收信息和传播信息的方式也在发生着改变。从2010年到2018年，中国的互联网企业们又经历了一次创业，承载着文字、短视频的自媒体平台走向了风口浪尖。随着互联网高速发展和用户消费需求的不断升级，加速催生出垂直内容领域的发

---

* 金璇，腾讯公司安全策略高级总监、腾讯研究院安全研究中心专家；闫昆仑，腾讯公司政务舆情部高级研究员；龙瀚，腾讯公司微信安全风控高级经理。

展，以及新兴内容分发平台的建立，自媒体行业争夺用户注意力及使用时长已进入到白热化阶段。2018年，随着新技术的应用，音视频自媒体快速发展，文字类自媒体平台发展进入波动期，主流媒体及政务类自媒体崛起，舆论场理性声音得到增强。与此同时，虽然层出不穷的自媒体乱象得到了一定程度的整治，但要根治这一乱象，仍需要依靠多元主体参与、协商共治。

一 2018年自媒体平台发展新趋势特征

根据CNNIC的统计，我国手机用户上网占比99.1%，移动互联网占据绝对地位。而互联网的高速发展，也逐步催生出自媒体传播生态。以图文、短视频和直播为主的自媒体平台开始兴起，从微信公众平台和微博到抖音、快手短视频平台，去中心化的传播方式让每个人都拥有了属于自己的"麦克风"。2018年以来，自媒体平台发展也出现一些新趋势及新特征，主要有以下几个方面：

（一）5G、AI等新技术应用，促使自媒体平台进入全新进化周期

近年来，大数据、云计算、物联网、人工智能以及5G等新技术新应用不断涌现，催生出更多媒体融合的形态，自媒体平台随着技术的不断更新迭代，演化出更加多元立体的形态。以5G为例，随着高速移动网络普及化，上网资费大幅下降，给短视频自媒体平台提供了发展空间，加之视频制作成本和技术门槛降低，未来将涌现出更多如Papi酱、同道大叔、李子柒等自媒体网红IP。而AI技术的普及，将有效解决自媒体内容生产的痛点，未来媒体融合创新将会有更多可能。随着智能推荐引擎、用户行为分析等技术不断创新升级，自媒体平台已经开始进入全新的进化周期。

（二）音视频自媒体平台快速发展，市场规模呈现爆发式增长趋势

自媒体最初的发展形式主要是以图文为主，近几年，音视频自媒体异军

269

突起。音频类自媒体平台丰富内容构成，努力满足听众的多元需求，随着用户需求精准化推送的实现以及垂直领域市场细分，喜马拉雅 FM、荔枝 FM等音频自媒体平台相继涌现，甚至音频类微信公众号在运营的同时也开发了自己专属 App，如蜗牛壳、贝瓦儿歌等，共同瓜分互联网听众市场。一些头部平台也确实拓展了更多用户，如喜马拉雅 FM 目前总用户规模将近 5 亿。与此同时，短视频平台也呈现出爆发式增长，他们不但具有文字类自媒体平台的相关特性，而且市场上下游相关产业不断完善，尤其是用户的需求从图文扩散到视频，短视频内容创作者越来越能抓住用户的喜好，甚至引领潮流。与此同时，短视频应用进入到发展高峰期，资本市场对此类应用也不断关注。据 QuestMobile 数据显示，① 截至 2018 年 12 月，短视频的月活跃用户已经超过了 6 亿，成为仅次于即时通讯的第二大产品类型。此外，随着知识付费理念的普及，音视频付费产品在市场逐步走高，如音视频课程、付费问答等多元化产品形态，将不断适应市场细分的需求而进行演化。随着新兴技术的落地，音视频自媒体平台未来仍有较大的发展空间。

（三）文字类自媒体平台发展进入波动期，用户增长趋缓但整体生态向好

近两年，随着移动互联网红利的结束，文字类自媒体平台已逐渐进入一个波动周期。以微信公众平台为例，近两年活跃公众号增长态势出现拐点，多数公众号关注人数增长缓慢，甚至出现负增长，推送文章的平均阅读率从12%降至 5%左右（阅读率＝单篇文章阅读人数/拥有用户数量）。根据腾讯公司 2018 年第二季度财报，微公众平台自媒体账号月活数量同比下降约三成。② 公众平台日均群发信息活跃账号以及日均群发信息均有不同程度的下降。究其原因，一是类似产品不断涌现，分流了部分内容创作者和读者；二

---

① 《QuestMobile 中国移动互联网 2018 年度大报》，QuestMobile 研究院，https：//www. questmobile. com. cn/research/report – new/30，最后访问时间为 2019 年 1 月 22 日。

② 《腾讯公布 2018 年第二季度及中期业绩》，腾讯网，http：//www. tencent. com/zh – cn/achievement_ timeline. html，最后访问时间为 2019 年 8 月 15 日。

是随着用户关注的自媒体增加，内容过载越来越明显；三是近年来我国网络用户总数增长趋缓，网民"人口红利"减少，用户注意力越来越稀缺。虽然微信公众号整体打开率、阅读率下降，但在一些内容精准垂直、个性化、互动性比较好的账号用户保持稳定甚至增长，推送文章的阅读量依旧很高，"马太效应"日趋明显。从公号类型看，订阅号增速趋缓明显，服务号仍有较快增长；从运营主体看，政务、企业类公众号总数增长明显；从内容上看，新闻类仍占有一定比重，商业、艺术、健康、娱乐等方面内容持续增加，在垂直领域还不断细分，且都有一定数量用户；从功能上看，越来越多的公众号和服务号借助小程序实现了商务、服务功能的突破；从运营理念看，越来越多的运营者从单方向输出的"粉丝经济"转向共同经营维护的"社群运营"，如"吴晓波频道""混沌研习社"都搭建平台建立交流学习社群。上述种种情况显示，微信公众号资讯平台属性减弱，服务平台属性增强。

（四）主流媒体及政务类自媒体生态崛起，舆论场理性声音增强

近年来，互联网内容管理的法规政策不断完善，主管部门高度重视、有效管理，各网络平台强化落实主体责任，网络舆论场整体更加清朗。当前国内互联网头部自媒体平台也呈现出情绪化及非理性声音逐步减少，理性声音逐步增强的趋势。主流媒体在各自媒体平台开设的自媒体账号中，人民日报、新华社、央视等主流媒体内容权威、表达生动、贴近百姓，吸引了数以亿计的粉丝群体。政务类自媒体如长安剑、侠客岛等一批注重导向、生动活泼、个性鲜明的账号，也具有突出影响，共同成为舆论场的压舱石。从舆论现象上观察，偏激、煽情的内容，往往很快有理性声音纠偏。据微信公众号内容创业服务平台新榜的数据显示，[①] 2018年期间媒体号几乎月月霸榜，它们凭借其无与伦比的影响力和覆盖面，呈现出势不可挡的发展趋势。2018

---

① 《2018年中国微信500强年榜 | 新榜出品》，腾讯网，https：//mp.weixin.qq.com/s/PQDOBVTwVo7ZPlG8 – GKA7Q，最后访问时间为2019年1月7日。

年 12 月，新华社官方微信公众号宣布其用户关注数突破两千万。此外，一批主流媒体凭借权威专业的信息、生动贴近的表达，以及微信平台内容增发等扶持政策，通过专业的信息传播能力，在自媒体平台中脱颖而出，显示出绝对优势，并对用户产生一定的虹吸效应。

以微信公众平台为例，从注册主体分布来看，政务类及媒体类账号占比在全国自媒体账号中仅占 3.2%。但这些账号粉丝总量达到了 35 亿，相当于平均每个微信用户都在手机上关注了 2.3 个政务类公号和 1 个媒体类公号，政务及媒体类公号的触角之广泛、影响力之大、号召力之强可见一斑。①

二　当前自媒体平台存在的问题

2018 年开始，监管部门对内容领域的监管日益趋严。4 月，字节跳动旗下的内涵段子被永久关停，今日头条 App 则被从应用商店下架数周。2018 年 11 月 10 日，央视《焦点访谈》痛批自媒体乱象，并将该乱象归纳为六个方面：低俗色情、标题党、谣言、黑公关、花钱购买阅读量和伪原创。随后，国家网信办就自媒体存在的乱象展开了集中整治，已处置"唐纳德说""紫竹张先生""傅首尔"等 9800 多个自媒体账号；② 又对 10 家客户端自媒体平台进行约谈。③ 在各个互联网公司积极为自媒体发展创造低门槛、个性化、互动性强的平台的同时，大量的粉丝涌入，流量红利持续发挥作用，成为支撑自媒体发展的重要因素，同时，也成为诱发自媒体逐渐出现"病变"的重要因素。基于粉丝流量和强大的利益空间，自媒体平台中存在的乱象具体表现在以下方面：

---

① 腾讯指数：《2018 微信公众平台政务、媒体类账号发展报告》，2019 年 1 月 18 日。
② 《国家网信办约谈微信微博　处置"傅首尔"等 9800 多个自媒体帐号》，百度网，https：//baijiahao. baidu. com/s？id = 1616938804221808815&wfr = spider&for = pc，最后访问时间为 2018 年 11 月 12 日。
③ 《网信办约谈 10 家自媒体平台，禁止自媒体小号"重生"、跨平台"转世"》，经济观察网，http：//www. eeo. com. cn/2018/1116/341293. shtml，最后访问时间为 2018 年 11 月 16 日。

（一）内容低俗问题，其中色情、媚俗问题最为典型

在文字类自媒体平台中，部分自媒体为博取受众注意，提高阅读率、点击率，采用断章取义、避重就轻、夸大其词、以偏概全、无中生有、移花接木等手法，造成读者对事实和价值的误判。另有一部分自媒体从业者同样出于通过引流而获利目的，账号的名称或内容存在低俗媚俗。不同于一般的色情淫秽信息，上述内容往往采取"擦边球"策略，评判认定和技术识别难度较大，治理尺度也较难把握。加之相关行为虽违反部分监管规定，但往往并未触犯国家法律法规，违规者不承担法律后果，平台管理措施难以起到惩前毖后的作用，问题容易反复。2018年3月，微信官方宣布将加大打击涉低俗内容的力度，对涉低俗账号进行清空处理，对涉色情淫秽类文章的账号直接注销。在平台加强管理的情况下，许多低俗自媒体账号则采取了对抗行为，通过更为隐蔽的方式进行传播。虽然运营账号的成本不断提高，但传播低俗内容背后的利益诱惑较大，因此低俗问题仍时有发生。

（二）标题党问题，其中道德绑架类标题最易带流量

标题党是指为了个人私利，用耸人听闻，博人眼球的标题，以博得网民或者读者注意，以此增加自媒体账号在媒体平台的关注度的行为。自媒体文章如果脱离实际，一味猎奇，内容空洞无物，就会产生较大的危害作用，不仅会失去网民的信任，也使网民对自媒体平台产生反感。自媒体运营者为了吸引用户眼球，提高点击量，往往会通过一些骇人听闻的"震惊体"题目获取流量。而一些生活知识类文章的标题注明"不得不看""赶紧收藏"等字眼会获得更多阅读和转发，但极有可能对受众产生误导。

（三）谣言问题，其中食药、安全类谣言最易传播

部分自媒体运营者为博取用户关注、打击竞争对手，抓住民众对于身体健康、人身安全、意外之事的关切心理蓄意制造谣言，配以夸张、惊耸标题制造恐慌、焦虑情绪。加之网络时代信息冗余度高，查证难度大，也使部分

自媒体和网民在无意中成为谣言传播的帮凶。如建军 90 周年之际，人民日报出品的 H5"我的军装照"在微信朋友圈刷屏热传，有谣言称此系钓鱼链接，非但获得多个公众账号转发，也被@平安南京等权威机构官方微博误信误传。网络信息的无界化流通、跨平台传播特性，也使得境内采取澄清、打击措施之后仍有谣言由境外倒灌、单一平台专项清理之后谣言又从其他平台回流。从各网络平台、新闻媒体、研究机构月度、年度谣言榜单可以看出，相当数量谣言属于陈年旧谣，虽经多轮辟谣和打击清理，仍时有传播。且相较政治谣言，食药谣言与安全谣言更易传播，甄别难度和成本更大，辟谣效果有限。

（四）黑公关问题，其中以幕后推手主导舆论走向手法最为常见

"网络黑公关"主要是"拿人钱财，替人消灾"，通过控制舆论来攻击竞争对手，给对方带来商业信誉和经济上的损失。一些自媒体意见领袖，往往会利用自身知名度和影响力，有偿发布企业的相关软文。有些甚至会有偿发布恶意攻击抹黑特定企业的内容。随着近几年移动互联网的快速发展，"网络黑公关"逐渐发展出地下黑色产业链。专门利用自媒体平台攻击诽谤企业和个人，侵害他人合法权益，并给社会经济秩序造成巨大压力。而相关法律缺失和监管空白，以及巨大的利益诱惑吸引着"黑公关"们以身试法链而走险。

（五）花钱买量问题，其中黑灰产业链最易滋生

流量是自媒体变现的重要指标。有了流量，才有可能获取更多利益。在利益驱动下，一些自媒体打起流量的"歪主意"，追求阅读量 10 万＋，粉丝量过百万……点击量、阅读量、粉丝量这些可量化的维度也成为广告主投放广告的重要参考指标，由此滋生出地下黑色产业链提供刷量刷粉的"生意"。自媒体的出现改变了传播生态，公众话语权得到放大，但衡量传播效果的标准未发生根本性变化。自媒体运营者为了追求粉丝和流量指标，使用各种推广工具来增加粉丝量和阅读量，造成受众正常获取信息的体验变差。

（六）伪原创问题，其中洗稿侵权情况最为普遍

自媒体平台为内容创业者提供了广阔平台，流量、赞赏、广告均能带来收益。在利益驱使下，部分自媒体运营者抄袭他人原创文章或未经许可使用他人原创图片。以微信公众平台为例，虽然上线了"原创声明"功能并公示涉嫌侵犯知识产权的处罚规则，但仍有部分公众号以"洗稿"方式改头换面，避开国家法律法规和微信管理规定。"洗稿"是对他人的原创内容进行篡改、删减、更换表述，表面上看已经不算"抄袭"，但最核心，最有价值的部分主旨大意完全是"盗用"而来。目前，现行法律对于"洗稿"行为的认定还存在较大的争议，加之这种违法行为成本低，所以泛滥于自媒体平台的生态中。另有部分自媒体出于商业营销或商业竞争目的，发布不实内容对知名人士或企业进行中伤诋毁，或发布文章涉嫌冒用知名企业品牌、商标或知名人士名义，对涉事主体品牌权、名誉权造成侵害。微信虽建立了相对完善的品牌保护机制，但相当数量的被侵权主体因诉诸法律成本太高而放弃线下维权，平台所采取的删文、封号等线上处罚措施对侵权行为威慑有限，致使此类行为屡禁不绝。

三 自媒乱象存在的原因

深入剖析自媒体乱象屡禁不止的原因，具体有以下两大方面：

（一）自媒体用户层面

一是低成本与高收益之间的巨大差距是造成自媒体乱象的主要原因。用户在自媒体平台进行内容生产的初始成本相对较高，包括前期的平台账号注册、认证等工作需要耗费较多成本，此后内容生产的边际成本不断降低，而用户的边际收益却保持较高水平。此外，自媒体用户生产谣言和涉低俗色情内容的风险成本远远低于这些内容带来的巨大收益，因此不少自媒体铤而走险，在违法违规的边缘不断试探底线。同理，抄袭乱象也是基于低风险高收

益的原因，抄袭行为往往会超越了地理空间，跨越不同自媒体平台，而高额的维权成本也让受害者望而却步，间接助长了乱象滋生。

二是多数自媒体用户缺少基本的媒介素养，无法承担把关人角色，这在某种程度上也助长了谣言乱象泛滥。据统计，截至 2019 年 6 月，61.9% 的网民拥有中学学历，33.4% 的群体月收入在 2001～5000 元。① 通过数据可以看出，中低收入的低学历人群占据了国内网民的大多数。当这部分网民进行自媒体活动时，他们不仅承担采编工作，还需要扮演把关人的角色。因自身教育水平的限制以及媒介素养的缺失，他们无法准确地辨别信息真伪，最终可能会导致网络谣言泛滥成灾。

三是出于流量变现的现实考虑。早期用户使用自媒体或许纯粹是种心理上和精神上的满足感，而在当前流量为王的时代，自媒体更关注如何把流量转化成经济收益。为了提高各种指标获取更多的眼球，自媒体在进行内容创作过程中开始使用"标题党"，并糅杂了低俗色情、血腥暴力和明星八卦等内容。甚至随着新媒体技术的普及，自媒体用户成为拥有话语权的"意见领袖"，扮演"黑公关"这种不光彩的角色进行权力寻租，操控公众舆论，并以此作为筹码谋取不当利益，将虚拟流量转化成可见收益。

（二）自媒体平台层面

一是自媒体平台主体责任的缺失。作为互联网企业的自媒体平台，本质是追求利润的最大化。今日头条（后改名为"字节跳动"）从 2014 年成立至今，公司最新估值已经超过了 750 亿美元，2019 年更是声称全年收入目标为"至少 1000 亿元"。② 张一鸣曾公开表示："我们片面注重增长和规模，却没有及时强化质量和责任，忽视了引导用户获取正能量信息的责任。对承担企业社会责任，弘扬正能量，把握正确的舆论导向认识不够，思想上缺乏

---

① 《第 44 次中国互联网络发展状况统计报告》。
② 《字节跳动 2019 年收入目标至少 1000 亿》，腾讯网，https：//tech.qq.com/a/20190220/007104.htm，最后访问时间为 2019 年 2 月 20 日。

重视。"① 自媒体平台如果没有充分发挥好主体责任，放任种种乱象野蛮生长，不仅会危及产品自身的生存环境，而且更加不利于整个生态的良性发展。

二是低准入门槛导致内容审核把关弱化。为了吸引更多用户的入驻，一些新兴的自媒体平台对用户的注册审核和背景审核较为宽松，对用户的创作要求无限降低，有些平台开通自媒体账号几乎零门槛，这些现象客观上造成了平台内容质量参差不齐，大大增加了自媒体乱象风险。在内容审核把关层面，自媒体平台虽然投入了大量的人力和技术，但收效甚微。与数以亿计的用户生产出的海量内容相比，如何更好地做好审核工作成为摆在自媒体平台面前更为现实的客观难题。

四 自媒体乱象治理对策与建议

当前，我国自媒体传播生态非常复杂，出现乱象也是事物发展过程中的必经阶段，它涉及多个领域，并具有极强的隐蔽性，表现形式也大不相同，任何单独一方都无法有效根治，必须依靠政府、企业、行业协会、社会组织、网民等多元主体参与共治，才能找到解决问题的有效思路。具体建议如下：

（一）进一步完善自媒体治理法律法规

针对自媒体乱象，2018 年 11 月，国家网信办发布了《具有舆论属性或社会动员能力的互联网信息服务安全评估规定》，强调自媒体平台的主体责任，政府监督通过监管自媒体平台来实现。针对自媒体的管理，相关部门目前仍旧缺少统一的标准和尺度，同时，对于平台的权责划分也不够清晰，而对于网络灰产的打击治理也亟待更加完善的法律法规作为依据保障。建议进一步完善相关法律法规，实现自媒体治理有法可依。

---

① 《张一鸣道歉：今日头条要将正确价值观融入技术产品》，网易，http：//tech. 163. com/18/0411/07/DF3IT0P300097U7R. html，最后访问时间为 2019 年 4 月 11 日。

（二）通过多元手段推动落实行业自治

由于互联网的联动性，通过多个平台"流窜"作恶、对抗平台规则、逃避政府监管的情况已成恶意用户的惯用手法。如何能够推动自媒体行业进入自净化体系，良币驱逐劣币，为优质或者保持"初心"的自媒体创造更加便利的发展条件和正向的流量关注，是亟须解决的问题。在互联网信息发布平台上，建议根据实际业务特征和需求，不断迭代标准，依据自媒体账号运营内容，对账号进行分类、分级，进行定制化的管理，通过资源倾斜等手段，进一步树立标杆，发挥榜样的作用。

（三）企业发挥主体责任积极创新探索

互联网平台作为自媒体发展的依托，应在可规范化发展的前提下，为自媒体创造更多的创新展现模式，主动建立对优质内容的保护机制，奖优罚劣，分级分层搭建平台管理体制。2018 年 12 月，微信公众平台在"原创保护"机制的基础上，针对更为复杂、难以界定的"洗稿"现象，尝试设立内测"洗稿投诉合议小组"，对有争议的"洗稿"内容进行合议。在不增加平台过多成本的同时，确保公平性、中立性和透明性，是针对互联网内容生态保护的一次创新探索。建议自媒体平台利用自身的技术优势提升内容"把关人"的角色站位。

（四）逐步完善社会监督举报与反馈机制

自媒体平台在加强对用户教育引导的同时，也要联合政府部门不断完善监督举报与反馈机制，使参与网络监督的网民主体，充分了解自媒体平台乱象带来的危害，认清部分自媒体违法犯罪的伎俩，理性识别，积极举报。建立自媒体平台与社会各界共同营造一张汇聚多方治理力量的"天网"。

（五）产学研结合共同探索可行性治理方案

媒介形态在不断演化发展，而相应的理论研究则相对滞后。自媒体在发展过程中遇到的问题，尚未得到系统化、理论化的总结和阐释，平台方应和学界共同学习研究，推动自媒体生态理论发展，结合政府部门政策法律优势，产学研相互结合，共同探索制定可以落到实处的治理方案。

结　语

习近平总书记强调，繁荣网络文化是迈向网络强国的必由之路。培育积极健康、向上向善的网络文化，是满足人民群众日益增长的美好生活需要的必然要求，是维护意识形态安全的关键一环，是对社会负责、对人民负责的具体体现。[①] 自媒体平台作为互联网的重要组成部分，应引领"科技向善"的价值理念，积极参与构建健康的网络生态，联合全体社会成员共同参与，营造风清气朗的网络空间。

---

① 中共中央宣传部：《习近平新闻思想讲义》，人民出版社，2018，第 127 页。

B.14
2018年数据治理年度报告

王　融　余春芳　朱家豪　郭雅菲*

摘　要： 通过梳理 2018 年数据治理法律政策，洞查数据治理焦点，发现国内外都在推进隐私保护、数字竞争、国家安全等方面的科学立法，在反思数据泄露与数据滥用问题以及促进数据共享中寻求政策平衡。本文还着重围绕数据主权、数据跨境流动、数据保护合规、数据泄露、数据滥用、数据权属、数据共享等七个方面展望未来数据治理的发展趋势，以期为数据政策讨论提供参考启发。

关键词： 数据治理　法律政策　趋势

本报告将全面、深度展现 2018 年数据治理的重点与全貌、变革与走向，以期为数据政策讨论提供参考启发。报告共分为三个部分。

一　2018年数据治理全景：十大政策风向标

（一）国际

1. 个人数据保护法的全球普及

截至 2018 年，全球近 120 个国家和独立的司法管辖区已采用全面的数

---

* 王融，腾讯研究院资深专家；余春芳、朱家豪、郭雅菲，腾讯研究院助理研究员。

据保护或隐私法律来保护个人数据，另有近 40 个国家和司法管辖区有待批准此类法案或倡议。①

新兴市场表现出对个人数据保护立法的极大热情。2018 年 6 月 12 日，越南通过《网络安全法》对个人信息保护作出规定。② 7 月 27 日，印度发布《2018 个人数据保护法（草案）》。③

发达国家补充和完善现有法律。2018 年 2 月 22 日，澳大利亚隐私法修正案（《数据泄露通知计划》NDB）正式实施。④ 11 月 1 日，加拿大个人信息保护和电子文件法案（PIPEDA）修正案生效，增加了强制性数据泄露通知报告要求。⑤

GDPR 生效，开启欧盟成员国新一轮立法。尽管条例与其前身 95 指令不同，它直接适用于所有成员国，但每个成员国仍然需要更新其国家数据保护法，以使其与 GDPR 保持一致，并且根据 GDPR 中留给各成员国立法空间来补充国内法。据统计，在 GDPR 中，包括儿童年龄标准、敏感数据的保护规则等 50 个领域可以由成员国来继续做出规定，这也使得所谓的 GDPR "一站式" 立法在欧盟仍然存在碎片化的风险。

2. GDPR 从文字走向落地，正负面影响并存

GDPR 本身需要大量解释和细则予以澄清。截至目前，欧盟数据保护机

---

① Banisar, David, "National Comprehensive Data Protection/Privacy Laws and Bills 2018" (September 4, 2018). Available at SSRN: https://ssrn.com/abstract = 1951416 or http://dx.doi.org/10.2139/ssrn.1951416, last visited on Oct 11, 2019.

② "Update: Vietnam's New Cybersecurity Law", https://www.hldataprotection.com/201 8/11/arti, cles/international - eu - privacy/update - vietnams - new - cybersecurity - law/, last visited on Oct 11, 2019.

③ 印度《2018 年个人数据保护法案（草案）》解读，安全内参网，https://www.secrss.com/articles/5900，最后访问时间为 2018 年 10 月 24 日。

④ "Notifiable Data Breaches scheme", https://www.oaic.gov.au/privacy - law/privacy - act/notifiable - data - breaches - scheme, last visited on Oct 11, 2019.

⑤ "Canada's Mandatory Privacy Breach Reporting Requirements coming into force November1, 2018" https://www.dataprotectionreport.com/2018/04/canadas - mandatory - privacy - breach - reporting - requirements - coming - into - force - november - 1 - 2018/, last visited on Oct 11, 2019.

构——EDPB 已发布共 20 项，约 15 万字指南以回应各方关切。指南涉及的内容极其广泛，包括：数据保护官、数据保护影响评估、识别主导监管机构、行政处罚、充分保护认定、BCR 基本原则等等。

欧盟各成员也陆续颁布 GDPR 指南。2018 年 2 月，德国独立联邦和州数据保护机构会议（DSK）分别发布了数据控制者、数据处理者的处理记录模板，以及 GDPR 第 30 条处理记录指南。[①] 9 月下旬，法国的数据保护机构国家信息自由委员会（CNIL）发布了关于区块链 GDPR 合规指南。[②]

各成员国监管机构 DPA 开启执法活动。体现 GDPR 严格性的重要因素是巨额的罚金，但从目前已有案例观察，GDPR 的执法力度总体呈现轻缓色彩，这说明监管执法仍处于过渡阶段。GDPR 生效后，欧盟各成员国的监管机构所收到的违规投诉和数据泄露报告的数量均显著增加，但各国因违反 GDPR 而导致的罚金数额总体不大。对于具体处罚，大多成员国 DPA 对第一次违规行为只给出警告、建议和纠正措施。[③] 德国数据保护当局更是明确表示，"德国数据保护当局没有意愿加入 GDPR 最高罚款的案例竞争"。

围绕 GDPR 的争议纠纷也涌入司法系统。全球首例关于 GDPR 的法院裁决凸显出 GDPR 规则与实践的冲突。5 月 29 日，互联网域名分配机构 ICANN 向德国伯恩法院申请临时禁令，请求法院禁止德国域名注册商 EPAG 在分配域名时放弃收集域名申请者的技术联络和行政联络的数据，但遭到了法院驳回申请。[④] 一般而言，技术联络和行政联络数据是确认域名注册主体

---

① "German DPAs Publish Model GDPR Processing Records-Translations Provided", https://www. alstonprivacy. com/german – dpas – publish – model – gdpr – processing – records – translations – provided/, last visited on Oct 11, 2019.

② "CNIL Publishes Initial Assessment on Blockchain and GDPR", https://www. huntonp rivacyblog. com/2018/10/02/cnil – publishes – initial – assessment – blockchain – gdpr/, last visited on Oct 11, 2019.

③ Fieldfisher 斐石律师事务所：《最全欧盟各国 GDPR 实施情况汇总》，搜狐网，http://m. sohu. com/a/277240744_ 777777，最后访问时间为 2019 年 10 月 11 日。

④ 上海邦信阳中建中汇律师事务所国际业务团队：《GDPR 首例法院裁决：判决原文、翻译与述评》，安全内参网，https://www. bcrachina. com/archives/1502，最后访问时间为 2019 年 10 月 11 日。

真实身份的关键，对于预防和调查网络犯罪、知识产权维权都具有重要意义，EPAG 因 GDPR 合规要求而拒绝收集此类数据，对互联网世界的身份管理带来新的难题。

除了法律实施层面，外部观察者也展开了 GDPR 对于数字经济发展的影响研究。从正面看，GDPR 显著促进了机构对于数据保护的投入。据估计，财富全球 500 强公司在合规投入上约 78 亿美元。[①] 但与此同时，也有许多中小企业因担心过高的法律风险，宣布停止向欧洲地区服务。

3. 美国加州出台 CCPA，与欧盟保持立法差异

2018 年 6 月 28 日，美国加州公布《消费者隐私保护法案》（简称"CCPA"）。本法对企业提出了更多通知、披露义务，并针对数据泄露规定了法定损害赔偿金，是目前美国州层面最严格的隐私立法，也被视为最具有 GDPR 色彩的美国隐私立法。这不禁引人联想：加州立法是否代表了美欧隐私立法走向融合趋同？

形式上，CCPA 与 GDPR 有相似之处，但究其制度内核，仍然体现与欧盟制度的明显差异，更加注重消费者保护的实际效果，以及与促进企业发展，技术创新之间的平衡。这最显著地体现在以下三方面：

第一，CCPA 的使用作出了合理排除。其一，在受规则的实体上，CCPA 作出了三类排除：1）仅提供数据服务的企业（processor），2）非营利机构，3）没有达到适用门槛的中小企业。而 GDPR 下，所有规模的实体都受约束，遵守相同的高标准合规要求。其二，在规制的数据处理活动上，CCPA 重点规制数据的收集、买卖和共享三种活动。而 GDPR 笼统地包含了所有数据处理活动。其三，在排除适用的数据活动上，CCPA 非常务实地排除了"集合信息""去识别化数据"以及联邦法已经覆盖的医疗、征信、驾驶、金融、政府公开数据等。而 GDPR 根据欧盟对匿名数据的严格解释标准仅排除了匿名数据。

---

① "Global 500 companies to spend $7.8B on GDPR compliance", https://iapp.org/news/a/survey-fortune-500-companies-to-spend-7-8b-on-gdpr-compliance/, last visited on Oct 11, 2019.

第二，CCPA 仍然保持了美欧个人数据保护法的最大差异，延续了 opt-out 原则。具体而言，依据 GDPR，在绝大多数商业化场景下公司收集、处理消费者个人数据之前必须要获得消费者的同意，即"opt-in"模式。而在加州消费者隐私法中，对于 16 岁以上的消费者的个人信息处理，采取美国一以贯之的"opt-out"模式，即除非用户拒绝或退出，则公司可以继续处理用户的个人信息。[①]

第三，在同意机制上，相比于严格刚性的 GDPR，CCPA 体现出灵活弹性的特征。正如华盛顿邮报在欧盟市场所遭遇的困境，邮报在无法通过行为广告来补贴业务的情况下，选择直接向用户收费模式，则难以满足 GDPR 关于"同意"是消费者自由、自主选择的要求。而对于此问题，加州法专门留出弹性空间，其规定：消费者行使了本法规定的隐私权利，企业不得有歧视对待，但是，如果该价格或差异与消费者数据所提供的价值直接相关，则企业还可以向消费者提供不同价格、不同费率、不同品质的商品或服务。

4. 个人数据跨境流动机制曲折发展。

2018 年，欧美分别主导的个人数据跨境流动机制在曲折中取得实质性进展。

GDPR 对欧盟数据跨境流动政策限制有所松缓。第一，GDPR 明确禁止了原 95 指令下，部分成员国针对跨境数据流动增加事前备案或者许可要求的做法，规定只要符合了跨境数据流动的条件，则成员国不得再予以限制。第二，GDPR 赋予 95 指令中的有约束力公司规则（BCR）正式的法律地位。第三，GDPR 增加了成员国数据监管机构可以指定标准合同条款的渠道。第四，除了对国家做充分性认定外，还可以对一国内的特定地区、行业领域以及国际组织的保护水平作出评估判断。第五，GDPR 引入了签章、行为准则认证等跨境流动机制，为后续与 APEC CBPRs 衔接提供了可

---

① 《GDPR 与〈2018 加州消费者隐私法案〉对比及对我国个人信息保护立法的启迪》，搜狐法律观察，http://www.jinciwei.cn/d269561.html，最后访问时间为 2018 年 7 月 17 日。

能空间。①

当然，在 GDPR 严格的个人权利保护机制下，欧盟放宽对个人数据跨境流动政策的过程并不是一帆风顺的。继"安全港"协议被欧盟法院推翻后，在 2017 年 Max Schrems 起诉 Facebook 一案中，标准合同条款机制的合法性也遭到挑战。② 目前，关于该机制合法性的最终结果正在等待欧盟最高法院的裁决。③

而在大西洋另一端，美国主导下的亚太隐私数据跨境体系（APEC CBPRs）也在沉寂期后迎来实质性进展。截至 2018 年底，在 APEC 的 21 个经济体中，已有 8 个经济体加入 CBPRs 体系。

5. 跨域执法数据协作新的探索与冲击

2018 年 3 月 23 日，美国总统特朗普签署了长达 2000 多页的政府预算支出法案。作为预算法案最后一部分的"澄清合法使用海外数据法"（Clarify Lawful Overseas Use of Data Act，"CLOUD"）被连同一并签署，随即生效。CLOUD 法案解决的是刑事领域的证据跨境调取问题。④ 在内容上分为美国调取域外证据规则和外国调取美国所控制的数据规则。在流程上规定了美国与其认可国家之间的证据调取程序，以及通信服务提供者的抗辩程序。其中，被美国认定为适格的外国政府，将与美国政府建立起更为便捷的跨境数据调取路径。

但这并不能一蹴而就地解决数据跨境调取问题，而毋宁是为其提供了一个框架。但法案的意义在于：尝试推动美国现有的数据安全和司法协助法律，能够适应当前以云计算为代表的数字技术的发展，改革现有的冗长司法协助机制 MLAT，为执法协作中的数据跨境获取设定新的实质性和程序性保

---

① 《〈欧盟数据保护通用条例〉：十个误解与争议》，腾讯研究院，http：//tisi. org/5037，最后访问时间为 2019 年 10 月 11 日。

② "This Privacy Case Could Threaten Facebook's European Operations—Again"，http：// fortune. com/2017/10/03/facebook – max – schrems – ireland – cjeu – privacy/，last visited on Oct 11，2019.

③ https：//www. irishtimes. com/business/technology/supreme – court – to – hear – facebook – appeal – over – data – transfers – referral – 1. 3581955，last visited on Oct 11，2019.

④ Robert Loeb，"The CLOUD Act，Explained"，https：//www. orrick. com/Insights/2018/04/The – CLOUD – Act – Explained，last visited on Oct 11，2019.

护规则，同时为美国企业减少来自海外本地化要求提供一种制度动机。但与此同时，该法案导致了对行政权力过度扩大危害隐私等基本人权的担忧。[①]在美国提出 CLOUD 法案之后，欧盟迅速作出反应。2018 年 4 月 17 日，欧盟提出《电子证据条例》（e-Evidence Regulation）草案，该草案于 12 月 7 日获得批准。草案包括《欧洲数据生成令》（European Production Orders）和《欧洲数据保全令》（European Preservation Orders），就其内容而言，《电子证据条例》允许执法官员更快地从其他国家获得电子证据，虽然目前该条例因为隐私争议而尚未获得绝对支持。

对于这一问题，我国仍然坚持传统的跨境司法协助方式。2018 年 10 月 26 日，我国《国际刑事司法协助法》发布实施，规定了我国和国外之间相互提出调查取证请求的程序性和实质性规则，但其仍旧是围绕传统的司法协助方式，并未有突破性变革。

而从跨域执法数据协作问题本质看，其更适合在国际平台上进行讨论。2018 年 4 月，联合国公布《跨境提取电子证据实践指南》，从指南看联合国对直接跨境调取电子证据总体持谨慎态度，既没有完全复制 CLOUD 法案的框架，也没有完全抱定旧有规则，而是在充分尊重国家主权的情况下，对个别情况下的直接取证进行了试探性规定。[②]

总之，跨域执法数据协作机制中出现的最大突破是，在特定情形下，允许外国执法机关直接向位于某国国内的通信服务提供者调取数据。这种新机制对传统形式的通过司法协助请求，依赖被请求国机关调取数据的方式形成了冲击，而深藏在其背后的是对国家主权是否延伸至网络空间的判断。尽管从目前各方发布的规范来看，还都是框架性规范，但已揭开了数据跨境执法协作改革的序幕。

[①] Tamara Davison, "The CLOUD Act: New freedom or unlawful snooping?", https://techindc.com/the-cloud-act-new-freedom-or-unlawful-snooping/3058/, last visited on Oct 11, 2019.

[②] 联合国发布的指南，"Practical Guide For Requesting Electronic Evidence Across Borders"。

（二）国内

1. 多部法律并行推进数据保护规则

自 2016 年《网络安全法》首次在法律层面构建了个人信息保护较为完整的法律制度闭环后，我国法律层级的数据保护制度建设步入加速期，这其中既包括网络法，也包括传统法，并兼有公法与私法视角。

2018 年 8 月通过的《电子商务法》在《网络安全法》基础上，对个人信息保护规则做了进一步细化。例如要求经营者对于用户查询、更正、删除用户信息以及用户注销的方式和程序进行明示，且不得设置不合理的条件使上述权益无法实现等。而在实践中，作为电商应用的高频场景，大部分电商平台自身也支撑用户查询、修改包括名称和收货地址在内的个人信息，对个人订单也可轻松实现删除等操作。但对于"删除""注销"功能如何与数据留存等安全性义务相衔接，还需做探讨。

9 月 6 日，作为民法典首编——《人格权编（草案）》面向全社会公开征求意见。本编内容包括隐私权和个人信息保护，从民法视角提供保护机制。但从公布的条文看，其将民事主体的姓名、名称、肖像、隐私、个人信息的并列提法，似乎显露了在民法理论层尚未厘清隐私与个人信息之间的交叉重叠关系。

9 月 10 日，全国人大公布十三届全国人大常委会立法规划，其中，《个人信息保护法》《数据安全法》一并被列入第一类立法项目，集中代表了我国公法体系对于数据安全问题的关注。但结合《人格权编（草案）》带来的私法与公法规则的关系问题，我们又将面对《个人信息保护法》与《数据安全法》两套公法规则体系的协调与统筹问题。

不同性质法律规范的重叠交叉揭示了我们正处于一个微妙的历史变化期——从"个人信息保护"向"数据治理"转变，"数据治理"正在以更宏大的命题形式浮现，形成了围绕数据资产的隐私保护、创新竞争、安全主权等更复杂化、更多维的公共政策讨论场。

2. 电商法尝试回应数据歧视问题

媒体曾报道称携程利用大数据"杀熟",老用户通过携程 App 预订酒店的价格比新注册用户高。彼时正逢电子商务法进入最后的审议阶段,立法作出应激反应,增加反歧视条款,第十八条第一款规定:"电子商务经营者根据消费者的兴趣爱好、消费习惯等特征向其提供商品或者服务的搜索结果的,应当同时向该消费者提供不针对其个人特征的选项,尊重和平等保护消费者合法权益。"虽然根据电商法的适用场景,本条被限制在提供搜索结果的情形,且"平等保护消费者合法权益"的表述本身存在争议,但这反映出数据歧视问题已引起立法关注。

实际上,围绕数据歧视问题的讨论,在西方已持续了二十多年,而围绕歧视本身的讨论则更加久远。"歧视"在经济学中本是个中性化表达,差异化是市场竞争的本质。市场中存在多样性的"歧视",不同的歧视具有不同的效果,甚至有时候"平等对待"反而导致"不公正"。法律上所讨论的是,究竟哪一种歧视是不可被接受,并应当受立法所规制。但在法律上要回答此类问题,还需要通过经济学来分析问题的实质。

在法律层面需要规制的大数据价格歧视,目前在美欧已具有一定共识。美国联邦贸易委员会(FTC)2016 年 1 月 6 日发布了题为《大数据:包容抑或是排斥工具》(Big Data: A Tool for Inclusion or Exclusion)的研究报告,表明了其对数据歧视的法律规制基本立场,如果大数据分析基于种族、肤色、性别、宗教、身体残疾状况、基因等因素做出差别对待,则会有较高的法律风险。[①] 类似的,欧盟也持有相似立场,不同的是,欧盟是在立法中作出统一要求,而美国则是分散在各个相关法律里予以规制。

除了典型的违法歧视行为,对于消费者目前所关注的,基于数据分析,依据消费者的消费需求强烈程度、消费能力的大小而形成的价格歧视问题如何解决,仍需要结合经济学进行深入研究。

---

① 《大数据:包容抑或是排斥工具》,知识库,https://www.useit.com.cn/forum.php? mod = viewthread&tid = 12867&from = album,最后访问时间为 2019 年 10 月 16 日。

消费者在价格歧视中并不是完全被动的，周密的数据定价策略，短期内可以增加商家利润，但长期内却会导致市场"双输"。① 这意味着除了典型的有失公平甚至带有欺诈性的数据歧视，需要予以法律规制外，基于数据分析的价格差异化问题带来的消费者保护问题仍需要深入研究。

3. 最高法典型案例关注个人信息泄露侵权

2018年8月，最高人民法院发布第一批涉互联网典型案例。其中，庞理鹏诉中国东方航空股份有限公司、北京趣拿信息技术有限公司隐私权纠纷案，明确了由于航空公司、网络购票平台疏于防范导致消费者个人信息泄露，应当承担相应的侵权责任。②

本案中，庞理鹏委托他人在去哪儿网（北京趣拿信息技术有限公司）为其购买东方航空公司的机票，而后原告收到航班因故取消的诈骗短信。本案一审法院认定庞理鹏证据不足，判决庞理鹏败诉。二审法院认为，原告作为一名普通人，举证证明对方公司内部事务的能力有限，而现存事实证明庞理鹏的隐私信息有高度可能性是由趣拿公司和东方航空公司匹配并泄露。并且，趣拿公司和东方航空在信息安全管理方面存在疏于防范的过错，应当承担侵权责任，故而法院判决东方航空和趣拿公司向庞理鹏赔礼道歉。

本案二审改判的关键在于，二审法院在因果关系的证明上采用了不同的责任分配方式，即在排除受害人自己泄露或者其他泄露途径的可能性之后，由具有高度的泄露个人信息可能性的被告负举证责任，极大地减轻了受害人的举证负担，从而更有利于保护个人信息。对于本案的损害赔偿部分，二审法院则严格遵守了《侵权责任法》的规定，考虑到原告没有遭到实际财产损失和严重精神损害，故而判决东方航空和趣拿公司向庞理鹏赔礼道歉。

案件的背后反映了当下公民对个人信息侵权的损害赔偿需求正在不断增

① 朱悦：《价格歧视？算法时代的一场"猫鼠游戏"》，腾讯网，https：//new.qq.com/omn/ 20181030/20181030A1MCE0.html，最后访问时间为2019年10月22日。

② 《最高人民法院发布第一批涉互联网典型案例》，人民法院新闻传媒总社，https：// www.chinacourt.org/article/detail/2018/08/id/3459515.shtml，最后访问时间为2019年10月 11日。

加，而法院也面临着如何确定侵权事实的难点。在本案中，二审法院采取"高度盖然性"理论来重新分配原被告双方的举证责任，解决了一部分案件中原告举证难的问题，但在大数据时代，信息采集渠道日益多元化的背景下，此类问题将面临更大挑战，需要在侵权法上找到新的出路。

4. 个人征信业务尘埃落定

2018 年 1 月 4 日，央行发布《关于百行征信有限公司（筹）相关情况的公示》，宣布受理了"百行征信有限公司（筹）"的个人征信业务申请。5 月 23 日，由中国互联网金融协会牵头，8 家市场机构入股的百行征信在深圳揭牌，"信联"神秘面纱就此揭开。"百行征信"由中国互金协会持股 36％，前述 8 家机构各持股 8％。8 家机构不再单独从事个人征信业务，原有部分征信业务将剥离并入百行征信，其他业务可存续为数据服务公司，通过这种方式，让个人征信方面的主要工作和方式聚焦在共商、共建、共享征信平台上。百行征信的建立是对中国个人征信服务市场的一次重大重塑，同时也意味着自 2015 年开始的个人征信业务牌照准备实验走向终点。

截至 2018 年 9 月底，百行征信已经与 241 家机构签署了信用信息共享合作协议，涵盖网络借贷信息中介机构（P2P）、网络小额贷款公司、消费金融公司等。百行征信将与国家金融信用信息基础数据库错位发展、在功能上实现互补。

同时，监管层开始关注替代数据（非信贷数据）的采集和使用，以及更大范围的数据服务行业的规范和治理。而对于数据平台或数据服务机构而言，哪些是个人征信牌照范围内允许的业务，哪些是非持牌机构不能涉足的，尚待进一步明确。

5. 监管推动下的行业自律发展

2018 年 5 月，个人信息保护领域的推荐性国家标准《信息安全技术个人信息安全规范》（以下简称《规范》）正式实施。《规范》明确了个人信息的收集、保存、使用、共享的合规要求，为网络运营者制定隐私政策及完善内控提供了具体指引。同月，中国银保监会发布《银行业金融机构数据治理指引》（银保监发〔2018〕22 号），将《规范》也同步纳入银行业金融机构的合规标准体系。

以《规范》为基础，中央网信办、工信部、公安部、国家标准委四部委继续推进隐私政策评审工作。从8月底开始，第二次隐私条款专项工作也拉开帷幕。此次隐私条款评审选取了与人们日常生活紧密相关、具有较大用户数量的30款网络产品，通过隐私政策评审来引导企业提高数据处理透明度。[①]

11月，中国消费者协会发布《100款App个人信息收集与隐私政策测评报告》（以下简称"《报告》"）。《报告》对包括通讯社交、影音播放、网上购物、交易支付、出行导航、金融理财、旅游住宿、新闻阅读、邮箱云盘和拍摄美化的10类，共计100款App进行个人信息收集与隐私政策测评。[②]

这些由监管部门、消费者组织发起的自律性活动，提高了全社会层面对于数据保护问题的关注度，也促使企业、政府、医院、学校等开展个人数据处理的机构在数据保护方面进行更多的投入。

二 2018年数据治理焦点洞察分析

本篇呈现出有趣的对比：一向以市场自律主导，主张灵活监管的美国因Facebook丑闻事件，这一年来几乎都在反思数据泄露与数据滥用问题，监管机构、产业界、消费者团体、学界对问题的共同探讨日益深入；而一直以严格保护为传统的欧盟却致力于促进数据共享的政策研究。这或许解释了数据治理往往并不是非此即彼的价值取向，而是科学精巧的政策平衡。

（一）Facebook数据事件的深度拷问

2018年3月，纽约时报和英国观察者报共同发布了深度报道，曝光曾

---

① 《2018年隐私条款评审工作计划于月底完成　产品设计被纳入考量》，南方都市网，https：//m. mp. oeeee. com/a/BAAFRD000020181127119327. html，最后访问时间为2018年11月27日。

② 中消协在京发布《100款App个人信息收集与隐私政策测评报告》，搜狐网，hhttp：//www. sohu. com/a/278492840_ 100150040，最后访问时间为2019年10月16日。

服务特朗普竞选团队的数据分析公司（Cambridge Analytica）获得了 Facebook 数千万用户的数据并进行违规滥用，干预包括美国大选在内的多国政治活动。

2018 年，美国国会参众两院各委员会分别或者联合启动数十场听证会，[①] 与其说成是听证会，不妨看作美国目前涉及范围最广、规格最高的大型系列政策研讨会，研讨会上的各类观点一定程度上决定了美国未来的数据监管政策，我们可以将研讨议题大致分为两类：

议题一：内容监管中的平台责任，涉及选举政治问题的监管政策已趋明朗，但泛泛的平台责任议题仍在讨论中。

在美国，对平台内容进行监管是极其复杂的。美国宪法第一修正案规定的言论自由原则适用于平台，平台需要被平等地保障言论自由权，这也是美国国会长期以来一直没有为平台赋予更多内容管理责任的主要原因。

但是随着时代的发展，要求平台对其上的内容承担责任的理由也渐渐出现，平台媒体通过信息传播这一重要渠道，获得了影响社会的力量，这一地位的转变使得平台也要承担起防止这一力量被滥用并危害社会的责任。

首先，关于平台被恶意利用，干预选举等政治问题，平台正积极承担起责任，并支持在这一领域建立明确的立法。实际上，利用网络做政治宣传在美国早已有之，八年前奥巴马竞选团队在网络选战中的出色表现为人所称道，而此次特朗普当选超乎预期，并与所谓"通俄门"话题关联，使得平台在选举中被恶意利用的问题变得紧迫，硅谷科技公司也意识到了网络上虚假账户、虚假新闻对其所谓民主政治的极大危害，积极支持国会制定《诚实广告法》，加强线上政治广告的透明性。

而在干预选举问题之外，还有对于网络上的仇恨言论、儿童色情等不良内容的责任承担问题。尽管立法者们也开始讨论对 1996 年《通信内容端正法》（Communications Decency Act）第 230 "避风港条款"——即互联网服

---

① "congressional chronicle"，cspan，https：//www.c－span.org/congress/，最后访问时间为 2019 年 10 月 19 日。

务提供者不为第三方内容承担责任，进行适当的修改，但是这种泛泛的平台内容责任政策还需深入讨论。一概而论评价美国加强平台对内容的监管责任并不准确，相反，以尊重"言论自由"等所谓美国"基本价值原则"为理由，包括脸书、推特等大互联网公司的内容管理措施仍然十分谨慎。

议题二：隐私保护和数据安全政策（本报告重点关注的议题），联邦重启隐私立法议题并得到了科技行业支持。

美国在隐私与数据保护方面的立法长期保持着碎片化特征，即各行业、各领域，以及各州分别针对特定场景下的消费者隐私保护各自出台立法。这种分散式立法虽然具有更强的灵活性，但也因过于松散而饱受诟病。2018年一系列的听证会表明，联邦层面的统一隐私保护立法再一次成为讨论的焦点。这一次，美国两党、民众以及主要科技公司似乎已达成了新的共识：即现在的问题不再是是否需要制定联邦层面的隐私保护法，而是应该制定一部怎么样的联邦隐私保护法。

尽管目前联邦层面的隐私保护立法呼声极高，但因为美国各州差异巨大，能在联邦层面达成共识的隐私立法不会过于翔实，制度规范也不会像GDPR那般严苛。因为即使是最为激进的加州消费者隐私保护法案，也比GDPR要宽松很多，也会更加注重消费者保护的实际效果和促进企业发展、技术创新之间的平衡。这最显著地体现在以下两点：

第一，受影响的实体范围。在欧盟GDPR下，所有任何规模的实体都受GDPR的约束，而加州消费者隐私法仅涵盖收入超过2500万美元的企业以及销售大量个人信息的数据经纪人。

第二，加州隐私法仍然保持了美欧个人数据保护法的最大差异。具体而言，在GDPR下，公司收集、处理消费者个人数据之前必须要获得消费者的同意，即"opt-in"模式；而在加州消费者隐私法中，对于16岁以上的消费者的个人信息处理，采取美国一以贯之的"opt-out"模式，即除非用户拒绝或退出，则公司可以继续处理用户的个人信息。从实践效果而言，"opt-out"模式对消费者而言更为真实有用，同时对新进入市场的企业的发展阻碍也更小。

在 2018 年 12 月 11 日的美国众议院司法委员会发起的听证会上，美国最重要的数据监管机构联邦贸易委员会主席 Joseph J. Simons 陈述道：我们在考虑联邦的统一隐私立法时，也必须看到它可能带来的负面结果——扩展现有平台的市场份额，他们有更多资源投入合规，从而形成新的竞争优势。欧盟率先推出 GDPR，这使得美国有机会把它看作是一次制度试验，看它是否减损了竞争、带来什么坏处，我们可以在制度设计中找到办法来避免它。

除了国会层面发起的隐私立法讨论，担负隐私监管使命的 FTC 也陆续发起系列听证会，深度讨论数据政策。主题涵盖：隐私监管（消费者数据的监管）；隐私、大数据和竞争；算法、人工智能和预测分析；数据安全等。

FTC 听证会的重要特征是参与者的立场及专业背景的多元化。广泛卷入了监管机构、企业、消费者团体以及研究机构，参与讨论者的专业背景既有社会科学背景，也涉足技术工程背景。

1. 经济学家的讨论视角：

1.1 数据治理对于数字经济的短期、长期影响。包括以 GDPR 为具体案例来讨论其长短期影响。

1.2 消费者福利的增长与损耗。以在线行为广告为例，其向消费者反哺了海量的免费内容和免费服务，也一定程度上增加了服务供给端的竞争程度。

1.3 数据是如何存储、流动和进化的？技术是如何塑造了数据以及数据的使用？

1.4 比较两种数据使用机制对社会福利的影响。以借贷市场为例，在 opt-in vs. opt-out 两种模式下的结果：opt-out 模式下，有更多的数据被收集，借贷市场会更加有效地进行匹配，最终借贷产品的价格更低。

2. 竞争法专家讨论，在特定的数据竞争案例中：

2.1 数据是最终产品还是竞争的投入要素？

2.2 数据是竞争的武器，还是竞争的目标？

2.3 数据的竞争属性，数据是唯一的，同时又是广泛获取、易于复制的。

3. 心理行为学探讨:

消费者的隐私偏好在市场运行中扮演了重要角色,在市场调查问卷中,消费者总是反映出更强的隐私保护立场;然而在具体市场行为中,消费者的隐私偏好却始终变化。在短期内,用户更关注分享披露信息、即时获得的效率提升、便利以及社交满足感,而对长期风险意识不足——披露信息可能导致丧失安宁、身份盗窃等安全隐患增加。因此,消费者教育在数据治理中也将扮演重要角色。

这些多元化视角聚焦于一个特定问题时,也会有更多的碰撞,例如在"数据安全"议题听证会上,讨论围绕以下问题而展开:

3.1 投资于数据安全的动机是什么?它们是否足够?

3.2 消费者对数据安全的需求是什么样的?

3.3 消费者需求是否能够有意义地推动数据安全投资?

3.4 我们应该期望消费者参与保护他们自己的信息吗?

3.5 我们如何才能最好地评估特定公司的数据安全能力,以及如何将评估传达给有关的利益相关者、高管、董事会、网络保险公司、信用卡发行机构、消费者和监管机构?

3.6 针对数据安全,哪些监管和执法方法有效?他们为什么有效果?它们可以改进吗?

这些问题显示了美国在考量数据政策设计时始终突出市场生态视角,希望通过政策设计实现更加完整、有效的市场自我运行机制,以最大化地实现政策目标。

在听证会上,专家们也对美国最早提出的"数据泄露通知制度"进行了反思。当前由于数据泄露的规模不断扩大,欺诈手段的不断演化升级,数据泄露通知制度对于预防减少欺诈的作用,关联度已越来越弱。与此同时,数据泄露培育了网络与数据安全保险市场的发展,为解决数据安全问题提供了新的路径。

可见在数据治理领域,美国仍将与欧盟保持不同风格的法律特征。通过听证会这一对话平台，美国产业界、立法者、消费者团体对相关问题展开了深入讨论，探索相关解决方案。近期科技监管政策的走向一定程度上决定了美国科技行业能否走出危机阴影，从而继续保持美国科技行业在全球的竞争力。

（二）欧盟数据共享政策探索

欧盟的政策关注点则投向了另一端——数据共享议题。2018年4月，经过产业界、学界、欧盟官方机构的共同合作，《欧洲数据经济中的私营部门数据共享指南》（以下简称《数据共享指南》）报告正式发布。《数据共享指南》显示：欧洲企业间数据共享的模式多样，涉及行业范围广泛。不仅仅专属于互联网相关行业，而是深入到工业、农业、能源、物流等传统行业，与新兴行业一起，以数据的产生与利用作为重要驱动，实现产品、服务的创新和产业的整体升级。这份指南的基础性研究报告总结了数据共享的五种不同模式：

1. 数据货币化：指通过向其他公司分享数据而取得额外收入的单边方法，也包括因提供数据服务而实现数据货币化。例如，荷兰的一家智慧农业公司 Van den Borne Aardappelen 将土壤信息和农作物数据出售给农药企业和种子企业。

2. 数据交易市场：数据供应企业和数据需求企业通过受信任的中介机构，在其设立或管理的安全在线平台上交易数据，中介机构对平台上的数据交易收取佣金。例如，独立的第三方可信数据共享平台 DAWEX，就是一个汇聚了数据提供者和数据使用者的全球性数据交易平台。

3. 产业数据平台：在特定的产业场景中，部分公司选择达成战略合作伙伴关系，自愿加入一个封闭、安全和专属的平台，从数据交换中获得互惠互利，数据可以在该平台上免费共享，也可以支付对价。这些来自不同公司的数据集合可以给相关各方带来明显收益，参与此类数据协作平台的公司可能因此开发出新的产品、服务，或是大幅提高原有产品、服务的性能和水平。例如，欧洲领先的飞机制造商 Airbus 创建了 Skywise 平台，为平台成员提供数据服务以提高生产效率。

4. 数据共享技术服务：与产业数据平台或数据交易市场不同，技术服务企业的收益并非来自直接的数据分享，而是通过建立、实施或者维护促进企业间数据共享的技术方案而收取费用。例如，DKE、API-AGRO，Nallian and Sensative 建立了他们自己基于网络或基于云服务的技术方案，来促进一组数据使用者或商业伙伴间的数据分享。

5. 数据开放与数据策略：这些企业实行开放的数据政策，将数据合法提供给第三方，用于开发新产品/服务。采取此策略的公司大多在法律上负有开放数据的义务，尤其集中在能源领域。例如，法国国家电网运营商 Enedis 已有 20 年的数据共享经历。它最初是出于法律义务与第三方分享能源分布和消费数据，目前则是将数据共享作为自身数据转型策略的一部分。其数据已在能源市场、可再生能源、智能建筑和智能家居等领域被证明是极有价值的。

同时，报告也指出了阻碍欧洲企业间开展数据共享的限制性因素，这些限制性因素来自三个方面：

第一，文化组织因素。缺乏对技术解决方案的信任，对共享平台的安全性存在怀疑；评估数据资产价值存在困难。

第二，法律监管因素。包括数据权属问题不清，数据利用合规上的不确定性（GDPR），数据本地化限制等。

第三，技术运营因素。企业间的数据共享缺乏标准化模式，不同数据集和信息系统之间缺乏交互操作，缺乏（兼容）标准。

基于此，报告提出了相关建议。《数据共享指南》指出，欧洲企业间数据共享在现实中是大量存在的，在未来还将继续增长，并对促进经济增长产生积极影响。因此，促进数据共享发展应当是政策制定者的当务之急：

第一，加快对数据权属的研究，完善非个人数据访问和流动的法律保障。

第二，推广和促进企业间数据共享许可协议的使用。

第三，提高数据使用的持续审计的技术能力，防止数据滥用。

对于第一点，欧盟已经通过实质性的政策行动，迈出积极一步。2018年10月4日通过的《非个人数据在欧盟境内自由流动框架条例》在法规层面消除阻碍企业间数据共享面临的负面因素。一方面，提出对数据本地化措施予以最大程度的限制或禁止；另一方面，规定欧盟委员会应鼓励和促进制定联盟一级的自律行为守则，以便在透明度、互通性原则和开放标准的基础上，助力发展基于数据共享的有竞争力的数据经济。

对于第二点，《数据共享指南》中也重申了许可协议在数据共享中的基础性作用。数据共享通常是在协议的基础上实现的。双方或多方通过数据使用许可协议就数据共享的内容、价值以及合同上规定的其他方式达成一致。全面的数据许可协议应该覆盖以下内容：对共享数据本身的描述，可以访问、使用数据的主体，以何种方式使用，包括数据（分析）的衍生品权利分配、责任分配等。

最后，为数据共享提供可信、安全的环境，《数据共享指南》也从技术视角，提供了相关技术解决方案建议。指南肯定了API接口作为数据共享方式的优点：简单快速访问数据；可监控数据的使用；核实违反合同的行为；迅速处理数据的滥用（终止或暂停数据访问）。

此外，《数据共享指南》还推荐了将算法应用于数据（Algorithm-to-the-data）以及隐私保护计算（Privacy-preserving computation）等技术方式。这些技术应用将使得数据安全、数据保护以及隐私等难题迎刃而解。其中，算法将确保实现个人数据与隐私保护的关键因素——尽可能少地转移数据。而隐私保护计算在确保不泄露输入数据的前提下提取有用信息。因此，数据计算可以在不同领域（公共或者私人）中同时运行而不必将数据迁移出公司。这些模型意味着从"分享数据"到"分享计算"的基本范式转移。[①]

---

① 参见中国信息通信研究院云计算与大数据研究所大数据团队翻译的《欧洲数据经济中的私营部门数据共享指南》。

小结：

数据共享最大的风险莫过于数据泄露和数据滥用。美欧的政策探索从两端入手，最终仍是在回答同一个核心问题：在促进数据共享、释放数据潜能的同时，如何最大化的减轻数据泄露和滥用带来的负面作用？而在这一核心问题面前实质上有一个统一的前提共识：数据是驱动创新发展的关键资源。欧盟更是进一步提出：要建立共同的欧洲数据空间，以促进数字领域的无缝衔接，通过规模效应实现基于数据的新产品和新服务的大发展。

不论是美国通过 Facebook 事件来重新反思整理数据政策，还是欧盟在推出 GDPR 的同时，依旧对如何促进数据共享投入巨大精力，都是在这个大前提下去探寻更科学的政策框架，去释放数据的无限潜能。理想主义的欧盟和实用主义的美国，在这一方面共识大于分歧。

因此，美欧的探索是相互可借鉴的。欧盟提出的促进数据共享的三大建议，明确数据权属、完善数据共享协议、增强数据共享的安全能力保障，可以为美国在治理数据滥用问题时所参考；同样，美国以市场生态的视角来看待数据安全问题，如何为数据安全提供更持久的市场动机，也或可对欧盟有所启发。

三 数据治理趋势展望

（一）欧美总体数据治理趋势

在全球数据保护法律政策中，欧美仍将扮演引领性角色。

1. 欧盟"e-Privacy Regulation"或带来更严格规制

在 GDPR 之后，欧盟未来的数据保护立法重点无疑在《隐私与电子通信条例》（Regulation on Privacy and Electronic Communications，又称"e-Privacy Regulation"，e-PR）。2017 年 1 月 10 日，欧盟委员会公布了 e-PR 草案，旨在规范电子通信服务并保护与用户终端设备相关的个人信息。e-PR 将取代当前的《电子隐私指令》（e-Privacy Directive，简称"e-PD"），实现更严格更全面的电子通信数据保护，也将作为 GDPR 的特别法与之并行，在电子通信数据方面对 GDPR 进行具体化和补充。[①]

一方面，e-PR 与 GDPR 存在一致性。两者在关于隐私和数据的相关定义、技术和组织安全标准、罚则等方面均保持了一致。另一方面，两者也存在一定的区别。GDPR 是为了体现《欧洲人权宪章》第八条保护个人数据方面的目标；而 e-PR 则是落实《欧洲人权宪章》第七条："每个人在其私人和家庭生活、家庭和通讯方面都有权受到尊重"。

e-PR 将适用于在线通信服务、使用在线跟踪技术或从事电子直接营销的企业，包括即时通讯、VoIP 等 OTT 服务商，如 WhatsApp、Facebook Messenger、Skype 等；保护范围不仅包括通信内容，还涉及时间、地点、来源等标记通信内容的元数据。e-PR 的前身 e-PD 经常被称为 cookie 指令，但其实，e-PD 和 e-PR 不仅仅是关于 cookie 信息留存和访问的规定，它还涉及电子通信和保密权、隐私数据保护等数据安全的其他方面。

2. 美国联邦与地方隐私立法的互补

虽然在近二十年里，美国联邦层级的隐私立法并未有实质性推进，[②] 但在 Facebook 数据泄露事件后，建立美国联邦层面的统一隐私立法似乎已经成为新的共识。[③] 但这种共识可能更加侧重消费者保护的实际效果和促进企业发展、技术创新之间的平衡。

与美国联邦隐私立法的缓慢进程情形相比，美国部分州和城市的隐私立法呈现出不同景象。全美各州都制定了数据泄露通知法，在 2018 年爆发大

[①] Proposal for a Regulation on Privacy and Electronic Communications, https：//ec. europa. eu/digital－single－market/en/news/proposal－regulation－privacy－and－electronic－communications, last visited on Oct 11, 2019.

[②] Rubinstein, Ira, Privacy Localism (September 15, 2018). NYU School of Law, Public Law Research Paper No. 18－18. Available at SSRN: https：//ssrn. com/abstract = 3124697 or http：//dx. doi. org/10. 2139/ssrn. 3124697, last visited on Oct 11, 2019.

[③] Thune Leads Hearing Examining Safeguards for Consumer Data Privacy, https：//www. thune. senate. gov/public/index. cfm/2018/9/thune－leads－hearing－examining－safeguards－for－consumer－data－privacy, last visited on Oct 11, 2019.

规模数据泄露事件的影响下，美国各州进一步完善数据泄露通知法。很多州立法中引入了向受数据泄露影响的个人提供免费信用监测服务的规定。例如特拉华州要求公司在特定情况下向受数据泄露影响的个人提供一年的免费信用监测服务。①

而在数据泄露通知等传统立法领域之外，部分州将目光转向了新兴业务领域的数据安全问题。2018年9月28日，加州通过《信息隐私：连接设备法案》（SB – 327 Information privacy：connected devices）。该法案旨在管理物联网设备，是美国首部关于"物联网"隐私的州立法。该法案规定，任何与互联网相连的"智能"设备的制造商都必须确保该设备具有"合理"的安全功能，"保护设备和其中包含的任何信息不受未经授权的访问、破坏、使用、修改或披露"。

除了州立法外，为了应对与智慧城市大数据相关的隐私问题，城市隐私保护法律法规在美国兴起，成为继联邦和州隐私立法之后的第三个层次的隐私保护的制度来源，其主要覆盖对警方使用数据的规制，如西雅图市议会修订监视条例，以避免公共生活中存在普遍和持续的监视。纽约市也建立了类似法规，并同步探索针对智能城市使用传感器技术的指导原则。② 这些灵活的地方立法，成为美国隐私立法的先行者，为未来联邦层面的隐私立法起到了经验积累作用。

（二）新兴技术业务隐私保护争议与政策趋势

1. 面部识别技术隐私与数据保护政策趋势

2018年，面部识别技术发展迅猛，在安防、管理、金融、消费、社交、娱乐等多个领域得到应用。然而，面部识别技术大规模、多领域的全面应

---

① Data Security Breaches, https：//attorneygeneral. delaware. gov/fraud/cpu/securitybreachnotification/, last visited on Oct 11, 2019.

② Rubinstein, Ira, Privacy Localism (September 15, 2018). NYU School of Law, Public Law Research Paper No. 18 – 18. Available at SSRN: https：//ssrn. com/abstract = 3124697 or http：//dx. doi. org/10. 2139/ssrn. 3124697, last visited on Oct 11, 2019.

用，带来的不仅是安全有序的社会环境、高效便捷的服务体验，同时也造成了对隐私保护、数据安全的担忧。

面部识别技术已经引发了一些引人注目的诉讼案件。2018 年 12 月 29 日，谷歌面部识别诉讼案落下帷幕，法院支持被告谷歌公司的抗辩，以原告不存在实际损害为由驳回起诉。[①] 在该案中，原告 Weiss 是谷歌照片（Google photos）的用户，但另一原告 Rivera 不是谷歌用户，法院判定谷歌公司保存和收集面部模板的行为均未造成损害，不满足美国宪法第三条的起诉原则，即原告没有证明自己遭受了"事实上的伤害"。尽管在诉讼中，谷歌并未败诉，但为了避免面部识别技术可能带来的潜在风险，谷歌宣布了包含结合隐私设计原则等在内的人工智能原则，[②] 并提出在解决重要的技术和政策问题之前，主动推迟提供通用的面部识别 API 功能。[③]

消费者知情同意问题是面部识别技术应用的另一争议点。2018 年 4 月 6 日，电子隐私信息中心（EPIC）等组织向美国联邦贸易委员会（FTC）申诉，指控 Facebook 的面部识别功能缺乏有效的隐私保护措施，违反了 FTC 2011 年的同意令（DOCKET NO. C-4365），该同意令要求 Facebook 在发布超越用户隐私偏好的更新之前应获得用户肯定性的明确同意。投诉针对 Facebook 在 2018 年初生效的功能更新，即在未经人像主体或上传照片的人同意的情况下，定期扫描用户发布的照片进行面部匹配和标签。EPIC 强调，这种自动的、欺骗性的、不必要的个人身份识别破坏了用户的隐私，目前此案尚在调查中。

除了消费者知情同意问题，面部识别的数据准确性也引发争议。2018 年 11 月 29 日，美国七名众议院民主党人针对面部识别技术的准确性向亚马逊提出问题，指出其给有色人种带来过重负担，并可能扼杀美国人在公共场

---

① Lindabeth Rivera, Joseph Weiss v. Google. Inc. No. 16 C 02714 (2018).

② AI at Google: our principles, https://www.blog.google/technology/ai/ai-principles/, last visited on Oct 11, 2019.

③ https://www.blog.google/around-the-globe/google-asia/ai-social-good-asia-pacific/, last visited on Oct 11, 2019.

合行使法国宪法第一修正案权利的意愿。因为人们可能出于被面部识别的恐惧，而不愿积极参加抗议活动或宗教活动。①

同时，面部识别技术往往与庞大的个人数据库相联系，因此其带来的更深刻的问题是公共空间的匿名性悖论。在公共活动中一张脸的单个图像可以通过查阅数据库被快速识别，而如果该数据库与其他数据库相连，则可能链接到无尽的个人信息。在公共空间内，公民原来匿名环境中的安宁与自由以及隐私的基本期待被彻底颠覆。

为此，2018 年 12 月 6 日，微软总裁 Bradford L. SmithSmith 发表文章——《面部识别：是采取行动的时候了》，② 总结了相关研究进展，提出该技术面临偏见和歧视、侵犯隐私和民主自由的风险，分享了微软应对面部识别技术应用问题的六项原则——公平、透明度、问责制、不歧视、通知和同意、合法监督，并在 17 日发表的微软报告中具体阐释了这六项原则。③ 我们看到，在明确的人脸识别法律规范之前，科技公司和研究机构已主动通过自律方式积极提出建议方案。

2. 区块链的隐私和政策保护趋势

与人脸识别技术更依赖于科技伦理来引导相比，区块链技术则面临现实的合规性问题。尽管区块链技术将有利于提升人们对个人数据的控制权，但区块链去中心化的数据处理模式却导致其与传统中心化范式的 GDPR 难以兼容。面对区块链应用带来的数据保护合规问题，法国数据保护机构 CNIL 在 2018 年 9 月发布了区块链 GDPR 指南，作出了首次官方回应。④

---

① House Democrats Worry Amazon's Facial Recognition Tool Might Be Racially Biased, https：//www. buzzfeednews. com/article/daveyalba/house – democrats – send – another – letter – to – amazon – ceo – jeff., last visited on on Oct 11，2019.

② Facial recognition：It's time for action, https：//blogs. microsoft. com/on – the – issues/2018/12/06/facial – recognition – its – time – for – action/. last visited on Oct 11，2019.

③ Six Principles for Developing and Deploying Facial Recognition Technology, https：//1gew6o3qn6vx9kp3s42ge0y1 – wpengine. netdna – ssl. com/wp – content/uploads/prod/sites/5/2018/12/MSFT – Principles – on – Facial – Recognition. pdf. last visited on Oct 11，2019.

④ https：//iapp. org/news/a/cnil – publishes – blockchain – guidance – for – gdpr – compliance/，Oct 11，2019.

第一，对于如何界定区块链中的数据控制者和数据处理者的问题，CNIL 认为在以下情况下，区块链的参与者可以作为数据控制者：其一，参与者是自然人并且处理行为与专业性或商业性活动有关；其二，参与者是在区块链中登记个人数据的法人。而当一组实体决定对区块链进行处理操作以达到共同目的时，应由参与者对数据控制者的职责做出共同决定，即通过创建或指定一个合法人员作为数据控制者。否则，所有参与者将可能被视为联合控制者。

第二，对于如何在区块链上履行最小化原则，以尽可能减少对数据主体的风险，CNIL 认为，首先应当在事前仔细评估是否需要使用区块链。如果必须使用区块链，则应该优先考虑受许可管理的区块链。其次，在使用区块链时要仔细选择数据的注册格式。其三，在处理目的合理且当评估证明剩余风险可以接受时，可以使用没有密钥的散列函数存储数据，或者在没有密钥的情况下以明文形式存储数据。

第三，对于如何确保有效行使 GDPR 规定的数据权利，CNIL 认为，首先，信息权、访问权和可携带性在区块链中是可以实现的。其次，对于在区块链中难以实现的擦除权，可以采取与风险最小化类似的方法，选择适当的加密方法来存储数据，从而更接近于实现权利的目的。最后，擦除存储在区块链之外的数据和能够验证的元素，消除允许访问区块链上记录的证据，使数据获取变得困难甚至无法检索。

第四，对于区块链的安全性问题，CNIL 认为对于许可区块链，可以根据参与者利益的潜在分歧或趋同，对最小数量的矿工进行评估，以确保控制链上不存在超过 50% 权力的联盟；应制定技术和组织程序以限制潜在算法失败对交易安全性的影响；还应记录用于创建交易和开发软件变更的操作，并制定技术和组织程序，以确保计划权限与实际应用之间的一致性。如果区块链不是公开的，应特别注意为确保区块链的机密性而采取的措施。①

尽管 CNIL 最近发布的指南确实提供了一些允许区块链在 GDPR 下存在

---

① https：//www. cnil. fr/sites/default/files/atoms/files/blockchain. pdf, Oct 11, 2019.

的解决方案，但它却为这些解决方案在实践中如何运作提出了更多问题。

例如，业内专家指出：将一些区块链用户归类为数据控制者在概念上是有道理的，因为它符合 GDPR 的原则，但这可能很难在实践中落实。再者，CNIL 的指导可能适用于私有区块链服务，但却不适用于公共区块链。私有区块链服务的所有用户可以同意单一行为准则，而公共区块链却难以形成行为准则。同时，从技术角度来看，CNIL 指南中的一些建议可能并不完全可行。虽然从本质上讲，如果删除用户访问区块链的私钥，则意味着在私有区块链上进行了擦除。但是，销毁私钥是否等同于擦除，在实践中仍是一个悬而未决的问题。①

在区块链的使用应符合 GDPR 规则的问题上，除了 CNIL 的指导外，民间的咨询机构也给出了相关意见。其中比较有代表性的是咨询机构"Tech GDPR"强调的区块链隐私保护需要遵循"设计隐私"理念。其阐述了这一概念所包含的七个重要原则，② 这些原则已被 GDPR 所确立，因而其已经成为必选项而不是任选项。

总体看，不论是人脸识别技术，还是区块链技术，都体现了现有数据法规难以适用的落差。解决的思路可以从两端出发，一是科技行业主动自律，正如谷歌、微软积极提出人脸识别技术及其他 AI 技术的使用原则，以"科技向善"的理念进行自我约束，明确技术不能突破的底线。二是立法与监管也需要不断创新，以创造性提出解决方案。从区块链数据保护规范来看，如果仅是从传统规制思路出发，仅能覆盖一部分区块链应用，而不能解决全部问题，这将会带来规制的市场扭曲现象。

（三）2019年数据治理关键词趋势

在数据治理年度观察报告的结尾，我们选取了七个政策关键词来统领展

---

① https: //www.law.com/legaltechnews/2018/10/05/frances – regulatory – guidance – on – gdpr – blockchain – leaves – more – questions – than – answers/., last visited on Oct 11, 2019.

② 这些原则包括：1. 采取事前预防措施；2. 将隐私作为默认设置；3. 将隐私融入设计；4. 隐私保护和功能性兼顾；5. 通过端到端的防护实现数据全生命周期的保护；6. 实践可见性与透明度，保持开放；7. 尊重用户隐私，以用户为中心。

望未来数据治理的主要走向。

1. 数据主权

随着美欧相继提出 CLOUD 法案、《电子证据跨境条例》，跨境调取电子数据证据将进一步点燃数据主权之争。

一方面我们应认识到该问题形成的必然性，在数据化、云化的背景下，越来越多的刑事调查取证涉及跨境数据调取问题（据欧盟调查报告显示，超过一半以上的刑事调查将涉及跨国电子证据调取），而传统的双边司法协助条约/协定（MLAT/MLAA）的冗长低效已难以与现实需求相符合，传统司法协作机制正面临着前所未有的挑战。回避这一挑战无助于走出现实困境。

另一方面，从美欧跨境电子证据制度改革看，虽然其制度尝试还远未成熟，但已显露出基本共性——充分考虑提升跨境电子证据数据调取效率的同时，通过程序和实体机制的设计，来兼顾调取国、数据存储国和信息服务提供商的基本利益平衡。

2. 数据跨境流动

如果说"数据主权"这一概念主要统领执法领域之间的国际协助机制改革带来的数据问题，那么"数据跨境流动"则更多描述商业语境下的数字贸易问题。2018 年，无论是欧盟主导的白名单认证——"充分性"认定机制，还是美国推进的 APEC 隐私框架下的 CBPRs 机制，两者均取得了重大积极进展。可见，随着经济全球化与数字化深入发展，数据跨境流动在国际贸易中愈发频繁，建立有序的数据跨境自由流动机制在国际上已有了越来越多的共识和积极践行者。

3. 数据保护合规

尽管欧盟数字竞争力面临巨大质疑和压力，但这并不妨碍欧盟在数据保护领域持续输送制度影响力。GDPR 落地执行，以及欧盟个人数据保护国际公约（108 公约）和充分性保护白名单认定程序的推进，均在不断放大欧盟在数据保护领域的国际话语权。

2019 年度伊始，法国数据保护机构 CNIL 完成了 GDPR 生效后第一案，对谷歌实施违规处罚。这其中一个容易被忽略的事实是：GDPR生效后，谷歌因为更强的合规能力，其欧盟在线广告市场份额实际是上升的。[①] 而从更宏观和长远视角看，消费支出的增长以及从实体店到在线商务的持续转变，数字广告仍有着巨大的发展空间，不论是消费品巨头，还是小商家广告商，在线平台广告仍然是其联系客户的重要工具。

因此，在未来，不论是规避处罚风险，还是在其中赢得竞争优势，"数据保护合规"将成为包括互联网、金融、航空、医疗等行业在内的，所有涉及个人数据处理领域的重要关切。

4. 数据泄露

大规模数据泄露仍然是全球个人数据保护共同面临的难点问题。传统的"数据泄露通知"机制已暴露出其局限性。由于数据泄露的规模不断扩大，欺诈手段的演化升级，数据泄露通知制度对于预防减少欺诈的作用、关联度已越来越弱。数据泄露通知机制亟待得到优化和改良。基于此，美国提出"信用监测服务"，即在特定情况下，要求公司向受数据泄露影响的个人提供免费信用监测服务，以更好地预防相关风险。同时，通过发展网络与数据安全保险市场等市场化手段来减轻数据泄露可能带来的损害也是一种可行的方法。最后，通过技术的手段来解决负面问题也将是重要路径方向，包括将算法应用于数据（Algorithm-to-the-data）以及隐私保护计算（Privacy-preserving computation）等技术方式都将会在数据安全方面发挥重要角色。未来，关于数据泄露的救济机制将会在公、私领域下得到进一步的探索推进。

5. 数据滥用

Facebook丑闻令各界关注到数据滥用问题的严重性，大型平台也开始纷纷缩紧其平台数据开放政策，以减少其数据被第三方滥用的风险，这一定程度上代表了平台从开放到收紧的阶段性趋势。

[①] https：//www.wsj.com/articles/eus－strict－new－privacy－law－is－sending－more－ad－money－to－google－1527759001？ns＝prod/accounts－wsj, last visited on Oct 11，2019.

这表明，在促进数据创新和保证数据安全两个观察维度下，对于个人数据的开放利用会得出不同的结果。从允许数据开发、激发业务创新方面，数据开放的尺度应当越大越好；而从安全和防止滥用的角度看，结论则可能完全相反。因此，解决数据滥用问题的出路不是一刀切的切断数据共享，更为关键的是要采用法律、管理、技术等手段增强数据使用中的安全控制，这仍有待于未来的持续探索。

6. 数据权属

在法律上，关于数据权属仍没有明确定论，但基于该问题的研究却已取得很多进展。企业间的数据分享和再利用不仅大量存在，而且在未来还将持续增长。目前，对于"非个人的和计算机生成的匿名化数据"，欧盟提出了创设"数据生产者权利"的设想，即数据生产者权利可以是排他性的财产权，数据生产者有权分配或许可他人使用其数据，并独立于其与第三方之间的合同关系，这或许是一个可参考的解决方案。关于数据权属的进一步明细化，将会助力物联网、智慧城市以及工业互联网等数据处理生态的繁荣。

7. 数据共享

数据共享是发展数据经济的重要着力点，但这有赖于建立更为完善的数据共享政策环境，以促进数字领域的无缝衔接，通过规模效应实现基于数据的新产品和新服务的大发展。

欧盟在提出 GDPR 的同时，对促进数据共享政策仍投入巨大精力，可以预测，在欧盟政策引领下，数据共享政策环境框架在未来仍然将会得到持续完善，包括在明确数据权属的前提下，通过推广许可协议做法，明确数据共享各方的数据安全责任，并配合相关审计、技术手段来增强数据共享中的安全可信水平。

B.15
网络服务提供者公法审查义务研究

姚志伟*

摘　要： 从澳大利亚通过的新法案到英国发布《在线危害白皮书》，以及欧盟近期修订版权法，为网络服务提供者设置过滤（技术性审查）义务都备受关注。回到中国，现行立法对网络服务提供者审查义务的规定存在"悖论式并行"的现象，即私法上免除网络服务提供者的审查义务，公法上却要求网络服务提供者承担审查义务。这种"悖论式并行"导致避风港规则处于公法的"阴影"之下，影响其稳定性。同时，网络服务提供者公法审查义务的履行在实践中面临着困境。欲突破此困境，应对公法审查义务进行技术性定位，即将网络服务提供者的义务限定于以合理的技术性措施审查用户内容。本报告就技术性审查的实施机制提出了具体的建议，包括审查范围、审查措施、审查标准、公私合作、审查错误的救济和民事赔偿责任的限制。

关键词： 网络服务提供者　避风港规则　审查义务　技术性审查

随着互联网技术在政治、经济、社会诸领域日益渗透，其产生的影响也越来越大。一方面，互联网技术的应用提升了效率，便利了人们的生活；另一方面，诸多违法内容也在互联网上集聚，并通过互联网技术的扩散而危害

---

* 姚志伟，广东财经大学法学院副教授。

公众。如何遏制互联网上的违法内容成为摆在监管者面前的难题。一个颇具吸引力的思路是要求网络服务提供者①承担"守门人"（Gatekeeping）的角色，由他们来控制互联网上的违法内容。互联网法律中的基本规则——避风港规则，从一定意义上来说是网络服务提供者"守门人"职责的具体化。

避风港规则的一项重要内容是网络服务提供者的审查义务问题。避风港规则意味着网络服务提供者对于第三方提供的内容没有一般性的审查义务。美国 DMCA 第 512 条（m）项规定，网络服务提供者的责任限制不以其监督网络服务、主动查找侵权的事实为前提。该原则为后续《欧盟电子商务指令》所继承和明确，该指令第 15 条明确规定网络服务提供者不承担一般性的审查义务，不应当要求主动收集信息表明违法活动的事实或情况。当然，欧盟的立场在近期有所转变，其新通过的版权法修订案，为网络服务提供者在版权方面设置了过滤（技术性审查）义务。

就国内立法而言，虽然以《侵权责任法》第 36 条为代表的私法规范移植了避风港规则，确立了网络服务提供者不承担审查义务的规则，但公法规范却明确要求网络服务提供者承担审查义务，本报告对网络服务提供者的公法审查义务②进行集中探讨。

一 网络服务提供者公法审查义务的现状：模式与困境

（一）网络服务提供者公法审查义务模式

在审查义务的问题上，中国现行立法呈现出一种"悖论式的并行"的现象，即公法为网络服务提供者设定了明确的审查义务，而在私法上则采用

---

① 本报告中的网络服务提供特指网络技术服务提供者，而非网络内容服务提供者。
② 本报告中的"网络服务提供者审查义务"是指网络服务提供者应承担主动、积极地采取行动，包括采取合理措施，检查第三方提供的内容是否违法；在发现违法内容时，及时采取必要制止措施的义务。需要指出的是，本报告所指的审查义务是一般性的、普遍性的审查义务，不包括特殊性审查义务。

国际通行的避风港规则，豁免了网络服务提供者的审查义务。《网络安全法》《全国人民代表大会常务委员会关于加强网络信息保护的决定》《网络交易管理办法》等法律法规都规定了网络服务提供者的公法审查义务。相关法律法规对公法审查义务的规定不尽相同，主要有三种模式：

其一，明确提及网络服务提供者需对第三方内容进行检查。例如《网络食品安全违法行为查处办法》明确规定网络食品交易第三方平台提供者应对平台上的食品行为及信息进行检查。①

其二，规定网络服务提供者需对第三方内容建立检查（巡查、监控）制度，建立制度当然意味着网络服务提供者需要对第三方内容进行审查。典型如《网络交易管理办法》规定第三方交易平台经营者应当对第三方发布的商品和服务信息建立检查监控制度。②

其三，没有明确提到对第三方内容的检查，但规定网络服务提供者应加强对用户发布信息的管理，典型的规定如《网络安全法》第四十七条。③ 该条规定与《全国人民代表大会常务委员会关于加强网络信息保护的决定》第五条④内容基本一致。这里的"加强对用户发布信息的管理"，就暗含了对用户发布信息进行审查的意思。全国人大法工委经济法室副主任杨合庆在其主编的《网络安全法释义》中指出："网络运营者作为用户发布信息的平台，应当履行法律规定的义务，建立用户发布信息管理制度。"⑤ 这里的用

① 参见《网络食品安全违法行为查处办法》第十四条第一款。类似的规定还有《互联网等信息网络传播视听节目管理办法》第二十条、《关于进一步做好互联网信息服务电子公告服务审批管理工作的通知》第一条第二款等。
② 参见《网络交易管理办法》第二十六条。类似的规定还有《计算机信息网络国际联网安全保护管理办法》第十条、《互联网危险物品信息发布管理规定》第十二条、《互联网新闻信息服务管理规定》第十二条、《互联网直播服务管理规定》第七条等。
③ 该条规定："网络运营者应当加强对其用户发布的信息的管理，发现法律、行政法规禁止发布或者传输的信息的，应当立即停止传输该信息，采取消除等处置措施，防止信息扩散，保存有关记录，并向有关主管部门报告。"
④ 该条规定："网络服务提供者应当加强对其用户发布的信息的管理，发现法律、法规禁止发布或者传输的信息的，应当立即停止传输该信息，采取消除等处置措施，保存有关记录，并向有关主管部门报告。"
⑤ 杨合庆主编《中华人民共和国网络安全法释义》，中国民主法制出版社，2017，第111页。

户发布信息管理制度，按照相关监管部门的理解，包含了对用户发布信息进行审查（核）的制度。①

另一方面，中国在私法上遵循国际通行的避风港规则，没有为网络服务提供者设定审查义务。立法上，国家版权局起草的《著作权法（修订草案送审稿)》第七十三条明确规定网络服务提供者提供储存、搜索、链接等单纯网络技术服务时，不承担著作权或相关权利有关的审查义务。中国《侵权责任法》第三十六条的网络侵权条款是移植美国避风港规则的产物，该款条文虽然没有明确规定网络服务提供者不负审查义务，但全国人大法工委在解释该条时，明确指出："提供技术服务的网络服务提供者没有普遍审查义务。"② 司法上，最高院的《关于审理侵害信息网络传播权民事纠纷案件适用法律若干问题的规定》第八条第二款规定，法院不应因网络服务提供者未主动审查用户侵害信息网络传播权的行为，而认定其具有过错。在另一份指导意见中，最高院更是明确指出："不使网络服务提供者承担一般性的事先审查义务和较高的注意义务。"③

（二）网络服务提供者公法审查义务面临的困境

"条文的规定是一回事，法律的实施又是一回事。"④ 立法虽然对网络服务提供者的公法审查义务做出了明确规定，但囿于各种客观原因，其实现面

---

① 国家网信办根据《网络安全法》制定的《互联网论坛社区服务管理规定》第五条就明确规定了互联网论坛社区服务提供者的信息审查（核）义务，该条规定："互联网论坛社区服务提供者应当落实主体责任，建立健全信息审核、公共信息实时巡查、应急处置及个人信息保护等信息安全管理制度，具有安全可控的防范措施，配备与服务规模相适应的专业人员，为有关部门依法履行职责提供必要的技术支持。"同样根据《网络安全法》制定的《互联网跟帖评论服务管理规定》第五条、《互联网群组信息服务管理规定》第五条的规定也极为类似。可见，在网信办看来，《网络安全法》第四十七条中"加强对用户发布的信息的管理"就包含了网络服务提供者要建立用户信息审查（核）制度的含义。

② 王胜明主编《中华人民共和国侵权责任法释义（第 2 版)》，法律出版社，2013，第 218 页。

③ 最高人民法院《关于充分发挥知识产权审判职能作用推动社会主义文化大发展大繁荣和促进经济自主协调发展若干问题的意见》（法发［2011］8 号）。

④ 瞿同祖：《中国法律与中国社会》，中华书局，1981，第 2 页。

临巨大困境。

1. 全面审查的巨大负担

对海量内容进行全面合法性审查将给网络服务提供者造成巨大的审查负担，这是公法审查义务面临的首要挑战。网络服务具有集聚性的特点，一个具体的业务领域，往往只有少数的网络服务提供者存在，海量的用户聚集在少数的网络服务提供者的平台上，由此产生海量的内容。对于大型网络服务提供者而言，其面对的网络信息数量往往数以亿计，如国内某搜索引擎服务提供者每日收到其广告主向其推广系统投放的广告材料达到 4500 万次，材料存量累计达到 30.4 亿次，每小时有近 25% 的广告主更新材料。[①] 在如此海量的内容面前，要求网络服务提供者以人工的方式对所有信息逐一进行全面的合法性审查，是不可能完成的任务。

除了内容的海量以外，相关公法规范为网络服务提供者设定的合法性审查范围也过于宽泛。相关公法规范对审查范围的描述通常是："法律、行政法规禁止发布或传输的信息。"[②] 较为细致的界定如著名的"九不准"，即危害国家安全、损害国家荣誉和利益、破坏国家宗教政策、宣扬邪教和封建迷信、侮辱诽谤他人、侵害他人合法权益等 8 类信息和"其他违反宪法和法律、行政法规"的信息。这种审查范围的设定可以说是极为全面的合法性范围设定，审查者需要根据中国全部的法律、行政法规的要求进行审查。审查不仅包括违反公法规范的信息，还及于违反私法规范的信息，如侵犯他人版权的信息。要求一个私人主体对海量的内容承担如此全面、宽泛的审查义务，显然是负担过重。

2. 违法性判定的困难

法律虽然追求确定性，但是法律规范不可避免地具有一定的模糊性，故需要配备规模庞大的法官、行政执法人员、律师以及公司法务等各方面的法

---

① 陈晨、赵玉瑾：《互联网 + 时代互联网广告审核责任的再思考》，中国社会科学网，http：//law. cssn. cn/fx/fx_ jjfx/201508/t20150810_ 2113108. shtml，最后访问时间为 2019 年 03 月 28 日。

② 参见《网络安全法》第四十七条。

律工作人员来处理法律规范模糊性带来的法律适用难题。网络服务提供者在履行公法审查义务时，是以私人主体的身份对用户所产生的内容进行检查，在发现违法时采取措施制止并予以报告。这里的"发现违法"，实质上包含了"违法判定"的职责。通常情况下，面对一条具体信息时，网络服务提供者需要先判断其是否违法，才能对其进行后续处理。因此，网络服务提供者在履行公法审查义务时，也必然会面临法律规范模糊所带来的法律适用难题。有关公法审查义务的法律规范往往是比较抽象和模糊的。以著名的"九不准"规则为例，其"仅以'损害国家荣誉和利益'的内容为例，本身太过抽象和原则，在实践中根本无法直接运用。而面对用户发布的数量庞大、内容多样的信息，平台对于违法信息判断标准的明确性有极高的要求，与立法的原则性规定的不适应性越来越明显。"①

网络服务提供者并非专业的执法、司法或者法律服务机构，作为私人主体，其缺乏进行违法判定的专业能力。同时，从违法判定的量来看，专业执法、司法和法律服务机构处理的案件通常是有限的，而网络服务提供者则需要面对海量内容产生的违法判定问题。如果要求网络服务提供者聘请庞大的专业法律团队去处理海量内容产生的违法判定问题，显然成本过高。

3. 缺乏清晰的违反审查义务判断标准

现行立法为网络服务提供者设置了公法审查义务，但对违反审查义务的判断标准缺乏规定。清晰的违反义务判断标准，是准确追究网络服务提供者违反义务责任的前提。以注意义务为例，其违反义务的判断标准通常是"善良管理人"标准，以医疗人员在诊疗过程中的注意义务为例，其违反义务的判断标准是行为人在诊疗过程中是否采取了合理的、称职的医疗人员在

① 柳雁军等：《平台时代反思：互联网平台行政义务之缘起、流变及四大问题》，微信公众号，https：//mp. weixin. qq. com/s？src = 3&timestamp = 1554448348&ver = 1&signature = O − YYIk5edU5fPL − uCwc16gaxkC ∗ 6V ∗ JZsPzfCop − YCw4Wipae379wFGlFFpu6LI5Ezk9k6gMlU3 X6Y0eVZQT2jkPTiLUx6Y ∗ i3UgJwXa59lBKL2pHzW1c1Hh5vO7Y ∗ 62Xu52uZ7PplADgmLk4ge81 jU0zqtAATvQkRA81rtSX8g = ，最后访问时间为 2019 年 3 月 28 日。

相同或类似情形下被期待采取的诊疗措施。① 未能达到此标准，即被视为违反注意义务，承担侵权责任。

由于现行法缺乏清晰的履行义务标准，导致执法机关在实际执法过程中容易滑向"结果主义"，即以网络服务提供者所提供平台上出现违法内容的结果，推定网络服务提供者未能尽到审查义务，追究其相应责任。

这种以出现违法内容的结果而认定网络服务提供者未尽到审查义务的做法，实际上是让网络服务提供者对用户内容承担严格责任。但网络服务提供者不应为用户内容承担严格责任，在国内外已形成一定共识。② 美国的避风港规则正是由于版权的严格责任体系对于网络服务提供者来说过于严苛，用于为网络服务提供者提供责任豁免而产生。③ 中国《侵权责任法》第三十六条规定的网络服务提供者之侵权责任也是采取过错责任原则，责任的追究以网络服务提供者存在过错为前提。

可见，在缺乏清晰的违反审查义务标准情况下，行政执法容易滑向"结果主义"，使得网络服务提供者对用户内容承担严格责任。这对网络服务提供者而言过于严苛，也与当前关于网络服务提供者责任的共识相悖。

4. 义务履行的两难

现行立法为网络服务提供者设置了公法审查义务，其不履行该义务，将要承担公法责任。然而，网络服务提供履行公法审查义务，则可能会承担私法责任，这一私法责任源于两个方面：

其一，网络服务提供者公法审查义务的核心是剔除第三方的违法内容，为履行此义务，网络服务提供者必须在没有接到权利人通知或有权机关指令的情况下，基于自主判断剔除违法内容。然而，该义务将网络服务提供者置于巨大的风险之中，即如果错误处理了合法内容而给用户造成损失，将承担私法责任；即使处理正确，也可能被用户认为处理错误而要求赔偿。由此，

---

① 郭升选、李菊萍：《论医疗注意义务与医疗过失的认定》，《法律科学》2008 年第 3 期。

② 张新宝、任鸿燕：《互联网上的侵权责任：〈侵权责任法〉第 36 条解读》，《中国人民大学学报》2010 年第 4 期。

③ 王迁：《网络环境中的著作权保护研究》，法律出版社，2011，第 212 ~ 218 页。

导致了网络服务提供者履行公法审查义务的两难困境：如果不采取措施剔除违法内容，则可能违反公法义务，将要承担公法责任。如果采取措施阻止违法内容，则可能由于处理错误而给用户造成损失，从而承担私法上的侵权责任。

其二，网络服务提供者履行公法审查义务，而被认为实质性地接触用户内容，使其需负较高水平的注意义务，从而大大提高其承担侵权责任的可能性。私法上一般认为，网络服务提供者由于其技术中立，一般不实质性地接触用户内容；同时，由于信息内容的海量，其对这些内容也不具有控制能力，这决定了网络服务提供者可以进入"避风港"而不承担审查义务。在注意义务的程度上，由于网络安全提供者缺乏控制能力和未实质性地接触内容，其注意义务水平也较低。然而，当网络服务提供者为履行公法审查义务时，会被认为实质性地接触到信息内容，从而被推定为需负较高程度的注意义务。在"新传诉土豆案"中，这一推断得到证实。法院认为，土豆网对上传视频进行的审查虽然主要是针对反动、色情、暴力等内容进行的合法性审查，但涉案作品《疯狂的石头》是当时的热门影片，土豆网的审片人员不可能不知道上传该影片属于侵权行为。因此，土豆网对于侵权行为的发生未尽到合理注意义务。[1] 该案中，土豆网若不履行公法审查义务，将面临行政处罚；若履行公法审查义务，又会被认为实质性地接触信息内容，从而负有较高程度的注意义务，一旦出现侵权内容，极易被认为对侵权内容的存在具有"应知"的主观状态，从而承担侵权责任。在此情况下，网络服务提供者实际上处于不履行公法义务即承担公法责任；履行公法义务又面临私法责任的两难困境。

二 困境的突破进路：网络服务提供者公法审查义务的技术性定位

网络提供者承担公法审查义务大局已定，包括《网络安全法》在内的

---

[1] 参见上海市高级人民法院（2008）沪高民三（知）终字第62号民事判决书。

多部法律法规已明确规定了网络服务提供者的公法审查义务。在现行法的框架下，探讨以何种方式克服网络服务提供者公法审查义务的困境更为现实。本报告认为，应将网络服务提供者的公法审查义务作技术性定位，即明确网络服务提供者的义务是以合理的技术性措施对用户内容进行审查，不要求网络服务提供者以超出其负担能力的方式对用户内容进行审查。

其一，大型网络服务提供者实施技术性审查的普遍实践证明了技术性审查成本的可负担性。无论在国内还是国外，大型网络服务提供者都对技术性审查有着较为成熟的经验。在国内，各类大型网络服务提供者，包括网络社交服务提供者、网络搜索服务提供者已经在利用技术性措施对用户内容进行审查。[1] 在国外，脸书（Facebook）和推特（Twitter）等社交网站利用技术性措施来剔除恐怖主义和极端主义内容已十分常见。[2] 技术性审查在产业界广泛使用的现状表明，其成本是大型网络服务提供者能够承担的。

其二，技术的可迁移性使得中小型网络服务提供者也能承担技术性审查的成本。不得不承认，大型网络服务提供者在研发审查技术时是需要付出高昂成本的，以 YouTube 的内容身份管理系统为例，作为一套用于过滤侵权视频的版权内容过滤系统，其耗资 6000 万美金，这个成本显然是中小型网络服务提供者难以负担的。但由于技术具有迁移性，一旦大型网络服务提供者建立了技术性审查系统，就能以极低成本向全社会扩散，从而使得技术性审查的成本可以为中小型网络服务提供者所负担。[3] 中国目前已经出现了这种技术迁移，阿里巴巴和网易都已将自己研发的审查技术以商业方式向市场开放，供其他网络服务提供者，特别是中小型网络服务提供者使用。

其三，由于审查技术的日趋成熟，私法领域已经出现了网络服务提供者

① 李小宇：《中国互联网内容监管机制研究》，博士学位论文，武汉大学，2014，第 137～140 页。

② 盛媛：《英首相酝酿"清网"行动，封杀极端主义网络空间》，《第一财经日报》2017 年 6 月 6 日；刘一超：《谷歌、Facebook、微软与 Twitter 将联手打击网络恐怖》，《计算机与网络》2017 年第 4 期。

③ 崔国斌：《论网络服务商版权内容过滤义务》，《中国法学》2017 年第 2 期。

技术性过滤（审查）义务的立法。如前所述，审查海量内容所造成的巨大负担是司法豁免网络服务提供者审查义务的重要理由。随着审查技术的日益成熟，私法学者的观点也在转变中。[①] 欧盟更是已经在近期通过了相关的版权法修正案，要求内容存储和发布的服务提供者承担过滤（技术性审查）义务。

其四，现行立法对网络服务提供者审查义务的履行方式基本未予规定，也未明确要求网络服务提供者以技术还是人工方式进行审查。[②] 因此，以技术性措施来履行审查义务，基本属于现行法的允许范围之内。现行立法规定的网络服务提供者公法审查义务的基本模式为"检查—发现违法—制止—报告"，网络服务提供者的技术性审查基本可以达到这一模式的要求。以网络直播服务提供者为例，其可以通过机器学习技术训练出色情内容的识别模型，进而对用户所发布的直播视频实现实时监控。这里的实时监控，可以视为履行审查义务模式中的"检查"义务，而发现色情内容后采取进行屏蔽、断开链接等措施，则属于履行"发现违法"和"制止"义务。对于"报告"义务，网络服务提供者可将其计算机系统与监管机构的计算机系统进行对接，从而把技术性审查发现的违法内容及处理结果以一定形式通过对接系统发送给监管机构，完成"报告"义务。当然，这个方案的实施需要网络服务提供者和监管机构之间具有高度的信任关系。

三　网络服务提供者技术性审查实施机制的具体建议

在对网络服务提供者公法审查义务进行技术性定位的基础上，仍需要探讨技术性审查的具体实施机制，本报告提出如下建议，供立法和监管机关参考。

---

① See Lital Helman, Gideon Parchomovsky, The Best Available Technology Standard, 111 *Columbia Law Review*, 1194（2011）. 崔国斌：《论网络服务商版权内容过滤义务》，《中国法学》2017年第2期。

② 当然，也存在极少数例外。例如，《互联网新闻信息服务管理规定》第六条第三款。

（一）技术性审查的义务范围

由于现行法规定的网络服务提供者审查义务过于宽泛和全面，并且要求网络服务提供者承担违法判定义务，超出了其能力范围。因此，技术性审查要具备可行性，必须限缩审查的范围。具体而言：

第一，审查范围应限于违法判定标准十分清晰，能以技术逻辑实现的范围。技术性审查系统是由设计者人为构建的，当违法判定标准模糊时，设计者就无法设计出可以进行清晰判定的技术性审查系统。这个限定一方面可以保证审查在技术上能够实现，并且是网络服务提供者可以负担的；另一方面，也可以避免在判断标准不清晰的情况下，强行使用技术逻辑进行审查，从而造成内容误删和侵害用户权益的后果。

第二，私法上的违法问题应排除在公法审查义务范围之外。现行立法将私法问题也纳入网络服务提供者公法审查义务的范围，"九不准"规则中的"侮辱或者诽谤他人，侵害他人合法权益"实际上是将私法层面合法性问题，包括知识产权合法性问题纳入公法审查义务的范围。考虑到中国公私法对审查义务截然不同的规定，应对公私法审查义务进行切割，使公法审查义务的适用范围仅及于公法问题。

（二）技术性审查的主要措施

网络服务提供者的技术性审查措施包括关键词的过滤、基于统一资源定位符（Uniform Resource Location，简称"URL"）的过滤、基于智能内容分析的识别处理等。[①]

根据介入时间进行划分，技术性审查可分为事前审查和事后审查。事前审查是指在用户发布内容的过程中即进行审查，在内容还没有正式发布之前，即可通过关键词过滤或者智能内容分析识别处理的技术，阻止违法内容的发布。事后审查是指内容已经发布，通过技术性措施发现后，采取屏蔽、

---

① 孙艳、周学广：《内容过滤技术研究进展》，《信息安全与通信保密》2011年第9期。

断开链接等措施将违法内容删除。以关键词过滤技术为例，网络服务提供者可以把反映内容违法性的词汇设为关键词。若采用事前审查，当用户发布的内容含有违法关键词时，就可以阻止该内容或内容片段的发布；若采用事后审查，在用户已经发布相关内容后，还可通过关键词进行过滤，发现包含违法内容时，再将其删除。

（三）技术性审查的法律标准

网络服务提供者采取的技术性措施达到特定的法律标准，就意味着其恰当履行了公法审查义务。因此，在技术性审查符合标准的情况下，即使有违法内容未能审查出来，也不应认定网络服务提供者违法而追究其相应的公法责任。技术性审查的法律标准不应再采用"结果主义"模式，而应采用类似于"技术安全港"的模式。"技术安全港"是讨论网络服务提供者版权过滤（审查）义务时提出的概念，意指网络服务提供者如果采取了合理的技术过滤（审查）措施，法律就为其提供"安全港"庇护，在受到版权侵权指控时，其可以提出已采取技术过滤（审查）措施的抗辩，从而免于承担侵权责任。[①]

合理设定技术性审查法律标准的首要问题是审查的有效性，具体包括两个考量因素：（1）非法内容的检出率；（2）合法内容的误检率。技术性审查在有效性方面的目标是检出尽可能多的非法内容，同时尽可能减少合法内容的误检。衡量一个技术性审查系统的有效性必须同时考虑检出率和误检率两方面。[②] 但这两个方面的目标可能存在一定的冲突，检出率的提高往往也会带来更高的误检率。

技术性审查的合理标准还涉及成本问题，如果不计成本地投入，当然可

[①] 当然，技术安全港模式不影响诸如"通知—删除"等既有制度的运行，网络服务提供者在收到权利人侵权通知时，仍有义务采取必要措施制止。See Lital Helman, Gideon Parchomovsky, The Best Available Technology Standard, 111 *Columbia Law Review*, 1194 (2011).

[②] See Lital Helman, Gideon Parchomovsky, The Best Available Technology Standard, 111 *Columbia Law Review*, 1194 (2011).

能得到较为理想的高检出率和低误检率，但是这种高成本往往是网络服务提供者特别是中小型网络服务提供者所无法承担的。因此，技术性审查措施的合理性判断还必须考量成本因素，进行成本/收益的分析。

技术性审查法律标准的制定可以参考其他监管领域的成功经验。例如，在个人信息保护领域，《网络安全法》等法律法规为个人信息保护设定了法律框架，但相应的法律条文规定较为抽象，与企业合规要求的明确性之间存在不小的差距。① 基于此，国家标准化管理委员会和原国家质量监督检验检疫总局联合发布了推荐性国家标准《个人信息安全规范》，该标准明确指出："本标准适用于规范各类组织个人信息处理活动，也适用于主管监管机构、第三方评估机构等组织对个人信息处理活动进行监督、管理和评估。"该标准将法律规定具体化，可操作化，既可作为相关企业的合规指引，同时也是监管机构的执法参考。按照参与该标准制定的专家的解读，若企业的合规措施达到《个人信息安全规范》的要求，即可被推定为遵守《网络安全法》关于个人信息保护的规定。同时，由于该标准属于推荐性标准，企业的合规措施即使与《个人信息安全规范》不完全相符，也不必然意味着其违反《网络安全法》的相关规定；但企业需要向监管机构证明其合规措施符合《网络安全法》的要求。②

为提高监管效率，降低网络服务提供者的合规成本，监管机构可以自行制定技术性审查标准或者认可第三方机构制定的技术性审查标准，并以此作为执法的重要参考。具体而言：（1）一般性标准与具体行业性标准相结合。可先制定适用面较广、适合绝大多数网络服务提供者的一般技术性审查标

---

① 孟洁：《在〈个人信息安全规范〉指引下初探 AI 企业数据合规的 Good Practice》，腾讯网，https://new.qq.com/omn/20180223/20180223B0FUC5.html，最后访问时间为 2019 年 03 月 28 日。

② 洪延青：《如何理解〈网络安全法〉与国家标准〈个人信息安全规范〉的关系》，微信公众号，https://mp.weixin.qq.com/s? src = 11&timestamp = 1554448653&ver = 1527&signature = v - JQ6p42d7ytya6NJwWC3XKVFkKrSnocryENjL5sePkebnnPrKXLaFi - L - - R3oZ * WYcTJHGfEKnezyfIMeYB6Q8S64NKl3NoOiJMuQw0YGE4HYSX7ui8Ncr3g5 * gPc - y&new = 1，最后访问时间为 2019 年 03 月 28 日。

准。一般性标准的制定应由国家互联网信息部门承担，因为其负有网络信息内容管理以及统筹协调网络安全工作和相关监督管理工作的法定职责。① 在一般性标准的基础上，具体行业的监管机构负责制定本具体的行业性。当然，监管机构除了自己制定标准外，也可通过一定的形式为第三方机构制定的标准背书。②（2）在现阶段，由于网络服务提供者公法审查义务的履行尚处于摸索阶段，因此采取"推荐性标准"模式更为可取。在摸索阶段，制定强制性标准对监管机构而言压力较大。因为在摸索阶段，标准的设定出现错误是十分正常的，但强制性标准是网络服务提供者所必须遵守的，标准一旦出现错误则会给网络服务提供者的合规工作带来很多困难，严重的情况下甚至会阻碍网络服务提供者的正常发展。与强制性国家标准相比，推荐性国家标准没有法律强制力，网络服务提供者可以自行选择是否遵守，如果网络服务提供者认为标准有错误，可以不遵守，从而大大减少标准设定错误带来的损失。③

需要指出的，在制定网络服务提供者公法审查义务的国家标准方面，中国尚处于探索阶段，尚未出台这方面的国家标准；但是，已经有相关的行业标准出台。中国演出行业协会网络表演（直播）分会（以下简称"该协会"）作为直播行业的行业协会，组织直播行业的各大企业和相关研究机构、专家学者，起草并发布了《网络表演（直播）内容百不宜》（2018版）。该规范的性质是行业标准，可以为该行业的企业在履行公法审查义务时所参照。同时，该协会也希望《网络表演（直播）内容百不宜》能为行

① 参见《国务院关于授权国家互联网信息办公室负责互联网信息内容管理工作的通知》（国发〔2014〕33 号）和《网络安全法》第八条。

② 这里的背书是指监管机构使得网络服务提供者有理由相信其技术性审查只要符合这个标准，即可达到相关法律的要求。参见洪延青《"以管理为基础的规制"——对网络运营者安全保护义务的重构》，《环球法律评论》2016 年第 4 期。

③ 英国数字、文化、传媒和体育部和内政部联合发布的《网络危害治理白皮书》中提出，监管机构将对被监管的网络服务提供者在内容审查方面提出具体的监管规则。该规则并非强制性，但网络服务提供者不遵守，须证明其采取的替代方案的效果。该白皮书可参见 https：//assets. publishing. service. gov. uk/government/uploads/system/uploads/attachment_ data/file/793360/Online_ Harms_ White_ Paper. pdf，最后访问时间为 2019 年 4 月 10 日。

业主管部门的监管和执法工作提供协助。① 可见，在制定国家标准时机尚不成熟时，先出台行业标准一定程度上也是确定技术性审查法律标准的一个选择。

（四）网络服务提供者与监管机构的合作治理

对互联网上海量的内容进行审查，剔除其中的违法内容，无论对于监管机构还是网络服务提供者而言都是一件充满挑战的任务，需要双方各自发挥优势来完成。其中，监管机构是违法行为的最佳判定者，而网络服务提供者则拥有更佳的技术能力对确定的违法内容进行剔除。② 因此，双方可以在以下两个方面进行合作治理：

第一，由监管机构主导，网络服务提供者特别是大型网络服务提供者协助，制定负面清单。这里的负面清单是指对网络服务提供者应予剔除的违法内容的具体列举。例如，针对具体哪些商品或服务是网络交易平台服务提供者应该禁止交易的，需要列一个详细的清单进行明确。又如，在对色情内容的审查方面，也需要列一个关键词的清单用以对照。③ 当然，监管机构在制定负面清单时，对哪些内容涉嫌违法的知识是有限的，这便需要网络服务提供者，特别是大型网络服务提供者的协助。许多大型网络服务提供者在实践中往往已经开始使用技术性审查，对哪些内容涉嫌违法积累了丰富的经验，由其向监管机构提供相应信息，有助于帮助监管机构制定科学的负面清单。

---

① 中国演出行业协会：《〈网络表演（直播）内容百不宜〉正式发布》，https：//mp. weixin. qq. com/s？ src ＝ 11&timestamp ＝ 1554345848&ver ＝ 1525&signature ＝ rVufv4J6 bYClB9GCk31Zj4ZkwEmaszIiDyiHVGSo－ViMRx1 ＊ rp7HGTdxuFqjeEWo9elWDe2VG－w62MJUp 1jV1wN4iPidHi5A6zzMZqlFH8OjkBBfKOndmCip08h－j7sc&new ＝1（中国演出行业协会微信公众号），最后访问时间为 2019 年 03 月 28 日。

② 赵鹏：《私人审查的界限——论网络交易平台对用户内容的行政责任》，《清华法学》2016年第 6 期。

③ 实践中已有类似的做法，新华社已发布多批《新华社在新闻报道中的禁用词和慎用词》供全社会参考。虽然新华社并非监管机构，但其特殊地位使得其发布的名单具有较高的权威性，起到了类监管机构指引的作用。相关新闻信息服务提供者就可以根据这个词库建立具体的关键词"黑名单"，用于关键词过滤。

负面清单一旦制定，即可适用于所有网络服务提供者，这在很大程度上节约了社会成本，尤其是极大地节约了中小型网络服务提供者进行技术性审查的成本。

第二，鼓励发展提供第三方专业技术性审查服务的供应商。让每一个网络服务提供者都独立发展技术性审查系统，是对社会成本的巨大浪费，也必然大大提高中小型网络服务提供者的运营成本，从而产生抑制创新的不利后果。[①] 因此，从提升效率和节约社会成本的角度出发，应鼓励发展第三方供应商，目前，中国市场上已经出现了提供技术性审查服务的第三方供应商。[②]

（五）审查错误的救济

毋庸讳言，网络服务提供者的技术性审查措施可能出现错误，本报告称之为审查错误。它是指网络服务提供者的技术性审查错误地将用户的合法内容认定为违法内容，并采取相应的剔除措施。实践中，审查错误主要有 3 种情形：（1）审查依据错误导致的审查错误，如网络服务提供者根据相关监管机构的指令进行技术性审查，但监管机构指令本身存在合法性问题，导致网络服务提供者错误地进行审查，剔除了合法的内容。（2）相关公法规范或者相关监管机构的指令正确，但网络服务提供者因自身的理解错误导致审查错误。[③]（3）审查依据和网络服务提供者对公法规范及监管机构指令的理解都正确，但网络服务提供者进行技术性审查时发生误检。

审查错误无疑会使得用户的权益受损。为了保护用户的合法权益，有必

[①] See Sonia K. Katyal, Jason M. Schultz, The Unending Search for the Optimal Infringement Filter, 112 *Columbia Law Review Sidebar*, 83（2012）.

[②] 例如，网易云推出的"网易云盾·内容安全"产品通过技术性手段实现智能鉴黄、暴恐识别、涉政检测等功能，可对文字、图片、视频、音频等形态的内容媒介进行技术性审查。对于"网易云盾·内容安全"功能的详细介绍可参见 http：//dun. 163. com/product/picture - detection，最后访问时间为 2019 年 03 月 28 日。阿里云也有类似产品。在一些细分领域，例如直播领域，还出现了该领域专门的提供审查服务的第三方供应商。

[③] 例如，广告法关于绝对化用语的规定本身没有问题，但一些网络交易平台提供者误以为所有的"最""第一"等词汇都不能在任何场合使用，从而将封面含有"第一""最"等绝对化用语的书籍作下架处理。

要提供相应的救济机制。这个救济机制可以从两个层次来考虑，一是网络服务提供者的内部救济机制；二是司法救济机制。

网络服务提供者的内部救济机制在实践中往往被称为申诉机制，即当网络服务提供者基于技术性审查而作出对用户不利的决定后，应当赋予用户以申诉的权利。在申诉流程中，用户成功发起申诉后，由网络服务提供者的员工进行人工复核，判断技术性审查所形成的决定是否错误，如果证实错误，则撤回对用户不利的决定。需要指出的是，网络服务提供者通常不会提供单独针对技术性审查（基于公法审查义务）的申诉机制，这个申诉机制往往是一般性"违规处理—申诉"机制的一部分。① 因此，这个申诉机制在网络服务提供者处理私法领域侵权问题时同样存在，例如网络服务提供者剔除侵犯他人版权的内容后，也会提供给权益受影响的用户以申诉的权利。

如果权益受影响的用户无法通过网络服务提供者的申诉机制得到救济，或者不愿使用申诉机制，也可以通过司法渠道得到救济。在诉讼形式的选择方面，用户通过民事诉讼的方式寻求救济是现在较为可行的方法。与政府对互联网的规制相比，网络服务提供者履行公法审查义务的行为带有私人规制的属性，因为其是以私主体的身份在履行这个义务。网络服务提供者进行私人规制的主要合法性来源在于其与用户之间的合同，这个合同通常表现为用户协议的形式。网络服务提供者将相关公法规范的要求转化到用户协议中，并在用户协议中明确，其发现用户发布的内容违反用户协议（包括由公法规范转化的协议条款），则有权采取对用户不利的措施。② 这种基于用户协

---

① 这里的违规指的是违反网络服务提供者制定的，以合同形式约束用户的规则。这些规则中包含了基于公法规范的要求，例如不得发布危害国家安全的内容；也有基于私法规范的要求，例如不得发布侵犯他人知识产权的内容；还有基于网络服务提供者自身管理需要的内容。
② 典型如《微博服务使用协议》8.3、8.4、8.5，其可采取的措施包括"更改、删除或屏蔽相关内容；暂停、限制用户使用微博服务的权利；注销用户账号"等，新浪微博，https：//www.weibo.com/signup/v5/protocol/，最后访问时间为 2019 年 03 月 28 日。《腾讯微信软件许可及服务协议》8.5.1，其可采取的措施包括"对相关内容进行删除、屏蔽，并视行为情节对违规账号处以包括但不限于警告、限制或禁止使用部分或全部功能、账号封禁直至注销"，腾讯网，http：//weixin.qq.com/agreement？lang=zh_CN，最后访问时间为 2019 年 03 月 28 日。

议的私人规制，可以称之为"合同型私人规制"。① 由于中国的行政诉讼法尚未将合同型私人规制纳入受案范围，② 所以权益受影响的用户通过民事诉讼的方式寻求救济是现阶段更为可行的道路。在诉由选择上，用户可以根据案件的具体情况选择违约之诉或侵权之诉。

（六）网络服务提供者审查错误的民事责任豁免问题

与救济机制相关的还有网络服务提供者的民事责任豁免问题。正如前文所言，网络服务提供者在履行公法审查义务时，面临着"两难困境"，要克服这个困境，有效激励网络服务提供者履行公法审查义务，有必要豁免其审查错误的民事责任。

其一，在豁免条件上，建议以"善意"为要件。"善意"要件是指网络服务提供者进行技术性审查时，审查必须是善意的。这里的善意，指网络服务提供者有相当的理由相信被采取剔除措施的内容是违法的。

其二，在豁免责任方面，建议免除赔偿损失、支付违约金和赔礼道歉的民事责任，而不豁免其他民事责任，包括停止侵害、恢复原状、继续履行等，这主要是考虑对用户利益的保护。这些责任的设置使得权益受侵害的用户可以得到救济，被错误剔除的内容能够得到恢复。从网络服务提供者的角度而言，豁免其赔偿和赔礼道歉的民事责任，已经足够破解其面临的两难困境。仅仅承担纠正错误处理的责任，如恢复被错误删除的内容，对网络服务提供者而言完全可以承受。

结　语

需要指出的是，就网络服务提供者的公法审查义务，国际立法趋势已经出现了变化，受新西兰枪击事件影响，澳大利亚通过了一个刑法的修正案，

---

① 胡斌：《私人规制的行政法治逻辑：理念与路径》，《法制与社会发展》2017年第1期。
② 胡斌：《私人规制的行政法治逻辑：理念与路径》，《法制与社会发展》2017年第1期。

将网络服务提供者未能及时删除暴力内容的行为纳入刑法规制。① 这实质上为网络服务提供者设定了公法审查义务。英国数字、文化、传媒和体育部和内政部联合发布了《网络危害治理白皮书》，白皮书指出，虽然其并不要求网络服务提供者对所有内容进行一般性审查，因为这将对网络服务提供者造成不成比例的负担，并会引起对用户隐私的担忧。但是，针对危害国家安全或儿童人身安全的审查则是必要的。② 在私法方面，欧盟则通过了欧盟近期修订版权法，为网络服务提供者设置过滤（技术性审查）义务。可以说，网络服务提供者不承担审查义务的规则已经被打破。

除了立法方面的转变，相关企业在审查义务方面的态度也有所转变。脸书（Facebook）的创始人兼首席执行官马克·扎克伯格近期在美国的报纸上撰写了文章，其指出：脸书为了处理平台上的有害内容，进行了大量的审查工作，但是这些工作不可能确保所有的有害内容都得到遏制。同时，脸书在审查方面也不可能不犯错误。由于其自身主导审查工作，脸书也遭到在言论自由方面拥有过大权力的质疑。因此，马克·扎克伯格认为政府和监管机构应该发挥更大的作用，制定审查标准的底线。同时，一个可行的选择是由第三方机构来制定具体的审查标准，网络服务提供者再根据这个标准进行审查。③

马克·扎克伯格的文章说明了虽然美国并没有为网络服务提供者设置公法审查义务，但由于网络服务提供者，特别是大型网络服务提供者在控制互

---

① Criminal Code Amendment（Sharing of Abhorrent Violent Material）Bill 2019，See https：//parlinfo. aph. gov. au/parlInfo/search/display/display. w3p；query = Id% 3A% 22legislation% 2Fems% 2Fs1201_ ems_ 08b22f92 - a323 - 4512 - bf31 - bc55aab31a81% 22，last visited on April lst，2019.

② See "Online Harms White Paper"，https：//assets. publishing. service. gov. uk/government/uploads/system/uploads/attachment_ data/file/793360/Online_ Harms_ White_ Paper. pdf，last visited on April lst，2019.

③ Mark Zuckerberg："The Internet needs new rules. Let's start in these four areas"，https：//www. washingtonpost. com/opinions/mark - zuckerberg - the - internet - needs - new - rules - lets - start - in - these - four - areas/2019/03/29/9e6f0504 - r521a - 11e9 - a3f7 - 78b7525a8d5f_ story. html？noredirect = on&utm_ term =. 4141f61dfe18，last visited on March 28th，2019.

联网有害内容的核心位置，其已经自愿的进行大量的审查工作。但是网络服务提供者自身主导进行审查存在一些问题，遭受了很多压力，这也导致了马克·扎克伯格发文呼吁监管部门发挥更大的作用。至少从这篇文章也反映了脸书希望将审查标准制定，以及审查错误申诉的工作转移到外部，用来缓解外在的压力。

回到中国，在法律上已经明确规定了公法审查义务的情况下，所要探讨的是如何促进网络服务提供者更好地履行这个义务，控制网络上的有害内容；而同时，又不过于增加网络服务提供者的压力，妨碍网络经济的发展。要言之，在网络服务提供者公法审查义务规则的设计上，要兼顾秩序和发展双重目标。在现阶段，将网络服务提供者公法审查义务技术化兼顾了现行法的规定和产业发展的需要，是可行的解决之道。此外，鉴于大型网络服务提供者在控制互联网有害内容方面的核心作用，及其可承担更高的经济成本，应促使其不仅进行技术性审查，还应投入合理的人力进行审查。如果大型网络服务提供者，能从实践中探索出一条可行的技术性审查与合理人工审查相结合的道路，那么将来再将这些实践经验法律化也不迟。

B.16
网信执法监管的浙江探索*

王銮峄**

摘　要： 本报告从网信执法监管的必要性出发，根据互联网发展历史、中央以及浙江的互联网监管体制的建立健全，重点论述了互联网执法监管的中国实践、浙江探索。从执法主体、执法权力、制度等执法监管体制的三要素入手，理清浙江网信系统执法监管的现状，结合实际指出当前网信系统执法监管存在的问题，并有针对性地提出十方面建议。

关键词： 网信执法　监管体制　浙江探索

　　党的十八大以来，浙江网信系统将全面依法治国战略落实到网络空间，坚持统筹协调根本方法，把加快建立健全符合中国特色、时代特征、浙江特点的网信行政执法体制作为治本之策，直面互联网信息技术和商业模式颠覆式创新带来的冲击和挑战。依法管网、依法办网、依法上网，将作为实施法律法规、履行法定责任、管理经济社会事务主要方式的行政执法全面纳入法治轨道，坚持"谁主管谁负责""谁经营谁负责"，实现管内容、管行为、管主体相统一，提高管网治网有效性，奋力开创新时代网络强省工作新局面。

---

* 本报告系浙江省网信办"互联网信息内容管理工作体系研究"课题研究成果。课题调研得到浙江省网信办的大力支持，当然文责自负。
** 王銮峄，浙江省社会科学院法学所副所长、副研究员。

一 因势而谋：依法监管，化解网络风险

互联网不是法外之地，网络空间是亿万民众共同的精神家园。依法加强网络空间治理，全面推进网络空间法治化进程，以加强网络执法体系和能力建设为引领，加强网络内容建设，更多通过法治手段体现党管互联网要求、运用法治办法调节处理网上矛盾、依靠法治途径化解网上风险，确保互联网在法治轨道上健康运行，是使互联网这个最大变量变成事业发展的最大增量的关键之举。

一是防范化解网络意识形态领域重大风险的需要。处于信息垄断地位的发达国家，时刻向世界倾销海量信息，并利用科技优势，对他国进行不同程度的渗透、监视，日益侵蚀后发国家的信息和文化市场，并危及国家安全、经济命脉和社会稳定。[1] 在"信息殖民主义"阴影的笼罩之下，加之浙江地处沿海沿边地区，处在对外开放前沿，受境外影响比较大，境外信息倒灌风险比较大，网信系统既有必要，也有义务采取"适当干预措施"，以维护政治安全。而这种"适当干预措施"的组织化、制度化运作就是执法。作为党政融合机构，[2] 网信领域执法机构接受党的思想领导，执法人员作为党的干部，既是组织机构的执行者，又是意识形态的担当者，执法乃至公共行政因此具有意识形态性，在行政目标、政策制定和执行诸环节中都表现出明显的意识形态导向。因此，网络领域行政执法是将党的制度优势转化为治理效能的有效输出端，是更多通过法治手段体现党管互联网的要求。

二是提高用网治网水平题中之义。习近平总书记在党的十八届三中全会决定的说明中指出，"如何加强网络法制建设和舆论引导，确保网络信息传

---

[1] 尹建国：《我国网络信息的政府治理机制研究》，《中国法学》2015年第1期。

[2] 所谓"党政融合机构"，是指网信部门作为各级党委的工作机关，同时又根据工作需要加挂政府互联网信息办公室牌子，履行互联网信息内容管理部门行政管理职责。如依据《浙江省司法厅关于印发省本级行政规范性文件制定主体清单和浙江省行政规范性文件统一编号规定的通知》（浙司〔2019〕69号）规定，省网信办即被确认为省本级行政规范性文件制定主体。

播秩序和国家安全、社会稳定，已经成为摆在我们面前的现实突出问题。"①
因此，"利用网络鼓吹推翻国家政权，煽动宗教极端主义，宣扬民族分裂思
想，教唆暴力恐怖活动，等等，这样的行为要坚决制止和打击，决不能任其
大行其道。利用网络进行欺诈活动，散布色情材料，进行人身攻击，兜售非
法物品，等等，这样的言行也要坚决管控，决不能任其大行其道。"② 而
"坚决制止和打击""坚决管控"主要依托于既有的各级各类行政执法机关
的执法活动。实践证明，在执法体制的运作过程中，执法能力既会受到行政
体制内部张力的影响而发生损耗，又可以通过体制改革和机制优化得到补
强。③ 因此，要以完善网信系统行政执法监管为牵引，一方面，发挥好网信
办统筹协调和党政议事平台作用，推动网信部门牵头的网络治理领域执法协
调机制建设，从互联网各领域各环节入手落实各主管部门管理责任，在宣传
部门指导下，与工信、公安、文化、市场监管、广电等主管部门各司其职，
密切配合；另一方面，"打铁还须自身硬"，作为互联网信息内容主管部门，
还必须与全面推进依法治国同向同步，聚焦行政执法的源头、过程、结果等
关键环节，全面推进依法行政，增强法律法规实施的系统性、整体性和协同
性，落实好互联网信息内容管理主责。

三是浙江网信工作先行优势转化为领跑优势的必由之路。网信领域行政
执法监管是新课题新挑战。2014 年 8 月，国务院发布《关于授权国家互联
网信息办公室负责互联网信息内容管理工作的通知》，授权新组建的国家互
联网信息办公室（以下简称"国家网信办"）负责全国互联网信息内容管理
以及具体监督执法工作；并且进一步从中央至地方建立健全了相应的地方网
信办组织机构（主要是中央、省、市三级），通过传统的属地管理架构模式
落实属地管理责任，并涉及地方的信息内容监管执法事项。互联网是一张

---

① 《〈中共中央关于全面深化改革若干重大问题的决定〉辅导读本》，人民出版社，2013，第
81 页。
② 习近平：《在网络安全和信息化工作座谈会上的讲话》，2016 年 4 月 19 日。
③ 刘杨：《执法能力的损耗与重建——以基层食药监执法为经验样本》，《法学研究》2019 年
第 1 期。

网，面对互联网"一点接入、全网覆盖"的泛在特点与既有的互联网属地管理模式之间的张力，地方网信系统执法体制的回应能力始终不足，而且作为地方新近执法部门，其在职能、权限、程序、技术甚至能力等方面都远远滞后于其他传统执法机关（如公安、市场监管、文化广电等），这从国家网信办主要领导论述中频繁提及"创新属地管理模式，探索赋予省级网信部门在网络内容管理方面的权力与责任，同时强化对各地网信部门权力运行的监督，确保管网治网权力规范运行"，[①] 可窥豹一斑。近年来，浙江坚持问题导向，抓住党要依法执政、政府要依法行政这个关键，在全国率先探索网络综合治理工作，并不断为全国提供示范样本。

二 循势而治：溯源历史，剖析监管脉络

中国互联网监管问题肇因于发展需求和安全需求之间的政策价值矛盾。"明者因时而变，知者随事而制"。结合互联网技术的发展和有关政策法规的颁布实施，互联网管理领导协调机制，以及主要监管机构作用、功能、定位的演化与变迁，互联网监管历程大致可划分为如下四个阶段。[②]

（一）监管引入与奠基（1994～2000年）

1994年4月20日，随着中国对国际互联网的全功能接入，互联网监管同步引入。

1. 领导体制及监管主体

早在20世纪80年代初，我国就开始尝试建立信息化领导体制，当时还

---

① 庄荣文：《科学认识网络传播规律 努力提高用网治网水平》，《求是》2018年第18期。
② 对中国互联网的发展阶段划分并未形成共识，如有根据互联网监管强度划分为四阶段的，如曹海涛：《从监管到治理——中国互联网内容治理研究》，武汉大学博士论文（2013）；李小宇：《中国互联网内容监管机制研究》，武汉大学博士论文（2014）；再如有根据互联网的创新发展划分为五阶段的，如方兴东、潘可武等：《中国互联网20年：三次浪潮和三大创新》，《新闻记者》2014年第4期等。本报告重点参考了王融：《中国互联网监管的历史发展、特征和重点趋势》，《信息安全与通信保密》2017年第1期；以及《导言：中国互联网监管二十年》，《网络法论丛》（第1卷），并结合浙江实践予以充实完善。

主要集中在计算机、集成电路领域。20 世纪 90 年代，以互联网为代表的信息网络技术革命的兴起，引起了国家领导层的高度关注。1993 年年底，国务院批准成立国家经济信息化联席会议，统一领导和组织协调政府、经济领域的信息化建设工作。1996、1999 年机构经历了调整，但职责并没有大变化。主要负责协调国家计算机网络与信息安全管理方面的重大问题。在监管层面，信息产业部、国家教委、中科院等几个主要的互联网络主管部门以及公安部作为管理主体直接负责互联网的接入管理和内容管理。

2. 法规政策与监管制度

《计算机信息系统安全保护条例》是我国第一部涉及互联网管理的行政法规。此后 3 年间，我国集中针对国际联网出台了《计算机信息网络国际联网管理暂行规定》《计算机信息网络国际联网安全保护管理办法》等若干法规政策，开创了中国互联网监管的奠基性制度，其中很多规定沿用至今，在实践中发挥重要作用。例如，国际出入口信道专营制度；联网接入的许可、备案制度；计算机系统等级保护制度等。这些管理制度保证了国际联网的可管可控，通过对管道的监管，实现内容监管目标。同时，这一阶段，网络的内容和社会效应刚刚浮现，网络监管以信息系统安全保密、国际联网标准程序等为主要对象，但由于网络传播机理了解缺乏，行政部门资源协调欠缺，特别是当时网络规模、网络内容问题都处于新生发展期，此时的监管机制还是以既有的行政措施向网络尝试应用为主。

3. 浙江实践

浙江于 1996 年成立省信息化工作领导小组，统筹推进信息网络、信息产业、信息技术等发展，并于 1998 年出台《浙江省信息化建设规划纲要》，即以此建构浙江网络建设的总体框架。在研究推进产业发展的同时，党委意识形态部门与时俱进地意识到互联网对新闻宣传工作带来的挑战，开始有意识地予以回应。如 1998 年即出台规定，要求省、市（地）委宣传部和外宣办对利用计算机互联网开展新闻宣传实行归口管理，统筹协调新闻宣传进入国际互联网的有关问题。

4. 监管定位

总体而言，这一阶段的互联网监管还主要集中在对接入互联网的管道控制，尚未触及互联网业务，虽然此时已经提出了内容监管要求，例如《计算机信息网络国际联网安全保护管理办法》提出的"九不准"雏形，但因为网络用户稀少，这些规定的出台更多是治理惯性所致，并非有特别针对性。[①] 但同时也说明，监管者已经注意到了互联网所具有的信息传播属性。[②] 在中国互联网监管始终所处的发展与安全的二元价值目标下，这一阶段，内容监管的紧迫性与发展信息化、现代化的紧迫性相比，显然并不具有优先性。

（二）监管体系确立（2000～2007年）

以 2000 年《互联网信息服务管理办法》（以下简称"《管理办法》"）为标志，中国互联网监管进入了体系化阶段。

1. 领导体制及监管主体

这一时期的领导机制经历两次调整。第一次是在 2001 年重建"国家信息化领导小组"，将原国务院小组提升至中央，同步在国务院建立国务院信息化工作办公室；第二次在 2003 年，为了更好应对伴随而来的网络与信息安全问题，在国家信息化领导小组之下成立国家网络与信息安全协调小组。两次调整都进一步加强了中央对互联网监管的领导协调。2004 年，中央办公厅、国务院办公厅《关于进一步加强互联网管理工作的意见》（中办发〔2004〕32 号）以专门性文件形式对互联网监管的目标、监管主体之间的分工、协调配合机制等作出具体规定。

以原信息产业部、公安部以及内容主管部门为代表的监管主体地位确立和明晰，总体监管格局呈现"齐抓共管、各负其责"特征，宣传部门对新

---

① 李永刚：《中国互联网内容监管的行动逻辑——一个初步的分析框架》，《中国研究》2006年第 4 期。

② 周俊、毛湛文等：《筑坝与通渠：中国互联网内容管理二十年（1994～2013）》，《新闻界》2014 年第 5 期。

闻、出版、文化、广电等专项内容部门的监管职责予以协调，以网络"专项整治"为载体的合作监管频仍。全面建立监管体系的同时，也为监管的重叠冲突埋下伏笔。

2. 法规政策与监管制度

《管理办法》是我国互联网监管的基础性法规，它的出台标志着监管从早期的渠道层（或者物理层）向应用层、内容层深化。作为重要的上位法和互联网监管领域的基础性、综合性法规，它为各部委以部门规章乃至规范性文件形式确立更为详细的互联网专项内容监管规范提供了法律依据。各部门据此建章立制，使监管机制不断适应互联网内容环境，合作与竞争并存。

依据法规规章，我国全面建立互联网内容监管制度。一是对新闻、出版、教育等互联网信息服务实行前后置审批的双重许可制度（即有关管理部门的前置审批＋电信管理机构的许可或备案）；[①] 二是明确"九不准"；三是建立了完善的互联网内容监管机制，包括：合法经营主体公示制度，上网信息记录制度，违法信息保存与报告制度，协同配合制度等。全面引入了事前（以许可为主）、事中（以企业监测为主）、事后（以关闭网站、吊销许可为主）的全流程管理手段。

3. 浙江实践

与国家信息工作领导体制的调整同步，浙江调整优化省信息化工作领导小组，以建设"数字浙江"为抓手，全面推动信息技术在社会经济各个领域的应用。浙江遵循"积极发展、加强管理、趋利避害、为我所用"的信息网络化基本方针，[②] 坚持一手抓发展、一手抓管理。一方面，大力推进互

[①] 根据《国务院关于第二批取消 152 项中央指定地方实施行政审批事项的决定》（国发〔2016〕9 号），由省、市、县级教育行政部门依据《互联网信息服务管理办法》（国务院令第 292 号）、《国务院对确需保留的行政审批项目设定行政许可的决定》（国务院令第 412 号）、《教育部关于加强对教育网站和网校进行管理的公告》（教技〔2000〕4 号）、《教育网站和网校暂行管理办法》（教技〔2000〕5 号）所实施的"教育网站和网校审批"已被取消。

[②] 江泽民：《推动我国信息网络快速健康发展》，《江泽民文选（第三卷）》，人民出版社，2006，第 300 页。

联网管理的规范化、制度化建设，顺应国家顶层设计，同步明确省通信管理局是全省互联网行业主管部门，省公安厅是全省互联网安全监督主管部门，省委外宣办（省政府新闻办）是全省互联网重要专项内容主管部门，同时省文化厅、省广电局、省新闻出版局、省教育厅作为相应的专项内容管理部门承担相应职责等。由此，前互联网时期的对口管理和条块体制以制度化的形式应用至互联网上，互联网"分业监管"格局初现。[①] 另一方面，为进一步加强对全省互联网管理工作的统一指导和协调，省委互联网管理工作领导小组于 2005 年成立，下设日常工作办公室（设在省委外宣办）；2006 年，浙江省互联网宣传管理办公室成立，与省委对外宣传办公室（省政府新闻办公室）合署办公，实行一个机构三块牌子。

4. 监管定位

此阶段，互联网"发展和管理"张力之间，仍然强调发展为先，管理是必要保障。由此，中国互联网发展引来第二次热潮。同时，监管为事而治，主要借助部门立法，互联网监管在这一阶段首先完成了体系建设工作，构建了包括互联网网络架构、互联网应用和互联网内容在内的分类监管框架，并重点针对互联网的媒体属性和社会动员能力，加强了内容监管。

（三）监管优化与扩展（2008~2012年）

伴随着 2008 年国务院机构改革"探索实行职能有机统一的大部门体制"的实践，国家信息化领导体制有所弱化，与此对应，互联网监管部门的主体地位得到提升。互联网产业发展壮大，信息服务泛在融合，超出内容监管范畴的新型监管问题不断涌现，监管进入调整与优化期。

1. 领导体制及监管主体

2008 年国务院机构改革，新组建工业和信息化部（以下简称"工信部"），并将信息产业部和国务院信息化工作办公室的职责，整合划入工信部；但成立工信部所导致的一个消极后果，即信息产业方面的行政职能受到

---

① 胡凌：《网络法的政治经济起源》，上海财经大学出版社，2016，第 223~226 页。

工业行业管理的挤压而被相对弱化；① 同时，工信部虽然履行国家信息化领导小组日常工作职责，但其作为国务院职能部门，在统筹推进、跨部门协调方面缺乏足够权威。

在此背景下，监管部门的主体地位得到提升。2010 年，中共中央办公厅、国务院办公厅颁布《关于加强和改进互联网管理工作的意见》（中办发〔2010〕24 号），进一步理顺完善了互联网管理体制，确立了"三位一体"的互联网管理体制：国信办主管互联网信息内容，负责协调其他部门做好互联网信息内容管理；工信部负责互联网行业管理；公安部负责互联网安全监督，防范和打击网络违法犯罪活动。② 这一调整是对上一阶段互联网监管中产生的多头、交叉甚至冲突问题的回应，并重点借鉴了 2004 年 11 月至 2005 年 6 月全国范围内联合集中开展的互联网站清理整顿工作经验，"分散但有侧重"③ 的监管体制渐显雏形（见图 1）。

值得注意的是，这一阶段，互联网监管体制从过去的平行架构转变为立体架构，在一定程度上调整了以前的"齐抓共管"格局。国信办不仅负责协调内容管理部门，还在整个监管体制中处于牵头地位，负责协调行业、公共安全管理部门，以期最大程度上形成监管合力。

2. 法规政策与监管制度

这一时期，立法与制度建设鲜明体现了"优化扩展"特点。2010 年 9 月，《管理办法》修订工作启动，以回应互联网管理体制的重大调整，并以此为契机，进一步完善互联网监管制度。部分中央部委也陆续启动互联网监管规章的修订工作。如 2011 年，原文化部修订 2003 年制定的《互联网文化管理暂行规定》，补充对网游行业管理新规定。

除"优化"外，这一时期，监管工作不断扩展。区别于过去以直接的

---

① 李洪雷：《论互联网的规制体制——在政府规制与自我规制之间》，《环球法律评论》2014 年第 1 期。

② 陈崇林：《中国互联网管理体系现状及改进探析》，《山东社会科学》2014 年第 3 期。

③ "分散但有侧重"一词源自李小宇《中国互联网内容监管机制研究》，武汉大学博士论文，2014 年。

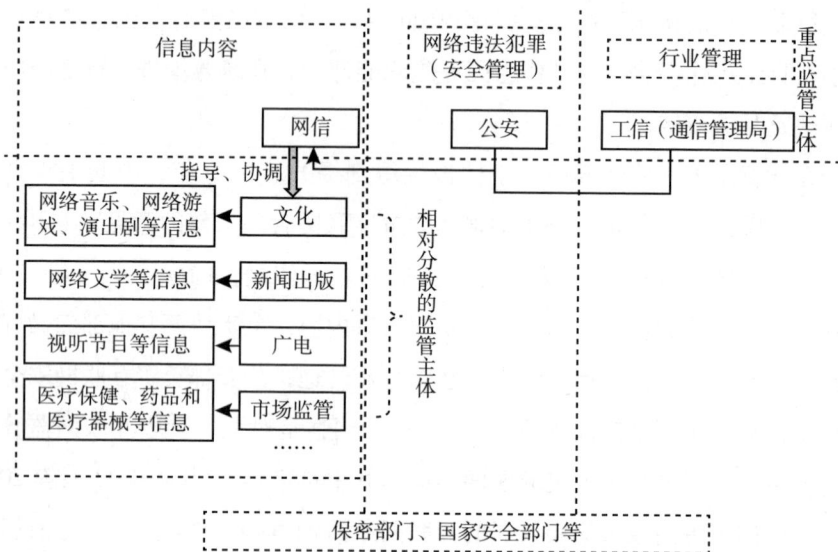

图1　互联网"分散但有侧重"的监管体制

内容监管为主，此时，监管议题不断丰富，更多的引入经济、市场类监管主体和监管机制，并转向新兴网络服务开展间接治理。电子商务、网络支付、网络税收等经济监管议题浮现。原工商总局、央行、国税总局分别出台相应规章、规范性文件，初步建立监管框架。

3. 浙江实践

这一时期，浙江着力理顺了互联网管理体制，着力完善了互联网管理制度。与中央"三位一体"的互联网管理体制相对应，浙江相对集中互联网管理职责，在省委和省委互联网管理工作领导小组的统一领导下，形成由省互联网信息办公室、省通信管理局、省公安厅牵头，分别主管互联网信息内容、互联网行业发展、打击网络违法犯罪的工作格局。在以上述3个部门为主的工作格局下，其他相关部门按照各自职责共同做好互联网管理工作。2012年，浙江省互联网宣传管理办公室更名为省互联网信息办公室，与省委外宣办（省新闻办）合署办公，并主管互联网信息内容，指导、协调、督促互联网行业主管部门、打击网络违法犯罪主管部门及其他相关部门加强互联网信息内容管理。同时，浙江还探索通过授权等方式将网络监管执法职能向下延伸，形成省、市二级行政监管执法体系。

4. 监管定位

2010 年 6 月，国务院新闻办发表《中国互联网状况》白皮书。该白皮书首次以政府名义和正式文件形式向外界明确表述了中国互联网监管的基本原则与实践："中国坚持依法管理、科学管理和有效管理互联网，努力完善法律规范、行政监管、行业自律、技术保障、公众监督和社会教育相结合的互联网管理体系。"

同时，面对移动互联网迅速发展所带来的海量移动应用，以及随时随地传播的放大效应，互联网内容监管持续加强，并进一步走向集中化。党的十八大报告提出的"加强和改进网络内容建设，唱响网上主旋律"，即重点关注了网络社会管理，强调要推进网络依法规范有序运行。而同一时期，针对微博大 V 的治理整顿，以及微博实名制的管理则是加强互联网内容监管的一个缩影。

（四）监管重构升级（2013年至今）

2014 年 2 月，中央网络安全和信息化领导小组成立；同年 8 月，国务院对国家互联网信息办公室（以下简称"国家网信办"）作出职能授权，标志着我国网络监管进入重构升级阶段。

1. 领导体制及监管主体

中央网络安全和信息化领导小组[①]成立，办公室设在国家网信办，国家网信办同时加挂中央网络安全和信息化领导小组办公室的牌子，这既大大提升了总揽全局的整体规划能力和高层协调能力，又把网络安全和信息化建设纳入中央战略，统筹处理互联网安全和发展关系。国务院职能授权正式确立了国信办的执法主体，由此，我国重构了互联网信息内容监管机制，并进而从法律上明确了国信办的执法监管主体地位。[②]

---

① 根据 2018 年 2 月《深化党和国家机构改革方案》规定，中央网络安全和信息化领导小组改为中央网络安全和信息化委员会。

② 杨秀：《依法治国背景下的网络内容监管》，电子工业出版社，2017；第 166 页。

遵循互联网信息内容执法监管的规律，国家网信办出台《互联网信息内容管理行政执法程序规定》（以下简称"《执法程序规定》"），一方面赋予地方互联网信息办公室的行政执法主体资格，另一方面着力提升网信系统执法工作的规范化、制度化，让互联网信息内容管理在法治的轨道上健康运行。这一阶段，依托于"三位一体"互联网管理体制形成的"分散但有侧重"的监管模式日臻完善。

2. 法规政策与监管制度

以《网络安全法》为骨干，以《反间谍法》《国家安全法》为支撑，网络治理法律制度体系基本形成，网络空间法治化迈出了实质性一步。有关网络治理的行政法规、部门规章和规范性文件等重点在公民个人电子信息保护与网络金融安全管理方面与网络治理基本法律制度衔接配套。一方面，《电信和互联网用户个人信息保护规定》《互联网用户账号名称管理规定》等相继出台，完善了网络信息管理制度；另一方面，原国家工商总局、中国人民银行、原中国保监会等相继发布《网络交易管理办法》《关于促进互联网金融健康发展的指导意见》《互联网保险业务监管暂行办法》等，从网络交易、互联网金融、互联网保险业务等方面健全了网络金融安全管理制度。[①]

2015 年，《刑法修正案（九）》突出了对网络犯罪的关注，明确界定了侵犯公民个人信息、网络服务提供者不履行安全管理义务、传播虚假消息、破坏计算机信息系统等犯罪行为所应承担的刑事责任，充分发挥刑法是其他部门法的保障法作用，体现刑罚震慑作用。[②] 与此同时，最高人民法院、最高人民检察院等单独或联合颁布的司法解释，不仅丰富完善了网络治理法律制度体系的内容，更进一步明确了法律适用边界，解决了互联网信息内容管理实践中的疑难问题，而且为民事、刑事、行政实体法适用与程序法运行提供缜密依据。

---

① 徐汉明：《我国网络法治的经验与启示》，《中国法学》2018 年第 3 期。
② 喻海松：《网络犯罪二十讲》，法律出版社，2018，第 3 ~ 12 页。

　　随着"互联网＋"的泛在融合，互联网执法监管主体日趋泛化，各传统执法部门自觉或不自觉地踏入互联网这个"信息传播的新渠道、生产生活的新空间、经济发展的新引擎、文化繁荣的新载体、社会治理的新平台、交流合作的新纽带、国家主权的新疆域"。一方面，各专项内容管理部门依法管网，随事而制，分业监管趋势日益明显；另一方面，互联网业务融合属性特点突出，行业边界日趋模糊，这也给既有的以行业监管为基础的传统行政监管体制造成严峻挑战。

　　3. 浙江实践

　　2013 年以来，浙江立足实际以及网络工作特点，深入探索建立以"三大体系、四个平台、五项机制"为主要内容的"345"互联网属地治理模式，在推动建章立制、规范执法工作、整合治网资源等方面取得创新突破，涌现出了杭州的网络实名制、温州的网络综合执法模式、金华的网络管理法律服务团和网信警务工作规范等新经验，形成网络治理合力。①

　　目前，中共浙江省委网络安全和信息化委员会办公室（以下简称"省网信办"），作为中共浙江省委网络安全和信息化委员会的办事机构，列为省委工作机关，挂浙江省互联网信息办公室牌子，统筹全省互联网信息内容管理。同时，为加强信息安全等级保护工作的组织领导和统筹协调，全面推进基础信息网络和重要信息系统运营、使用单位落实信息安全等级保护制度，2014 年 11 月，省政府成立省信息安全等级保护协调小组（协调小组办公室设在省公安厅）。与工信部 2015 年将信息化推进、网络信息安全协调等职责划给中央网络安全和信息化领导小组办公室（国家网信办）不同，这一时期，省信息化工作领导小组依然正常运转（办公室设在省经信厅），并以年度信息化工作要点形式部署推进全省经济社会各领域信息化工作。

　　4. 监管定位

　　以《网络安全法》确立的更加多层次的综合化的网络安全概念为面向，

---

① 翁浩浩：《勇立潮头，看互联网"最美风景"——浙江践行习近平总书记"4·19"重要讲话精神一年间》，《浙江日报》2017 年 4 月 19 日第 2 版。

国家借助各项具体的制度设计进而强化管制力并建立了一个强大的监管体系，监管内容绵密且普遍刚性；[1] 同时规定"国家网信部门负责统筹协调网络安全工作和相关监督管理工作"，由此，网络安全嵌入了互联网监管领域，并成为监管的重要维度。而在互联网内容治理中，"安全"是政治思维惯性作用下对社会稳定和意识形态正确的唯一目标需求，由此，借助《网络安全法》，网信系统行政执法监管更加于法有据，频频现身，积极介入网络热点问题与事件，这从国家网信办每季度公开的"全国网信行政执法工作综述"中可见端倪。

总之，随着国务院职能授权以及《网络安全法》实施，对于网络发展中出现的监管漏洞，以及一些新兴网络内容监管，网信系统在政府监管场域中发挥着"兜底"功能，以守住网络安全和秩序"底线"作用，保障网络安全，维护网络空间主权和国家安全、社会公共利益，保护公民、法人和其他组织的合法权益，促进经济社会信息化健康发展。

（五）小结

互联网自身发展是推动监管不断演化的根本性力量。互联网泛在、融合与跨边界特点，打破了各种传统边界，且日益与经济社会各领域深度融合，这在某种程度上造成了"监管泛化"的局面。梳理1994～2018年期间中央层面发布的209份互联网信息服务治理政策可知，历史上，在不考虑机构改革与变迁的情况下，随着互联网新业态新模式新服务不断涌现，多达70个治理机构以不同形式、不同程度形塑了我国互联信息服务治理格局。[2] 各个治理机构在特定政策领域发挥作用并开展合作，内容监管贯穿于互联网治理各环节，并与互联网新业态新模式新服务发展态势不断磨合与适应过程中渐近形成了以网信办、工信部门、公安部门为主的"三位一体"互联网管理

---

① 龙卫球：《我国网络安全管制的基础、架构与限定问题——兼论我国〈网络安全法〉的正当化基础和适用界限》，《暨南学报（哲学社会科学版）》2017年第5期。
② 魏娜、范梓腾等：《中国互联网信息服务治理机构网络关系演化与变迁——基于政策文献的量化考察》，《公共管理学报》2019年第2期。

体制。

我国互联网信息内容治理呈现出的由碎片化不断向集中化转变的趋势，一方面说明我国的互联网监管体制日臻成熟，监管领域日臻绵密，涵摄网络架构、互联网应用功能、互联网信息内容等；另一方面也说明"分散但有侧重"的监管模式是一种符合中国互联网发展与管理需求的有效手段，体现着综合治理的思想。

三　应势而动：开拓创新，勇于直面矛盾

网信系统行政执法监管，是新生事物，伴随着中国对国际互联网的全功能接入以及我国互联网产业的深入发展，经历了从无到有，且不断探索深化的过程。作为行政执法的新领域新课题新挑战，网络系统行政执法监管自然要遵循行政权运行的基本轨迹和依法行政的内在逻辑，要以着力解决权责交叉、争权诿责问题为重点，以建立权责统一、权威高效的行政执法体制为目标，不断完善行政执法体制。

具体而言，网信系统行政执法体制，是指由行政执法主体结构、法定执法职权和义务、执法程序和运行机制等构成的有机体系及其相关法律制度。概言之，执法主体、执法权力、制度构成了网信领域行政执法体制的基本要素。[①] 其中，执法主体是指机构设置、领导隶属关系、组织形态等，执法权力是指权力配置、义务设定、执法程序和运行机制、监督机制等，制度则是规定主体和权力及其相互关系的法律规范，以及作为执法依据的法律规范。着眼于执法行为对秩序的构建、维护和保障乃取决于执法体制的实际，省网信办坚持问题与效果导向，以建立建强网信三级工作体系为抓手，依托省网络综合治理体系建设方案，率先在省域范围内破题网信系统行政执法体制，切实将"正能量是总要求、管得住是硬道理、用得好是真本事"这一要求落实到网信系统行政执法监管。但由于互联网日新月异、迭代频仍，许多情

况事先难以预料，因此，网信系统执法监管始终面临严峻挑战。立足互联网发展的先行优势，浙江在探索网信系统执法监管的新实践中，蹄疾而步稳，既积累了经验，又发现了问题，而这些经验与问题"观时俗因事而制"，具有普遍性意义。

（一）现状

中国正处于体制改革期和社会转型期，法律法规运作的外部条件时常会发生变动，执法实践也随之呈现出复杂多样的特征。[①] 随着我国互联网信息内容监管法律框架的基本形成，以及地方互联网信息办公室执法主体的确立，浙江根据经济、政治和社会的发展需求，进一步理顺网络执法体制机制，深入推进网络实名制，建立健全网络主体责任落实机制，加快执法队伍建设，依法开展互联网信息内容监督管理执法工作和网络专项整治行动，推进网络执法规范化建设，努力提升了全省依法管网整体水平。

1. 行政执法主体资格全覆盖

行政执法主体资格，作为使行政活动具有统一性和连续性的一种法律技术，是指有关国家机关或者法律法规规章授权组织能够以自己的名义实施行政执法活动，并对行为效果独立承担法律责任的资格。"名不正则言不顺，言不顺则事不成。"浙江历来重视执法主体资格管理，从源头上规范行政执法行为。[②]

为顺应浙江互联网发展的先行优势，以及"互联网＋"的先行探索，2012 年，浙江提出，"探索通过授权等方式将网络监管执法职能向下延伸，形成省、市二级行政监管执法体系。"以此为契机，截至 2012 年底，全省 11 个设区市和 80% 的县（市、区）均建立互联网内容管理机构。同时，经过较长一段时间探索，随着网络执法监管经验的积累，以及网信部门统

---

① 刘杨：《执法能力的损耗与重建——以基层食药监执法为经验样本》，《法学研究》2019 年第 1 期。

② 如浙江于 1997 年即出台省政府规章《浙江省行政执法证件管理办法》，"规范行政执法行为，加强行政执法监督，统一管理行政执法证件。"

筹协调功能的加强，特别是 2016 年《网络安全法》的审议通过，2017 年，《浙江省人民政府法制办公室关于确认地方互联网信息办公室行政执法主体资格的函》（浙府法函〔2017〕677 号）明确规定，"省、市、县（市、区）地方互联网信息办公室为互联网信息内容管理部门，依法实施行政执法，对违反有关互联网信息内容管理法律、法规、规章的行为实施行政处罚。"由此，浙江省域内，经由原法制办确认，以行政处罚权为载体，省、市、县（市、区）三级互联网信息内容管理部门具备行政执法主体资格。

2018 年党政机构改革中，承继前期浙江互联网治理经验以及组织成效，全省 11 个设区市均将市委网络安全和信息化领导小组改为市委网络安全和信息化委员会，作为市委议事协调机构，办事机构为市委网络安全和信息化委员会办公室；同时，全省 89 个县（市、区）均成立党委网络安全和信息化委员会，委员会办公室作为办事机构设在党委宣传部。各地各级网信办作为党委工作机关（或办事机构），同时加挂市、县（市、区）互联网信息办公室牌子，具备行政执法主体资格，并以互联网信息办公室名义按照《网络安全法》《执法程序规定》等规定履行互联网信息内容行政管理职能。同时，为规范行政执法行为，以建立健全行政执法主体资格制度为切入点，国家网信办在网信系统全面实行行政执法人员持证上岗和资格管理制度，集中开展网信行政执法专题培训，使网信力量与工作任务更加适应。

目前，全国网信系统正在扎实推进的是网信行政执法三级体系建设。[1]因此，在地方，执法主体主要是省、设区市的网信办。一方面，省网信办以承办全国网信系统行政执法工作交流培训会形式，着力提升省、市两级网信干部队伍专业能力与业务素质，鼓励干部参加执法培训申领执法证件；另一方面，探索推动县域网信执法队伍建设，完善属地管理责任。截至目前，全省已有 60 余名网信干部按照《执法程序规定》申领行政执法证件。

---

[1] 《严格执法形成震慑　规范执法彰显法治——2017 年全国网信行政执法工作扎实推进》，国家网信办官网，http://www.cac.gov.cn/2018－02/05/c_1122368756.htm，最后访问时间为 2019 年 6 月 7 日。

2. 执法权力规范有序运行

浙江网信系统准确把握网信行政执法新的职能定位，既发挥网信、通管、公安等互联网三大主管部门的核心作用，统筹推进内容管理、基础管理和网络安全监督管理，又依据"谁主管谁负责、谁审批谁负责"要求，按照具体业务划分，尊重既有监管模式，坚持分业监管。同时，面对新兴网络内容监管的制度供给的缺失，以及一段时期内社会关注焦点的持续，基于行政管理体制的专项整治（或联合执法），便成为当下互联网治理领域执法监管最不坏的选择。

网信领域联合执法，以网信办为依托，依靠省委网络安全和信息化委员会开展机制设计和目标管理，在短时间内通过部门力量的横向联合和纵向推动，针对"网络乱象"采取专项行动，目的在于响应政治权力主体基于维护政治基体的根本利益，以及培育和践行社会主义核心价值观。联合执法的过程中，省网信办充分发挥统筹协调职能，既完善了由网信、公安、通信管理、文化、广电、新闻出版等涉网管理部门参与的联动工作机制，又牵头和协同相关部门组织开展网络专项治理、集中执法，成效显著。实际上，网络专项整治，因问题而生，既是政府与民意"共振"的结果，又是强化政策执行与调试部门分工的探索试验过程。典型如 2006 年确立各部门互联网管理职责框架的《互联网站管理协调工作方案》（信部联电〔2006〕121 号），即是在有关部门于 2004 年 11 月至 2005 年 6 月联合集中开展的互联网站清理整顿工作基础上形成的。2018 年，浙江突出集中整治和联动处置，组织开展"清朗"等 30 余个专项整治行动，对各类有害信息进行大排查、大清理、大扫除，持续净化网络环境。

为切实保障依法行政，省网信办还认真履行统筹协调指导、监督管理执法双重职能，一方面，编制省网信办权力清单（1 项审批 36 项处罚），并在浙江政务服务网公开；另一方面，各设区市网信办以省网信办权力清单为参照，结合各地实际，探索制定并公开了各地权力清单，如舟山市网信办结合市情制定了包括 21 项处罚在内的权力清单。

日常执法监管实践中，行政约谈机制被从中央—地方各级网信系统频繁运用，成为互联网信息内容监管工具箱中较为依仗的执法武器。① 此外，浙江各级各地网信办按照《执法程序规定》，综合运用关闭微信公众号、查处微博号、依法查处违法违规网站、联合调查、责令整改、暂停网站更新、专项整治、信用规制等多种执法手段，及时、有效地解决互联网信息内容管理各种问题，持续加大执法力度，初步实现了网络空间清朗有序的执法目标。2018 年，省网信办指导或联合各市网信办，重点约谈并依法处置爆米花、考拉海淘、当贝科技等 50 余家网站和自媒体，下架繁花直播、神灯精灵等 210 余款违法应用程序，注销关闭博彩网站、有来有趣等 160 余家违法违规网站，并及时通过媒体公布处置情况，严格执法形成震慑。同时，坚持技术管网与依法治网相统一，按照《互联网新闻信息服务新技术新应用安全评估管理规定》，加强对易信、微米、吱声的安全评估和监督检查。

省网信办深谙执法体制需要具备激活社会和动员社会的能力，才能将社会能量转化为助推执法的力量。目前，执法体制主要通过以下两种方式激活和动员社会：一方面，浙江于 2016 年开通互联网违法和不良信息举报中心（包括网站、客户端、电话、邮箱、传真等），畅通受理网上违法违规和不良信息举报投诉渠道，调动社会公众参与执法的积极性，越来越多的违法信息通过投诉举报制度进入执法者的视野。在执法体制面前，社会的清晰度不断提高。另一方面，通过宣传塑造意识。浙江各级各地网信办遵循"谁执法谁普法"要求，按照《中共中央、国务院转发〈中央宣传部、司法部关于在公民中开展法治宣传教育的第七个五年规划（2016～2020 年）〉的通知》规定，利用"网络安全宣传周""网络文化服务季"等，"大力宣传互联网领域的法律法规，教育引导网民依法规范网络行为，促进形成网络空间良好秩序。"经过不断磨合，公众对互联网领域法律法规的认识日渐清晰，执法的社会基础也愈发坚实。

---

① 卢超：《互联网信息内容监管约谈工具研究》，《中国行政管理》2019 年第 2 期。

3. 制度供给精准发力

"制度问题更带有根本性、全局性、稳定性和长期性。"① 省网信办高度重视制度建设，构建了较为完备的网络行政执法监管制度体系。

内部管理方面，推动管理流程重塑，推进互联网电子取证系统使用，推动网管工作规范化、制度化、科学化。压实互联网企业主体责任方面，先后印发《关于深入推进网络用户真实身份信息注册工作的实施意见》等，坚持关口前移、源头治理，夯实内容管理"第一道防线"。在信息内容执法监管方面，探索融合运用信用规制手段。《互联网新闻信息服务管理规定》第二十一条第一款规定："国家和地方互联网信息办公室应当建立互联网新闻信息服务网络信用档案，建立失信黑名单制度和约谈制度。"以此为参照，省网信办根据执法实践以及浙江信用建设实际，联合省发改委、省信用办出台《关于建立网络信用体系　加强网络信息服务监管的指导意见》（浙委网办〔2018〕16 号），以网络运营商红、灰、黑名单形式，将互联网执法监管与信用规制手段在制度设计上进行有机结合，通过信用规制手段实现对被监管方的重点锚定。行政执法监管 + 信用规制的模式，通过对被监管方的信息记录，从而事后根据被监管者的守法记录来重点圈定被监管者，在日常监管活动中有所侧重锚定，针对性地对特定被监管者进行监管力量的倾斜，由此，在执法监管资源较为有限的背景下，各级网信系统通过行政执法监管 + 信用规制的模式，可以较低的执法成本促进网络运营商合规经营之目的。此外，2017 年，省网信办还牵头建立由 16 家省级单位和杭州互联网法院参加的省互联网信息内容行政执法协调机制，设立联席会议、信息共享和联合执法制度，进一步明确了各相关部门职责，加大网络执法工作力度。

（二）主要问题

互联网是一场革命，正在引发经济、社会、政治生活全面变革，无远弗

---

① 中共中央宣传部：《习近平总书记系列重要讲话读本（2016 年版）》，学习时报出版社、人民出版社，2016，第 116 页。

届。互联网扁平化、去中心化的结构以及新技术新应用新业态不断涌现，使得执法监管问题日趋复杂化、综合化、长期化，从而让政府管理方式面临着巨大挑战。

1. 行政执法概念的不同界定伴随着法律风险

概念乃是解决问题所必需的和必不可少的工具。[①] 但目前就行政执法的概念，尚存在不同认识或主张。《执法程序规定》第二条第一款规定："互联网信息内容管理部门依法实施行政执法，对违反有关互联网信息内容管理法律法规规章的行为实施行政处罚，适用本规定。"由此观之，按照网信系统的理解，依据文义解释方法，可知行政执法就是作为行政行为的一种特定方式，如行政处罚。[②]《浙江省行政执法证件管理办法》（浙江省人民政府令第 346 号）第三条第一款规定："本办法所称行政执法，是指行政执法机关实施法律、法规、规章，针对公民、法人或者其他组织所作的行政处罚、行政强制、行政许可、行政确认、行政检查、行政征收、行政给付等影响其权益的活动。"行政执法在此则为区别行政的不同内容而使用。[③]

由上观之，网信系统所理解的行政执法只是行政主体采取特定方式实施的部分行政行为，其范围远小于浙江省政府规章对行政执法的理解。《浙江省行政程序办法》（浙江省人民政府令第 348 号）第四十条第一款规定："行政执法人员应当按照有关规定，经行政执法资格考试合格，取得行政执法证件。"由此，网信系统执法监管便面临着一个非常现实的问题：在浙江，从事行政许可（主要是互联网新闻信息服务许可）是否需要行政执法证件？如不需要，可能执法主体不适格，存在乱作为风险；如需要，又延伸出执法证件衔接问题。《执法程序规定》第五条第三款明确："执法证由国家互联网信息内容管理部门统一制定、核发或者授权省、自治区、直辖市互联网信息内容管理部门核发"。那么，在浙江已出台行政执法证件管理办法

[①] 〔美〕博登海默著《法理学：法律哲学与法律方法》，邓正来译，中国政法大学出版社，2004，第 504 页。

[②] 姜明安：《行政法》，北京大学出版社，2017，第 283 页。

[③] 姜明安：《行政法》，北京大学出版社，2017，第 283 页。

的情况下，网络行政执法作为一个崭新的领域，国家网信办的执法证件管理如何因地制宜与浙江执法资格进行衔接，就又是一个现实的问题。虽然网信执法具有特殊性，需要专业知识培训，但是行政执法的普遍性规则在网信领域也不应该有例外，两者应做好衔接与协调。①

2. 党政融合机构领导制度协调问题

组织机构是权力的载体。网信办作为党政融合机构，既是党的工作机关，又是行政机关。按照《中国共产党工作机关条例（试行）》有关规定，党的工作机关的领导机构和决策形式是部（厅、室）务会或者委员会，且对凡属本机关重大事项，坚持民主集中制，按照集体领导、民主集中、个别酝酿、会议决定的原则，由领导班子集体研究决定。而行政机关的领导制度是行政首长负责制。所谓行政首长负责制，是指重大问题经过集体讨论后，行政首长根据权力机关的决策和上级的指示，结合实际，可以作出自己的决定和处置方法。② 作为两者不同的制度形态，在具体工作中两种制度存在冲突的可能。③ 因此，根据工作需要，兼具党的工作机关与行政机关的双重属性的党政融合机构，两种领导制度具体的衔接问题便有待研究。

同时，以网信办为例，"事务会"是本机关主要或唯一的决策形式。但涉及"对情节复杂或者重大违法行为给予较重的行政处罚"时，无论是《行政处罚法》还是《执法程序规定》均要求"行政机关负责人应当集体讨论决定"，那么，此时作为党的工作机关决策形式的"事务会"是否可以当然视为"负责人集体讨论决定"的某种形式？由于行政机关负责人集体讨论决定是给予较重行政处罚必须履行的法定程序，且在行政诉讼中须作为证据予以提供，如果仅单纯以党的工作机关"事务会"形式予以讨论决定较重行政处罚，可能在法院诉讼阶段不予认可，造成行政处罚决定未履行法定程序之重大瑕疵。

---

① 支振锋：《互联网信息内容执法进入法治快车道》，《青年记者》2017 年第 16 期。
② 张友渔：《论我国行政机关的首长负责制》，《政治与法律》1984 年第 3 期。
③ 吴怀友、刘明华：《首长负责制与民主集中制关系论析》，《理论探讨》2005 年第 5 期。

3. 党政融合机构是否承担行政法律责任认识不清

从已有的制度实践来看，党政机构融合后其内部关系将形成"党为实、政为虚"的局面，即行政机关只保留牌子。①《中国共产党工作机关条例（试行）》第五条第二款规定："根据工作需要，党的工作机关可以与职责相近的国家机关等合并设立或者合署办公。合并设立或者合署办公仍由党委主管。"可见，尽管目前法律虽未提及党政合并或合署办公的工作方式，但是党中央却以党内法规形式对党政合并或合署的管辖关系进行了主次关系的确认，即党的工作机关享有日常事务管理权力，而行政机关则为协管单位。由此，行政机关在党政融合机构（或党政合并或合署）中的权限可能仅止于程序规范，对党的工作机关所做的决定，可能仅做形式上合法化确认，而党的工作机关实际上承接了法律法规章规定的原属于行政机关的行政权。②"有权必有责、有责要担当。"那么此时，与行政权相对应的行政法律责任是否随之转移至党的工作机关，党的工作机关是否可以成为行政复议被申请人，或者行政诉讼被告呢？调研中发现不少从事网信工作的同志对此还存在"异化"认识，认为网信办是党的工作机关，仅受党规约束，无须承担行政法律责任。

司法判例是判断各类主体是否承担行政法律责任的重要参照。梳理"中国裁判文书网"公布的裁判文书可知，虽然目前尚未发现以网信办为被告的行政诉讼案件，但在司法实践中，已有认定党政融合机构（党政合并或合署）或党的工作机关因行使行政权而作为被告且被法院进行了实质性审理，进而承担相应行政法律责任的判决（相关案例见表1）。延伸裁判文书检索载体，"北大法宝司法案例"中存在一则以互联网信息管理办公室为被告的行政诉讼案件。③ 其中，被告丹棱县互联网信息管理办公室，既不是

---

① 曹舒：《党政合署体制下党的工作机关行政法律责任探析》，《理论导刊》2018 年第 12 期。

② 秦前红、陈家勋：《党政机构合署合并改革的若干问题研究》，《华东师范大学学报》2018 年第 4 期。

③ 闵志祥、张利华与丹棱县互联网信息管理办公室其他纠纷行政裁定书案（〔2014〕丹行初字第 7 号），来源北大法宝司法案例，北大法宝，http://www.pkulaw.cn/case/pfnl_a25051f3312b07f378db33118eb9efd32fe77662a4674705bdfb.html? keywords = % E4% BA% 92% E8% 81% 94% E7% BD% 91&match = Exact，最后访问时间为 2019 年 6 月 11 日。

行政机关，又不是法律、法规授权的具有行政职权组织，不具有行政管理职能。① 因此，起诉人对丹棱县互联网信息管理办公室提起的诉讼，不属于行政诉讼受案范围，一审法院裁定不予受理。

此外，在"中国裁判文书网"以及"北大法宝司法案例"检索中，课题组发现中国互联网络信息中心（CNNIC）多次作为被告被提起行政诉讼，但法院判决一再确认，"中国互联网络信息中心既不属于行政机关，也不属于经法律、法规或规章授权作出行政行为的组织。故互联网中心不属于《行政诉讼法》规定的适格被告"。② 这一点也需各方周知。有鉴于此，中国互联网络信息中心（CNNIC）"既非行政机关，亦非法律、法规授权的具有管理公共事务职能的组织或与人民群众利益密切相关的公共企事业单位"，因此其也豁免了政府信息公开义务。③ "互联网不是法外之地。" 相信，随着全面依法治国的深入，以及网信领域执法监管的加强，网信办可能会愈加面临行政复议或行政诉讼的挑战；对此，各级网信系统干部应着力提升法治思维，牢记"有权必有责、用权受监督"，认识到党政融合机构在新时代的责任所在，坚持依规依法并重，切实履行职责。

表1　党的工作机关因行使行政权而承担法律责任的典型案例

时间	案由	涉案机关	判决	释理	备注
2015	王金洋诉被告中共盐城市亭湖区委农村工作办公室政府信息公开	中共盐城市亭湖区委农村工作办公室	被告中共盐城市中共盐城市亭湖区委农村工作办公室未能在15个工作日内给予原告答复违法	中共盐城市亭湖区委农村工作办公室虽然是党委工作机构，但同时挂"区政府农村集体资产管理办公室"牌子，具有"抓好土地承包管理"等职能，属于《政府信息公开条例》中规定的政府信息公开主体。	（2015）亭行初字第00109号

---

① 实际上，丹棱县互联网信息管理办公室是一事业单位。
② 具体可见（2018）京01行终83号、（2018）京01行终88号、（2019）京01行终261号等裁判文书。
③ 具体可见（2017）京0108行初339号、（2018）京01行终1080号等裁判文书。

时间	案由	涉案机关	判决	释理	备注
2017	薛某诉被告中共盐城市盐都区委农村工作办公室政府信息公开	中共盐城市盐都区委农村工作办公室	中共盐城市盐都区委农村工作办公室已经履行告知义务,驳回原告诉讼请求	中共盐城市盐都区委农村工作办公室具有"抓好土地承包管理"等行政管理职能,属于《信息公开条例》中规定的政府信息公开主体,具有依行政相对人的政府信息公开申请做出相应行政处理的法定职责。	(2017)苏09行终507号
2018	夏冰淋(上诉人)诉湖北省国家保密局(被上诉人)公务员录用	湖北省国家保密局	一审裁定驳回上诉人起诉存在认定事实和适用法律错误	《中共湖北省委办公厅关于印发〈中共湖北省委保密委员会办公室(湖北省保密局)机构编制方案〉的通知》从内容上看,省保密办与省保密局虽系同一办事部门,但两者具有不同的身份,承担不同职能,对内对外具有不同意义,即俗称"两块牌子,一套人马"。省保密办属于内设机构,具体承担省委保密委员会的日常工作,是党的机构。省保密局依据《保守国家秘密法》履行全省保密行政管理职能。省保密局在对外履职时,是能以自己名义独立作出行政行为,具有独立承担责任能力的行政机关。	(2018)鄂01行终811号

注:以上案例均来自"中国裁判文书网"。

4. 互联网管理"碎片化"问题仍未彻底解决

"互联网+"形势下,融合发展之势更加迅速,更多行业监管部门进入互联网领域。不同的监管部门开展互联网管理工作,立足于不同的管理诉求,导致部门利益、行业利益冲突不断加深,同时也产生了很多新的部门利益、行业利益冲突。[1] 融合过程中,原来互联网本身的问题所演化形成的共性问题,已经无法通过单个行业监管体系予以应对。同时,新经济格局下,从行业分工入手,原有经济体系的分析框架,已越来越难以解释新现象,农

---

① 方禹:《"互联网+"形势下立法双线推进》,《世界电信》2017年第2期。

业与服务、制造与服务的界限越来越模糊，行业之间的跨界现象显著。

尽管在党的统一领导下，网信办牵头抓总，各部门在管理的宏观目标上高度一致，但在实践中分工有余、协同不足等现象仍不时出现，导致管理"碎片化"问题日益突出。如线下，新闻和出版是一家，均由新闻出版管理部门主管；到了网上，新闻和出版分家，互联网新闻信息服务由网信部门管理，网络出版仍由新闻出版管理部门主管。目前，有关互联网主要管理部门职能调整中，虽然涉及一些对管理资源配置的微调，同时在推进部门间协商共事、组织成员间联系沟通等方面，也有一些实际动作，但这些依靠各相关职能部门间主办机构和公务人员一事一议协调模式，协调成本高，随意性强，并不足以推动形成有效的协同合作关系。再者，互联网"一点接入、全网覆盖"的特点，日益打破行政法规制条块分割体制，促使跨行业监管成为常态，既有的分业监管模式已经无法完全适应"互联网＋"形势下的监管需求。

5. 监管任务繁重与监管资源有限之间矛盾突出

作为国家权力运行的重要方面，执法者主要通过行政资源来换取法律实效。因此，随着监管对象的增加，执法体制的资源负荷便会加重。执法资源的相对稀缺，是当下执法能力的最大掣肘。网络领域执法监管同样如此，而且网络治理方式的选择受制于当时治理资源的存量和结构。安东尼·吉登斯从权力与资源的关系切入，将国家权力运行所需的资源视为"能动者为完成所做的一切事务而在其活动过程中予以运用的各类物质及非物质关系"，[①]并据此做出配置性资源和权威性资源的分类。[②] 借用此概念框架分析浙江网络治理资源现状，不难发现以下问题：

从配置性资源分析，相较于浙江不断攀升的网民规模和互联网信息服务行业规模而言，浙江直接参与互联网信息治理的机构规模和人员规模都非常

---

① 〔英〕安东尼·吉登斯：《民族——国家与暴力》，胡宗泽、赵力涛译，三联书店，1998，第7页。

② 〔英〕安东尼·吉登斯：《民族——国家与暴力》，胡宗泽、赵力涛译，三联书店，1998，第8页。

小。如从人员配置看，省、设区市两级网信办持有执法证件的人数仅为32人；① 而《浙江省互联网发展报告2018》显示，浙江网民规模已达4543.7万人，网站规模达到417303个，并且有不断上升的趋势，这使得政府（主要是网信办）在直接管理网络方面难以面面俱到。同时，面对互联网新技术新应用新业态不断涌现，政府部门互联网治理水平往往受限于自身的技术手段以及掌握的网络技术精英规模，难以及时跟进，缺少"以技术对技术、以技术管技术"的手段。

从权威性资源分析，多元多样多变的社会思潮通过互联网传播扩散，对主流意识形态形成冲击，而且媒介"碎片化"与个性化群体兴起可能会让政府"权威的声音"很快淹没在信息海洋里。当前，互联网信息内容管理的重点侧重于限制政治性、行动性等涉公权的信息，对侵犯公民个人信息、隐私、名誉等涉私权的信息却甚少涉及，但这些涉私权的信息却随着互联网信息服务领域各类安全问题的不断涌现而日益受到公民（或网民）的关注，由此，互联网治理领域出现了权威性资源的流失现象。根据《第43次中国互联网络发展状况统计报告》数据显示，在上网过程中有高达50.8%的网民遇到过诸如网上诈骗、个人信息泄露、账号或者密码被盗等安全问题。这些安全问题的频繁出现，使得政府互联网治理机构的权威性受到越来越多的质疑。

6. 行政管理传统色彩还很浓厚，管理手段比较单一

现行互联网管理体制，基本上是将前互联网时期的对口管理和条块体制应用至互联网上，并延续了传统监管思路与传统行政管理格局，把"行政许可＋日常监管＋事后行政处罚"作为主要的制度化管理手段；并且按照具体业务划分，由不同部门实行相应的分业管理，即所谓的"谁经营谁负责、谁接入谁负责、谁主管谁负责、谁审批谁负责"，行政管理的传统色彩还很浓厚。

在部门体制驱动之下，大多数部门就事论事，为了管理便利更多考虑的

---

① 统计数据截至2018年底。

是建设、安全、秩序，管理观念和手段陈旧，更倾向于依托事前设置准入门槛、事中发现责令制止、事后施以行政处罚等传统方式进行管理，既不能满足有效预防和及时处置网络安全风险的需要，而以传统"控人控物"的规制老路又难以承担网络空间虚拟、信息泛在之重。此外，"行政许可＋日常监管＋事后行政处罚"的传统行政监管体制是根据行政管理部门在现实社会中的管理权限划分的，搬到互联网上以后，无法适应融合环境，与互联网发展节奏存在差异。每当出现一种新技术新业态，就必须不断划分管理职责，重新确定主管部门，否则就会出现无人管理或者争权夺利，既加重市场主体负担，又降低管理实效，毫无科学性可言。[①]

7. 互联网立法滞后

整体而言，我国的互联网立法主要由部委规章或者规章以下规范性文件构成，规范层级低、立法碎片化，部门立法情况明显，权威性不足。由此，地方性法规因其权威性、中立性便成为各省（市、自治区）推进互联网立法、探索构建"互联网＋"法律制度的首要选择。

相较于网络强省的建设实践，高达 79.2% 的互联网普及率，以及位居全国第四的数字经济总量，浙江在统筹、有效推进互联网立法方面，远远滞后。据不完全统计，全省涉及互联网或网络或信息的地方性法规，仅 5 部（见表 2）。除《杭州市计算机信息网络安全保护管理条例》第五条第三款"国家安全机关、保密工作部门、密码管理部门、信息化行政主管部门、互联网新闻信息服务管理部门及其他有关行政主管部门，负责各自职责范围内的计算机信息网络安全保护管理工作"涉及网信部门计算机信息网络安全保护管理工作职责外，其他地方性法规均未涉及。在中央层面互联网立法规范层级低，可执行性差的大背景下，法律保守性与互联网创新性之间的矛盾日益突出，而可以调和上述矛盾的地方性法规又未审时度势，给予地方网信办从事互联网治理执法监管以强有力的支撑（如对地方网信办委托执法的概括性授权等），浙江网信部门执法举步维艰。

[①]　周汉华：《论互联网法》，《中国法学》2015 年第 3 期。

表 2　浙江省域内涉互联网（信息）的地方性法规涉网络一览 *

序号	名称	实施目的	实施日期	主管部门	是否涉及网信部门
1	宁波市信息化条例	为推进信息化建设,加强信息化的规划与管理,促进经济社会全面协调可持续发展。	2007 年6 月 1 日	信息化行政部门	否
2	杭州市计算机信息网络安全保护管理条例①	为加强计算机信息网络安全的保护和管理,维护国家安全、公共利益和社会稳定,维护公民、法人和其他组织的合法权益,促进信息化建设的健康发展。	2009 年5 月 1 日	市公安局	互联网新闻信息服务管理部门负责职责范围内计算机信息网络安全保护管理工作
3	浙江省信息化促进条例	为了加快信息化发展,规范信息化工作,推进信息化与工业化融合,促进经济发展和社会进步。	2011 年1 月 1 日	信息化主管部门	否
4	杭州市智慧经济促进条例	为了推进本市智慧经济发展。	2015 年12 月 1 日	经济与信息化主管部门	否
5	杭州市跨境电子商务促进条例	为了促进本市跨境电子商务健康快速发展。	2017 年3 月 1 日	跨境电子商务主管部门	否

　* 表格中"是否涉及网信部门"是指地方性法规相关条款的表述中是否提及网信办（包括网宣办、新闻办等）。

　2006 年, 省互联网宣传管理办公室成立（简称"省网宣办"）; 2012 年, 省网宣办更名为省互联网信息办公室（简称"省网信办"）, 2017 年之前, 无论是省网信办还是省网宣办与省新闻办, 均是"同一机构, 挂多个牌子"。因此, 地方性法规中涉及网宣办或新闻办的内容也一并视为涉及网信办。

8. 网信执法队伍建设挑战严峻

　一方面, 面对当前以即时通讯、在线新闻、网络直播等为代表的互联网

---

① 《杭州市计算机信息网络安全保护管理条例》第十九条有关"提供电子公告、网络游戏和其他即时通信服务的, 具有用户注册信息和发布信息审核功能, 并如实登记向其申请开设上述服务的用户的有效身份证明"的探索性规定, 2009 年曾引发各界有关"网络实名制"的争议。但后续网络治理实践, 以及《网络安全法》第二十四条第一款对"网络实名制"的确认, 既证明了杭州探索的先行性, 又说明在互联网立法方面起步早、起点高、基础好, 有能力深刻把握互联网治理规律, 探索出积极而又稳妥的经验。实际上, 在全国各设区市城市中, 杭州第 1 个启动网络立法。

信息内容领域出现的诸多超大规模公共空间和海量信息，不仅要求网信执法人员要具备较高的技术手段、较深的法律知识，还要有较强的业务实践。但统计数据显示，全省约90%的网信干部均未经历专业的执法训练和执法实践，普遍对执法业务不熟悉，办案经验严重不足，执法能力欠缺。另一方面，2018年4月公布的《国家统一法律职业资格考试实施办法》扩大了应当参加法律职业资格考试的人员范围，将初次担任法律类仲裁员，以及行政机关中初次从事行政处罚决定审核、行政复议、行政裁决、法律顾问的公务员纳入应当取得法律职业资格的范围，又从职业准入门槛提升的角度对网信执法人员的专业性与职业性提出硬性规定。

四　顺势而为：稳健探索，必要限度作为

问题是行动的先导。探索并寻求网络行政执法监管的浙江之道，关键是要紧紧围绕提高治理能力、完善治理体系、建设清朗网络空间这一主线，尊重网络信息技术发展的不确定性、风险性及人类理性的有限性，谨守法律、法规、规章的规制边界，坚持网络综合治理，有所为有所不为。

一是以全面推行行政执法"三项制度"为抓手，规范网信系统行政执法行为。依据《转发省法制办关于浙江省行政执法全过程记录工作办法（试行）和浙江省重大行政执法决定法制审核办法（试行）的通知》（浙政办发〔2016〕103号）和《国务院办公厅关于全面推行行政执法公示制度执法全过程记录制度重大执法决定法制审核制度的指导意见》（国办发〔2018〕118号）等有关规定，一方面，结合全省网信系统机构改革实际，依托浙江政务服务网，全面推行行政执法公示制度，向社会公开行政执法基本信息、结果信息。另一方面，按照《浙江省行政执法全过程记录工作办法（试行）》规定，省网信办切实履行好主管部门职责，组织推进本系统行政执法全过程记录工作。又一方面，各级网信办要结合本机关行政执法行为的类别、执法层级、所属领域、涉案金额等因素，制定重大执法决定法制审核目录清单，并明确具体负责本单位重大执法决定法制审核的工作机构

（按照国务院要求，原则上各级行政执法机关的法制审核人员不少于本单位执法人员总数的 5%）；针对普遍存在的法制审核专业人员数量不足、分布不均等问题，要充分发挥法律顾问在法制审核中的作用，并以省域为单位，探索建立本系统法律顾问统筹调用机制，实现法律专业人才资源共享。同时，"三项制度"贯彻行政处罚、行政强制、行政检查、行政征收征用、行政许可等行政执法行为全过程、各阶段，其全面推行，不仅有利于规范行政执法行为，而且有利于在全省网信系统树立全面的行政执法理念，统一认识。

二是要清醒认识到党政融合机构领导制度协调存在的理论解释空间。网信办作为党政融合机构，既是党的工作机关，又是行政机关。按照《中国共产党工作机关条例（试行）》有关规定，作为党的工作机关，网信办以事务会形式就"凡属本机关重大事项"由"领导班子集体研究决定"。由此，此种议决制的决策方式，相较于《中国共产党地方委员会工作条例》规定的决策议事"票决制"[1] 以及《中国共产党党组工作条例》规定的决策议事"必须执行少数服从多数的原则",[2] 并不明确要求以投票方式达成合意，也不硬性规定"少数服从多数"，而是更注重通过协商讨论的方式来作出决定。由于其程序缺乏明晰规制，党的工作机关集体领导制度的民主性较弱，集中性更强，工作机关的一把手可以发挥更强有力的领导作用。从这个意义上讲，党的工作机关的领导制度更趋近于实践中的首长负责制。[3] 因而，网信办作为兼具党的工作机关与行政机关双重属性的党政融合机构，实践中完全可以融合集体领导制和首长负责制，做到显性问题隐性化。同时，延续行政机关在党政融合机构（或党政合并或合署）中的权限可能仅止于程序规范，对党的工作机关所做的决定，可能仅做形式上合法化确认的工作思路，为统筹推进党务工作、政务工作，建议事务会形式"套开"行政办公会；

---

① 《中国共产党地方委员会工作条例》第二十二条、第二十三条。
② 《中国共产党党组工作条例》第二十八条。
③ 秦前红、陈家勋：《党政机构合署合并改革的若干问题研究》，《华东师范大学学报》2018年第 4 期。

由此，党的工作机关决策的各项事项自然具有外在的行政法律效力，特别是在涉及"对情节复杂或者重大违法行为给予较重的行政处罚"时，决策合法性更具有证明力。

三是要妥善处理既有的强威慑力监管协作模式可能具有的法律诉讼风险。在涉网治理的各类执法监管手段中，网信办会同电信主管部门取消违法网站许可或备案、关闭违法网站，是目前执法工具箱中最具威慑惩戒性的处罚机制。按照《执法程序规定》、① 工作惯例以及《互联网站管理协调工作方案》（信部联电〔2006〕121 号）等有关规定，省网信办会同省通管局取消违法网站许可或备案、关闭违法网站，一般是由省网信办以函件形式向省通管局通报有关行政处罚情况，并要求省通管局取消违法网站许可或备案、关闭违法网站，而省通管局按照省网信办的函件通报以及有关要求，注销网站主办者经营许可或备案，并通知相关接入服务提供商停止接入服务（这也是专项内容主管部门②要求互联网行业主管部门配合处罚的一般步骤）。在此过程中，对外实际发生行政法律效力的是省通管局的行政行为，而省网信办与省通管局之间函送行为属于内部行政行为，不具有可诉性。但是目前已有司法实践判决专项内容主管部门向电信主管部门的函告知行为具有可诉性。典型如"武汉明龙中医药研究所与湖北省卫生厅互联网医疗卫生信息服务行政管理纠纷上诉案"（〔2008〕武行终字第 26 号）。③ 专项内容主管部门与互联网行业主管部门（电信主管部门）之间涉及处罚通知的协助函件虽属于内部行政行为，但由于对当事人的权利义务有着直接影响，因此专项内容主管部门请求互联网行业主管部门（电信主管部门）取消违法网站许可或备案、关闭违法网站行为，具有可诉性，专项内容主管部门顺势成为行政诉讼适格主体。故而，网信办在运用需要省通管局予以协助的强威慑惩

---

① 第 42 条"互联网信息服务提供者违反相关法律法规规章，需由电信主管部门关闭网站、吊销互联网信息服务增值电信业务经营许可证或者取消备案的，转电信主管部门处理。"

② 按照《互联网站管理协调工作方案》规定，专项内容主管部门包括网信办、教育部门、文化部门、卫生部门、公安部门、广电部门、新闻出版部门等。

③ 于志强主编《中国网络法律规则的完善思路·行政法卷》，中国法制出版社，2016，第 189～191 页。

戒性的处罚措施时，一方面要审慎收集好处罚所需各项证据材料，形成合法证据链条，另一方面要严格遵循法定程序（如听证、集体讨论决定等），避免可能的诉讼风险。

四是一以贯之坚持并完善既有监管模式。监管主体之间的横向网络化与纵向分类主导的监管模式，来自不断演化的监管历史积累，既与我国传统的公共管理思维和经验相契合，又是一种实践证明符合中国互联网发展与管理需求的有效手段，并体现着综合治理的思想，更是中国当下国情政情的必然产物。有鉴于此，一方面，要在相对集中互联网管理职责的基础上，对应顶层设计的线下延伸线上的"分类主导"监管体制，持续探索"分业监管"。另一方面，既要根据互联网泛在、融合的特点，又要尊重既有监管格局，不另起炉灶，充分发挥省网信办的统筹协调作用，以各类专项行动的常态化为载体，推进"联合执法"，健全网络执法监管协作机制。还要以任务为导向，以提升部门协作能力为目的，以评价体系为牵引，贯彻互联网内容日常监管和应急处置等各环节，坚持全省"一盘棋"的思想，对涉及互联网管理的各部门实行更加系统化与约束性的绩效评价，以形成部门之间的良性互动机制。同时，按照"负责网络信息内容监督管理执法"的职责定位，遵循互联网行业管理、安全管理服务于内容管理，强化执法控制，借鉴金融监管部门的"穿透式监管"理念，从维护国家政治安全、文化安全、意识形态安全，以及防范化解网络空间重大风险的高度，参照重庆市、河北省、湖南省、甘肃省由市（省）政府授权新组建的市（省）互联网信息办公室负责全市（省）互联网信息内容管理工作，并负责监督管理执法的先例，实质性的明确浙江省网信办对全省互联网信息内容的执法、管理职责，并按照《网络安全法》第五十六条规定，明确省网信办应急处置之权，以确保在浙江营造清朗网络空间。

五是探索双线推进浙江特色的互联网立法。"法者，治之端也。"探索双线推进浙江特色的互联网立法，要转变立法理念，统筹推进党内规范性文件与法律规范工作。一方面，根据浙江机构改革实际，以及十八大以来中央、浙江互联网治理工作实践经验，与时俱进推动省内涉互联网管理的党内规范性文件"立改废释"工作。既有的省内涉互联网管理体制建立健全的党内规范性文件，作为浙江加强和改进互联网工作的基本规范，为浙江互联网管理体制"立柱架梁"，进一步推动了浙江互联网管理工作走在前列。

"世异时移，变法宜矣。"党的十八大以来，随着网络治理体系和治理能力法治化新时代的开启，[①] 面对网络治理的新理念新思想，以及中央简政放权的新趋势新挑战，既有文件与新时代新实践的张力日显，不少规定已滞后于时代发展。因此，需要进一步充实、修订既有的党内规范性文件，以加强相关领域工作指导，使之更加体现中国特色社会主义治网之道的时代性和规律性，以及浙江网信事业实际。另一方面，法律滞后性在互联网时代日益凸显，已经成为互联网领域面临的重要问题，国家立法机关很难直接面对全国范围内的互联网问题，多种多样的问题层出不穷，无法用一种法律完全解决问题。[②] 由此，省域范围内，借助省人大及其常委会对中央尚未立法事项的先行立法权，[③] 以及省域内的广泛管辖权，坚持问题导向，率先探索对互联网领域先行立法，探索互联网领域治理所应遵循的法律原则、适合"互联网+"的管理手段以及救济方法等，以真正实现权利与义务平衡、发展与安全平衡、权力与责任一致。从操作的便利性以及立法的位阶性而言，鉴于普通立法耗时长（一般是 3~5 年)[④] 与"摩尔定律"之间的冲突，互联网领域立法时效性要求更高，可以考虑适当简化，加快速度。建议根据浙江

---

① 徐汉明：《我国网络法治的经验与启示》，《中国法学》2018 年第 3 期。

② 吴志攀：《"互联网+"的兴起与法律的滞后性》，《国家行政学院学报》2015 年第 3 期。

③ 这里需要特别说明的是，按照《立法法》有关规定，中央尚未立法事项是指最高国家权力机关（全国人大及其常委会）专属立法权之外，国家尚未制定法律或者行政法规的事项。其中，最高国家权力机关专属立法权具体包括："（一）国家主权的事项；（二）各级人民代表大会、人民政府、人民法院和人民检察院的产生、组织和职权；（三）民族区域自治制度、特别行政区制度、基层群众自治制度；（四）犯罪和刑罚；（五）对公民政治权利的剥夺、限制人身自由的强制措施和处罚；（六）税种的设立、税率的确定和税收征收管理等税收基本制度；（七）对非国有财产的征收、征用；（八）民事基本制度；（九）基本经济制度以及财政、海关、金融和外贸的基本制度；（十）诉讼和仲裁制度；（十一）必须由全国人民代表大会及其常务委员会制定法律的其他事项"等方面内容（《立法法》第8条）。

④ 吴志攀：《"互联网+"的兴起与法律的滞后性》，《国家行政学院学报》2015 年第 3 期。

网络综合治理的多年实践，首先以省人大常委会决定的形式先行规定网络治理以及执法监管的浙江实践，既总结浙江互联网治理的基本原则、监管手段的创新等，赋予浙江既有实践的强合法性，又描绘出浙江网络强省愿景，引领加快建立网络综合治理体系，廓清互联网信息内容管理到底是管人，还是管行为、管主体，抑或是三者统一的认识迷雾。如此才能适应网络条件下迅速的业态转变，真正建立互联网领域的基本原则和法律保障。

六是探索建立两法衔接机制。两法衔接机制，即行政执法与刑事司法相衔接机制，具体是指涉嫌犯罪的行为如何在行政权体系和司法权体系之间平稳有序地过渡。按照《关于加强行政执法与刑事司法衔接工作的意见》（中办发〔2011〕8 号）等规定，一切具有行政执法权能和职责的行政执法机关都可能进入两法衔接机制，原则上都是移送涉嫌犯罪案件及行为人的工作主体；而且两法衔接工作机制不仅仅局限于原来的行政执法机关管理社会事务和公共事务中，查处涉及破坏社会主义市场经济秩序和妨碍社会管理秩序两大类案件，而是扩展到一切行政执法领域，对于其中发现的任何涉嫌犯罪案件和行为人都必须移交司法机关处理。[①] 各级网信办作为行政执法机关，当然受之约束。2009 年《刑法修正案（七）》与 2015 年《刑法修正案（九）》对网络犯罪行为的专门规制，如"拒不履行信息网络安全管理义务罪""公民个人信息犯罪"等网络犯罪的设定，以及《网络安全法》的实施，既为网信执法与刑事司法的衔接畅通了制度渠道，又以刑事打击的有力震慑作为网信执法后盾。因此，各级网信办有必要主动加强与公安机关、人民检察院的对接，一方面，建立行政执法与刑事司法衔接工作联席会议制度，及时通报案件移送及处理情况，研究解决衔接工作中的问题和困难；另一方面，充分运用现代信息技术建立行政执法与刑事司法衔接工作信息共享平台，实现网信部门、公安机关、人民检察院之间执法、司法信息互联互通，提高工作的科学化、信息化水平。

---

① 闻志强：《"两法衔接"之功能与价值分析——基于法治中国建设全局视野下的考察》，《西南交通大学学报》（社会科学版）2016 年第 1 期。

七是创新监管资源配置方式。尽管在宏观的社会结构中，执法资源始终是稀缺的，但是在具体执法活动中，执法者仍然可以建立起相对优势。首先，执法者可以通过体制动员充分聚集执法资源。如针对县（市、区）执法力量缺口较大的实际，可以在设区市的市域范围内由设区市网信办统筹使用执法力量，集中投放执法资源。其次，全员执法。面对中央、省委"财政供养人员只减不增"的大趋势，以及"严格执法人员持证上岗和资格管理制度"的执法要求，做好行政在编工作人员存量工作，全面推行全员执法工作理念与工作机制，确保行政在编在岗人员"应领证（执法证）尽领证"。再次，有效衔接两种执法证件。《浙江省行政执法证件管理办法》第六条第三款规定："按照规定取得国家有关部门制发的行政执法证件的，可以不参加本省的行政执法资格考试、不领取《浙江省行政执法证》。"如前所述，《浙江省行政执法证》涵盖行政执法全过程，相较于国家网信办执法证件仅局于行政处罚的规定，从严格规范执法以及属地管理的角度出发，建议各级网信办行政在编人员同时申领《浙江省行政执法证》，特别是县（市、区）网信办在编人员，由此，在各级网信办执法主体资格确认之后，确保有人执法。最后，可根据省委全面深化改革委员会第三次会议审议通过的《深化综合行政执法改革的实施意见》，选择个别设区市开展试点。省网信办加强指导，探索将网信领域行政处罚权划转文化市场综合执法队伍，由其统一行使处罚权，而网信办仅保留日常监管权。

八是加强人员能力建设。执法人员的素质决定着行政执法质量，影响着行政执法作用的发挥。因此，一方面，要着力提升行政执法人员的思想认识，牢记"有权必有责、有责要担当、失责必追究"，意识到作为党政融合机构的网信办在行政执法过程中面临着责任压力，应审慎用权、依法行政。另一方面，要始终把基层网信执法监管人员的培训工作放在重要位置，全面提高执法人员的业务素质和执法能力。科学设置培训课程，丰富培训方式，优化课题设计，通过更灵活、更直观的交叉检查、参与办案等创新形式，切实提高受训人员的业务素质，解决基层执法人员在工作中遇到的实际困难。同时探索建立办案经费补贴和查处案件奖励制度，最大限度地调动基层网信执法监管队伍做好网络执法监管工作的积极性。

九是创建行政执法指导案例库。对法律适用中的争议问题，建立执法案例库，是行政主体创新社会管理的重要尝试。省网信办可通过发布典型指导案例，阐释行政主体在执法过程中的考虑因素（比如，如何判定网络有害信息），明晰对争议权益的衡量及取舍过程，正面回应相对人和公众质疑，将带有规律性、多发性、重复性的疑问，在个案中进行一并回应、释疑，以作为后续解释的参考。这种指导案例可由省网信办遴选、制定，并从省网络治理法律顾问委员会委员中选定人员评审，将通过评审的指导案例正式发布。这种处理方法能够弥补成文法的不足，并极具可操作性，有利于提升行政执法的准确、公平和公正。

十是强化宣传引导意识。在不断加强网络执法力度和强度，打好治网"组合拳"，奏响管网"最强音"的同时，进一步强化宣传意识，创新宣传方式，加大宣传力度，充分利用公布年度典型案例、通报重点案件查办情况等契机，积极通过"网信浙江"公众号等各类公共平台对网络执法监管工作进行宣传报道，充分发挥先进典型的引导示范作用，震慑网络违法犯罪分子，为网信系统执法监管营造良好舆论环境。

国际法治

The International Rule of Law

B.17

欧盟与美国的数据财产保护模式评析

赵 军*

摘 要： 在大数据时代，数据已成为现代信息社会的一项重要资产。作为一种新型财产权客体，数据不能只通过反不正当竞争法给予保护，而应同时探究更有针对性的保护模式，并给予数据财产更系统的保护。我国现行法律对于数据的法律定位及其权利规则没有明确的界定，从而不足以成为市场主体行为以及司法机关裁判的制度依据。以此为背景，本文探究了欧盟及美国针对数据财产的保护模式以及相关案例，并对这两种模式的权利保护范围、实施困境及内在局限进行比较评析，以期为我国数据财产确权与保护的基本模式构建提供思路。

关键词： 数据 财产 数据库权 载体保护

---

* 赵军，美国天普大学法律硕士（LLM）、对外经贸大学民商法学博士研究生。

随着现代社会信息化程度的不断提高，数据中所蕴含的丰富价值逐渐得以显现。在现代化经济体系中，数据已经成为一项不可或缺的基础资源。然而，我国现行法律规范对于数据权利的界定及其保护规则并不明确。本文认为，应将数据的法律概念界定为：借助于各类计算终端、电子传感器等工具，以数字化形式记录的各类信息内容。数据既是信息的载体，同时也需要其他载体予以支撑。因此，任何针对数据实施的行为，都可被分为"对于数据承载之信息实施的行为"和"对于数据的载体实施的行为"。欧盟和美国两大法域恰好分别选择了其中一种行为，建构数据财产确权与保护的基本模式，本文将分别对其进行介绍。

一 欧盟：数据的信息保护模式

（一）数据库权的运行原理

1996 年，欧盟推出了《数据库指令》（The Database Directive，以下简称《指令》）。在该指令中，欧盟立法者共创设了两类数据库权：一类是作为版权类型之一的数据库权（database right）；另一类是作为新型权利的特殊数据库权（*sui generis* database right），此类数据库并不具有构成版权作品所需的最低程度的独创性，因此又称为非独创性数据库。鉴于前者在构成要件以及权利内容方面均与版权法上的汇编作品十分类似，故后文在提及由《指令》创设的数据库权时，仅指后一类数据库权。

1. 数据库权的取得条件

根据《指令》第 1 条规定，所谓数据库，是指由独立的作品、数据或其他素材，按照特定的条例和系统编排而成的集合，该集合中的元素可以通过电子方法或其他方法被独立地获取和利用。[①] 根据《指令》第 7 条第 1 款的规定，只要数据库制作者为了获得、校正或呈现数据库中的数据做出了实

---

① 高富平：《信息财产——数字内容产业的法律基础》，法律出版社，2009，第 203 ~ 204 页。

质性投入，那么其对于该数据库就可以享有数据库权。所谓实质性投入，是指人力、财力、技术和其他资源的投入，在数量和质量上均达到了一定程度。相较于独创性标准，实质性投入标准大大降低了数据库权的取得门槛，将那些在编排和素材选取上不具有独创性的数据库也纳入其中，从而在理论上有助于使更多数据库制作者透过数据库权获得法律保护。

2. 数据库权的权利内容

根据《指令》第7条第1、2、5款之规定，数据库权主要包括以下内容：第一，提取权（extraction），即权利人禁止他人永久或暂时性的将数据库中的全部或实质性部分内容，从一个载体转移到另一个载体之上的权利。第二，再利用权，即权利人禁止他人未经许可，以发行、出租、在线传输或其他形式向公众提供数据库中的全部或实质性部分内容的权利。第三，权利人有权禁止他人未经许可，对数据库中的非实质性部分进行重复性和系统性的提取和/或再利用。

根据《指令》第10条第1款规定，数据库权的保护期为15年，自数据库制作完成之日的下一年起算；如果权利人在权利有效期内对数据库的内容进行了补充、删除或修改等实质性变更，那么可认为形成了一个新的数据库。此外，《指令》中还设置了数据库权的合理使用规则，允许为教学、科研或社会公共利益提取或再利用数据库的实质性内容。

（二）数据库权的发展现状及其面临的困境

根据2005年和2018年欧盟对于《指令》实施情况所作的两次评估，数据库权并没有达到立法者预期的制度效果，即借由该项权利的创设对欧盟的数据库产业起到促进作用。欧洲企业在与美国及其他国家的市场竞争中，也没有因此获得明显优势。① 在实践中，市场主体似乎也更愿意通过合同约定

---

① Commission Staff Working Document, Evaluation of Directive 96/9/EC on the Legal Protection of Databases, Brussels, 25. 4. 2018, https：//ec. europa. eu/digital – single – market/en/news/staff – working – document – and – executive – summary – evaluation – directive – 969ec – legal – protection，最后访问时间为2019年6月30日。

的方式对双方当事人就数据库享有的权利义务进行约定，而法定的数据库权则更多被权利人视作一种事后救济手段。造成此种困境的主要制度原因，可归结为以下方面：

1. 数据库权的适用范围较为有限

立法者为数据库权设置的适用范围为：只要数据库制作者为了获得、校正或呈现数据库的内容，而进行了在质量和/或数量方面符合法定标准的实质性投入，即可对其制作的数据库主张数据库权。但该法并未对构成实质性投入的具体标准作明确规定，因此在司法实践中，裁判者对于数据库权的最终适用范围具有一定的裁量权。事实上，也正是欧盟法院在 2004 年作出的四个判决，[①] 使数据库权的适用范围大为缩小。

在这四个判决中，欧盟法院将数据库中的数据来源明确区分为了"创造"（creation）和"获取"（obtaining）两类，并认为如果数据库制作者同时也是库中数据的创造者，那么此等数据库就只能算作制作者完成其他工作的"副产品"。而由于对此等数据库中信息的收集或校正，基本无须制作者付出额外投入，且即使法律不对其予以特别保护，也不会影响此类"副产品"数据库的产生，因此没有必要赋予其数据库权。[②] 上述规定为副产品规则（spin-off doctrine）。例如，在"Fixtures Marketing Ltd v. Oy Veikkaus AB 案"中，原告负责编制英国多个级别足球联赛的赛程，并将每赛季约 2000 场比赛的赛程信息集结成册对外发行，被告未经原告许可将这些信息用于博彩行业，原告遂以其侵犯数据库权为由提起诉讼。法院认为，作为联赛赛程的编制者，原告编制赛程本就是其职责所在，且将赛程信息集结成册也并不

---

① The British Horseracing Board Ltd & Ots v. William Hill Organization Ltd（C‑203/02）；Fixtures Marketing Ltd v. Oy Veikkaus AB（C‑46/02）；Fixtures Marketing Ltd v. Svenska Spel AB（C‑338/02）；Fixtures Marketing Ltd v. Organismos Prognostikon Agonon Podosfairou（C‑444/02）.

② 当然，如果数据的制作者确实为收集或校正其创造的数据付出了实质性投入，并不排除其获得数据库权的保护。Judgment of the Court in Cases C‑46/02，C‑203/02，C‑338/02 and C‑444/02，http：//europa. eu/rapid/press‑release_ CJE‑04‑89_ en. htm，最后访问时间为 2019 年 7 月 30 日。

需要其付出额外的收集或校对成本，因此不能获得数据库权的保护。[①] 在 "The British Horseracing Board Ltd & Ots v. William Hill Organization Ltd 案" 中，法院也有相似认定。

总体来说，欧盟法院希望通过副产品规则的确立，厘清数据库权的适用范围，确保只有那些与数据库的制作存在直接关联的投入才有资格获得法律保护。[②]

2. 来自数据库权自身的限制性规定

为了避免因过度商品化（commodification）而阻塞信息的自由流动，《指令》中也存在对数据库权行使的限制性规定。其中，对数据库权人利益影响最为直接的一项规定是：如果数据库权人以某种方式向社会公众公开了数据库，那么其就不能再通过主张数据库权来禁止他人对数据库中的非实质部分进行提取和/或再利用（《指令》第8条），且不能通过合同约定等方式排除上述限制性规定（《指令》第15条）。

然而，由于《指令》对于何为数据库中的非实质部分内容未作明确规定，因此，在实践中，数据库权的保护范围存在一定程度的不确定性。[③] 当非实质部分内容的范围界定过宽时，将可能使权利人的合法权益面临威胁。在此种情况下，放弃数据库权转而寻求合同法或反不正当竞争法的保护，反而可能成为数据库制作者保护其自身利益更为有效的手段。在这方面，欧盟法院在 "Ryanair Ltd. 诉 PR Aviation BV 案" 中作出的判决堪称典型案例。

在本案中，原告是欧洲最大的廉价航空公司，被告则是一家荷兰的在线旅行网站。为了使用户能够在自己的网站上搜索到相关航班信息，被告使用了一种自动软件系统，其可以根据用户发出的搜索请求自动从网站上查询相关信息，并将查询结果通过自己的网站反馈给用户。原告认为被告此举降低

---

① Fixtures Marketing Ltd v. Oy Veikkaus AB（C-46/02）.

② Robin Elizabeth Herr. Herr, R. E., *Is the Sui Generis Right a Failed Experiment?*: *A Legal and Theoretical Exploration of how to Regulate Unoriginal Database Contents and Possible Suggestions for Reform*（Djøf/Jurist-og Økonomforbundet, 2008），p. 105.

③ 例如，对于那些内容不断发生变化的数据库，何为其实质性部分内容就是一个十分难以判断的问题。

了其网站的访问量，从而侵犯了其合法权益，遂提起诉讼。

在荷兰法院审理阶段，原告主要提出两项主张：第一，被告的行为构成对其数据库权的侵害；第二，根据原告在其网站上设置的用户协议，除非得到书面同意，否则原告网站上的信息只能用于非商业用途，第三方不得使用自动化系统或软件从其网站上获取数据，因此，被告的行为也构成对该协议的违反。针对上述主张，被告辩称，其只是根据用户的个别搜索请求，通过原告的网站获取其数据库中的相关信息，而并没有对数据库中的内容进行批量提取，因此根据《指令》第8条规定，其行为属于对公开数据库的合理使用；而又根据《指令》第15条之规定，第三人合理使用公开数据库的权利是不能通过约定方式排除的，因此原告在用户协议中的约定是不具有法律效力的。荷兰法院基本采纳了被告提出的抗辩，驳回了原告的诉讼请求。

对于上述判决结果，原告向欧盟法院提起了上诉。在上诉中，原告调整了诉讼策略，不再纠结于被告的行为是否构成合理使用，转而主张系争数据库只是其在安排航班过程中形成的副产品，因而不属于数据库权的保护范围。此项主张看似是在削弱原告自己的请求权基础，但其一旦成立，被告也将同时丧失根据《指令》中的合理使用规则，对其行为合法性进行论证的法律基础。更为重要的是，在摆脱了合理使用规则的束缚后，原告在用户协议中设置的数据库使用规则，也将恢复对作为合同相对方的被告的约束力，而根据前文所述，用户协议一旦生效，被告的行为将直接构成对约定的违反。欧盟法院最终支持了原告的诉讼请求，并认定被告的行为违反了原告网站中用户协议的约定。

3. 小结

综上所述，数据库权是以版权为模板创设的，以数据库中的信息为客体的支配性权利。凭借该项权利，权利人将直接获得垄断信息传播的权利，因此从理论上讲，数据库权能够为数据主体提供最为周延的保护，确保其数据财产的价值不被他人影响。但在司法实践中，数据库权的适用范围却较为有限，只适用于那些通过对既有信息进行收集、校正而形成的数据库，而却并没有如版权之于作品那样成为各类数据财产在法律上得到确权和保护的普遍依据。

（三）数据库权的局限性：垄断信息价值的代价

欧盟法院一系列关键判决的作出使得商事主体"自缚手脚"，通过采纳"副产品规则"等方式，主动限缩了数据库权的适用范围，其背后的原因揭示出以创设数据库权方式保护数据财产的内在困境。

数据库权是以版权为模板创设出的新型权利，两者权利人均有权通过排除他人的竞争性使用，垄断特定信息（版权为作品，数据库权为数据库中的实质部分内容）在传播过程中可能获得的各项收益。然而，由于信息天然具有非竞争性特征，特定主体对于信息的使用并不会使信息的价值发生减损，也不会影响其他主体利用信息的价值，因此，信息的自由流动本属常态，而信息在传播过程中所产生的价值也应由社会公众所共享。在此种情况下，立法者若想通过法定权利的创设改变此种默认常态，就必须具有十分充分的理由，并且能够确保社会公共利益不会因此遭受不成比例的损害。

任何一项可能使信息传播利益被私人主体所垄断的权利设置，都必须建立在公私利益有效平衡的基础之上，但数据库权赋权的核心标准并非数据库本身的独创性，而是数据库制作者为了收集、校正或呈现数据而付出的实质性投入。这决定了其很难在制度层面实现上述目标。具体如下：

第一，相较于作品，数据库的制作成本将越来越低，并在制作方法上更趋近于简单的重复劳动。因此，若赋予数据库制作者与作品作者相同的对特定信息的支配性权利，这在正当性方面存在争议。

第二，数据库权将可能涉及各类信息，而当不同类型的信息被权利人垄断传播利益时，可能给他人或社会公共利益造成的负外部性也各不相同。例如，当数据库制作者是数据库中信息的唯一来源，且这些信息具有较强的商业价值时，数据库权的赋予可能使权利人通过对信息的垄断获得难以撼动的竞争优势，从而对相关市场的竞争环境造成影响。正是出于此种顾虑，欧盟法院通过"副产品规则"的适用，将大多数单一来源数据库（single-sourced database）排除在了数据库权的保护范围之外。①

第三，当数据库中记录的信息具有科研价值时，如何平衡数据库制作者与科研机构之间的利益关系将变得十分敏感。根据第二次评估的调查结果，在科研和学术领域，有 75% 的受访者认为数据库权的相关制度安排未能在公私利益之间形成有效平衡。② 此外，数据库中还可能记录与社会现实相关的各类信息，而让私人主体对这些信息的传播进行控制，将可能对整个社会的言论自由环境产生威胁，并提高信息在社会中的流通成本。事实上，1996年世界知识产权组织也曾考虑创设一种类似于数据库权的独立权利，③ 但该草案最终未获得通过，其中一个十分重要的理由，就是担心信息的过度商品化可能会阻碍信息的流动。④

综上所述，相较于版权，数据库权在垄断信息传播价值的合理性方面本就相对薄弱，其赋权基础从根本上瓦解了其自身的合法性，使其与立法者的最初目标背道而驰。

二 美国：数据的载体保护模式

（一）载体保护模式的运行原理

与欧盟通过创设数据库权方式提供法律保护不同，美国联邦最高法院在 1991 年 "Feist Publications, Inc., v. Rural Telephone Service Co. 案" 的判决

---

① 所谓单一来源数据库，是指数据库中的信息来源较为单一，且被数据库制作者实际控制的数据库。See the British Horseracing Board Ltd & Ots v. William Hill Organization Ltd（C－203/02）.

② Commission Staff Working Document, Evaluation of Directive 96/9/EC on the legal protection of databases, Brussels, 25. 4. 2018, p. 55.

③ See WIPO Committee of Experts, Basic Proposal for the Substantive Provisions of A Treaty On Databases, CRNR/DC/6（August 30, 1996）.

④ See Oriola, T. A., Electronic Database Protection and the Limits of Copyright, *The Journal of World Intellectual Property*, 2004. 7（2）, pp. 201－228.

中，确立了不具独创性的信息不能纳入版权保护范畴的裁判规则。[①] 在此种情况下，美国法选择以数据库的载体为依托，对非独创性数据库的价值进行保护。

具体来说，此种保护模式的运行原理在于：虽然信息本身具有非竞争性特征，但信息的载体从来都是具有竞争性的。因此，载体的权利人可以通过支配信息载体，在一定程度上控制信息的传播范围。由于法律意义上的信息必须固定在特定载体之上，利益主体通过对信息载体享有的支配权，实现对于信息传播范围的实质性控制。[②] 对于数据库财产来说，由于其同样需要被存储于特定载体之上，而他人对于数据库中信息的任何操作行为，都需要通过对其载体的使用来实现，因此，数据的载体保护模式对于数据库财产而言也同样适用。事实上，数据库自身特点决定了信息的载体保护模式对其更为适用，因为只有当他人对库中数据的复制达到一定规模时，数据主体对数据库享有的利益才可能受到损害，而数据主体恰好可以通过对数据库载体访问权限的设置，从源头处控制库中数据的对外流量，从而实现对数据库价值的有效保护。为进一步掌握数据的载体保护模式在司法实践中的运作情况，本文将以网页抓取纠纷为切入点，对美国法院的相关判决进行梳理。

（二）数据的载体保护模式在美国司法实践中的发展历程

从 2000 年第一起网页抓取纠纷 "eBay v. Bidder's Edge 案" 到 2017 年备受关注的 "hiQ Labs, Inc. v. LinkedIn Corporation 案"，在近 20 年里，美国法院在审理网页抓取案件时基本都延续了数据的载体保护模式。只不过随着司法机关对于数据载体法律特征认识的逐渐深入，具体法律规则的适用经历了从"侵害动产"（trespass to chattels）到"未经授权访问"（unauthorized access）的发展历程。

---

① Feist Publications, Inc., v. Rural Telephone Service Co., 499 U. S. 340 (1991).
② 郑佳宁：《经营者信息的财产权保护》，《政法论坛》2016 年第 3 期。

1. 侵害动产规则的兴衰

（1）以侵害动产规则保护数据载体模式的兴起

美国法院以载体为依托保护数据财产模式的形成最早是受 1996 年
"Thrifty-Tel, Inc. v. Bezenek 案"（以下简称"Thrifty-Tel 案"）判决的启发。
在本案中，原告是一家长途电话公司，被告的未成年儿子利用他人的账号密
码登入原告的电话交换系统，并在短时间内不断随机发起长途电话拨打要
求。由于该行为造成了电话交换系统过载并影响了正常经营，故原告提起了
侵害动产之诉。法院认为，虽然根据传统的侵害动产规则，对于动产的侵犯
以行为人与动产发生物理接触为必要条件，且当侵犯行为的结果属于对动产
的妨碍（intermeddling）而非剥夺占有（dispossessing）时，此等妨碍必须达
到对动产的价值、质量或物理状况产生实质性损害的程度，方可构成侵
权。[1] 但是，随着社会的发展变化，法律对于物理接触的认定标准已逐渐发
生改变，特别是在侵犯不动产领域，对于烟尘、废气、辐射的排放均有可能
构成物理接触。[2] 循此思路，法院最终认定被告向原告交换网络不断发送电
子信号的行为，已经构成了对其交换网络的物理接触，再加之该行为给原告
的正常服务造成了实际影响，故应认定被告的行为构成对原告动产的侵
害。[3]

"Thrifty-Tel 案"判决的作出创造了电子侵入（electronic trespass）的概
念，从而大大降低了侵害动产规则的适用门槛。其后，在 1997 年的
"CompuServe Inc. v. Cyber Promotions, Inc. 案"中，法官首次将侵犯动产规
则适用于对计算机系统的保护。法院认为，被告违背原告意愿，向其用户的
邮箱中发送大量垃圾邮件的行为，占用了原告的服务器空间，虽然没有给服
务系统造成实际损害，但却浪费了其运算资源，并使原告的商誉在用户中受

---

[1] Restatement of the Law, Second, Torts Copyright (c) 1965, The American Law Institute.

[2] Bradley v. American Smelting and Refining, 709 P. 2d 782, 790 (Wash. 1985); Ream v. Keen, 838 P. 2d 1073, 1075 (Or. 1992).

[3] Thrifty-Tel, Inc. v. Bezenek, 46 Cal. App. 4th 1559 (Cal. Ct. App. 1996).

到影响。因此，应认定被告的行为构成对原告动产的侵犯。① 相较于"Thrifty-Tel 案"，本案进一步放宽了对实际损害的判断标准，并正式确立了透过计算机系统这一载体对系统内资源进行保护的裁判规则。②

正是基于上述两个案件对于侵害动产规则作出的调整，当网页抓取纠纷出现时，由于对网页上数据的抓取必须以访问数据主体的计算机系统为前提，因此，适用侵害动产规则对行为人访问计算机系统行为的合法性进行评价，就顺理成章地成为司法实践中当事人解决此类纠纷的主要手段。其中最具代表性的，便是 2000 年的 "eBay v. BE 案"。在该案中，被告 BE 公司是一家拍卖数据聚合网站，曾在原告 eBay 同意的情况下利用爬虫软件对其网站上的商品拍卖数据进行抓取。后因双方对于数据抓取的方式发生纠纷，eBay 书面通知 BE 公司不再允许其抓取网站数据，并对其采取了 IP 地址屏蔽措施。然而 BE 公司并未停止其抓取行为，eBay 遂向法院提起诉讼。法院认为，BE 公司在明确获知 eBay 拒绝其抓取行为后依然如故，其主观上已经构成故意。同时，根据 "CompuServe 案" 中确立的规则，虽然 BE 公司的抓取行为并未对 eBay 计算机系统的正常运转产生实质性干扰，但由于其在客观上占用了该系统的运算资源，③ 故足以构成侵权法意义上的妨碍。更为重要的是，如果不禁止 BE 的抓取行为，将可能鼓励其他主体争相模仿，从而使 eBay 的服务器面临过载危险。综上考虑，法院最终认定 BE 的行为构成对 eBay 计算机系统的妨碍，并向其发出了禁令。

在此阶段，法院通过对侵害动产规则中"实质接触"与"实质损害"这两个要件进行扩张解释，逐步将未经允许访问计算机系统的行为纳入侵害动产的范畴之列。而根据 "CompuServe 案" 和 "eBay 案" 确立之规则，只要行为人对于计算机系统的访问行为未经系统所有人同意，且对该系统的

---

① CompuServe, Inc. v. Cyber Promotions, Inc. , 962 F. Supp. 1015, 1997 U. S. Dist.

② Quilter, L. , "The Continuing Expansion of Cyberspace Trespass to Chattels", *Berkeley Technology Law Journal* 17 (2002): 421 – 443.

③ 在本案中，被告每天访问原告的服务器约十万次，但只占用了专门处理此类访问要求的系统资源的 1.53%，因此并未实际造成服务器过载。

运算资源形成了实际占用，那么无论此等占用是否足以造成计算机系统的功能性损害，都有可能构成对于他人动产的妨碍。此种颇为宽松的责任认定规则，显然为数据主体在网页抓取案件中追究抓取方的侵权责任提供了十分便利的条件，这点从其在实际审判中较高的胜诉率就可以得到充分证明。[①]

（2）侵害动产规则的衰落

在司法实践中，对未经允许访问计算机系统行为适用侵害动产规则的反思和批评之声也始终存在。例如，在 2000 年的"Ticketmaster Corp. , et al. v. Tickets. Com, Inc. 案"中，[②] 法官就以被告在其网站上设置通向原告网站的深链（deep link）只会给原告计算机系统带来微不足道的负载压力，从而不构成对于动产的实质性损害为由，驳回了原告提起的侵害动产之诉。

相较之下，来自学界的批评观点则主要集中于：法院对于实际损害判断标准的不断降低，混淆了动产和不动产的侵权责任认定规则，[③] 从而使计算机系统在侵权规则项下与不动产无异。[④] 这意味着所有不特定第三人在访问他人的计算机系统前，都必须事先征得系统所有者的同意，否则就有可能构成侵权。在网络时代，此种要求与互联网的开放性特质存在较大冲突，不仅可能对网上信息的自由流通造成阻碍，也会使普通网民时刻处于侵权责任的威胁之中。[⑤]

上述质疑在加州最高法院 2003 年对"Intel Corp. V. Hamidi 案"（简称"Intel 案"）的判决中最终得到了回应。根据该案判决，侵犯动产规则在未

---

① See Register. com v. Verio, 356 F. 3d 393 （2d Cir. 2004）. Oyster Software, Inc. v. Form Processing, Inc. No. C – 00 – 0742 – JCS, （N. D. Cal. Nov. 13, 2001）. Texas American Airlines, Inc. v. Farechase, Inc. , Case No. 067 – 194022 – 02 （Texas, 67th Dist. , Mar. 8, 2003）.

② Ticketmaster Corp. , et al. v. Tickets. Com, Inc. 2000 U. S. Dist. Lexis 4553 （C. D. Ca. , March 27, 2000）.

③ Burk, Dan, L. , "The Trouble with Trespass", *The Journal of Small & Emerging Business Law* 4 （2000）: 53.

④ Hunter, Dan, "Cyberspace as Place and the Tragedy of the Digital Anticommons", *California Law Review* （2003）: 439 – 519.

⑤ Lemley, M. A. , "Place and Cyberspace", *California Law Review* 91 （2003） : 521; Michael A. Carrier, Greg Lastowka, "Against Cyberproperty" *Berkeley Tech. LJ* 22 （2007）: 1485.

经允许访问计算机系统案件中的适用门槛被大幅提升。本案被告作为原告的前员工，因对原告不满而长期向原告在职员工的工作邮箱中发送批评原告的邮件，在多次劝阻无果后，原告以侵犯动产为由提起诉讼。原告认为，虽然被告的行为未使其邮件系统遭受功能上的损害，但其为屏蔽被告邮件付出的成本，以及原告员工生产效率因此受到的影响，已足以使被告的行为构成对于动产的实际损害。

在一审法院延续了"CompuServe 案"对于实际损害的判断标准，支持了原告的诉求后，美国加州最高法院在二审中以 4∶3 的投票结果推翻了一审判决，认为被告发送邮件与原告设立邮件系统的功能预期是相符合的。只有当其行为使邮件系统的负载增加，以至于达到影响其正常使用效率的程度时，方可构成对该系统的实质性损害。鉴于被告的行为尚未对原告邮件系统的正常运转产生实质性威胁，因此原告只能通过自助方式获得救济。

本案判决对后续案件在法律适用上的选择，产生了较为明显的影响，法院对于侵害动产规则的适用也再次回归传统。例如，在"Omega World Travel, Inc. v. Mummagraphics, Inc. 案"中，美国第五巡回上诉法院就以原告对于被告向其发送垃圾邮件造成的损害仅停留在名义损害（nominal damages）的程度为由，驳回了其侵害动产的诉讼请求。[①] 由于在绝大多数网页抓取案件中，网页抓取方都不会（甚至还要刻意避免）对目标网站计算机系统的正常运行造成实质影响，因此，实质损害判断标准的收紧使得在网页抓取案件中适用侵害动产规则的空间被迅速挤压，直至最终销声匿迹。

2. 未经授权访问规则的替代

随着侵害动产规则的逐步淡出，《电脑欺诈与滥用法案》（Computer Fraud and Abuse Act，简称"CFAA"）中关于未经授权访问计算机系统行为的规定，开始成为美国数据载体保护模式的主要法律依据。[②] 根据 CFAA 的

---

① Omega World Travel, Inc. v. Mummagraphics, Inc. , No. 05 - 2080 (4th Cir. Nov. 17, 2006).

② 需要说明的是，虽然 CFAA 在制定时是刑法法律规范，但在 1994 年修订时，赋予了受害人对加害人未经授权的访问行为提起民事诉讼的权利，从而使该法案的适用范围得以进入民事领域。

规定，行为人在未经授权或超越授权的情况下，故意对他人计算机系统进行访问并从中获取信息（obtain information）的行为，将构成对于计算机系统的侵害，[①] 而所谓"获取信息"，不仅包括从计算机信息系统中拷贝文件，还包括单纯的访问行为。[②]

在司法实践中，首例适用 CFAA 的网页抓取案件是 2001 年"EF Cultural Travel BV v. Explorica, Inc. 案"（简称"EF 案"），[③] 在本案中，原告是一家从事学生旅行服务的经营者，它的一些员工离职后创办了与原告存在直接竞争关系的被告公司。为获得原告的商品价格，被告雇佣一家公司为其设计了一款程序，专门用于对原告网站上的商品信息进行抓取，并利用这些信息有针对性地制定了低价竞争策略。原告根据 CFAA 对被告提起了诉讼，认为其抓取网页信息的行为构成了对原告计算机系统未经授权的访问。法院经审理认为，被告公司的创立者均曾与原告签署保密协议，约定不能将原告的商业信息用于与原告利益相冲突的用途，而对原告网站上的数据进行抓取已经构成了对该协议约定义务的违反，因此被告的行为已经构成对原告计算机系统未经授权的访问。在本案之后，基于 CFAA 的相关规定，主张网页抓取行为构成对数据主体计算机系统未经授权的访问，开始成为被抓取方的主要诉讼策略，并延续至今。

在 2013 年"Craigslist Inc. v. 3Taps Inc. 案"中（简称"Craigslist 案"），原告是一家广告信息的聚合类网站，被告通过抓取程序对其网站上的广告信息进行了实时的、全面的抓取，并根据第三方的需求向其提供这些信息。原告在获知被告的行为后，向其发送了制止函（cease and desist letter），并对被告的 IP 地址采取了屏蔽措施。法院认为，虽然原告的网站处于公开可访问状态，但由于立法者在设置 CFAA 关于未经授权从计算机系统中获取信息行为的规定时，并未明确区分公开信息与非公开信息，因此被告是否有权访

---

① 18 U. S. Code § 1030（a）（2）（c）.

② See S. Rep. No. 99 - 432；America Online, Inc. v. National Health Care Discount, Inc., 121 F. Supp. 2d 1255, 1275（N. D. Iowa 2000）.

③ EF Cultural Travel BV v. Explorica, Inc., 274 F. 3d 577（1st Cir. 2001）.

问原告的计算机系统，与被获取信息是否处于公开状态并无关联。① 在此基础上，法院援引了"LVRC Holdings v. Brekka 案"中确立的规则，② 认为原告发出制止函和采取 IP 地址屏蔽措施的行为，已经足以撤销被告对其网站的访问授权，而被告在此种情况下继续实施网页抓取行为，构成了对原告计算机系统未经授权的访问。

在 2016 年"Facebook, Inc. v. Power Ventures, Inc. 案"（简称"Facebook案"）中，法院进一步明确了计算机系统所有人是唯一有权设置系统访问权限的主体。在该案中，被告是一家第三方平台，用户可通过向其授权使用账号密码，将自己在 Facebook 以及其他社交网站上的信息进行聚合显示。Facebook 认为被告的服务违反了其与第三方之间的既有合作模式，故采取了技术措施禁止被告访问其服务器，并予以书面告知。法院认为，被告要想从 Facebook 的计算机系统中获取相关用户的个人信息，必须获得用户和 Facebook 的双重授权，其中用户授权指向的是个人信息的内容，而 Facebook 授权则指向的是该信息的载体。最终，法院认定原告的行为已经构成对被告访问权限的明确（explicitly）撤回，而被告继续抓取数据的行为足以构成未经授权的访问。

3. 小结

综上所述，在美国司法实践中，以数据载体为依托对非独创性数据库进行保护的基本模式已经形成。具体到网页抓取纠纷来说，此种保护模式主要表现为：数据主体可以通过对计算机系统访问权限的设置，禁止他人利用抓取软件访问其计算机系统，从而避免数据库中的信息被批

---

① Craigslist Inc. v. 3Taps Inc. , 942 F. Supp. 2d 962（N. D. Cal. 2013）.

② LVRC Holdings v. Brekka 581 F. 3d 1127, 1135（9th Cir. 2009）. 本案案情：被告在原告公司工作期间，原告分配给了被告一台电脑以及连接第三方网站获取相关信息的授权。被告离职后，原告起诉了被告，认为其在职期间将公司机密以电子邮件方式传输给自己的邮箱，以及在离职后继续从外部网页访问公司账号的行为构成了对 CFAA 的违反。对于在职期间的访问，虽然目的可能有违公司初衷，但毕竟是使用公司分配的电脑进行操作的，因此还可被认为属于授权范围，而其离职后的行为，则无疑属于未经授权的访问，属于故意未经授权连接电脑。

量复制。

值得注意的是，当载体保护模式的法律依据从侵害动产规则转变为未经授权访问规则时起，数据载体就从作为有体物动产的计算机变为了一种新型的权利客体——计算机系统。与前者不同，计算机系统的权利边界并不由其物理属性所决定，而主要取决于系统所有者设置的访问权限。这表明，侵入计算机系统行为的可归责性将主要来自对系统所有者主观意志的违背，而系统所有者作为私人主体，其主观意志在何种情况下能够产生对抗不特定第三人的法律效果，往往是利益博弈与政策选择的结果。

（三）对数据的载体保护模式的反思：以"LinkedIn 案"为切入点

1. "LinkedIn 案"简介

2017 年"hiQ Labs，Inc. v. LinkedIn Corporation 案"（简称"LinkedIn案"）中，LinkedIn 是一家职场社交网站，有数量众多的用户在其网站上公开展示简历信息；HiQ 是一家为雇主提供咨询服务的公司，其主要通过对雇员相关信息的收集和分析，对其是否具有离职倾向以及职业技能的掌握情况作出判断。为了获取分析所需的数据，HiQ 使用网页抓取技术对 LinkedIn 用户在网站上公开展示的简历信息进行了收集。LinkedIn 在知晓 HiQ 实施的网页抓取行为后，向其发出了禁止继续实施抓取行为的函件，并对 HiQ 的服务器采取了 IP 地址屏蔽措施。在与 LinkedIn 就解除技术屏蔽协商未果后，HiQ 向法院提起诉讼，主张根据加州普通法、反不正当竞争法以及加州宪法等规定，LinkedIn 无权禁止 HiQ 对处于公开状态的简历信息进行抓取，因此HiQ 利用网页抓取技术获取简历信息的行为，不构成对 LinkedIn 计算机系统未经授权的访问。

2. "LinkedIn 案"的判决结果及理由

由于本案案情与"Craigslist 案"颇为类似，因此在诉讼过程中，LinkedIn 基本依循了"Craigslist 案"确立的裁判规则，主张其向 HiQ 发出制止函以及采取 IP 地址屏蔽措施等行为，已足以构成对 HiQ 访问其计算机系统权限的撤回。在此种情况下，若 HiQ 继续访问其计算机系统并从中获取数据，将构成对计算机系统未经授权的访问。

然而，本案法官并没有根据"Craigslist 案"的裁判规则，直接根据 LinkedIn 设置的计算机系统访问权限对 HiQ 抓取行为的合法性进行判断，而是从多个维度入手，对 LinkedIn 是否有权限制 HiQ 对计算机系统的访问权限进行分析。具体来说，主要包括以下三个方面：

第一，计算机系统访问权限的设置规则。本案法官认为，根据 LinkedIn 的默认设置，一旦用户选择公开简历信息，那么任何网络用户均可在未经登录的情况下对该用户的页面进行访问。这意味着，LinkedIn 计算机系统与该用户页面信息对应的部分，也是默认处于公开可访问状态的。在此种情况下，LinkedIn 若想撤回或限制特定主体对其计算机系统的访问权限，仅仅通过发送通知或采取 IP 地址屏蔽措施的方式是不够的。这是因为，从 CFAA 的立法沿革来看，立法者在设置未经授权访问规则之时，主要针对的是以黑客手段破解防护措施进而侵入私人计算机系统的行为，① 而对处于公开可访问状态的计算机系统的访问权限应如何设置，并未作出明确规定。考虑到未经授权访问计算机系统行为可能构成犯罪，如果允许计算机系统所有者仅凭自己的意愿，就可以对原本处于公开可访问状态的计算机系统的访问权限进行任意限制，那么，无异于赋予了私人主体任意设置犯罪构成标准的权利，而这将可能对他人的行为自由构成严重限制。

有鉴于此，本案法官认为，当计算机系统所有者将其系统的默认访问权限设置为公开状态时，除非通过设置密码验证系统（password authentication system）等方式，使计算机系统的默认状态从公开变为闭锁，否则不能简单通过发送通知或设置 IP 抵制屏蔽等方式，任意剥夺特定主体对于该系统的访问权限。②

第二，良好的市场竞争环境。法官认为，LinkedIn 在职场社交市场中占

---

① See H. R. Rep. No. 98 - 894, 1984 U. S. C. C. A. N. 3689, 3691 - 92, 3695 - 97（1984）; S. Rep. No. 99 - 432, 1986 U. S. C. C. A. N. 2479, 2480（1986）.

② 至于验证码（CAPTCHA）和 IP 地址屏蔽等技术措施，充其量只是降低他人访问计算机系统效率的手段，而并不足以产生撤销其访问权限的效果。

据的主导地位，使其在简历信息的占有量方面相对于其他市场主体具有难以撼动的优势。在此种情况下，若严格禁止包括 HiQ 在内的其他市场主体抓取用户公开的简历信息，将很可能使 LinkedIn 在职场社交市场中的竞争优势传导至其他相关市场，从而造成排除、限制竞争的影响，破坏市场的公平竞争环境。①

第三，信息自由流动的公共利益。HiQ 在诉讼中提出，除非拥有知识产权等法定权利，否则私人主体不应享有单方面限制其他私人主体获取公开信息的权利。如果赋予了私人主体此种权利，将可能引发一系列宪法问题，不仅有损于言论自由环境，还将对互联网上信息的自由流动造成阻碍，从而在整体上损害社会公共利益。对于上述观点，本案法官基本都予以采纳。

综合上述考量，法官不仅最终认定 HiQ 实施的抓取行为不构成对 LinkedIn 计算机系统未经授权的访问，而且还要求 LinkedIn 立即撤销针对 HiQ 设置的反爬虫措施，并撤回其对 HiQ 发出的制止函。

3. "LinkedIn 案"的启示：对载体保护模式的反思

尽管"LinkedIn 案"目前仍处于二审程序之中，但一审法官作出的有别于先例的判决结果以及支撑该项判决的理由，却具有很强的启发意义，促使我们重新审视数据财产的载体保护模式，并对其内在局限性进行反思。

具体来说，本案与"Craigslist 案"裁判规则最大的区别在于：法官特意区分了 HiQ 抓取的信息是否处于公开可访问状态，并主张针对不同情形，适用不同的数据载体访问权限设置规则。如果数据自始处于非公开状态，只对特定主体开放访问权限，那么计算机系统所有者可根据自己的意愿对数据访问权限进行自由调整。因为从某种程度上说，处于非公开状态的数据与商业秘密较为类似，由于其从来未曾进入社会公共空间，因此计算机系统所有者凭借其对计算机系统享有的支配权，根据自己的意愿对访问权限进行任何设置，通常并不会对社会公共利益产生影响。

反之，如果被抓取的信息原本处于公开可访问状态，那么，当系统所有

---

① 黄晓锦：《大数据时代数据分享与抓取的竞争法边界》，《财经问题研究》2018 年第 2 期。

者想要限制或剥夺特定主体的访问权限时，该行为是否具有法律效力就需要综合考量多方面因素进行判断，而不能仅仅依据其主观意愿来决定。之所以在后一种情况下，法官认为需要综合考量多方面因素进行判断，其主要原因是信息天然具有非竞争性特征。一旦某项信息被置于公开可访问状态，那么在理论上，其价值就可被社会公众所共享。在此种情况下，系统所有者对计算机系统访问权限进行的任何限制，都可能对社会公共利益产生影响，并阻碍信息的自由流动。

根据案件具体情况，综合考量多方主体利益，方可维持私人主体与社会公共利益之间的平衡关系，这也体现出数据的载体保护模式本身的局限性：权利人对于数据载体享有支配权是该模式发挥效用的前提条件，而由于支配权系对世权，因此其权利内容需要由法律直接规定，以确保相对人的行为自由不受过多限制。在此种确权模式下，支配权的内容通常是统一且确定的，并不会因权利客体是否处于公开可访问状态而发生改变。

三 依循"财产规则"构建数据财产保护规则的局限性

对于数据财产确权与保护规则的建构，欧美两大法域分别选择了"在数据承载的信息上设置权利"的信息保护模式和"在数据的载体上设置权利"的载体保护模式。从司法实践的情况来看，这两种模式均能够在相当程度上，为数据主体保护其合法权益提供必要的请求权基础，但也都各自存在难以克服的内在局限。值得注意的是，虽然这两种保护模式在权利客体的选择上大相径庭，但其背后的设权思路却是相同的。二者均希望依循财产规则（property rules）的路径，通过创设或借助一种支配性的权利实现对数据财产的有效保护。然而，正是此种选择使得二者面临着类似的或者说相同的制度困境，主要表现为僵硬的支配权与数据财产的复杂性之间的矛盾。

具体来说，无论是数据库权还是数据载体所享有的权利，在法律性质上都是一种支配权，权利人透过此种支配权将可以对其收集或创造的数据的传播范围获得实质性控制权，进而实现对数据承载之信息价值的垄断。然而，数据财产的价值主要来自信息的聚集，且数据兼具信息载体与信息本体的特性决定了数据财产可能承载的信息类型十分多样，因此在数据财产之中往往蕴含着十分丰富且多元的价值，而数据控制者在付出成本对信息进行收集和整理的时候，很可能只是为了其中的某一种或几种价值。从某种程度上说，版权作品类似于制成品，功能和用途已由作者确定；数据财产则更类似于原材料，不同主体可能会将其用于不同用途，并发掘出其蕴含的不同价值。此种价值的多元性意味着，数据财产可以在不损失数据质量的情况下重复使用，而对于不同价值的利用，也不会使在先利用者丧失竞争优势，因为相同的数据可以支持或改进不同的产品或服务。[①] 以前述"LinkedIn 案"为例，LinkedIn 将用户的简历信息主要用于发展其社交网络服务，而 HiQ 则将简历信息用于职业分析业务，二者在市场中并不存在直接的竞争关系。

进一步说，要实现对于数据财产的有效保护，关键在于使数据控制者为了收集和整理数据而付出的成本能够获得合理的收益，从而在制度层面对其形成必要的激励，而要达到这一制度目标，并不必然需要对数据财产享有支配性权利。对于数据财产的权属进行确定，目的是为了让数据财产可以产生的价值最大化，而通过创设支配性权利对数据财产进行确权和保护，很难在不同场景下根据不同类型的主体关系，对不同类型的数据的多元价值进行合理分配。

---

① Towards a Common European Data Space, COM (2018) 232 final, Brussels, 25. 4. 2018.

B.18
互联网国际规则的演进、现状与未来

沈　逸　王　蕾　白玉川*

摘　要： 近年来，网络空间国际治理已成为全球治理体系的重要领域，
各国纷纷出台政策参与到网络空间国际治理进程中。目前，
全球有两种互联网国际规则制定的模式。一种为以美欧为代
表的传统信息强国所提倡的"多利益相关方"模式；另一种
为广大发展中国家和新兴经济体所倡导的"多边主义"治理
模式。无疑，国家行为体之间的互信缺失影响了互联网规则
制定的进程。虽然西方发达国家与发展中国家对于互联网治
理理念存在差异，但是互联网国际规则制定的需求将不断上
升，特别是物联网时代的到来将推动互联网规则制定向新形
态转变。从此层面，维护国家在国际规则制定中的主要地位
应是互联网国际规则发展的基础条件。

关键词： 互联网　国际规则　多利益相关方　多边主义

一　与互联网国际规则相关的概念与定义

近年以来，网络空间国际治理已经成为全球治理体系的重要领域，各国
纷纷出台相关政策参与到网络空间国际治理的进程中来。在参与互联网全球

---

* 沈逸，复旦大学副教授、复旦大学网络空间治理研究中心主任；王蕾，复旦大学网络空间治
理研究中心研究助理；白玉川，复旦大学网络空间治理研究中心研究助理。

治理的过程中，由于各国对于网络空间治理的认识不同，对于网络空间的诉求不同，对于互联网治理规则必然很难完全统一，因此，制定一种符合大多数国家、企业和互联网用户利益的互联网国际规则具有十分重要的现实意义。

在 2005 年 6 月，互联网治理工作组（WGIG）对互联网治理做出如下工作定义（Work Definition）："互联网治理是各国政府、私营部门和公民社会根据各自的作用制定和实施旨在规范互联网发展和使用的共同原则、准则、决策程序和方案。"之所以定位为"工作定义"是因为互联网治理工作组认为，互联网治理的内涵会随着时代发展而不断扩大，因此应保持对概念的开放性。笔者认为，从今天的角度来看，互联网的治理规则就是人类在互联网领域以及与互联网相关的经济、政治、文化、安全、军事领域，利用全球性和区域性网络空间治理平台阐述互联网治理领域的主要理念，最终形成具有一定约束力的显性或者隐性的国际机制体系。

一般来说，制定互联网国际规则的主体必然是多元的，其中包括全球性国际组织，如联合国信息安全政府专家组（UNGGE），联合国大会等；包括国际化互联网社群，如互联网名称与数字地址分配机构（ICANN）、互联网工程任务组（IETF）、国际互联网协会（ISOC）等；包括区域性国际组织，如欧盟、经济合作与发展组织（OECD）、G20、亚太经合组织（APEC）等。除此以外还包括政府、企业、专家和研究机构等。随着互联网国际治理的机制不断完善，这些官方以及非官方的国际组织纷纷参与到互联网国际规则的制定中，并从不同的侧重点对互联网国际治理贡献力量。从不同类型主体参与规则制定过程的历史发展演进来看，主权国家的强势回归和介入，并在实质上占据至关重要的地位，是 21 世纪至今最主要的发展趋势。

主体制定互联网国际规则必然要依靠互联网规则制定平台。互联网规则制定平台包括全球性网络空间治理平台和区域性全球网络治理平台，以及国家间双边网络空间对话与合作机制。

互联网国际规则的制定主要围绕规则应该遵循何种指导原则和模式这条主线来展开，即以欧美为代表的发达国家推崇"多利益相关方"模式，他们认为互联网空间属于"国际公域"，应当由政府以外的行为体进行规范。

但从实践看，欧美发达国家推崇的"多利益相关方"模式，其本质上是一种具有针对性的模式，即不允许除欧美发达国家之外的主权行为体介入互联网规则的制定过程，而欧美发达国家本身则凭借旋转门机制、良好的政商关系，以及在技术社群中比较风行的"兄弟会"模式事实上实现了对相关规则制定过程的事实垄断。

而中国以及大多数发展中国家推崇"多边主义"的行为方式，认为网络空间具有主权属性，国家政府已经不能置身于网络空间国际治理之外，相反国家政府应当是互联网国际规则制定的引领者和主导者。当前中国在互联网国际治理中的话语权不断增加，中国主张尊重网络主权，"大家的事大家商量着办"，网络空间治理应当多边多方并行的理念已得到国际社会的普遍认可。

自 2016 年美国总统选举出现所谓俄罗斯黑客借助社交媒体干涉美国国内政治过程的消息之后，欧美发达国家开始旗帜鲜明的要求保障自身在网络空间治理中的主权权力，同时继续构建具有显著多重标准的治理游戏规则，试图继续努力实现一种由欧美掌握评价权力，以国内政治体制是否符合特定类型意识形态要求为核心评价标准的区别对待的体系。在这套体系中，符合特定要求的"民主"国家将自动获得包括内容管控在内的治理权力，不符合要求的"非民主"国家非但不能参与其中，而且还必须自觉、自愿的忍受民主国家借助社交媒体进行政治渗透或者颠覆性改造时带来的动荡和挑战。

当前，上述两种模式、两条道路之争依然没有一个清晰的结论，但可以肯定的是，20 世纪 90 年代至 21 世纪最初十年曾经出现过的欧美版多利益相关方原则占据压倒性优势的局面，然而，该局面目前已经出现了显著的调整和改变。

二 互联网国际规则制定的历史沿革及现状

（一）互联网国际规则制定的历史沿革

从互联网网络空间建立之日起，互联网国际规则一直是各个国家和网络空间行为体持续关注的内容。从 20 世纪 60 年代至今，网络空间的国际规则经历了不断变化的过程，大致可以按照一些标志性事件进行阶段划分：

第一个阶段是互联网空间的建立时期，这一时期的标志性事件就是 TCP/IP 协议的制定及部署。互联网源于 20 世纪 60 年代美国的"阿帕网"，起初只用于美国国防部的科研机构，这也决定了互联网方面的治理最开始局限于技术领域。直到 20 世纪 70 年代，互联网之父 Robert Kahn 与 Vinton Cerf 在斯坦福大学发布传输控制协议（TCP）的基本原理，不少技术专家意识到互联网规模具有不断扩张的趋势并开始着手制定互联网规则。其中最为重要的事件就是域名系统软件的成功研发，一些通用顶级域（如 . gov、. com、. arpa、. edu、. mil、. org）的使用使得域名资源被赋予了巨大的商业价值。总之，这一时期属于互联网初创时期，互联网治理还局限于技术层面，互联网规则制定的主体仅仅是非国家行为体，并未扩展到国家层面。

第二个阶段为美国确立权威地位时期。这一时期从 20 世纪 90 年代一直到 2005 年全球信息峰会召开。ICANN 以及其他互联网组织的建立使得互联网技术规则制定逐渐从松散形式转向机构化、组织化的管理模式。1986 年，互联网工程任务组（IETF）成立，为互联网技术人员制定网络标准提供了平台；1992 年，国际互联网协会（ISOC）成立，其成立目的在于制定互联网相关标准及推广应用；1992 年，欧洲成立了 IP 地址资源网络协调中心（RIPE - NCC），作为首家区域性 IP 地址分配机构，欧洲网络协调中心具有一定的示范效应，随后一些区域性 IP 地址管理分配机构也相继成立。全球性和区域性互联网组织的建立使得互联网规则制定呈良性发展。

根服务器是互联网管理的枢纽也是最为重要的互联网基础设施。全球总共包括 1 个主根服务器和 12 个辅根服务器，除了主根服务器在美国，在全球 12 个辅根服务器当中也有 9 个在美国，美国政府掌握着互联网规则制定的"生杀大权"。随着互联网的广泛应用，美国政府和早期互联网技术社群组织在基础设施管理方面产生了分歧，随后引发了在这一领域的博弈论战。1998 年，阿帕网的发明者 Jon Postel 教授对根服务器的解析指向曾进行过短暂调整，这引发美国政府的强烈不安，随后美国政府在商务部设立国家电信局（NTIA）作为互联网号码分配局（IANA）的监管部门，并在多方呼吁下成立了非营利机构互联网名称与数字地址分配机构（ICANN），承接了 IANA 的管理工作。ICANN 主要负责监管全球范围内 IP 地址分配，自治系统号码以及域名系统中的根区管理。表面上看，互联网名称与数字地址分配机构（ICANN）的成立满足了互联网技术社群的要求，实际上美国通过设立互联网号码分配局（IANA）确立了对根服务器和根区文件的行政管理地位。

这一阶段的网络空间规则制定仍然以技术层面为主，但也有转向应用层面的趋势。制定互联网规则不再是非政府机构的事情，国家开始介入互联网规则的制定并希望在制定规则的过程中谋求利益。ICANN 的建立是这一阶段的标志性事件，美国政府开始将全球 DNS 的日常技术协调职能交由 ICANN 负责，确立了美国在互联网规则制定中的独特地位。

第三个阶段为多方介入治理阶段。从 2005 年全球信息社会峰会突尼斯会议直到斯诺登披露"棱镜门"事件为止。2005 年突尼斯会议聚焦于关键互联网资源的国际共管，聚焦于缩小数字鸿沟和改变互联网国际管理现状两大议题。广大发展中国家认识到互联网国际治理的重要性并迫切希望改变现状，而美国不愿接受互联网由联合国管理的意见并对建立"数字互助基金"持冷漠态度。会议最终决定成立互联网治理工作组并对互联网基础性问题进行研究，并于 2006 年成立互联网治理论坛（IGF）。该论坛正式提出，互联网的治理涉及技术和公共政策两个方面，应由利益相关方、政府和国际组织共同参与。突尼斯会议的召开标志着国际社会开始对互联网国际治理以及规则的制定提升到一个新的高度，国际社会参与互联网国际治理的热情上升，在互联网国际规则制定上美国一家独大的局面受到动摇。

在以中国为代表的发展中国家与以美国为代表的西方国家就互联网国际规则的博弈过程中，多边治理模式逐步深入人心并取得了一定的成果。2011年，中俄等国向第 66 届联合国大会提交了"信息安全国际行为准则"，呼吁各国就规范各国信息和网络空间行为准则方面达成一致。美国也在其《网络空间国际战略》的报告中提出，要"致力于制定公认的国际协定与新标准，加强网络安全的同时维护自由贸易和信息自由流动"。① 中美之间的互动直接推动了 2015 年联合国信息安全政府专家组（UNGGE）达成报告，报告中明确指出，"国家在网络空间具有主权和管辖权"。② 由此，政府机构作为互联网规则制定的主体被正式确定下来。

第四个阶段为斯诺登披露"棱镜门"事件后到 2016 年 10 月美国移交 IANA 的监管权限，ICANN 改革取得重大进展。2016 年对于国际互联网治理来说具有里程碑意义。经历了 20 余年的磋商，2016 年 10 月 1 日，美国国家电信与信息管理局（NTIA）正式将互联网域名系统（DNS）的管理权移交给了非营利组织 ICANN，标志着互联网治理开始走向国际化并有望实现多元主体参与的格局。③

IANA 权限移交的进程早在 1998 年就已启动，美国在商务部发布的《互联网域名与地址管理白皮书》中指出，互联网的商业使用已经扩张到全球，互联网规则制定应当交给私营部门，以便于更快引领互联网的创新发展。随后这一计划保持搁置状态，直到斯诺登事件的爆发将美国集中的互联网管理模式推到了风口浪尖。美国迫于舆论压力，决定重提互联网管理权私有化的问题。然而 IANA 管理权限移交并不彻底，其本质在于将美国政府对于根服务器等关键基础设施的管理转化为国内法律约束下的司法管辖。尽管如此，从全球视角来看待这次 IANA 监管权的移交依然有其积极意义。在这一阶段，中国在 2015 年世界互联网大会上提出了"四项原则""五点主张"，赢得了国际社会的广泛认同，中国在互联网全球治理方

① Obama administration outlines international strategy for cyberspace，https：//www. washingtonpost. com/world/obama – administration – outlines – international – strategy – for – cyberspace/2011/05/16/AFokL54G_ story. html? noredirect = on&utm_ term = . 9156ee878f52，最后访问时间为 2019 年 5 月 2 日。

② 2015 UN GGE Report：Major Players Recommending Norms of Behaviour，Highlighting Aspects of International Law，https：//ccdcoe. org/2015 – un – gge – report – major – players – recommending – norms – behaviour – highlighting – aspects – international – l – 0. html，最后访问时间为 2019 年 5 月 2 日。

③ 《未知的破晓，解构互联网法律前沿》，腾讯网，https：//mp. weixin. qq. com/s/XDex69xjLxwPnR3G8wcA1w，最后访问时间为 2019 年 5 月 2 日。

面的影响力大幅提升，政府参与主导的多边治理机制越来越为国际社会所接受。

（二）互联网国际规则制定的现状

通过梳理网络空间国际规则制定的历史可以得知，从国际规则包含的内容来看，其涵盖范围逐渐从技术领域扩展到与互联网技术相关的政治、经济、社会、文化以及军事领域；从互联网治理的主体角度来看，从技术社区逐步扩展到政府和国际机构；从治理模式上来看，从美国一家独大的多利益相关方治理模式到政府多边治理模式被国际社会广泛接受。

从国家行为体层面来看，联合国信息安全政府专家组（UNGGE）是全球网络空间治理以及网络空间规则制定的主要机制。联合国信息安全政府专家组根据第68届联大有关决议成立，主要研究网络安全领域现实和潜在威胁，探讨负责任国家行为规范、建立信任措施及国际法相关问题，并向联大提交报告。目前为止，联合国秘书长已分别任命5届专家组，专家组也经历了两次扩容，由最初15个国家发展为25个国家。在5次专家组会议中有三次达成共识并形成报告，第5届UNGGE专家组会议未形成共识。最主要原因在于各国就网络空间军事化、传统军事手段与网络攻击之间的关系存在根本分歧。美国希望将传统军事战争与"网络攻击"挂钩，认为"动网"即"动武"，希望利用自身强大的传统军事手段回应网络攻击，其目的在于将《武装冲突法》引入网络空间。[1] 中国及一些网络实力较弱的国家认为，应区别对待网络冲突与传统战争，在"动网"与"动武"之间划清界限。

美国及其盟友错误解读《联合国宪章》内容，将武力冲突与网络冲突画等号来行使自卫权，就是要利用其在网络方面的技术优势单方面界定"网络攻击"，从而为其单边使用武力增加合理性，这显然与联合国网络空

---

[1] 《谁导致了UNGGE全球网络安全谈判的破裂?》，搜狐网，http://www.sohu.com/a/205026816468736，最后访问时间为2019年6月1日。

间治理的意愿相违背。同时，这次专家组会议未达成共识也在于专家组增加了很多网络技术弱势的国家，这虽然使得在专家组内部形成与美国及其盟友相抗衡的力量，抑制美国的网络霸权，但同时也由于参与国更换频繁使得会议议程不具有连续性，会议采取闭门会议形式所形成的规范也在非参与国中不受欢迎。

总的来说，作为主权国家网络规范形成发展的重要平台，UNGGE 虽然存在很多不完善之处，但其对于当前阶段信息安全领域的现实威胁挑战已经有了清醒的认识。将国际法和《联合国宪章》作为降低网络风险的重要准则，对于国家如何增进理解、加强合作、建立交流提供了基本的行为准则。

国际法是全球网络空间规则制定的重要组成部分。从非国家行为体层面看，比较有代表性的成果是《塔林手册 1.0》和《塔林手册 2.0》。这两部手册是由北约卓越合作网络防御中心（NATO CCD COE）的法律学者、法律事务专家和技术专家编写的。

第一部手册历时四年讨论并在 2013 年正式出版，以"网络空间不需要新规则，现行国际法适用于网络空间"为原则，对网络战适用于国际法的问题进行了阐释。该手册从"国际网络安全法"和"网络空间武装冲突法"两部分入手分别讲述了"开战正义"和"交战正义"① 所应遵循的国际法准则。由于第一部手册的参与专家均为西方国家代表，缺乏一定代表性，同时第一部手册的重心聚焦于使用军事手段来应对网络安全威胁，对于非战争层面没有给出合理的回答。

第二版手册首先在内容上拓宽了适用范围，更加专注于和平时期网络行动的国际法准则，涵盖了低于武力冲突阈值的网络事件。同时在国际网络安全事件的规范上与国际法保持一致，在人权法、海洋法、外交与领事法等方面进行了专项审查，增强了手册的适应性。与此同时，这次会议的国际化参与度也大幅提高，除去北约国家的专家以外还邀请了白俄罗斯、泰国、日本

---

① 朱莉欣：《网络空间安全视野下的〈塔林手册 1.0〉评价》，腾讯网，https：//mp. weixin. qq. com/ s/MjWHgdFKOet18aD1PXI–RA，最后访问时间为 2019 年 4 月 1 日。

和中国的专家各一名。① 北约卓越合作网络防御中心还两次举行政府代表咨询会，提升材料编纂的参与度，《塔林手册2.0》相对于第一版更具有适用性。

总而言之，两个版本的《塔林手册》是对网络空间国际法的一大完善，但我们也应当看到这种小范围增加参与国以提升手册国际化水平的做法依然效果有限，并不能真正意义上提出全球性的解决方案，相反由于西方力量的绝对优势地位可能形成其他国家被迫接受西方国家的价值观和国家利益的行为。此外，手册中的条款多为假设性的情况，而处理假设情况大多还是依靠自由裁量权，条款的适用性和最终解释权依然在西方国家手中，因此在互联网国际规则制定依然需要不断发展完善。

三 世界主要国家对互联网国际治理模式 与规则的认识

互联网国际规则制定机制的分歧根本上是美欧等西方发达国家与广大发展中国家对于互联网治理理念的差异。这种差异与分歧很难区分对错，只是立场观点不同。只有进一步明确互联网国际规则在理念上的具体差异，才能推进形成更好的互联网治理模式。

（一）互联网的国际治理模式

当今全球有两种互联网国际规则制定的模式，分别是以美欧为代表的传统信息强国所提倡的"多利益相关方"模式和广大发展中国家和新兴经济体所倡导的"多边主义"治理模式。两种模式的根本区别在于从不同角度回答了网络空间的本质属性，政府在互联网国际治理中的地位作用以及国际互联网治理应该采取何种治理模式的问题。"多利益相关方"模式认为网络

---

① 《〈塔林手册2.0〉的正式出版将如何影响网络空间国际法?》，腾讯网，https：// mp. weixin. qq. com/s/CplbzYGNycquCCrpVNAWag，最后访问时间为2019年4月1日。

空间属于"全球公域",应当由政府以外的部门治理;"多边主义"模式认为国家政府是网络空间治理的主导者。这两种理念的矛盾冲突是互联网国际治理的一条主线,但同时,两者相互融合、相互谋求合作的空间也越来越大。

所谓多利益相关方就是多方共同管理,这种理念来源于美国"互联网自由"的理念。其认为,全球网络空间应当是一个完全商业化的空间,国家政策应当减少对其影响。^① 美国将"利益相关方"概念引入是试图从公司角度说明,不论以何种身份参与互联网管理的行为体都有机会参与制定互联网规则。然而,作为互联网强国的美国也无法完全否认政府在互联网管理中的作用,在面临自己国家的网络安全问题时都会毫不犹豫操起政府治理的大棒。

从另一个角度而言,"多利益相关方"目的在于通过排斥和淡化国家主权对于网络空间的作用,使美国及其盟友达到实现网络空间优势,握紧网络规则制定权的目的。根源在于这一规则看似公平,实质上由于广大发展中国家网络能力有限,无法与发达国家以一种完全对等的姿态参与网络空间建设,往往只有不具有强制力的建议权。如前文所述,美国拥有全球绝大多数的根服务器,在域名注册、IP 地址管理等方面拥有无可争议的优势和权限,这足以说明在互联网规则制定中仅仅依靠非政府组织以及个人的行为无法获得绝对的平等。

与"多利益相关方"模式相对应的是"多边主义"的治理模式。所谓多边模式就是承认网络主权,注重发挥政府部门的引领作用。"多边主义"模式的兴起反映出互联网发展的自然趋势。一方面在于互联网的广泛使用使得政府难以置身事外,互联网从只有少数人参与的新事物逐步发展为涵盖经济政治文化安全领域的"必需品",互联网的范畴与政府职能存在越来越多的重叠,因此政府部门必须在网络空间履职尽责;另一

---

① International Strategy for Cyberspace-Obama White House, https://obamawhitehouse. archives. gov/ sites/default/files/rss_ viewer/international_ strategy_ for_ cyberspace. pdf, 最后访问时间为 2019 年 6 月 1 日。

方面，美欧等西方国家将"利益相关方"模式作为互联网国际规则，尽可能打压发展中国家的网络空间，出于维护网络空间自身利益的需要，"多边主义"模式开始登上舞台。长期以来，"多边主义"的模式受制于"多利益相关方"的治理模式，直到斯诺登事件的发酵才让不少国家看清了"多利益相关方"的真实面目，对于"多边主义"治理规则的呼声也越来越高。

"多边主义"与"多利益相关方"两种理念并非完全对立，前者更加注重政府层面的决策领导作用，更加突出政府间的平等参与合作，通过平等的政府层面的合作制定多边规则。中国是"多边主义"模式的主要倡导者，但中国并未将两种理念根本对立起来，而是认为应当寻找更具包容性的治理模式，进一步改善互联网国际治理。

（二）世界主要国家对于互联网国际规则的认识

世界各国选择互联网规则并非在"多利益相关方"和"多边主义"两者之间进行选择，而是结合自身的国情选择性吸收适用于本国的互联网国际规则。

作为老牌网络强国，美国是"多利益相关方"理念的主要倡导者，但同时美国也不排斥使用政府力量保护本国的网络空间利益，应对新形势下网络空间挑战。美国在《网络空间国际战略》中强调，政府要在网络空间治理中发挥关键作用。特朗普入主白宫以来在网络空间动作频繁，首先是颁布了13800号网络安全行政令，该行政令专注于国内网络空间治理，意在维护美国关键基础设施安全；在对外的网络安全政策上进攻意味更加明显，明确将俄罗斯、中国、伊朗、朝鲜作为与恐怖威胁并列的主要网络威胁来源。随后特朗普在白宫内部频频换将，取消了国务院网络安全协调员一职，国务院在网络安全政策制定方面被逐步边缘化，同时任命日裔陆军上将保罗·中曾根（Paul Nakasone）为网络司令部司令，网络司令部升级为联合作战司令部。美国的上述行动已经将数字主权提升到新的高度，同时更加关注政府和军方在网络空间治理中的作用。

中国治理互联网的主要理念是尊重网络主权，充分尊重各国自主选择的网络发展道路，倡导建立"网络空间命运共同体"。习近平在 2015 年 12 月的世界互联网大会中指出："网络空间是人类共同的活动空间，网络空间前途命运应由世界各国共同掌握。各国应该加强沟通、扩大共识、深化合作，共同构建网络空间命运共同体。"① 在本届互联网大会中，习近平提出了"四项原则"和"五点主张"。上述原则和主张不仅体现符合互联网发展规律，更反映了中国在互联网国际治理中的大国责任与担当。在此基础上，中国在 2017 年 3 月发布的《网络空间国际合作战略》明确将"和平原则""主权原则""共治原则""普惠原则"作为互联网国际治理与合作的重大原则，把"维护主权与安全""构建国际规则体系""促进互联网公平治理""保护公民合法权益""促进数字经济合作"和"打造网上文化交流平台"作为战略目标。这为中国寻找中国互联网治理和世界互联网治理规则的平衡点提供了理论依据。

欧盟作为网络空间的重要一极，对网络空间的制度规则建设起步较晚，但发展速度快并迅速形成欧盟特色。欧盟将网络空间视为民主法治而非军备竞赛的场所，欧盟承认美国提出的"多利益相关方"模式，但也不否认政府在网络空间治理中的作用。在网络空间国际规则制定中，欧盟侧重于强调通过合作创新、增加投资来保障网络安全，强调多边协作的重要性，致力于打击网络犯罪、建立网络防御体系和构建统一的数字市场。欧盟将网络空间制度性话语权视为网络空间领导力和影响力的决定性因素，因此欧盟在构建互联网国际秩序中对美国掌管域名和地址分配机构持怀疑态度，同时参与创设"伦敦进程"、全球互联网合作与治理机制论坛、全球互联网治理委员会等作为互联网治理更加透明的网上平台。② 2018 年，欧盟《通用数据保护条

---

① 《习近平在第二届世界互联网大会开幕式上的讲话（全文）》，新华网，http://www.xinhuanet.com/politics/2015－12/16/c_ 1117481089.htm，最后访问时间为 2019 年 5 月 1 日。

② 王明国：《欧盟网络空间制度性话语权建构及其启示》，腾讯网，https://mp.weixin.qq.com/s/0P3VwmX49rxfVWzeBEqzKQ，最后访问时间为 2018 年 12 月 21 日。

例》（GDPR）正式生效，进一步强化对欧盟用户个人数据的保护，将西方普世价值引入网络空间治理实践，意味着互联网规则的制定有可能进入意识形态划线的局面。

俄罗斯对于网络空间治理的认识与西方国家有所不同。由于俄罗斯在政治安全领域与西方国家较为紧张，其网络空间治理政治色彩更为浓厚，认为网络空间是西方国家渗透和颠覆国家政权的主要工具。俄罗斯在网络空间国际治理领域并不热心，其相对封闭性体现在，所有信息政策均体现出强化俄罗斯国家安全、实现国家复兴的整体战略目标。俄罗斯特别强调要减少对外产品依赖度，对国外产品和服务的审查越来越严，同时加快实施网络产品的国产化。俄罗斯作为联合国安理会常任理事国，对于互联网国际治理也负有重要责任和义务，俄罗斯在2011年联合中国向联合国大会提交《保障国际信息安全行为规则》，主张利用联合国的平台形成新的网络安全国际公约。

表1　世界主要国家关于全球网络空间治理理念概览

国家	代表性文件	主要观点
美国	《网络空间国际战略》（2011年）	倡导"多利益相关方"模式；在本国利益受到威胁时，不避讳使用政府力量，特朗普上台后更加侧重政府和军方在网络空间国际治理中的地位作用。
中国	习近平在第二届世界互联网大会开幕式的讲话（2015年）；《网络空间国际合作战略》（2017年）	倡导"多边主义"模式；四项原则：尊重网络主权、维护和平安全、促进开放合作、构建良好秩序；五点主张：加快全球网络基础设施建设，促进互联互通；打造网上文化交流共享平台，促进交流互鉴；推动网络经济创新发展，促进共同繁荣；保障网络安全，促进有序发展；构建互联网治理体系，促进公平正义。
欧盟	《网络犯罪公约》（2001年）；《欧盟网络安全战略》（2013年）；《单一数字市场战略》（2015年）；《通用数据保护条例》（2018年）	兼具"多利益相关方"和"多边主义"特质，在打击网络犯罪、加强网络防御等方面协同合作，进一步削弱数据跨境流动壁垒，可能走向以意识形态划线的网络空间治理模式。
俄罗斯	《俄罗斯联邦信息安全学说》（2000年，2016年更新）	更加关注国家信息安全的各个方面，在参与网络空间国际治理中具有一定封闭性，谋求自身的绝对技术优势，希望利用联合国大会的平台开辟新的治理模式。

四 互联网国际规则制定中存在的主要争议及其前景

（一）互联网国际规则制定中存在的主要争议

1. 主体和客体的多样性、复杂性

一是规则制定的主体具有多元性。如前所述，互联网规则制定不仅包括国家行为体也包括非国家行为体。由于互联网规则制定主体多元，因此不容易形成共识，达成条约文本的周期长，这是互联网规则制定所面临的客观条件。

二是规则制定的客体涉及领域具有多样性。互联网国际治理的对象不仅仅是网络本身，而是以网络为载体的政治、经济、社会、文化、军事等方方面面，内容之间互相嵌入，很难将某一项内容剥离出来。

三是互联网规则具有较强的时效性，而规则制定往往需要冗长的流程，规则制定往往跟不上互联网变化的脚步。

2. 互联网治理模式的争议

互联网治理模式之争在于"多利益相关方"和"多边主义"模式之争，两种治理模式争论的焦点在于是否认同政府在网络空间治理中的主导地位。美欧等认为政府过多参与互联网国际规则制定势必削弱人权法在网络空间的适用性，主张由信息通信技术和资源硬实力主导网络空间规则制定，而事实证明美国等西方国家已无法回避政府在政策制定中的作用。"多边主义"则强调政府在规则制定中的作用，认为全球互联网规则应当由国家和国际组织承担。

3. 数据跨境流动与数据"保护主义"的争议

截至 2017 年，亚太地区互联网用户已达 20 亿，位居全球第一，海量的数据跨境传输改变了国际贸易的形态，便利的数据获取能够提高生产效率也能使市场运行更加高效，同时全球互联网用户的接触可以产生更多创意，催生新企业。特别是中小企业可以借助 eBay、阿里巴巴等数字平台接触到全球的消费者。以东亚地区为例，中小企业不仅主导了 60% ~ 99% 的商业活动，还承担了 50% ~ 98% 的就业，并贡献了 35% ~ 70% 的 GDP，[①] 数据跨境流动的作用不可小视。但同时很多国家以保护民众隐私、保卫国家安全等为由采取数据本土化措施，这种数据保护主义的做法使得网络资源无法得到充分利用，还迫使企业加大在获取数据上的投入力度，变相提高了生产成本，对发展中国家以及中小企业的发展壮大尤为不利。

4. 网络空间军事化与规制网络空间国家行为的争议

网络空间军事化是指将与网络空间有关的资源和技术用于军事目的或用于战争准备。从 2010 年美国成立网络司令部，将网络空间作为第五大作战行动领域开始，各国争相出台网络战略，组建网络部队，研发网络武器，网络空间的军事博弈日趋激烈。在预防网络空间军事化机制方面中俄与美国等西方国家有着不同看法。

具体而言，其一，美国希望将现实空间的威慑手段延伸到网络空间；主张将现有国际法照搬到网络空间；而中俄等国认为现有国际法在适用性上与当前形势存在差异，主张建立新的国际法。其二，美国虽然承认国家主权在网络空间的作用，但强调人权高于主权，主张国家主权与国家责任和国际义务的统一；中俄等国认为网络主权不可侵犯，反对以保护人权为借口干涉别国内政，主张和平利用网络空间。其三，美国等国认为对美国关键基础设施的网络攻击行为即构成开战，因此，可以先发制人，使用传统军事手段进行反击；中俄等国认为网络攻击查找攻击源和确定身份困难，反对在查明情况前采取军事回击措施。这些现实问题都是围绕西方国家和新兴国家在网络空间资源控制权、规则制定权和战略主动权展开的，难以在短时期内调和，这对网络空间规则制定提出了新的挑战。

（二）互联网国际规则制定的前景

1. 互联网国际规则制定的需求会不断上升。一方面，当前越来越多的

---

① Joshua P. Meltzer、Peter Lovelock：《如何理解跨境数据流动的重要性》，搜狐网，http://www.sohu.com/a/229579679_ 463913，最后访问时间为 2018 年 12 月 2 日。

主权国家认识到网络空间的战略价值，参与全球网络空间治理符合国家发展的现实需要，仅仅依靠美国主导的"多利益相关方"治理模式难以满足国家治理需求。另一方面，互联网信息的高速发展使得大数据、云计算、物联网、人工智能等新兴领域对于互联网规则的制定提出了更高要求。如数据跨境流动监管、对具有战略价值的数据资源的有效管辖、打击跨国犯罪、预防网络武器扩散等一系列问题，都需要互联网规则的有效供给。

2. 国家行为体之间的互信缺失仍将是影响互联网规则制定的重要制约因素。"多利益相关方"与"多边主义"治理模式之争是互联网规则制定绕不开的突出矛盾。尽管习近平主席提出"共同构建和平、安全、开放、合作的网络空间，建立多边、民主、透明的国际互联网治理体系"，① 缓解两种治理模式之争，但网络空间全球治理涉及的主要国家，特别是发达国家和发展中国家之间的矛盾不可调和。其中最为主要的原因就是，国家间缺乏互信。以美国为首的西方国家凭借技术优势，不愿放弃冷战思维和以自我为中心的国家利益观，这助推了网络空间军事化进程。

3. 物联网时代的到来将推动互联网规则制定向新形态的转变。随着智能家居、智能穿戴走入人们日常生活，根据咨询机构 Gartner 预测，2013 年到 2020 年，物联网端点将以 32% 的速度增长，电子产品、能源管理、家居安全和汽车物联网消费爆发，推动物联网类别成为下一个高速增长的行业类别。但物联网环境下的安全形势依然严峻，这也将推动互联网规则制定向新形态转变。

---

① 《习近平在巴西国会的演讲》，新华网，http：//www.xinhuanet.com/world/2014 – 07/17/c_1111665403.htm，最后访问时间为 2018 年 12 月 10 日。

B.19
外空活动中网络安全问题的
国际法分析与应对[*]

王国语[**]

摘　要:　当前,外空活动中的网络安全未受到应有重视,相关国际规则研究和制定相对滞后。外空活动网络安全国际规则的客体是外空活动中的网络行为,主要指利用网络手段攻击、侵入、干扰和破坏卫星等空间资产及其地面基础设施。外空活动网络安全国际规则与外空法和网络法,是特别法与普通法的关系。外空法中的基本原则和规则如和平利用原则、妥为顾及义务在外空网络活动领域有具体要求,如不得在天体上建立军事网络设施和基地、试验网络武器或进行军事网络演习。外空及天体上的军事网络活动不被禁止,但应遵守自我约束和结果控制原则,应尊重他国对卫星等空间资产及其地面设施的管辖权,禁止恶意使用信息技术损害空间物体安全。外空活动中网络行为的归因应以最密切联系、权利义务一致、关键问题区分等原则为指导,在个案中对外空法和网络法(一般国际法)中的一般控制标准、整体控制和有效控制标准进行选择适用。

关键词:　网络安全　外空网络行为　外空法　网络国际规则

---

[*]　本研究报告是在"外空活动中的网络安全国际规则探析"一文基础上修改而成,该文原刊登于《当代法学》2019年第1期。

[**]　王国语,北京理工大学法学院副教授、法经济学博士、硕士生导师。

外空活动中的网络安全是外空安全和网络安全的交叉领域。外空活动网络安全国际规则主要调整的是外空活动中的网络行为，包括但不限于利用网络手段攻击、侵入、干扰和破坏卫星等空间资产及其地面基础设施等行为。国际社会已经开始关注外空活动网络安全国际规则的制定问题，并在联合国框架内外已提出一些规则倡议。对于我国而言，亟须研究的问题如下：如何准确理解外空活动网络安全的意义与内涵？外空活动中网络安全国际规则与外空法和网络法是什么关系？如何确定外空活动网络安全的基本法律原则？如何理解国际法中的义务性规定对于外空军事网络活动的限制？如何确定外空活动网络行为的归责原则？本报告将对上述问题进行梳理和分析，并提出应对建议。

一 外空活动中的网络安全国际规则的内涵

（一）对外空活动中网络安全的界定

外空安全对于国家安全的重要意义不言而喻。大多数关键设施都依赖于包括卫星、地面站在内空间设施和国家、地区或国际层面的数据链接，例如通信、航空运输、海洋贸易、金融或其他服务、天气环境监测及国防系统。笔者认为，鉴于从词义上，"safety" 意味着免于损害（free from damage），而"security" 意味着免于威胁（free from threat），后者更强调人为原因，如恶意通过网络手段攻击卫星。因此，本研究报告所探讨的外空安全（space security），指"使空间资产、空间活动免于故意行为威胁，既包括免于故意行为导致的损害，也包括免于非损害性的故意行为带来的威胁与威慑"。

国际标准组织对网络安全（cyber security）的界定是"保障网络空间信息的保密性、完整性和可用性，此外还可能涉及信息的真实性、可说明性、不可否认性和可靠性"。① 而另一个含义的网络安全（cyber safety）则指

---

① ISO/IEC 27032：2012，"Information Technology-Security Technics-Guidelines for Cybersecurity"，http：//www. iso27001security. com/html/27032. html/，最后访问时间为 2019 年 4 月 13 日。

"避免造成网络空间的物理、社会、精神、财经、政治、情感、职业、心理、教育等层面的失败、损害、错误、事故、伤害等不利后果所需的条件"。① 本报告中的网络安全是指保护关键信息基础设施免受攻击、侵入、干扰和破坏。②

如前所述，外空安全包括卫星等空间资产及其地面基础设施免受攻击。外空活动中的网络安全针对的是"在外空中，从外空发出或穿过外空的网络活动"，网络行动可针对与外空相关的网络设施（特别是卫星）或者利用上述设施来实施。③ 卫星等空间资产（如同其他数字化关键设施一样）易受网络攻击。网络攻击卫星包括干扰、④ 电子欺骗、⑤ 非法侵入通信网络、操控系统、⑥ 攻击地面基础设施等。对卫星实施网络攻击的原因可能包括：有针对性的军事行动、获取经济收益、宣传恐怖主义或制造卫星连环相撞的灾难事件，也可能仅仅是个人黑客出于"炫技"的目的。⑦

综上，外空活动中的网络安全是指保护卫星等空间资产以及地面基础设施免受网络攻击、侵入、干扰和破坏，主要包括三个方面：一是技术与信息免于窃取的安全，二是物理及功能完整性免于干扰和损坏，三是操控免受未经授权活动的影响。⑧ 广义上讲，外空活动中的网络安全除了包括卫星等空间资产及其地面基础设施自身的安全外，还包括卫星应用（通信、导航、

---

① ISO/IEC 27032：2012，"Information Technology-Security Technics-Guidelines for Cybersecurity"，http：//www. iso27001security. com/html/27032. html/，最后访问时间为2019年4月13日。

② 参见《中华人民共和国网络安全法》第5条。

③ 参见〔美〕Michael Schmitt主编《网络行动国际法塔林手册2.0版》，黄志雄等译，社会科学文献出版社，2017，第282页。

④ 包括地面干扰和在轨干扰，主要是干扰卫星测控信号或数据的上传或下行，尤其是定位导航卫星。

⑤ 例如对飞机船舶发出错误导航讯号。

⑥ 例如接管卫星，将卫星关机、使其变轨，激活太阳帆板使其遭受过度太阳辐射而损坏等。

⑦ David Livingstone and Patricia Lewis，"Space, the Final Frontier for Cybersecurity?"，Chatham House，September 2016，pp. 16 – 23.

⑧ Guoyu Wang，"Challenges and Solutions to the Management of Cyber-attack threat to Space Satellites and other Space assets"，Presentation at Chatham House Roundtable："Study of the Intersection between Cybersecurity and Space Security"，London，November 2015.

遥感）的安全，从国家安全角度讲，也包括与卫星及其应用相关的指挥、控制、通信、计算机、情报、监视与侦察系统的安全。

（二）外空活动中网络安全国际规则与外空法和网络法的关系

外空活动中网络安全国际规则的作用是用来识别、防止、应对或规范利用网络手段对外空活动实施不利影响的行为。根据影响对象的不同，这些行为可以分为两大类：一是通过网络手段作用于卫星等空间资产的地面基础设施从而影响外空活动；二是直接利用网络手段作用于卫星等空间资产。前者与网络法有更多的交叉，而后者则与外空法的联系更为密切。实际上，如果利用空中或地面的网络设施或装备，攻击、侵入、干扰或破坏卫星等空间资产的地面基础设施，严格地讲，更倾向于网络活动的法律规制问题，只是其行为后果影响到了外空活动。

外空活动中的网络安全涉及外空法与网络法的交叉适用，相比而言，外空法比网络国际规则的发展要成熟一些，分歧少一些。外空活动中的网络安全国际规则的分析和构建，是不能脱离外空和网络国际法治的历史而单独存在的。网络空间国际法治大致历经了"自我规制""国内法治""国际法治"这三个阶段的发展演变。[1] "在互联网产生后的较长一段时间内，居于主导地位的观念是将网络空间视为一个自由放任的'自主体系'、反对将现实世界的各种政府管制延伸到网络空间。"[2] 与网络空间不同，外空国际法治与外空活动相伴而生，外空军控则是外空国际法治初期的重心，这与20世纪五六十年代的冷战背景密切相关。作为外空国际法治基石的《外空条约》在本质上就是一个"军控条约"。[3] 外空国际法治体系的"军控"色彩使其在"自由"与"治理"的取舍之间有着与生俱来的、内在的制衡需求。

---

[1] 黄志雄：《网络空间国际法治：中国的立场、主张和对策》，《云南民族大学学报》（哲学社会科学版）2015 年第 4 期，第 135 页。

[2] 参见申琰：《互联网与国际关系》，人民出版社，2012，第 5 ~ 9 页。

[3] Hobe and Stephan/Schmidt-Tedd, *Cologne Commentary on Space Law Volume I*, （Cologne: Heymanns, 2009）, p. 72.

网络空间则与海洋领域一样，历经了一个由"自由"到"治理"的过程。[①]《塔林手册2.0》指出，"一旦外空法适用于特定网络行动时，它可以作为特别法优先于本手册其他相反的规则"。从此层面上，外空活动中网络安全国际规则的构建既可能是对外空法和网络法的有益补充，也可能是规则的创新和例外。

二　外空活动中网络安全的基本原则

外空军事网络活动直接影响外空活动中的网络安全，同时也是外空活动网络安全行为的重要组成部分。而外空活动网络安全基本原则的确立，直接影响着外空军事网络活动的合法范围，同时也是构建外空活动网络安全国际规则体系的前提。和平利用原则是外空法中最为重要的军控原则，是维护外空安全最基本的原则，因此也应是调整外空活动中网络安全的基本原则。

外空法中的和平利用原则包括"和平利用外空""禁止部署包括核武器在内的大规模毁灭性武器"和"天体专为和平目的使用"三个法律含义。外空法中关于和平利用原则的解释尚存争议，因此如何确定和解释外空活动中网络安全的和平利用原则是需要首先解决的问题。

（一）外空军事网络活动应遵循"结果可控"和"自我约束"原则

"和平利用外空"的解释对外空军事网络活动有直接的和本质的影响。1967年《外空条约》序言规定："确认为和平目的探测及使用外空之进展，关系全体人类之共同利益"。[②] 这是《外空条约》唯一规定对外空的利用应

---

① 参见何志鹏、都青《从自由到治理：海洋法对国际网络规则的启示》，《厦门大学学报》（哲学社会科学版）2018年第1期，第12~21页。

② "Treaty on Principles Governing the Activities of States in the Exploration and Use of Outer Space, including the Moon and Other Celestial Bodies", Adopted by the General Assembly in its resolution 2222 (XXI), opened for signature on 27 January 1967, entered into force on 10 October 1967., http：//www. unoosa. org/oosa/en/ourwork/spacelaw/treaties/introouterspacetreaty. html/，最后访问时间为2019年4月30日。

符合和平目的的条款。关于"和平目的"或"和平利用"的解释一直存在争议，第一种观点认为"和平"意味着"非军事"，即外空应当非军事化利用；第二种观点则认为外空的军事利用是合法的，甚至自卫权的行使也是合法的，因此，"和平"是指"非侵略"；① 第三种观点则认为，外空军事利用虽然不被禁止，但"和平"不应当被解释为"非侵略"，因为这本身就是被《联合国宪章》所禁止的，否则"和平"的规定将毫无意义，"和平"应当解释为"非武器"。② 具体而言：

首先，不应将"和平"解释为"非军事"，因为其与多数航天国家的实践相悖。因此，原则上讲，在外空中开展军事网络活动是外空法所不禁止的，但显然外空军事网络活动的开展并不是无约束的，仍需要遵守一定的原则和规则。③

其次，也不应将"和平"解释为"非侵略"。"非侵略"虽然没有禁止外空军事网络活动，但却走向另一个极端，即意味着凡是非以"侵略"为目的的外空军事网络活动都是合法的。这不利于减缓和消除外空军事网络活动带来的紧张形势和威胁。

再次，"非武器"解释的立场和动机虽然值得肯定，但其可操作性不高。该观点对于防止外空军备竞赛和外空武器化，具有积极意义，但实践中很难制定清晰的标准。根本原因在于外空武器难以界定。一方面，从词义上看，"武器"是指在战争或战斗中用以攻击和战胜敌人的任何种类的工具，④当然也包括网络武器。但问题在于基于外空技术的两用性，诸多用于民事目的的技术或装备也可当作武器使用，例如空间碎片主动移除技术。同样，用于卫星测控、通信和操作的网络技术也可以用于干扰、破坏其他卫星。显

---

① Bin Cheng, *Studies in International Space Law*（London：Clarendon Press Oxford, 1997），p. 380.

② Hobe and Stephan/Schmidt-Tedd, *Cologne Commentary on Space Law Volume I*（BWV Verlag, 2017），p. 22.

③ 相关内容将在本文第三部分阐述。

④ Oxford English Dictionary Online（Oxford UP, Oxford 2008）at, *weapon*, http：//www. askoxford. com/dictionaries/？view = uk, accessed 21 April 2009/, 最后访问时间为2019年4月13日。

然，外空法不曾试图禁止此类卫星的部署或使用。笔者理解，这也是《外空条约》明文禁止外空部署核武器和其他大规模毁灭性武器，而没有提及常规武器的一个原因。毕竟，每一颗具有变轨能力的卫星自身都可以被当作武器使用，例如发动"自杀式攻击"。另一方面，基于战略威慑的需要，大国间也缺少真正就"外空武器"概念达成一致的政治意愿。因为模糊性是符合国家利益的。国际规则的确定性不总是有益的。[①] 一国在没有充分进行利弊分析之前，是不会轻易发表法律立场的。

最后，笔者主张外空军控的重心应当从"物控"调整为"行为控"，[②]即规则制定焦点从考虑是否禁止以及禁止何种武器的部署转向如何限制和规范具有军事意义的外空行为。"和平"的应有解释应是"自我约束的开展外空军事活动，避免误解误判以及导致外空环境不可逆的损害结果的发生"，也可简称为"非不可控"或"结果可控"和"自我约束"。因此，根据"和平利用外空"的应有法律含义，外空军事网络活动应当遵循"结果可控"和"自我约束"的原则开展。

（二）和平利用原则没有明文禁止部署和使用网络武器

下面分析"天体专为和平目的使用"的解释对外空军事网络活动的影响。《外空条约》第4条第2款规定："应专为和平目的（exclusivelyfor peaceful purpose）使用月球和其他天体。禁止在天体上建立军事基地、军事设施和工事，试验任何类型的武器和进行军事演习。"这是外空法和平利用原则的第三个法律含义。该原则的主要争议是关于"专为和平目的"的解释。有学者认为"专为和平目的"意味着排除任何军事利用，即使它们是

---

① Michael N. Schmitt and Liis Vihul, "International Cyber Norms: Legal, Policy & Industry Perspectives", in Anna-Maria Osula and Henry Rõigas (eds.), *NATO CCD COE Publications* (Tallinn: 2016), p. 44.

② Guoyu Wang, "The Outer Space Treaty and its Role in Modern Space Security", 2018 UNIDIR Space Security Conference Report, http://unidir.org/programmes/security-and-technology/space-security-conference-2018-space-security-the-next-chapter/, 最后访问时间为2019年4月13日。

非侵略性的，① 即"天体应当完全非军事化利用"。这种观点貌似合理，因为毕竟"专为和平"总要比"和平"意味着更严格的限制。但是条约解释的关键在于上述第 4 条第 2 款两句话之间的关系。郑斌先生认为，如果第一句话"专为和平目的"起到决定性作用，而第二句只是举例说明，那么将其理解为完全的非军事化，则争议较小。但如果第一句只是泛泛而指，真正起决定性作用的是第二句中的"禁止在天体上建立军事基地、军事设施和工事，试验任何类型的武器和进行军事演习"，那么主张将其解释为天体的完全非军事化则是不合理的。②

从条约解释原则来讲，"专为和平目的"应当根据上下文，即第二句中的内容予以解释。从语义上来看，该条没有禁止在天体上安装军民两用的网络设施，没有明文禁止使用网络武器以及发动网络攻击，也没有禁止包括军事演习之外的军事活动，当然也包括军事网络活动。

总之，根据外空法中的和平利用原则，天体上不得建立军事网络设施和基地，不得试验网络武器或进行军事网络演习。一般的外空及天体上的军事网络活动是不被禁止的，但应遵守自我克制和结果控制的原则。因此，虽然和平利用原则没有明文禁止在外空、天体上部署和使用网络武器，但也是不鼓励的。除和平利用原则之外，外空军事网络活动的开展以及外空活动中网络完全的保障还应遵守外空法中的"妥为顾及（due regard）"义务。

三 对外空活动中网络安全"妥为顾及"义务的解释

国际法中的义务性规定会对外空活动中的网络行为产生限制。从外空法的角度看，"妥为顾及"义务是关于行为模式最为重要的限制性规定。1967

---

① Hobe and Stephan/Schmidt-Tedd, *Cologne Commentary on Space Law Volume I* (BWV Verlag, 2017), p. 81.

② Cheng, *Studies in International Space Law* (Oxford University/Clarendon Press, 1997), pp. 247 – 248, p. 652.

年《外空条约》第 9 条规定，缔约国在从事外空研究及开展探索利用活动的时候，应"妥为顾及"其他缔约国的同等利益（corresponding interests）。外空法没有对"妥为顾及"的含义进行更为具体的指引，其争议在于应该确立一个多高的标准。有学者认为，"妥为顾及"要求国家必须证明为了防止有害行为发生已经采取了一切可能的措施，这种证明力度应该能够消除合理的怀疑。[①] 这显然提出了一个较高的行为标准，笔者更倾向于根据"相关案例的特定事实和环境予以解释"。[②]

笔者认为，在外空活动中的网络安全领域，"妥为顾及"义务体现为应尊重他国的卫星等空间资产及其地面基础设施的安全，也是和平利用原则对于外空网络活动主体"自我约束"要求的体现。这主要体现为三个规则：尊重他国地面信息设施的安全、尊重他国对卫星等空间资产的管辖权以及禁止恶意使用信息通信技术损害空间物体和相关设备的安全。

（一）尊重他国地面信息设施安全

外空活动应避免对他国用于支撑外空活动的地面信息设施造成有害干扰。如前所述，俄罗斯在联合国外空委 LTS 准则谈判时提出了相关准则草案。俄罗斯的意图是批评和限制美国采取的相关外空网络活动。作为回应，美国随即提出了"确保支持在轨系统运行的地面基础设施安全"，后修改为"增强空间系统所依赖的地面设施的安全与复原力"的准则提案，强调增强空间信息设施的复原力（resilience），试图将俄罗斯的准则草案合并。但显然，两条准则的理念有着本质区别，一个是强调"自我约束"，另一个则是强调"自我保护"。[③] 直至 2018 年 6 月 LTS 工作组结束了七年的谈判，也没能就这两条案文达成一致。笔者支持俄罗斯所提的案文，因为"尊重他国的地面空间信息设施"是"妥为顾及"义务的必然要求。

---

① Hobe and Stephan/Schmidt-Tedd, *Cologne Commentary on Space Law Volume I*, p. 175.

② Hobe and Stephan/Schmidt-Tedd, *Cologne Commentary on Space Law Volume I*, p. 175.

③ 王国语、袁杰、马冬雪：《联合国外空活动长期可持续性指南谈判焦点及趋势分析》，《中国航天》2017 年第 12 期，第 32 页。

（二）尊重他国卫星等空间资产的管辖权

《塔林手册2.0》规则59规定："国家必须尊重登记国对在该国登记的外空物体所行使的管辖权"，"国家在实施涉及外层空间的网络活动时，必须妥为顾及避免干扰其他国家和平外空活动的需要"。

首先，对空间物体管辖权的尊重，符合上述外空网络活动"自我约束"的要求，也直接体现和具化了《外空条约》中妥为顾及义务的要求。俄罗斯在LTS准则谈判中，还提出"通过执行自我约束型的操作、技术措施，以预先避免在外空出现不利的发展态势"。①

其次，对管辖权的尊重可体现为尊重管辖权国家对于该空间物体的立法管辖权。一国应尊重管辖权国家所颁布的有关使用特定空间物体（如通信卫星的规章），② 否则就违反了妥为顾及义务。

再次，对管辖权的尊重还体现为不得对该空间物体的运行进行有害干扰。例如，国家在即将报废的卫星中测试产生电力尖峰的一种网络武器，导致电力设备、压缩气体或推进剂爆炸。③ 虽然行为本身不违反和平利用原则，但却可能违反了妥为顾及义务，因为产生的碎片可能危及其他国家空间资产和空间活动的安全。

最后，笔者认为将对管辖权的尊重对象仅限于登记国是不妥当的。虽然《外空条约》第8条规定空间物体的登记国对其登记的物体及其所载人员保有管辖权和控制权，但实践中，空间物体的登记国可能并不存在。具体而言：一是发射国未履行其登记的国际义务，此种情况下，亦不能以其未履行国际义务为由对其空间物体实施网络干扰。二是根据各国国内航天法的规定，空间物体从发射入轨到履行登记手续之间存在一定期间。例如

① A/AC.105/L.296.

② 〔美〕Michael Schmitt主编《网络行动国际法塔林手册2.0版》，黄志雄等译，社会科学文献出版社，2017，第289页。

③ 〔美〕Michael Schmitt主编《网络行动国际法塔林手册2.0版》，黄志雄等译，社会科学文献出版社，2017，第289页。

中国《空间物体登记管理办法》规定："空间物体登记者应在空间物体进入空间轨道 60 天内，按照本办法第六条所规定的内容，向国防科工委提交登记资料，履行登记手续。"① 三是在轨转移卫星所有权的情况下，往往登记并没有变更，但这不意味着新的所有权国对卫星没有立法管辖权，更不意味着一国可以不尊重该新所有权国颁布的对于该卫星使用的规定。

因此，在外空网络活动中尊重他国卫星等空间资产的管辖权，既包括尊重登记国的法定管辖权，也包括尊重卫星所有权国、发射国或用户国的实际管辖权。

（三）禁止恶意使用信息通信技术损害空间物体和相关设备的安全

"妥为顾及"义务还意味着"各国要对那些与非国家行为主体相关联的特定行为或者不作为承担管控责任"。② 联合国外空委 LTS 准则制定谈判中，俄罗斯提出一条"实施一项旨在排除通过未经授权侵入别国空间物体的机载硬件和软件干扰其运作的政策"的准则草案，主张各国和各政府间国际组织应要求在其管辖或控制下的实体担保它们本身及其各级工作人员或承包商（分包商）不采取这种做法。简言之，该准则是为了防止卫星等空间资产及其地面基础设施中，被植入木马或"后门"程序，从而对外空活动带来潜在危害。虽然由于个别国家的反对，该条没有得到充分讨论，也未能通过，但笔者认为，该条体现了"妥为顾及"义务的要求，应是外空活动中网络安全国际规则的重要组成部分。一国如果违反了上述要求，应当承担相应的国家责任，即便行为主体是非政府实体，这又涉及外空活动网络安全国际规则的另一个重要问题，即归因性。与网络法不同，外空法对于归因性有着独特的规定。

---

① 参见《空间物体登记管理办法》第九条。
② Hobe and Stephan/Schmidt-Tedd, *Cologne Commentary on Space Law Volume I*, p. 175.

四 外空活动中网络行为的归因原则

（一）外空法与网络法归因原则不同

归因性既是确定国家责任的前提，也是采取国际法上的自助性应对（例如反报、反措施、危急情况和自卫）的前提。[①] 根据联合国国际法委员会 2001 年通过的《国家责任条款》（简称《条款》)[②] 的规定，私人实体的行为如果是在按照国家的指示或在其指挥或控制下行事，其行为应视为国际法所指的一国的行为。

但关于网络行为，例如网络攻击，尤其是非政府实体发起的攻击，如何确定其归因标准，观点并不统一，一直存在诸如"有效控制"（effective control）和"整体控制"（overall control）的争议。[③] 关于有效控制，只有当一国不仅对某一团体进行了"整体控制"，还对于该团队从事特定的行动发出了明白无误的指令时，所涉及的行动才能被归因于该国。显然这是一个较为严格的归因标准。整体控制标准[④]则认为如"武装和资助该团体、协调或帮助其进行军事活动的整体筹划"，则"不要求国家就从事违反国际法的特定行为"发出具体指令。[⑤]

"控制标准"的确定一直是国际争议的焦点。无论采用什么样的标准，其本质是判断特定行为和国家的关联。外空法中有关非政府实体行为归因性的规定，是国际法中独一无二的。因为它扩大了《条款》中关于非国家行

---

① 〔美〕Michael Schmitt 主编《网络行动国际法塔林手册 2.0 版》，黄志雄等译，社会科学文献出版社，2017，第 188~189 页。

② 联合国大会决议：《国家对国际不法行为的责任》，A/RES/56/83（2004），第 5 页。

③ 黄志雄：《论网络攻击在国际法上的归因》，《环球法律评论》2014 年第 5 期，第 160~163 页。

④ ICTY, Prosecutor v Tadić, Case No IT - 94 - 1 - A, Judgment, Appeals Chamber, 15 July 1999, para. 109.

⑤ ICTY, Prosecutor v Tadić, Case No IT - 94 - 1 - A, Judgment, Appeals Chamber, 15 July 1999, para. 131.

为体的行动归因于国家的情形。① 1967 年《外空条约》规定："本条约当事国对其本国在外空，包括月球与其他天体之活动，不论系由政府机关或非政府实体进行，负有国际责任，并应负责保证本国活动之实施符合本条约之规定。"虽然关于"非政府实体"与"国家"究竟存在何种联系，才能将其活动认定为该国的"本国活动"，即归因标准尚无定论，② 但无疑其范围已大大超过了《条款》中规定的"指示""指挥"或"控制"。任何地域、国籍或其他的实际联系（如主要营业地、主要办事机构所在地、许可等），都可能成为外空法上归因的标准。③ 国际空间法著名讨论之一就是哪一个国家为非政府团体进行的活动承担责任。④ 关于"承担国际责任的国家必须对活动拥有管辖权"鲜有异议，但是，在如何确定行使管辖权的国家这一方面，讨论出现了分歧。⑤ 主流学术观点认为，通过国际公法的一般性质确定国家责任，即国家对在其领土进行的活动或由其国民（自然人或法人）进行的活动拥有管辖权。⑥

但笔者认为，这一观点在实践中，尤其在航天活动日益商业化的背景下，若过于宽泛，恐怕难以被支持开展相关外空活动的国家所接受。诚然，

---

① 参见《国家责任条款》第 8 条："如果一人或一群人实际上是在按照国家的指示或在其指挥下或控制下行事，其行为应视为国际法所指的一国的行为。"

② Hobe and Stephan/Schmidt-Tedd, *Cologne Commentary on Space Law Volume I*, pp. 188 – 192.

③ 至于《外空条约》第 6 条中的"国际责任"（international responsibility）与国家责任的异同，限于篇幅，不做深入讨论。笔者认为，第 6 条的"国际责任"既包括对非政府社团从事的航天活动进行批准监管等义务，同时也包括不利法律后果的承担。即非政府社团合法行为导致的损害赔偿在特定情况下（如私人卫星坠落地面导致人员财产损失）归于国家，或其过错行为导致的不利后果（包括损害赔偿）归于国家。为了方便与网络活动相比较，本文中的外空法上的归因仅限于最后一种情形，即非政府社团的过错行为（如攻击）导致损害赔偿的归责。

④ Hobe and Stephan/Schmidt-Tedd, *Cologne Commentary on Space Law Volume I*, pp. 188 – 192.

⑤ Bin Cheng, "Revisited: International responsibility, national activities and the appropriate State", *Journal of Space Law* 27 (1998), p. 19; F von der Dunk, "Private enterprise and public interest in the European spacescape" (Leiden University, Leiden 1998) 13; H. A. Wassenbergh, "An international institutional framework for private space activities", XXIII *Annals of Air and Space Law* (1997), p. 533; H. A. Wassenberg, "The law governing international private commercial activities", *Journal of Space Law* 12 (1983), p. 108.

⑥ Hobe and Stephan/Schmidt-Tedd, *Cologne Commentary on Space Law Volume I*, p. 190.

传统的航天活动是以发射活动为中心的，关于发射活动的归因鲜有争议，不论是非政府实体作为发射服务提供者在一国领土内开展的发射活动，或是作为卫星所有者在一国领土外进行发射，都要受到相应属地管辖权国家或属人管辖权国家的监管。这也是被各国的航天立法实践所印证的。[①] 但是非传统商业航天活动如果仍不加区分的要求国家监管，则大大加重国家的监管成本，而且不利于商业航天的发展。例如外空旅游，按照主流观点，A 国应当为其国民在 B 国参加的外空旅游活动进行监管，该太空游客在活动中造成的损害将归责于 A 国。这种情况下的属人联系不宜作为归因标准。再比如 A 国的大学承担了小卫星的研制，B 国的厂家从事生产，由 C 国的私人发射公司在公海平台发射，D 国的公司是卫星的所有者，而 E 国非政府科研机构为卫星用户之一。这种情况下，将该卫星导致的空间损害归因于每一个有属地或属人管辖权的国家，是不合理的。

因此，外空法中的归因判断不能不加区分地一律适用属人和属地管辖标准，否则其产生的激励必然是各国要疲于扩大监管范围，不当加大监管成本，或是疏于监管，这都将产生承担与其权利和收益并不匹配的不利法律后果。

（二）如何确定外空活动中网络行为的归因标准

外空法上的归因标准并不要求"有效控制"，甚至不要求"整体控制"。这就给确定外空活动中的网络安全归因性带来了挑战，即适用网络法或一般国际法的归因标准，还是外空法的归因标准，或是制定新的标准？如果位于甲国管辖权之下的非国家行为体的网络行动，例如破坏了卫星地面测控系

---

① 例如中国 2002 年颁布的《民用航天项目许可证管理暂行办法》第 2 条规定："本办法所称民用航天发射项目是指非军事用途，在中国境内的卫星等航天器进入外层空间的行为，以及中华人民共和国自然人、法人或其他组织已拥有产权的或者通过在轨交付方式拥有产权的卫星等航天器在中国境外进入外层空间的行为。"再如 Section 2 United Kingdom Outer Space Act，Section 2 Paragraph 2 Dutch Space Activities Act，49 USC 70104 United States Commercial Space Launch Act，Section 2 Swedish Act on Space Activities，Section 11 South African Space Affairs Act。

统，导致乙国卫星的损毁，该行动并非在甲国的"指示""指挥"或"控制下"进行，则如何确定归因问题？如果将其定性为网络活动，则可能根据"有效控制"标准，其行为不能归因于甲国。但如果界定为外空活动，则可能归因于甲国。笔者认为，此种情况下，不应武断分类，而是应该个案分析，寻求个案平衡。

综上对于网络法和外空法归因原则的分析，笔者认为，外空活动中网络行为的归因标准可以借鉴和遵循三个原则。

第一，借鉴国际私法领域的"最密切联系原则"，或海商法中的"真实联系（genuine link）原则"，其判断所依据的要素，不仅是传统的国籍、住所、主要营业地、主要办事机构所在地或行为地，还要区分对待航天活动的各个环节，一般来说，发射、测控、（空间）操作和实际使用在确定归因上的权重要大于研发、设计、生产和其他一般性的参与（如外空旅游）。具体的判断需要个案分析而非制定统一的标准。

第二，权利义务相一致原则。"同一主体既享有权利，又履行义务，而且两者大体相当。"[1] "权利系于利益，而义务系于与利益相应的负担。"[2]因此，国家在归因中承担的义务或负担应与其享有的权利或利益相一致。

第三，关键问题区分原则。归因所涉及的关键问题或主要问题（初级规则）不同，标准则可能不同。与商业航天活动不同，外空活动中的网络行为一般与安全问题相关，即存在故意或恶意的攻击、侵入、干扰或破坏。因此，就一般网络行为的归因，可采用较为严格的"有效控制"标准。而对于故意或恶意的网络行为，则可以考虑采用"整体控制""最密切联系"或更为宽泛的标准，如国籍联系。

例如，A 国的私人实体或大学与 B 国空间站开展合作，该私人实体在空间站进行的网络活动，导致了 B 国空间站权益损害。这里有两个责任认定问题：一个是认定是否 A 国有通过个人实施违反国际法行为的责任；另一

---

[1] 张文显：《法哲学范畴研究（修订版）》，中国政法大学出版社，2001，第 339～340 页。
[2] 张文显：《法哲学范畴研究（修订版）》，中国政法大学出版社，2001，第 336～337 页。

个是损害赔偿责任。如有学者指出的，前一个问题由国际法决定，而后者是由国际法的二级规则决定，即归因性问题。[1] 第一个问题的认定会影响第二个问题的解决。如果是非恶意的网络技术的使用导致了损害，那么损害的归因则采用"有效控制"标准；如果是故意利用网络手段窃据情报或技术，或实施干扰、破坏，且可认定 A 国资助了该私人实体参与 B 国空间站项目或为之提供便利，则适用"整体控制"标准，损害归因于 A 国。如果不能认定"资助或提供便利"等情形，也可以根据"国籍联系"将损害归因于A 国。这一方面体现了外空法关于损害赔偿的"保护受害人"原则，另一方面也是由行为的性质，即主要问题的性质决定的。

总之，基于进化论的个案分析方法在"新生的"外空网络活动领域，优于基于建构论的统一标准的方法。归因中的密切联系或实际联系的指向在个案中不尽相同，同时归因所要解决问题的性质不同，标准就可能不同。

五 应对外空活动网络安全问题的建议

第一，应高度关注外空活动中的网络安全问题，增强外空、网络两大安全领域的协调与统筹。无论是外空安全还是网络安全，对于国家都有重要的战略意义。外空活动中的网络安全问题，随着各国对外空战略地位越发重视和对空间攻防能力的不断投入，将越来越突出。美国智库研究报告指出，有更多国家正在打算利用太空来增进军事实力和国家安全，并发展可用来欺骗、干扰、拒止、削弱或摧毁空间系统的空间对抗能力。[2] 外空网络活动或行为是构成空间对抗、攻防能力的重要组成部分。因此，应关注外空、网络两大安全的交叉领域，加强外空安全战略与网络安全战略在外空活动网络安全领域的联动与统一安排，避免出现政策空白或不一致。

---

[1] See James Crawford, *State Responsibility*, (Cambridge University Press 2013), p. 153.

[2] Center for Strategic and International Studies（CSIS），Space Threat Assessment 2019, 2019. 04. 04, https：//www. csis. org/analysis/space－threat－assessment－2019/，最后访问时间为2019 年 4 月 13 日。

第二，应高度重视外空活动网络安全国际规则制定，积极参与国际谈判进程。国际社会已经认识到，"发展一个灵活的、多边的外空、网络安全制度迫在眉睫"。外空活动中网络安全国际规则对于维护一个有序和可持续发展的外空环境至关重要。确立和适用何种国际法规则，直接关涉各国对外空、网络资源的控制和支配，关涉各国在外空、网络空间国际秩序中的话语权和主导权。目前，联合国外空委已经开始了对外空网络安全国际规则的讨论。外空规则制定的另一重要平台：裁军谈判会议，在防止外空军备竞赛政府专家组中也开始了相关的讨论。联合国外空委负责"和平利用"事项而裁谈会负责"安全（security，即涉军）"事项的两分法，极其不利于包括外空网络安全在内的新外空规则的制定。① 这种分工，与外空活动的军民两用性特征并不相符。另外，国际电信联盟虽然有专门管理外空事务的部门，但对于制定新的外空规则或政策并不热衷。② 无论是外空还是网络领域，都成立过联合国政府专家组，但都没有专门讨论外空活动中的网络安全问题。

因此，应当进一步加强对应着不同国际平台的国内相关管理部门的协调机制建设，以应对可能出现的联合国框架内的新的议事机制和规则倡议。同时，不能忽视联合国框架外的规则倡议和规则制定平台，因为毕竟囿于议事机制与分工，联合国框架内的谈判进程缓慢，此时联合国框架外的一些国际倡议及成果，极有可能影响和推动联合国框架内的谈判进程。在强调联合国是制定外空活动网络安全国际规则最为合适的平台的同时，还应关注和积极参与联合国框架外软法规则的制定。

第三，应加强对于外空活动网络安全国际法问题的研究，明确中方在重大问题上的立场与方案。结合国际社会讨论现状，"结果可控"和"自我约束"原则极有可能获得广泛支持，从而成为调整外空军事网络活动的基本原则。另外，根据外空法中的和平利用原则，天体上不得建立军事网络设施

---

① See Caroline Baylon, "Challenges at the Intersection of Cyber Security and Space Security: Country and International Institution Perspectives", *Chatham House Research Paper* (2014), p. 48.

② Caroline Baylon, "Challenges at the Intersection of Cyber Security and Space Security: Country and International Institution Perspectives", *Chatham House Research Paper* (2014), p. 48.

和基地，不得试验网络武器或进行军事网络演习。一般的外空及天体上的军事网络活动虽不被禁止，但应遵守自我克制和结果控制的原则。

除和平利用原则之外，外空军事网络活动的开展以及外空活动中网络安全的保障还应遵守外空法中的"妥为顾及"义务。应尊重他国对卫星等空间资产及其地面设施的管辖权、禁止恶意使用信息技术损害空间物体安全。外空活动中网络行为的归因应以最密切联系、权利义务一致、关键问题区分等原则为指导，在个案中对外空法和网络法（一般国际法）中的普遍标准、整体控制和有效控制标准进行选择适用。以上报告中提出的观点还需要更为深入和广泛的论证，同时也指出了国内研究应关注的方向和具体问题。

需要注意的是，本报告所分析的"原则—义务—归责"只是从外空法角度出发所勾勒的外空活动网络安全国际规则的一个初步框架，而且只是探讨了外空法中最为基本的原则和义务，即和平利用原则和妥为顾及义务。具体而言：

首先，外空法中的其他原则和义务性规则对于外空活动中的网络安全也具有重要意义。例如不得据为己有原则[1]与频轨使用和占用的关系，监管义务[2]对于一般国际法中的审慎原则（或预防义务）在外空网络活动中的体现，磋商义务[3]在外空网络活动中的具体要求以及对判断过错的影响等。此外，外空法中的透明度（含通知通报机制）与核查机制，对于调整外空网络活动和保障外空网络安全也是不可或缺的，对于避免误解误判，以及由于不友好网络行为引发的外空紧张局势意义重大，在外空和网络活动都存在技术性情报欠缺的情况下，透明与核查也有助于归因判断。

其次，一般国际法在外空中网络安全领域的适用，也构成外空活动中网络安全国际规则体系的重要内容。理论上讲，外空活动中网络安全国际规则的范围既包括非战时法（包括使用武力法），也包括战时法。考虑到外空活动的两用性和外空环境的不可逆性，网络手段的隐蔽性和软杀伤性，国家责

---

[1] 1967 年《外空条约》第 2 条。

[2] 1967 年《外空条约》第 6 条。

[3] 1967 年《外空条约》第 9 条。

任法、使用武力法和国际人道法在外空活动网络安全领域的适用必定有其独特的体现和要求。其中关于武器、武力攻击、使用武力、自卫权的行使条件等问题的讨论不得不同时考量外空与网络各自的特殊性。

最后，外空安全规则制定的重心应从"物控"转向"行为控"。外空活动中的军事网络行为或带有军事目的的网络行为，仅靠外空法的原则规则或一般国际法，是不能有效调整的。此类规则的制定必将体现越来越细化的趋势。

总之，外空活动中的网络安全问题对于我国的外空网络能力建设、国家安全与国际秩序构建中的话语权实现意义重大。因其位于外空、网络安全的交叉地带，在给予足够战略考量和统一布局的同时，应及时协调统筹国内相关管理和能力建设部门，对外空活动网络安全国际规则制定的趋势做出准确判断，并加大具体问题研究，从而为积极参加相关国际规则谈判制定提供有力的理论支撑。

B.20
和平共处原则指导下的网络
漏洞治理国际合作研究

朱莉欣　郝静雯　马民虎*

摘　要： 面对网络漏洞问题频发和漏洞武器化的趋势，漏洞治理问题
已不仅关系到整个网络空间的安全和稳定，而且还关系到网
络安全的生态建设。在互联互通的网络空间，唯有合作才能
有效解决漏洞问题。本质上，和平共处五项原则为解决网络
漏洞治理的国际合作指明了方向，奠定了法理基础。依据和
平共处原则，我国可从漏洞披露、打击黑产、保护网络安全
人员、促进国际交流和合作四个方面，逐步开展漏洞治理的
国际合作。同时，也应借鉴其他国家的做法，通过促成国际
宣言、国内法推进等形式实现国际合作。

关键词： 漏洞治理　和平共处原则　国际合作

一　建立漏洞披露的国际合作机制的意义和急迫性

（一）漏洞问题是影响网络稳定性的重要根源

随着网络与社会各领域的深度融合，网络成为增强国家实力、推动经济

---

* 朱莉欣，西安交通大学科教院网络安全法治研究所执行所长、副教授；郝静雯，西安交通大
学法学院硕士研究生；马民虎，西安交通大学苏州信息安全法律研究中心研究员、西安交通
大学法学院教授。

发展、便利日常生活的重要力量。而在这一过程中，网络安全的问题也逐渐凸显。2018 年《阿里云安全报告》认为，暴露在互联网上的漏洞是绝大多数网络入侵行为背后的主要原因之一。近年来，伊朗核电站被"震网"病毒攻击、美国大面积网络瘫痪事件、"WannaCry"勒索病毒的肆虐使得网络安全问题已经超出于网络安全领域，成为全国乃至全世界共同关注的话题。在大部分类似事件发生的背后，皆是由于计算机信息系统存在安全漏洞，被恶意黑客发现并加以大规模利用所致。随着软件嵌入到智能收集、汽车和办公室等联网设备中，大多数软件和基于软件的产品都容易受到漏洞的影响，在平均每个程序至少有 14 个不同的漏洞情况下，随着物联网的发展，漏洞攻击对整个系统的潜在影响越来越大。而从 2017 年开始，我国漏洞的数量也急剧攀升，达到了 40% 的增长，2018 年更是突破至 1.1 万个漏洞。① 如今，全球互联网络资源和话语权竞争日趋激烈，各国普遍将网络安全上升到国家战略层面。作为重要资源，网络安全漏洞也成为国家、企业间关于安全与商业博弈的主要关注点之一。

（二）漏洞武器化成为网络空间和平的重大威胁

目前，随着漏洞的价值不断被发现与挖掘，漏洞逐步成为武装力量角逐的工具，漏洞武器化已成为不可扭转的趋势。以"零日漏洞"为例，它一般是指那些厂商未修复且可被利用来当作网络攻击武器的安全缺陷。出于军事、情报和司法等目的，很多政府机构都希望找到零日漏洞并有效利用它。在过去，一个零日漏洞就足以实现远程入侵，令零日漏洞的发现和拥有者极具威力。而今天，Windows 10 或 iOS 这些消费级操作系统中的安全缓解措施，让攻击者不得不联合使用数个甚至数十个小零日漏洞才能完全控制给定目标。美国国家安全局、中央情报局和联邦调查局都在找寻、购买和使用零日漏洞，但这些机构往往会选择利用零日漏洞攻击犯罪分子或达到其他攻击目的，而不是将漏洞报告给厂商以实施修复。这样一来，

---

① 中国信息安全测评中心：《国家信息安全漏洞通报》，《中国信息安全》2018 年第 12 期。

找到或偷到同样漏洞的罪犯和外国间谍，就能够利用这些漏洞危害整个社会了。

2015 年美国《瓦森纳协定》的新出口限制禁令，将未公开的软件漏洞视为潜在的武器进行限制和监管。其规定在未经特别许可的情况下，禁止在美国、英国、加拿大、澳大利亚和新西兰等国之外销售零日漏洞技术及相关产品。通过"出口限制禁令"，美国政府限制了零日漏洞及其相关产品流出美国。而更多的风险在黑市，犯罪团伙、贩毒集团和恐怖组织等被灰色市场排斥的买主可以在黑市购得零日漏洞。因此，《瓦森纳协定》一直以来都限制不了黑、灰色市场上的零日漏洞交易，也事实上无法控制零日漏洞被恶意使用并危害国际和平。

（三）漏洞治理问题涉及整个网络安全的生态建设

所谓网络安全是指"保护信息和信息系统不受未经授权的访问、使用、披露、破坏、修改或者销毁"，以确保信息的完整性、保密性和可用性。网络安全包含信息系统权限获取和数据泄露两个层面，网络安全漏洞的发现与利用，不同类型的漏洞获取，意味着取得不同等级的系统控制权和风险数据。网络安全漏洞治理在网络安全保护中居于牵一发而动全身的核心地位，贯穿了国家、社会、个人多层次法律利益，治理不善势必会对国家安全、公共安全及社会稳定造成极大的破坏和挑战。因此，无论是出于对关键基础设施保护的目的，还是国家安全战略的需求，网络安全漏洞治理必将是各国网络安全治理与立法的核心命题，关系着整个网络空间的和平与稳定。

目前，为了确保网络安全，人们从多个方面采取了多种漏洞治理措施，例如制定网络安全管理制度、提升网络安全保护设施设备性能、用户访问权限设定以及信息数据加密等，这些措施有效地保护了网络安全。但是随着网络漏洞问题的升级和武器化的应用，很多网络安全维护措施可能会失去原有效用。

二 建立和平共处原则指导下的网络漏洞合作机制

（一）和平共处原则在网络空间的适用

和平共处五项原则自 1954 年写入中国和印度两国的谈判公报和签署的《关于中国西藏地方和印度之间的通商和交通协定》后，逐渐成为国际公认的处理国际关系的准则。如今，大量的国际条约和国际文献都清楚地表明，和平共处五项原则已成为世界大多数国家所接受的国际法原则。在处理网络空间国际关系中，和平共处五项原则同样可以适用。具体内容如下：

1. 互相尊重主权和领土完整。现实中的国家主权包括了网络主权，网络空间"尊重主权和领土完整"就是要尊重网络主权。当前，许多国家都相继颁布与互联网相关的政策和法律法规，这是国家行使各自主权的表现。网络主权是国家主权在网络空间的延伸，应该获得他国的尊重。互相尊重网络主权意味着必须尊重各国自主选择网络发展道路、网络管理模式、网络公共政策，在他国网络空间活动要遵守他国的法律法规。

2. 互不侵犯。在网络空间，遵守互不侵犯原则意味着各国应承诺不侵犯、攻击和破坏他国网络空间，并且国家有责任和权利依法保护本国网络空间免受威胁、干扰和攻击破坏。此外，互不侵犯原则还意味着反对网络威慑和网络备战，反对在网络空间中使用武力和以武力相威胁，以及不从事、纵容或支持危害他国国家安全的网络活动。

3. 互不干涉内政。即不应利用网络空间干涉他国内政，破坏他国政治、经济和社会稳定。基于网络技术发展水平的不同，以及各国不同的国情，我们应尊重网络空间中各国政策表现出的多元性和差异性，不能强迫他国放弃对本国网络空间的自主控制。

4. 平等互利。网络空间中的平等互利原则有着更高层次的目标。即在平等互利的基础上达到网络空间的共治普惠。它主张各国政府在国际互联网治理方面，平等发挥作用并履行职责，共享网络红利。

5. 和平共处。和平共处的网络空间应该是一个和平、安全、开放的网络空间。这一原则内容要求国家在网络空间的行动应该与维护国际和平与安全的目标相一致，不得在网络空间实施有悖于维护国际和平与安全的活动，不以武力解决问题或以武力相威胁，通过和平方式建设网络命运共同体。

国际法原则都是在国际关系的实践中不断强化其法律确信的，和平共处五项原则要在网络空间成为被广泛实践的和平共处国际规则。事实上，上海合作组织提议的《信息安全国际行为准则》明显地体现了和平共处五项原则。① 因此，在网络时代，面对漏洞治理这一国际性问题，我们应继续提倡和践行这一国际法原则。

（二）网络漏洞合作机制具体内容初步设想

1. 建立漏洞风险披露制度

安全漏洞的披露是修复漏洞的基础环节，也是展开漏洞治理国际合作的重要开篇。在很多国家内部，漏洞披露已经形成一条较为完整的产业链，按漏洞的生命周期可分为：发现漏洞、安全信息提供、漏洞信息资源提供。漏洞产业相对应的也可以分解为前端厂商、上游的漏洞发现、中游的安全信息提供机构（SIP）、下游的各种行业应用。

漏洞披露策略目前存在四种模式：第一种是完全披露，即及时向公众公布与漏洞相关的所有技术细节，支持者认为只有这样才能加速厂商发布安全补丁，从而使用户获得更好的安全保障；第二种是不披露，即不公开公布漏洞的信息，这是很多软件厂商期望的一种方式；第三种是有限披露，即只向公众公布漏洞的存在，而漏洞的具体信息只在内部发布；第四种是责任披露，即在公布信息时，平台需要和厂商协商具体的公布日期，一般在软件厂商发布相关的安全补丁后再进行公布，一般延期时间在 14 天到一个月左右。

近年来，随着信息共享理念应对风险的有效性逐渐显现，网络安全漏洞

---

① 例如，《信息安全国际行为准则》中第二条行为准则的第（一）（二）（三）款。

披露以更易于降低威胁的方式演化，网络安全漏洞发现与修复之间所需的时间差和平衡各方需求成为网络安全漏洞披露的基本考量，厂商、政府、安全研究人员等主体之间的漏洞安全信息共享成为漏洞披露的重要内容。业界普遍开始用"协同披露"（Coordinated Vulnerability Disclosure，简称 CVD）代替"负责任披露"的说法。协同披露强调，漏洞发现者、厂商、协调者和政府机构等利益相关方应共享安全漏洞信息、协同工作，积极协作处置风险，共同保障用户安全、社会公共利益和国家安全。

CVD 中主要包含了以下原则和措施：（1）降低损害原则——即漏洞披露应以降低损害为主要原则和目的。为此在披露漏洞时，还应该发布漏洞信息降低潜在损害，使用漏洞缓解技术，减少陷入风险的时间，发布优质补丁，以及自动识别易受攻击的数据，自动部署补丁。（2）避免措手不及原则——应尽量避免突然发布漏洞信息，因为这会使相关方措手不及，这种披露行为会增加漏洞披露带来的消极后果。（3）激励原则——奖励通常比惩罚更有效。由于激励会加强安全研究人员与组织机构之间的未来合作关系，因此对披露行动采取激励措施更为重要和有效。（4）道德考量原则——即"漏洞协同披露"过程可采用技术和媒体专业团体制定的道德准则作为行为规则。（5）改进过程原则——这一原则要求"漏洞协同披露"过程参与者应吸取经验，并响应改进过程。

美国在 2010 年开始实行一套漏洞披露政策（Vulnerability Equities Process，简称 VEP），并在 2014 年公开披露了 VEP 的内容。随后，其他国家也在效仿国家层面的漏洞公开披露政策。2017 年 9 月，根据加拿大国家广播公司的报道，加拿大通信安全局也有一个类似漏洞披露的政策；荷兰公共安全与司法部是主掌荷兰司法的政府部门，该部门在荷兰网络专家全球论坛上支持并正在推动由欧洲各国政府相互协调的漏洞披露倡议。英国政府通信总部（简称 GCHQ）负责人 Robert Hannigan 称："GCHQ 去年披露了移动端和桌面平台上的主要漏洞，包括那些会对英国企业造成重大影响的漏洞。"通过以上实践可知，建立国际合作的披露机制是可行的，并且已经有了一些经验的积累。

2. 打击漏洞交易黑产

在黑市上，漏洞交易比比皆是。以个人信息为例，随着改革开放的深入进行，市场经济日渐发达，公民个人信息已经成为一种重要的商业资源。由于犯罪成本低、市场需求大等原因，犯罪分子为追逐不法利益，通过互联网联系，很快形成犯罪网络，打造出买卖公民个人信息的地下产业和黑色利益链。在这条利益链上，既有源头的供给者，也有促成交易的中间商，还有下游的购买方，他们利益交织，关系错综复杂。而上游源头的供给者，往往是利用程序或者系统的漏洞获取海量的个人信息进行牟利。此外，利用漏洞直接进行牟利的案件也不在少数。2019 年 1 月 20 日凌晨，拼多多被曝出现重大漏洞，用户可领 100 元无门槛券。网友称"有大批用户开始'薅羊毛'，一晚上 200 多亿都是话费充值"。拼多多则认为，有黑灰产团伙通过一个过期的优惠券漏洞盗取数千万元平台优惠券，进行不正当牟利，并向公安机关报案。针对此次事件，上海公安部门表示，如果真的是有黑产羊毛党恶意搞拼多多，那么本次事件是可以被当成诈骗罪处理的刑事问题。然而，这些都只是漏洞交易黑产的冰山一角。因此，严厉打击漏洞交易黑产，营造清朗的网络环境刻不容缓。鉴于黑产的跨国性，通过国际合作也可首先打击漏洞黑产交易，再通过漏洞披露，慢慢增加漏洞治理国际合作的深度和广度。

3. 保护网络安全试验人员

与漏洞有关的网络安全试验人员群体号称"白帽子"。"白帽子"挖掘漏洞的价值已经得到国内外网络安全行业的普遍认可，但鉴于目前相关立法尚不完善，实践中容易引起法律纠纷。为了推动网络安全的持续健康发展，应完善"白帽子"漏洞挖掘法律制度，从法律上对网络安全实验人员进行保护。

当前，各国正在积极推动国家治理体系和治理能力现代化，网络社会治理作为国家治理体系的重要组成部分，需要"白帽子"、众测平台等群体的壮大和参与，"白帽子"群体积极性的充分调动对于引导社会力量参与国家治理具有借鉴意义。

具体而言，一方面，完善"白帽子"漏洞挖掘的法律体系有利于切实保障网络安全，维护国家利益。如今，漏洞挖掘已经成为保障网络安全的基础性环节，"白帽子"作为漏洞挖掘的重要力量，将其置于合理合法的规则约束和激励措施下，使其保持善意目的的漏洞挖掘，有利于维护网络空间利益。另一方面，完善"白帽子"漏洞挖掘的法律体系有利于促进产业创新和技术发展。通过发布漏洞悬赏计划，可以广泛调动社会力量对自身信息系统的潜在漏洞加以挖掘。这对于处于起步或转型阶段的广大中小企业而言，在大数据和移动互联网快速发展的环境下也可掌握大量用户数据，信息系统的安全性也尤为重要。但受到资金、人力等因素限制，中小企业投资于网络安全保障方面的成本有限，对于潜在的漏洞难以及时发现。"白帽子"凭借自身能力帮助其挖掘漏洞，不仅能够帮助国家和企业抵抗外界的攻击风险，还能够节约相关成本，以较低的金钱价值保持竞争力。

对于国家和大型企业而言，网络安全是其不容忽视的环节。发布漏洞悬赏计划，鼓励"白帽子"进行漏洞挖掘已经成为越来越多大型企业的选择。同时，对于系统开发和网站维护等行业，重要漏洞的不断出现也可促进其技术发展，从基础上提升网络安全性。无疑，科学健全的漏洞挖掘法律制度体系有助于更好地用信息化手段辅助科学决策，了解信息系统的安全性及不足，创新网络社会治理理念。正因为如此，国外一些国家相继出台了鼓励"白帽子"挖掘漏洞的国家政策，如美国的黑进五角大楼（Hack the Pentagon）计划、黑进空军（Hack the Air Force）计划。

由此，不仅我国应该制定保护本国"白帽子"漏洞挖掘行为的政策和法律，在越来越多的企业通过互联网进行国际贸易服务之时，我国也应更多考虑推进漏洞治理方面的国际合作。

4. 促进漏洞治理技术和管理的交流

网络空间给人类带来巨大机遇的同时，也带来了不少挑战。关键信息基础设施存在较大漏洞风险隐患，滥用信息通信技术干涉别国内政、从事大规模网络监控等活动时有发生，网络犯罪（尤其是网络恐怖主义）已成为影响各国国家安全、经济发展和社会稳定的全球公害。

每个国家都是黑客攻击、网络诈骗等犯罪行为的受害者。为了隐匿行踪，网络犯罪常常绕道多个国家，形成跨国攻击链路。正是由于网络攻击具有跨国性、溯源难等特点，网络空间安全与稳定已成为攸关各国主权、安全和发展利益的全球关切。漏洞治理技术和管理是漏洞治理的两大关键因素，因此，从客观和主观两个维度来看，维护网络空间和平与安全，加强漏洞治理国际合作，需要各国从技术和管理两个层面展开合作，共同应对漏洞威胁。

然而，漏洞治理国际合作在现实中仍面临许多难题：网络空间安全治理缺乏顶层共识、平等互信和互惠共赢等国际合作的基本要件，并掺杂了大量的政治、经济和军事博弈因素；网络空间缺乏有效规范各方行为的国际规则，国家和地区间的"数字鸿沟"不断拉大。

在互联网高度发达的今天，应摒弃冷战思维、零和博弈和双重标准，在充分尊重他国安全的基础上，承认各国对网络空间网络漏洞治理条件的差异，充分尊重各国的正当诉求，以合作谋和平。由此，加强网络漏洞治理技术的管理与交流，可以作为信任机制的基点，促进安全基础层面的具体合作行动，以最大限度凝聚国际共识，寻求符合各国利益的合作治理最大公约数。

三　国际合作机制的实施路径

国际法理论获得实践认可并成为国际法规则，一般要经过如下阶段：学者的学术推动、政府外交舞台宣言、获得国家间的共识、国家法律的体现和保障、国际条约的承认或采纳、国际裁判机构的承认等。因此，为在漏洞国际治理方面继续实现和平共处五项原则，需要学者研究、学术宣传（如，召开和平共处原则网络空间研讨会以及漏洞治理合作国际研讨会）、政府支持，并最终逐渐实现国际上的普遍认同。

同时，我们可以借鉴美国做法，把国际法主张先国内化，通过国内法律体现出来，然后再推向国际。在奥巴马政府时期，美国联邦调查局、国家安全局等政府部门制定和施行漏洞披露政策，依据漏洞披露政策公开的规定，美国政府对于任何来源的网络安全漏洞信息裁决程序如下：第一，基于漏洞分级，在触发特定阈值时向国家安全局指定担任的执行秘书长通报；第二，执行秘书长通知政府相关的利益相关方，指定特定联络人，由各方反馈是否启动裁决程序；第三，提出裁决要求的所有利益相关方指派特定专家参与讨论，并向裁决审查委员会提供决策建议；第四，裁决审查委员会做出如何响应漏洞的倾向性决定，如有利益相关方异议，则该机构可向某特定内设机构提出申诉。2017 年 5 月 17 日，美国国会提出了一项新法案《2017 年反黑客保护能力法案》。该法案在"是否披露"和"如何披露"两个核心问题上体现出美国政府对漏洞披露政策的改进。

由此，通过国内法，美国形成了独具特点的漏洞治理方案：第一，网络安全漏洞披露过程中注重充分保护用户知情权，强调多利益相关方的利益协调；第二，基于刑法和知识产权法对未经授权的漏洞发现和披露行为予以规制，注重保护善意漏洞发现和披露者的合法利益；第三，鼓励政府机构、企业和公众在法定条件和程序下实时共享网络安全信息，授权联邦政府披露合法共享的安全漏洞信息；第四，将网络安全漏洞披露规则的制定上升到与国家安全和政治利益密切相关的高度；第五，构建国家层面统一的网络安全漏洞披露协调和决策机制，并积极推动从政策到立法的转变。

2018 年 11 月 12 日，在第一次世界大战停战协议签署 100 周年之际，法国总统马克龙在第 13 届联合国互联网治理论坛期间发表演讲，提出《网络空间信任和安全巴黎倡议》（简称"《巴黎倡议》"）。《巴黎倡议》也谈到了漏洞治理的问题，认为"所有参与者都可以通过鼓励负责任的、协调的漏洞披露来支持一个和平的网络空间"。截至 2018 年 11 月底，已经至少有 57 个国家、284 个私营企业和 115 个相关组织签署了该《巴黎倡议》，且支持者的数量还有可能继续增加。鉴于《巴黎倡议》在国际社会引发的较大反响，笔者认为，实施网络漏洞治理国际合作并建设和平网络空间的倡议，一定会得到国际社会的广泛支持。

B.21
互联网经贸规则法治化与
中国方案（2018）[*]

孙南翔[**]

摘　要： 2018 年，虽然网络空间国际经贸活动迅猛增加，然而互联网经贸规则法治化治理机制的发展却相对迟缓。当前，各网络大国开始以数字贸易为方向深化区域层面的经贸合作，以安全审查制度为工具限制互联网行业的海外投资，并以控制者标准为基础拓展数据治理的管辖范围。实践中，由于互联网经贸治理机制碎片化、主要网络大国立场分歧难以消弭、互联网经贸单边主义抬头，互联网经贸规则法治化治理机制正面临挑战。作为负责任的网络大国，我国宜倡导以 WTO 改革为契机解决数字贸易议题，以升级中国区域贸易协定与双边投资协定的方式推动企业走出去，以系统完善我国互联网经贸治理机制为基础推广中国经验，并以推进我国法域外适用的法律体系建设为起点维护我国正当利益。

关键词： 互联网　经贸规则　法治化　中国方案

2018 年，网络空间国际经贸活动发展迅猛。然而，与国际经贸迅猛发

---

[*] 本文系2019年中国社会科学院与澳大利亚社会科学院合作研究项目"中澳服务贸易的法律框架及其升级路径研究——以教育和电信领域为研究对象"的研究成果。

[**] 孙南翔，中国社会科学院国际法研究所助理研究员。

展相比，互联网经贸规则法治化治理机制的发展相对滞后。特别是在国际投资领域，各主要网络大国开始大规模出台限制互联网企业投资的法律和政策。除国际投资领域外，数据贸易和数据治理等规则也有所创新和发展。本文拟以数字贸易、对外投资、数据治理为核心，对当前互联网经贸规则法治化治理的现状与困境进行分析，以此为基础，提出推进互联网经贸规则法治化的中国方案。

一 2018年互联网经贸领域法治发展状况

（一）以数字贸易为方向深化区域层面的经贸合作

2018年，最为引人瞩目的国际经贸协定是美国牵头的《美国—墨西哥—加拿大协定》（简称："《美墨加协定》"）。2018年9月30日，美国、加拿大和墨西哥历时13个月的自由贸易协定谈判落下帷幕。三国一致于2018年11月30日共同签署新贸易协定。

《美墨加协定》的创新点之一在于首次专章解决"数字贸易"问题，进而与"跨境服务贸易""电信"等章节相独立，并取代了传统美式自由贸易协定中的电子商务章节。《美墨加协定》第19章"数字贸易"适用于缔约方通过或维持的、以电子手段影响贸易的措施。在共同点上，《美墨加协定》确立了对数字产品非歧视待遇、避免对电子交易造成不必要监管负担、不对数据处理中心和源代码进行贸易限制，以及保护消费者合法利益等规定。从此层面上，《美墨加协定》保持了《全面且先进的跨太平洋伙伴关系协定》基本框架。①

作为2018年全球瞩目的最新经贸协定文本，与先前经贸协定不同，《美墨加协定》"数字贸易"章节具有如下创新点：

---

① 虽然美国尚未签署《全面且先进的跨太平洋伙伴关系协定》，但是作为《跨太平洋伙伴关系协定》起草者，美国在确定基本框架和内容上发挥重要影响。

第一，在适用范围上，《美墨加协定》增加了关于算法、信息内容服务提供商、交互式计算机服务、政府数据等新内容，使得《美墨加协定》从电子商务规则发展为数字贸易规则。例如，其第19.18条中，规定了，"各缔约方应努力开展合作，确定各缔约方如何扩大获取和使用其公开的政府信息，包括数据，以增加和创造商业机会，特别是中小企业的商业机会。"新的规则内容使得数字贸易规则体系更加完善和系统。

第二，在权利范围上，《美墨加协定》在消费者权利和个人信息保护层面强化缔约方共识。除透明度要求外，《美墨加协定》第19.8条直接规定了缔约方建立个人信息保护法律框架的指导原则，这些原则包括："限制收集原则、自由选择数据质量、目的规范匹配、使用限制、安全保障、透明化、个人参与和可问责性。"其要求各缔约方应确保遵守保护个人信息的措施，确保对个人信息跨界流动的任何限制都是必要的，并与所面临的风险相称。另一个亮点在于，该协定大量涉及区域性合作标准与合作机制，以此推广美式经验。例如，该协定要求缔约方参照《亚太经合组织隐私框架》。

第三，在整体目标上，《美墨加协定》旨在弱化国家对数字贸易的监管能力。与《全面且先进的跨太平洋伙伴关系协定》相比，《美墨加协定》删除了相应条款中的国家监管能力规定。例如，在运算设备条款中，新协定删除了"每一缔约方可就运算设备使用制定自己的监管要求"。同时，新协定也删除了源代码中，关于"本协定不阻止在商业谈判合同中包含或实施与提供源代码相关的条款，或缔约方要求对源代码做出必要修改等要求"，以及"源代码不包括关键基础设施所使用的软件"等规定。

总体上，作为美国特朗普政府的重要经贸外交成果，《美墨加协定》被称为是美国21世纪贸易协定的新范本。在美国单边主义的背景下，《美墨加协定》是2018年全球最为重要的且难得的国际经贸合作成果，其大力推动自由的数字贸易规则。从此层面，《美墨加协定》数字贸易章节具有被复制推广的可能性，对其发展应进行跟踪与分析。

（二）以安全审查制度为工具限制互联网行业的海外投资

随着互联网和大数据时代的到来，互联网行业的国际投资相关问题愈发重要。这主要来自两个层面：一是，由于科技企业或互联网企业拥有众多的个人信息或数据，因此产生了国际投资新问题；二是，由于投资者赴海外投资科技或互联网企业，其涉及东道国互联网关键技术，进而产生国家安全风险。①

当前，互联网企业海外投资面临四大法律风险：第一，禁止提供基础网络通讯设施的准入风险。例如，作为全球领先的网络基础设施的供应商，华为等企业被排除在部分西方国家市场之外。第二，违背隐私保护和反不正当竞争规则等运营风险，特别是随着《欧盟通用数据保护条例》等法律的颁布，互联网企业正面临合规经营的风险。第三，企业高管人员面临知识产权盗窃指控等刑事风险。例如，我国公民在境外以网络间谍等罪名被逮捕与起诉。第四，互联网企业面临严峻的安全审查风险。例如，美国鼓吹华为等中国互联网企业存在安全隐患。除美国外，加拿大、澳大利亚、日本和新西兰等已对华为产品及投资进行严格限制。

近期，美国、欧盟、德国、日本等纷纷制定旨在遏制科技企业投资的新规。其中，最新的法律举措为《欧盟外商直接投资审查框架条例》。该条例已于 2019 年 3 月 5 日由欧盟理事会通过，其将于该条例正式颁布 18 个月后生效。与传统的海外投资安全审查相比，《欧盟外商直接投资审查框架条例》具有三个鲜明的特点：第一，该条例规制对象为欧盟高新科技行业，其剑指互联网行业和高新技术。例如，该条例明确提及欧洲国家通讯、科技、运输等产业与安全相关。其中，通讯部分包含 5G 相关产业，科技部分的核心为人工智能、半导体和机器人等重点产业。

第二，该条例针对关键技术领域，其核心主张为不透明的、政府所控制

---

① See OECD, Current Trends in Investment Policies Related to National Security and Public Order, https：//www. oecd. org/investment/Current – trends – in – OECD – NatSec – policies. pdf，最后访问时间为 2019 年 3 月 20 日。

的企业将会影响欧盟安全和公共秩序。因此，其要求对外商投资展开两方面的审查：一方面，在决定外商直接投资是否影响安全或公共秩序时，欧盟委员会或成员国可考虑如下因素：包括但不限于目标企业或技术是否为关键基础设施、[①] 重要的技术及其技术的双重用途、[②] 重要产品的提供、对重要信息的获得，[③] 或媒体的自由以及多元性。

第三，该条例重点在于审查企业与政府的关系。其核心目的在于避免非欧盟国家所控制的企业影响欧盟及成员国的安全和公共秩序。在决定外商直接投资是否影响安全或公共秩序时，欧盟委员会或成员国将主要考虑外国投资者是否直接或间接为第三国政府所控制、外国投资者的所有权结构及政府重大的资助行为、外国投资者是否在一成员国内参与影响安全或公共秩序的活动等。

总体上，该条例旨在统一并强化欧盟层面的投资审查机制。本法规草案是欧盟层面上第一个以安全和公共秩序为基础、针对重大战略性行业的外商投资审查机制。不仅如此，德国、英国、匈牙利、意大利等已通过国内法方式对非欧盟企业在敏感行业投资施加严格限制。[④] 例如，《德国对外贸易条例》修订草案于 2018 年 12 月 29 日生效，其规定"非欧盟公司对德国公司发起的 10% 或以上股份的收购须通过政府的审查，尤其是涉及敏感领域，这包括关键基础设施和公民安全与国防相关的领域，还涉及媒体行业。"在欧洲之外，美国特朗普总统于 2018 年 8 月 13 日签署了《美国对外投资风险审查现代化法》，将"新兴和基础技术"纳入关键技术定义中，并指出关键个人信息的交易可能需经国家安全审查，进而将互联网企业、数字科技纳入监管的范畴之中。[⑤]

---

① 这包括实体的或虚拟的，如能源、运输、水、健康、通讯、媒体，甚至还包括此类基础设施具有重要作用的土地或房地产。

② 例如，人工智能、机器人、半导体、网络安全、太空等。

③ 这包括个人信息以及对此类信息的控制。

④ See OECD, Investment Policies Related to National Security and Public Order, https://www.oecd.org/investment/investment–policy/investment–policy–national–security.htm，最后访问时间为 2019 年 3 月 20 日。

⑤ 刘岳川：《投资美国高新技术企业的国家安全审查风险及法律对策》，《政法论坛》2018 年第 6 期，第 118 页。

（三）以控制者标准为基础拓展数据治理的管辖范围

作为 21 世纪重要的生产和生活资料，数据正成为各国互联网治理的重点关注事项。近期，美国、欧盟等纷纷以单边立法形式明确国家对域外数据的管辖权，并在多边层面大力推广数据管辖的"控制者标准"模式。

在单边层面，2018 年 3 月，美国通过了《澄清境外数据的合法使用法》。该法明确规定美国可要求所有受美国管辖的互联网企业提供其所持有、保存或控制的数据，即使该数据存储在美国境外。虽然该法规定了美国有权对其认为适格的政府进行国际礼让，然而美国本质上试图以法律方式确定域外数据的管辖权。除美国外，《欧盟通用数据保护条例》已于 2018 年 5 月 25 日正式实施。该条例的核心目标在于确保欧盟对所有收集、储存和处理欧盟数据的企业进行有效约束与管辖。

在多边层面，欧美开始联手致力于推动《网络犯罪公约》成为国际协定。该公约实际上以"数据控制者"模式为治理机制，并赋予具备互联网技术能力的国家进行单边远程跨境取证的权力。例如，《网络犯罪公约》第 32 条规定，无须获得其他缔约方同意，只要获得数据持有者的同意，一缔约方可通过其领土范围内的系统获得和接收存储在其他缔约方中的数据。截至 2019 年 3 月 7 日，该公约在 62 个国家实际生效。[①] 近期，欧美积极向印度等互联网新兴国家推广该公约。当然，由于中国、俄罗斯等国的强烈反对，《网络犯罪公约》仍未能成为普遍适用的国际机制。

毫无疑问，数据存储形式多样化、传输方式便捷化、服务分包碎片化等特点导致数据多重管辖问题的存在。实践中，美欧所主导的"数据控制者"模式具有长臂管辖的特征，其显然具有自利性。由于西方国家具有大量的海外互联网企业，该模式实际上拓展了西方国家行政管辖权可及的范围。

---

① Council of Europe, Convention on Cybercrime, https：//www. coe. int/en/web/conventions/full-list/-/conventions/treaty/185/signatures，最后访问时间为 2019 年 3 月 20 日。

二 互联网经贸规则法治化所面临的挑战

2018 年，网络空间国际经贸法治化体现了全球经贸治理机制的新趋势。网络大国逐渐系统提出自身解决互联网经贸合作的规则方案，当然，规则文本体现其自身利益诉求，网络空间国际经贸法治化也遭遇了新的困境。

（一）互联网经贸治理机制进一步碎片化

由于互联网经贸议题广泛，因此国际社会存在多种形式的国际治理机制，包括但不限于多边合作、区域合作、跨国与跨政府合作等模式。[①] 然而，全球互联网经贸治理的多形式性导致了全球治理机制的碎片化。WTO、国际经济合作组织、七国集团与二十国集团规定了多边层面上的互联网贸易规则；自由贸易协定在不同程度上规定了针对数字贸易、电子商务、电信服务等互联网经贸规则；同时，各国也积极通过国内立法的方式对互联网经贸活动进行规制。[②] 此外，在国际社会上，联合国贸易法委员会、海牙国际私法协会等还提供以《联合国电子商务示范法》为代表的国际性软法文件。

近期，互联网经贸治理机制进一步碎片化。一方面，在 WTO 机制下，各成员方已经分化为不同的阵营。2019 年 1 月 25 日，中国、澳大利亚、日本、美国、欧盟、俄罗斯等 76 个世贸组织成员方签署《关于电子商务的联合声明》，强调各方启动 WTO 电子商务谈判与致力于实现高水平的电子商务规则的愿望，并将充分考虑世贸组织成员方在电子商务领域面临的独特机遇和挑战。[③] 与此同时，仍有一半以上的 WTO 成员方未对电子商务议题谈判进行正式表态。实践中，在改革 WTO 的过程中，由于议题谈判和潜在收

---

① 全球经济治理也包括"公民社会"的管理方式。参见〔美〕罗伯特·基欧汉、约瑟夫·奈：《权力与相互依赖（第四版）》，门洪华译，北京大学出版社，2012，第 287 页。
② 例如，《OECD 保护隐私与私人数据跨界传输准则》《欧盟通用数据保护条例》等。
③ WTO, Joint Statement on Electronic Commerce, WT/L/1056, 25 January 2019。

益的分裂化，互联网经贸规则在 WTO 协定的谈判必将是漫长且艰难的过程。

另一方面，美国持续破坏 WTO 机制。作为解决国际经贸议题的唯一多边机制，WTO 正面临严峻挑战。通过阻碍 WTO 上诉机构成员遴选，频繁使用国家安全例外以及鼓吹中国例外论，美国正一步步破坏 WTO 机制的正常运转。同时，欧盟、加拿大等成员方对美国破坏多边贸易体系的做法表示反感，但至今尚未找到解决方法。在此背景下，大型区域贸易协定应运而生，不管是《全面且先进的跨太平洋伙伴关系协议》《美墨加协定》，还是正在谈判的《区域全面经济伙伴关系协定》，由于其覆盖面广且参与方为网络大国，其实质上都有可能削弱 WTO 在全球经贸机制的作用与功能。在实践中，数字贸易、电子商务议题等均是上述协定的重点谈判事项。从某种程度上，虽然与互联网全球公共产品属性相互矛盾，但近期互联网经贸治理规则正反映出区域化、碎片化、差序化的特点。

（二）主要网络大国立场存在显著分歧

中国和美国是世界网络大国和强国。以二者为代表，目前主要网络大国对互联网经贸治理规则仍存在难以消弭的分歧。具体而言，在数据贸易规则层面，美国是数字贸易自由的推动者，而我国以网络主权为基础，强调国家对数字贸易活动的合法规制权。我国法律要求特定类型的数据存储应实现本地化。例如，2018 年美国苹果公司的 iCloud 为进入中国市场，在贵州设立数据中心，存储中国用户的隐私数据及密钥。[①] 在国际投资规则层面，美国通过《对外投资风险审查现代化法》限制中国互联网企业并购美国公司，特别是其认为中国企业与政府存在密切关系，进而中国政府可要求本国企业提供域外相关的情报信息，甚至可要求在通讯设备中放置"后门"，并以此为理由，阻碍中国企业的正当投资权利。在数据治理层面，美国是"数据

---

① 周念利、陈寰琦、王涛：《特朗普任内中美关于数字贸易治理的主要分歧研究》，《世界经济研究》2018 年第 10 期，第 63 页。

控制者"模式的推广者，而中国长期坚持以"数据存储地"模式行使数据管辖权。例如，我国《网络安全法》要求我国关键信息基础设施运营者在中国境内运营所收集和产生的个人信息和重要数据应储存在中国境内。[1]

美国和欧盟之间长期就数据流动和管辖问题产生争议。例如，美国是数据贸易自由的拥趸；而欧盟则是将公民的数据权利视为个人的基本权利。为解决分歧，美欧于2016年签署了《欧美隐私盾协议》，取代《美欧安全港协议》。然而，美欧之间的数据治理理念分歧仍存在。毫无疑问，由于主要网络大国之间存在难以消弭的分歧，构建协调一致的互联网经贸规则仍颇具挑战。

（三）互联网经贸单边主义政策日渐盛行

2018年以来，随着互联网行业和技术重要性与日俱增，各国以国家安全和公共秩序为名，实施互联网经贸单边主义，甚至开始主张以国家经济制度作为审查企业的重要因素。当前，美国大力推动对中国等新兴国家互联网行业的战略遏制。美国驻欧盟大使直接威胁到，任何西方国家如果在关键基础设施项目中使用华为等设备，美国将对此类国家采取"反制措施"。[2] 同时，欧盟委员会已启动关于中国网络知识产权盗窃的调查研究。

《美国对外投资风险审查现代化法》《欧盟外商直接投资审查框架条例》等新规不仅要求对企业进行个案审查，而且其涉及对国家政策甚至是国家经济制度的宏观审查。实际上，与其说美欧投资审查新规针对企业，不如说其核心在于对国家市场经济制度进行审查。实际上，美欧新规指向性非常明显。在对外公布草案时，欧洲议会指出，"近20年里，中国对欧盟的投资增长了六倍"。[3] 2018年7月《美国外国投资风险审查现代化法案》颁布

---

[1] 《网络安全法》第37条。

[2] Mo Jingxi, Pompeo criticized for Huawei comments, China Daily, http：//www.chinadaily.com.cn/a/201902/13/WS5c6322eba3106c65c34e8f76.html，最后访问时间为2019年3月20日。

[3] European Commission, EU to Scrutinise Foreign Direct Investment More Closely, http：//www.europarl.europa.eu/news/en/press - room/20190207IPR25209/eu - to - scrutinise - foreign - direct - investment - more - closely，最后访问时间为2019年3月20日。

后，2018 年中国赴美投资骤降近九成。① 由是观之，该条例的出台旨在削减中国等新兴国家对欧盟战略性行业的市场投资份额。因此，该条例具有明显的单边主义特征。更进一步的，互联网企业赴欧投资将面临更加弹性的行政裁量空间。在条例中，欧盟将安全审查事项拓展至政府设备或资产的不动产交易，该标的性质既包括个人所有不动产，也包括国家所有不动产。此外该条例并没有对公共秩序等重大利益进行界定，这给欧盟扩大"安全和公共秩序"定义提供了机会。简言之，该条例赋予了欧盟和成员国极大的行政裁量空间。

不仅在高新技术投资领域，在网络经济间谍、知识产权救济等层面上，美国近期动向也体现出单边主义色彩。例如，美国直接突破企业的面纱，要求加拿大对华为公司孟晚舟进行逮捕并申请引渡。② 从此层面，互联网经贸单边主义政策对网络空间法治机制形成严峻的挑战。

三　推动互联网经贸规则法治化治理的中国方案

网络空间国际经贸治理机制正处于被塑造的关键节点。作为负责任的大国，我国应积极参与国际经贸治理机制。习近平总书记指出，中国走向世界，以负责任大国参与国际事务，必须善于运用法治。③ 法治化治理是互联网经贸的终极目标。为应对网络空间经贸规则治理的挑战，我国应从国际法、国内法层面加速推动网络空间经贸规则法治化治理进程。

（一）以 WTO 改革为契机解决数字贸易议题

当前 WTO 正面临严峻的挑战，其原因主要来自以下三个层面：第一，

---

① 中国产业经济信息网：《中国对美投资大幅缩水去年降幅高达 83%》，中国产业经济信息网，http：//www. cinic. org. cn/hy/cj/470764. html，最后访问时间为 2019 年 3 月 7 日。
② 韩晓明：《美国将向加拿大正式提出引渡孟晚舟　中方：立即放人》，人民网，http：//world. people. com. cn/n1/2019/0122/c1002 - 30585125. html，最后访问时间为 2019 年 3 月 7 日。
③ 习近平：《加强党对全面依法治国的领导》，《求是》2019 年第 4 期。

国际经贸格局变动影响世贸组织体系的既有稳定性，主要的原因是美国、欧盟、中国和日本在国际贸易领域实力和地位发生变化；第二，WTO 协定文本存在滞后性，除贸易便利化等程序性规则外，WTO 协定文本自 1995 年后没有进行与时俱进的修订；第三，大型区域贸易协定的勃兴导致 WTO 的地位受到威胁。在上述三个原因的共同作用下，WTO 改革具有必要性。在此契机下，通过 WTO 改革解决数字贸易议题具有可行性。具体而言：

其一，WTO 仍是迄今为止唯一的多边贸易机制。虽然互联网经贸规则正面临碎片化的威胁，然而我国应坚持在 WTO 框架下解决互联网经贸规则。由于互联网具有跨国界性，其只能由国际社会共同解决。同时，鉴于数字贸易议题为新议题，其核心是解决数字贸易的客观情势变化与法律规则滞后之间的冲突。因此，各成员方具有求同存异并实现共同利益的动机。

其二，WTO 可确保数字贸易的非歧视待遇。一方面，WTO 协定涉及货物贸易、服务贸易、投资等诸领域。由于非歧视待遇是 WTO 协定的基石，将数字贸易纳入 WTO 协定可确保数字贸易及其相应投资政策的非歧视性。另一方面，WTO 对"国家安全""安全""公共秩序"等例外规则进行严格限制。[1] 这有利于避免成员方肆意扩大国家安全等概念，阻碍互联网经贸活动的正常进行。

（二）以升级中国区域与双边经贸协定的方式推动企业"走出去"

虽然《欧盟外商直接投资审查框架条例》等对中国互联网企业海外投资构成潜在威胁并增加额外的交易成本，但是毫无疑问，中国企业仍要将西方国家作为重要的目标市场。例如，欧盟具有市场化程度高、营商环境好、具备先进技术和与管理经验等优势，本质上，中国互联网企业仍具有在西方

---

① 例如，欧洲议会要求《欧盟战略性行业投资法规草案》应符合世贸组织协定下对安全和公共秩序的限制性措施要求，特别是《服务贸易总协定》关于限制措施不构成歧视性待遇或变相贸易限制的规定。同时，《服务贸易总协定》评注 5 规定，公共秩序例外只能在对社会的基本价值形成实质性的和足够严重的威胁情况下才可以被适用。换言之，在世贸组织法层面，对援引安全和公共秩序例外的标准较高，需要成员方证明其限制投资措施满足保障社会基本价值功能。

市场获得短期盈利或长期竞争力的巨大利益。为此，中国应积极以升级中国区域与双边经贸协定的方式推动互联网企业"走出去"。

当前，区域经贸协定是全球贸易治理机制的重要内容。作为抗衡美国对中国的"规锁"，① 中国应加速推进《区域全面经济伙伴关系协定》《中日韩自由贸易协定》等区域经贸协定的谈判，并以此为模板，构筑数字贸易、对外投资和数据治理的中国范本，在法律上、舆论上和策略上应对美式范本的挑战。除外，中国与众多国家签署双边投资协定，并与德国、荷兰、葡萄牙、西班牙等主要国家在近十年内重新商签新协定。因此，一方面，中国要积极利用国民待遇、最惠国待遇和公共公正待遇主张中国投资者的合法利益；另一方面，中国也应积极推进中欧双边投资协定等重要的双边投资协定谈判。在中欧双边投资协定中，我国可建议对安全及公共秩序审查作出具体安排，特别是界定并梳理安全和公共利益的核心内容，并通过强化安全审查的透明度和程序公正要求，以此避免东道国投资安全审查对中国投资者所造成的不利影响。特别是中国也可借鉴经济合作与发展组织对外国投资审查的四项指导规范，即非歧视性、透明度与可预测性、规制比例性和可负责性，② 以此获得公正合理的待遇。

（三）以系统完善我国互联网经贸治理机制为基础推广中国经验

欧洲智库研究认为，在其调查的 65 个主要国家或地区中，我国数字贸易限制壁垒程度最高，达到 0.7（总分值为 1），远高于数字贸易限制第二高的俄罗斯水平（其分值约为 0.45）。③ 然而，我国理论界和实务界长期认为我国互联网立法具有比较优势，甚至应成为互联网治理的中国经验。东西

---

① 张宇燕、冯维江：《从"接触"到"规锁"：美国对华战略意图及中美博弈的四种前景》，《清华金融评论》2018 年第 7 期，第 24～25 页。

② OECD, Guidelines For Recipient Country Investment Policies Relating to National Security, Recommendation adopted by the OECD Council on 25 May 2009, https：//www. oecd. org/daf/inv/investment－policy/43384486. pdf, 最后访问时间为 2019 年 3 月 20 日。

③ See ECIPE, Digital Trade Restrictiveness Index, http：//ecipe. org/app/uploads/2018/04/DTRI－final1. pdf, 最后访问时间为 2019 年 3 月 20 日。

两种观点存在显著的矛盾。正因如此，中国有必要系统梳理并阐述我国互联网经贸治理的制度和实践。具体而言：

其一，中国应明确国内法治与国际法治的可通约性。二者本质都在于推动互联网经贸规则的发展，并对贸易商和投资者实现最小化的规制负担。在此基础上，我国应推动国内互联网法治化机制的完善。同时，与欧盟的强保护机制不同，中国互联网治理模式在确保政府控制敏感信息的前提下，赋予市场主体更多的灵活性。例如，我国将个人信息的保护集中在"个人可识别信息"。该规则在保护个人信息的同时，允许企业对"不可识别信息"或"去识别化信息"的利用。从根本上，我国应积极推动中国互联网治理模式走出国门。当前，众多发展中国家正酝酿制定网络或信息法，我国应鼓励和支持行业协会、科研单位与高校等机构研究和参与其他发展中国家网络与信息立法，积极向海外推广中国互联网治理的先进经验。

其二，我国应系统理清政府与企业之间的所谓"不透明"关系。针对美国、欧盟等对中国互联网企业受到政府控制的担心，我国可通过明确的指导、完善的执法、有效的监督等机制解决政府和企业之间"不透明"的关系。例如，在制度构建上，我国司法部门可出台政府与企业关系行为守则，理清政府和市场的关系；在行为约束上，中国市场管理部门可深化公平竞争审查制度，在国内建立起一视同仁的公平竞争机制；在监督层面，我国商务部门可设置联络点，以完善的救济机制应对不公正补贴、国有企业超国民待遇等申诉。

（四）以我国法域外适用法律体系建设为起点维护我国正当利益

在与欧美国家的数据博弈中，我国应加大对数据管辖的立法活动，推进我国法域外适用的法律体系建设。目前而言，我国对数据管辖问题采取了较为保守的数据存储主义。数据存储地管辖模式导致我国无法管辖对我国境内产生实质性影响的境外活动。我国《网络安全法》《电子商务法》等立法均只约束在我国境内的网络活动和电子商务活动。一方面，该立法模式无法抗衡美欧在第三国主张对我国数据的管辖权；另一方面，作为新兴的互联网大国，该立法模式相当于放弃对我国企业在域外运营数据的管辖权。因此，我国应反思对互联网经贸规则治理消极应对的理念与立场。① 具体如下：

在理念层面，我国宜拓展数据管辖权的范围，进一步贯彻落实总体国家安全观。目前而言，我国对数据管辖问题采用了较为克制的数据存储地标准，其属于典型的属地管辖标准。当前，属地管辖标准无法应对美欧数据长臂管辖的挑战，也不符合国家管辖权的国际法实践。国家管辖权可分为属地管辖权、属人管辖权、保护性管辖权和普遍性管辖权。因此，我国司法机构或执法机构可通过司法解释或者行政决定确定我国数据管辖权的范围，其不仅包括对中国境内以及中国实体所持有数据的管辖权，还应包括对外国人在我国境外实施侵害我国国家和公民的重大数据利益的犯罪行为以及危害国际安全及全人类利益的国际犯罪行为享有管辖权，以此在法理上确定我国数据治理的合法与正当的权限。

在实践层面，我国应尽快建立统一的重要数据出境报告及安全评估机制。美欧单边数据长臂管辖规则已正式实施。数据本地化政策无法解决数据的不当跨境流动问题。我国亟须建立重要数据的出境报告机制及安全评估机制。2017 年，全国信息安全标准化技术委员会公布《数据出境安全评估指南（草案）》，该草案规定不同部委享有对不同领域的数据安全评估权。然而，不同部委在数据安全评估上难以形成统一的执法标准。因此，建议长期可探索设置专门的数据治理与保护机构，短期内则可考虑将数据出境报告和安全评估的统一联络点设置互联网信息办公室，并由其他单位等予以配合，以此有效地应对日益严峻的美欧数据管辖威胁。

同时，在《外商投资法》颁布实施后，我国应尽快出台《外商投资法》实施细则，细化我国外商投资安全审查机制。虽然我国《外商投资法》规定我国可采取反制措施应对其他国家的投资保护政策，然而由于缺乏实施细

---

① 我国《网络安全法》规定："关键信息基础设施的运营者在中华人民共和国境内运营中收集和产生的个人信息和重要数据应当在境内存储。"我国《电子商务法》规定："中华人民共和国境内的电子商务活动，适用本法。"从文本解释上，此处的中国境内的电子商务活动本身采取的是数据存储主义，而非数据控制者。

则，对企业国家并未形成威慑力。有鉴于此，我国应建立与美国、欧盟新规相似的国家安全审查机制，以此抗衡中国企业在美欧可能遭受的不公正待遇。同时，我国商务部门、科研院所应积极研究欧盟及其成员国的立法动向和司法实践，我国商会和行业协会应对赴欧投资者提供及时的法律和政策咨询意见。在确保合规的前提下，依法鼓励我国互联网企业赴欧投资。

B.22
从国际法角度看网信领域国际竞争博弈

孙南翔　支振锋*

摘　要： 当前，全球贸易投资自由化正经历国家保护主义的挑战。我国高新技术企业海外投资正经历核心技术产品管制、企业身份认识分歧、国际机制碎片化、地缘政治风险加剧等挑战。指向性安全审查引发的准入风险、基于隐私保护等人权规范引发的运营风险、网络产权规则不明晰引发的制度风险、美国法域外滥用引发的制裁风险等构成我国高新技术企业面临的法律障碍。海外投资的市场竞争本质上是规则之争、国际话语权之争。因此，我国应重新审视主权在立法与执法中的引领作用，有效运用区域和双边经贸协定的规则锁定功能，并不断激励企业提高法治意识和水平。

关键词： 逆全球化　高新技术企业　海外投资　法律风险

　　党的十八大以来，我国网信事业加速发展，并在经济上、技术上、战略上取得了丰硕的成果。但随着全球经贸单边主义的兴起，特别是美国对国内法的域外滥用，我国网信企业在国际竞争中正面临严峻的法律甚至政治风险。如何从顶层设计和国家法律政策的层面，更加关注网信领域的国际竞争与博弈，增

---

* 孙南翔，中国社会科学院国际法研究所助理研究员；支振锋，中国社会科学院法学研究所研究员、中国社会科学院大学长聘教授、《环球法律评论》杂志副主编、《网络法治蓝皮书》主编，国家万人计划青年拔尖人才，博士生导师。

强网信领域市场主体的法治思维与合规意识，帮助网信企业走出去，更好服务"一带一路"建设和网络强国战略，是我们当前必须解决的一项重大课题。

一 网信企业"走出去"的历史成就与特点

（一）网信企业"走出去"成就巨大

1. 经济成果斐然

2007～2017 年，我国信息传输、计算机服务和软件业对外直接投资净额均为正值，并呈快速上升的趋势。如图 1 所示，我国信息传输等行业对外投资净额从 2007 年的 3.0384 亿美元增长到 2017 年的 44.3024 亿美元，并一度在 2016 年达到顶峰，为 186.6022 亿美元，占当年中国对外直接投资净额近 10%。如图 2 所示，信息传输、计算机服务和软件业截至 2017 年对外直接投资存量达到 2188.9737 亿美元，占中国对外投资存量总额的 12.10%。但近两年来，由于网信企业"走出去"面临新的挑战，我国信息传输、计算机服务和软件业对外投资呈下降趋势，但仍保持在高位出口态势。必须说明的是，

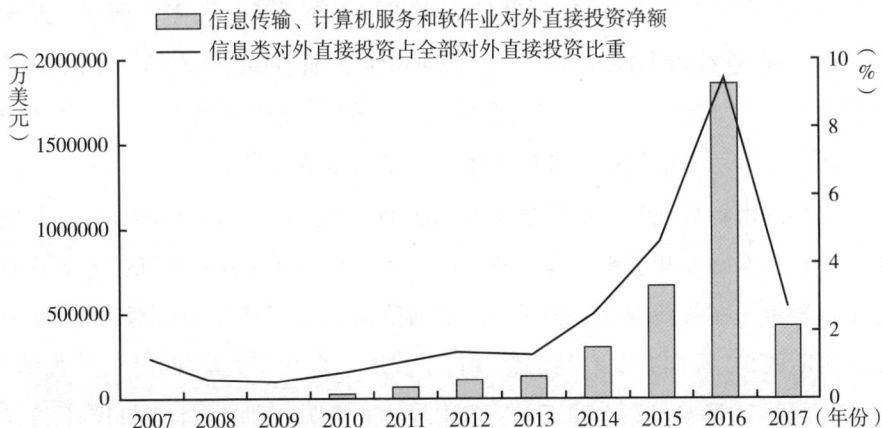

图 1 信息传输、计算机服务和软件业对外直接投资净额情况 *

* 资料来源：国家统计局，国家统计局官方网站，http://data.stats.gov.cn/easyquery.htm? cn = C01，最后访问时间为 2019 年 4 月 9 日。

由于诸如交通运输业、仓储和邮政业、金融业、商务服务、技术服务、文化、体育和娱乐业等其他对外投资行业也都与网络信息技术密切相关，可以说，网信事业发展有力地保障并促进了我国海外投资的发展。

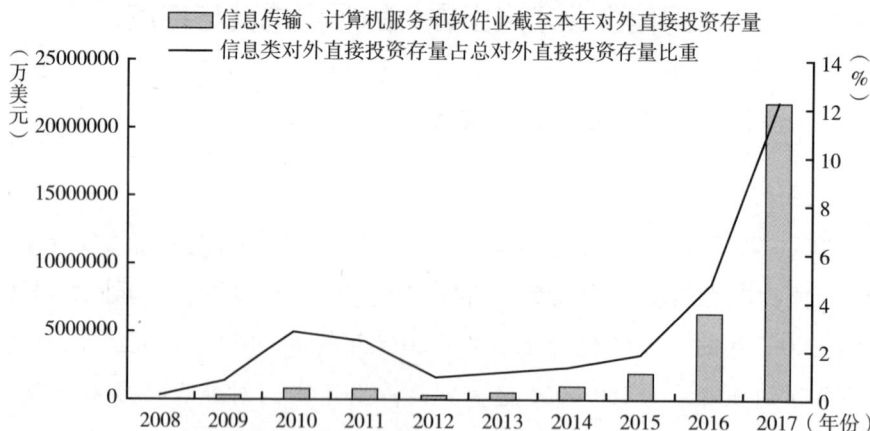

图2 信息传输、计算机服务和软件业对外直接投资存量情况*

*资料来源：国家统计局，国家统计局官方网站，http://data.stats.gov.cn/easyquery.htm? cn = C01，最后访问时间为2019年4月9日。

自2010年以来，我国通信设备企业营收不断增长，如图3所示，华为自2013年起连续占据世界首位。中兴通讯也表现不错，表现在占据全球市场的份额上。如图4所示，华为和中兴长期保持全球前列水平，在与爱立信、诺基亚等西方电信设备商的竞争中逐渐占据更大优势。

优异的市场表现源于对科技研发的巨额投入，以及对专利和知识产权的重视。在技术研发和进步层面，我国网信企业在全球主要专利和技术方面日益举足轻重。在最新的5G竞争中，中国信通院知识产权中心对在ETSI网站上声明的5G标准必要专利信息进行了提取、合并、去重和统计。[1] 如图5所示，截至2018年12月28日在ETSI网站上声明专利量累计为11681件，

① 《中国信通院发布〈通信企业5G标准必要专利声明量最新排名（2018）〉》，科塔学术网，https://www.sciping.com/23914.html，最后访问时间为2019年4月10日。

表 1　全球通信设备商收入规模排名变化[*]

排名 \ 年份	2010	2011	2012	2013	2014	2015	2016
1	爱立信	爱立信	爱立信	华为	华为	华为	华为
2	阿朗	华为	华为	爱立信	爱立信	爱立信	新诺基亚
3	华为	阿朗	诺西	阿朗	阿朗	阿朗	爱立信
4	诺西	诺西	阿朗	诺西	诺基亚	中兴	中兴
5	摩托罗拉	中兴	中兴	中兴	中兴	诺基亚	

[*]　《2018 年全球通信设备行业竞争格局及市场份额分析》，中国报告网，http://free. chinabaogao. com/dianxin/201804/04263330092018. html，最后访问时间为 2019 年 10 月 18 日。

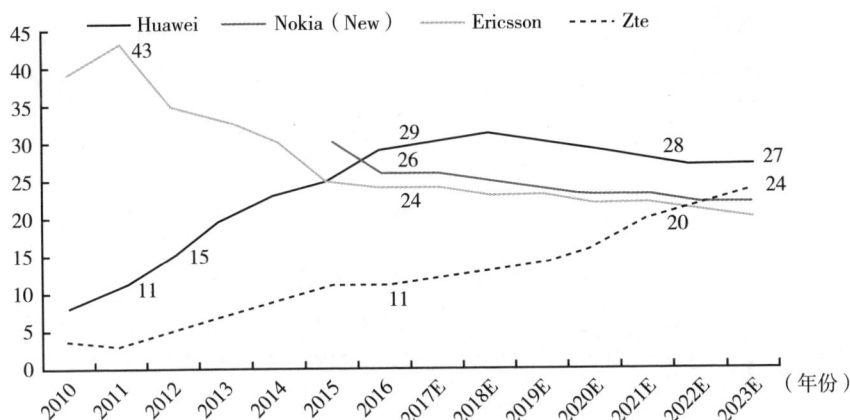

图 3　通信设备商市场份额[*]

[*]　《2018 年全球通信设备行业竞争格局及市场份额分析》，中国报告网，http://free. chinabaogao. com/dianxin/201804/04263330092018. html，最后访问时间为 2019 年 10 月 18 日。

其中华为以 1970 件 5G 声明专利排名第 1，占比 16%；中兴以 1029 件排名第 6，占比 9%；大唐电信以 543 件排名第 9，占比 5%；三家中国企业的专利声明总量为 3542 件，占总量的 30.3%。网络与信息技术成为我国技术创新的核心领域。如图 6 所示，在 2018 年申请专利排行前 10 的名单中，华为、广东欧珀移动通信有限公司、京东方、格力、联想、腾讯、中兴通讯等我国网信企业占据 7 个位置。①

---

①　参见国家知识产权局，国家知识产权局官方网站，http://www. sipo. gov. cn/zscqgz/1135326. htm，最后访问时间为 2019 年 4 月 9 日。

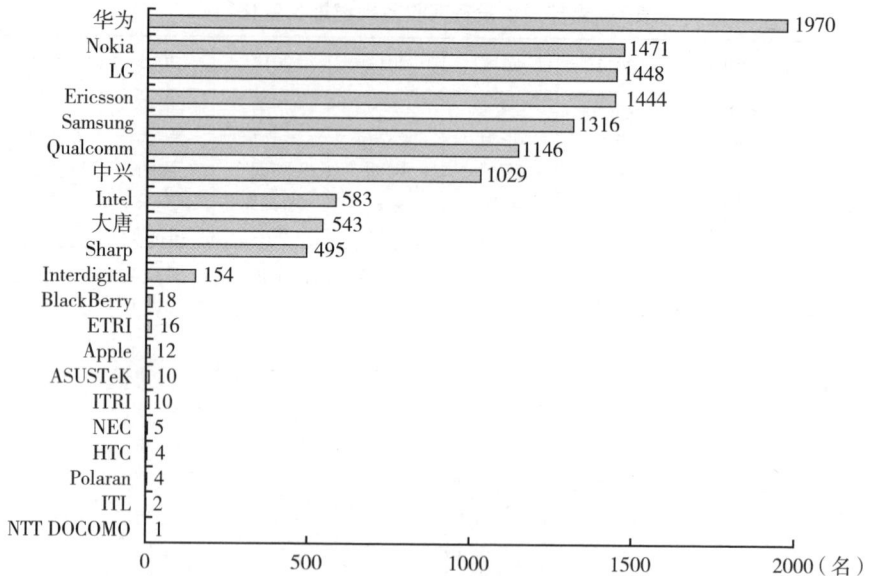

图4　5G 标准必要专利声明量*

　　*《中国信通院发布〈通信企业 5G 标准必要专利声明量最新排名（2018）〉》，科塔学术网，https：//www. sciping. com/23914. html，最后访问时间为 2019 年 4 月 10 日。

表2　2018 年我国发明专利授权量*

2018 年我国发明专利授权量排名前 10 位的国内(不含港澳台)企业		
排名	企业名称	数量(件)
1	华为技术有限公司	3369
2	中国石油化工股份有限公司	2849
3	广东欧珀移动通信有限公司	2345
4	国家电网公司	2188
5	京东方科技集团股份有限公司	1891
6	珠海格力电器股份有限公司	1834
7	联想(北京)有限公司	1807
8	腾讯科技(深圳)有限公司	1681
9	中兴通讯股份有限公司	1552
10	中国石油天然气股份有限公司	1129

　　*《2018 年中国发明专利数据——另类解读》，腾讯网，https：//new. qq. com/omn/20190121/20190121G11EBR. html，最后访问时间为 2019 年 10 月 18 日。

2. "中国制造"形象和影响力不断提升

随着近年来网信企业的壮大与发展，我国政府及企业在网信领域的话语权和影响力不断攀升。微信、微博是国际上少有的能与美国公司比肩的社交媒体，阿里巴巴在电商和第三方支付领域已经成为国际领先企业，短视频平台正在成为海外中国网络文化以及生活方式的传播者。例如在美国，2018 年以来，抖音海外版 TikTok 的安装量超过了 Facebook、Instagram 和 Youtube 等全球知名软件。从某种程度上，中国网信企业海外投资不仅有助于中国产品走出国门，更能够向海外推广中国先进的互联网生活方式和文化。

网信企业正重新塑造中国企业和中国产品的形象。华为已经成长为全球领先的通讯企业，通过海量资金的技术研发投入和市场努力，华为掌握了关于 5G 基带芯片、智能手机芯片以及众多电子通信设备的核心技术。华为手机产品摆脱了以前中国产品质次价低的形象，在海外售价高于国内市场的情况下，受到国外消费者的欢迎。

我国网信企业家也逐渐走向互联网国际治理和数字经济发展的中心舞台。阿里巴巴原董事局主席马云在 2016 年首倡建立世界电子贸易平台，并通过包容性的方法为世界创造更多的贸易和发展机会。

3. 互联网全球竞争国家战略的有力支撑

近年来，中国互联网企业逐渐瞄准互联网国际基础设施的供应服务。例如，除了在 5G 技术和设备方面形成领先之势，华为还大力投入海底光缆的铺设工程。截至目前，华为已经开展了大约 90 个光缆方面的项目，以建立或升级海底光纤链路。中国互联网企业的努力，对于互联网全球基础设施的完善以及消除数字鸿沟起到了巨大作用，为许多不发达国家和地区享受数字科技红利做出了巨大贡献。

而且，海底光缆铺设等活动，也在一定程度上有利于维护和保障本国在数据安全、网络安全方面的国家利益，体现了我国在互联网重要基础资源上的战略利益。华为在海底铺设光缆遭到了澳大利亚等国的种种阻碍，克服了重重困难。

除国家安全利益外，我国网信企业也正在为全球，尤其是第三世界国家和地区提供更多的互联网公共产品。随着"一带一路"倡议的深入，我国大力推行与其他国家信息港的建设，如中国—东盟信息港、中国—阿拉伯国家网上丝绸之路等。中国网信企业也积极参与"一带一路"沿线国家和地区的信息基础设施、重大信息系统和数据中心建设，并启动建设一批海外研发基地。

4. 以我为主供应链体系的构建

由于网信行业的细分与技术分工的细化，国内网信企业的发展还能够带动上下游企业的协同发展，推动中国制造业水平的整体发展。智能手机设备在很大程度上就是组装产品。苹果公司本身不生产手机，但是依靠庞大的供应链，使得苹果手机成为最受欢迎的智能手机品牌之一。智能手机设备供应链不仅涉及原材料、设备等硬件，还涉及应用程序、数据服务等软件。网信企业的发展，带动了相关产业的跨越式进步，使从十年前连手机涂漆技术与工艺都相当落后的中国，一举发展成为产业链、供应链及周边技术和工艺都相当完备的互联网技术与产业发展较强的国家。

（二）我国网信企业"走出去"的特点

与传统海外投资企业及其他西方国家企业相比，我国网信企业"走出去"具有一些显著的特点，主要如下：

第一，在网信企业海外投资中，国企和民企同样具有比较优势。与传统的海外投资企业不同，我国网信企业走出去的主体不仅包括国有企业，还包括众多的民营企业。中国网信行业的企业主要以民营企业为主。因此，在对外投资领域，与基础设施建设、采矿等行业相比，投资网信领域的市场主体中，民营企业占据了极为重要的地位。

第二，我国网信企业偏重技术应用，但在"硬核"的核心技术开发上仍存在不足。特别是与美国网信企业相比，中国互联网企业在核心技术层面上的落后更为明显。根据 CB Insights 的统计，截至 2019 年 3 月，全球独角兽企业中，美国占据 48%，中国占据 28%。① 除市场规模存在差距外，美国和中国独角兽企业发展的路径不完全相同。中国网信企业的优势在于创新商业模式，而美国企业的核心优势在于科技创新。相比而言，我国网信企业的多数技术掌握在其他国家的企业手中。而由于核心技术研发仍然不够，导致我国网信企业盈利率偏低，经常遭遇高烈度而低水准的市场竞争。例如，共享单车曾被称为是中国"新四大发明"之一，然而由于国内企业的内部竞争、商业模式的瓶颈、组织形式创新的缺乏，导致我国出海的共享单车企业遭遇"滑铁卢"。

第三，我国网信企业海外投资主要目的国地缘政治风险较大。中国网信企业海外投资目的地不仅包括发达国家，还包括发展中国家，特别是处于信息化建设初期的国家。由于美国等西方国家在法律、政策等方面的重重壁垒，第三世界国家和地区在中国网信企业的市场布局中分量极重。但这些国家和地区，也往往是政局不稳、社会动荡、经济落后、风险偏高的区域，市场成熟度不高，开发难度大。而且，中国网信企业在参与当地社区、企业形象营造以及危机公关技巧等方面仍然有所欠缺。由于与美国等西方网信企业的竞争，更由于大国利益的博弈，往往引发西方企业、媒体和政府对中国网信企业肆意的抹黑与打压；尤其是打着人权、环保旗号的抵制，严重恶化了中国企业的海外营商环境。而作为发达国家的美国市场，对中国网信企业更是极不友好。

第四，中国网信企业也存在法治意识不强，不善于融入当地社区和构建企业公共形象等问题。对于中国网信企业来说，海外投资应遵守当地法律法规、政府政策和社会习俗，尤其是应提前做好合规工作。但是，"一带一路"沿线国家法律体系非常繁杂，至少涉及伊斯兰法系、英美法系以及大陆法系等三大法系，以及印度教法、佛教法、苏联法、东盟法、阿拉伯国家联盟法、欧盟法、WTO 法等七大法源，② 这给中国网信企业识别当地法律制

---

① See CB Insights, https：//www.cbinsights.com/research – unicorn – companies，最后访问时间为 2019 年 4 月 9 日。

② 何佳馨：《"一带一路"倡议与法律全球化之谱系分析及路径选择》，《法学》2017 年第 6 期。

度带来了很大的困难。

特别是，全球目前已有近 90 个国家和地区制定了个人信息保护相关法律。① 由于网络信息法律制定更新频繁，客观上也增加了海外投资中国网信企业合规障碍。对于一些喜欢拉关系、跑路子的中国企业来说，就面临着较大的法律风险。除法治意识不强外，由于国内外体制的差异，中国网信企业一般不善于与当地工会、非政府组织和媒体进行沟通，也不善于利用慈善、教育、环保等履行并宣传企业的公共责任，企业形象意识不佳。

二 网信企业"走出去"面临多重竞争与博弈

中国网信企业走出去不仅输出"工具类"应用软件，本质上还是中国文化、中国生活模式的展示。但网信领域也具有"先占为王""赢家通吃"的特点，网信产品与用户习惯、行业渗透率、地区文化密切相关，一旦在初始阶段抢得先机，后续其他企业进入难度很大。因此，我国网信企业海外投资对我国具有重大的现实利益和潜在的重大战略利益。然而，自 2018 年以来，美国特朗普政府对中国大型网信企业进行了不公正的制裁与刑事指控，以及各主要国家强化对网信领域的投资审查，使得中国网信企业海外投资面临新的挑战。

（一）核心技术产品贸易管制的博弈

网信产品往往需要较长产业链的通力协助，需要上下游企业的深度合作。在强调国际分工的全球化时代，几乎没有哪一家网信企业能够实现上下游全部中间产品的自我供给。包括苹果公司在内，绝大部分互联网巨头在技术、原料、工艺加工以及中间产品等方面的来源都是极为多元的。例如，华为全球供应商超过 2000 家，不仅包括半导体公司、手机原材料、芯片，还

---

① 《全球 90 个国家和地区制定个人信息保护法律》，人民网，http：//world.people.com.cn/n1/2017/0810/c1002 - 29463433.html，最后访问时间为 2019 年 4 月 9 日。

包括操作系统、软件应用等。特别令人担忧的是，当前我国网信企业核心技术和产品仍高度依赖美国等西方国家，如果美国对核心技术产品进行出口限制，那么我国企业将面临严峻的供应链风险甚至生存危机。

总体上，网信行业自主可控技术有芯片、软件、整机、外设四大类领域。目前我国在整机方面发展势头较好，但在上游核心芯片研发、制造方面却存在明显短板，主要依赖进口。因此，由于我国对部分核心技术产品缺乏掌控，甚至也没有打造多元的供应链，我国正面临核心技术产品贸易管制的博弈。

（二）国家安全话语权争夺的博弈

2018年以来，随着互联网行业和技术重要性与日俱增，各国以国家安全和公共秩序为名，实施互联网经贸单边主义，甚至开始主张以国家经济制度作为审查企业的重要因素。网络大国间的国家安全话语权争夺趋于激烈。

美国外交阵营一致鼓吹华为等中国网络科技企业的安全隐患，长期指责华为设备存在"后门"。近期，欧盟虽然出台了并未明显排斥中国互联网企业的网络安全政策，但华为等中国企业是否会受到限制或排斥，仍然有待观察。

除华为这样的通信设备生产和提供商外，我国网络媒体与互联网信息企业也面临更为不利的发展环境。2018年9月，美国司法部要求新华社和中国环球电视网（CGTN）在美国的分支机构按照《外国代理人登记法》（FARA）登记为在美国的"外国代理人"，而非自由媒体，这两家机构将被要求向美国政府申报其年度预算和开支、所有权结构等信息。

（三）国际网络信息治理机制的博弈

在国际网络信息治理机制上，美国和中国也正展开关于单边主义和多边主义的激烈博弈。

2018年3月23日，美国总统特朗普签署关于中国的301调查报告，并制定对中国商品征收关税的清单和金额，由此中美贸易摩擦愈演愈烈。美国对华 301 调查报告中，所谓中国强迫不公正的技术转让、歧视性的许可限制、未经授权对美国商业计算机网络的入侵以及从事对知识产权和敏感商业信息的网络盗窃，成为美国对华的重要指控事项。实际上，美国等西方国家在国际网络信息治理机制上，日益倾向于采取单边主义的措施，而非国际社会所要求的多边合作措施。在此层面上，中国网信工作也将持续面对西方国家单边主义的威胁和挑战。

（四）海外投资目的国地缘政治的博弈

"一带一路"国家是我国网信企业海外投资的重要目的国。一方面，"一带一路"沿线国主要以新兴经济体和发展中国家居多，也是当今世界安全热点问题较为集中的地区，安全形势复杂严峻。"一带一路"沿线国家因政权更迭、战争、社会局势动荡、恐怖袭击等，可能会对海外员工、财产、机构和组织的正常运行造成损害等政治和非传统安全风险。[1] 同时，"一带一路"沿线国许多国家都是所谓"转型国家"，正处于新旧体制转轨期、"民主改造"探索期和社会局势动荡期。一些国家"民主"体制不健全、移植西方民主"水土不服"等问题突出，政权更替频繁化、部落政治、民族宗教矛盾集聚，对我国网信企业投资项目构成系统性风险。

另一方面，随着华为等中国企业强势崛起，中国网信企业正为其他国家和地区的人民提供可替代的优质产品，这相应冲击了美国等西方国家的相关产业和供应链。因此，在争夺市场上，中国面临与美国的政治博弈。在互联网治理态度方面，主要有两类观点：一类主张政府有限作用的"多利益攸关方"模式，另一类主张由联合国牵头并由国家主导的"多边主义"模式。美国、英国等国家属于第一类；中国、俄罗斯等国家属于后一类。[2] 当前的

---

[1] 裴岩、宋磊凯：《"一带一路"战略下中央企业海外安保体系建设》，《中国人民公安大学学报》（社会科学版）2017 年第 4 期。

[2] 蔡翠红：《网络地缘政治：中美关系分析的新视角》，《国际政治研究》2018 年第 1 期，第 28 页。

地缘政治博弈正体现为英美与中俄之间在互联网治理上的理念、价值和手段上的强烈对抗。

三 中国网信企业"走出去"所面临的法律风险与制度短板

在中国网信领域正与其他国家进行多重国际竞争博弈的背景下，网信企业海外投资将面临更为严峻的不利形势，以及政治、法律风险。

（一）法律风险

1. 指向性安全审查引发的准入风险

近期，美国、加拿大、澳大利亚、欧盟及部分欧洲国家启动旨在遏制国外网信企业投资的新规，由于中国几乎已成为西方国家之外唯一在国际互联网市场有竞争力的国家，因此我国网信企业赴海外投资正面临具有指向性的安全审查风险。

具体而言，2018 年 7 月美国国会颁布《外国投资风险审查现代化法》，并经特朗普签署而作为《2019 财年国防授权法》的一部分生效。这项法案赋予美国外国投资委员会更大权限，加强对外国在美投资以及涉及美国尖端技术的海外交易的审查流程。受此影响，2018 年中国对美投资骤降近九成。当然，早在《外国投资风险审查现代化法》出台前，中国已经成为对美海外投资国中受到最多国家安全审查的国家。自美国外国投资委员会设立以来，迄今为止美国总统仅以危害国家安全为由否决了共 5 起并购交易，而其中 4 起交易由中国企业发起。①

在欧洲国家，我国网信企业同样面临安全审查风险加剧。2019 年 3 月 5 日，欧盟理事会批准了《建立欧盟外商直接投资审查框架条例》。该条例在

---

① 刘岳川：《投资美国高新技术企业的国家安全审查风险及法律对策》，《政法论坛》2018 年第 6 期。

很大程度上聚焦于高新技术行业，包括5G、半导体、人工智能、机器人技术等重点领域，且强调审查政府对企业的控制关系，对于中国的指向性及潜在影响非常明显。实际上，上述美欧等国家法律中所列举的"关键基础设施"和"关键技术"，均为我国网信企业正加紧获取竞争优势的领域，例如5G通信技术。不仅如此，此类指向性安全审查的重点事项包括外国政府对外国投资者的控制关系，包括政府是否提供重大资助或补贴，以及外商投资是否由国家主导的外向型项目或计划所推动。由于西方国家对于中国企业与政府之间的控制关系存在"有罪推定"，因此中国企业在很大程度上面临自证清白的压力，相比其他国家的企业，我国网信企业合规成本更高，通过审查难度更大。

2. 基于隐私保护等人权规范引发的运营风险

西方国家长期在隐私方面对网信企业有着严格的约束。例如，欧盟《一般数据保护条例》于2018年5月25日生效，该条例重点强调公民的信息自决权，强调公民具有使用、支配个人信息和数据的权力。实际上，欧盟长期将隐私保护视作人权的重要组成部分。在西方国家的文化渗透和某些西方非政府组织的宣传下，一些国家政府和民众容易对我国网信企业的运营产生抵触心理，错误地认为我国网信企业肆意获取、使用和披露个人数据和信息，进而危害个人安全、公共利益和国家安全。在一定程度上，西方推崇的个人信息和数据强保护模式制约着我国网信企业的海外扩张。

毫无疑问，高标准的隐私保护等人权规范增加了我国网信企业的海外运营成本与风险。例如，2019年2月，抖音国际版TikTok（之前名为Musically）因涉嫌（未经监护人允许）非法向13岁以下儿童收集姓名、电子邮件和其他信息，违反了美国《儿童在线隐私保护法》（COPPA），被美国联邦贸易委员会处以创纪录的570万美元罚款。

从趋势上看，域外国家的多元化且频繁更新的法律规范，以及不断提高的对个人信息和未成年人网络权利保护的标准，对我国网信企业海外运营产生了较大的法律风险。

3. 网络知识产权规则不明晰引发的制度风险

由于各国未能就网络窃密等知识产权规则形成统一的共识，我国网络企业海外投资面临制度性风险。例如，美国1996年《美国经济间谍法》（Economic Espionage Act）将经济间谍视为与传统间谍类似的行为；瑞士、韩国、德国等则是从普通商业秘密侵权的角度来规制经济间谍。具体到网信领域，网络经济间谍罪名的构成要件、认定标准、证据形式、适用方式更是存在巨大的认识分歧和争议。

除网络窃密外，美国对中国强迫技术转让的认定也引发巨大争议。截至2018年底，国内（不含港澳台）发明专利拥有量达到160.2万件，同比增长18.1%，每万人发明专利拥有量达到11.5件。① 目前，我国专利发明量排名世界第三，但专利知识产权仍存在"大而不强、多而不优"，知识产权数量与质量不协调，核心专利、精品版权较少等问题。因此，我国网信企业的技术时常被西方国家不合理地贴上"盗窃"的标签；或者污蔑我国对外国投资要求"强迫性技术转让"。

4. 美国法域外滥用的风险

依据在目前国际结算中尚无可替代的美元、金融系统等优势，美国已建立起了成体系化的长臂管辖制度。只要企业或个人在全球开展业务可能与美国发生关联（如使用美元、在美国设有机构、产品中包含美国的技术或元器件、在美国市场融资、有美籍员工或持美国绿卡的员工等），那么该企业或个人的某些业务或行为就将受到美国法律的管辖。同时，美国还将制裁对象泛化。例如，如果企业或个人与美国制裁对象存在关联，如交易对手为美国制裁对象或位于受美国制裁的国家或地区，交易标的位于受美国制裁的国家或地区，或属于美国制裁的行业等，那么该企业或个人将受到美国的次级制裁。

以美国长臂管辖重点事项——反腐败为例。1977年，美国制定了《反海外腐败法》。该法不仅对在美融资的私人发行人、非居民企业进行管辖，

---

① 《我国国内发明专利拥有量达160余万件》，新华网，http://www.xinhuanet.com/politics/2019-01/08/c_1123959153.htm，最后访问时间为2019年4月1日。

而且借由代理理论和共谋责任理论不断扩张其管辖范围，给我国企业带来了巨大影响。近年来，美国国会在修改《反海外腐败法》的过程中逐步扩大其管辖权范围。例如，任何行为主体只要在美国境内，或虽未在美国境内但该主体利用了美国的邮件、任何跨州的商业方法或手段实施了《反海外腐败法》所禁止的行为，美国政府都有权行使属地管辖。在现代社会中，企业普遍采用远程通信方式完成跨国交易和支付，因此难以避免与美国产生某种最低限度的关联或联结。

（二）我国网信领域的制度短板

1. 在立法层面，我国网信领域实施反制措施的法治水平不足

必须对美国单边措施形成有效威慑，方能应对其单边主义的霸道行径。1996 年 11 月，欧盟理事会出台 2271/96 号条例，认为美国发布的针对古巴的《赫尔姆斯—伯顿法》违反了国际法和国际多边贸易规则，不符合国际法中保护性管辖权的标准，并对欧盟的利益产生了非常不利的影响。为消减美国《赫尔姆斯—伯顿法》对于欧洲企业商业活动带来的冲击和保护欧盟利益不受损害，欧盟理事会决定不认可欧盟之外的任何法庭依据该法所做出的判决，不允许欧盟成员国任何个人按《赫尔姆斯—伯顿法》的要求或禁令行事，而且欧盟成员国任何受到其伤害的个人都有权要求挽回因这部法律而造成的损失。迫于国际社会的巨大压力，时任美国总统克林顿不得不于1996 年 7 月和 1997 年 1 月宣布推迟 6 个月实施《赫尔姆斯—伯顿法》第 3条，到 1998 年 5 月 18 日，美国与欧盟就此案达成"和解"协议。换言之，形成一定程度的制度反制能力是国际竞争博弈中的"法宝"。

然而，在网信领域的国际竞争博弈中，与美国、欧盟国家的法治水平相比，我国实施反制措施的法治水平不高。例如，我国《刑法》《反间谍法》等并不存在经济间谍、网络经济间谍的罪名。传统侵犯商业秘密罪、危害国家安全罪等无法有效遏制现有的利用网络等新兴手段破坏经济安全、技术安全的行为。同时，由于我国不存在相应的解决经济间谍、网络经济间谍行为等法律机制，我国也无法对美国及其企业对华的不公平利益侵害行为进行有

效反制。

而且，针对美欧等对我国网信企业投资的指向性歧视行为，我国也没有具体和完善的反制体系。虽然即将于2020年1月1日实施的《外商投资法》第40条规定："任何国家或者地区在投资方面对中华人民共和国采取歧视性的禁止、限制或者其他类似措施的，中华人民共和国可以根据实际情况对该国家或者该地区采取相应的措施。"但目前相关条款仍缺乏实施细则，而由于我国存在"宜粗不宜细"的立法理念，因此，若没有配套法规和司法解释，很多法律都不具有较高的可实施性。在此层面上，面对美欧等对中国网信企业的歧视，我国难以在程序上和实体上维护我国企业的海外利益。

2. 网信执法部门域外管辖权限仍不充分

作为21世纪重要的生产和生活资料，数据正成为各国网络治理的重点关注事项。近期，美国、欧盟等纷纷拓展国家对域外数据活动的管辖权。例如，2018年3月，美国通过了《澄清境外数据的合法使用法》，明确规定美国可要求所有受美国管辖的互联网企业提供其所持有、保存或控制的数据，即使该数据存储在美国境外。欧盟《一般数据保护条例》的核心目标在于确保欧盟法对所有收集、储存和处理欧盟数据的企业进行有效约束及管辖。美欧立法和执法的转向涉及网信工作的天然涉外属性。实际上，由于互联网的无国界性，几乎所有的全球信息安全事件都产生国内外联动的效应。从此层面上，对域外网信活动的合理管辖本身也是国家网信工作服务海外企业的应有之义。

较为遗憾的是，我国当前仍主要依赖以属地原则为主的网信执法工作理念。例如，我国《互联网信息服务管理办法》《电信和互联网用户个人信息保护规定》等法律规范都是以"我国境内"为执法范围。实际上，在境外也存在诸多严重影响我国国家安全和公共利益等的网络活动。在国际层面，除属地原则外，域外管辖的实践还包括属人原则、效果原则和保护原则。[①] 实践

---

① 属人原则是指国家对其公民的管辖；效果原则认为只要域外活动对本国产生效果，其应该受到该国的约束；保护原则是基于国家对其国民的保护义务，而实施的保护性的措施。

中，中国的法律实施更多倚重严格的属地管辖原则。从某种程度上讲，作为网络大国，我国网信领域法律的域外管辖权限仍不充分，在网信执法实践上仍相对保守，并未过多涉及域外事项。网信域外执法的保守主义立场不仅无法激励我国网信企业注重履行投资目的国的企业社会责任，也无法有效保护我国在海外的合法利益。

3. 在国际层面，网信领域的国际话语权建设仍有待加强

2018 年，美国与加拿大、墨西哥达成《美墨加协定》。与先前经贸协定不同，《美墨加协定》使用"数字贸易"章节取代先前的"电子商务"章节。在该协定中，美国强调数字产品的非歧视待遇、避免对电子交易造成不必要监管负担、不对数据处理中心和源代码进行贸易限制，以及保护消费者合法利益等规定。在数字贸易规则中，美国强化数据开放的义务，弱化国家对数字贸易的监管能力，并以此形成了鲜明的美式数字贸易范本。欧盟也试图塑造国际电子商务规则的制定，并致力于推动《网络犯罪公约》成为国际协定。而《网络犯罪公约》实际上以"数据控制者"模式为治理机制，并赋予具备互联网技术能力的国家进行单边远程跨境取证的权力。

对比而言，在塑造国际网信领域规则层面，美欧的议题设定能力和国际话语权远大于我国。我国虽然与俄罗斯等国联合在联合国、世界贸易组织等提出信息安全、电子商务等相关领域的行为准则或倡议，但是尚未形成正式的、体系化的法律权利与义务的文件，且未能获得大多数国家或成员的认同。例如，2009 年上海合作组织成员国签订《上海合作组织成员国保障国际信息安全政府间合作协议》，虽然我国在上海合作组织积极推动网络合作，但合作范围仍限于信息安全层面。而中俄联合倡议本身也并非是严谨的法律文件。从此意义上，中国仍未以国际法制的方式巩固网络领域国际话语权的成果，我们在网信领域的国际话语权建设仍有待加强。

四　推动我国网信领域参与国际竞争博弈的建议

习近平总书记指出，当今世界正面临百年未有之大变局。人工智能、大

数据、量子信息等新一轮科技革命和产业变革正在积聚力量，国际经贸秩序正处于重构阶段。这对中国网信事业是挑战，更是发展的良机。2018 年 4 月，中央网信办和中国证监会联合印发《关于推动资本市场服务网络强国建设的指导意见》，支持符合条件的网信企业利用资本市场做大做强。意见指出，要充分发挥资本市场作用，推动网信企业加快发展。

在此背景下，需要国家从顶层设计和战略层面，以更加积极的姿态、更加具体的行动，支持网信事业在海外的发展，支持中国网信企业走出去。

（一）我国立法应重视域外网信活动

党的十八大以来，我国网络空间法治化治理体系逐渐成形。一方面，我国统筹考虑并积极推进《民法总则》《国家安全法》《网络安全法》《电信法》《电子商务法》等相关法律的立法或修法进程，构建较为完善的网络立法体系；另一方面，相关配套规章、司法解释加快出台，如《刑法修正案（九）》《电信条例》《计算机软件保护条例》《信息网络传播权保护条例》等。当前，我国网络空间法治体系的四梁八柱已经形成。具体如表 1 所示。

但遗憾的是，我国现有网信立法侧重于规制国内的网信活动，对域外网信活动关注不足。包括"一带一路"沿线发展中国家在内，不少投资目的地国的法律不够健全和完善，极大地增加中国网信企业面临的投资风险和成本。如果我国立法不能合理地对网信企业"走出去"提供指导并实施有利保护，这些网信企业就将面临极大的法律风险。

在国际竞争博弈中，我国立法若无法形成有效的对等威慑，那么我国将无法有效应对其他西方国家加诸华为、中兴等中国企业头上的不公平待遇。具体而言，第一，我国现行的严格属地主义的网信立法模式无法抗衡美欧在第三国主张对我国企业与数据的管辖权；第二，作为新兴的互联网大国，中国现行网信立法模式相当于放弃对我国企业或数据在域外运营的管辖权，也不利于国家利益的保护。

因此，我国应基于自身的主权、安全和发展利益，以及网络空间国际治理变革的需要，在法律的立改废释中重视规范域外网信活动；根据实际情况，实行以属地主义为主、属人主义为辅的原则，最大限度地保障自己的国家利益及海外中国网信企业的利益。当前，《网络安全法》《电子商务法》等一般只约束在本国境内的网络活动和电子商务活动，对于这种情况，一方面，我国可通过对"境内"等法律术语做扩大解释，使得我国网信立法在法律上能够对特定情况下的域外网信活动进行约束；另一方面，我国也应该建立与美国、欧盟等相似的经济间谍、投资安全审查实施细则，以此抗衡中国企业可能在美欧等遭受的不公正待遇，并形成制度上的威慑力。

表3 党的十八大以来网络空间重点立法情况

法律文件名称	实施日	有效性	法律类型
《中华人民共和国电子商务法》	2019年1月1日	现行有效	法律
《中华人民共和国网络安全法》	2017年6月1日	现行有效	法律
《中华人民共和国电子签名法(2015修正)》	2015年4月24日	现行有效	法律
《全国人民代表大会常务委员会关于加强网络信息保护的决定》	2012年12月28日	现行有效	法律
《中华人民共和国电信条例(2016修订)》	2016年2月6日	现行有效	行政法规
《外商投资电信企业管理规定(2016修订)》	2016年2月6日	现行有效	行政法规
《互联网上网服务营业场所管理条例(2016修订)》	2016年2月6日	现行有效	行政法规
《信息网络传播权保护条例(2013修订)》	2013年3月1日	现行有效	行政法规

（二）行政部门应加大对网信企业走出去的支持力度

由于网信企业面临严峻的竞争博弈与复杂的法律风险，而且情况瞬息万变，很多时候机遇都是转瞬即逝，因此，除完善网信立法，相关行政部门可发挥主动性，更好服务和保障中国网信企业海外投资的现实需求。

一是网信部门可发布海外投资指导意见，督促我国网信企业尊重东道国隐私保护等法律法规，使我国企业能够合规经营，规避风险。当网信企业在海外遭受不公正待遇时，基于属人原则和保护性原则，我国网信部门应该积极提供法治咨询等服务，甚至在网信企业及公民遭受严重不公平对待时，我国网信部门可联合外交部门展开外交保护。

二是网信部门可积极探索与其他国家的合作。当前，主要网络大国提倡在区域自由贸易协定中增加对邮件骚扰与诈骗等事项的合作要求。我国执法部门可总结与菲律宾、柬埔寨、肯尼亚等国的电信诈骗联合执法的成功经验，[①] 以此为基础，推进我国网信部门与其他国家在企业合法经营、个人信息保护、网络攻击等方面的执法合作。同时，我国网信部门也可推进与其他国家网信部门的法治合作，[②] 在网络安全、儿童保护、技术法规等方面实现机制融合、信息共享、标准互认，有效降低我国企业进入新市场的运营成本。

三是相关行政主管部门可鼓励和支持科研单位、高校等系统研究并及时追踪海外相关国家的网信法律制度及实践，相关成果向企业公开。相关部门可以指导或支持相关商会协会建立企业联络点，为我国网信领域投资者提供及时的法律和政策咨询意见。在确保合规的前提下，鼓励我国网信企业到海外开拓市场、服务当地。

而且，我国相关行业机构可推动中国网信治理模式走出国门。当前，众多发展中国家正酝酿制定网络或信息领域相关法律，我国应鼓励和支持行业协会、科研单位与高校等研究和参与其他发展中国家的网络与信息立法，积极向海外推广中国网信治理的先进经验。

（三）网信企业应提升海外投资的法律意识

面对复杂的法律风险，我国网信企业也应自觉提升海外投资的法律意识。

一方面，我国网信企业应注重自身的合规建设，并主动承担社会公共责任。网信企业走出去，不能只管埋头做生意，而应尊重当地风俗与习惯，特

---

① 参见《菲律宾再将 2 名台湾电信诈骗犯遣返大陆》，观察者网，https：//user. guancha. cn/main/content？id＝87297&s＝fwckhfbt，最后访问时间为 2019 年 4 月 14 日。

② 例如，我国网信办与英国数字、文化、媒体和体育部达成的"第七届中英互联网圆桌会议成果文件"。当然，相关的会议成果文件可以升级为更为具体化的备忘录、协议等法律文件。参见网信办《第七届中英互联网圆桌会议成果文件》，国家网信办官方网站，http：//www. cac. gov. cn/2019－04/11/c_ 1124353137. htm，最后访问时间为 2019 年 4 月 14 日。

别是在人权、劳工权益、知识产权、反腐败等高风险领域做好合规工作。而且，中国网信企业还应多参加当地教育、济贫等慈善公益活动，树立企业良好公共形象，并营造与当地媒体良好关系，用好互联网、自媒体，构建良好营商环境。

另一方面，当我国网信企业面临不公正的待遇时，一定要积极运用法律手段维护自身利益。若所在国政局稳定、法治完善，中国企业应该充分利用当地法律机制，并应善于利用和解、仲裁及当地诉讼实现自身利益诉求。

（四）我国应积极提供国际网信治理规范的中国文本

与美欧相比，在网信领域的国际治理上，在网络主权、网络空间命运共同体等理念和价值之外，我国尚未能够提出成体系的、规范化的国际治理文本，今后应加强这个领域的努力。

一方面，为应对现有的网络知识产权等规则的不明确引发的企业风险，中国可借鉴《塔林手册》等形式，组织和支持国内外相关领域知名学者，采取专家建议、伦理规则、技术标准等方式，编著具有世界性意义和中国特色的国际网信领域治理规范的权威文本，倡导和推行全球网络治理规范的参考性标准。

另一方面，我国政府部门应认真研究，打造关于网络安全、电子商务、知识产权等重点领域的治理规范文本。这项文本，应该包括理论上的深刻阐释，现实上的具体指引，以及明确的规则建议。因而可以作为我国对外谈判的立场文件，以此争夺国际网络治理规则的制定权和话语权。

法治评估

Assessment of Rule of Law

B.23

人民法院庭审公开第三方
评估报告（2019）

支振锋 叶子豪[*]

摘 要： 2019年，中国社会科学院法学研究所"人民法院庭审公开第三方评估"课题组对2018年度全国法院庭审公开工作再次进行了评估。本报告对此次庭审公开评估的对象、方法进行了论证，对2018年全国法院庭审公开工作的基本状况和所取得的进展进行了客观呈现和分析，发现我国庭审直播工作已基

* 支振锋，中国社会科学院法学研究所研究员、中国社会科学院大学长聘教授、《环球法律评论》杂志副主编、《网络法治蓝皮书》主编、国家万人计划青年拔尖人才、博士生导师；叶子豪，中国社会科学院大学（研究生院）硕士研究生。

中国社会科学院法学研究所田禾研究员、吕艳滨研究员，北京社院法学所所长张真理研究员，北京大学法学院唐应茂教授等多位学界同仁给予了宝贵支持；课题组成员徐梦雅、王欣、郭博伟、任蕾、霍文镉、李家琛（均为中国社会科学院大学［研究生院］硕士研究生）、刘晶晶（中国社会科学院上海研究院博士生）等，以及相关技术公司也做了不少工作，谨致谢忱！

本实现常态化，在社会中的反响渐强，但同时也存在庭审公开发展不平衡、庭审公开规则不统一等问题，需要加以改进。

关键词： 全国法院　庭审公开　第三方评估

为了进一步直观、准确地了解中国庭审公开工作的实际情况，总结全国各级各地法院一年来庭审公开的进展，"人民法院庭审公开第三方评估"课题组继 2016 年、2018 年之后，于 2019 年第三次就人民法院庭审公开情况进行第三方评估。本次评估的对象为课题组按照规则抽取的 224 家法院，评估范围涉及庭审公开工作中的庭审直播效果、直播案件数量与类型、直播案件庭审组织、庭审公开组织与平台建设等各个方面。

一　评估对象与指标体系

（一）评估对象

为了更科学、客观、全面地评估人民法院 2018 年庭审公开工作情况，经与最高院相关部门反复研究和商讨，确定被评估法院名单抽取方法如下：

第一，最高院不纳入本次考核；第二，高级人民法院（以下简称为"高院"或"高级法院"）层面，选取包括 31 个省、自治区、直辖市的高院（含兵团分院），共 32 家；第三，中级人民法院以下简称"中院"或"中级法院"）和基层人民法院（以下简称"基层法院"或"基层院"）层面，一是在每省（区、市及新疆生产建设兵团）分别选取结案数最多的中院和基层院各 1 家，共 64 家；二是每省（区、市及新疆生产建设兵团）选取结案排名居于 1/2 位置的中院和基层院各 1 家，共 64 家；三是每省（区、市及新疆生产建设兵团）选取结案排名居于 2/3 位置的中院和基层院各 1 家，共 64 家。就全国情况来看，每个省（自治区、直辖市）法院系统均有 1 家高院、3 家中院和 3 家基层法院共 7 家人民法院参与评估，连同新疆高院兵团分院系统的 7 家法院在内，全国共有 224 家法院作为本次庭审公开第三方评估的评估对象参与评估。

从评估对象来看，高院是全覆盖，所有高院均被纳入评估之中；而中院和基层院的选取，则系根据结案量情况进行选择，因此具有一定的代表性。

（二）指标体系的构建

1. 指标体系

课题组成员认真研究并进行科学、民主讨论，考虑到评估庭审公开的延续性和稳定性，本次庭审公开第三方评估指标体系设计的基本原则与对 2017 年全国法院的庭审公开第三方评估一致，即以依法依规、实事求是、问题导向以及引领工作为原则，设计科学、客观、中立的评估指标体系。

本次庭审公开第三方评估指标共分为两级，一级指标 4 个，二级指标 22 个。其中，一级指标分别是庭审直播效果、直播案件数量与类型、直播案件庭审组织、庭审公开组织与平台建设。与上一年度的评估相比，减少了对各级各地法院庭审公开组织管理相关工作的评估，但更强调庭审公开效果的客观呈现。

表1　2018 年度"人民法院庭审公开第三方评估"指标体系

一级指标	二级指标
1. 庭审直播效果	1.1 案件名称
	1.2 案号
	1.3 案由
	1.4 基本案情
	1.5 审判组织成员
	1.6 诉讼参与人画面展示情况
	1.7 画面质量
	1.8 播出音效
	1.9 直播完整度
	1.10 本级法院直播案件观看量排名

一级指标	二级指标
2. 直播案件数量与类型	2.1 案件总数
	2.2 直播比例
	2.3 案件类型比例
	2.4 直播常态化
	2.5 本级法院直播案件量排名
3. 直播案件庭审组织	3.1 庭审秩序
	3.2 庭审礼仪
	3.3 出席情况
	3.4 个人信息依法保护
4. 庭审公开组织与平台建设	4.1 板块建设
	4.2 员额法官人均直播案件数
	4.3 庭审公开组织

2. 数据来源与方法

评估工作的数据主要有两个来源：一是课题组按照抽查规则，对被评估法院庭审视频进行人工抽查所获取的数据，侧重于庭审直播的具体效果；二是课题组请求最高院审判事务管理办公室协调中国庭审公开网提供的数据，侧重于庭审直播的宏观情况。经过处理不同数据后对各指标进行计算、评分，最后得出结果。数据获取与分析的时间范围如下：

课题组确定的案件抽查时间范围为 2018 年 3 月 1 日至 12 月 31 日，共计 10 个月的庭审直播视频。在此时间范围内，抽取每月 10 日和 20 日的各一个案件，如当日为节假日或没有案件，则依序顺延到当月 19 日及当月最后一天，直到有案件为止。因此，每个法院每月抽取两个案件，最多可抽取 20 个案件，224 个法院抽取案件最多可达 4480 件。

二　总体评估结果

（一）全国概况

1. 接入中国庭审公开网情况

在 2016 年 9 月 27 日，也即中国庭审公开网开通之时，全国接入法院仅有 383 家，占比 10.89%；截至 2018 年 2 月 11 日，全国 3517 家法院已全部接入。中国庭审公开网从上线时 10.89% 的接入率到全国法院 100% 接入，仅仅用了 502 天；其中仅 2017 年一年就有 2170 家法院接入，使接入率从 32.56% 增至 94.26%。

2. 接入法院开展庭审视频直播情况

截至 2018 年 12 月 31 日，在中国庭审公开网上有直播案件的法院在该层级法院占比情况：高院有 31 家法院接入并直播庭审，占比 96.88%；全国中院有 398 家法院接入并直播庭审，占比 95.90%；而基层法院有 2843 家接入并直播庭审，占比 92.64%。总体来说，在全国范围内，接入并进行直播的法院比例都达到了 90% 以上，但是庭审公开工作仍需要继续推进，争取做到全国所有法院都进行庭审直播。

3. 2018年庭审公开案件情况

庭审直播案件数量能直观评价庭审公开工作，课题组重点关注 2018 年各层级法院直播案件数量处于前 10 的法院，以此观察庭审公开工作较积极的法院，也为其他法院提供参考。当然，直播案件数量除了与庭审公开工作有关，也跟法院的结案量有关。由于部分法院的结案量不大，所以课题组在进行具体评估时也会考虑直播案件数和结案量的比例。

标准差能反映一个数据集的离散程度。在各层级法院直播案件量排名前 10 的法院中，高院层级的标准差是 262.50，案件数平均值是 720.20；中院层级的标准差是 3173.98，案件数平均值是 3805.10；基层法院层级的标准差是 1897.59，案件数平均值是 12878.80。高院层级法院的直播案件数量差距最小，中院层级法院的直播数量差距最大，基层法院层级的差距处于中间。可以看出，直播案件数量前 10 的高院中，都较为重视推动庭审公开工作，因此差距较小。而直播案件量前 10 的中院之间存在巨大差异，一方面与各法院的结案量有关，另一方面也与法院对庭审公开工作的重视程度有关。

值得注意的是，基层法院案件直播量前 10 的法院中，江苏省占了 8 个，与 2017 年的情况一样。这说明江苏省不仅比较重视庭审公开工作，而且能够持续推动这一工作进行。这一数据表现的结果也与课题组在江苏高院调研的结果一致，江苏高院在庭审公开方面走在全国前列，后文的数据分析也能支持这一判断。

4. 庭审公开案件观看量

全国高院观看量排名前 10 的直播案件观看量都超过 30 万次，其中前 3 名直播案件观看量达到了百万次以上，最受关注的直播案件观看量高达 752 万次。而本项数据在 2017 年的统计中，只有一个案件的观看量超过百万次，为 132 万次，其他案件的观看量都不足 30 万次。①

全国中院观看量前 10 名的直播案件观看量都破百万次，最受关注的直播案件是合肥市中级人民法院的行政案件，观看量高达 764 万次。而本项数据在 2017 年的统计中，前 10 名的直播案件观看量却有两个案件的观看量超过千万次，其中最受关注的案件只有 1171 万次。②

全国基层法院观看量前 10 名的直播案件观看量则显示出较大落差，前 2 名的直播案件观看量分别是 509 万次和 272 万次，但是第 3 名仅有 38 万次，前 10 名其他直播案件的观看量大致维持在 10 万次以上 40 万次以下。而本项数据在 2017 年的统计中，前 10 名的直播案件观看量却全部超过百万次，其中最受关注的案件有 1055 万次，较 2018 年多了 187 万次。③

就案件类型而言，2018 年不同层级法院直播案件观看量前 10 名的 30 个案件中，刑事案件有 13 件，民事案件有 11 件，行政案件有 7 件，说明公众对于三类热点案件的关注度有逐渐平衡的趋势。

（二）高院得分情况

受评高院的平均分为 57.63 分，达到平均分及以上的法院有 18 家，14 家法院低于平均分，前 3 名分别是江苏高院、山西高院和云南高院，山西高

---

① 2017 年的具体数据参见支振锋等著：《中国司法公开新媒体应用研究报告（2018）》，中国社会科学出版社，2018，第 59 页。

② 2017 年的具体数据参见支振锋等著：《中国司法公开新媒体应用研究报告（2018）》，中国社会科学出版社，2018，第 60 ~ 61 页。

③ 2017 年的具体数据参见支振锋等著：《中国司法公开新媒体应用研究报告（2018）》，中国社会科学出版社，2018，第 61 ~ 62 页。

院从 2017 年的第 5 名跃升为 2018 的第 2 名，江苏高院和云南高院则牢牢占据前 3 的宝座。值得注意的是，在排名前 10 的高院中，江西高院、河北高院首次跻身前 10，在庭审公开工作方面有所进步。这说明在高院这一层级里，2017 年表现得较好的法院在 2018 年总体上保持稳定水平，也有法院在 2018 年加快推进庭审工作，呈现出稳中向好的发展局面。而新疆兵团分院和新疆高院表现较差，但考虑到新疆地区在服务大局方面有其他任务，所以新疆地区的法院在庭审公开工作上表现不佳情有可原，但是其他高院的庭审公开工作不尽如人意，一方面说明对庭审公开工作的重视程度不够，另一方面也说明在推广庭审公开方面相关法院还有大量的具体工作要做。

表2 2018 年度"人民法院庭审公开第三方评估"部分高院得分情况

排名	法院名称	1. 庭审直播效果（35 分）	2. 直播案件数量与类型（38 分）	3. 直播案件庭审组织（15 分）	4. 庭审公开组织与平台建设（12 分）	总分
1	江苏省高级人民法院	28.65	31.5	15	6	81.15
2	山西省高级人民法院	28.35	34.5	10.4	7	80.25
3	云南省高级人民法院	27.75	31.5	10	10	79.25
4	浙江省高级人民法院	24.7	31.5	14	9	79.2
5	江西省高级人民法院	22.35	33.5	13.3	10	79.15
6	青海省高级人民法院	24.6	33.5	14	7	79.1
7	安徽省高级人民法院	22.9	33.5	12.2	6	74.6
8	吉林省高级人民法院	27.3	28.5	14	4	73.8
9	福建省高级人民法院	28.35	23.5	14	7	72.85
10	河北省高级人民法院	21.45	31.5	12.2	4	69.15
11	黑龙江省高级人民法院	27.8	26.5	9.4	5	68.7
12	甘肃省高级人民法院	22.2	26.5	12.8	7	68.5
13	陕西省高级人民法院	23.95	22.5	12.2	6	64.65
14	河南省高级人民法院	26.95	17.5	14	6	64.45
15	辽宁省高级人民法院	17.9	26.5	10.8	6	61.2

（三）中院得分情况

受评中级人民法院的平均分为 57.69 分，达到平均分及以上的法院有 62 家，占比 64.58%，34 家法院低于平均分，前 3 名分别是广州中院、南京中院、淮南中院。在本次评估中，广州中院继续稳居中院排名第一的位置。值得注意的是，南京中院从对 2017 年的评估的中院排名第 21 名跃升为 2018 年的第 2 名，说明南京中院这一年的庭审公开工作进步飞速，值得其他法院学习。淮南中院在对 2017 年的庭审公开评估中排名第 10，在本次评估中前进到第 3 名，说明这一年中淮南中院在庭审公开工作方面稳中有进。特别是，作为经济欠发达地区的驻马店市中院，在经费紧张、困难重重的情况下，重视庭审公开工作，取得了 2017 年第 3 名、2018 年第 4 名的好成绩，实为难得。而在本次评估表现较差的法院中，山东省抽取的三个中院得分均未超过两位数，在中院排名中垫底，内蒙古的两个中院也排在倒数第 4、第 5 名，可以侧面反映出这些地区在推动庭审公开方面仍需继续努力。

表 3　2018 年度"人民法院庭审公开第三方评估"部分中院得分情况

排名	法院名称	1. 庭审直播效果（35 分）	2. 直播案件数量与类型（38 分）	3. 直播案件庭审组织（15 分）	4. 庭审公开组织与平台建设（12 分）	总分
1	广东省广州市中级人民法院	25.10	37.00	14.00	9.00	85.10
2	江苏省南京市中级人民法院	29.00	34.50	13.00	8.00	84.50
3	安徽省淮南市中级人民法院	24.70	33.50	13.00	11.00	82.20
4	河南省驻马店市中级人民法院	24.95	35.50	13.40	8.00	81.85
5	云南省昆明市中级人民法院	24.85	35.00	12.80	9.00	81.65
6	贵州省黔东南苗族侗族自治州中级人民法院	28.15	33.50	11.00	8.00	80.65
7	青海省西宁市中级人民法院	28.35	31.50	12.00	8.00	79.85
8	黑龙江省哈尔滨市中级人民法院	31.25	30.50	12.00	6.00	79.75
9	浙江省杭州市中级人民法院	26.40	34.00	11.40	8.00	79.80
10	安徽省合肥市中级人民法院	26.35	31.00	14.00	8.00	79.35
11	吉林省长春市中级人民法院	27.30	30.50	14.00	7.00	78.80
12	山西省太原市中级人民法院	28.30	32.00	10.70	8.00	79.00
13	四川省成都市中级人民法院	27.90	29.50	14.00	7.00	78.40
14	福建省宁德市中级人民法院	28.95	28.50	13.60	7.00	78.05
15	山西省朔州市中级人民法院	26.70	30.50	12.80	8.00	78.00

排名	法院名称	1. 庭审直播效果（35 分）	2. 直播案件数量与类型（38 分）	3. 直播案件庭审组织（15 分）	4. 庭审公开组织与平台建设(12 分)	总分
16	山西省吕梁市中级人民法院	26.80	28.50	12.30	10.00	77.60
17	甘肃省临夏回族自治州中级人民法院	26.40	29.00	14.00	8.00	77.40
18	云南省西双版纳傣族自治州中级人民法院	26.00	28.50	11.10	11.00	76.60
19	甘肃省兰州市中级人民法院	26.05	27.50	12.80	10.00	76.35
20	江西省南昌市中级人民法院	24.35	31.50	12.40	8.00	76.25
21	四川省自贡市中级人民法院	25.70	28.50	14.00	8.00	76.20
22	浙江省台州市中级人民法院	26.05	29.00	14.00	7.00	76.05
23	贵州省黔西南布依族苗族自治州中级人民法院	27.95	23.50	14.00	10.00	75.45
24	安徽省芜湖市中级人民法院	25.50	28.50	14.00	7.00	75.00
25	甘肃省张掖市中级人民法院	22.25	30.50	13.80	8.00	74.55
26	江苏省镇江市中级人民法院	26.55	27.50	13.40	7.00	74.45
27	天津市第一中级人民法院	26.05	24.50	14.00	9.00	73.55
28	河南省郑州市中级人民法院	25.60	27.50	13.40	7.00	73.50
29	广西壮族自治区贺州市中级人民法院	26.40	28.50	11.20	7.00	73.10
30	辽宁省沈阳市中级人民法院	23.10	27.50	12.00	10.00	72.60
31	湖北省武汉市中级人民法院	22.65	31.00	12.00	7.00	72.65
32	海南省海口市中级人民法院	26.10	26.00	11.80	7.00	70.90
33	广西壮族自治区南宁市中级人民法院	26.35	26.50	11.20	6.00	70.05
34	江苏省连云港市中级人民法院	23.55	25.50	12.20	7.00	68.25
35	宁夏回族自治区吴忠市中级人民法院	24.55	23.50	12.80	7.00	67.85
36	广西壮族自治区河池市中级人民法院	23.05	28.50	9.20	7.00	67.75
37	青海省黄南藏族自治州中级人民法院	25.15	23.50	12.80	6.00	67.45
38	天津市第二中级人民法院	23.95	23.50	14.00	6.00	67.45
39	吉林省通化市中级人民法院	25.85	20.50	14.00	7.00	67.35

排名	法院名称	1. 庭审直播效果（35 分）	2. 直播案件数量与类型（38 分）	3. 直播案件庭审组织（15 分）	4. 庭审公开组织与平台建设(12 分)	总分
40	湖南省郴州市中级人民法院	24.45	24.50	11.40	7.00	67.35
41	青海省海北藏族自治州中级人民法院	22.85	23.50	12.80	7.00	66.15
42	吉林省白山市中级人民法院	24.35	21.50	14.00	6.00	65.85
43	福建省漳州市中级人民法院	24.85	21.50	13.40	6.00	65.75
44	四川省达州市中级人民法院	22.65	20.50	12.20	10.00	65.35
45	黑龙江省黑河市中级人民法院	22.00	23.50	12.00	7.00	64.50
46	贵州省贵阳市中级人民法院	24.30	17.50	13.40	9.00	64.20
47	浙江省湖州市中级人民法院	24.50	19.50	14.00	6.00	64.00
48	黑龙江省双鸭山市中级人民法院	27.95	17.50	13.20	5.00	63.65
49	福建省福州市中级人民法院	26.30	15.50	14.00	6.00	61.80
50	宁夏回族自治区固原市中级人民法院	21.70	21.50	11.60	7.00	61.80
51	云南省大理白族自治州中级人民法院	22.10	19.50	10.60	9.00	61.20
52	海南省三亚市中级人民法院	23.75	20.50	9.60	7.00	60.85

（四）基层院得分情况

受评基层人民法院的平均分为 53.82 分，达到平均分及以上的法院有 53 家，占比 54.2%，有 44 家法院低于平均分，前 3 名分别是扬州市宝应县法院、台州市天台县法院、太原市小店区法院。在 2017 年庭审公开评估的结果中，江苏的泰州市海陵区法院的排名处于前 3，在本次评估中，江苏省高院和南京市中院都在各自层级法院的排名中位列前 3；同样的，在本次评估中，浙江省高院排名第 4，杭州市中院排名第 9，浙江省台州市下的天台县在 2018 年的评估中也位居前 3；此外，山西省高院在 2018 年评估位居第 2 名，太原市中院、朔州市中院、吕梁市中院三个山西省的中院也有不俗表现，而太原的小店区人民法院则在基层法院中排名第3。上述评估结果体现了江苏省、浙江省、山西省的庭审公开组织、推广工作优异，值得其他法院学习借鉴。此外，在本次评估中，有四个法院得分均未超过两位数，其中三个法院都来自新疆，河北的秦皇岛市海港区法院也名列其中，这些法院还需要更进一步推进庭审公开工作。

表4　2018年度"人民法院庭审公开第三方评估"部分基层院得分情况

排名	法院名称	1. 庭审直播效果（35分）	2. 直播案件数量与类型（38分）	3. 直播案件庭审组织（15分）	4. 庭审公开组织与平台建设（12分）	总分
1	宝应县人民法院	27.95	36.50	13.40	12.00	89.85
2	天台县人民法院	26.85	36.50	14.00	9.00	86.35
3	太原市小店区人民法院	29.70	34.50	13.90	8.00	86.10
4	义乌市人民法院	26.40	33.50	14.00	12.00	85.90
5	盐城市盐都区人民法院	26.70	36.50	13.40	9.00	85.60
6	沭阳县人民法院	26.35	36.50	12.80	9.00	84.65
7	深圳市福田区人民法院	27.10	32.50	13.40	11.00	84.00
8	沈阳市沈河区人民法院	26.30	34.50	12.80	9.00	82.60
9	西宁市城北区人民法院	26.15	33.50	14.00	8.00	81.65
10	临汾市乡宁县人民法院	28.40	30.50	12.80	9.00	80.70
11	延吉市人民法院	26.55	31.50	13.40	8.00	79.45
12	武山县人民法院	28.05	28.50	14.00	8.00	78.55
13	德清县人民法院	24.45	31.50	14.00	8.00	77.95
14	武汉市武昌区人民法院	26.30	30.50	14.00	7.00	77.80
15	哈尔滨市南岗区人民法院	30.25	27.50	13.80	6.00	77.55
16	重庆市大渡口区人民法院	24.35	31.50	10.50	11.00	77.35
17	吉林市龙潭区人民法院	23.45	33.50	12.20	8.00	77.15
18	合肥市包河区人民法院	25.40	27.50	14.00	10.00	76.90
19	昆明市富民县人民法院	25.85	30.50	12.50	8.00	76.85
20	贵阳市南明区人民法院	20.15	34.50	12.00	9.00	75.65
21	长治市上党区人民法院	26.35	30.50	12.70	6.00	75.55
22	泉州市晋江市人民法院	25.20	30.50	12.80	7.00	75.50
23	桂林市秀峰区人民法院	25.10	30.50	10.00	8.00	73.60
24	重庆市渝北区人民法院	22.55	33.50	9.30	8.00	73.35
25	武威市凉州区人民法院	26.15	26.50	13.80	6.00	72.45

排名	法院名称	1. 庭审直播效果（35 分）	2. 直播案件数量与类型（38 分）	3. 直播案件庭审组织（15 分）	4. 庭审公开组织与平台建设(12 分)	总分
26	南昌经济技术开发区人民法院	21.45	28.50	12.60	8.00	70.55
27	成都高新技术产业开发区人民法院	22.30	26.50	11.60	10.00	70.40
28	临沂市兰山区人民法院	24.35	26.50	14.00	4.00	68.85
29	屏山县人民法院	25.10	25.50	12.80	5.00	68.40
30	银川市兴庆区人民法院	24.05	26.50	13.00	4.00	67.55
31	天津市滨海新区人民法院	28.05	22.50	14.00	3.00	67.55
32	安庆市宜秀区人民法院	21.70	28.50	12.20	5.00	67.40
33	临夏市人民法院	25.02	23.50	13.60	5.00	67.12
34	郑州市金水区人民法院	25.30	22.50	13.40	5.00	66.20
35	什邡市人民法院	25.75	22.50	14.00	3.00	65.25
36	怒江傈僳族自治州泸水市人民法院	24.95	23.50	12.60	4.00	65.05
37	贵南县人民法院	25.85	21.50	13.40	4.00	64.75
38	漳州市平和县人民法院	25.10	22.50	14.00	3.00	64.60
39	余庆县人民法院	21.65	28.50	9.40	5.00	64.55
40	吴忠市同心县人民法院	24.05	22.50	12.60	5.00	64.15
41	龙岩市上杭县人民法院	23.40	24.50	13.00	3.00	63.90
42	百色市田东县人民法院	23.90	26.00	10.00	4.00	63.90
43	上海市浦东新区人民法院	26.25	23.50	11.20	2.00	62.95
44	泽库县人民法院	23.10	21.50	13.40	3.00	61.00
45	界首市人民法院	21.05	22.50	14.00	3.00	60.55

（五）相同指标两年评估结果对比

本次评估与 2017 年的庭审公开评估共有 17 个相同指标。在这些指标中，有 4 个指标得分率比 2017 年高。第一，"基本案情"指标的得分，2017 年的得分率是 23.94%，2018 年是 24.29%，2018 年较 2017 年评估提高了 0.35%，说明各法院在基本案情的完善中稍有进步。第二，"审判组织成员"指标的得分率从 2017 年的 52.69% 到 2018 年的 53.76%，得分率提升了 1.07%，也能看出法院在填写直播页面中的相应信息时有更加规范的趋势。第三，"案件总数"和"直播比例"的得分率也有所提高，分别提高了 6.66% 和 43.62%，[1] 这两项指标的提高说明法院在推广庭审公开方面更加积极，尤其是直播比例指标的提高，说明各法院的直播案件在结案量中的比例逐渐加大。

但是，上述 17 个指标中，也有 13 个指标的得分率呈现出下降的情况，其中"板块建设"更是下降了 39.29%。虽然这其中有课题组打分时采取从严原则的影响，只在首页查看是否链接中国庭审公开网。但也说明这一年来，相关法院忽略了在其官方网站上推广中国庭审公开网。一般而言，当公众希望观看某个案件的庭审直播时，首先想到的是浏览审理法院的网页或者该省高院的网页，但是如果法院网站首页没有链接中国庭审公开网的板块，显然不利于中国庭审公开网的推广，也会降低公众收看庭审直播的兴趣。

从总体来看，这 13 个指标的得分率下降还在于法院在提高直播案件数量的同时会忽略相关方面的质量建设。2018 年各层级受评法院的直播案件总数都有所增加，高院直播案件总数为 10205 件，中院直播案件总数为 58536 件，基层院直播案件总数为 71921 件；而在 2017 年的数据中，高院为 5504 件，中院为 20832 件，基层院为 31392 件，2018 年的直播案件量都明显高于 2017 年。法院在大力推进案件直播、提高直播案件量的同时，很可能会忽略相关建设的质量水平，所以在上述各项指标的得分都有所下降，这也是各法院在开展庭审公开工作的时候需要注意的地方。

（六）相同法院两年评估结果对比

根据课题组的对比，在 2018 年庭审公开评估抽取的法院中，共有 109 家法院与前一年度庭审公开评估的法院抽样重合。因此，课题组从两个维度对这些法院的庭审公开工作进行了两年对比分析，第一是分析这 109 家法院

---

[1] "案件总数" 2017 年的得分率为 36.31%，2018 年的得分率是 42.97%；"直播比例" 2017 年的得分率为 44.64%，2018 年的得分率为 88.26%。

在总分上的得分变化情况，由此观察这些法院的整体情况；第二是分析这109家法院在17个相同指标上的得分率变化，由此我们可以更具体地看到这些法院两年来在庭审公开方面的表现。

1. 两年相同法院的总分情况对比

为了解这109家相同法院在两次评估中的得分及其变化情况，我们对比了两年的评估中，这109家法院的总分变化情况以及变化率。具体而言，变化情况是将2018年庭审公开评估的得分减去2017年庭审公开评估的得分，计出结果。其结果为正数则说明该法院有所进步，如果为负数，则说明在总分上是退步的。而变化率的计算方式是将上述结果除以2018年庭审公开评估的得分，这一结果可以看出该法院在两次评估中的变化情况。

109家法院中，有61家法院的总分有所上升，其中海南省三亚市中级人民法院、贵阳市南明区人民法院、贵州省贵阳市中级人民法院、北京知识产权法院四个法院的增长率都超过了80%，在庭审公开的工作中有非常明显的进步。但是也有48家法院的得分有下降现象。其中下降率最为严重的几家法院都超过了100%，例如新疆维吾尔自治区高级人民法院、内蒙古自治区巴彦淖尔市中级人民法院、江西省九江市中级人民法院、山东省济南市中级人民法院、新疆生产建设兵团第一师中级人民法院。秦皇岛市海港区人民法院的下降率更是达到了−633.33%。新疆的法院在服务大局有更重要任务，因此得分下降情有可原，但是其他得分有所下降的法院确实在推进庭审公开工作上有所松懈。

2. 相同法院相同指标的得分率对比

本次评估与2017年的评估有17项指标一致，在2017年的庭审公开评估中，这些指标共55分；而本次评估中，这些指标共76分，因此在该部分中计算这些指标得分占总比重的得分率，再由此计算出变化率，从而观察相同法院在相同指标中的变化情况。

有50家法院在这17项相同指标的得分率中有上升趋势，其中上升较多的5家法院分别是贵阳市南明区人民法院、贵州省贵阳市中级人民法院、武汉市武昌区人民法院、海南省三亚市中级人民法院、北京知识产权法院，这些法院与"相同法院的得分情况对比"中，得分上升前 5 位的法院一致，说明这些进步较快的法院不仅在整体上有所进步，而且在两年相同的评估指标中的对比中也具有非常巨大的进步。但是在总分中下降的法院，在这 17 项相同指标中也呈现出较明显的下降趋势，说明这些相同指标的得分下降是导致这些法院在庭审公开评估中得分下降的主要原因。得分率下降比较明显的有辽宁省高级人民法院、重庆市第一中级人民法院、江西省九江市中级人民法院、新疆生产建设兵团第一师中级人民法院、秦皇岛市海港区人民法院。除了新疆的法院有其他任务在身，其他得分率下降较大法院在 2018 年庭审公开的表现与 2017 年相比，退步非常明显，这些法院在全国法院都在大力推进庭审公开的大局下欠缺庭审公开意识，也怠于推开庭审公开工作。

三 人民法院庭审公开工作的成就

（一）庭审直播工作基本实现常态化

中国庭审公开网是最高人民法院建设的全国统一的四大司法公开平台之一，是人民法院增强司法透明、主动接受社会监督的重要途径，对于提升审判质效、促进司法公正具有重要意义。自庭审公开工作开展以来，在最高人民法院的统一部署下，全国各级人民法院积极对接中国庭审公开网，截至 2018 年 2 月 11 日，全国 3517 家法院已全部接入，接入率 100%。截至 2018 年 12 月 31 日，在接入中国庭审公开网并进行案件直播的各层级法院中，高院有 31 家，占比 96.88%；中院有 398 家，占比 95.9%；基层法院有 2843 家，占比 92.64%，可见全国绝大多数法院都接入了中国庭审公开网并进行庭审直播。截至 2019 年 9 月 29 日，中国庭审公开网累计庭审直播案件接近 490 万件，访问量超过 184 亿次。

回顾庭审公开历程，进步昭然可见。根据中国法院网的报道，截至 2017 年底，全国法院依托中国庭审公开网直播案件达到 50 万件。仅仅半年之后，截至 2018 年 6 月 12 日，全国法院依托中国庭审公开网庭审直播案件数量突破 100 万件，全国法院庭审直播工作开始驶入快车道。截至 2018 年 11 月 27 日，中国庭审公开网庭审直播突破 200 万件，并且以每天平均一万件以上的速度持续递增。庭审直播案件从 100 万件到接近 500 万件，只用了短短一年 4 个月时间，我国的庭审公开工作基本上实现常态化，前景光明。

（二）庭审公开社会反响日益强烈

庭审公开是面向社会的公开，要满足人民群众参与司法和监督司法的诉求。我国庭审公开工作在实现常态化的过程中也获得了良好的社会效果，这表现为人民法院热点案件的庭审直播受到人民群众的关注，例如 2018 年关注度最高的案件是合肥市中级人民法院审理的"房屋征收决定"行政案件，观看量达到了 764 万次，该院全年的庭审直播观看量也高达 5137 万次。在全国范围内，2018 年有 6 家法院的单个案件直播观看量突破了千万次。这说明庭审直播逐渐成为公众参与司法和监督司法的重要方式。庭审直播也克服了时间、地域、空间的限制，整个社会都可以通过庭审直播参与旁听，庭审直播也逐渐得到社会公众的认可。庭审直播已经成为效果生动的全民法治公开课，给人民群众提供了生动的"即视正义"。

（三）以典型促提升的有效方式

庭审公开是生动的法治公开课课堂，如何在庭审公开中加强以案释法，既体现法律尺度，又体现司法温度，实现法、理、情的有机融合，是庭审公开工作面临的重大课题。在推动庭审公开工作的过程中，我国法院逐渐探索出一套"上好法治公开课"的方法。第一，推动热点案件审判变成全民共享的法治公开课，让公众在每一个社会关注、涉及老百姓切身利益的案件中增强法治意识。第二，树立典型法官形象，让业务能力强、深受人民群众喜爱的法官出现在镜头前，例如北京知识产权法院的宋鱼水法官在审理案件时就体现出出色的业务能力。树立典型法官形象，一方面可以向社会展示优秀法官的判案水平，另一方面也增强公众对我国司法制度的了解和信心。

四 对进一步提升庭审公开工作的建议

（一）精细化推进庭审公开工作

自中国庭审公开网上线以来，我国庭审公开工作蹄疾步稳，成绩斐然，全国所有法院已全部接入中国庭审公开网，大多数法院也进行了庭审直播，可以说庭审公开工作在全国范围内已经全面铺开，有不少法院在庭审公开工作中表现突出。但是，课题组在进行评估的过程中发现，不同受评法院在庭审公开中的表现差距较大，有些法院在两次评估中均表现优异、名列前茅，但是也有法院在评估中得分偏低，与表现较好的法院存在相当大的差距，在庭审公开工作的表现上呈现出发展不平衡的局面。这种不平衡现象背后的原因是多方面的，例如有些法院因经济条件限制无法更新落后设备，有些法官没有接受系统培训或者担心舆情产生负面影响而不愿直播等。客观上，这种不平衡的发展在不同法院之间会产生不可弥补的鸿沟，导致"马太效应"发生，长此以往不利于庭审公开工作的纵深发展。

在庭审公开已经取得巨大成绩的今天，最高院及各省高院可以把重心从大而全的推广落实转变为精而细地推进庭审公开工作。重点帮扶庭审公开工作发展缓慢的下辖法院，了解和解决这些法院遇到的具体问题，例如协助更新落后设备、建设科技法庭，或者提供全面的法官培训，从技术上和心理上解决法官不能直播、不愿直播的问题等，将庭审公开的工作重心落实到每个法院甚至是每一位法官上，从根源上解决庭审公开发展不平衡的问题。

（二）进一步规范庭审过程

法庭是展示司法权威、司法形象和司法公正的庄严场所，法官是法庭的掌控者，是决定庭审质量的关键性因素。但是课题组在抽查案件时却发现部分案件的庭审过程存在不规范操作，例如审判员人数不合法、未按规定穿着法袍，甚至还有审判员在审判过程中使用手机等。这些违规甚至违法行为行为都会通过视频直播呈现在观众面前，无疑是对我国的司法形象及司法公信力的损害，也会给观众形成错误的引导。

针对这种情况，各级各地法院要进一步加强法官的法庭礼仪以及庭审直播工作培训，提高法官的综合能力，坚决杜绝庭审中任何违法违规的行为。各法院要鼓励院庭长、经验丰富的法官带头参加庭审直播，发挥引领示范作用，为全院法官树立榜样。同时建立和完善庭审直播巡查和考核机制，将庭审直播纳入法官、法院绩效考核中，针对庭审直播过程中出现的不规范问题，定时考核和通报，将责任落实到各院各法官，严格维护司法尊严，提高司法公信力。

（三）完善庭审公开制度，建立全国统一规则

中国庭审公开网是继裁判文书公开、审判流程公开、执行信息公开三大平台之后，最高人民法院建设的第四大司法公开平台。目前最高院已就三大司法公开工作分别出台了司法解释，2014 年 9 月 3 日公布并实施《最高人民法院关于人民法院执行流程公开的若干意见》、2016 年 7 月 25 日公布了《最高人民法院关于人民法院在互联网公布裁判文书的规定》、2018 年 2 月 12 日公布《最高人民法院关于人民法院通过互联网公开审判流程信息的规定》。这些司法解释的出台，贯彻落实了司法公开原则，规范了人民法院司法公开工作，促进了司法公正，提升了司法公信力。

但是中国庭审公开网已经建成并运行三年多，目前还缺少统一的庭审公开规则，导致不同法院在庭审直播中的具体操作不尽相同，各案件的质量差异也较大，不利于庭审直播运行的规范化，也不利于庭审直播向社会推广。各法院在三年的庭审公开过程中积累了一定经验，但是也发现了不少庭审公开存在的问题。最高院应结合全国各级法院庭审直播的经验和教训，制定全国统一的庭审公开规则。围绕庭审直播案件的类型、范围与条件，不直播案件审批，庭审直播的技术规范，经费投入及运维，法庭秩序规范，不合格庭审视频删除程序等庭审公开涉及的所有问题，以及庭审直播与其他司法公开工作的协调，建立一套全国统一的规范，确保庭审公开工作能在有

序、统一、规范的条件下进行，为庭审直播工作的顺利推进提供良好的制度保障。

（四）完善直播平台建设

中国庭审公开网为全国法院提供了统一的直播平台，各级各地法院也已全部接入中国庭审公开网，各法院逐渐将庭审直播从自建网站转移到中国庭审公开网，进一步加强中国庭审公开网的统一平台功能，目前中国庭审公开网已经积累了超过490万直播案件数据。但是，作为汇集全国法院庭审直播数据的统一平台，中国庭审公开网仍有改进空间，可以在保障网络安全运行的前提下，对内促进各级各地法院庭审公开工作的规范，对外更好地方便各级各地法院、法官、律师、法学院、学者以及其他社会公众的使用。

第一，功能设置应更合理，更加方便相关法院的使用。例如"案由"一栏，中国庭审公开网可根据不同案由统一设置比较规范的选项，由审理法院在上传时选择本案案由；又如"审判组织成员"一栏可根据不同法院的员额法官和人民陪审员设置审判员选项，上传案件时由法院选择审判组织成员。这一举措可以避免法院自行填写带来的信息不规范，同时也方便观众通过案由检索到更精准的案件。

第二，界面应更加友好，方便公众使用。在现实生活中，法官、学者、律师或社会公众都会研究和学习庭审直播案件，需要查找某个阶段、某个类型或者某位法官主审、某位律师参与的案件，这就需要中国庭审公开网提供更加便利的案件查询、搜索功能。比如，当前的滚动翻页功能，无法高效查找某一时段的案件，而且在网页崩溃后滚动翻页会刷新回到初始点，对用户极不友好。可在"直播回顾"页面上设置点击翻页功能或日期定位，取代当前的滚动翻页。

第三，扩大数据开放。庭审直播推行近三年来，进步显著，成就巨大。这些进步和成绩首先体现在一些宏观统计数据上，这也对中国庭审公开网的数据统计功能和数据公开程度提出了更高要求。因此我们建议中国庭审公开网可以从以下方面提升数据平台的利用效率。一是增加数据统计和公开功能，按照全国、省（区市）、地级市以及具体法院等不同口径统计庭审公开案件总数和类型等相关数据，既能呈现我国庭审公开成就，也使各兄弟省市法院进行比较，实现相互激励，更好推动庭审公开工作；二是优化用户检索功能，比如，可在"数据公开"栏目增加自定义日期、案件类型、诉由、省份、法院、主审法官等选择，方便根据这些具体信息来筛选和选择相关直播案件数量。扩大数据开放一方面能直观向公众展示庭审公开工作取得的成果，另一方面也方便更多研究者通过公开数据研究庭审公开，从学理上挖掘庭审公开这座富矿。

（五）推动庭审公开经验走出去

中国的庭审公开走在世界前列，已经实现了对发达国家的"弯道超车"，但是由于语言障碍和欠缺庭审公开工作的经验总结，中国的庭审公开工作迟迟未能让世界各国了解。此外，各地各级法院在庭审公开工作推动方面不平衡，不同法院之间没有总结出庭审公开工作的经验与教训，无法实现有效的信息交换，这也容易加深不同法院在庭审公开工作上发展不平衡的鸿沟。

我国法院应该仔细梳理三年多以来庭审公开工作取得的经验和成就，一方面让各国对我国庭审公开工作有基本了解，通过我国的成功经验加深各国对庭审公开的理解，推动各国就庭审公开展开有益的交流。另一方面，总结成功经验和反面教训也能促进全国法院的信息交流，进一步帮扶庭审公开工作相对落后的法院，缩小庭审公开发展不平衡的鸿沟，全面促进我国庭审公开工作。

B.24
跨国企业遵守"一个中国"
原则状况观察（2019）*

——从世界500强企业官网对我国港澳台地区标识切入

跨国企业遵守"一个中国"原则状况观察课题组**

摘　要： 国家统一和领土主权完整是任何一个国家的核心利益，也是国际法予以尊重的普遍原则，并在各主权国家的法律中以不同形式体现出来。跨国公司作为当今国际经济领域的重要市场主体，遵守所在国法律应该是其开展业务的前提。虽然目前台湾尚未统一，香港和澳门特别行政区回归之后实行"一国两制"，但"一个中国"既是为国际法所确认的法理事实，也是包括跨国公司在内所有国际性私营或公共部门必须遵守的法律原则。但事实上，由于意识形态偏见或者无端的傲慢，以世界500强为代表的跨国公司尊重"一个中国"原则情况不容乐观。有鉴于此，《网络法治蓝皮书》项目组专门组织课题组，进行了细致的研究和评估。

关键词： "一个中国"原则　世界500强　版图意识　地图标识

---

* 本文图表数据均为课题组调研所得。

** 课题负责人：支振锋，中国社会科学院法学研究所研究员、中国社会科学院大学长聘教授、《环球法律评论》杂志副主编、《网络法治蓝皮书》主编，国家万人计划青年拔尖人才，博士生导师；田丽，北京大学新媒体研究院副教授，北京大学互联网发展研究中心主任，博士生导师。执笔人：支振锋、田丽、刘晶晶（中国社会科学院上海研究院博士生）。

一　研究背景

国家统一和领土主权完整是任何一个国家的核心利益，受到国际法原则的普遍尊重，并在各主权国家的法律中以不同形式体现出来。跨国企业尤其是世界 500 强企业在现代世界经济运行中占有突出地位，不仅在本国国内市场举足轻重，在国际市场上也影响巨大。跨国公司固然是市场主体，且多为私营部门，但由于其在本国及相关国家经济中的重要地位，并且通过产品、服务、营销、政策游说等种种行为对各国消费者、一般公民甚至政府的巨大影响，应该承担更多的社会责任，尤其应展现出对国际法要求、惯例和国家领土、主权相关规定的遵守，以及对不同国家文化传统和风俗习惯的尊重。实践中，大型跨国公司的影响早已突破了经济领域，在政治、文化和社会领域也产生越来越大的影响。

由于业务遍及全球多个国家，在互联网时代，以世界 500 强企业为代表的跨国公司特别注重通过互联网站、移动应用程序（以下简称 App）等形式向全世界提供信息服务，以介绍公司、塑造形象、推广或者运营业务。信息化和网络化成为当前跨国公司业务运行的重要手段和典型特征，网站或者 App 等其他互联网应用程序与软件，既是一个宣传媒介、一种产品或服务，也是一个重要的表达立场和观点、具有重要影响的传播阵地。跨国公司在其主要提供服务的网站或应用程序，特别是官方网站上，如何标识相关国家的地图、国旗等敏感信息，就不仅仅是一项单纯的市场活动，也会产生重要的政治影响，甚至是该公司政治立场的重要宣示。

由于近代西方列强的殖民和侵略，中国迄今尚未完全实现国家统一，这是西方殖民侵略强加给中国人民的痛苦。以中国台湾和中国香港为棋子不断对中国"打劫"以实现战略牵制，全面围堵中国，扼制中华民族伟大复兴，到今天仍然是某些西方国家频繁使用的手段。通过艰苦卓绝的斗争，中国人民已经站起来，迎来了富起来和强起来。"一个中国"原则已经成为公认的国际法要求，得到国际社会的普遍认同和遵守。

在这个背景下，作为在国际经济领域扮演重要角色的世界 500 强企业，在其业务活动中遵守"一个中国"原则这个公认的国际法要求，既体现其业务活动的合规和规范，以及对中国主权领土完整的尊重，也体现其企业经营方式的专业和对企业社会责任的承担。2018 年上半年，中国民用航空局曾向 44 家境外航空公司发布通告，要求它们遵守"一个中国"原则，修改其网站中不正确的地区标识，将台湾改为中国台湾，同时就涉及中国香港、澳门等地的类似问题也一并更正。截至当年 7 月 25 日，44 家境外航空公司全部进行了整改，虽然结果并不十分理想。[①]

2018 年，《网络法治蓝皮书》项目组曾专门组织"外企遵守'一个中国'原则状况观察课题组"，从世界 500 强企业中的非中国企业官网（特指该公司总部在其注册国家所开办的官方网站）对我国港澳台地区的标识情况切入，观察相关外企对"一个中国"原则的遵守情况。[②] 2018 年的观察报告发布之后，反响良好，达到了很好的预期效果。但报告发布之后，仍然有不少世界 500 强跨国企业并未改正错误的地区标识。经过一年，有些跨国企业退出了 500 强，而有些企业刚刚跻身世界 500 强行列，因此课题组 2019 年继续对以世界 500 强企业为代表的跨国企业遵守"一个中国"原则情况进行追踪调查。

二　跨国企业网站对中国领土不当标识情况分析

世界 500 强企业系由美国《财富》杂志评出，并在全球发布榜单。从 1954 年第一次发布，迄今已经有 65 年的历史。国际经济的发展是动态的，跨国企业世界 500 强的名单也是动态的。课题组本次追踪调查的对象，是

[①]　参见《中国民用航空局通报相关外航网站涉港澳台信息整改情况》，中国民用航空局官网，http://www.caac.gov.cn/XWZX/MHYW/201807/t20180726_190012.html，最后访问时间为 2019 年 10 月 9 日。

[②]　外企遵守"一个中国"原则状况观察课题组：《跨国企业遵守"一个中国"原则状况观察（2018）——从世界 500 强企业官网对我国港澳台地区标注切入》，李林、支振锋主编《网络法治蓝皮书：中国网络法治发展报告（2018）》，社会科学文献出版社，2018 年 12 月版，第 244 页。

2018 年 7 月 19 日发布的"2018 年财富世界 500 强排行榜"① 中的跨国企业，与 2019 年 7 月 22 日最新发布的"2019 年财富世界 500 强排行榜"中的企业有一定差异。至于新入榜世界 500 强企业官方网站对中国港澳台地区的标识，我们明年将继续关注并发布相关情况。

（一）观察对象及判定标准

本次课题组观察的对象为 2018 年《财富》评选出的世界 500 强企业，主要观察这些公司的英文官方网站和中文官方网站中所有网页的内容，包括网站使用的标识、刊载的新闻报道、内嵌的地图和发布的报告等。② 观察范围较上一年度更为宽泛。

在上述范围内，有以下情形的，判定为错误或不当标识我国港澳台地区，在统计中标记为"独列"：

1. 把我国港区与其他国家并列，而未标注出港澳台隶属中国，也未将港澳台标注为地区的；

2. 在使用的地图中，用首都适用的符号来标识我国香港、澳门和台北的；

3. 其他错误使用我国地图的。

在上述范围内，有以下情形的，判定为遵守"一个中国"原则，规范标识我国港澳台地区，在统计中标记为"隶属"：

1. 列出港澳台属于中国的；

2. 称呼港澳台为地区的。

在上述范围内，未涉及我国港澳台地区标识的，在统计中标记为"未列出"或"未涉及"。

---

① 参见"2018 年财富世界 500 强排行榜"，http：//www. fortunechina. com/fortune500/c/2018 – 07/19/content_ 311046. htm，最后访问时间为 2019 年 7 月 25 日。这个排行榜中的企业名单与 2019 年 7 月 22 日最新发布的"2019 年财富世界 500 强排行榜"有一定差异，参见 http：//www. fortunechina. com/fortune500/c/2019 –07/22/content_ 339535. htm，最后访问时间为 2019 年 7 月 25 日。

② 本报告观察范围以列出的网站内容为主，客观条件所限，无法保证查阅范围穷尽网站所有内容。

（二）概况

本报告分析了 2018 年财富世界 500 强企业的官方网站对我国香港、澳门、台湾地区的标识情况。通过逐一进行网页查看发现，在 2018 年度世界 500 强企业中，有 184 家企业的网站涉及国家地区标识情况，包括中国企业在内，有 137 家企业官方网站存在对中国港澳台地区的错误或不当标识情况。

在地区标识上，对于将港澳台地区列为隶属于中国的情况，本报告标记为"隶属"；对于将港澳台地区单独或全部列于中国之外的，本报告标记为"独列"；不涉及港澳台某个地区标识情况的，则标记为"未列出"或"未涉及"。

1. 涉及港澳台地区标识的世界500强中国企业概况

184 家涉及我国港澳台地区标识的世界 500 强企业中，有 21 家中国企业。令人难以想象的是，其中竟然有 8 家企业的官方网站上存在错误或不当标识我国港澳台地区的问题，这 8 家企业为中国机械工业集团有限公司（北京）[1]、友邦保险集团（香港）、美的集团股份有限公司（佛山）、广达电脑公司（桃园）、台积电（新竹）、长江和记实业有限公司（香港）、纬创集团（台北）以及富邦金融控股股份有限公司（台北）。

在 21 家涉及我国港澳台地区标识的世界 500 强中国企业中，有 15 家企业的官方网站涉及台湾标识，其中，将台湾标识为隶属于中国的有 9 家，错误标识台湾地区的有 6 家，标识错误率[2]为 40%；有 20 家企业的官方网站涉及香港标识，其中，将香港标识为隶属中国的有 15 家，错误标识香港地区的有 5 家，标识错误率为 25%；有 13 家企业的官方网站涉及澳门标识，其中，将澳门标识为隶属中国的有 10 家，错误标识澳门的有 3 家，标识错误率为 23.1%。

在 21 家涉及我国港澳台地区标识的世界 500 强中国企业中，有 10 家企业同时涉及港澳台三地标识。其中，中国石油化工集团、中国银行、中国华润有限公司、中国中化集团公司、中国邮政集团公司、天津物产集团有限公

---

① 括号内为公司总部所在城市。

② 标识错误率 = 存在错误标识情形的企业总数/涉及标识该地区的企业总数×100%，下同。

司、京东集团等 7 家企业均将港澳台三地规范标识为隶属中国；友邦保险集团、长江和记实业有限公司等 2 家公司存在同时错误标识港澳台三地的问题；台积电将香港、澳门标识为隶属中国，但却错误标识了台湾地区。

表1　同时涉及且规范标识我国港澳台三地的世界 500 强中国企业 *

世界排名	公司名称	行业	对港澳台地区的标识		
			台湾	香港	澳门
3	中国石油化工集团	能源化工	隶属	隶属	隶属
46	中国银行	金融	隶属	隶属	隶属
86	中国华润有限公司	综合	隶属	隶属	隶属
98	中国中化集团公司	能源化工	隶属	隶属	隶属
113	中国邮政集团公司	服务业	隶属	隶属	隶属
132	天津物产集团有限公司	综合	隶属	隶属	隶属
181	京东集团	ICT	隶属	隶属	隶属

* 除特别说明之外，本报告所使用的图表均为课题组调研统计得到。

表2　同时涉及且错误标识我国港澳台三地的世界 500 强中国企业

世界排名	公司名称	行业	对港澳台地区的标识		
			台湾	香港	澳门
295	友邦保险集团	金融	独列	独列	独列
374	长江和记实业有限公司	综合	独列	独列	独列

在 21 家涉及我国港澳台地区标识的世界 500 强中国企业中，有 4 家企业同时涉及港台两地标识，但不涉及澳门地区标识。其中，有 2 家企业将港台均标识为隶属中国——联想集团、怡和集团；将香港标识为隶属于中国，但错误标识台湾的有 1 家企业——纬创集团；剩下的 1 家企业同时错误标识了港台两地——富邦金融控股股份有限公司。

表3　同时涉及我国港台地区标识的世界 500 强中国企业

世界排名	公司名称	所属国	行业	对港澳台地区的标识		
				台湾	香港	澳门
240	联想集团	中国	ICT	隶属	隶属	未列出
283	怡和集团	中国	综合	隶属	隶属	未列出
432	纬创集团	中国	ICT	独列	隶属	未列出
479	富邦金融控股股份有限公司	中国	金融	独列	独列	未列出

在 21 家涉及我国港澳台地区标识的世界 500 强中国企业中，有 3 家企业同时涉及港澳两地标识，但不涉及台湾地区标识。其中，中国铁道建筑总公司和中国交通建设集团有限公司这 2 家企业将港澳均标识为隶属中国；另外 1 家企业同时错误标识了港澳两地——中国机械工业集团有限公司。

表 4 同时涉及我国港澳地区标识的世界 500 强中国企业

世界排名	公司名称	所属国	行业	对港澳台地区的标识		
				台湾	香港	澳门
58	中国铁道建筑总公司	中国	建筑	未列出	隶属	隶属
91	中国交通建设集团有限公司	中国	建筑	未列出	隶属	隶属
256	中国机械工业集团有限公司	中国	制造业	未列出	独列	独列

在 21 家涉及我国港澳台地区标识的世界 500 强中国企业中，有 1 家企业仅涉及台湾地区标识，但该公司错误标识了台湾地区——广达电脑公司；有 3 家企业仅涉及香港地区标识，其中，国家电网和华为投资控股有限公司这 2 家企业将香港标识为隶属中国，另外 1 家企业错误标识了香港地区——美的集团股份有限公司。

2. 涉及我国港澳台地区标识的世界500强外国企业概况

在 163 家涉及我国港澳台地区标识的世界 500 强外企中，有 137 家企业的官方网站涉及台湾地区标识，其中，将台湾地区标识为隶属于中国的有 22 家，错误标识台湾地区的有 115 家，标识错误率将近 84%；有 127 家企业的官方网站涉及香港标识，其中，将香港标识为隶属中国的有 47 家，错误标识香港地区的有 80 家，标识错误率将近 63%；有 18 家企业的官方网站涉及澳门标识，其中，将澳门标识为隶属中国的有 7 家，错误标识澳门的有 11 家，标识错误率约为 61%。

在 163 家涉及我国港澳台地区标识的世界 500 强外企中，有 16 家企业同时涉及港澳台三地标识，其中，荷兰皇家壳牌石油公司、联邦快递、美国运通公司等 3 家企业将港澳台三地均规范标识为隶属中国，苹果公司、亚马逊、博世集团、花旗集团、联合包裹速递服务公司、西斯科公司、美国国际集团、MS&AD 保险集团控股有限公司、宏利金融、Facebook 公司、英国葛兰素史克公司等 11 家企业存在同时错误标识港澳台三地的问题，现代汽车、欧莱雅等 2 家公司将香港、澳门标识为隶属中国，但却错误标识了台湾地区。

表5   同时涉及且规范标识我国港澳台三地的世界 500 强外企

世界排名	公司名称	所属国	行业	对港澳台地区的标识		
				台湾	香港	澳门
5	荷兰皇家壳牌石油公司	荷兰	能源化工	隶属	隶属	隶属
155	联邦快递	美国	服务业	隶属	隶属	隶属
327	美国运通公司	美国	金融	隶属	隶属	隶属

表6   同时涉及且错误标识我国港澳台三地的世界 500 强外企

世界排名	公司名称	所属国	行业	对港澳台地区的标识		
				台湾	香港	澳门
11	苹果公司	美国	ICT	独列	独列	独列
18	亚马逊	美国	ICT	独列	独列	独列
75	博世集团	德国	制造业	独列	独列	独列
76	花旗集团	美国	金融	独列	独列	独列
138	联合包裹速递服务公司	美国	服务业	独列	独列	独列
174	西斯科公司	美国	日用消费行业	独列	独列	独列
207	美国国际集团	美国	金融	独列	独列	独列
221	MS&AD 保险集团控股有限公司	日本	金融	独列	独列	独列
241	宏利金融	加拿大	金融	独列	独列	独列
274	Facebook 公司	美国	ICT	独列	独列	独列
290	英国葛兰素史克公司	英国	医药	独列	独列	独列

在 163 家涉及我国港澳台地区标识的世界 500 强外企中，有 85 家企业同时涉及港台两地标识，但不涉及澳门地区标识。其中，有 17 家企业将港台均标识为隶属中国；将香港标识为隶属于中国，但错误标识台湾的有 13 家公司——微软、国际商业机器公司、雷诺、荷兰国际集团、华特迪士尼公司、德意志银行、韩华集团、瑞银集团、瑞士信贷、3M 公司、荷兰皇家飞利浦公司、澳新银行集团、荷兰合作银行；除此之外的 55 家公司均存在同时错误标识港台两地的问题。

表7　将我国港台地区标识为隶属中国的世界500强外企

世界排名	公司名称	所属国	行业	对港澳台地区的标识		
				台湾	香港	澳门
16	戴姆勒股份公司	德国	制造业	隶属	隶属	未列出
22	福特汽车公司	美国	制造业	隶属	隶属	未列出
27	安盛	法国	金融	隶属	隶属	未列出
30	本田汽车	日本	制造业	隶属	隶属	未列出
66	西门子	德国	制造业	隶属	隶属	未列出
69	雀巢公司	瑞士	日用消费行业	隶属	隶属	未列出
93	戴尔科技公司	美国	ICT	隶属	隶属	未列出
108	标致	法国	制造业	隶属	隶属	未列出
114	松下	日本	制造业	隶属	隶属	未列出
135	宝洁公司	美国	日用消费行业	隶属	隶属	未列出
147	陶氏杜邦公司	美国	综合	隶属	隶属	未列出
153	联合利华	英国	日用消费行业	隶属	隶属	未列出
190	惠普公司	美国	ICT	隶属	隶属	未列出
302	甲骨文公司	美国	ICT	隶属	隶属	未列出
396	美敦力公司	爱尔兰	医药	隶属	隶属	未列出
406	法国航空—荷兰皇家航空集团	法国	服务业	隶属	隶属	未列出
433	雅培公司	美国	医药	隶属	隶属	未列出

表8　错误标识我国港台地区的世界500强外企

世界排名	公司名称	所属国	行业	对港澳台地区的标识		
				台湾	香港	澳门
9	埃克森美孚	美国	能源化工	独列	独列	未列出
12	三星电子	韩国	ICT	独列	独列	未列出
38	安联保险集团	德国	金融	独列	独列	未列出
44	法国巴黎银行	法国	金融	独列	独列	未列出
47	摩根大通公司	美国	金融	独列	独列	未列出
50	英国保诚集团	英国	金融	独列	独列	未列出
54	日产汽车	日本	制造业	独列	独列	未列出
79	日立	日本	综合	独列	独列	未列出
82	法国农业信贷银行	法国	金融	独列	独列	未列出
94	法国电力公司	法国	能源化工	独列	独列	未列出
104	Engie集团	法国	能源化工	独列	独列	未列出
112	巴斯夫公司	德国	能源化工	独列	独列	未列出

续表

世界排名	公司名称	所属国	行业	对港澳台地区的标识		
				台湾	香港	澳门
121	法国兴业银行	法国	金融	独列	独列	未列出
128	美国劳氏公司	美国	贸易零售	独列	独列	未列出
142	苏黎世保险集团	瑞士	金融	独列	独列	未列出
151	法国 BPCE 银行集团	法国	金融	独列	独列	未列出
158	沃达丰集团	英国	ICT	独列	独列	未列出
160	保德信金融集团	美国	金融	独列	独列	未列出
177	三菱日联金融集团	日本	金融	独列	独列	未列出
187	辉瑞制药有限公司	美国	医药	独列	独列	未列出
193	拜耳集团	德国	医药	独列	独列	未列出
203	诺华公司	瑞士	医药	独列	独列	未列出
212	思科公司	美国	ICT	独列	独列	未列出
226	万喜集团	法国	建筑	独列	独列	未列出
236	日本 KDDI 电信公司	日本	ICT	独列	独列	未列出
249	摩根士丹利	美国	金融	独列	独列	未列出
263	信诺	美国	金融	独列	独列	未列出
271	赛诺菲	法国	医药	独列	独列	未列出
276	默沙东	美国	医药	独列	独列	未列出
279	三菱电机股份有限公司	日本	制造业	独列	独列	未列出
281	沙特基础工业公司	沙特阿拉伯	能源化工	独列	独列	未列出
311	日本三菱重工业股份有限公司	日本	制造业	独列	独列	未列出
313	富士通	日本	ICT	独列	独列	未列出
317	佳能	日本	制造业	独列	独列	未列出
326	东芝	日本	制造业	独列	独列	未列出
340	耐克公司	美国	日用消费行业	独列	独列	未列出
348	铃木汽车	日本	制造业	独列	独列	未列出
351	全球燃料服务公司	美国	能源化工	独列	独列	未列出
366	安达保险公司	瑞士	金融	独列	独列	未列出
378	马自达汽车株式会社	日本	制造业	独列	独列	未列出
384	斯巴鲁公司	日本	制造业	独列	独列	未列出
409	慧与公司	美国	ICT	独列	独列	未列出
411	菲利普—莫里斯国际公司	美国	日用消费行业	独列	独列	未列出
413	康帕斯集团	英国	ICT	独列	独列	未列出
422	艾伯维	美国	医药	独列	独列	未列出
424	施耐德电气	法国	ICT	独列	独列	未列出

续表

世界排名	公司名称	所属国	行业	对港澳台地区的标识		
				台湾	香港	澳门
425	住友电工	日本	ICT	独列	独列	未列出
453	英美烟草集团	英国	日用消费行业	独列	独列	未列出
455	Gilead Sciences 公司	美国	医药	独列	独列	未列出
463	日本电气公司	日本	ICT	独列	独列	未列出
475	喜力控股公司	荷兰	日用消费行业	独列	独列	未列出
482	贺利氏控股集团	德国	综合	独列	独列	未列出
484	DXC Technology 公司	美国	ICT	独列	独列	未列出
491	德国勃林格殷格翰公司	德国	医药	独列	独列	未列出
500	爱立信公司	瑞典	ICT	独列	独列	未列出

在163家涉及我国港澳台地区标识的世界500强外企中，有2家企业同时涉及港澳两地标识，但不涉及台湾地区标识——瑞士再保险股份有限公司、达美航空，这2家企业均将港澳两地标识为隶属中国。达美航空曾经被中国民用航空局点名整改，现在其官网已经不再出现台湾字样，对于涉及台湾的航线，只列出了机场代码及城市名称，如台北（TPE）、台中（RMQ）等，但未明确标识"台北，中国"，而在涉及其他国家城市标识时，则明确标识了该城市的所属国，如"冲绳，日本""普吉岛，泰国"。显然，中国再次被达美航空区别对待。

在163家涉及我国港澳台地区标识的世界500强外企中，有24家企业仅涉及香港地区标识，其中有10家企业将香港标识为隶属中国，其余14家企业错误标识了香港；有36家企业仅涉及台湾地区标识，其中将台湾标识为隶属中国的仅有俄罗斯天然气工业股份公司、瑞士ABB集团等2家企业，其他34家企业均错误标识了台湾地区。

（三）涉及港澳台地区标识的世界500强企业所属国别分析

从国家分布来看，在184家涉及我国港澳台地区标识的世界500强企业中，有137家企业存在对我国香港、澳门、台湾地区的错误标识情形，标识错误率高达75%。这些企业分布在美国、日本、英国、德国、法国、中国

（含港澳台地区）、荷兰、瑞士、韩国、加拿大、澳大利亚、西班牙、意大利、印度、丹麦、瑞典、沙特阿拉伯、新加坡和卢森堡等共计 19 个国家。

超过 10 家存在错误标识我国港澳台地区的世界 500 强企业的国家有 4 个国家，即美国、日本、法国、德国。其中，美国有 37 家、日本有 25 家、法国有 14 家、德国有 12 家。

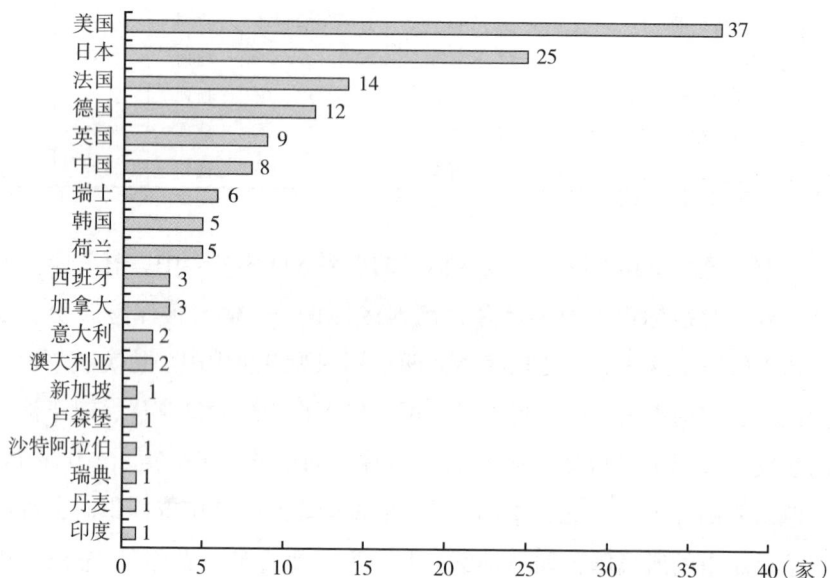

图1　137 家存在错误标识我国港澳台地区的世界 500 强企业国别分布情况

1. 涉及港澳台地区标识的世界500强美国企业分析

在 50 家涉及港澳台地区标识的世界 500 强美国企业中，仅有 2 家企业明确将港澳台三地同时标识为隶属于中国——联邦快递、美国运通公司，仅占涉及标识港澳台地区的世界 500 强美国企业总数的 4%。

表9　规范标识我国港澳台三地的世界 500 强美国企业

世界排名	公司名称	所属国	行业	对港澳台地区的标识		
				台湾	香港	澳门
155	联邦快递	美国	服务业	隶属	隶属	隶属
327	美国运通公司	美国	金融	隶属	隶属	隶属

在 37 家错误标识我国港澳台地区的世界 500 强美国企业中，错误标识台湾地区的企业有 33 家，标识错误率高达 78.6%；错误标识香港地区的企业有 27 家，错误率为 61.4%；错误标识澳门地区的企业有 7 家，标识错误率为 70%。其中，同时错误标识港澳台三地的企业有 7 家——苹果公司、亚马逊、花旗集团、联合包裹速递服务公司、西斯科公司、美国国际集团和 Facebook 公司。

表 10　同时错误标识我国港澳台三地的世界 500 强美国企业

世界排名	公司名称	所属国	行业	对港澳台地区的标识		
				台湾	香港	澳门
11	苹果公司	美国	ICT	独列	独列	独列
18	亚马逊	美国	ICT	独列	独列	独列
76	花旗集团	美国	金融	独列	独列	独列
138	联合包裹速递服务公司	美国	服务业	独列	独列	独列
174	西斯科公司	美国	日用消费行业	独列	独列	独列
207	美国国际集团	美国	金融	独列	独列	独列
274	Facebook 公司	美国	ICT	独列	独列	独列

此外，有 27 家企业同时涉及我国港台地区的标识，不涉及澳门地区的标识。其中，有 7 家企业将港台均标识为隶属中国——福特、戴尔科技、宝洁、陶氏杜邦公司、惠普公司、雅培公司，占涉及标识港澳台地区的世界 500 强美国企业总数的 14%；有 16 家企业同时错误标识了港台地区——埃克森美孚、摩根大通公司、美国劳氏公司、保德信金融集团、辉瑞制药有限公司、思科公司、摩根士丹利、信诺、默沙东、耐克公司、全球燃料服务公司、慧与公司、菲利普—莫里斯国际公司、艾伯维、Gilead Sciences 公司、DXC Technology 公司；其余 4 家企业将香港标识为隶属中国，但却错误标识了台湾地区——微软、国际商业机器公司、华特迪士尼公司、3M 公司。

2. 涉及我国港澳台地区标识的世界500强日本企业分析

在 27 家涉及我国港澳台地区标识的世界 500 强日本企业中，有 25 家企业存在错误标识港澳台地区的情形。其中，几乎所有企业都将台湾单独标识

表 11 同时规范标识我国港台的世界 500 强美国企业

世界排名	公司名称	所属国别	行业	对港澳台地区的标识		
				台湾	香港	澳门
22	福特汽车公司	美国	制造业	隶属	隶属	未列出
93	戴尔科技公司	美国	ICT	隶属	隶属	未列出
135	宝洁公司	美国	日用消费行业	隶属	隶属	未列出
147	陶氏杜邦公司	美国	综合	隶属	隶属	未列出
190	惠普公司	美国	ICT	隶属	隶属	未列出
302	甲骨文公司	美国	ICT	隶属	隶属	未列出
433	雅培公司	美国	医药	隶属	隶属	未列出

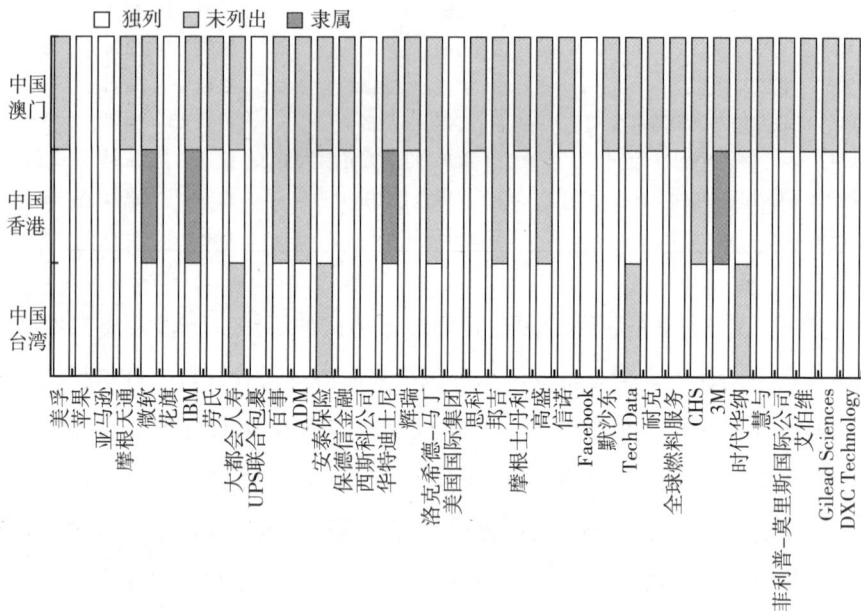

图 2 存在错误标识我国港澳台地区的世界 500 强美国企业

于中国之外，标识错误率高达 92.6%；错误标识香港地区的企业有 15 家，标识错误率为 88.2%；仅有 1 家企业——MS&AD 保险集团控股有限公司，涉及澳门地区的标识，且这家企业错误标识了澳门地区该企业也是唯一一家同时涉及且错误标识港澳台三地的世界 500 强日本企业。

此外，有 16 家企业同时涉及港台地区的标识，不涉及澳门地区的标识。其中，有 2 家企业将港台均标识为隶属中国——本田汽车、松下，占涉及标识港澳台地区的世界 500 强日本企业总数的 7.4%；其余 14 家企业同时错误标识了港台地区——日产汽车、日立、三菱日联金融集团、日本 KDDI 电信公司、三菱电机股份有限公司、日本三菱重工业股份有限公司、富士通、佳能、东芝、铃木汽车、马自达汽车株式会社、斯巴鲁公司、住友电工、日本电气公司。

表 12　规范标识我国港台地区的世界 500 强日本企业

世界排名	公司名称	所属国	行业	对港澳台地区的标识		
				台湾	香港	澳门
30	本田汽车	日本	制造业	隶属	隶属	未列出
114	松下	日本	制造业	隶属	隶属	未列出

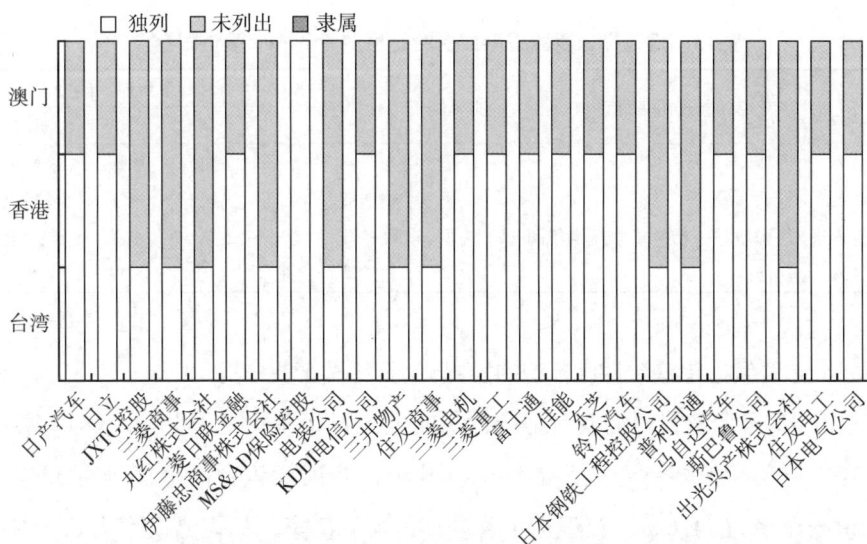

图 3　存在错误标识我国港澳台地区的世界 500 强日本企业

3. 涉及我国港澳台地区标识的世界500强法国企业分析

在 18 家涉及我国港澳台地区标识的世界 500 强法国企业中，有 14 家企

业存在错误标识港澳台地区的情形。其中，错误标识台湾地区的企业有 14
家，标识错误率为 82.4%；错误标识香港地区的企业有 9 家，标识错误率
为 60%；仅有 1 家企业涉及澳门地区的标识，该企业同时涉及港台地区的
标识——欧莱雅，这是唯一一家同时涉及标识港澳台三地的世界 500 强法国
企业，该企业将港澳标识为隶属中国，但是错误标识了台湾地区。

此外，有 13 家企业同时涉及港台地区的标识，不涉及澳门地区的标识。
其中，有 3 家企业将港台均标识为隶属中国——安盛、标致、法国航空—荷
兰皇家航空集团，占涉及标识港澳台地区的世界 500 强法国企业总数的
16.7%；同时错误标识港台的企业有 9 家——法国巴黎银行、法国农业信贷
银行、法国电力公司、Engie 集团、法国兴业银行、法国 BPCE 银行集团、
万喜集团、赛诺菲、施耐德电气。有 1 家企业仅涉及香港地区的标识，不涉
及台湾、澳门地区的标识，该企业将香港明确标识为隶属中国——达能。

表 13　规范标识我国香港或台湾地区的世界 500 强法国企业

世界排名	公司名称	所属国	行业	对港澳台地区的标识		
				台湾	香港	澳门
27	安盛	法国	金融	隶属	隶属	未列出
108	标致	法国	制造业	隶属	隶属	未列出
406	法国航空—荷兰皇家航空集团	法国	服务业	隶属	隶属	未列出
426	达能	法国	日用消费行业	未列出	隶属	未列出

4. 涉及我国港澳台地区标识的世界500强德国企业分析

在 15 家涉及我国港澳台地区标识的世界 500 强德国企业中，有 12 家企
业存在错误标识港澳台地区的情形。其中，错误标识台湾地区的有 11 家，
标识错误率为 84.6%；错误标识香港地区的有 7 家，标识错误率为 63.6%；
错误标识澳门地区的有 1 家——博世集团，这是德国唯一一家同时涉及且错
误标识港澳台三地的世界 500 强企业。

此外，有 8 家企业同时涉及港台地区的标识，不涉及澳门地区的标识。
其中，有 2 家企业将港台均标识为隶属中国——戴姆勒股份公司、西门子，

占涉及标识港台地区的世界 500 强德国企业总数的 25%；同时错误标识港台的企业有 5 家——安联保险集团、巴斯夫公司、拜耳集团、贺利氏控股集团、德国勃林格殷格翰公司。德意志银行将香港标识为隶属中国，但却错误标识了台湾地区。

有 2 家企业仅涉及香港地区的标识，不涉及台湾、澳门地区的标识。其中，错误标识香港地区的是德国中央合作银行；另外一家企业将香港明确标识为隶属中国——SAP 公司。

表 14　规范标识我国港台地区的世界 500 强德国企业

世界排名	公司名称	所属国	行业	对港澳台地区的标识		
				台湾	香港	澳门
16	戴姆勒股份公司	德国	制造业	隶属	隶属	未列出
66	西门子	德国	制造业	隶属	隶属	未列出
446	SAP 公司	德国	ICT	未列出	隶属	未列出

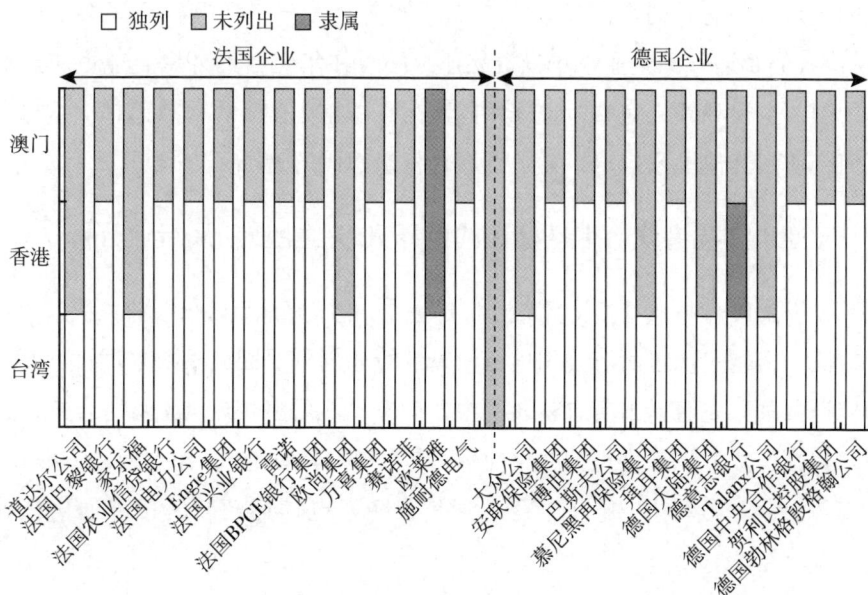

图 4　存在错误标识我国港澳台地区的世界 500 强法国、德国企业

另外，还有丸红株式会社、加拿大皇家银行、安赛乐米塔尔和西班牙雷普索尔等企业错误地使用我国地图，不仅涉及错误或不当标识我国港澳台地区，还涉及错误或不当标注我国其他地区领土。这些企业官网中的"问题地图"主要有以下几类：一是用首都适用的符号来标识我国香港、澳门和台北。这类错误主要出现在部分企业内嵌地图的情形中，比如有部分企业内嵌谷歌地图，该地图通常用外圈内实心的双层结构符号作为一国首都标志，如北京、东京、伦敦等均被以此符号标识，课题组发现台北、香港、澳门等地也被以这一符号标识。二是对我国地图以不同颜色进行标识。主要表现在部分企业官网的地图在用颜色块进行分区表示时，将我国台湾岛、海南岛以及南海诸岛等重要岛屿的颜色进行有意区分。三是不完整显示我国地图。而我国法律对中国地图的完整性早有规定，《地图管理条例》第九条规定，编制涉及中华人民共和国国界的世界地图、全国地图，应当完整表示中华人民共和国疆域。"问题地图"严重侵犯了我国主权和领土完整，这既不是什么"无心之过"，也不是所谓的"低级错误"，而是涉及一国国家主权和领土完整的大是大非的原则性问题。正如我国外交部发言人在例行记者会上的表态："我们欢迎外国企业来华投资兴业，同时在华经营的外国企业也应当尊重中国的主权和领土完整，遵守中国法律，尊重中国人民民族感情。这也是任何企业到其他国家投资兴业、开展合作最起码的遵循。"①

（四）涉及港澳台地区标识的世界500强企业所属行业分析

鉴于2018年行业分类类目概括性不足，未能很好地反映公司业务特点和行业特征，未能实现对所有公司进行清晰的行业划分。因此本次采用自下而上的聚类方法：先概括出所有公司的主营业务，然后将相近类别进行合并，共同归到其上位类，最后再归并企业数目较少的其他行业。如把保险、银行、投资归为金融类别，把电子商务、通信设备、电信运营归为信息通信技术

---

① 《2018年1月12日外交部发言人陆慷主持例行记者会》，中华人民共和国外交部官网，https://www.fmprc.gov.cn/web/fyrbt_673021/jzhsl_673025/t1525355.shtml，最后访问时间为2019年10月12日。

（Information Communication and Technology，ICT）类别。

从137家存在错误标识港澳台地区情形的世界500强企业所属行业分布来看，金融行业的企业标识错误率最高，近九成金融行业的企业存在错误标识港澳台地区的情形，而且这一行业中错误标识港澳台地区的企业总数也最多，一共有38家，占存在错误标识港澳台地区情形的世界500强企业总数的27.7%；其次是医药行业，标识错误率达到83%；ICT、制造业、能源化工等三个行业的企业的标识错误率均在75%左右，这三个行业中错误标识港澳台地区的企业总数也比较多，分别排在所有行业分类的第二位、第三位、第四位。服务业企业的标识错误率最低，该行业分类下的企业主要是交通运输类企业，如联邦快递、达美航空等，这类企业在以前收到过敦促整改通知，故而违规情况较其他行业见好，但仍有马士基集团和联合包裹速递服务公司存在错误标识的情况。

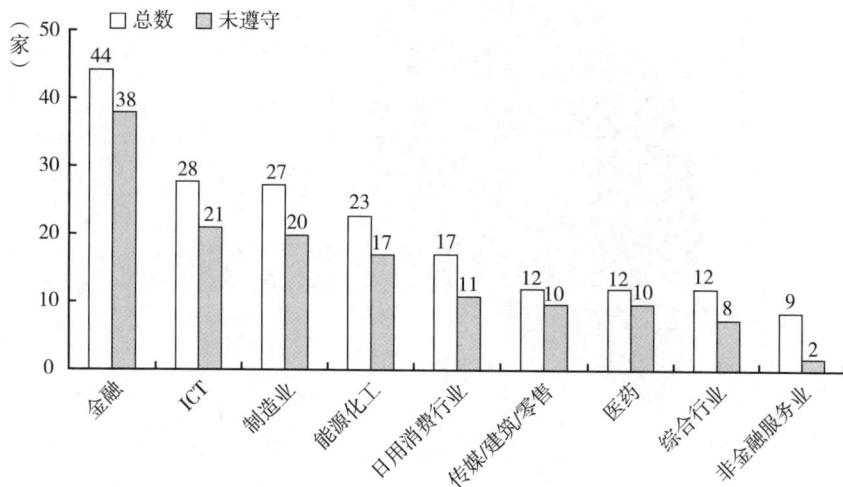

图5　184家涉及港澳台地区标识的世界500强企业行业分布

（五）2018年与2019年两年对比分析

同2018年的报告相比，2019年的报告有几个明显的变化，一是将观察对象扩大到了所有涉及港澳台标识的世界500强企业（此次将世界500强企

业中的中国企业也纳入观察对象)。二是对相关企业网站的观察范围从世界
500强企业的母语官方网站变成这些企业的英文官方网站(主要是该企业在
其所属国家注册的网站)、中文官方网站(如有)。三是观察网站是否存在
错误或不当标识我国港澳台地区情形的范围也不仅局限于首页或者地区分布
页,而是扩展到了全网站,包括网站使用的标识、刊载的新闻报道、内嵌的
地图和发布的报告等。四是判定标准也更加全面、规范,比如增加了对在网
站地图中使用首都适用的符号来标识我国香港、澳门和台北这一情形的判
定。以上变化一定程度上导致了2019年涉及港澳台地区标识的世界500强
企业体量大幅上升——新增加了123家企业,两年的情况对比如图6:

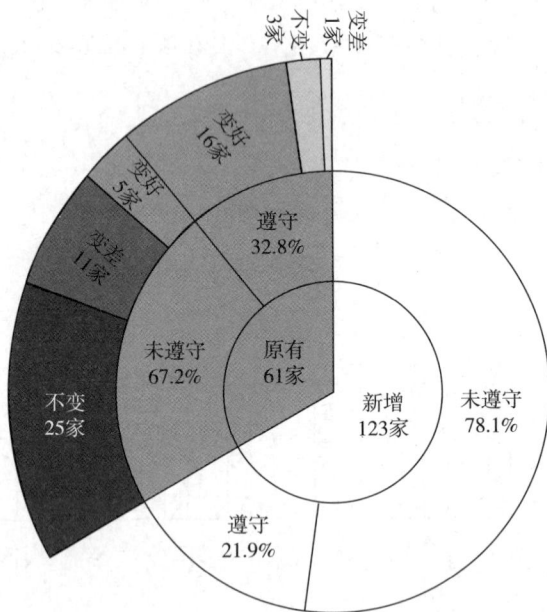

图6 2018~2019年对比变化情况

在新增企业中,大约有78.1%的企业未能完全遵守"一个中国"原则,
如大众公司、三星电子、安联保险集团等。从所属国别来看,新增企业中未
能完全遵守一个中国原则的企业依旧以美国籍、日本籍、法国籍和德国籍企
业为主,总数为60家。从所属行业来看,新增企业中未能完全遵守一个中

国原则的企业主要分布在金融、ICT、制造业、能源化工等行业，企业总数为 66 家。

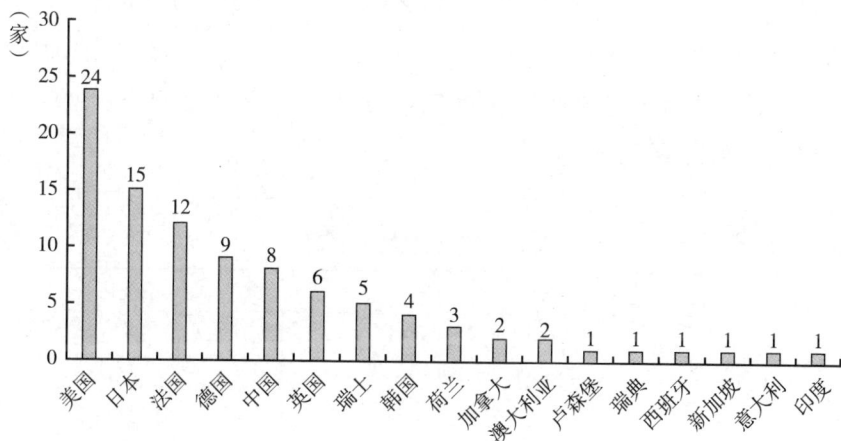

图 7 2019 年新增未遵守"一个中国"原则的世界 500 强企业所属国家分布

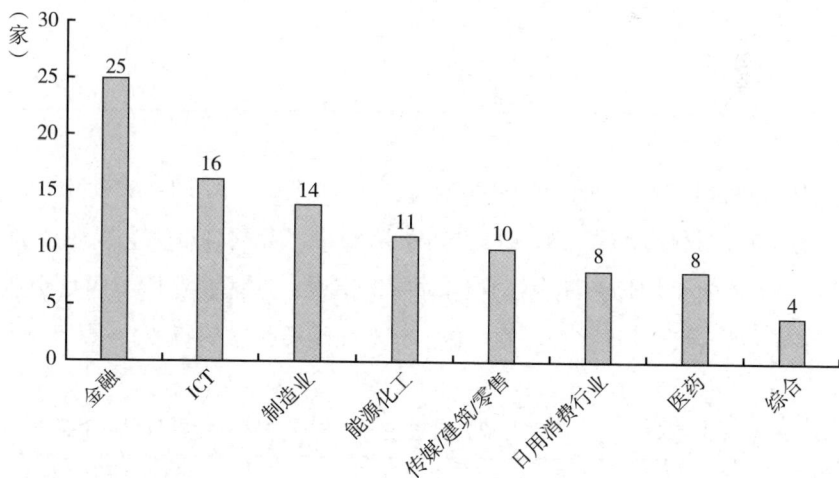

图 8 2019 年新增未遵守"一个中国"原则的世界 500 强企业所属行业分布

为观察连续两年都涉及我国港澳台地区标识的世界 500 强企业的变化情况，课题组将两年的观察结果进行了对比分析。将变化趋势分为变好/变差/不变三个大类，通过表 15 所示判断规则对变化趋势进行判定。对港澳台地区标识对应的变化值求和，结果为正判定为变好，结果为负判定为变差，结果为 0 的判定为不变。就对比结果而言，情况变好的企业有 21 家，占比为 11.4%，变差的企业有 12 家，变好的企业总数大于变差的企业总数，说明越来越多企业在其官网上地域标识方面遵守"一个中国"原则，意识到了尊重中国领土主权的重要性。但从整体上来看，世界 500 强企业遵守"一个中国"原则的情况仍不乐观。

表 15　变化趋势判定规则

变化趋势		变化值
正向变化	独列 - > 未列出	+1
	独列 - > 隶属	+1
	未列出 - > 隶属	+1
负向变化	隶属 - > 未列出	-1
	隶属 - > 独列	-1
	未列出 - > 独列	-1
无变化	独列 - > 独列	0
	未列出 - > 未列出	0
	隶属 - > 隶属	0

2018 年报告中已经提及的未能遵守"一个中国"原则的企业中，此次仍未改正的企业有 25 家，如亚马逊、苹果公司、宏利金融等 3 家企业 2018 年及 2019 年两年均将港澳台三地同时标识错误。这些企业以美国籍企业及日本籍企业居多，并且多分布在金融、ICT 和能源化工等行业。

表 16　未遵守"一个中国"原则且过去一年仍未改正的世界 500 强企业

世界排名	公司名称	所属国	行业	对港澳台地区的标识		
				台湾	香港	澳门
9	埃克森美孚	美国	能源化工	独列	独列	未列出
11	苹果公司	美国	ICT	独列	独列	独列
18	亚马逊	美国	ICT	独列	独列	独列
28	道达尔公司	法国	能源化工	独列	未列出	未列出
44	法国巴黎银行	法国	金融	独列	独列	未列出

续表

世界排名	公司名称	所属国	行业	对港澳台地区的标识		
				台湾	香港	澳门
50	英国保诚集团	英国	金融	独列	独列	未列出
79	日立	日本	综合	独列	独列	未列出
112	巴斯夫公司	德国	能源化工	独列	独列	未列出
136	大都会人寿	美国	金融	未列出	独列	未列出
152	ADM 公司	美国	日用消费行业	独列	未列出	未列出
229	电装公司	日本	制造业	独列	未列出	未列出
241	宏利金融	加拿大	金融	独列	独列	独列
249	摩根士丹利	美国	金融	独列	独列	未列出
259	高盛	美国	金融	独列	未列出	未列出
276	默沙东	美国	医药	独列	独列	未列出
278	力拓集团	英国	能源化工	独列	未列出	未列出
279	三菱电机股份有限公司	日本	制造业	独列	独列	未列出
305	马士基集团	丹麦	服务业	独列	未列出	未列出
313	富士通	日本	ICT	独列	独列	未列出
348	铃木汽车	日本	制造业	独列	独列	未列出
355	德国中央合作银行	德国	金融	未列出	独列	未列出
376	3M 公司	美国	综合	独列	隶属	未列出
463	日本电气公司	日本	ICT	独列	独列	未列出
475	喜力控股公司	荷兰	日用消费行业	独列	独列	未列出
492	荷兰合作银行	荷兰	金融	独列	隶属	未列出

连续两年涉及港澳台地区标识的世界 500 强企业有 61 家，其中有 11 家企业在 2019 年的观察中较 2018 年情况恶化——摩根大通公司、联合包裹速递服务公司、雷普索尔公司、Facebook 公司、沙特基础工业公司、英国葛兰素史克公司、日本三菱重工业股份有限公司、耐克公司、斯巴鲁公司、联合信贷集团、曼福集团。其中，摩根大通公司情况最为严重，该公司 2018 年涉及港台两地的标识，并且均将港台标识为隶属中国，但 2019 年该公司将港台两地与包括中国在内的国家并列，并未标识出港澳台隶属中国，也未将港澳台标识为地区。另外，Facebook 公司在 2018 年仅涉及港台标识，该公司将香港标识为隶属中国，但错误标识了台湾地区，而 2019 年该公司涉及港澳台三地标识，并且全部错误标识了港澳台三地。

表 17　过去一年情况恶化的世界 500 强企业

公司名称	所属国	行业	观察年份	对港澳台地区的标识		
				台湾	香港	澳门
摩根大通公司	美国	金融业	2018 年	隶属	隶属	未列出
			2019 年	独列	独列	未列出
联合包裹速递服务公司	美国	服务业	2018 年	独列	独列	未列出
			2019 年	独列	独列	独列
雷普索尔公司	西班牙	能源化工	2018 年	隶属	隶属	未列出
			2019 年	独列	未列出	未列出
Facebook 公司	美国	ICT	2018 年	独列	隶属	未列出
			2019 年	独列	独列	独列
沙特基础工业公司	沙特阿拉伯	能源化工	2018 年	独列	未列出	未列出
			2019 年	独列	独列	未列出
英国葛兰素史克公司	英国	医药	2018 年	独列	独列	未列出
			2019 年	独列	独列	独列
日本三菱重工业股份有限公司	日本	制造业	2018 年	独列	未列出	未列出
			2019 年	独列	独列	未列出
耐克公司	美国	日用消费行业	2018 年	独列	隶属	未列出
			2019 年	独列	独列	未列出
斯巴鲁公司	日本	制造业	2018 年	独列	隶属	未列出
			2019 年	独列	独列	未列出
联合信贷集团	意大利	金融业	2018 年	隶属	独列	未列出
			2019 年	未列出	独列	未列出
曼福集团	西班牙	金融业	2018 年	独列	隶属	未列出
			2019 年	独列	未列出	未列出

在 2019 年的观察中，部分企业涉及我国港澳台地区的标识情况较 2018 年有所改善，如西门子、雀巢公司、松下、宝洁公司、杜邦陶氏公司等 21 家企业均发生了正向变化。

表 18　过去一年有所改善的世界 500 强企业

公司名称	国别	行业	观察年份	对港澳台地区的标识		
				台湾	香港	澳门
荷兰皇家壳牌石油公司	荷兰	能源化工	2018 年	未列出	独列	独列
			2019 年	隶属	隶属	隶属

续表

公司名称	国别	行业	观察年份	对港澳台地区的标识		
				台湾	香港	澳门
西门子	德国	制造业	2018 年	独列	独列	独列
			2019 年	隶属	隶属	未列出
雀巢公司	瑞士	日用消费行业	2018 年	独列	独列	未列出
			2019 年	隶属	隶属	未列出
松下	日本	制造业	2018 年	独列	独列	未列出
			2019 年	隶属	隶属	未列出
宝洁公司	美国	日用消费行业	2018 年	独列	独列	未列出
			2019 年	隶属	隶属	未列出
杜邦陶氏公司	美国	综合	2018 年	独列	独列	未列出
			2019 年	隶属	隶属	未列出
联合利华	英国	日用消费行业	2018 年	独列	未列出	未列出
			2019 年	隶属	隶属	未列出
联邦快递	美国	服务业	2018 年	独列	独列	未列出
			2019 年	隶属	隶属	隶属
LG 电子	韩国	制造业	2018 年	独列	独列	未列出
			2019 年	独列	未列出	未列出
惠普公司	美国	ICT	2018 年	独列	独列	未列出
			2019 年	隶属	隶属	未列出
三井物产株式会社	日本	综合	2018 年	独列	独列	未列出
			2019 年	独列	未列出	未列出
住友商事	日本	综合	2018 年	独列	独列	未列出
			2019 年	独列	未列出	未列出
Talanx 公司	德国	金融	2018 年	独列	独列	未列出
			2019 年	独列	未列出	未列出
甲骨文公司	美国	ICT	2018 年	独列	独列	未列出
			2019 年	隶属	隶属	未列出
瑞银集团	瑞士	金融	2018 年	独列	独列	未列出
			2019 年	独列	隶属	未列出
埃森哲	爱尔兰	服务业	2018 年	独列	独列	未列出
			2019 年	未列出	隶属	未列出
可口可乐公司	美国	日用消费行业	2018 年	未列出	独列	未列出
			2019 年	未列出	隶属	未列出
瑞士 ABB 集团	瑞士	能源化工	2018 年	独列	隶属	未列出
			2019 年	隶属	未列出	未列出

公司名称	国别	行业	观察年份	对港澳台地区的标识		
				台湾	香港	澳门
达能	法国	日用消费行业	2018 年	未列出	独列	未列出
			2019 年	未列出	隶属	未列出
SAP 公司	德国	ICT	2018 年	独列	独列	未列出
			2019 年	未列出	隶属	未列出
任仕达控股公司	荷兰	服务业	2018 年	未列出	独列	未列出
			2019 年	未列出	隶属	未列出

三 依法治理跨国企业违反"一个中国"原则

课题组在 2018 年 12 月发布了该年度的研究报告之后，获得良好反响。包括我国香港和台湾在内，全球众多主要媒体均通过网站或各种形式进行了报道。还有一些跨国公司主动与课题组取得联系，咨询本公司是否有不当标识情况，并愿意进行整改。但即便在这种情况下，对比课题组于 2018 年及 2019 年连续两年对世界 500 强跨国企业官方网站中涉及中国港澳台地区的标识情况可以发现，大部分企业并没有对错误或不当标识行为进行更正，2019 年甚至还出现了中国企业的不当标识情况。这不仅体现出作为世界重要经济行为体的财富 500 强跨国公司对"一个中国"原则的不尊重，对中国主权和领土完整的不尊重，也体现出它们在企业经营中存在严重的不合规问题。我国相关部门应该加大力度对此类行为进行有效应对，特别是大力解决中国本土企业以及在华有经营业务的世界 500 强跨国企业中存在的不尊重我国国家主权领土完整的问题。

（一）法律依据

无论是世界 500 强跨国企业，还是其他任何市场主体，依法经营都是最基本的要求。"一个中国"原则为国际法所认可，并为中国法律所明确规定。无论是《日内瓦原则宣言》《国际电信规则》，还是第六次联合国大会发布的 A/68/98 文件，诸多国际规范都认可了国家主权原则在网络空间的适用。网络空间不是法外之地，一家企业无论在中国是否有经营行为，在官方网站错误或不当标识中国领土，不尊重中国领土和主权完整，都是不应该的。

维护国家在网络空间的主权、安全、发展利益是我国网络空间安全战略的重要任务。2016 年 12 月 27 日，经中央网络安全和信息化领导小组批准，国家互联网信息办公室发布的《国家网络空间安全战略》中明确指出，要坚决维护国家安全，防范、制止和依法惩治任何利用网络进行叛国、分裂国家、煽动叛乱、颠覆或者煽动颠覆人民民主专政政权的行为。在《国家安全法》里也首次明确了"网络空间主权"这一概念，确保我国的主权和领土完整在网络空间不被侵犯和分割。因此，必须严肃对待跨国企业在其官方网站错误或不当标识中国领土的行为，坚决反对和遏制网络空间中妄图分裂中国的反动势力，坚决打击一切侵害我国国家主权和领土完整的行为。

维护国家主权、统一和领土完整体现在我国一系列相关法律法规中。对于在网络空间实施破坏国家统一等法律、行政法规规定的禁止性行为的，相关部门应当依据《网络安全法》要求网络运营者停止传输，采取消除等处置措施，对于境外的此类行为，应当采取措施阻断传播。依据《全国人民代表大会常务委员会关于维护互联网安全的决定》，构成犯罪的，依照《刑法》有关规定追究刑事责任。《互联网信息服务管理办法》也明确规定互联网信息服务提供者不得制作、复制、发布、传播含有"颠覆国家政权，破坏国家统一的"内容的信息。

表 19　我国相关法律法规*

法律法规	相关规定
《宪法》	第四条：……禁止破坏民族团结和制造民族分裂的行为…… 第十八条：……在中国境内的外国企业和其他外国经济组织以及中外合资经营的企业，都必须遵守中华人民共和国的法律。它们的合法权利和利益受中华人民共和国法律的保护。 第五十二条：中华人民共和国公民有维护国家统一和全国各民族团结的义务
《公司法》	第一百九十六条：经批准设立的外国公司分支机构，在中国境内从事业务活动，必须遵守中国的法律，不得损害中国的社会公共利益，其合法权益受中国法律保护

法律法规	相关规定
《国家安全法》	第二十五条:国家建设网络与信息安全保障体系,提升网络与信息安全保护能力,加强网络和信息技术的创新研究和开发应用,实现网络和信息核心技术、关键基础设施和重要领域信息系统及数据的安全可控;加强网络管理,防范、制止和依法惩治网络攻击、网络入侵、网络窃密、散布违法有害信息等网络违法犯罪行为,维护国家网络空间主权、安全和发展利益。
《网络安全法》	第七条:国家积极开展网络空间治理、网络技术研发和标准制定、打击网络违法犯罪等方面的国际交流与合作,推动构建和平、安全、开放、合作的网络空间,建立多边、民主、透明的网络治理体系。 第十条:建设、运营网络或者通过网络提供服务,应当依照法律、法规的规定和国家标准、行业标准的强制性要求,采取技术措施和其他必要措施,保障网络安全、稳定运行,有效应对网络安全事件,防范违法犯罪活动,维护网络数据的完整性、保密性和可用性。 第五十条:国家网信部门和有关部门依法履行网络信息安全监督管理职责,发现法律、行政法规禁止发布或者传输的信息的,应当要求网络运营者停止传输,采取消除等处置措施,保存有关记录;对来源于中华人民共和国境外的上述信息,应当通知有关机构采取技术措施和其他必要措施阻断传播。
《全国人民代表大会常务委员会关于维护互联网安全的决定》	二、为了维护国家安全和社会稳定,对有下列行为之一,构成犯罪的,依照刑法有关规定追究刑事责任:(一)利用互联网造谣、诽谤或者发表、传播其他有害信息,煽动颠覆国家政权、推翻社会主义制度,或者煽动分裂国家、破坏国家统一……
《互联网信息服务管理办法》	第十五条:互联网信息服务提供者不得制作、复制、发布、传播含有下列内容的信息:……(二)危害国家安全,泄露国家秘密,颠覆国家政权,破坏国家统一的……
《测绘法》	第三十八条:……互联网地图服务提供者应当使用经依法审核批准的地图,建立地图数据安全管理制度,采取安全保障措施,加强对互联网地图新增内容的核校,提高服务质量。县级以上人民政府和测绘地理信息主管部门、网信部门等有关部门应当加强对地图编制、出版、展示、登载和互联网地图服务的监督管理,保证地图质量,维护国家主权、安全和利益。 第六十二条:违反本法规定,编制、出版、展示、登载、更新的地图或者互联网地图服务不符合国家有关地图管理规定的,依法给予行政处罚、处分;构成犯罪的,依法追究刑事责任。
《地图管理条例》	第三条:地图工作应当遵循维护国家主权、保障地理信息安全、方便群众生活的要求。地图的编制、审核、出版和互联网地图服务应当遵守有关保密法律、法规的规定。 第五章:互联网地图服务

* 根据北大法宝法律数据库整理得到。

(二)对策建议

第一,强化国家版图意识,重视地图文化输出。

正确的国家版图象征着国家主权和领土完整，体现了国家在主权方面的意志和在国际社会中的政治、外交立场。我国《测绘法》已经明确规定了"各级人民政府和有关部门应当加强对国家版图意识的宣传教育，增强公民的国家版图意识。新闻媒体应当开展国家版图意识的宣传。教育行政部门、学校应当将国家版图意识教育纳入中小学教学内容，加强爱国主义教育"。一方面，对于代表中国立场的特殊岗位的人员要增强版图意识，绷紧捍卫国家主权领土完整这根弦，比如外事部门工作人员。要在不同场合以妥当方式宣示中国政府立场，坚持"一个中国"原则不动摇，明确港澳台及新疆、西藏地区系中国合法领土。对于故意宣扬不当言论或者以其他方式损害中国主权领土完整的行为，必要时应给予强硬有力的回击。另一方面要注重中国地图文化输出，向世界表明"一个中国"原则的坚定立场。不仅要在法理上有理有节地让国际社会认识到港澳台及新疆、西藏地区系中国合法领土的客观事实及合法性，同时要善于利用文化、情感等软性措施营造国际共识。可以通过不同形式的文化创意产品，从历史、地理等不同角度传达港澳台及新疆、西藏地区自古就是中国领土的历史，让国际社会都知晓并认可这些地区是我国不可分割的一部分。

特别值得指出的是，我们要重视"国门"对国家版图的宣示价值。当前，我国机场为了管理便利，将港澳台航班均作为国际航班进行管理，在登机口设置及中外文指示路牌设计上均有别于国内航班。为了航班运行安全，这种做法值得理解，但应予优化。最起码应该更正指示牌文字表述，中文均改为"国际/中国港澳台地区出发"，外文指示牌也做同样更正，以特别凸显港澳台地区归属于中国的基本事实。

第二，严惩"问题地图"和错误标识，引导企业规范使用地图进行标识。

对于违反"一个中国"原则，不尊重中国领土主权的企业，必须依据现行法律予以严惩。比如依据《网络安全法》要求停止传输、消除，保存记录或者阻断传播等，严厉惩处违法违规行为。近年来，我国各地、各部门多次在全国范围内组织开展了全覆盖排查整治"问题地图"专项行动，依法查处了一批损害国家领土主权、安全和利益的"问题地图"。同时，应进一步加大规范使用标准地图的宣传力度，让更多企业知晓如何下载使用标准地图，树立严格规范使用地图的观念，保证地图使用的正确性、合法性、严肃性。

但值得注意的是，对于未在华经营的企业官网存在不当标识中国领土且影响恶劣情形的处置问题，我国法律规定不够明确，执法力度也不够。一方面，应该进一步完善相关法律法规，为监管部门执法提供更强有力依据；另一方面，对于发现存在错误标识中国领土范围的世界500强企业，应该由相关监管部门采取约谈、责令整改等措施，并通过技术手段，阻止相关网站、App在中国境内的传播、页面显示，使其在中国境内无法被浏览、使用。

第三，主管部门巡查与企业自查自纠相结合，调动公众举报监督的积极性。主管部门要对企业使用地图行为进行巡查，及时查处违法违规行为，责令企业及时整改，消除影响。同时要鼓励各类企业自查自纠，遵守我国法律法规，一旦发现"问题地图"或对中国相关地区的错误标识，要及时纠正，避免造成不良社会影响。维护国家版图尊严是每个公民应尽的义务，相关部门要扩大"问题地图"举报渠道的公示力度和范围，便于公众在遇到"问题地图"时及时向相关部门举报。

第四，在一段时间内，对在中国境内有业务的世界500强企业、有一定品牌知名度和影响力的外国企业集中进行排查，每年曝光在中国领土范围标识上存在问题的企业，表扬及时更正错误的企业。对于冥顽不化的企业，依法严肃查处，集中曝光。中国市场和消费者，也可以对这些企业进行"市场惩罚"。

附表：184 家涉及我国港澳台的地区标识的 2018 年度全球 500 强企业名单

世界排名	公司名称	所属国别	行业	对港澳台地区的标识		
				台湾	香港	澳门
2	国家电网	中国	能源化工	未列出	隶属	未列出
3	中国石油化工集团	中国	能源化工	隶属	隶属	隶属
5	荷兰皇家壳牌石油公司	荷兰	能源化工	隶属	隶属	隶属
7	大众公司	德国	制造业	独列	未列出	未列出
9	埃克森美孚	美国	能源化工	独列	独列	未列出
11	苹果公司	美国	ICT	独列	独列	独列
12	三星电子	韩国	ICT	独列	独列	未列出
16	戴姆勒股份公司	德国	制造业	隶属	隶属	未列出

世界排名	公司名称	所属国别	行业	对港澳台地区的标识		
				台湾	香港	澳门
18	亚马逊	美国	ICT	独列	独列	独列
22	福特汽车公司	美国	制造业	隶属	隶属	未列出
27	安盛	法国	金融	隶属	隶属	未列出
28	道达尔公司	法国	能源化工	独列	未列出	未列出
30	本田汽车	日本	制造业	隶属	隶属	未列出
38	安联保险集团	德国	金融	独列	独列	未列出
44	法国巴黎银行	法国	金融	独列	独列	未列出
46	中国银行	中国	金融	隶属	隶属	隶属
47	摩根大通公司	美国	金融	独列	独列	未列出
49	俄罗斯天然气工业股份公司	俄罗斯	能源化工	隶属	未列出	未列出
50	英国保诚集团	英国	金融	独列	独列	未列出
54	日产汽车	日本	制造业	独列	独列	未列出
58	中国铁道建筑总公司	中国	建筑	未列出	隶属	隶属
66	西门子	德国	制造业	隶属	隶属	未列出
68	家乐福	法国	贸易零售	独列	未列出	未列出
69	雀巢公司	瑞士	日用消费行业	隶属	隶属	未列出
71	微软	美国	ICT	独列	隶属	未列出
72	华为投资控股有限公司	中国	ICT	未列出	隶属	未列出
75	博世集团	德国	制造业	独列	独列	独列
76	花旗集团	美国	金融	独列	独列	独列
78	现代汽车	韩国	制造业	独列	隶属	隶属
79	日立	日本	综合	独列	独列	未列出
82	法国农业信贷银行	法国	金融	独列	独列	未列出
86	中国华润有限公司	中国	综合	隶属	隶属	隶属
89	埃尼石油	意大利	能源化工	独列	未列出	未列出
91	中国交通建设集团有限公司	中国	建筑	未列出	隶属	隶属
92	国际商业机器公司	美国	ICT	独列	隶属	未列出
93	戴尔科技公司	美国	ICT	隶属	隶属	未列出
94	法国电力公司	法国	能源化工	独列	独列	未列出
98	中国中化集团公司	中国	能源化工	隶属	隶属	隶属
99	JXTG 控股有限公司	日本	能源化工	独列	未列出	未列出
102	乐购	英国	贸易零售	独列	未列出	未列出
104	Engie 集团	法国	能源化工	独列	独列	未列出
105	空中客车集团	荷兰	制造业	未列出	隶属	未列出

续表

世界排名	公司名称	所属国别	行业	对港澳台地区的标识		
				台湾	香港	澳门
108	标致	法国	制造业	隶属	隶属	未列出
112	巴斯夫公司	德国	能源化工	独列	独列	未列出
113	中国邮政集团公司	中国	服务业	隶属	隶属	隶属
114	松下	日本	制造业	隶属	隶属	未列出
120	慕尼黑再保险集团	德国	金融	独列	未列出	未列出
121	法国兴业银行	法国	金融	独列	独列	未列出
127	安赛乐米塔尔	卢森堡	能源化工	独列	未列出	未列出
128	美国劳氏公司	美国	贸易零售	独列	独列	未列出
129	三菱商事株式会社	日本	贸易零售	独列	未列出	未列出
130	丸红株式会社	日本	贸易零售	独列	未列出	未列出
132	天津物产集团有限公司	中国	综合	隶属	隶属	隶属
134	雷诺	法国	制造业	独列	隶属	未列出
135	宝洁公司	美国	日用消费行业	隶属	隶属	未列出
136	大都会人寿	美国	金融	未列出	独列	未列出
138	联合包裹速递服务公司	美国	服务业	独列	独列	独列
139	荷兰全球保险集团	荷兰	金融	未列出	隶属	未列出
142	苏黎世保险集团	瑞士	金融	独列	独列	未列出
143	英杰华集团	英国	金融	未列出	隶属	未列出
144	百事公司	美国	日用消费行业	独列	未列出	未列出
147	陶氏杜邦公司	美国	综合	隶属	隶属	未列出
151	法国 BPCE 银行集团	法国	金融	独列	独列	未列出
152	ADM 公司	美国	日用消费行业	独列	未列出	未列出
153	联合利华	英国	日用消费行业	隶属	隶属	未列出
154	安泰保险	美国	金融	未列出	独列	未列出
155	联邦快递	美国	服务业	隶属	隶属	隶属
156	欧尚集团	法国	贸易零售	独列	未列出	未列出
158	沃达丰集团	英国	ICT	独列	独列	未列出
160	保德信金融集团	美国	金融	独列	独列	未列出
169	瑞士罗氏公司	瑞士	医药	独列	未列出	未列出
171	荷兰国际集团	荷兰	金融	独列	隶属	未列出
174	西斯科公司	美国	日用消费行业	独列	独列	独列
176	华特迪士尼公司	美国	传媒	独列	隶属	未列出
177	三菱日联金融集团	日本	金融	独列	独列	未列出
178	LG 电子	韩国	制造业	独列	未列出	未列出

续表

世界排名	公司名称	所属国别	行业	对港澳台地区的标识		
				台湾	香港	澳门
181	京东集团	中国	ICT	隶属	隶属	隶属
187	辉瑞制药有限公司	美国	医药	独列	独列	未列出
190	惠普公司	美国	ICT	隶属	隶属	未列出
193	拜耳集团	德国	医药	独列	独列	未列出
200	洛克希德—马丁	美国	制造业	独列	未列出	未列出
203	诺华公司	瑞士	医药	独列	独列	未列出
204	日本伊藤忠商事株式会社	日本	综合	独列	未列出	未列出
206	德国大陆集团	德国	制造业	独列	未列出	未列出
207	美国国际集团	美国	金融	独列	独列	独列
212	思科公司	美国	ICT	独列	独列	未列出
216	印度国家银行	印度	金融	未列出	独列	未列出
221	MS&AD 保险集团控股有限公司	日本	金融	独列	独列	独列
223	德意志银行	德国	金融	独列	隶属	未列出
226	万喜集团	法国	建筑	独列	独列	未列出
229	电装公司	日本	制造业	独列	未列出	未列出
233	邦吉集团	美国	日用消费行业	独列	未列出	未列出
236	日本 KDDI 电信公司	日本	ICT	独列	独列	未列出
240	联想集团	中国	ICT	隶属	隶属	未列出
241	宏利金融	加拿大	金融	独列	独列	独列
244	韩华集团	韩国	综合	独列	隶属	未列出
246	三井物产株式会社	日本	综合	独列	未列出	未列出
248	丰益国际	新加坡	日用消费行业	独列	未列出	未列出
249	摩根士丹利	美国	金融	独列	独列	未列出
250	住友商事	日本	综合	独列	未列出	未列出
256	中国机械工业集团有限公司	中国	制造业	未列出	独列	独列
257	瑞士再保险股份有限公司	瑞士	金融	未列出	隶属	隶属
259	高盛	美国	金融	独列	未列出	未列出
262	雷普索尔公司	西班牙	能源化工	独列	未列出	未列出
263	信诺	美国	金融	独列	独列	未列出
266	达美航空	美国	服务业	未列出	隶属	隶属
271	赛诺菲	法国	医药	独列	独列	未列出
274	Facebook 公司	美国	ICT	独列	独列	独列
276	默沙东	美国	医药	独列	独列	未列出
278	力拓集团	英国	能源化工	独列	未列出	未列出

世界排名	公司名称	所属国别	行业	对港澳台地区的标识		
				台湾	香港	澳门
279	三菱电机股份有限公司	日本	制造业	独列	独列	未列出
281	沙特基础工业公司	沙特阿拉伯	能源化工	独列	独列	未列出
283	怡和集团	中国	综合	隶属	隶属	未列出
284	西班牙 ACS 集团	西班牙	建筑	未列出	独列	未列出
290	英国葛兰素史克公司	英国	医药	独列	独列	独列
291	Talanx 公司	德国	金融	独列	未列出	未列出
292	加拿大皇家银行	加拿大	金融	未列出	独列	未列出
295	友邦保险集团	中国	金融	独列	独列	独列
301	美国联合大陆控股有限公司	美国	服务业	未列出	隶属	未列出
302	甲骨文公司	美国	ICT	隶属	隶属	未列出
305	马士基集团	丹麦	服务业	独列	未列出	未列出
306	瑞银集团	瑞士	金融	独列	隶属	未列出
311	日本三菱重工业股份有限公司	日本	制造业	独列	独列	未列出
313	富士通	日本	ICT	独列	独列	未列出
315	Tech Data 公司	美国	ICT	未列出	独列	未列出
316	埃森哲	爱尔兰	服务业	未列出	隶属	未列出
317	佳能	日本	制造业	独列	独列	未列出
318	英国森特理克集团	英国	能源化工	未列出	独列	未列出
323	美的集团股份有限公司	中国	制造业	未列出	独列	未列出
326	东芝	日本	制造业	独列	独列	未列出
327	美国运通公司	美国	金融	隶属	隶属	隶属
328	可口可乐公司	美国	日用消费行业	未列出	隶属	未列出
338	利安德巴塞尔工业公司	荷兰	能源化工	独列	未列出	未列出
340	耐克公司	美国	日用消费行业	独列	独列	未列出
341	瑞士 ABB 集团	瑞士	能源化工	隶属	未列出	未列出
348	铃木汽车	日本	制造业	独列	独列	未列出
351	全球燃料服务公司	美国	能源化工	独列	独列	未列出
354	广达电脑公司	中国	ICT	独列	未列出	未列出
355	德国中央合作银行	德国	金融	未列出	独列	未列出
358	日本钢铁工程控股公司	日本	能源化工	独列	未列出	未列出
365	普利司通	日本	能源化工	独列	未列出	未列出
366	安达保险公司	瑞士	金融	独列	独列	未列出
368	台积电	中国	制造业	独列	隶属	隶属
372	CHS 公司	美国	日用消费行业	独列	未列出	未列出

续表

世界排名	公司名称	所属国别	行业	对港澳台地区的标识		
				台湾	香港	澳门
373	瑞士信贷	瑞士	金融	独列	隶属	未列出
374	长江和记实业有限公司	中国	综合	独列	独列	独列
376	3M 公司	美国	综合	独列	隶属	未列出
377	英国电信集团	英国	ICT	未列出	独列	未列出
378	马自达汽车株式会社	日本	制造业	独列	独列	未列出
379	时代华纳	美国	传媒	未列出	独列	未列出
384	斯巴鲁公司	日本	制造业	独列	独列	未列出
392	欧莱雅	法国	日用消费行业	独列	隶属	隶属
396	美敦力公司	爱尔兰	医药	隶属	隶属	未列出
398	日本出光兴产株式会社	日本	能源化工	独列	未列出	未列出
402	联合信贷集团	意大利	金融	未列出	独列	未列出
406	法国航空—荷兰皇家航空集团	法国	服务业	隶属	隶属	未列出
409	慧与公司	美国	ICT	独列	独列	未列出
411	菲利普—莫里斯国际公司	美国	日用消费行业	独列	独列	未列出
413	康帕斯集团	英国	ICT	独列	独列	未列出
414	西太平洋银行	澳大利亚	金融	未列出	独列	未列出
422	艾伯维	美国	医药	独列	独列	未列出
423	荷兰皇家飞利浦公司	荷兰	制造业	独列	隶属	未列出
424	施耐德电气	法国	ICT	独列	独列	未列出
425	住友电工	日本	ICT	独列	独列	未列出
426	达能	法国	日用消费行业	未列出	隶属	未列出
430	加拿大丰业银行	加拿大	金融	未列出	独列	未列出
432	纬创集团	中国	ICT	独列	独列	未列出
433	雅培公司	美国	医药	隶属	隶属	未列出
439	曼福集团	西班牙	金融	独列	未列出	未列出
446	SAP 公司	德国	ICT	未列出	隶属	未列出
448	澳新银行集团	澳大利亚	金融	独列	隶属	未列出
450	任仕达控股公司	荷兰	服务业	未列出	隶属	未列出
451	卡夫亨氏公司	美国	日用消费行业	未列出	隶属	未列出
453	英美烟草集团	英国	日用消费行业	独列	独列	未列出
455	Gilead Sciences 公司	美国	医药	独列	独列	未列出
463	日本电气公司	日本	ICT	独列	独列	未列出
471	KB 金融集团	韩国	金融	未列出	独列	未列出
475	喜力控股公司	荷兰	日用消费行业	独列	独列	未列出

续表

世界排名	公司名称	所属国别	行业	对港澳台地区的标识		
				台湾	香港	澳门
479	富邦金融控股股份有限公司	中国	金融	独列	独列	未列出
482	贺利氏控股集团	德国	综合	独列	独列	未列出
484	DXC Technology 公司	美国	ICT	独列	独列	未列出
491	德国勃林格殷格翰公司	德国	医药	独列	独列	未列出
492	荷兰合作银行	荷兰	金融	独列	隶属	未列出
500	爱立信公司	瑞典	ICT	独列	独列	未列出

Abstract

Artificial intelligence, 5G, blockchain and other technologies have developed rapidly since 2008, which has also accelerated and promoted the transformation of social digitization, networking and intelligence. therefore, the information technology represented by the Internet has greatly enhanced the ability of human beings to understand and transform the world. Informatization leads the breakthrough of science and technology, drives the intelligent economy, subverts the way of information dissemination, optimizes public governance, and promotes international cooperation. Cyberspace has become a new channel of information dissemination, a new space of production and life, a new engine of economic development, a new carrier of cultural prosperity, a new platform of social governance, and a new link of exchange and cooperation, which has a profound impact on the development process of human society. The importance of cyberspace is becoming more and more prominent, and the scientific and legal governance of cyberspace has become an important aspect of the modernization of China national governance system and governance ability, which is also the foundation for our country to realize the network power and build a community with a shared future in cyberspace.

Based on the current situation of the development of Internet rule of law in China, Report on the Development of Cyber rule of Law in China No. 2 (2019) (The Blue Book on the Cyber rule of Law in China) conducts a special research and Analysis on the hot spots and key topics related to Internet rule of law in 2018 – 2019 from different perspectives, such as the legislative theory of the academic community, the law enforcement practice of regulatory agencies, and the compliance and compliance of the industry. In addition, this report also summarizes the characteristics of the development of Internet rule of law in China, and focuses on the current and future Internet rule of law. It is discussed. Among them, the general report reviews the overall situation of the development of China's network rule of law in 2018 – 2019, and discusses the future development trend of China's network rule of law; The special report covers the topics of blockchain governance, cross-border data flow, shared transactions, artificial intelligence, social media manipulation, human biological information, telecommunications tagging, etc., and provides a reference for legislation and regulation through in-depth analysis of the current governance difficulties. Focusing on the topics of network security and rule of law, network administrative law enforcement, self-media platform regulation, data governance, network security and rule of law, network war, network public opinion governance, and Internet related civil and criminal litigation in 2018, the Research Report combs typical cases and puts forward practical and prudent suggestions; international rule of law focuses on data property protection, Internet international trade, etc., international governance of network loopholes, international competition in the field of network information, etc.. In addition, it promotes international cooperation in cyberspace. The rule of law evaluation also investigates and evaluates the openness of the people's court's judicial trial and the compliance of multinational enterprises with the "one China" principle, and puts forward countermeasures and empirical research on strengthening the rule of law on the Internet.

The Blue Book on the Cyber Rule of Law focuses on the major progresses made and main problems faced by China in the field of cyber rule of law, advocates problem-centered monographic researches, and encourages pragmatic countermeasure suggestions, with a view to participating in the development of practices, improving institutions, and upgrading theories in this field. It is a panoramic, full-cycle, and omni-bearing recording and study of main progresses and problems in the development of cyber rule of law in China, which leaves a faithful record for future generations and opens a window to China fao foreigners.

Keywords: China; Rule of Law in Cyberspace; Special Research

Contents

I   General Report

Abstract: The China's National Cybersecurity and Informatization Work
Conference in 2018 provides fundamental guideline for cyber information work in
the new era. Currently, China continues to enact or introduce relevant supporting
measures for the implementation of Cybersecurity Law, and to actively respond to
the risks and opportunities posed by new technologies, such as blockchains,
artificial intelligence, 5G, which are constantly and comprehensively promoting the
development of rule of law in cyberspace. However, due to the increasing number
of legislative documents, as well as the complexity of legislative regulations, it is
urgent to review the work of cyber legislation and strengthen the evaluation of
legislation.

Keywords: Rule of Law in Cyberspace; Cybersecurity; Content Governance

Ⅱ Special Reports

B. 2 Application of the Blockchain in Critical Industries:
Background, Challenges and Regulations

Zhao Lei, Shi Jia / 034

Abstract: Recently, various industries and sectors witness the application of blockchain technologies. Accompanied by disruptive innovation, the blockchain technologies bring several challenges. This is not just a security risk that may be caused by immature technologies, but also the regulatory difficulties resulting from the limitation of legal regulations and the inherent decentralization characteristics of blockchains. For instance, it is difficult to define the boundary of legal intervention on the regulation of electronic deposit certificates. Due to the lack of a unified platform, imperfect performance and insufficient compatibility, the development of the application of blockchains is still in the primary stage.

Keywords: Blockchain; Application; Legal Regulation

B. 3 Establishing A Framework for Security Assessment on
Cross-border Data Transfers in the Cybersecurity Law

Hong Yanqing / 054

Abstract: Lots of controversies surround the legality of data localization. The report takes stock of current practices of data localization around the world and builds up a model of strictness for data localization measures. Then guided by the requirements of appropriateness and necessity between ends and means, this report construct a theory on the legitimate limits on data localization, and then establish a framework for security assessment on cross-border data transfers.

Keywords: Data Localization; Security Assessment of the Cross-border Data Transfers; Legitimate Limit on Data Localization

B. 4 Legal Features and Regulatory Paths for Sharing
Economy Business Models *An Hui*, *Wang Ruihan* / 087

Abstract: Sharing economy business model is a three-sided market model based on information technologies, a resource management model borne by sharing right of exploitation, and a market model dominated by platform rules. The emergence and development of sharing economy business model introduces several new issues on legal regulation and social governance. For instance, how to deal with three-sided transaction and define its legal status, how to safeguard the rights of the participants and protect public interests? Confronting with those problems, we shall comprehensively consider the fairness and efficiency in transaction, the interest from economic and social perspectives, the various participants' rights, as well as prior protection and *ex post* justice, in order to strive for a balance of all relevant values.

Keywords: Sharing Marketing; Three-sided Transaction; Organizational Platform; Platform's Responsibility

B. 5 Technical Obstacles for the Application of Legal
Artificial Intelligence and Their Solutions *Wang Lusheng* / 103

Abstract: The recommendation of similar cases, the assistance of sentencing, and the warning of illegitimate departure are the most typical application models of the current legal artificial intelligence. However, several technical obstacles, for instance, over-reliance on manual intervention in maps construction, the lack of accuracy of human semantic recognition, incorrectness of similar cases' identification, imperfect data quality of the training, the opacity of sentencing algorithms, and the paradox of granularity in the warning of illegitimate departure, still need to be addressed. Therefore, it is necessary to objectively analyze technical obstacles, and to promote the breakthrough technologies in the field of legal artificial intelligence, enhancing the role of law faculty and user-oriented approach in the research and development process.

Keywords: Big Data in legal system; Judicial Artificial Intelligence; Technical Obstacle

B. 6 Commercial Use of Human Biological Information and Its Regulation *Ma Yue, Ma Ke* / 118

Abstract: Currently, commercial use of human biological information has become more widespread, which incurs the discussions on personal or property safety, public safety and even national security. In the regulation and supervision of commercial use of human biological information, three kinds of transitions shall be emphasized. First, the essence of personal information transits from a kind of personality and property to a social good. Second, the empowerment of personal information transits from right of disposal to right to control. Third, the focus of personal information transits from virtual security to the security in reality, such as the issues relevant with the invalid of continuous notifications or agreements on services and the impact assessment in high-risk situations.

Keywords: Human Biological Information; Social Identity; Control

B. 7 Legal Analysis on Telecommunications Labeling

Xie Yongjiang, Li Jianing and An Jincheng / 134

Abstract: At present, there is no clear legal regulation and unified rule in

China for telecommunications labeling services provided by Internet companies, and there's been controversy in practice. Based on network query, field research, the paper analyzes the software labeling functions and the available approaches for remedy. Additionally, after a detailed exploration of basic rules of telecommunications labeling and a profound examination of its legitimacy, the report puts forward corresponding legal advices.

Keywords: Telecommunications Labeling; Legitimacy; Legal Advice

III Investigation Reports

B. 8 Promoting the Substantive Rules is an Urgent Demand for
Rule of Law in Cybersecurity: Report on Cybersecurity
Cases in Civil Proceedings (2018)

Zhang Jianxiao, Lin Kai / 150

Abstract: The report summarizes the characteristic of the cybersecurity cases in civil proceedings in 2018 and discusses how to solve defects of substantive rules in cybersecurity field. Firstly, an independent tort claim of personal information rights shall be admitted and the constitutive elements of its corresponding responsibility shall be determined. Secondly, the legal duty of safety precautions for internet services suppliers shall be clarified in the contractual disputes relating with credit cards and telecommunications services.

Keywords: Cybersecurity; Civil Proceedings; Right of Personal Information

B. 9   Cybercrime Motivated by Economic Rationality and

Its Governance: Report on Cybersecurity Cases in

Criminal Proceedings（2018）   *Lin Kai* / 171

Abstract: The report examines 834 cases concerning cybersecurity, which are categorized into 9 groups, in criminal proceedings in 2018. The cases number increased steadily, while the proportion of tort trials upon citizens' personal information was still more than 50%. The technical issue concerning cybersecurity in criminal proceedings is the distinction among crime of illegally obtaining data in computer information systems, crime of providing the tools for intruding and illegally controlling computer information system, and crime of assisting criminal activities in information network. The case concerning with infringement of citizens' personal information shows that leaking secrets by insiders is a critical reason for data disclosure. Among them, the largest source of leaks is data controllers in real estate sector, such as property companies, real estate companies, and real estate associations in 2017; while it is data controllers related to motor vehicles, such as the Public Security Bureau, Vehicle Management Office and the Transportation Bureau in 2018. In the perspective of illegally obtaining data, the game system, which replaced the mobile phone and mailbox system in the previous year, became the most vulnerable system in cyber society.

Keywords: Cybersecurity; Criminal Proceedings; Crime of Infringing Personal Information

B. 10   Report on Administrative Law Enforcement in

Cybersecurity（2017 −2018）

Project Team on the Research of Administrative Law

Enforcement in Cybersecurity / 209

Abstract: In order to understand the implementation of China's

Cybersecurity Law, the report sorts out different applicable regulations and explores the cases concerning administrative law enforcement since its adoption. Additionally, the report outlines the trend of law enforcement in cybersecurity, as well as providing suggestions for governmental policies and enterprises' decisions.

Keywords: Cybersecurity; Implementation Status; Case Study

B. 11　Report on "Black Public Relations" in Cyber Society

Tang Jingtai, Li Zhefeng and Dong Zhijie / 239

Abstract: The existence of "Black Public Relations" is extremely harmful in cyber society, thus there is a demand for internet governance. Enterprises should establish a warning list and abandon the zero-sum game thinking, while the bureaus for cyberspace affairs, the administration of market supervision, the department for public security, and cyber communities shall strengthen the linkage to punish on those activities relating with "Internet water army" and "paid posters", and establish cyberspace speech management and law enforcement mechanism based on real-name system. Only in this approach can we eliminate the space for "black public relations" in the perspectives of technology, law enforcement and communications.

Keywords: Black Public Relations; Operation Mechanism; Governance Strategy

B. 12　China's Self-media Development Status and Legal Regulation

Wang Ruiqi / 251

Abstract: From the birth of the media to the development of the information platform, which has become widely popular and influential, it took less than 20 years. The revolutionary changes in the main body of communication, the mode of information interaction, the speed of development, and the way content is presented have profoundly affected the impact of information dissemination on all aspects of society, which makes the design of media regulatory policy particularly important. This article starts from the development of the media in China, and combines its own characteristics to sort out the changes in China's media from the overall transformation of the media industry and the various problems gradually exposed in the process, and compare the existing self-media related policies. , regulations, summarizing the current innovation points, blind spots, governance experience and what to improve from the media governance system.

Keywords: Self-Media; History of development; Regulation

B. 13　Report on the Development of Self-Media Platforms in Cyberspace（2018）

Jin Xuan, Yan Kunlun and Long Han / 268

Abstract: Since 2018, the chaos of self-media platforms, such as blindly following and making hot issues, click farm and malicious infringement, has not been solved. For the chaos exists in numerous industries and is highly concealed, it has become a chronic problem in cyber society. It is necessary to rely on multiple stakeholders in governance, and to ensure the quality of contents supplied by self-media platforms, in order to promote a healthy atmosphere for the development of the self-media platforms, so as to create a clean and better cyberspace.

Keywords: Chaos of Self-Media Platforms; Account Classification; Content Optimization; Co-regulation under Consultations

Contents ↖↗

Abstract: After analyzing legal policies, the report focuses on a whole picture of data governance in 2018 and explores the trends in cyberspace regulations. More specifically, the report outlines the future of governance, by examining the policies concerning with data sovereignty, data cross-border flow, data protection, data leakage prevention, data misuse, data ownership and data sharing activities, in order to provide suggestions for data governance.

Keywords: Data Governance; Legal Policy; Trend of Regulations

Abstract: There is a paradox in Chinese law on the issue of Internet service providers' duty to monitor: this duty is explicitly stipulated in public law, but exempted in private law. This "paradoxical parallel" has pulled the safe harbor rules into the shadow of public law affecting its stability. Meanwhile, the performance of internet service providers' duty to monitor is confronted with some difficulties. In order to break through this dilemma, we shall set the boundary of technical intervention, which means that the duty of internet service providers shall be limited to monitoring user contents with reasonable technical measures.

Keywords: Internet Services Provider; Safe Harbor Rules; Duty to Monitor; Technical Monitoring

B. 16　Zhejiang Explorations on Law-enforcement Supervision
in Cyberspace　　　　　　　　　　　　*Wang Yinshen* / 329

Abstract：After illustrating the necessity of cyberspace law-enforcement supervision, the report focuses on Chinese practices, particularly, Zhejiang's explorations, accompanied with the history of the Internet development and the establishment of Internet regulations by the central and local governments. Additionally, the report clarifies current situation of cyberspace law-enforcement supervision in Zhejiang by a detailed examination on law enforcement agencies, their authorities, and the relevant institutions. After that, the report identifies the difficulties in cyberspace law-enforcement supervision and puts forward several suggestions.

Keywords：Law Enforcement in Cyberspace；Supervising Institution；Zhejiang Explorations

Ⅳ　The International Rule of Law

B. 17　On the Data Property Protection Modes in European
Union and the United States　　　　　*Zhao Jun* / 366

Abstract：As a new type of property rights object, data cannot be protected only through the anti-unfair competition law, but should also explore a systematic protection model. The paper probes into data property protection modes in European Union and the United States, as well as the relevant legal cases. After comparing two different approaches in the scope of protection, the difficulties of the implementation and the inherent limitation correspondently, the paper concludes with suggestions on establishing a profound regime of data property protection in China.

Keywords：Data；Property；Database Rights；Carrier Protection

B. 18　International Rules of the Internet: History, Status

Quo and Future　　*Shen Yi, Wang Lei and Bai Yuchuan* / 386

Abstract: At present, there are two kinds of international rule-making models in the cyberworld. A "multi-stakeholders" model is advocated by great powers, such as European nations and the United States, whilst the developing nations and emerging economies support a "multilateral governance" model in cyberspace. There is no doubt that the lack of mutual trust globally affects the process of international rule-making in cyberspace. Thus, supporting nations as critical players is a necessity to the formation and development of international rules on the internet.

Keywords: Internet; International rules; Multi-stakeholders; Multilateralism

B. 19　Cybersecurity Issues in Outer Space Activities:

A Reflection from International Law　　*Wang Guoyu* / 402

Abstract: Military network activities in outer space and celestial bodies are not prohibited, but all the human activities should abide by the principle of self-restraint and self-control. Moreover, the jurisdiction of other countries on space assets, such as satellites and their ground facilities, shall be respected, while malicious use of information technology to damage safety of space objects shall be prohibited. The attribution of network activities in outer space should be guided by the most significant relationship rules, the doctrine to balance between rights and duties, and the principle of distinction. In practice, the standard of general control, overall control or effective control will be selected and applied in the attribution of responsibility.

Keywords: Cybersecurity; Outer Space Network Activities; Outer Space Law; International Rules of the Internet

B. 20   International Cooperation for Cyber Vulnerability

Management under the Guidance of Five Principle

of Peaceful Coexistence

Zhu Lixin, *Hao Jingwen and Ma Minhu* / 421

Abstract: Five Principles of Peaceful Coexistence indicate the direction and legal basic of international cooperation for cyber vulnerability management. According to the principle of peaceful coexistence, China could promote international cooperation through strengthening loophole disclosure, combating cybercrimes, protecting personnel security and increasing international exchange. Meanwhile, drawing on the practices of other nations, international cooperation could be achieved in the form of international declarations and also will be influenced by domestic law.

Keywords: Cyber Vulnerability Management; Principles of Peaceful Coexistence; International Cooperation

B. 21   Report on the Development of the Rule of Law in

Field of Internet Trade and China's Proposal (2018)

Sun Nanxiang / 431

Abstract: Due to the fragmentation of the internet economic governance and the divergences among great powers, as well as the rise of the unilateralism globally, the rule of law mechanism in cyberspace is facing challenges. As a responsible nation, China should regard WTO reform as an opportunity to negotiate digital trade issues, and upgrade China's regional trade agreements and bilateral investment agreements to encourage investment aboard. Additionally, China could introduce the experience of internet regulation around the globe, and extend the legitimate jurisdiction, in order to safeguard citizens' interest.

Keywords: Cyberspace; Trade Rules; Rule of Law; China's Proposal

Abstract: Currently, global trade and investment is threatened by the challenges of national protectionism, such as illegitimate export control, strict corporate identities regime, fragmentation of international mechanisms, and increasing geopolitical risks. More specifically, China's high-tech enterprises shall deal with the legal risks by the directional national security review, international human rights regulations, the unclear legal rules and the unilateral sanctions. Without doubts, the legal rules function a critical role in overseas investment. Therefore, China should strategically strength the sovereignty in domestic legislation and law enforcement, effectively use the converging function of regional and bilateral economic and trade agreements, and continuously encourage enterprises to raise the awareness of the rule of law.

Keywords: Anti-globalization; High-tech Enterprises; Overseas Investment; Legal Risks

V Assessment of Rule of Law

Abstract: The project team of "third-party assessment on the openness of court trial" from the Institute of Law of the Chinese Academy of Social Sciences continued to assess the openness of court trial in the national courts in 2019. As the result of the third-party assessment of the openness of court trial in China in 2018, the report provides a detailed introduction to the principles, targets, and methods of the assessment, objectively presents and analyzes the basic situation and major progresses of the assessment, summarizes the achievements and experiences of the openness of court trial in China, points out the existing deficiencies in the system, and puts forward suggestions on its improvement.

Keywords: National Courts; Openness of Court Trial; Third-Party Assessment

B. 24   Observation Report on the Situation of Compliance with
the "One China" Principle by Multinational Enterprises (2019)
—from the vantage point of the Regional Identification of Hong Kong,
Macao and Taiwan on the Official Websites of Fortune 500
Project Team on the Observation of the Situation of Compliance
with the "One China" Principle by Foreign Enterprises / 487

Abstract: As important players in international market, multinational enterprises shall abide by the laws of the host states, which is a prerequisite for business operation. Although Mainland and Taiwan is not yet unified in terms of governance, Hong Kong and Macao have been special administrative regions of PRC that operates under "One Country, Two Systems" principle, and the "One China Principle" is a legal fact recognized by international law. All international public or private sector actors, including multinational enterprises, should comply with this principle. But in fact, because of ideological prejudice or unprovoked arrogance, it is not optimistic of the overall condition that "One China Principle" is respected by multinational enterprises in Fortune 500. In view of this fact, "Blue Book on Rule of Law in Cyberspace" has carried out a detailed investigation and research on the situation of compliance with the "One China Principle" by foreign enterprises.

Keywords: "One China" Principle; Fortune 500; Territorial Awareness; Map Identification

权威报告·一手数据·特色资源

皮书数据库
ANNUAL REPORT(YEARBOOK)
DATABASE

当代中国经济与社会发展高端智库平台

所获荣誉

- 2016年，入选"'十三五'国家重点电子出版物出版规划骨干工程"
- 2015年，荣获"搜索中国正能量 点赞2015""创新中国科技创新奖"
- 2013年，荣获"中国出版政府奖·网络出版物奖"提名奖
- 连续多年荣获中国数字出版博览会"数字出版·优秀品牌"奖

成为会员

通过网址www.pishu.com.cn访问皮书数据库网站或下载皮书数据库APP，进行手机号码验证或邮箱验证即可成为皮书数据库会员。

会员福利

- 已注册用户购书后可免费获赠100元皮书数据库充值卡。刮开充值卡涂层获取充值密码，登录并进入"会员中心"—"在线充值"—"充值卡充值"，充值成功即可购买和查看数据库内容。
- 会员福利最终解释权归社会科学文献出版社所有。

数据库服务热线：400-008-6695
数据库服务QQ：2475522410
数据库服务邮箱：database@ssap.cn
图书销售热线：010-59367070/7028
图书服务QQ：1265056568
图书服务邮箱：duzhe@ssap.cn

社会科学文献出版社 皮书系列
SOCIAL SCIENCES ACADEMIC PRESS (CHINA)
卡号：298539679464
密码：

S 基本子库
SUB DATABASE

中国社会发展数据库（下设 12 个子库）

全面整合国内外中国社会发展研究成果，汇聚独家统计数据、深度分析报告，涉及社会、人口、政治、教育、法律等 12 个领域，为了解中国社会发展动态、跟踪社会核心热点、分析社会发展趋势提供一站式资源搜索和数据分析与挖掘服务。

中国经济发展数据库（下设 12 个子库）

基于"皮书系列"中涉及中国经济发展的研究资料构建，内容涵盖宏观经济、农业经济、工业经济、产业经济等 12 个重点经济领域，为实时掌控经济运行态势、把握经济发展规律、洞察经济形势、进行经济决策提供参考和依据。

中国行业发展数据库（下设 17 个子库）

以中国国民经济行业分类为依据，覆盖金融业、旅游、医疗卫生、交通运输、能源矿产等 100 多个行业，跟踪分析国民经济相关行业市场运行状况和政策导向，汇集行业发展前沿资讯，为投资、从业及各种经济决策提供理论基础和实践指导。

中国区域发展数据库（下设 6 个子库）

对中国特定区域内的经济、社会、文化等领域现状与发展情况进行深度分析和预测，研究层级至县及县以下行政区，涉及地区、区域经济体、城市、农村等不同维度。为地方经济社会宏观态势研究、发展经验研究、案例分析提供数据服务。

中国文化传媒数据库（下设 18 个子库）

汇聚文化传媒领域专家观点、热点资讯，梳理国内外中国文化发展相关学术研究成果、一手统计数据，涵盖文化产业、新闻传播、电影娱乐、文学艺术、群众文化等 18 个重点研究领域。为文化传媒研究提供相关数据、研究报告和综合分析服务。

世界经济与国际关系数据库（下设 6 个子库）

立足"皮书系列"世界经济、国际关系相关学术资源，整合世界经济、国际政治、世界文化与科技、全球性问题、国际组织与国际法、区域研究 6 大领域研究成果，为世界经济与国际关系研究提供全方位数据分析，为决策和形势研判提供参考。

法律声明

　　"皮书系列"（含蓝皮书、绿皮书、黄皮书）之品牌由社会科学文献出版社最早使用并持续至今，现已被中国图书市场所熟知。"皮书系列"的相关商标已在中华人民共和国国家工商行政管理总局商标局注册，如LOGO（▨）、皮书、Pishu、经济蓝皮书、社会蓝皮书等。"皮书系列"图书的注册商标专用权及封面设计、版式设计的著作权均为社会科学文献出版社所有。未经社会科学文献出版社书面授权许可，任何使用与"皮书系列"图书注册商标、封面设计、版式设计相同或者近似的文字、图形或其组合的行为均系侵权行为。

　　经作者授权，本书的专有出版权及信息网络传播权等为社会科学文献出版社享有。未经社会科学文献出版社书面授权许可，任何就本书内容的复制、发行或以数字形式进行网络传播的行为均系侵权行为。

　　社会科学文献出版社将通过法律途径追究上述侵权行为的法律责任，维护自身合法权益。

　　欢迎社会各界人士对侵犯社会科学文献出版社上述权利的侵权行为进行举报。电话：010-59367121，电子邮箱：fawubu@ssap.cn。

社会科学文献出版社

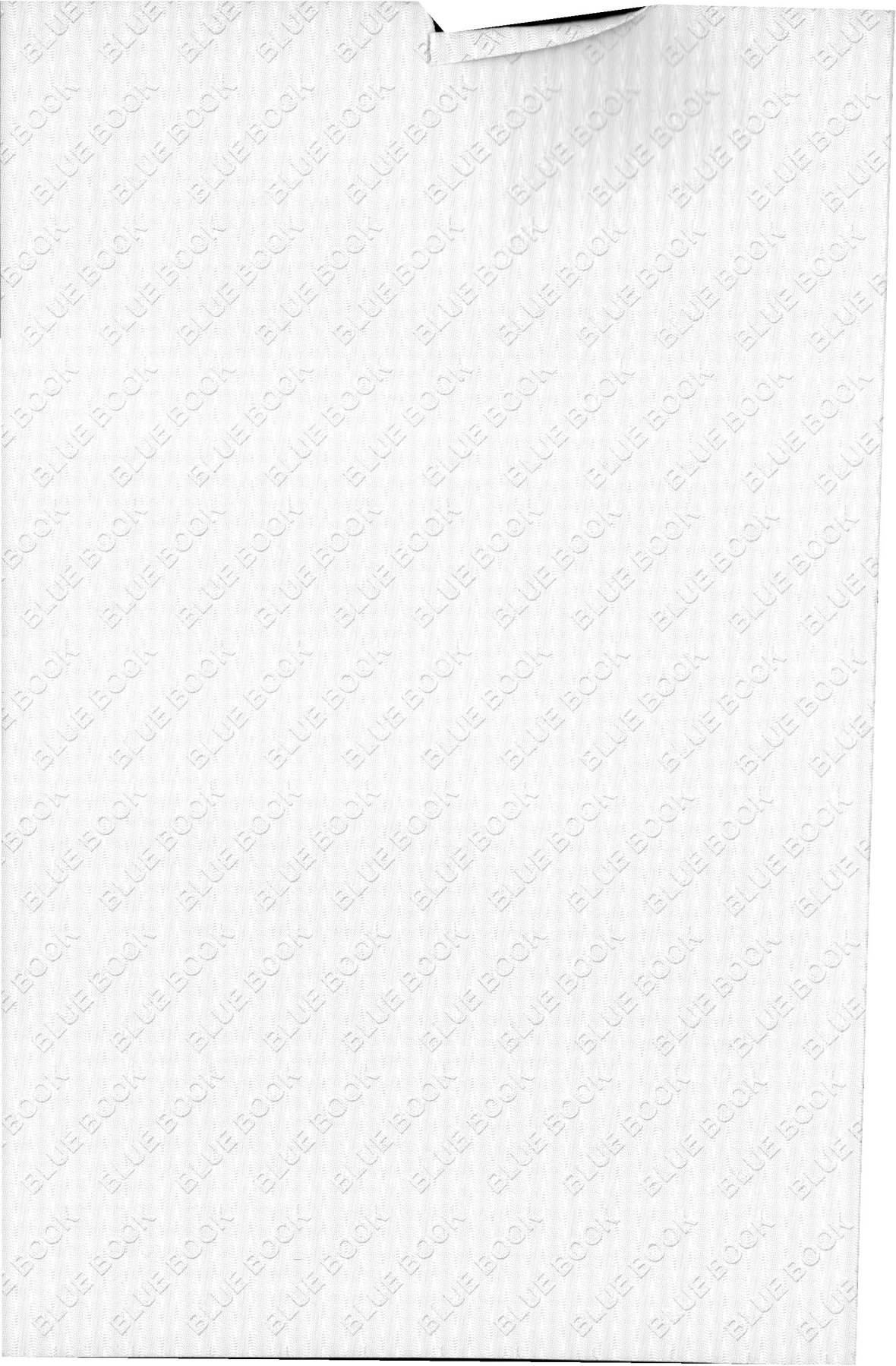